행복학 교수가 말하는 행복 이야기

행복과
긍정심리

행복학 교수가 말하는 행복 이야기

행복과 긍정심리

우남식 지음

Σ 시그마프레스

행복과 긍정심리: 행복학 교수가 말하는 행복 이야기

발행일 2015년 9월 10일 1쇄 발행
　　　　2016년 9월 1일 2쇄 발행

지은이 우남식
발행인 강학경
발행처 ㈜시그마프레스
디자인 우주연
편집 류미숙

등록번호 제10-2642호
주소 서울특별시 영등포구 양평로 22길 21 선유도코오롱디지털타워 A401~403호
전자우편 sigma@spress.co.kr
홈페이지 http://www.sigmapress.co.kr
전화 (02)323-4845, (02)2062-5184~8
팩스 (02)323-4197

ISBN 978-89-6866-494-6

이 도서의 국립중앙도서관 출판예정도서목록(CIP)은 서지정보유통지원시스템 홈페이지(http://seoji.nl.go.kr)와 국가자료공동목록시스템(http://www.nl.go.kr/kolisnet)에서 이용하실 수 있습니다.(CIP제어번호 : CIP2015023452)

책을 펴내며

아담아! 네가 어디 있었느냐?

노벨문학상을 받은 하이인리 뵐의 소설 제목이다. 이는 제2차 세계대전에서 참혹한 전쟁을 겪은 주인공의 고난과 수많은 죽음을 목격하고 자신도 죽음으로 허무한 종말을 맞는 실존을 묻는 질문이다. 이 소설의 제목은 행복한 낙원에서 추방당한 아담에게 주는 하나님의 처음 질문에서 연유한다(창 3:9). 모든 불행은 인간이 본래 있어야 할 그 자리에서 떠나 창조주와의 관계가 깨어짐으로 시작된다. 역사상 인간의 행복에 대한 수많은 연구와 논쟁은 실존의 상실 후의 고통에서 어떻게 처음 인간의 모습, 낙원을 회복할 수 있는가를 찾아가는 과정이다.

전쟁의 한복판에서 싸우고 돌아온 소설의 주인공처럼 오늘의 사람들은 치열한 전쟁의 한복판에서 불안과 고통의 시간을 보내고 있다. 그리고 미래의 불안한 상황을 예측함으로 인해 오늘도 행복하지 못하다. 그토록 그리워하던 어머니가 계신 집으로 마침내 돌아온 주인공이 고향집에서 총에 맞아 죽음을 맞이하는 결말처럼 행복은 우리에게 결코 다다를 수 없는 신기루처럼 멀리 있는 것 같다. 그래도 여전히 행복에 대한 갈망은 우리에게서 끊을 수 없는 삶의 희망이다.

행복학을 듣는 학생들 대부분은 청년 실업의 멍에를 지고 불안한 대학생활을 보내면서 강의를 통해 실낱같은 희망을 발견하려고 한다. 그래서 무거운 전공과목과 달리, 자신을 돌아보고 미래의 삶을 생각하는 시간을 갖는다. 본서의 내용들은 지난 10년 동안 강의실에서 만난 학생들의 소소한 일상의 고민과 삶의 문제들을 접하면서 얻게 된 주제들이다. 그래서 주제마다 실제의 삶과 괴리가 느껴지지 않도록 했다. 이 책의 주제들을 하나하나 나눈 후에 궁극적으로 답을 같이 찾으면서 쉼을 얻게 될 그 자리에서 독자들과 다시 만나고 싶다. 그리고 행복에 깊은 관심과 더불어 행복지수가 높아지기를 소망한다.

행복학으로 명성을 날린 하버드대학교 탈 벤 샤하르 교수가 처음 행복학을 개설했을 때에는 5명이 수강했다고 한다. 그러나 지금은 855명이 수강하는 세계 3대 명강사[1] 중 한 사람이 되었다. 한국 대학에서는 필자가 처음으로 2009년 봄학기부터 인하대학교에서 "행복과 자기 이해"란 주제로 "행복학"을 강의한 것으로 안다. 지금 인하대학교에서는 교육대학원에서까지 "교사를 위한 행복학"이 설강되어 있다. 앞으로 모든 대학에서 행복학 강좌가 설강되어 대학생들에게 행복지수를 높이는 계기가 되었으면 한다. 모르기는 모르건대 앞으로 행복학 강좌가 대학에서 가장 인기 있는 강좌 중의 강좌가 될 것이다.

오늘날 한국 사회 곳곳에 각종 병리현상이 다양한 계층에 다양한 모습으로 저변을 잠식해 가고 있다. 겉으로 드러나는 심각한 사회문제의 원인이 여러 가지이겠지만 그 원인은 행복하지 않은 데 있다고 본다. 행복하지 않은 원인은 긍정적인 사고보다는 부정적인 사고가 저변에 깔려 있기 때문이다. 2014년 미국갤럽의 조사보고서[2]를 보면 우리나라는 143개국 중에 긍정경험지수가 2013년에는 94위였던 것에 비해 2014년에는 118위이다. 143개국의 평균 긍정지수가 71점인 데 비해 59점이며 자살률은 OECD 국가의 평균(12.0)에 비해 두 배가 넘는 27.3명으로 1위이다.[3] 1965년과 반세기가 지난 2014년을 비교하면 1인당 GDP는 105달러에서 2만 8,739달러로 270배나 증가했다. 그러나 우리나라 국민들의 행복지수는 경제성장에 비해 스스로 불행하다고 느끼는 사람이 증가하고 있다.

행복의 4대 요소는 성취감과 인간관계, 그리고 영성과 나눔이다. 성취감은 과정에서 오는 행복이다. 그런데 우리나라는 많은 사람들이 과정에서 오는 성취감보다는 결과에서 오는 성공에 목숨을 건다. 그리고 행복은 의미와 가치 추구에 있다. 그런데 의미와 가치 추구 대신 수량과 가격에 매몰되어 있다. 필자는 샌델의 정의란 무엇인가를 참고로 하여 '브레이크가 파열된 열차가 돌진할 때 핸들을 두세 명이 일하는 곳으로 돌릴 것인가, 아니면 수많은 사람이 있는 곳으로 직진할 것인가'를 학생들에게 질문을 던져 본다. 그러면 모두가 아무 생각 없이 두세 명이 일하는 곳으로 핸들을 돌려야 한다고 대답한다. 이처럼 사람의 생명까지도 수량으로 계산하고 경제논리로 판단한다.

---

[1] 세계 명강사는 하버드대학교의 마이클 샌델(정의란 무엇인가), 예일대학교의 셜리 케이건(죽음이란 무엇인가), 하버드대학교의 탈 벤 샤하르(하버드대의 행복학 강의 해피어)이다.

[2] KBS 국제 데이터 저널리즘. 2015.3.27.

[3] OECD. 2016년 더 나은 삶의 질 지수. 2016.

마가복음 5장에 예수님이 거라사인의 지방에서 한 귀신들린 청년을 돼지 2,000마리를 희생시켜 새사람으로 만든 사건이 나온다. 이를 본 그 지역 사람들은 예수님에게 이곳을 빨리 떠나라고 간청하였다. 우리는 여기에서 돼지 2,000마리를 희생해서라도 한 사람을 귀하게 여기시는 예수님과 한 생명을 수량과 경제논리로 따지는 상반된 모습을 보게 된다. 수량과 경제논리로 모든 것을 평가하는 곳에는 행복한 사회가 될 수 없다. 따라서 한국이 행복한 나라가 되기 위해서는 가격에서 가치로, 수량에서 의미로, 성공에서 성취감, 부정적인 사고에서 긍정적인 사고, 경제논리에서 한 사람의 생명을 소중하게 여기는 대전환이 필요하다.

이 지면을 통해 인하대학교 사범대학 교육학과 박영신 교수님과 사회교육과 김영순 교수님에게 감사를 표한다. 그리고 (주)시그마프레스의 강학경 사장님과 편집부 여러분에게 고마움을 표한다.

온유와 아람이가 장차 미국 하버드대학교와 예일대학교에서 공부하여 할아버지의 학문을 계속 이어받았으면 한다.

2016년 8월 2일
송백 목양실에서 저자

시작하며

요즘 남녀노소를 불문하고 나누는 화두는 행복이다. 그래서 필립 반 보슈는 행복에 관한 10 가지 철학적인 성찰에서[1] "인간의 모든 사람은 행복이란 목적을 향해 있다."고 했다. 이처럼 행복은 우리가 살아가는 인생의 목적이요 궁극적 가치이다. 요즘 행복이란 단어를 삶의 질, 혹은 '웰빙(well being)'으로 표현한다. 그런데 현대사회를 살아가는 우리는 날이 갈수록 물질과 기술의 거인이 되어 가지만 도덕과 윤리는 점점 난쟁이가 되어 간다.[2] 그래서 대부분의 사람들이 인생의 의미와 가치, 그리고 목적을 잃고 방황하며 살아간다.

일찍이 헬라의 아리스토텔레스를 비롯하여 러시아 문호 톨스토이, 그리고 영국의 러셀 등에 이르기까지 철학자들과 사상가들은 저마다 행복론을 설파했다. 실낙원을 쓴 밀턴은 말년에 복락원을 쓰기도 했다. 이러한 인간의 행복의 추구를 거슬러 올라가면 구약성경 창세기 3장에서 에덴 동산을 상실한 이후로부터일 것이다. 실낙원에서 인간을 향한 하나님의 첫 음성은 "네가 어디 있느냐"(창 3:9)였다. 행복의 추구는 이 질문에 대한 해답을 찾아가는 과정이라고 할 수 있다.

그렇다면 인간에게는 왜 행복이 필요할까? 첫째는 인간은 행복을 추구하는 사회적인 존재이기 때문이다. 둘째는 행복은 인간의 궁극적인 목적과 갈망하는 목표이자 궁극적인 가치이기 때문이다. 우리나라 헌법에도 "모든 국민은 인간으로서의 존엄과 가치를 가지며, 행복을 추구할 권리를 가진다."(헌법 제2장 10조)로 규정하고 있다. 행복 추구는 국민의 권리이자 국가의 의무이다.

우리나라 헌법뿐만 아니라 미국독립선언문에도 행복의 추구권을 선언하고 있다. "우리

---

[1] 필립 반 덴 보슈. 행복에 관한 10가지 철학적 성찰. 김동윤 역. 자작나무. 1999.

[2] 최관경. 행복과 행복교육. 교육사상연구 제12집(2003) 17–49.

들은 다음과 같은 것을 자명한 진리라고 생각한다. 즉, 모든 사람은 평등하게 태어났으며, 조물주는 몇 개의 양도할 수 없는 권리를 부여했으며, 그 권리 중에는 생명과 자유와 행복의 추구가 있다(We hold these truths to be self-evident, that all men are created equal, that they are endowed by their Creator with certain unalienable Rights, that among these are Life, Liberty and the pursuit of Happiness)". 그리고 세계보건기구(WHO)에서도 "건강이란 단지 질병에 걸리거나 허약하지 않은 상태뿐만 아니라 신체적, 정신적, 사회적으로 양호한 상태(well-being)"라고 했다.

굳이 법 조항을 들지 않더라도 인간은 누구나 행복한 삶을 살기를 원한다. 따라서 복지국가를 표방하는 국가와 정부는 국민들의 행복 수준을 높이기 위해 '삶의 질(웰빙)'의 향상이라는 목표 아래 각종 정책을 입안하고 집행하여 행복 추구의 보장이라는 의무를 다하려고 노력하고 있다.

행복의 개념은 주관적이고 상대적이며, 그 개념 속에는 삶 속에서 느끼는 만족도라는 질적인 성격이 포함된다. 뿐만 아니라 개인이 행복한 감정을 느끼는 요인은 경제적인 소득에서부터 시작하여 사회문화와 환경, 신체적 또는 인구학, 제도와 소속된 집단의 가치 기준 등에 의해 매우 다양하게 달라질 수 있다. 우리나라의 경제는 세계 13위이다. 그런데 이에 비해 행복지수는 OECD의 '2016년 더 나은 삶의 질 지수(Better Life Index)'에 의하면 38개국 중의 28위로 현저히 낮다. 특히 어린이의 공부의 양은 1위이지만 행복지수와 살아가는 능력은 최하위였다. 청소년 또한 행복 지수가 최하위이다. 반면에 소득불균형은 가장 높다.[3] 그리고 유엔자문기구인 '지속가능발전해법네트워크(SDSN)'가 2016년 3월 16일에 국내총생산(GDP), 건강 수명, 사회적 지원, 사회적 신뢰, 선택 자유, 관대함의 여섯 가지 항목과, 여론조사를 통한 주관 평가에 의하면 한국의 세계 행복지수는 10점 만점에 5.835로 157개국 중의 58위였다.[4] 지난해 47위였는데 11단계나 낮아졌다. 왜 이런 현상이 일어날까? 여러 원인이 있겠지만 교육에서 그 원인을 찾아볼 수 있다.

첫째, 남북분단으로 인한 적대적 이데올로기 교육에서 찾을 수 있다.

남북분단은 민족의 단절과 고통을 가져다주고 쌍방체제와 극단적 대결을 초래하여 동족 간에 반목과 불신을 심화시키는 요인으로 작용해 왔다.[5] 그리고 한해 우리나라의 국방비가

---

[3] OECD. 2016년 더 나은 삶의 질 지수. 2016.
[4] 세계 행복 보고서(2016). 2016.
[5] 한용원. 북한학. 오름사. 1998.

세계 행복지수 순위(10점 만점)

1	덴마크	7.526
2	스위스	7.509
3	아이슬란드	7.501
4	노르웨이	7.498
5	핀란드	7.413
6	캐나다	7.404
7	네덜란드	7.339
8	뉴질랜드	7.334
9	호주	7.313
10	스웨덴	7.291
	⋮	
58	한국	5.835

출처 : SDSN(2016)

344억 달러(약 36조)에 이른다.[6] 서울시의 2014년 예산이 24.5조 원인데, 무려 1,000만 명의 서울시 예산의 1.5배의 예산이 국방비로 지출되고 있는 것이다. 이는 그만큼 공공복지사업 이나 국가경제의 발전의 저해의 요인이 되고 있다.

그리고 남북분단은 여러 모양으로 긍정지수를 높이는 데 부정적인 요인이 되고 있다. 긍정지수는 행복지수와 비례한다. 남북분단은 상호 간의 불신과 대립의 각을 세운다. 필자의 초 · 중 · 고등교육은 반공을 국시의 제1로 삼았다. 그래서 학교에 가면 섬뜩한 구호를 외치 곤 했다. "쳐부수자 공산당! 때려잡자 김일성!" 지금은 이전의 반공교육보다는 평화교육을 하고 있다. 그러나 아직도 우리의 교육환경과 사회 환경은 변한 것이 없다.

남북분단은 교육의 문제만이 아니라 정치, 경제 사회의 전반에 영향을 주고 있다. 특히 남 북분단은 모든 판단을 2분법의 잣대로 평가한다. 그러다 보니 그 근저에는 미움과 쟁투, 보 복과 복수, 그리고 발음도 경음화 현상을 넘어서 살벌하다. 그래서 보수와 진보를 사회적으 로 접근하기보다는 이데올로기로 접근하여 진보를 좌경빨갱이, 종북으로 매도하고, 보수를 보수꼴통, 종미라고 정죄한다. 복지조차도 단순히 나눔을 넘어서서 종북과 좌경이라고 매도 한다. 그뿐만 아니라 자기 의견과 맞지 않는다 싶으면 좌경빨갱이, 보수꼴통이라고 정죄한

---

[6] 영국 국제 전략연구소(IISS, 2014).

다. 이 모든 근저에는 남북분단이라는 비극이 자리하고 있다.

그러면 북한은 어떠한가? 그들은 지금도 미국을 철천지원수, 남한을 미제국주의 식민지라고 매도하며 적대적 반미교육을 실시하고 있다. 그리고 핵으로 남한을 불바다로 만들겠다고 겁박한다. 이러한 교육을 받고 자란 세대들에게 내적 가치를 추구하는 행복은 그 설 자리를 잃어버리고 만다.

우리나라가 행복지수를 높이려면 보수와 진보를 이념의 잣대로 판단하는 2분법의 사고체계를 바꾸어야 한다. 보수와 진보를 옳고 그름의 잣대에서 같음과 다름의 차원으로 접근해야 한다. 어느 사회나 보수와 진보는 존재한다. 보수와 진보는 마치 새의 양 날개와 같고, 양축의 바퀴와 같다. 새의 날개가 균형을 갖추지 않으면 날 수가 없고, 양축의 바퀴가 균형이 깨지게 되면 굴러갈 수 없다. 이와 마찬가지로 진보와 보수가 상호 존중될 때 행복한 사회가 되는 것이다. 행복지수가 높은 서구사회, 스웨덴과 핀란드를 보면 진보와 보수가 공존하고 있다.

필자는 우리나라의 현 시점에 대해 이해가 된다. 우리나라는 6·25라는 참혹한 동족상쟁의 비극을 경험했다. 6·25전쟁의 피해는 참혹하기 그지없었다. 남한의 인명피해 중 사망자는 군인이 14만 7,000명, 민간인은 24만 4,000여 명이나 되었다. 그리고 북한의 사망자 수는 군인이 29만 4,000여 명, 민간인은 40만 6,000명으로, 남북한 군인을 포합한 사망자가 약 44만 명, 민간인 사망자 수는 약 65만 명이나 된다. 실제는 이보다 훨씬 더 많은 것으로 추정한다. 이들 중에는 전쟁기간에 폭격이나 사고 등에 의한 사망자만이 아니라 학살과 피살로 숨진 민간인도 포함되어 있다. 남한에서만 적어도 10만 이상으로 추산하고 있다.[7] 이런 비극을 겪은 우리 심중에는 깊은 한과 분노와 복수심이 깔려 있다. 이런 분노와 복수심과 미움이 있는 곳에 행복이 있을 리 없다. 그리고 남북분단은 군사적인 대치로 인한 자원의 분할로 막대한 민족의 역량이 손실되고 있다. 그리고 민족의 동질성이 훼손되며, 민족사의 방향이 왜곡변질되고 있다.

이제 우리는 어떻게 하는 것이 우리 민족의 장래를 위해 옳은 일일까? 말 한 마리가 각자 있는 힘을 다해 물건을 끌면 2톤을 끌 수 있다고 한다. 그러나 두 마리가 힘을 합하면 23톤이나 끌 수 있다고 한다. 우리가 어떻게 하는 것이 우리 민족의 장래를 위해 옳은 일일까? 남북분단의 비극을 그대로 다음 세대까지 끌고 가야 하는가? 다음 세대까지 낮은 행복지수로 살

[7] 박찬승. 마을로 간 한국전쟁. 돌베개. 2010.

아야 하는가? 그런데 남북문제는 이데올로기나 정치, 경제 문제로만 풀 수 없다는 한계에 부딪힌다. 그렇다면 어떻게 남북문제를 풀 수 있을까? 복수심과 미움과 분노를 어떻게 해결할 수 있을까? 오직 화평의 복음으로만 풀 수 있고 해결할 수 있다고 본다. 성경에 이런 말씀이 있다. "그는 우리의 화평이신지라 둘로 하나를 만드사 원수 된 것 곧 중간에 막힌 담을 자기 육체로 허시고"(엡 2:14). 여기에서 '담'은 구별을 뜻한다. 당시 예루살렘 성전에는 이방인 뜰과 성전 뜰 사이에 담이 있었다. 그곳에는 '더 이상 접근하지 마라, 접근하면 죽음을 면치 못하리라.'는 팻말이 있었다. 이방인들은 절대로 성전 뜰에 들어갈 수 없었다. 이스라엘 백성들은 성전 뜰과 성소 사이에 담이 있어서 성소에 들어갈 수 없었다. 제사장들은 성소와 지성소 사이에 담이 있어서 대제사장 외에는 누구도 지성소를 들어갈 수 없었다. 그리스도께서 오셔서 이런 담들을 허셨다. 유대인과 이방인과의 담을 허물어 차별이 없게 하였다. 성소의 휘장을 찢어 성소와 지성소의 담을 허셨다. 십자가는 바로 모든 담을 헐어 하나가 되게 하는 화평의 십자가이다. 화평의 십자가에는 어떤 담이나 차별이 있을 수 없다.

우리가 살다 보면 많은 담이 있다. 여러 차별이 있다. 과거 우리 조상들에게는 양반과 상민이라는 차별이 있었다. 적자와 서자라는 높은 담이 있었다. 지금은 동서의 담, 남북의 담이 높다. 계층 간의 담 또한 높다. 화평의 십자가는 이런 모든 담을 헐어 둘을 하나가 되게 할 수 있다. 화평의 십자가의 복음은 남북의 높은 벽을 허물 수 있다. "그가 열방 사이에 판단하시며 많은 백성을 판결하시리니 무리가 그들의 칼을 쳐서 보습을 만들고 그들의 창을 쳐서 낫을 만들 것이며 이 나라와 저 나라가 다시는 칼을 들고 서로 치지 아니하며 다시는 전쟁을 연습하지 아니하리라."(사 2:4).

둘째, 성공지향적인 교육에서 찾을 수 있다.

우리나라 교육의 이념은 홍익인간(弘益人間)이다(교육법 1조). '홍익인간'이란 인간을 널리 이롭게 하는 이타적인 삶이다. 그런데 우리나라의 현실은 이와는 거리가 먼 출세지향의 교육이 지배하고 있다. 이것은 어제오늘의 문제가 아니라 고려왕조와 조선왕조에서 찾아볼 수 있다. 그간 우리사회를 지배한 계층은 과거라는 등용문을 통과한 사람들이다. 그러다 보니 오늘날 과거시험이라고 할 수 있는 고시가 출세의 잣대가 되고 있다. 그래서 일류지상주의와 1등만이 존재하는 약육강식이 지배하는 동물농장의 사회가 되었다. 교육은 인류공영에 이바지하여야 할 건전한 시민양성이 아니라 출세의 수단이 되었다. 그로 인해 학교교육은 입시위주와 출세주의 교육으로 전락하였다.

우리나라는 '1'이라는 숫자를 무척 좋아한다. 그런데 지하철만큼은 유독 2호선을 선호한다. 이는 2호선에 소위 말하는 일류대가 있기 때문이다. 그리고 2호선 지하철에서 여인들의 대화 주제는 '평, 등'이란 말이 있다. 이 평등은 평등이라는 영어 이큐어릴티(equality)가 아니다. 아파트 몇 평에 살고 있고, 자녀의 석차가 몇 등이라는 첫 글자이다. 이는 우리나라가 입시와 부의 상징인 아파트에 얼마나 많은 관심이 있는가를 풍자하는 단어이다.

2014년 사교육비 총규모는 약 18조 2천억 원이다.[8] 이는 우리나라 예산이 357조라고 볼 때 5%에 해당한다. 이는 세계 최고 수준이다. 반면에 교육투자의 효율성은 주요 국가들 중에서 하위권이다. 문제는 이렇게 많은 비용을 들여서 이루어지는 교육이 학문의 연구가 아니다. 오직 입시를 위한 교육, 그것도 학원교육이라는 점이다. 이로 인해 학력(學力)이 아니라 학력(學歷)[9]이 되고 있다. 개인의 능력보다는 간판, 즉 출신학교로 평가한다. 그러다 보니 비교의식과 상대주의로 인한 열등감이 팽배하고 있다. 이와 같이 우리나라의 교육환경과 사회 환경은 행복과는 멀다. 그러나 행복은 성적순이 아니다. 80년대 '행복은 성적순이 아니잖아요'라는 영화가 있었다. 이 영화의 줄거리는 1등을 목표로 하는 부모의 압력을 받던 여고생이 자살하는 내용이다.

특히 삼성의 '아무도 2등은 기억하지 않습니다'라는 광고는 더욱더 1등 지상주의로 몰아넣고 있다. 1등만 존재한다면 2등 이하는 어떻게 해야 하는가? 1등은 하나밖에 없지만 2등 이하는 부지기수이다. 이런 살벌한 교육환경과 사회 환경에서 행복지수가 올라갈 수가 없다. 2014년에 자살한 사람은 1만 3,836명으로 하루에 37.9명꼴이었고, 자살률(인구 10만 명당 자살자)은 27.3명이었다. 일본의 자살률은 18.7명, 미국은 12.5명, 독일은 10.8명이었다. 이는 OECD 회원국 중에 자살률이 1위이다. 그리고 OECD에서 발표한 '2016년 더 나은 삶의 질 지수(Better Life Index)'를 보면 38개국 중에 28위를 차지했다.[10] 한국의 삶의 질 지수는 매년 하락하고 있다. 또 한국의 국내총생산(GDP)은 세계 13위인 데 비해 행복지수는 58위에 불과하다.[11] 인간의 삶에서 '먹고 사는' 것만큼 중요한 건 없다. 여기에 필요한 게 '돈'이다. 돈이 없으면 삶은 고단해진다. 그렇다고 돈이 많다고 삶이 윤택해질까. 루이지노 브루니 교수는 이렇게 대답한다. "돈이 많다고 다 행복한 건 아니다." 이제 우리는 눈을 돌려 1등 지상주의에서 행복한 삶으로의 대전환이 요구된다.

---

[8] 교육부. 사교육비와 의식조사. 2014.

[9] 학력(學力)은 학문상의 실력, 학습으로 쌓은 능력이고, 학력(學歷)은 수학한 이력을 말한다.

[10] OECD. 2016년 더 나은 삶의 질 지수. 2016.

[11] 세계 행복 보고서(2016). 2016

셋째, 천민자본주의에서 찾을 수 있다.

자본주의의 창시자 애덤 스미스[12]는 저서 국부론을 통해 시장의 중요성을 강조하고, 시장은 보이지 않는 손에 의해 조정된다고 했다. 그리고 그는 1776년에 국부론을 쓰기 17년 전인 1759년에 **도덕감정론**을 저술하였다. 그는 인간의 사회적 덕성을 인혜(仁惠)와 정의 및 신려(愼慮)의 구분과 조정(調整)에 두고, 그 인식능력을 동정(同情)과는 질적으로 다른 '동감(同感)'에서 찾았다.

한편 천민자본주의는 독일의 막스 베버[13]가 처음 사용했다. 그는 유대인의 예를 들고 있다. 유대인은 게토(ghetto)라는 지역에 모여 살면서 유럽 사람들로부터 천대를 받으며 살았다. 그들은 살아남기 위해 천박하게 여기던 고리대금업에 종사하였다. 성경은 같은 성도끼리 이자를 받고 돈을 빌려주는 것을 금하고 있다(출 22:25, 신 23:20). 그러나 그들은 이에 아랑곳하지 않고 엄청난 이자를 받고 돈을 벌어 이들에 대한 유럽인들의 혐오감이 더 높아졌다. 오죽하였으면 셰익스피어[14]의 베니스의 상인에서 유대인을 악덕 사채업자로 묘사하였겠는가? 이 중에 유럽 금융계를 장악한 로스차일드 등은 엄청난 돈을 벌어 왕들과 지배층에 돈을 빌려주고 지배층은 돈 대신 화폐발행권 등의 이권을 넘겨주었다. 막스 베버는 유대인들처럼 수단 방법을 가리지 않고 돈 버는 모습을 천민자본주의라 불렀다.

우리나라에 천민자본주의가 등장한 것은 1970년대 직후이다. 당시 정부는 '선 성장 후 분배'라는 정책을 내세워 경제성장에 목표를 두었다. 이로 인해 노동자들은 저임금에 시달려야 했고, 자본가는 노동을 착취하였다. 거기에다가 정경유착으로 돈을 모아 부동산에 투기하였다. 결국 자본주의는 애덤 스미스가 보이지 않는 손이 시장을 지배한다고 했는데, 결과적으로는 자본이 시장을 지배하게 되었다. 시장은 그만두고 국가까지 지배하려고 한다.

우리나라의 자본주의 역사는 아주 짧다. 여기에다가 우리나라는 단기간에 산업사회로 진입하고 지식정보 사회가 되었다. 그리고 도시개발로 인해 갑자기 부자들이 생겨났다. 막스 베버의 **프로테스탄트와 자본주의**[15]를 보면 자본주의는 경건한 크리스천들이 한 푼 두 푼 모아 은행에 저축한 것이 자본이 되어 산업을 일으키는 것으로 보고 있다. 그런데 우리나라는 땀

[12] 애덤 스미스(1723~1780): 영국의 정치경제학자, 도덕철학자로 고전경제학의 창시자이다. 그의 저서로는 도덕감정론과 국부론이 있다.
[13] 막스 베버(1864~1920): 독일의 사회과학자로 프로테스탄티즘의 윤리와 자본주의의 정신이 있다.
[14] 윌리엄 셰익스피어(1564~1616): 영국이 낳은 세계 최고 극작가로서, 희곡과 비극을 포함한 38편이 있다.
[15] 막스 베버. 프로테스탄트 윤리와 자본주의 정신. 김상희 역. 풀빛. 2006.

을 흘려 돈을 번 기업도 있고 기업가들도 있겠지만 대부분 해방과 더불어 정치권과 결탁하여 일제적산(日帝敵産)의 인수, 갑작스러운 강남 개발로 인한 보상금, 그리고 차관과 구제금융 등의 특혜를 통해 성장했다. 이로 인해 천민자본주의가 생기게 된 것이다.

우리나라는 자본주의 속성인 부와 권력획득을 최고의 선으로 여김으로 인해 목적지향이 아니라 지위지향이 지배하는 사회가 되었다. 한 일간지의 보도에 의하면 강남에 집 200채 이상을 가진 사람도 있다고 한다. 빈부의 간극이 점점 심화되어 가고 있다. 혹자는 본인이 게을러서, 공부 못해서 출세 못하고, 돈을 벌지 못하면서 무슨 말이 그렇게 많으냐고 한다. 그러나 꼭 그렇게만 말할 수는 없다. 어느 사회든 낙오자가 있게 마련이다. 모두가 1등이 될 수는 없다. 그렇다면 1등을 하지 못하고 낙오자가 된 사람들을 어떻게 해야 할 것인가? 여기에 대한 따뜻한 배려가 있는 사회가 행복한 사회이다.

2010년 남아프리카공화국에서 열린 제3차 로잔대회[16]에서 크리스토퍼 라이트는 교회 지도자들이 빠지기 쉬운 3대 우상을 'GPS', 즉 탐욕(Greed)과 권력(Power), 성공(Success)으로 보았다. 이를 타파할 개념으로 'HIS', 겸손(Humility), 정직(Integrity), 단순함(Simplicity)을 제시하였다. 그는 "성공과 탐욕과 권력을 제거하고 겸손과 정직, 단순함을 세워 나가는 노력은 지금 기독교에서 가장 중요한 일"이라고 강조했다. 이는 비단 교회에만 해당되지는 않을 것이다. 우리 모두에게 던지는 메시지이다.

지금 나는 어디에 있는가? GPS에 있는가, 아니면 HIS의 위치에 있는가? 인간의 탐욕과 이기심을 해결하지 않고는 진정한 행복을 찾을 수 없다. 자본주의 속성은 나눔보다 성장과 소유에 있다. 이로 인해 수단 방법을 가리지 않고 소유를 향해 질주하게 되고, 살벌한 경쟁 사회로 몰아간다. 어렸을 때부터 토끼와 거북이의 예를 들어 경쟁에서 승리하는 자만이 선이고 정의라고 교육을 받는다. 그러나 다르게 생각해 볼 수는 없을까? 토끼는 달리기 선수이고 거북이는 수영 선수인데 지상에서 게임을 시킨 자체가 잘못된 것은 아닐까?

이제 우리는 모든 것을 이념의 잣대로 판단하는 2분법의 사고체계를 다름의 차원에서 접근하는 교육과 평화교육이 필요하다. 그리고 성공지향의 교육에서 성취지향적인 교육과 천민자본주의에서 나눔과 배려 및 '동감(同感)'의 화평과 동감! 따뜻한 자본주의 교육이 필요하다. 이때 행복지수는 높아질 것이다.

---

[16] 로잔대회는 1974년 스위스의 로잔에서 열린 복음주의 성향의 기독교 대회를 말하는데, 대회가 열린 장소의 이름을 따서 로잔회의(Lausanne Congress)라고 부른다.

차례

01 행복과 교육

1. 교육의 의의 ǀ 1
3. 우리나라의 교육목표 ǀ 3
5. 우리나라와 유대 교육의 비교 ǀ 6

2. 교육의 구성요소 ǀ 2
4. 교육내용과 방법 ǀ 4

02 행복과 자기 정체성

1. 행복의 정의 ǀ 11
3. 행복의 특성과 조건 ǀ 17
5. 행복방정식 ǀ 22
7. 행복의 측정 ǀ 28

2. 행복의 종류 ǀ 15
4. 행복의 원리와 방법 ǀ 20
6. 행복과 정체성 ǀ 26

03 행복과 긍정

1. 긍정과 행복 ǀ 31
3. 긍정과 관심 ǀ 39
5. 긍정과 유머 ǀ 43
7. 긍정과 소망 ǀ 51
9. 긍정심리에 대한 반론 ǀ 56

2. 긍정과 언어 ǀ 35
4. 긍정과 시각 ǀ 40
6. 긍정과 감사 ǀ 46
8. 긍정과 감성 ǀ 53
10. 긍정과 부정정서 척도 ǀ 59

04 행복과 결혼

1. 결혼의 정의와 목적 | 61
2. 결혼의 유형과 형태 | 63
3. 동거와 독신생활 및 재혼 | 64
4. 바람직하지 않은 결혼 | 68
5. 부부 역할 | 69
6. 이성교제와 순결 | 71
7. 결혼과 임신 | 74
8. 부부의 행복에 영향을 미치는 요인 | 75
9. 부부관계의 문제를 풀어가는 방법 | 87

05 행복과 가정

1. 가족의 정의 | 93
2. 가족의 기능 | 96
3. 가족의 구성과 특징 | 96
4. 가정 환경 | 98
5. 현대 가정의 병리현상 | 100
6. 건강한 가정의 15가지 특징 | 106

06 행복과 사회

1. 인간과 사회 | 107
2. 사회집단의 요건과 특징 및 형태 | 108
3. 사회 변동 | 111
4. 사회계층의 특징과 형태 | 113
5. 사회계층을 보는 시각 | 115
6. 한국 사회의 병리 | 117
7. 사회와 행복과의 관계 | 129

07 행복과 문화

1. 문화의 정의 | 131
2. 문화의 중요성 | 132
3. 문화의 특징과 유형 | 134
4. 문화 변화와 변동 | 134
5. 문화실조와 기대와 기능 | 136
6. 동양과 서양의 문화 비교 | 139
7. 헬레니즘과 헤브라이즘의 비교 | 141
8. 포스트모더니즘 | 148
9. 영화와 인터넷 문화 | 152
10. 신세대 문화의 특성 | 154

08 행복과 종교

1. 의미와 가치 | 157

2. 인간관 | 158

3. 종교의 심리적 기능 | 163

4. 세계 종교의 탄생 | 165

5. 동양의 종교 | 167

6. 종교의 결혼관과 자녀관 | 169

7. 종교의 갈등 | 172

8. 종교가 행복에 미치는 영향 | 173

9. 영성평가 | 173

09 행복과 심리

1. 정신분석심리 | 175

2. 행동심리 | 182

3. 인지심리 | 186

4. 교류분석심리 | 186

5. 인본주의심리 | 200

6. 사회발달심리 | 205

7. 역할모델과 효능감 | 209

8. 동기, 비교, 적응과 대처이론, 목표이론 | 213

9. 기질 | 215

10 행복과 정신건강

1. 정신건강의 정의 | 223

2. 정신건강의 조건 | 225

3. 정상과 이상의 차이 | 229

4. 정신건강의 구성요소 | 231

5. 신경증과 정신분열증 | 233

6. 우울증과 조울증 | 236

7. 인터넷 중독과 게임 중독 | 240

8. 스트레스 | 243

9. 성격장애 | 247

10. 정신질환자 현황 | 273

11. 정신건강이 행복에 미치는 영향 | 276

12. 정신건강 10가지 수칙(복지부) | 277

11 ▶ 행복과 성

1. 성의 어의 | 279
2. 성의 연구 및 역사 | 281
3. 정신의학적, 심리적, 종교적인 면에서의 성 | 286
4. 성문화 | 289
5. 성건강 | 293
6. 성폭력과 성매매 | 323
7. 성교육 | 328
8. 성윤리 | 331

12 ▶ 행복과 인간관계

1. 인간관계와 중요성 | 333
2. 의미있는 타인 | 334
3. 다양한 인간관계 | 336
4. 인간관계의 분류 | 336
5. 인생의 네 가지 동반자 | 337
6. 대인관계 | 339
7. 친구 | 342
8. 메이요와 테일러의 비교 | 347
9. 현대사회의 인간관계 | 349

13 ▶ 행복과 직업

1. 직업의 의미 | 351
2. 행복과 직업 | 351
3. 일의 동기와 직업의 만족 | 353
4. 직업의 변천 | 358
5. 직업의 중요성과 인생 설계의 여섯 단계 | 359
6. 행복한 직장생활 | 360
7. 직업과 MBTI, 애니어그램 | 362
8. 우리나라의 직업 만족도 | 381
9. 행복한 직장생활을 위한 12가지 규칙 | 383

14 행복과 나눔, 여가

1. 행복과 나눔 | 385

2. 나눔, 봉사의 특성 | 388

3. 자원봉사 활동의 필요성 | 388

4. 자원봉사 활동의 종류 및 내용 | 389

5. 자원봉사 활동과 행복과의 관계 | 393

6. 행복과 여가 | 395

7. 청소년 여가문화 | 396

8. 행복과 여가 활동과의 관계 | 397

9. 생활 속에서의 향유 | 398

10. 우리나라 여가지수와 나눔 | 399

:: 참고문헌 405

:: 찾아보기 419

1. 교육의 의의

이율곡은 **격몽요결**[1]에서 인간사세비학문무이위인(人間斯世非學門無以爲人)이라고 했다. 이는 인간이 세상에 태어나서 학문하지 않으면 사람이라 할 수 없다는 말이다. 인간은 교육을 통해 사회화, 문화화 과정을 거쳐서 문화인이 되고 사회인이 된다. 건강한 문화인과 사회인이 될 때 행복지수가 높고 행복한 삶을 살 수 있다.

교육이란 영어로 에듀케이션(education)이다. 이는 라틴어 에듀케어(*educare*)에서 나온 단어로, educare는 e＋ducare의 합성어이다. e는 밖으로(out)란 뜻이고, ducare는 이끌어낸다(drawing)는 뜻이다. 이를 풀어보면 아동 안에 내재된 천성과 개성을 밖으로 끌어내는 것을 뜻한다. 다시 말해 교육이란 인간 내면에 내재되어 있는 가능성과 그리고 개성과 은사, 달란트를 바람직한 방향으로 최대한 밖으로 끌어내어 의식과 무의식적으로 환경의 영향과 지식을 습득하여 자신의 내면성을 형성하는 것이다.

성경에서 바울은 그의 제자인 디모데에게 "그러므로 내가 나의 안수함으로 네 속에 있는 하나님의 은사를 불 일 듯하게 하기 위하여 너로 생각하게 하노니"(딤후 1:6)라고 했다. 여기에서 말하는 은사는 내재된 가능성, 천성을 말한다. 이것이 교육이다. 교육은 기능이 아니

---

[1] 격몽요결 : 1577년(선조 10)에 이이(李珥) 이율곡이 학문을 시작하는 이들을 가르치기 위해 편찬한 책.

다. 교육은 각기 주어진 독특한 은사를 잘 발휘하도록 돕는 것이다.

그리고 영어로 페다고지(pedagogy)란 뜻도 있다. 이는 헬라어 파이다고고스(παίδαγωγός)에서 나온 단어로, 파이도스(παίδος)와 아고고스(αγωγός)의 합성어이다. παίδος는 어린이란 뜻이고, αγωγός는 이끌고 돌보다는 뜻이다. 그러니까 교육이란 어린이를 이끌고 잘 돌보는 양육이란 뜻이다.

그리고 동양에서의 교육은 한자로 敎育(교육)이다. 이는 맹자[2]의 진심편(盡心編)의 군자의 삼락(三樂)에서 유래되었다. 군자의 삼락은 부모구존재형제무고일지락야, 앙불어천부작어인이지락야, 득천하영재교육지삼락야(父母俱存兄弟無故一之樂也仰不愧於天俯作於人二之樂也得天下英才敎育之三樂也)이다. 이는 부모가 다 살아계시고 형제가 무고한 것이 군자의 첫 번째 즐거움이요, 우러러 하늘에 부끄럽지 않고 굽어 보아도 사람들에게 부끄럽지 않은 것이 군자의 두 번째 즐거움이요, 천하의 영재를 얻어서 교육하는 것이 군자의 세 번째 즐거움이라는 것이다.

여기에서 교(敎)는 爻+子+卜+又=效+子+卜+手로 교사가 손에 매를 들고 방향을 제시하고 아동은 어른을 본받음을 뜻하고, 육(育)은 자(子)+육(肉)으로 어머니가 아이를 가슴에 안아주는 모습이다. 이를 설명해 보면 敎는 방향제시, 育은 양육하다는 뜻이다. 그리고 교(敎)는 효(孝)+문(父)의 합성어로 효(孝)를 가르치는 뜻이기도 하다. 그리고 교(敎)는 자식이 부모를 업고 간다는 뜻도 있다. 이를 볼 때에 효란 부모님을 존경한다는 뜻인데, 교육의 제1차적인 목적은 부모님의 은혜를 아는 것이다. 성경에 부모를 공경하는 것이 인간관계의 첫째 계명이기도 하다. 성경에서 말하는 부모는 육신의 부모뿐만 아니라 윗사람에 대한 공경을 뜻하기도 하다. 그리고 공자의 제자인 증자가 쓴 효경(孝經)[3]에 '효'는 덕의 근본이라 했다. 이를 볼 때 효는 동서양의 공통된 가르침임을 알 수 있다.

2. 교육의 구성요소

교육의 구성요소는 교사와 아동과 교육내용과 방법, 그리고 교육의 장으로 구성되어 있다. 가정의 장으로 할 때에는 부모가 교육의 주체가 된다. 부모가 가정에서 자녀에게 무의도적

---

[2] 맹자(BC 372~289) : 노나라와 인접한 추라는 소국에서 태어난 성선설을 주장한 유가 철학자.
[3] 효경은 공자(孔子)가 제자인 증자(曾子)에게 전한 효도에 관한 논설내용을 훗날 제자들이 편저한 것으로 효가 덕(德)의 근본임을 밝힌 유교 경전 중의 하나로, 조선시대에는 효경언해가 간행되어 널리 읽혔다.

으로 사랑을 가지고 가르치는 것이고, 학교가 장일 경우에는 교사가 학생에게 의도적으로 교육내용과 교육 목적을 달성하기 위해 가르치는 것이다. 그리고 사회가 장일 경우에는 선배가 후배에게 필요한 것을 가르치는 것이다. 그런데 여기에서 부모나 교사나 사회에서의 선배는 늘 교육을 가르치는 주체가 되는 것은 아니다. 그들도 또 다른 교사를 필요로 한다. 여기에 평생교육, 평생학습이 요구되는 것이다.

3. 우리나라의 교육목표

우리나라의 교육의 목표는 홍익인간(弘益人間)이다(교육법 1조). 홍익인간의 뜻은 널리 인간 세계를 이롭게 한다는 뜻이다. 이는 삼국유사의 기이편(紀異篇)에 실린 고조선(古朝鮮) 건국 신화에서 유래되었다. 일연의 **삼국유사**[4]에는 홍익인간에 대해 이렇게 기록되어 있다. 고기(古記)에 이르기를, 옛날에 환인(桓因)의 아들인 환웅(桓雄)이 자주 세상에 뜻을 두어 인간 세상을 탐내므로 아버지가 아들의 뜻을 알고 삼위 태백을 내려다보니 널리 인간을 이롭게 할만했다. 이에 천부인 3개를 주고 가서 다스리게 하였다. 환웅이 무리 3천을 이끌고 태백산 꼭대기의 신단수 아래로 내려와 그곳을 신시라 이르니 이가 환웅천왕(桓雄天王)이다. 그는 풍백(風伯), 우사(雨師), 운사(雲師)를 거느리고 인간의 360여 가지 일을 주관하였다. 이때 곰 한 마리와 호랑이 한 마리가 같은 굴에서 살았는데, 환웅에게 사람이 되기를 늘 빌었다. 마침내 환웅이 신령스러운 쑥 한 심지와 마늘 20개를 주며 너희들이 이것을 먹고 100일 동안 햇빛을 보지 않으면 곧 사람이 되리라고 하였다. 곰과 호랑이는 이것을 받아먹었다. 곰은 21일을 금기하여 여자가 되었지만, 호랑이는 참지 못하여 사람이 되지 못했다. 웅녀는 혼인을 할 상대가 없어 늘 신단수 아래에서 아이 배기를 축원하였다. 환웅이 잠깐 변해 그와 결혼하여 아이를 낳았으니, 그의 이름이 단군왕검(檀君王儉)이다.

그리고 환웅의 관심은 어떻게 하면 인간 세상을 이롭게 하고 도리로 교화할 것인가 생각하였다. 그리고 홍익인간을 실천하기 위해 곡식, 생명, 질병, 형벌, 선악 등 인간사회의 온갖 일을 주관하였다. 이처럼 홍익인간은 추상적 개념이 아니라, 경제와 사회, 복지와 정의 등 현실적인 삶의 끊임없는 개선과 향상을 지향하는 사회적이고 실천적인 개념이다. 그리고 교육의 이념은 인격 완성과 공민자질, 자주적 능력이다.

---

[4] 일연. 삼국유사. 신태영 역. 한국인문고전연구소. 2012.

한편 미국 초기의 대학교육의 원칙은 라틴어인 In Loco Parentis(부모 대신)에 기초한 역사였다. 그래서 대학 교육의 전반에 걸쳐 부모를 대신하여 지적인 향상보다 도덕과 윤리를 중시하였다.[5] 그러나 현재 미국의 교육 목표는 인간관계를 주목표로 자기실현, 공익적 책임, 경제적 효율이다. 미국이 인간관계를 교육의 주목표로 삼은 것은 다문화사회이기 때문일 것이다.

4. 교육내용과 방법

교육내용 및 교육과정을 포괄하여 교육과정이라고 할 수 있다. 교육내용은 '무엇'에 해당되는 것이고, 교육방법은 '어떻게'가 되는 것이다. 교육내용은 크게 교과중심, 경험중심, 학문중심, 그리고 인간중심이 있다.

1) 교과중심 교육과정

교과중심은 학교교육이 시작된 이래 1920년대까지 이어져 왔다. 교과중심 교육과정은 7자유과, 즉 문법, 수사학, 논리학, 대수, 기하, 천문학, 음악이다. 그 정신은 정신도야이다. 인간의 정신은 서로 뚜렷이 구분되는 몇 가지 능력들 지각, 기억, 상상, 추리, 감정 및 의지력으로 구성되어 있다는 것이다. 정신도야는 근육을 단련시키는 것처럼 마음의 심근을 단련하는 것이 가능하다고 본다. 교과중심 과정의 특징은 논리적이고 체계적이다. 교사중심이고 설명 위주의 교육이며 한정된 영역의 학습이다. 이는 형식도야설(formal discipline theory)에 기초한다. 형식도야설은 19세기 말에 이르기까지 오랫동안 실시된 학습이론이다. 이 학습이론은 인간의 정신을 기억력, 추리력, 주의력 상상력 등 여러 가지 능력의 결합으로, 기본 교과를 통한 마음의 단련을 해야 한다는 것이다. 즉, 수학을 배우면 수학 자체의 내용을 배우는 것이 중요한 것이 아니다. 수학을 배우는 과정을 통하여 추리력, 상상력 등이 발달되어 이것이 다른 문제에까지 전이가 된다는 것이다. 이 교과중심 교육과정의 단점은 학습동기 유발이 어렵고, 사고력과 창조적인 기능을 함양하기가 어렵다.

2) 경험중심 교육과정

경험중심 교육과정은 전통적인 교과중심 교육과정을 비판한 이론이다. 이 교육과정을 아동

---

[5] Hoekema, D. A., 1994. Campus Rules and Moral Community. London: Rowman & Littlefield.

중심, 생활중심, 활동중심 등으로 표현하기도 한다. 경험중심 교육과정은 교육내용을 학교에서 제공하는 경험의 총체로 본다. 그리고 학습자의 자발적 활동을 중시한다. 이 이론은 20세기 전후의 자기 발전적 교육사상의 영향으로 존 듀이가 발전시켰다.

이 교육과정은 교사가 일반교양과 심리적인 소양, 그리고 지식 및 기술을 충분히 갖추고 있어야 한다. 그리고 학생의 학습에 필요한 환경의 완비와 학생의 흥미를 고려해야 한다. 그 특징은 교육과정의 중점을 학습자에 두고, 생활인의 육성을 목표로 하고 있으며, 아동중심 교육이다. 그리고 문제해결 및 전인교육을 강조한다. 이 교육과정은 학습자의 행동을 통제하기가 어려운 약점이 있다. 그리고 학교교육의 기능을 무시할 가능성이 있다.

3) 학문중심 교육과정

학문중심 교육과정은 1960년 미국의 브루너(J.S. Bruner, 1960)[6]의 교육의 과정에서 체계적으로 정립되었다. 미국에서 학문중심 교육과정이 대두된 직접적인 배경은 1957년에 소련에서 처음으로 쏘아 올린 인공위성 스푸트니크에 의해서다. 학문중심 교육과정은 학문의 특징적인 개념과 탐구방법을 전제로, 교육의 초보적 단계로부터 고등수준에 이르기까지 개념과 탐구방법을 가르쳐야 한다. 그리고 학습방법 면에서는 발견학습(discovery learning)과 탐구학습(inquiry learning)을 강조한다.

이 이론은 1960~1970년대에 번성하였고, 한국에도 소개되어 1971년의 제3차 교육과정 개정에 크게 반영되었으며 최근까지도 주된 흐름을 이루고 있다. 이 이론은 초급지식과 고급지식의 간격 축소, 추상적 사고의 확대 등의 장점을 가지고 있다. 반면에 교육내용을 조직해야 할 개념과 법칙의 선정 및 조직에 어려움이 있다. 교사의 준비 부족과 학습 자료의 개발 미흡, 그리고 학생의 충분한 이해 부족 등으로 인한 학습목적 달성에 어려움이 있을 수 있다.

4) 인간중심 교육과정

1970년대에 들어와 고도의 산업화에 따른 인간성의 상실과 비인간화 현상이 대두되기 시작하였다. 이로 인해 학문중심 교육과정에 대한 비판이 제기되었다. 대표적인 학자는 맥네일

---

[6] Bruner, J. S. *The Process of Education*. New York: Vintage Books. 1960.

(McNeil, 1984)[7]이다. 그는 교육의 본질을 삶의 충실과 자아실현으로 보았다.

이 이론의 특징은 잠재적인 교육과정과 표면적인 교육과정을 모두 중시하고 있다. 학교환경의 인간화를 위해 노력하고 자아실현을 목표로 한다. 이로 인해 아동의 자아실현과 자기 성장에 도움이 된다. 반면에 자유로운 환경이 이루어지지 않으면 교육성과를 거둘 수가 없다. 그리고 인간중심 교육의 사명감이 없으면 실현되기 어렵다. 특히 과밀학급과 경쟁위주의 교육환경에서는 인간중심의 교육이 어려울 수 있다.

5. 우리나라와 유대 교육의 비교

한국인은 평균 지능지수가 106으로 세계 최고이다. 반면에 이스라엘은 94로 세계 45위이다. 국제성취도평가(PISA)에서도 우리나라는 1~4위로 세계 최상위권이지만, 이스라엘은 OECD 36국가 중 30위에 머문다. 세계올림피아드에서도 우리나라는 최상위권의 성적을 거두지만, 이스라엘은 최상위권에 들지 못한다. 학생들이 공부하는 시간도 우리나라 학생들이 유대인

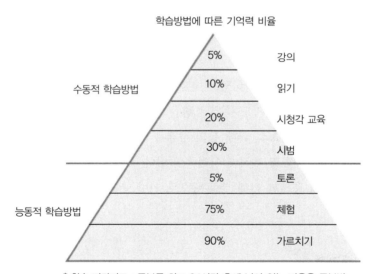

학습방법에 따른 기억력 비율

수동적 학습방법
- 5% 강의
- 10% 읽기
- 20% 시청각 교육
- 30% 시범

능동적 학습방법
- 5% 토론
- 75% 체험
- 90% 가르치기

* 학습 피라미드 : 공부를 하고 24시간 후에 남아 있는 비율을 공부방법에 따라 나타낸 것

출처 : National Training Laboratories, Bethel, Maine

그림 1.1 학습 피라미드

[7] McNeil, J. D. *Curriculum: A Comprehensive Introduction*, Boston : Little, Boston & Company, 3rd. 1984.

들보다 훨씬 많다. 유대인들의 교육열이 높지만, 기러기 아빠를 자처하는 우리나라에 비할
바가 아니다. 교사 수준도 우리나라가 단연 세계에서 최고이다.

이렇다면 당연히 우리나라에서 세계적인 인물이 가장 많이 나와야 하고 노벨상도 가장 많
이 받아야 한다. 그런데 전혀 그렇지 않다. 우리나라는 노벨상이 평화상 수상자 한 명밖에
되지 않는다. 그런데 유대인은 전체 노벨상 수상자의 30%나 된다. 미국 아이비리그 대학에
입학하는 한국계 학생이 1% 정도인 데 반해 유대인은 30%, 억만장자가 40%나 된다. 그들은
0.2%의 인구비율로 세계를 움직이고 있다. 그 이유는 교육의 내용과 방법에 있다.

우리나라 교육의 내용과 방법은 '듣고', '읽고', '받아쓰고', '외워서' 시험을 본다. 그다음
에는 잊어버린다. 이를 초등학교 때부터 대학 때까지 16년을 반복한다. 이는 수동적인 교육
방법으로, 이에 대한 효과는 미미한 것으로 나타났다. 학생들을 대상으로 다양한 학습방법
을 적용하여 학습내용을 전달하고, 24시간이 지난 뒤에 학습내용을 얼마나 기억하는지를 조
사했다. 그 결과를 피라미드 형태로 제시한 것을 보면 듣기 5%, 읽기 10%, 가르치기는 90%
의 기억률로 나타났다. 가르치기는 혼자 읽고 듣는 것보다 무려 45배나 달하였다. 이를 통해
'남을 가르치기'가 가장 효과적인 공부방법인 것을 볼 수 있다.

유대인들은 혼자 공부하는 것이 아니라 친구와 둘씩 짝을 지어 토론과 논쟁을 하면서 공
부한다. 이를 '하브루타'(havruta)라고 한다.[8] 이는 짝을 지어서 공부한다는 뜻이다. 때에 따
라 여러 명이 하는 경우도 있지만 보통 4명을 넘지 않는다. 학생들은 짝을 지어 얼굴과 얼굴
을 맞대고 앉아서 서로 가르치고 배우고 논쟁한다. 즉 친구를 통해 배우는 것이다. 친구들과
서로 논쟁하고 토론하면서 '의문이 지혜의 출발'이라는 것을 터득하게 된다. 알면 알수록 의
문이 생기고, 질문이 늘어난다. 질문은 호기심을 자극하여 창의적인 사고의 틀이 형성된다.
이 창의성이 노벨상 수상자의 30%를 배출하게 하는 원동력이 되는 것이다. 그리고 서로를
공유하는 평생의 친구를 만나게 된다. 우리나라와 유대인의 교육 차이는 표 1.1과 같다.

표 1.1 한국과 유대 교육 차이

한국 교육	유대 교육	한국 교육	유대 교육
성공 우선	가정 우선	교과서적 지식	실제 삶의 지식
애착에 소홀	안정된 애착	강의와 전달	토론과 논쟁

(계속)

---

[8] 전성수 외. 하브루타. 라온스북스. 2014.

정체성과 가치관 소홀	분명한 정체성	듣는 교육	묻는 교육
개인 출세, 자아실현	세상을 더 아름답게	외우는 교육	생각하는 교육
성적	실력	양의 교육	질의 교육
지식	지혜	하나의 정답 중심	다양한 해답 중심
시험 합격	생활 실천	단답형, 단편적 지식	문제해결 능력, 사고력
암기	이해와 적용	스펙	내공
선행학습	적기교육	외적 동기	내적 동기
조기학습	조기교육	타율	자율
문자 숫자 인지 우선	애착과 관계 우선	권유, 지시	격려, 자극
교훈중심, 연역적	구체적 귀납법	끌고 가는 교육	밀어주는 교육
삶과 유리	삶과 직결	혼자 책상에 앉아서 공부	친구와 토론하면서 공부
조용한 도서관	시끄러운 도서관		

출처 : 전성수 외, 2014.

우리나라 학생들의 행복지수는 OECD 국가 중에서 매우 낮다. 반면에 성적과 공부로 인해 스트레스 지수가 높고, 이를 통해 청소년 자살률이 높다. 이는 개성이나 내재된 은사나 특성을 살리기 위한 다양한 교육보다 획일적인 교육, 그리고 교육보다는 학습, 자율보다는 타율, 격려보다는 지시, 교육의 목적은 홍익인간이지만 개인의 영달, 지혜보다는 지식, 성적별로 줄 세우기의 교육에서 그 원인을 찾을 수 있다.

이제 우리의 교육이 어떠해야 하는가? 이제는 이런 교육내용과 교육방법의 틀을 바꿔야 한다. 그런데 그것이 쉽지 않다. 그것은 한국 사회의 가치관과 교육환경, 학부모와 교육정책을 다루는 관료들, 그리고 교육의 주체라고 생각하는 교사들의 가치관의 대전환을 필요로 하기 때문이다. 그러나 이제는 일방적인 강의와 설명을 듣고, 읽으면서 외우는 수업에서 토론을 통한 서로를 배우고 가르치는 교육, 하나의 정답을 찾는 주입식 교육에서 듣고 묻고 말하고 생각하는 지혜의 교육, 학생을 교육의 객체에서 주체로 보는 인식의 전환이 어느 때보다도 필요하다.

소위 말하는 이해찬 시대의 교육을 평가할 시기가 되지 않았나 생각이 든다. 필자의 딸이 83년생이고 2002학번이다. 그 당시 딸이 열린 학습의 시범학교의 여고에서 반장을 했는데 급우들과 함께 즐겁고 신나는 학교생활을 했던 기억이 난다. 그들은 경쟁관계가 아닌 각기 재능을 살려 미래의 꿈을 꾸고 이루어 가려 했다. 주말이면 연극을 보고 박물관에 가기도 하고 대학 교수님들을 찾아가 인터뷰하며 피동적인데서 적극적으로 자율적으로, 그리고 창의적으로 학습하고 발표하는 것을 보았다. 그때 딸은 매우 행복해했다. 그때는 한 가지만 잘하면 대학에 간다고 했다. 그런데 어느 날 교육부 장관이 바뀌는 동시에 점수로 대학을 간다는 옛날 방식으로 돌아갔다. 이는 이른 아침부터 늦은 야간자율학습과 학원으로 전전해야 마음이 놓이는 어머니들의 노심초사의 결과이기도 했다.

　나는 지금도 이해찬 세대의 학생들을 심층조사를 한다면 지금 그들의 창의성은 상당히 높을 것이라고 본다. 그리고 그들이 사회의 중추적인 역할을 할 때쯤 되면 한국 사회는 달라질 것이라고 생각하곤 한다. 이제 아동이 끌려가는 교육에서 자율적으로 생각하는 교육, 듣는 교육에서 발표하고 서로서로가 배우며 가르치는 자율적인 교육이 어느 시대보다 필요하다. 지금 너나 할 것 없이 창의성, 창조경제를 부르짖고 있다. 그런데 그 개념조차도 알 수 없고 모호하다. 창의성은 각 개인이 갖고 있는 은사를 불 일 듯이 일으키는 데서 시작된다. '불일 듯이 일으킨다'는 뜻은 헬라어로 대장간에서 사용하는 풍로를 말한다(참조, 딤후 1:6). 풍로는 계속 바람을 일으켜 불이 활활 타오르게 하는 도구이다. 우리 각자는 누구도 갖지 못하는 은사를 가지고 있다. 그 은사를 100% 발휘하는 것이 창의성이고 그것이 교육이다. 이제 우리는 획일적인 교육에서 아동 안에 내재된 천성과 은사를 불 일 듯 일으키어 개성이 있고 신바람이 나는 행복한 교육의 본질로 돌아가야 한다. 그리고 따뜻한 비판과 긍정적인 시각으로 세계사 속에서 나 자신을 바라볼 때 학생들은 행복한 학교생활, 행복한 교실이 되어 행복지수가 드높아질 것이다.

행복과 자기 정체성

1. 행복의 정의

사람에게 궁극적인 가치는 돈, 지위, 권력과 같은 외부 수단이 아니라 바로 행복이다. 돈과 지위는 행복보다 하위에 있다. 우리가 그렇게도 열심히 공부하고 열심히 일하며 온갖 고난을 이겨내는 것도 결국 행복을 위한 것이다. 행복은 인간이 사용할 수 있는 가치 중에서 가장 궁극적인 가치이다. 그리고 행복은 우리의 행동을 결정하는 기준이며 우리가 지향하는 목적이기도 하다. 이처럼 사람들은 누구나 행복을 추구하고 바란다. 그런데 사람들은 무엇이 행복이고, 어떻게 행복해질 수 있는가에 대해서는 관심이 별로 없다. 막연하게 행복을 바라고 찾다가 찾지도 못하고 얻지도 못하고 만다. 그런데 우리가 어떤 목표를 달성한다는 것은 그렇게 쉬운 것이 아니다. 왜냐하면 거기에는 습관과 규칙을 바꿔야 하기 때문이다. 습관과 규칙을 바꿔서 행동화하기까지는 많은 노력과 시간이 요구된다. 그래서 대부분 실패로 끝난다. 그러면 우리가 어떻게 궁극적인 가치이자 목적인 행복을 얻을 수 있을까?

우리가 무엇을 얻고자 한다면 대상이 있는 곳에 가서 찾고 구해야 한다. 예를 들어 우리가 물고기를 잡기를 원한다면 강이나 바다로 가야지, 백두산이나 한라산으로 간다면 고기를 찾을 수도 없고 잡을 수도 없다. 행복의 경우도 마찬가지이다. 행복을 얻기 위해서는 그것이 있는 곳에 가서 찾아야 한다. 그런데 사람들은 엉뚱한 곳에 가서 행복을 찾는다.

도토리나무 밑에서 떨어진 도토리 맛을 본 멧돼지는 도토리나무 밑에 도토리가 있는 줄로 알고 주둥이로 땅을 판다. 그러나 도토리는 땅속에 있는 것이 아니라 도토리나무에 달려 있다. 멧돼지가 도토리를 먹으려면 도토리나무의 밑동을 온몸으로 쳐서 도토리가 떨어지도록 해야 한다. 어쩌면 우리는 도토리나무 밑에서 도토리를 먹기 위해 땅을 파는 멧돼지처럼 엉뚱한 곳에서 행복을 찾으려고 하는지 모른다.

그런데 우리는 어디에서 행복을 얻을 것인가를 묻고 찾기에 앞서서 행복이 무엇인지에 대해 먼저 생각해야 한다. 그런데 행복이 무엇인지에 관한 논의는 인류의 역사가 시작된 이래 인간이 무엇인가에 대한 논의만큼이나 다양하다. 일찍이 고대 로마의 바르르(Varre)의 조사에 의하면 그 시대에 이미 행복에 대해 288개의 이설이 있었다고 한다.[1]

또한 Andrews와 Withey(1976)[2]에 의하면, 미국의 수많은 조사연구에서 행복과 관련해 조사한 변인이 123가지가 되었다고 한다. 더욱이 바바라 키퍼는 지난 20년 동안 자신을 행복에 대해 행복을 주는 14,000가지[3] 제목으로 아기자기한 감성으로 엮어 한 권의 책으로 발간했다. 이 책 제목만 보더라도 행복에 대한 논의가 얼마나 어렵고 복잡한가를 알 수 있다.

행복이란 말은 영어로 'happiness'이다. 이 단어는 happen에서 파생된 단어로, 행복이란 외부로부터 오는 것이 아니라 스스로의 마음에서 얻어지는 만족이라 할 수 있다. 또 영어에서 축복이라는 단어에 블레스(bless)가 있다. 이 단어는 블러드(blood)라는 피에서 파생된 단어이다. 피는 생명, 혹은 희생이란 뜻을 담고 있다. 이를 볼 때 진정한 복은 희생에서 온다는 것을 알 수 있다.

그리고 히브리어로 복이란 '아쉬레'와 '바루크'란 단어가 있다. 바루크는 하나님의 직접적인 개입으로 인한 복(bless)을 말하고, 아쉬레란 행위의 결과로 주어지는 보상으로써의 복(happiness)을 말한다. 행복에 가까운 헬라어로 유다이모니아(εὐδαιμονία)와 라틴어로 벨릭스(felix)가 있다. '유다이모니아'는 훌륭한 영혼, 또는 인간의 최고의 완성, 인간의 진정한 행복을 의미한다.[4] '벨릭스'는 로마 황제들과 관련된 칭호에서 생겨난 말로 더할 나위 없는 행복(bliss)을 뜻한다.

웹스터 대사전에는 "행복이란 살아가는 데 있어서 가치를 따져볼 때 단순한 만족으로부터

---

[1] Marcuse, Ludwig. 마르쿠제의 행복론. 황문수 역. 범우사. 1989.

[2] Andrews, F.M. & Wilthey, S. *Developing measures of perceived life quality: Results from several nations survey*. Social Indicators Research, 1, 1–26. 1973.

[3] Barbara Ann Kipfer. *14,000 Things to be Happy About*. Workman Publishing. 2007.

[4] 김승호. 스콜라주의 교육목적론. 서울대학교. 1996.

더 깊고 농도 짙은 즐거움에 이르기까지 바람직한 정서 상태와 오랫동안 이어짐으로써 나타나는 평온한 상태이다."라고 기술하고 있다.

한자로는 幸福(행복)이다. '幸'자는 죄인의 손에 수갑을 채운 모습에서 온 글자로, 죄인을 붙잡는 것은 다행이라는 데서 나온 뜻이다. 그래서 중국에서는 죄인을 가두면 뉘우쳐 선한 사람이 된다고 하여 감옥을 복당(福堂)이라고도 한다. 그리고 '福'자는 시(示)와 풍(豊)의 합성어로 제단(示)에 술항아리를 바치면서 복을 빌었다는 데서 유래된 단어로, 福이란 제단에 제사를 드림을 통한 풍요로움을 뜻한다고 볼 수 있다. 한편 '복'의 반대 개념은 '화'(禍)이다. 어떻게 제사를 지내느냐에 따라 福과 禍로 나누어진다고 볼 수 있다.

필자는 행복의 '행'은 죄수가 수갑을 찬 모습으로 사회적인 안정을 뜻하고, '복(福)'은 신에게 바칠 때 풍성해진다는 뜻으로 정신적인 복과 물질적인 복을 의미한다고 본다. 따라서 행복이란 사회적인 안정과 정신적인 풍요로움과 물질적인 풍요로움이 균형을 이루는 것이라고 말할 수 있다. 안정된 사회는 안전망이 양호해서 노약자와 부녀자들, 그리고 어린이들이 보호를 받고 밤길을 안심하고 걸을 수 있어야 한다. 그런데 지금 한국 사회는 안전한가? 한국 사회는 약자가 보호를 받는 사회가 아니다. 모든 법이 약자를 위한 법이라기보다는 기득권과 강자들의 보호를 위한 경우가 허다하다. 그리고 물질적으로는 풍요롭지만 정신적으로 피폐되어 있다. 그러니 행복지수가 낮아질 수밖에 없다.

마틴 셀리그만(Martin E. P. Seligman)은 행복을 즐거운 삶(pleasant life), 유덕한 삶(good life), 그리고 의미 있는 삶(meaningful life)으로 정의하였다.[5] 셀리그만은 긍정심리학자로 프로이트의 인간관과 달리한다. 프로이트의 인간관은 운명적이고 부정적이다. 그는 현재 부정적인 인간의 현상을 과거의 심리 상태에서 추론한다. 다시 말해 과거의 부정적인 현상이 지금의 나를 지배하는 것으로 본다. 다시 말해 과거의 부정적인 무의식의 2/3가 현재 의식의 1/3을 지배한다는 것이다.

그러나 긍정심리학의 인간관은 과거의 부정적인 시각보다 현재의 긍정적인 시각에서 인간이 갖고 있는 자기 복원력 내지는 내적인 강점을 찾아 활용한다. 이 긍정심리학은 하버드 대학교의 탈 벤 샤하르 교수가 긍정심리학의 기초로 한 행복학이 인기 강좌가 된 이래 더욱더 힘을 받고 있다. 행복학의 핵심은 인간의 현재 부정적인 모습을 과거에서 찾기보다 현재의 긍정적인 자신의 모습을 찾아 행복을 지속시키고자 하는 것이다.

---

[5] 마틴 셀리그만. 긍정심리학. 김인자, 우문식 역. 물푸레. 2014.

그리고 긍정심리학자들은 행복을 정의할 때 '주관적인 안녕'이라는 용어를 사용한다. 주관적 안녕(subject well-being)은 개인이 자신의 삶을 긍정적으로 경험하는 주관적인 심리 상태를 의미한다. 주관적 안녕의 정서적 요소는 긍정정서와 부정정서가 있다. 긍정정서가 부정정서보다 높을 때 행복지수가 높게 나타난다.

표 2.1 주관적 안녕의 구성요소

정서적 구성요소		인지적 구성 요소	
긍정정서	부정정서	만족도 평가차원	평가영역
즐거움	슬픔	현재의 삶에 대한 만족도 과거의 삶에 대한 만족도 미래의 삶에 대한 만족도 삶의 변화에 대한 필요성 자신의 삶에 대한 타인의 견해	자기
만족감	우울감		가족
행복감	불안감		건강
자존감	분노감		직업
애정감	질투감		여가
고양감	부담감		재정 상태
환희감	죄책감, 수치감		소속집단

출처 : Diner, Suh, Lucas, & Smith, 1999.

그리고 행복은 무엇을 얻는 것이 아니라 그것 자체를 즐기고 유익하게 여기는 것이다. 그래서 행복한 사람은 이타적이며 친화력이 좋고 공감력이 높다. 친화력과 공감력이 높다는 것은 인간관계가 좋다는 것이다.

그 이외에 아리스토텔레스는 행복이란 신체적 향락에 있지 않고 사색에 있다고 하였다. 왜냐하면 사색은 자족적이고 행동의 최고의 형태이며, 어떤 행동보다도 영속적인 것이기 때문이다. 또한 그는 행복을 인간 최고의 선인 미덕에 밀착되어 있는 것으로 생각하였다.

김태길(1986)[6]은 '행복하다'는 쉬운 말로 '잘산다'는 뜻이라고 했다. '잘산다'는 것은 '잘하다'는 뜻이다. 이때 '잘한다'는 것은 조각가가 훌륭한 조각품을 만들고, 피아니스트가 좋은 피아노 연주를 하듯이 각자 자기의 기능을 잘 발휘한다는 것이다. 이때 조각가와 피아니스트의 기능이 다르듯이 사람들은 각자의 처지와 직책에 따라 자기가 가진 기능이 서로 다르다. 조각가는 훌륭한 조각품을 만들 때 조각가로서의 기능을 충분히 발휘하는 것이다. 이렇

---

[6] 김태길. 삶과 일. 정음사. 1986.

게 볼 때 '잘사는 것', 즉 좋은 삶을 의미하는 것은 자기의 능력을 십분 발휘하는 것이라고 할 수 있다

밀(Mill, J.S.)[7]은 공리주의자답게 행복이란 '기쁨을 주는 것이고 고통이 없는 상태'라고 정의하면서 '행복'과 '만족'을 구별하였다. '행복'은 인간 내면의 성장을 통해 달성되는 것이라면 '만족'이란 상식적인 차원에서 바람직한 것으로 여겨지는 가치의 충족되는 상태를 의미한다. 그는 사람의 만족지수가 낮을수록 쉽게 만족을 느끼는 것으로 보았다. 그래서 그는 불만족한 인간이 되는 것이 만족한 돼지보다 낫다고 하였다.

괴테는 행복이란 '타인을 행복하게 하려는 노력의 부산물'이라고 표현하였다. 톨스토이는 '남을 사랑하는 것이 행복'이라 하였고, 슈바이처도 '남을 위하여 자기를 희생하는 것이 행복'이라고 하였다. 에리히 프롬은 소유냐 존재냐[8]에서 "진정한 행복이란 소유에 있지 않고 다른 사람의 삶에 기여하는 데 있다."고 하였다.

이들의 행복에 대한 공통점은 '섬김과 봉사, 희생'을 통해 간접적으로 오는 것이고, 외적인 데 있지 않고 내적이고 주관적이며 긍정적인 것을 알 수 있다.

2. 행복의 종류

행복의 종류를 보면 첫째는 물질적 행복과 정신적 행복, 둘째는 개인적 행복과 일반적 행복(John Dewey, 1932)[9], 셋째는 일시적 행복과 지속적 행복, 넷째는 소극적 행복과 적극적인 행복, 다섯째는 능동적 행복과 수동적 행복, 여섯째는 상대적 행복과 절대적 행복, 일곱째는 심리적 행복과 객관적 행복, 여덟째는 쾌락으로서의 행복과 상태로서의 행복, 아홉째는 과정으로서의 행복과 결과로서의 행복 등이 있다. 그리고 희열이 주성분을 이루는 행복은 능동적 행복이고, 안락이 주성분을 이루는 행복은 수동적 행복이라 하였다(한국철학사상연구회, 1994).[10] 예로 하늘을 날아 잡아온 먹이를 새끼 제비에게 먹여주는 어미 제비의 행복은 능동적 행복이고, 어미 제비로부터 먹이를 받아먹고 자라는 새끼 제비의 행복은 수동적인 행복이라는 것이다.

---

[7] 이정호. 행복에 이르는 지혜. 한국방송통신대학교 출판부. 2013.
[8] 에리히 프롬. 소유냐 존재냐. 최혁순 역. 범우사. 2006.
[9] Dewey, John. *John Dewey* Vol.7. Carbondale and Edwards ville: Southern Illinois University Press. 1932.
[10] 한국철학사상연구회. 삶과 철학. 동녘. 1994.

맥폴(McFall)은 심리적 행복과 객관적 행복으로 나누었다.[11] 심리적 행복은 단순히 심리 상태로 느껴지는 주관적 행복(feeling happy)이고, 객관적 행복은 객관적 기준을 지닌 행복(being fortune)을 말한다. 그리고 그는 심리적 행복의 왜곡된 형태를 돼지 행복(pig happiness)이라고 불렀다. 행복한 천치, 돼지 행복은 무능한 병마개 수집가, 착각하고 있는 바보, 성공적인 비도덕인, 불가능한 이상의 소유자들을 말한다.

신득렬(2000)[12]은 '쾌락'으로서의 행복과 '상태'로서의 행복을 들고 있다. 쾌락으로서의 행복은 행복한 감정을 느끼는 심리적인 행복이다. 한편 상태로서의 행복은 마음의 행복한 상태(being happy)이다. 인생을 살아가면서 욕구와 희망이 실현되어 마음이 만족한 상태에 도달되는 것을 의미한다. 이러한 행복은 특정한 활동을 지칭하는 것이 아니라 활동들이 가져오는 상태를 말한다. 상태로서의 행복은 쾌락으로서의 행복과는 달리 일정기간 동안 지속된다. 또한 상태로서의 행복은 자신의 처지에 대한 판단에 크게 의존한다.

에피쿠로스[13]는 학문과 도덕도 쾌락을 얻기 위한 수단에 불과하다고 보았다. 그는 쾌락의 종류를 고통을 수반하는 쾌락과 고통을 수반하지 않는 쾌락으로 나눴다. 고통을 수반하지 않는 쾌락을 진정한 행복으로 보았다. 예로 과음이나 과식 또는 지나친 성적 쾌락은 일시적으로 만족할 수 있지만 결국에는 건강을 해하는 고통을 수반하기 때문에 참된 행복이 될 수 없다는 것이다. 반면에 격조 높은 우정이나 친밀한 대화는 그 자체로 즐거움을 주기 때문에 참된 쾌락이라고 하였다.

최관경(1999)[14]은 '과정'으로서의 행복과 '결과'로서의 행복으로 나누었다. 어떤 활동을 하는 동안에 맛보는 행복을 '과정으로서의 행복'이라 하고, 활동을 마친 후 그 활동의 성과나 결과로 얻은 행복을 '결과로서의 행복'이라는 것이다. 또한 과정으로서의 행복을 '살맛'이라 하며 결과로서의 행복을 '보람'이라 하였다. 그런데 과정으로서의 행복인 '살맛'과 결과로서의 행복인 '보람'의 유무에 따라 제1급의 행복, 제2급의 행복, 제3급의 행복 및 제4급의 행복으로 각각 분류하였다.

제1급의 행복은 살맛과 보람을 함께 얻을 수 있는 바람직한 참된 행복이다. 제2급의 행복

---

[11] 김정래. 잘 삶의 개념과 교육. 교육학연구 35(3). 1−20. 1997.

[12] 신득렬. 행복과 교육. 한국교육철학회. 교육철학 제18집. 191−208. 2000.

[13] 에피쿠로스(Epikuros, BC 341~271): 고대 그리스의 철학자, 에피큐리어니즘(Epicurianism)이라 불리는 학파의 창시자.

[14] 최관경. 교육목적으로서의 행복. 한국교육사상연구회.교육사상연구 제8집. 1−26. 1999.

은 그 일을 수행하는 과정은 신바람이 나지만 그 결과는 별 볼일 없는 행복이다. 제3급의 행복은 그 일을 행하는 과정은 고통의 연속이지만 그 결과가 흐뭇한 보람을 느끼게 되는 행복이다. 제4급의 행복은 살맛도 없고, 보람도 없는 '불행한 삶'이다.

표 2.2 행복의 등급 분류

구분	살맛	보람	비고
제1급의 행복	○	○	재미나고 질 높은 책의 독서에서 오는 만족감
제2급의 행복	○	×	장기나 바둑과 같은 놀이에서 오는 재미
제3급의 행복	×	○	악전고투의 노력 끝에 오는 성취감
제4급의 행복	×	×	이를 악물고 노력한 결과의 실패에서 오는 실망

출처 : 최관경, 1999.

3. 행복의 특성과 조건

1) 행복의 특성

행복의 특성의 첫째는 개별성의 원리이다. 행복은 주관적이라는 것이다. 객관적인 행복은 존재하지 않는다. 객관적인 행복은 행복의 필요조건이 될 수는 있지만 충분조건은 될 수 없다. 둘째는 다양성의 원리이다. 행복은 물의 모양과 같다는 것이다. 물은 일정한 모양은 없다. 담는 그릇에 따라 그 모양이 달라진다. 행복도 일정한 모양이 없다. 개인마다 각양각색의 다양한 행복을 누릴 수 있다. 셋째는 간접성의 원리이다. 행복은 직접적으로 얻을 수 없다는 것이다. 능력이 많은 사람이나 부자도 행복을 직접적으로 구할 수는 없다. 행복은 '누구'를 통해서 얻는다. 부모를 통해, 아내나 남편을 통해, 가족을 통해, 혹은 친구나 회사의 동료나 사장을 통해서 얻는다. 넷째는 활동성의 원리이다. 행복은 활동이나 일을 통해서 온다는 것이다. 왕자가 백마를 타고 오듯이, 전기가 전선을 타고 오듯이, 전파가 공기를 타고 오듯이, 행복은 반드시 활동이나 일을 통해서 온다. 우리가 건강하기 위해서는 운동을 해야 하고, 좋은 학점을 받기 위해서는 공부를 해야 한다. 다섯째는 가변성의 원리이다. 불행의 씨앗을 잉태하지 않는 절대적인 행복은 존재하지 않으며 행복의 씨앗을 잉태하지 않는 절대적 불행도 존재하지 않는다는 것이다. 이는 마치 이별이 없는 만남이 존재하지 않고, 파괴가 없는 창조가 존재하지 않는 것과 같다. 여섯째는 평등성의 원리이다. 행복과 불행의 씨앗은 공평하게 떨어진다는 것이다. 남녀노소, 빈부귀천을 불문하고 누구에게나 끊임없이 행복의 씨앗과 불행의 씨앗이 떨어진다. 이는 마치 햇빛과 비가 누구에게나 내리는 것과 같은 원리이다. 일곱째는 전환성의 원리이다. 행복과 불행은 고정되어 있지 않다는 것이다. 세상에는 행복한 사람, 불행한 사람, 보통 행복한 사람의 세 종류가 언제나 존재한다. 행복의 씨앗이 떨어질 땐 행복하고 불행의 씨앗이 떨어질 땐 불행한 것이다. 행복한 사람은 늘 행복하고 불행한 사람은 늘 불행한 것이 아니다.

표 2.3 행복의 특성

개별성의 원리	행복은 주관적이다.
다양성의 원리	행복은 물의 모양과 비슷하다.
간접성의 원리	행복은 직접적으로 구하거나 얻을 수 없다.
활동성의 원리	행복은 반드시 활동과 일을 통해 온다.
가변성의 원리	절대 행복과 절대 불행도 존재하지 않는다.
평등성의 원리	행복과 불행의 씨앗은 공평하게 떨어진다.
전환성의 원리	행복과 불행은 고정되어 있지 않다.

출처 : 최관경, 1999.

새옹지마(塞翁之馬)라는 고사가 있다. 이 고사의 유래는 이러하다. 중국의 북방 변방에 한 노인이 애지중지하던 말이 어느 날 없어졌다. 동네 사람들은 노인을 위로하였다. 이에 노인은 "이 일로 인해 복이 될지 누가 압니까?" 하며 태연자약하였다. 그로부터 몇 달이 지난 어느 날에 없어졌던 말이 암말 한 필과 함께 돌아왔다. 동네 사람들은 "노인께서 하신 그대로입니다." 하며 축하해주었다. 그러자 노인은 "이게 화가 될지 누가 압니까?" 하며 기쁜 내색을 하지 않았다. 며칠 후에 노인의 아들이 그 말을 타다가 낙마하여 다리를 다쳤다. 이에 마을 사람들이 다시 위로를 하자 노인은 역시 "이게 복이 될지 누가 압니까?" 하며 표정을 바꾸지 않았다. 그로부터 얼마 지나지 않아 북방 오랑캐들이 침략하여 젊은이들에게 징집명령이 내려졌다. 그러나 노인의 아들은 다리가 부러져서 징집대상에서 제외되어 전장에 나가지 않아도 되었다. 이로 인해 새옹지마라는 고사성어가 생겨났다. 이는 불행이 복이 될 수도 있고, 행복이 불행이 될 수도 있다는 말이다. 우리는 살다가 보면 많은 일들을 겪는다. 인간사에서 일어나는 모든 일이 새옹지마니 눈앞에 일어나는 결과만을 보고 너무 예민하게 연연해

할 필요가 없다.

2) 행복의 조건

마틴 셀리그만은 행복의 조건으로 성취감, 인간관계, 영성, 그리고 나눔을 들었다. 성취감은 과정에서 오는 것이다. 반면에 성공은 결과에서 얻어지는 것이다. 과정 속에서 행복을 느낄 때 궁극적으로 행복해진다는 것이다. 이는 행복이란 소비되는 것이 아니라 축적되기 때문이다. 삶은 인간관계이다. 인간관계는 친밀함이다. 인간관계가 어그러지면 행복해질 수 없다. 그리고 행복은 영성에서 온다. 영성은 이성보다 감정의 영역이다. 로버트 노직은 아나키에서 유토피아로[15]에서 인간이 동물과 다른 것은 하나는 감정의 원인을 생각하고 다른 하나는 영성의 능력이라고 하였다. 그는 인간만이 감정과 영성을 더할 수 있는 '+'를 가지고 있다고 하였다. 행복한 사람은 희로애락을 경험할 때 대체로 분노, 죄의식과 같은 부정적인 감정보다는 기쁨과 애정과 같은 긍정적 감정에 따라 움직인다는 것이다. 필자는 이를 다른 말로 말한다면 불행을 행복으로, 절망을 희망으로, 불신을 믿음으로, 어둠을 밝음으로, 미움을 사랑으로 전환할 수 있다 하겠다. 종교와 영성의 차이는 종교는 좌뇌라면 영성은 우뇌의 영역이다. 우뇌가 발달하면 영성과 감성지수가 높다. 나눔은 배려이다. 배려는 낮아짐과 섬김과 희생에서 온다. 종교개혁자 쯔빙글리[16]가 하루는 스위스의 산자락을 걷다가 좁은 산길에서 두 마리의 염소를 보았다. 한 마리는 위로 올라가고자 하고, 또 한 마리는 아래로 내려가려고 했다. 그러나 워낙 좁은 길이라 두 마리가 동시에 오르고 내려갈 수 없었다. 두 마리는 서로 팽팽히 맞섰다. 그 순간 놀라운 일이 벌어졌다. 올라가려던 염소가 먼저 길가에 눕는 것이 아닌가. 그러자 내려가려고 하던 염소가 그 누운 염소 위를 밟고 내려가는 것이었다. 그런 다음에 누웠던 염소도 일어나 올라갔다. 그는 이 사건을 통해 엎드려 낮아지고 희생하고 배려하는 사람만이 올라가는 높아짐의 비밀을 알았다고 한다. 시경[17]에 녹명(鹿鳴)이란 단어가 나온다. '녹명'이란 사슴의 우는 소리를 말한다. 사슴은 다른 동물과 달리 먹이를 보면 큰 소리로 울어서 동료 사슴을 불러 함께 먹는다고 한다.

---

[15] 로버트 노직. 무엇이 가치 있는 삶인가. 김한영 역. 김영사. 2014.

[16] 쯔빙글리(1484~1531)는 성경 외에는 다른 어떤 것도 신자를 속박할 수 없다고 주장한 스위스의 종교개혁자이다.

[17] 시경(詩經): 춘추 시대의 민요를 중심으로 하여 모은 중국에서 가장 오래된 시집이다.

呦呦鹿鳴 食野之苹(유유녹명 시야지평)

사슴의 우우하는 울음소리 들리고 들판에서 사철쑥 뜯어 먹네

呦呦鹿鳴 食野之蒿(유유녹명 식야지호)

사슴의 우우하는 울음소리 들리고 들판에서 쑥을 뜯어 먹네

呦呦鹿鳴 食野之芩(유유녹명 식야지금)

사슴의 우우하는 울음소리 들리고 들판에서 금풀을 뜯어 먹네

그래서 빈객을 초대하여 베푸는 잔치를 녹명이라고 한다. 나누고 배려할 때 행복하다. 왜냐하면 쾌락은 소비되며 축적되지 않기 때문이다. 생리적 포만감은 금세 사라진다. 받는 것 또한 사라진다. 그러나 나눔은 축적된다. 이것은 산술로서는 이해할 수 없고 고등수학으로만 이해된다.

그리고 우리의 전통적인 오복(五福)이 있다. 첫째는 수(壽), 둘째는 부(富), 셋째는 강녕(康寧), 넷째는 유호덕(攸好德), 다섯째는 고종명(考終命)이다. 또 영국 속담에 보면 "하루를 행복하려면 이발을 하고, 한 달을 행복하려면 새 차를 사고, 일년을 행복하려면 결혼을 하고, 평생을 행복하려면 정직하라."고 했다. 여기에서 '정직'이 행복의 절대적 조건임을 암시해주고 있다. 윌리엄 라이딩스의 위대한 대통령, 끔찍한 대통령(*Rating the President*)[18]을 보면 719명의 저명한 역사학자가 미국의 초대 대통령 조지 워싱턴에서부터 41대 빌 클린턴까지 41명의 대통령의 지도력, 업적, 위기관리능력, 정치력, 인사관리를 분석한 결과 제1위는 에이브러햄 링컨이었다. 다섯 가지의 종합 능력 순위 결과와 성품 도덕성 평가로 얻은 순위와도 일치했다. 이는 그 사람의 능력과 지도력은 그 사람의 정직성과 별개가 아니라는 것이다. 정직한 사람이 능력이 있었다는 결론이다. 정직한 삶이 일시적으로는 손해를 보는 것 같지만 정직에는 반드시 보상이 따른다.

4. 행복의 원리와 방법

우리나라의 교육이 '행복지향'의 교육목적보다는 오직 '성공지향'의 교육목적을 신봉한다고 해도 과언이 아니다. 그래서 대부분의 학생들이 시험의 노예, 학점의 노예, 입시의 노예가

---

[18] 윌리엄 라이딩스. 위대한 대통령, 끔찍한 대통령. 김형곤 역. 한언. 2000.

제2장 : 행복과 자기 정체성 **21**

되고 있다. 그리고 학부모들의 무모한 경쟁심 때문에 청소년들이 원대한 꿈을 잃고 좋은 대학에 입학하려고 하는 것이 고작 꿈이 되고 있다. 이로 인해 청소년들은 '좋은 대학에 들어가야 한다'는 절체절명 속의 경쟁으로 내몰리고, 학부모들의 열성 때문에 학교교육이 모습을 찾지 못하고 있고, 성공을 위해 수단 방법을 가리지 않는 약육강식의 정글법칙이 지배하는 불행한 사회가 되고 있다. 이것은 청소년들의 불행이요 나라의 불행이다.[19]

성공지향적인 삶의 첫째는 성공하고 출세해야 내가 산다는 필승의 원리이다. 그래서 수단과 방법을 가리지 않고 이기려고 한다. 둘째는 힘의 원리인 내가 가져야 산다는 원리이다. 그러다 보니 탐심과 투기가 평범화되었다. 셋째는 잔꾀의 원리이다. 법대로 살면 손해 본다며 거짓, 술수, 편법, 탈법이 판을 치고 원리원칙은 무용지물이 되고 있다. 국무총리나 장관들의 청문회를 보면 과연 법이 존재하는가에 대해 회의가 들 때가 있다. 넷째는 성공의 원리이다. 마지막으로 상극의 원리이다. 여기에는 죽여야 내가 산다는 잔인한 생존법칙이 형성된다. 그러나 행복지향적인 삶의 첫째는 일을 해야 하는 활동의 원리이다. 둘째는 더 많은 것을 알아야 하는 학습의 원리이다. 셋째는 언제나 정직하게 살아야 하는 정직의 원리이다. 넷째는 서로서로 믿고 사는 신뢰의 원리이다. 다섯째는 더불어 살아가야 하는 상생의 원리이다.

표 2.4 성공지향적인 삶과 행복지향적인 삶의 비교

성공지향적인 삶	행복지향적인 삶
이겨야 산다(필승의 원리).	일해야 산다(활동의 원리).
가져야 산다(힘의 원리).	알아야 산다(학습의 원리).
속여야 산다(잔꾀의 원리).	정직해야 산다(정직의 원리).
성공해야 산다(성공의 원리).	믿어야 산다(신뢰의 원리).
죽여야 산다(상극의 원리).	더불어 산다(상생의 원리).

출처 : 최관경, 2003.

우리는 활동의 원리, 학습의 원리, 정직의 원리, 신뢰의 원리, 상생의 원리에 바탕을 둔 행복지향적인 교육을 통해 실종된 공교육을 살리고 행복지수를 높일 수 있다. 국제학업성취도

---

[19] 도재원. 편안한 학교, 재미있는 학교. 부산교육대학교 초등교육연구소. 행복을 창조하는 학교교육의 원리와 방법. 75-97. 2001.

평가(PISA)에 의하면 우리나라의 PISA 순위는 최상위권이다. 2000년 읽기 2위, 2003년 수학 3위, 2006년 읽기 1위, 그리고 수학 3위이다. 그런데 학습기간당 성적을 보면 한국이 최하위권이다. 학생들이 점수를 따기 위해 투자한 시간이 가장 길었다는 뜻이다. 한국 학생들의 평일 기준 전체 공부시간은 8시간 55분이다. 핀란드는 4시간 22분에 비해 4시간 33분, 일본의 6시간 22분보다는 2시간 33분이 많다. 학습 흥미는 31위이고 동기는 38위이며 수학 부분은 최하위권이다. 이제 우리는 성공지향적인 교육 대신에 행복지향의 교육을 통해 행복한 학교와 행복한 사회를 이루어야 한다.

5. 행복방정식

1) 마틴 셀리그먼의 행복방정식

마틴 셀리그먼의 행복방정식은 H=S+C+V이다. 여기에서 H는 영속적인 행복의 수준을 말한다. S는 이미 설정된 행복의 범위(Set point)를 뜻하고, C는 삶의 상황(Condition of living)을 말하며, V는 개인 스스로가 통제할 수 있는 자율성(Voluntary activities)을 말한다.

여기에서 S는 누구나 50%를 가지고 태어난다. S는 뇌에 입력된 기본적인 프로그램으로 불행한 사람은 모든 상황을 문제로 보는 뇌 구조를 갖고 있다면, 행복한 사람은 같은 상황을 기회로 여기는 뇌 구조를 지녔다는 것이다. 예를 들어 '컵에 물이 반밖에 없다'와 '컵에 물이 반이나 있다'라는 극과 극의 사고방식은 모두 뇌에 입력된 프로그램에서 기인된다. 이런 현상은 어머니 뱃속에서부터 형성될 확률이 높다. 그러나 인간의 뇌와 유전자는 한 번 굳어진 대로 고정되는 조직이 아니다. 매 순간 진화하는 부드러운 조직이다. 우리의 삶 속에서 행복해지려는 노력에 따라 얼마든지 달라질 수 있다. 그리고 C는 10%로, 주어진 환경을 뜻한다. 여기에는 돈, 결혼, 사회생활, 나이, 건강, 교육, 날씨, 인종, 성, 종교 등으로 다양하다. V는 바라보는 시각으로 40%이다. 이처럼 V는 행복에 지대한 영향을 끼친다. 다시 말해 사물을 어떤 시각으로 보느냐에 따라 달라진다. 긍정의 시각으로 보면 희망이 보이고, 부정적인 시각으로 보면 절망으로 보인다. 심리학자 레윈(Kurt Lewin)의 장이론을 보면 '사람은 환경의 영향을 받는다'고 했다. 그의 이론은 B=f(PE)이다.[20] 즉, 인간의 행동은 환경과 함수관계라는

---

[20] 레윈(1890~1947): 독일계 미국 사회심리학 분야의 선구자로 장이론이 있다. B는 행동(behavior), P는 개인(person), E는 환경(environment), F는 이들 간의 함수관계를 말한다.

것이다. 다시 말해 인간은 환경 안에 있는 독립된 개체가 아니라 환경과 불가피하게 연결되어 있다는 것이다. 그러나 인간은 환경의 통제를 받는 존재가 아니라 환경을 극복하는 존재이다. 이를 볼 때에 행복지수를 높이려면 환경을 바꾸는 것도 중요하지만 더 중요한 것은 환경을 바라보고 대하는 시각과 태도이다.

알파벳에 ABCDEFGHIJKLMNOPQRSTUVWXYZ를 각각 1~26 숫자에 대응시켜 맞춰 보면 인생에서 가장 중요한 것이 무엇인지가 답이 나온다는 말이 있다. 일(Hard Work)은 H＋A＋R＋D＋W＋O＋R＋K＝8＋1＋18＋4＋23＋15＋18＋11＝98%이고, 지식(Knowledge)은 K＋N＋O＋W＋L＋E＋D＋G＋E＝11＋14＋15＋23＋12＋5＋4＋7＋5＝96%이며, 사랑(Love)은 L＋O＋V＋E＝12＋15＋22＋5＝54%이다. 행운(Luck)은 L＋U＋C＋K＝12＋21＋3＋11＝47%이다. 돈(Money)은 M＋O＋N＋E＋Y＝13＋15＋14＋5＋25＝72%이다. 지도력(Leadership)은 89%밖에 되지 않는다. 인생을 완전하게, 즉 100%로 만들기 위하여 필요한 것은 태도(ATTITUDE)라고 한다. A＋T＋T＋I＋T＋U＋D＋E＝1＋20＋20＋9＋20＋21＋4＋5＝100%. 우리의 삶의 태도, 삶의 시각을 바꾸는 것이 우리의 인생을 100%로 만들어준다는 것이다.

행복은 돈으로 측정되거나 시장에서 살 수 있는 것이 아니다. 그래서 지금은 국가의 평가를 GDP에서 GNF(국민총행복)로 평가하자는 논의가 일고 있다. 이스털린(Richard Easterlin)은 미국이 제2차 세계대전 후 1인당 GDP는 늘어났지만 행복감은 변화 정도가 아니라 줄어들었다고 했다. 1940년대의 미국은 지금과는 전혀 다른 모습이었다. 그 당시 미국은 통나무집에 재래식 화장실을 사용했다. 그러나 지금 미국은 2003~2004년 2년 동안 미용시술이 44% 증가했고, 280만 건의 보톡스 주사, 화학박피 110만 건, 유방확대수술, 눈꺼풀, 코 성형 등과 전원주택에 최고의 문화생활을 즐기고 있다. 그렇다고 1940년대와 비교할 때 행복지수가 높아졌는가? 그렇지 않다. 1940년대 미국의 행복지수는 7.5였지만 지금은 7.2로 낮아졌다.[21] 이를 볼 때 행복지수의 높고 낮음은 환경에 좌우되지 않고 그 환경을 어떻게 보느냐에 달려 있음을 알 수 있다.

영국의 허쉬는 이를 성장의 사회적인 한계로 풍요의 역설의 가설로 그 이유를 들고 있다. 경제 성장의 초반은 기본적인 의식주를 구성하는 물질경제의 확대로 만족감이 증대하지만 성장이 진전될수록 교육과 주거, 환경, 교통 등을 둘러싼 경쟁 심화로 불만이 증대하여 행

---

[21] 소냐 류보머스키. How to be happy. 오혜경 역. 지식노마드. 2007.

복지수가 낮아진다는 것이다. 이는 우리나라도 그대로 적용된다. 우리나라는 지금 GDP가 IMF(2014) 보고서에 의하면 28,101달러로 세계 30위이다.[22] 그리고 경제가 세계 10위권이다. 그런데 이제 한국 사회는 풍요의 역설을 심각하게 경험하고 있다. OECD 국가 중에서 최고의 자살률을 기록하고 있다. 대학입학률은 90%에 근접하지만 대학입시경쟁은 살인적으로 치열하다. 영업이익이 20조 원에 이르는 기업이 있지만 청년 실업과 비정규직 고용은 더 증대하여 고용시장이 불안해지고 있다. 주택보급률은 110%이지만 내 집 마련에 걸리는 시간은 더 길어만 간다. 그래서 부탄 왕추크 국왕은 GDP에서 GNF(국민총행복)로 증진하고 있어 가난하지만 행복한 나라로 발돋움하고 있다. 영국 캐머린 총리는 GDP에서 일반 웰빙지수인 GWB를 선언하였고, 프랑스 사르코지 대통령도 삶의 질의 지속 가능성을 주장하고 있다.[23]

표 2.5 GDP 국가별 순위

순위	나라	달러($)	순위	나라	달러($)
1	룩셈부르크	111,716	15	캐나다	50,398
2	노르웨이	97,013	16	핀란드	49,497
4	스위스	87,475	17	벨기에	47,722
5	오스트레일리아	61,219	18	독일	47,590
6	덴마크	60,564	19	영국	45,653
7	스웨덴	58,491	20	프랑스	44,538
10	미국	54,597	26	일본	36,332
12	네덜란드	51,373	27	이탈리아	35,823
13	오스트리아	51,307	30	대한민국	28,101

출처 : International Monetary Fund, 2014.

2) 캐럴 로스웰과 피터 코헨의 행복공식

캐럴 로스웰(Carol Rothwell)은 영국의 심리학자이고 피터 코헨(Peter Cohen)은 인생 상담사이다. 그들은 18년간 영국인 1,000명의 남녀를 대상으로 인터뷰한 결과를 토대로 행복공식을 만들었다. 그들이 만든 행복공식은 P+(5×E)+(3×H)이다.[24] P는 인격(personal)이다. 이는

---

[22] https://en.wikipedia.org/wiki/List_of_countries_by_GDP_%28nominal%29_per_capita
[23] 국민일보. [여의도포럼-이재열] 국민행복지수는 어디에. 2010. 11. 18.
[24] 영국 BBC 방송. 2003. 1. 6.

인생관과 적응력 그리고 유연성 등의 개인적인 특성을 뜻한다. E는 존재(existence)로, 건강, 돈, 인간관계 등의 생존조건을 말한다. H는 고차원적인 상태(higher order)를 뜻한다. 이는 자존심과 기대, 그리고 야망과 유머 등이 포함된다. 코언은 사람들이 행복방정식을 어렵게 생각하지만 공식은 의외로 간단한 질문에서 만들어졌다고 말한다. 즉, 네 가지 질문에 모두 '대부분 그렇다'고 대답하면 10점으로 총점 100점이고, '절대 그렇지 않다'고 생각하면 0점을 주어 결과적으로 총점이 0점을 얻게 된다. 네 가지 질문은 "외향적인 변화에 대해 유연한가", "우울하거나 가라앉은 기분으로부터 회복이 빠르고 스스로를 잘 통제한다고 생각하는가", "건강과 돈, 그리고 안전과 자유 등의 조건에 만족한가", "자신의 일에 몰두하며 스스로의 기대치에 부응하고 자신이 설정한 목표를 위해 행동하는가" 등이다.

표 2.6 캐럴 로스웰과 피터 코헨의 행복척도

P요인 (개인적 특성)	당신은 얼마나 사교적이고, 정열적이며, 유연하고, 변화에 열려 있습니까?
	당신은 얼마나 긍정적인 시각을 가지고 있습니까? 때로 움츠러들었다가도 빨리 회복할 수 있으며, 인생을 스스로 통제하고 있다고 느낍니까?
E요인 (생존 조건)	건강, 재정 상태, 안전, 선택의 자유, 공동체 의식 등과 관련해 당신은 기본적인 생활이 충족되고 있습니까?
H요인 (고차원 상태)	당신은 가까운 사람에게 도움을 구할 수 있습니까? 당신이 하는 일에 몰입하고, 당신의 기대를 충족하며, 목적의식을 가진 일을 하고 있습니까?

질문마다 1부터 10까지의 점수를 공식에 대입하면 지수를 얻을 수 있다. 100점에 가까울수록 더 행복하다. 공식은 생존조건이 개인적인 특성에 비해 5배, 자존심, 야망 등 고차원 상태는 개인적인 특성에 비해 3배나 더 중요함을 시사해 주고 있다. 이들은 이 공식이 "사람들에게 자신들의 감정 상태를 숫자로 표시할 수 있도록 해준 첫 번째 공식"이라고 자평한다.

그들이 제안한 행복해지기 위한 8계명을 보면 첫째는 가족과 친구 그리고 자신에게 시간을 쏟아라. 둘째는 친밀한 소수가 겉도는 다수보다 낫기 때문에 대인관계를 끈끈히 하라. 셋째는 흥미와 취미를 추구하라. 넷째는 지금 이 순간이 가장 행복하다고 생각하라. 다섯째는 과거나 미래에 살지 말고 현재에 충실하라. 여섯째는 운동하고 휴식하라. 일곱째는 성취 가능한 목표를 세워라. 여덟째는 행복해지려고 노력하기를 포기하라는 것 등이다.

여기에서 볼 때 인간은 의미와 가치를 추구할 때 행복지수가 높아지는 것을 알 수 있다. 그러기 위해서 첫째는 인간은 일관성 있는 인생의 방향과 목적의식을 추구해야 한다. 둘째는 인간은 가치 있는 것을 추구해야 한다. 이는 자신이 추구하는 목표나 가치가 소중하다는 인식이 중요하다는 것이다. 셋째는 인간은 자신의 효능감과 통제감을 추구해야 한다. 이는 자신의 인생에 대해서 무언가 변화를 만들어낼 수 있는 유능한 존재라는 믿음이 중요하다는 것이다.

6. 행복과 정체성

행복이란 사회적, 정신적, 물질적으로 균형을 이룬 것이라고 볼 때 자기 정체성은 자기 존재 가치라고 할 수 있다. 다시 말해 자기 정체성이란 나란 존재가 소중한 존재라는 것을 아는 것이다. 에릭슨[25]은 정체성 이론을 전개했다. 그는 청소년기인 13~18세 때에 정체성을 갖는 시기로 보았다. 이 시기는 어린 시절이 끝나는 시기로, 제2차 성징이 나타나는 시기이며 타인을 생각하는 시기이기도 하다. 이 시기는 자아정체감을 갖는 시기인 동시에 역할 혼돈의 시기이기도 하다.

그러면 나는 어떤 존재인가? 역사 이래 사람들은 "나는 누구인가?"라는 질문을 수없이 해 왔다. 과연 인간은 어떤 존재인가? 셰익스피어는 햄릿에서 "인간이란 어찌 이다지도 기막힌 걸작인가! 슬기롭고 고귀한 이성, 무한한 재능, 적절하고 훌륭한 형체와 동작, 행동은 천사와 같고 이해력은 신과 같으며 이는 세계적인 미요 만물의 영장이니라."고 외쳤다. 찰스 다윈은 인간을 가리켜 "고등한 존재이지만 본질적으로 동물과 다를 바가 없다."고 했다. 프로이트는 인간을 '성적으로 억압된 존재'로 보았다. 칼 마르크스는 인간을 '경제적 동기에 의해 조작되는 존재'로 보았다. 실존주의 철학자들은 "실존은 본질에 앞선다."고 했다. 그들의 주장은 인간과 사회에 많은 영향을 끼쳤다. 찰스 다윈이 인간을 고등한 동물로 봄으로써 짐승과 같은 현대인들의 광기를 보게 되었고, 프로이트의 주장은 결국 성적인 타락을 가져왔으며, 칼 마르크스의 주장은 인간을 물질로 전락시켰고, 실존주의는 인간의 의미와 가치를 상실시켰다. 그렇다면 과연 나는 누구인가? 나의 정체성은 무엇인가?

나는 가격으로서의 존재가 아니라 가치로서의 존재이다. 가격은 대량생산을 통한 수량으로 환산한다. 그러나 가치는 의미이다. 가격은 둘 이상이 존재함으로써 둘 사이에 비교로 이루어지는 것이고, 가치는 비교의 대상이 될 수 없다. 파리 루브르 박물관에 가면 레오나르

---

[25] 에릭슨(1902~1994): 독일 출신의 미국 심리학자로 자아 심리학 이론 등에 공헌하였다.

도 다빈치가 그린 모나리자가 있다. 그 그림의 가격이 무려 14경이라고 한다. 이는 가격으로 환산할 수 없다는 말이다. 이보다 더 비싼 그림이 있다. 이탈리아 피렌체의 우피치 미술관에 소장된 보티첼리가 그린 프리마베라(봄)이다. 이 그림 값은 모나리자의 그림보다 더 비싼 15경이라고 한다. 미술에 조예가 없는 나로서는 사실 모나리자를 보면 눈썹이 없는 미완성된 작품으로 보인다. 그리고 내 눈에 비친 프리마베라도 조선시대의 김홍도 작품들이 그보다 더 아름답지 않을까도 생각해 본다. 어쨌든 비싼 가격으로 매겨져 있다. 왜 이리 비쌀까? 이 것은 세상에 한 점밖에 없는 유일무이하여 가격으로 환산할 수 없기 때문이다. 그래서 방탄유리로 보관되어 있다.

　그렇다면 나란 어떤 존재일까? 세상에 나 같은 사람이 또 있을까? 나란 존재는 8등신도 아니고 S라인도 아니라 H라인이고 V라인일 수도 있다. 그러나 나는 세상에 유일한 나다. 세계 인구는 7,256,314,500명이다.[26] 그런데 나와 똑같은 사람은 이 세상에 단 한 명도 없다. 이는 지구상에 지문(指紋)이 나와 같은 사람이 단 한 명도 없는 데서 찾을 수 있다. 나란 존재는 72억 중에 유일한 존재이다. 그렇다면 나란 존재는 누구와 비교하고 수량이나 가격으로 판단할 성질의 것이 아닌 유일한 나다.

　우리가 열등감에 빠지고 교만해지는 것은 모두가 비교에서 온다. 사람이 열등감에 빠지게 되면 행복하지 않다. 그리고 다른 사람보다 잘났다는 교만한 마음이 있을 때 이 또한 행복하지 않다. 열등감에 빠지게 되면 깊은 좌절감에 빠지게 되고, 교만해지면 세상에 보이는 것이 없게 된다. 깊은 열등감은 극도의 자기 자신에 대해 부정적이 되고, 교만해지면 자기 자신에 대해 오만에 빠질 수 있다. 그래서 행복은 긍정과 부정의 대비를 1.6대 1로 본다.[27] 이는 자동차의 제동과 구동을 적절하게 작동해야 하는 것과 같다. 어쨌든 나는 누구와 비교할 존재가 아니다. 나는 천하에 유일한 나다. 그러므로 나란 귀한 존재이다. 이것이 바로 자기 정체성이다.

　내가 세상의 어느 것과 비교하는 순간 행복지수는 낮아질 수밖에 없다. 나는 나로서의 가치가 있고 의미가 있다. 그렇다면 나란 귀한 존재를 함부로 세상에 내던져지면 안 된다. 대학에서 여학생들이 술을 마시고 몸을 가눌 수 없어 홈플러스의 카트에 실려서 가는 것을 가끔 본다. 과연 나란 존재가 물건을 나르는 카트에 실려 가도 되는 존재일까? 모나리자나 프

....
[26] U.S. and World Population, 2015.
[27] 권석만. 긍정심리학. 학지사. 2008.

리마베라의 그림도 소중하게 보관하고 있는데 하물며 나란 존재를 그렇게 함부로 내던져도 되는가? 성경에 보면 하나님께서 인간을 만드시고 심히 기뻐하셨다(창 1:31). 이는 도공(陶工)이 온 심혈을 기울여 도자기를 만들 듯이 인간을 최대 걸작품으로 만드셨다는 것이다. 이처럼 나란 존재는 제품이 아니라 걸작품으로, 고귀한 존재이다. 나는 이 세상에서 하나밖에 없는 소중한 존재이다. 따라서 나 자신을 귀하고 소중하게 가꾸고 보호하고 보호를 받아야 한다. 우리가 행복지려면 나란 존재가 천하보다 귀하다는 인식에서부터 출발한다. 나란 존재를 귀하다고 여길 때 다른 사람도 귀하게 여기게 된다. 이때 행복지수가 높아지게 된다.

7. 행복의 측정

1) 삶의 만족도 척도

아래에는 여러분이 동의할 수도 있고 그렇지 않을 수도 있는 다섯 문항이 제시되어 있다. 각 문항에 동의 또는 반대하는 정도에 따라서 1~7 사이의 숫자에 ○표 하시오. 자유롭고 솔직하게 응답하시오.

표 2.7 삶의 만족도 척도

	전혀 아니다 (1점)	아니다 (2점)	약간 그렇지 않다 (3점)	중간 이다 (4점)	약간 그렇다 (5점)	그렇다 (6점)	매우 그렇다 (7점)
1. 전반적으로 나의 인생은 내가 이상적으로 여기는 모습에 가깝다.							
2. 내 인생의 여건은 아주 좋은 편이다.							
3. 나는 나의 삶에 만족한다.							
4. 지금까지 나는 나의 인생에서 원하는 중요한 것들을 이루어냈다.							
5. 다시 태어난다 해도 나는 지금처럼 살아갈 것이다.							

출처 : Diener 등, 1985.

31~35점: 매우 만족　　26~30점: 상당히 만족　　21~25점: 약간 만족함　　20점: 중간
15~19점: 약간 불만족　　10~14점: 상당히 불만족　　5~9점: 매우 불만족

2) 옥스퍼드 행복 질문지

다음은 행복에 관한 여러 가지 진술이다. 각 진술이 당신에게 해당되는 또는 해당되지 않는 정도를 따라 1~6의 숫자 칸에 ○표 하시오.

표 2.8 옥스퍼드 행복 척도

문항	전혀 그렇지 않다 (1)	그렇지 않은 편이다 (2)	약간 그렇지 않다 (3)	약간 그렇다 (4)	그런 편이다 (5)	매우 그렇다 (6)
1. 나는 자신에 별로 만족하지 않는다.						
2. 나는 다른 사람들에 대해 크게 흥미가 있다.						
3. 나는 삶이 아주 보람 있다고 느낀다.						
4. 나는 거의 모든 사람에게 아주 따뜻한 감정을 느낀다.						
5. 나는 잘 잤다는 기분으로 일어나는 적이 거의 없다.						
6. 나는 미래에 대해서 별로 낙관적이지 않다.						
7. 나는 매사가 재미있다고 생각한다.						
8. 나는 언제나 헌신하며 참여한다.						
9. 나는 사는 게 좋다.						
10. 나는 세상이 좋은 곳이라고 생각하지 않는다.						
11. 나는 많이 웃는다.						
12. 나는 삶 속에서 모든 일에 매우 만족한다.						
13. 나는 내 모습이 매력적이라고 생각하지 않는다.						
14. 나는 내가 하고 싶은 일과 내가 하는 일 사이에는 격차가 있다.						
15. 나는 매우 행복하다.						
16. 나는 가끔 어떤 것들에서 아름다움을 발견한다.						
17. 나는 언제나 다른 사람들에게 유쾌한 영향을 미친다.						
18. 나는 하고 싶은 모든 일에 시간을 할애할 수 있다.						

19. 나는 내 삶을 별로 통제하지 못한다고 느낀다.					
20. 나는 어떤 일이나 맡아서 할 수 있다고 느낀다.					
21. 나는 정신적으로 완전하게 깨어 있다.					
22. 나는 기쁨과 환희를 자주 느낀다.					
23. 나는 결정을 내리기가 어렵다.					
24. 나는 삶에 특별한 의미나 목적을 가지고 있지 않다.					
25. 나는 큰 에너지를 가지고 있다고 느낀다.					
26. 나는 삶에서 일어나는 사건들에 대해 좋은 영향을 미친다.					
27. 나는 다른 사람과 즐겁게 지내지 못한다.					
28. 나는 별로 건강하다고 느끼지 않는다.					
29. 나는 과거에 대해서 특별히 행복한 기억을 가지고 있지 않다.					

출처 : 소냐 류보머스키, 2010.

점수 계산 방법

1단계

1, 5, 6, 10, 13, 14, 19, 23, 24, 27, 28, 29는 역채점 한다. 즉 1을 주었다면 6, 2는 5, 3은 4, 4는 3, 5는 2, 6은 1로 바꾼다.

2단계

29개 항목의 점수를 모두 합한다.

3단계

2단계의 합계를 29로 나눈 것이 당신의 행복 점수가 된다.

행복 점수=합계(2단계)___ /29 =____ 이다.

옥스퍼드 행복 설문지에서 얻을 수 있는 가장 낮은 점수는 1이고, 가장 높은 점수는 6이다. 평균은 약 4.30 정도이다.

당신의 행복 점수를 기록하고 검사를 마친 날짜를 적어둔다. 당신은 행복 연습을 실천하는 동안 정기적으로 검사를 되풀이하고 싶어질 것이다. 예를 들어서 매달 첫째 날이나 특별한 목표에 도달한 날은 다시 검사를 해보도록 하자.

년 월 일 _____점
년 월 일 _____점
년 월 일 _____점
년 월 일 _____점
년 월 일 _____점
년 월 일 _____점

1. 긍정과 행복

그동안 심리학은 인간의 부정적인 특성에 관해 연구해 왔다. 이로 인해 인간의 다양한 단점, 이상심리, 성격장애와 신경증에 대한 이해가 깊어졌다. 반면에 인간의 긍정적 특성에 대한 연구가 부족하였다. 이런 시점에서 이것이 바로 긍정심리학이다. 인간이 지니는 다양한 긍정적인 성품과 강점을 계발하게 되었다.

긍정심리학의 용어는 30년간 우울증을 연구한 마틴 셀리그만이 1998년 처음 사용했다. 그는 미국심리학회에서 "손쓸 도리 없이 망가진 삶은 이제 그만 연구하고 모든 일이 잘될 것 같은 사람에게 초점을 맞추어야 한다."[1]고 주장했다. 그는 미국 펜실베이니아대학교 심리학과 교수이며 미국 심리학회 회장으로 활동하였다. 그는 동물들의 '숙달된 무기력'을 실험하다가 이 원리가 인간의 무기력증이나 우울증에도 적용된다는 사실을 발견하였다. 이에 셀리그만은 20여 년간의 숱한 실험과 현장 조사연구를 통해, 비관주의에 빠져 있는 사람들의 상황 해석과 언어 표현 습관을 긍정적, 낙관적으로 바꿈으로써 누구나 희망에 찬 낙관주의자가 될 수 있는 '인지적 치료법'을 개발했다. 이것은 습관적으로 몸에 밴 비관주의와 원인을 알 수 없는 우울증, 그리고 정신건강을 해치는 스트레스로 시달리는 현대인들에게 희망을

---

[1] 마틴 셀리그만. 마틴 셀리그만의 긍정심리학. 김인자, 우문식 역. 물푸레. 2009.

주는 과학적 쾌거였다. 그의 낙관주의 치료법은 직장인, 가정주부, 학생, 아이들에 이르기까지 성공과 건강 그리고 삶의 기쁨과 활기를 주는 데 널리 적용되고 있다. 그래서 그는 긍정심리학을 혁명적이며 과학의 정수라고 했다. 그리고 그는 '진정한 행복'은 만족에 머물지 않고, 사회와 인류가 보편적으로 추구하는 미덕과 가치를 자신의 삶 속에 실현하여 즐거움을 느끼는 것이라고 했다.

우리는 행복은 밖에서 오는 것이라고 생각한다. 그러나 그는 행복이란 밖으로부터 오는 것이 아니라 마음으로부터 온다고 했다. 어떤 관점과 어떤 시각에서 바라보고 생각하느냐에 달려 있다는 것이다. 주대준은 이를 '바라봄의 법칙'[2]이라고 했다. 그리고 탈 벤 샤하르는 수입과 지출로 비유했다.[3] 회사는 지출보다 수입이 많아야 건재한 기업이다. 수입보다 지출이 많은 회사는 부도가 난다. 국가도 지출보다 세수가 많아야 한다. 그렇지 않으면 IMF의 위기를 맞게 된다. 가정도 지출보다 수입이 많아야 한다. 수입보다 지출이 많으면 파산하게 된다. 우리나라는 2016년 3월 말에 총 가계부채가 1,223조 7천억 원이다.[4] 이는 2015년 국가 총예산 386.7조의 3.1배나 된다. 이는 우리나라의 재무구조가 튼튼하지 않다는 것이다.

탈 벤 샤하르는 이 원리에 기초하여 우리의 삶에서 긍정적인 경험을 수입으로, 부정적인 경험을 지출로 대입하여 긍정적인 경험과 긍정적인 정서가 부정적인 경험과 부정적인 정서보다 많아야 정서적으로 안정되고 행복지수가 높다고 했다. 반면에 부정적인 경험(손실)이 긍정적인 경험(수입)을 압도하게 되면 정서적으로 불안하게 된다고 했다. 그래서 행복지수를 말할 때 긍정정서와 부정정서를 대입시킨다. 개개인의 파산 비율이 계속 증가하면 전체 사회가 파산할 수 있는 것과 마찬가지로, 개개인의 불안과 우울 정도가 계속 증가하면 사회는 정서적 파탄에 이르게 된다는 것이다.

표 3.1 긍정정서와 부정정서의 비교

수입 > 지출 = 흑자(건강한 가계)
수입 < 지출 = 적자(파산, 신용불량자)
긍정정서 > 부정정서 = 행복(정서 안정, 희망, 칭찬)
긍정정서 < 부정정서 = 불행(정서 불안, 절망, 비판)

---

[2] 주대준. 바라봄의 법칙. 마음과 생각. 2011.
[3] 탈 벤 샤하르. 해피어. 노혜숙 역. 위즈덤하우스. 2007.
[4] 국민일보. 2016. 5. 27.

　우리나라는 불행하게도 긍정정서보다 부정정서가 더 높다. 경제개발협력기구(OECD, 2008)의 보고서를 보면 긍정정서가 27%이고 부정정서가 73%였다. OECD 국가의 평균 긍정정서는 54.3%이고 부정정서는 35.6%이다. 2009년에는 긍정지수가 23.1로 OECD의 평균 54.3보다 낮고, 부정지수는 61.5로, OECD의 평균 35.6보다 크게 높다. 그리고 2014년 우리나라의 114개국 중에 긍정지수는 59점으로 나타났다. 이처럼 우리나라의 행복지수가 낮다. 따라서 행복지수를 높이기 위해서는 긍정지수를 높여야 한다. 긍정지수를 높이기 위해서는 상황을 바라보는 시각을 바꿔야 한다. 파란 안경을 쓰면 사물이 파랗게 보이고, 빨간 안경을 쓰면 빨갛게 보이듯이 부정의 안경을 쓰면 상황이 부정적으로 보이고 긍정의 안경을 쓰면 긍정적으로 보이게 된다.

　로젠탈 효과(Rosenthal Effect)[5]가 있다. 로젠탈은 하버드대학교 심리학과 교수의 이름으로 칭찬의 말의 긍정적 효과를 설명하는 용어다. 그는 샌프란시스코의 한 초등학교에서 20%의 학생들을 무작위로 뽑아 그 명단을 교사에게 주면서 지능지수가 높은 학생들이라고 말했다. 8개월 후 명단에 오른 학생들이 다른 학생들보다 평균 점수가 높았다. 이는 교사의 격려가 그들에게 큰 힘이 되었기 때문이다. 이는 피그말리온 효과와 일맥상통하는 용어다. '피그말리온(Pygmalion)'은 그리스 신화에 나오는 키프로스의 왕으로 자기가 만든 조각상에 반한 조각가이다. 여성을 혐오해 결혼할 마음이 없었던 피그말리온은 지상의 헤파이스토스라고 불릴 정도로 뛰어난 조각가였다. 헤파이스토스는 그리스 신화에 나오는 뛰어난 대장장이다. 그는 자신의 조각 솜씨를 발휘해 상아로 여인상을 만들었다. 실물 크기의 이 여인상은 세상의 어떤 여자보다도 아름다웠다. 피그말리온은 이 여인상에 갈라테이아라는 이름을 붙이고 사랑했다. 그는 아프로디테 축제일에 이 여인상 같은 여인을 아내로 삼게 해달라고 기원했다. 그의 마음을 헤아린 아프로디테는 조각상에 생명을 불어넣었다. 피그말리온은 인간이 된 갈라테이아와 결혼했다. 이처럼 사람이 기대하는 만큼 얻게 된다는 이론이 피그말리온 효과이다.

　피그말리온 이론을 '자기 이행적 예언', '자기 충족적 예언'(self-fulfilling prophesy), '자성 예언'(self-sustaining prophesy)의 현상이라고도 한다. '자기 이행적 예언'은 미국 사회학자 로버트 머튼(Robert K. Merton)이 사회이론과 사회구조[6]에서 발표한 이론이다. 미래에 관한

---

[5] 로버트 로젠탈. 피그말리온 효과. 심재관 역. 이끌리오. 2003.
[6] 강준만. 감정독재. 인물과 사상사. 2013.

개인의 기대가 그 미래에 영향을 준다는 것이다. 피그말리온 효과는 관찰자의 기대가 대상에게 자기 이행 예언 상황을 만든다는 의미에서 '관찰자 기대효과'라고도 한다. 의사가 환자에게 밀가루를 주면서 "이것은 만병통치약입니다. 이 약을 먹으면 반드시 나을 겁니다."라고 하면 환자가 믿는 것 역시 일종의 자기 이행적 예언이라고 할 수 있다. '믿음'이 곧 '믿음'에 맞는 '결과'를 낳는다는 것이다.

메릴린 퍼거슨(Marilyn Ferguson)은 뉴 에이지 혁명[7]에서 자기 이행적 예언 중에서 가장 치명적인 것은 "나이가 든다는 것은 곧 쇠퇴와 건강의 악화라고 생각하는 고정관념"이라고 했다. 그리고 경제도 심리적인 영향을 가장 많이 받는다고 했다. 그래서 그는 경제가 어려우면 경제의 상승 국면을 창출하기 위해 기업과 소비자의 신념과 기대를 재조정하는 일부터 시작해야 한다고 주장했다. 송기홍도 "움츠리고 주눅 들게 하는 부정적 경기 예측이 아니라 긍정의 자기 충족적 예언이 필요하다. 기업은 과감히 기술 혁신과 신제품 개발에 박차를 가해야 하고, 동남아, 중남미, 인도 등 고성장 신흥시장을 선점하고, 소비자들도 건전한 소비를 늘려야 하고 부유층, 중산층의 소비지출에 대해 곱지 않은 시각을 거두어야 한다. 지난 불황의 골이 깊었던 만큼 이제 다가오는 경제 상승의 봉우리도 높기를 기대하며 우리나라 경제 주체들이 어떤 자기 충족적 예언을 하는가에 달려 있다."고 했다.[8]

하루야마 시게오(春山茂雄)는 뇌내 혁명[9]에서 사람이 싫다 좋다는 생각을 하는데도 기본적인 양의 에너지가 필요하다고 했다. 그런데 긍정적으로 생각할 때와 부정적으로 생각할 때의 단백질 분해방법이 서로 다르고, 스트레스를 받더라도 긍정적으로 받아들이면 단백질이 부신피질호르몬과 엔도르핀으로 분해되어 기분이 상승된다고 했다. 반면에 부정적으로 받아들이게 되면 독성이 강한 활성 산소가 발생하여 상황을 더 악화시킨다는 것이다.

탈무드에 '우유 통에 빠진 개구리 세 마리'란 이야기가 있는데 나는 '우유 통에 빠진 쥐 세 마리'란 말로 변용해 보겠다. 우유 통에 빠진 첫째 쥐는 생각하기를 "내가 물속에서도 헤엄치기가 어려운데 우유 통에 빠졌으니 나는 죽었다."며 운명적으로 받아들이고 체념하였다. 두 번째 쥐는 "내가 무슨 죄를 지었기에 신이 이런 환경을 만들어 준단 말인가?" 하며 신을 원망하고 자신을 원망하였다. 한편 세 번째 쥐는 "내가 우유 통에 빠졌으니 우유는 얼마든지 있으니 죽지는 않겠다."고 생각했다. 그리고 열심히 우유 통 주변을 헤엄치며 빠져나갈 궁리

---

[7] 메릴린 퍼거슨. 뉴 에이지 혁명. 김용주 역. 정신세계사.1999.

[8] 송기홍. '경제 살아난다. 자기충족적 예언 필요하다' 중앙일보. 2013. 9. 13.

[9] 하루야마 시게오. 뇌내 혁명. 반광식 역. 사람과책. 1996.

를 했다. 그러던 중에 발끝에 딱딱하게 닿는 것을 발견했다. 그것을 밟고 우유 통에서 빠져 나올 수 있었다. 발끝에 밟힌 것은 쉴 새 없이 헤엄을 치는 동안 만들어진 응고된 버터였다. 우리가 처한 환경은 항상 좋을 수 없다. 이때에 처한 환경을 부정적인 시각으로 바라보느냐, 아니면 긍정적인 시각으로 바라보느냐, 적극적인 행동을 하느냐에 따라 결과는 엄청나게 달라진다. 긍정적인 시각으로 적극적으로 행동할 때 위기가 기회가 될 수 있다.

성경에 바울은 매사 하나님의 시각으로 보았다. 그때 그는 불굴의 불사조와 같은 삶을 살았다. "내게 능력 주시는 자 안에서 내가 모든 것을 할 수 있느니라[I can do everything through Him who gives me strength]."(빌 4:13) 이제 부정적인 생각과 부정적인 시각에서 긍정적인 생각과 긍정적인 시각으로 바라보는 연습이 필요하다.

2. 긍정과 언어

행복지수를 높이려면 긍정의 언어를 사용해야 한다. 헬라 사람들의 사고방식과 히브리 사람들의 사고방식이 다르다. 히브리인의 사고방식은 말한 그대로 된다는 것이다. 그들은 말을 중요하게 여겼다. 그리고 우리는 말을 그 사람의 인격의 표현이라고 한다. 그리고 우리 속담에 "말 한마디로 천 냥 빚을 갚는다."는 말이 있고, "말이 씨가 된다."는 말도 있다. 리이위(李一宇)는 세 치의 혀가 백만 군사보다 강하다고 했다.[10] 촌철살인이라는 말도 있다. 그래서 언변은 핵무기, 컴퓨터와 더불어 현대 세계의 3대 무기로 일컬어진다.

혀에 대한 이런 우화가 있다. 어느 날 가위와 톱과 혀가 서로 힘을 자랑했다. 먼저 가위가 입을 열어 자랑했다. "나는 어떤 천이라도 내 이빨로 끊어낼 수 있다." 이 말을 들은 톱이 이렇게 말했다. "그래, 내 이빨은 장작과 고물도 깨끗하게 베어낼 수 있다." 이를 한참 듣고 있던 혀가 이렇게 자랑했다. "너희들이 아무리 자랑해도 나하고는 비교가 안 돼. 나는 남들이 쌓아 놓은 명성, 명예, 우정 등을 단번에 무너뜨리는 힘을 가졌거든. 내가 끼어들면 죽마고우도 하루아침에 원수가 되고, 눈앞에 둔 대권도 순식간에 물거품이 되는 것 몰라! 가위야, 너는 옷을 썰다 보면 이가 상하고 녹슬 수도 있고, 톱은 굳은 것을 썰고 나면 망가지기도 하지. 그러나 나는 아무리 지껄여도 닳는 일이나 파손되는 일이 없어! 나는 내 생명이 다할 때까지 활동하지!"

----

[10] 리이위. 세치 혀가 백만 군사보다 강하다. 장연 역. 김영사. 2004.

인간의 세치 혀는 세상에서 가장 아름다울 수도, 가장 무섭고 악할 수도 있다. 사람의 혀는 칭찬을 통해 고래를 춤추게 할 수도 있고, 심장을 파고드는 독화살이 되어 죽음에 이르게 할 수도 있다. 그래서 성경은 이렇게 말한다. "경우에 합당한 말은 아로새긴 은쟁반에 금 사과니라."(잠 25:11) "여호와여 내 입 앞에 파수꾼을 세우시고 내 입술의 문을 지키소서."(시 141:3) "생명을 사랑하고 좋은 날 보기를 원하는 자는 혀를 금하여 악한 말을 그치며 그 입술로 거짓을 말하지 말고."(벧전 3:10)

2012년 MBC에서 한글날 특집으로 우리들이 평소 사용하는 말의 힘에 대한 실험을 하였다. 하얀 쌀밥을 플라스틱 용기에 넣어둔 후에 한 달 동안 시간 날 때마다 각각의 용기에 긍정적인 말, 부정적인 말로 이야기를 했다. 결과는 고맙다는 긍정의 말을 한 용기에는 구수한 냄새가 나고, 짜증난다며 부정의 말을 한 그릇에서는 밥알들이 썩어 있다는 실험 결과를 발표했다. 이 실험은 짜증난다는 말보다 감사와 고맙다는 긍정의 용어를 쓰는 것이 행복지수를 높이는 중요한 요인이 된다는 것을 보여주고 있다.

53세에 뉴욕 주지사가 된 흑인 로저 롤스는 빈민가 불량 학생이었다. 롤스는 어려서부터 아이들과 싸우고 학교를 무단결석하는 문제가 많은 학생이었다. 그런 그가 15세 때에 폴이라는 선생님의 말 한마디에 달라졌다. 피어 폴은 롤스의 악명에 대해 잘 알고 있었다. 그러나 폴은 아이들을 지레 포기하지 않고 최선을 다해 바른 길로 인도하려고 했다. 아이들의 나쁜 행동을 고칠 수 없을까 고민하던 중에 빈민가 사람들이 예언에 집착한다는 사실을 알고 예언을 활용해 아이를 지도하기로 마음을 먹었다.

어느 날 폴은 롤스에게 마을에 주술사가 살고 있었는데 그 주술사가 손금을 잘 보는데 내게 커서 선생님이 될 거라고 예언했는데 신기하게도 지금 이렇게 선생님이 되었다. 나도 손금을 보면 그 사람의 미래를 맞힐 수 있다고 했다. 그러면서 오늘 손금을 봐줄 수 있다고 했다. 폴은 롤스의 손금을 보며 일부러 눈을 크게 뜨며 과장된 어투로 말했다. "너 정말 굉장한 인물이 되겠다. 너는 커서 뉴욕 주지사가 될 운명이다."[11] 롤스는 폴의 말이 믿어지지 않았다. 그러나 그는 한 번도 손금이 틀린 적이 없었다는 선생님의 말씀을 믿지 않을 수 없었다. 그 후로 롤스는 자신은 미래의 뉴욕 주지사가 될 것이라고 굳게 믿었다. 그는 주지사가 되기 위해서 행실을 바르게 하고 공부를 해야겠다고 결심했다. 그 후 세월이 흘러 선생님의 예언대로 그는 51세에 뉴욕 53대 주지사이자 미국 최초의 흑인 주지사가 되었다. 이는 꿈과 격

---

[11] 김문성. 심리학의 즐거움. 휘닉스Dream. 2014.

려의 말이 미래에 얼마나 큰 영향력을 미치는가를 보여주는 한 예이다.

에모토 마사루(江本勝)는 물은 답을 알고 있다[12]에서 물도 사랑에 반응한다고 했다. 물을 향해 "너를 죽여버리겠다. 너를 증오한다."며 저주하면 물의 결정체가 흉악하게 깨어져서 아주 형편없이 되고, 결정체 가운데에 보기 흉한 구멍이 생기고, 파장이 날카롭게 변한다고 하였다. 반면에 물에게 "사랑해, 감사해!" 하고 칭찬하고 축복하면 물의 결정체가 아름다운 육각수를 이루고, 물은 아름다운 결정체로 부드럽게 바뀌며, 파장이 아름답게 규칙적으로 굴곡이 생긴다고 했다. 그것은 사랑의 주파수가 물에 영향을 미치기 때문이라는 것이다. 그는 생명이 없는 물이라 할지라도 미움을 받으면 결정체가 무너지고, 사랑을 받으면 활기차고, 아름다워진다는 결론을 내렸다.

우리 몸은 70% 이상이 물로 되어 있다. 그렇다면 사람을 미워하고 분노하고 심한 욕을 하게 되면 체내의 물은 어떤 형태로 될까? 우리 몸의 70% 물이 흉하고 무질서한 혼돈 속에 구멍이 뚫리고, 파괴되어 결정을 잃게 될 것은 뻔하다. 질서를 잃은 물은 병균의 침투에 저항력을 잃게 되고, 그 결과 온갖 질병의 서식처가 되고 만다. 반면에 우리가 "감사합니다. 훌륭합니다. 사랑합니다. 축복합니다. 당신이 최고입니다."라고 격려하고 칭찬하면 아름다운 육각형 물이 되어 온몸에 건강과 생명이 가득 차게 된다. 그리고 면역력이 생겨 각종 질병을 이길 수 있다.

케네스 블랜차드의 칭찬은 고래도 **춤추게 한다**[13]를 보자. 웨스 킹슬리는 회사의 중역으로 회사와 가정에서 인간관계로 많은 고민을 하는 사람이었다. 그는 플로리다에 출장을 가 있는 동안 우연히 해양관(sea world)에 가서 범고래의 멋진 쇼를 보게 되었다. 그는 어떻게 3톤이나 되는 범고래가 저렇게 멋진 쇼를 할까 알고 싶었다. 그는 범고래 조련사를 만나 그 이유를 물어보았다. 조련사는 그에게 고래 반응에 대해 이야기해 줬다. 범고래가 쇼를 멋지게 해냈을 때는 즉각적으로 칭찬하고, 실수를 했을 때는 질책 대신에 관심을 다른 방향으로 유도하며, 중간중간에 계속 칭찬하고 격려하는 것이었다. 그는 이 말을 듣고 '고래 반응'을 사용한다면 가정에서 존경받는 부모, 직장에서 성과 높은 비즈니스맨이 될 수 있다는 결론을 얻었다. 그 후 그는 고래 반응을 사용하여 가정과 직장에서 좋은 인관관계를 맺을 수가 있었다.

---

[12] 에모토 마사루. 물은 답을 알고 있다. 홍성민 역. 더난출판사. 2008.
[13] 케네스 블랜차드. 칭찬은 고래도 춤추게 한다. 조천제 역. 21세기북스. 2003.

사람은 대부분 남을 비판하기를 좋아한다. 그런데 사람이 남을 비판하게 되면 비판하는 사람의 마음이 황폐해진다. 사람이 비판을 하면 인간 관계성이 깨지고 한 사람도 얻을 수 없게 된다. 비판하는 곳에 가정이 깨지고 국론이 분열된다. 따라서 비판하기보다는 서로 이해하고 칭찬하고 사랑해야 한다. 톨스토이는 이런 유명한 말을 남겼다. "누구를 비판하고자 할 때 정면으로 비판하지 마라. 그것은 남에게 창피를 주는 것이다. 비판을 받는 사람은 비판받는 사람 앞에서 자기의 낮아짐을 인정해야 한다. 그것은 사람의 마음을 더 없이 아프게 한다. 또 사람이 안 보는 데서 남을 비판하는 것은 더 나쁘다. 그러면 어떻게 해야 하는가. 비판하는 사람을 모른 척하라. 이보다 더 중요한 것은 아예 비판하는 사람을 보지 마라. 허물이 될 이야기는 듣지도 말고, 비판해야 할 이야기는 기억도 하지 마라. 그것이 아름다운 것이다. 그리고 좋은 점만 보려고 노력하라. 그것으로 부족한 점을 다 소화해버리라. 이게 제일 아름다운 것이다."[14]

성경에 이런 말이 있다. "우리가 다 실수가 많으니 만일 말에 실수가 없는 자라면 곧 온전한 사람이라 능히 온몸도 굴레 씌우리라."(약 3:2) "입을 지키는 자는 자기의 생명을 보존하나 입술을 크게 벌리는 자에게는 멸망이 오느니라."(잠 13:3) 전 세계를 지배하는 사람도 자기 혀를 지배하지 못하면 비극적인 운명을 맞게 된다. 그래서 말을 조심하라고 한다. 이를 볼 때 남의 물건을 훔친 도둑질과 거짓말 중에 어느 것이 더 나쁠까? 물론 도둑질도 나쁘지만 거짓말은 더 나쁘다. 왜냐하면 도둑질은 도둑질한 물건을 갖다 놓으면 되지만 한 번 토한 말은 다시 담을 수 없기 때문이다. 다른 사람에게 인격과 생애에 커다란 상처를 주었다면 그 사람은 다시 회복할 수 없게 된다. 우리나라에서 무심코 "저 사람 빨갱이야." 하면 한국에서 살아갈 수 없게 된다. 그러므로 말에 실수가 없어야 한다. 긍정적이고 사람을 살리는 언어를 사용할 때 나도 살고 너도 살고 그도 살게 된다. 언어 습관을 바꾸는 것이 행복의 지름길이다.

철의 여인으로 알려진 영국 최초의 여성 총리 마가렛 대처의 아버지가 그녀에게 강조했던 말이 있다 "생각을 조심해라 말이 된다. 말을 조심해라 행동이 된다. 행동을 조심해라 습관이 된다. 습관을 조심해라 성격이 된다. 성격을 조심해라 운명이 된다. 우리는 생각하는 대로 된다." 말은 생각의 표현이다. 그래서 삼사일언(三思一言), 세 번 생각하고 한 번 말하라고 한다. 이는 생각의 중요성과 언어의 중요성을 말해주는 교훈이다.

---

[14] 톨스토이(1828~1910): 도스토옙스키와 함께 19세기 러시아 문학을 대표하는 세계적 문호로 작품에 전쟁과 평화가 있다.

3. 긍정과 관심

미국 버클리대학교 연구팀이 사랑과 칭찬에 대하여 실험을 했는데 그들은 흰쥐에게 세 종류의 방법으로 먹이를 주었다. 한 마리에게는 혼자서 실컷 먹도록 했고, 다섯 마리 쥐는 한꺼번에 모아 놓고 서로 몸을 비벼가면서 먹게 했다. 그리고 마지막 쥐는 사람이 애정을 가지고 정성스럽게 떠먹여 주었다. 그 결과 첫 번째 쥐는 뇌 세포활동이 쇠퇴하여 뇌의 크기가 작아졌으며 600일을 살다가 죽었다. 함께 섞여 먹던 다섯 마리 쥐는 뇌가 약간 커진 상태로 활동하다가 700일을 살았다. 그리고 애정을 가지고 키웠던 쥐는 활발한 세포활동을 보이며 완전히 커진 뇌로 자라 950일을 살았다는 보고서를 냈다. 이 보고서에서 사랑과 칭찬과 관심을 받고 자란 쥐는 다른 쥐가 받을 수 없는 사랑의 에너지가 몸에 들어가 뇌세포의 성장 호르몬 생성을 자극하여 뇌세포가 증식되었기 때문이라고 밝혔다. 사랑의 반대는 미움이 아니라 무관심이다.

관심(interest)이란 의식의 본질, 즉 그 지향성을 나타내는 말이다. 하이덱거는 인간이란 '타인에 대해서는 항상 신경을 쓰는 존재', '환경에 대해서는 항상 배려하는 존재', 그리고 '자신에 대해서는 항상 마음을 쓰면서 사는 존재'라고 했다. 그런데 요즘 타인에 대해 관심을 쓸 여유가 없을 뿐만 아니라 관심을 갖게 되면 프라이버시 침해라고 한다. 그래서 할 수 있는 대로 다른 사람에 대해 관심을 갖기를 싫어한다. 그러나 사랑은 관심이다. 특히 어린아이에 대한 부모의 관심은 자녀들의 성격 형성에 지대한 영향을 준다. 그리고 '침묵이 금이다', '과묵이 미덕이다'라고 침묵할 것이 아니다. 우리가 만나면 좀 수다스럽게 서로 축복해 주고, 서로 감사하고, 서로 기뻐하고, 서로 기도해 주고, 서로 칭찬하자.

관심은 듣는 것으로부터 시작된다. 조신영과 박현찬은 **경청**[15]에서 '듣는 사람'보다 '말하는 사람'이 훨씬 많은 사회에서, 상대에게 귀를 기울여 듣는 것이 상대방의 마음을 얻는 감동의 드라마요 공감과 상생을 위한 것이라고 했다. 탈무드에 지혜로운 사람은 첫째는 자기보다 현명한 사람을 만나면 침묵하고 듣는 사람, 둘째는 남의 이야기에 끼어들지 않는 사람, 셋째는 덤벙대거나 농담조로 대답하지 않고 신중하게 대답하는 사람, 넷째는 핵심을 질문하고 이치에 맞는 대답을 하는 사람, 다섯째는 우선순위를 알고 행하는 사람, 여섯째는 모를 때는 모른다고 대답하는 사람, 일곱째는 진실을 이야기하는 사람이라고 하였다.

좋은 인간관계는 경청에서 시작된다. 경청에서 청(聽)은 耳+王+十四+一+心의 합성어이

---

[15] 조신영, 박현찬, 경청. 위즈덤하우스. 2007.

다. 이는 왕이 말하는 것처럼 14번을 듣게 되면 한 사람의 마음을 얻게 된다는 뜻이다. 경청은 관심의 첫 단계이고 친밀한 인간관계를 형성하는 기본적인 단위이다.

4. 긍정과 시각

데이빗 핑크는 신경 긴장에서의 해방[16]에서 1만 명의 긴장과 불안감에 쌓여 있는 환자를 상담하다 보니 1만 명 모두가 판단전문가들이었다. 그들은 한 사람도 예외 없이 아침부터 저녁까지 계속 남을 비판하고 정죄하는 성격을 가지고 있었다. 그들은 모두가 이 의사 선생은 이래서 이렇고, 저 간호사는 저래서 그렇고, 저 영양사는 이래서 이렇고, 저 환자는 저래서 그렇다며 자고 나면 남을 정죄하고 판단하였다. 그 후 그는 환자들에게 "오늘부터 당신은 다른 사람을 비판하지 마시오. 판단하지 마시오. 감사하고 사랑하고 용서하시오. 그렇지 않으면 당신은 지금 생을 마치게 될지도 모릅니다."라고 처방해 주었다. 그 후로 사람들은 비방하고 원망하고 불평하기보다는 감사하고 용서하는 분위기로 바뀌게 되었다. 그 결과 놀랍게도 그들 중의 70%가 나음을 받고 퇴원했다.

우리가 남을 비판하기란 쉽다. 어쩌면 우리는 남을 비판하는 데 익숙해져 있는지도 모른다. 그래서 사람들은 남을 흉보고 정죄하고 비판하는 것은 몇 시간이고 할 수 있다. 반면에 남을 칭찬한다는 것은 그리 쉽지 않다. 몇 분, 아니 몇 초 하다 보면 할 말이 없다. 우리는 남을 흉보고 정죄하기보다는 남을 칭찬하는 사람이 되어야 한다. 우리는 남을 비판하던 데서 돌이켜 칭찬의 시각으로 바라보아야 한다. 행복의 원리는 부정적인 시각에서 긍정적인 시각으로 보는 것이다. 이것이 긍정심리학의 요체이다.

제임스 맥도널드는 축복받는 삶을 위한 5가지 습관[17]에서 비방을 삼가라고 했다. 비방은 사람에 대해 부정적인 생각을 표현하는 것이다. 대개 비방하는 사람은 가까이 있는 사람들이다. 가까이 있는 사람은 사랑하고 아끼고 귀하게 여겨야 할 대상이다. 그런데 인간은 귀한 것을 귀한 것으로 알지 못하는 맹점을 갖고 있다. 공기가 우리 주위에 있지만 그 고마움을 모르고 있다. 우리는 가까이 있는 사람을 귀하게 여겨야 한다. 예수는 이렇게 말씀하셨다. "비판을 받지 아니하려거든 비판하지 말라 너희가 비판하는 그 비판으로 너희가 비판을 받

---

[16] 피터 박스올. 죽기 전에 꼭 읽어야 할 책 1001권. 박누리 역. 마로니에북스. 2007.
[17] 제임스 맥도널드. 축복받는 삶을 위한 5가지 습관. 조계광, 김영하 역. 갓피플. 2014.

을 것이요 너희가 헤아리는 그 헤아림으로 너희가 헤아림을 받을 것이니라 어찌하여 형제의 눈 속에 있는 티는 보고 네 눈 속에 있는 들보는 깨닫지 못하느냐 보라 네 눈 속에 들보가 있는데 어찌하여 형제에게 말하기를 나로 네 눈 속에 있는 티를 빼게 하라 하겠느냐."(마 7:1-3)

요즘 전자우편(e-mail), 휴대전화, 소셜 네트워크 서비스 등으로 수단 방법을 가리지 않고 다른 사람들을 비방한다. 이는 우리 속담에 '똥 묻은 강아지가 겨 묻은 강아지를 보고 나무란다'는 것과 같다. 그리고 이런 사람은 속담에 '가랑잎이 솔잎 보고 바스락거린다'고 하는 사람과 똑같다. 가랑잎과 솔잎 중에 어느 쪽이 더 요란한가? 자기 허물이 많이 있을수록 남의 허물을 탓한다. 이는 인간의 내면에 남의 허물을 말하여 자기의 허물을 덮으려는 심리적인 동기가 잠재되어 있기 때문이다.

조선왕조 야사에 이성계가 무학대사를 처음 보는 순간 하도 못생겨서 당신의 상이 꼭 돼지상 같다고 했다. 얼마나 기분 나쁜 소리인가? 그러나 무학대사는 이성계에게 "부처님상이군요." 했다고 한다. 이성계는 의아한 표정을 지으며 "아니 나는 당신에게 돼지상이라 했는데 어찌 당신은 나를 부처 같다고 하는가?" 물었다. 그때 무학대사가 유명한 말을 하였다. "송구하오나 돼지의 눈에는 돼지만 보이고 부처의 눈으로 보면 부처만 보이는 것이 세상의 이치입니다."[18] 남의 허물을 많이 보이면 자신에게 허물이 많이 있다는 것이다.

그리고 모든 사물을 2분법으로 보기보다는 다양한 시각으로 보는 것이 중요하다. 흑백 논리로 보기보다는 다채롭게 보는 것이다. 무지개 색깔이 조화를 이룰 때 가장 아름답다. 이처럼 모든 사물을 조화롭게 보는 것이 중요하다. 차동엽은 **무지개 원리**[19]에서 한두 번 상황이 좋을 때 긍정적으로 생각하는 것은 그리 어려운 일이 아니고 극단적인 부정의 상황에서 발휘되는 긍정적인 발상이 어렵지만 값진 것이라고 했다. 이런 경지의 긍정적인 생각을 할 수 있으려면, 생각의 지대에 '결'을 내야 한다고 했다. '결'은 일정한 흐름의 패턴이다. 결에는 여러 가지가 있다. 무늬결, 나뭇결, 물결, 살결, 머릿결 등이다. 결은 반복을 통해 형성된다. 그리고 결은 일단 형성되고 나면 '길'의 역할을 한다. 외부의 변수를 자신의 결을 따라 유인하여 '그렇게 흐르도록 하고 그렇게 진행하도록' 작용한다. 이처럼 생각에도 '결'이 있다. 반복의 과정을 통해서 어느새 자신의 생각에 '결'이 난다. 부정적인 쪽의 결과 긍정적인 쪽의 결

---

[18] 윤태영 외. 조선왕조 오백년 야사. 청아출판사. 1992.
[19] 차동엽. 무지개 원리. 위즈앤비즈. 2007.

이다. 그래서 긍정의 결 또한 길이 날 때까지 반복해서 긍정적으로 생각하면 어떤 상황에서도 저절로 긍정적으로 생각하게 된다는 것이다.

우리가 어떤 눈으로 그 상황을 바라보느냐, 바라보는 시각의 차이에 따라 생각이 완전히 다른 결과를 가져온다. 미국의 어느 구두 회사에서, 아프리카에 구두를 팔기 위해 시장 조사팀을 보냈다. 한 팀이 보고하기를 시장성이 전무하다고 보고했다. 왜냐하면 이 나라에는 아무도 구두를 신고 있지 않기 때문에 구두가 팔릴 가능성이 전혀 없다는 것이다. 그런데 다른 팀의 보고는 시장성이 무한대라고 보고했다. 이는 한 사람도 구두를 신고 있지 않았기 때문에 앞으로 모든 사람에게 구두를 팔 수가 있다는 것이다. 시각의 차이에 따라 미래가 완전히 달라진다. 비관주의자는 눈에 보이는 대로 믿는다. 그렇기 때문에 모든 것이 레드 오션(red ocean)으로 보인다. 그러나 긍정적인 사람, 가능성의 사고를 가진 사람은 믿는 대로 본다. 그렇기 때문에 모든 것을 가능성의 블루 오션(blue ocean)으로 보게 된다. 이 긍정적 사고를 가능성의 사고라고 한다.

구약성경 민수기 13장에 이스라엘 12지파 두령들이 가나안 땅을 정탐한 후 보고하는 장면이 나온다. 10두령은 장대한 아낙 자손을 보고 두려움에 사로잡혀 이렇게 보고하였다. "우리가 가나안 땅에 가보니 그곳은 과연 젖과 꿀이 흐르는 땅이다. 그러나 그 땅 거민은 강하고 성읍은 견고하고 심히 클 뿐 아니라 그곳에 사는 백성들은 신장이 장대한 아낙 자손이다. 그들은 대장부로서 우리는 스스로 보기에도 메뚜기와 같다." 이게 유명한 메뚜기 콤플렉스이다. 반면에 여호수아와 갈렙은 똑같은 상황을 목격했는데도 그들과 전혀 달랐다. "그 땅은 아름다운 땅이다. 그 땅은 우리가 정복할 만한 가치가 있다. 우리는 정복할 수 있다. 시도할 가치가 있다. 그 땅에 사는 사람들은 비록 크고 장대하지만 그들은 우리의 밥이다." 똑같은 땅을 보고 왔는데 어쩌면 이렇게 보고가 다를 수 있을까? 그 원인은 보는 눈이 달랐기 때문이다. 10명의 정탐꾼은 불신의 눈으로 보았다. 상황 자체만을 보았다. 자신의 안경을 쓰고 보았다. 반면에 갈렙과 여호수아는 믿음의 눈으로 보았다. 하나님의 안경을 쓰고 보았다. 상황을 넘어서서 하나님을 바라보았다. 그리했을 때에 확신과 긍정, 그리고 소망이 생겼다. 역사에 발자취를 남긴 사람들 중에 부정적 사고를 가졌던 사람은 한 명도 없다. 부정적인 생각은 본인뿐만 아니라 공동체 전체를 패배로 몰아넣는다. 반면에 긍정적인 시각은 창조적인 아이디어를 생산해내고 공동체에 활기를 넣어준다.

5. 긍정과 유머

미국 16대 대통령 에이브러햄 링컨은 유머로 유명하다. 링컨 대통령의 아버지는 구두를 만드는 제화공이었다. 링컨이 미국의 대통령으로 당선되었을 때 미 의원들은 신분이 낮은 제화공의 아들이 대통령에 당선된 것이 못마땅했다. 그래서 링컨의 약점을 찾아 헐뜯기에 혈안이 되어 있었다. 그러던 어느 날 링컨이 취임 연설을 하기 위해 의회에 도착했을 때 한 의원이 링컨을 향해 비웃으면서 말했다. "링컨, 당신의 아버지는 한때 내 구두를 만든 사람이었소. 물론 이곳에 있는 상당수의 의원들 구두도 당신 아버지가 만들었지요. 그런 천한 신분으로 대통령에 당선된 사람은 아마 당신밖에는 없을 것이오!" 이런 비웃음을 받은 링컨이 어떤 태도를 보일지 모두가 궁금해했다. 조롱 섞인 미소와 함께 많은 의원들이 지켜보고 있었다. 그렇지만 링컨은 오히려 불쾌한 감정을 나타내지 않고 온화한 미소를 지으며 대답했다. "취임 연설 전에 아버지를 생각나게 해주셔서 감사합니다. 말씀하신 대로 제 아버지는 구두의 예술가였습니다. 혹시 아버지가 만든 구두에 문제가 생기면 저에게 즉시 말씀해 주십시오. 제 아버지보다는 못해도 제가 잘 수선해 드리겠습니다." 링컨의 말을 들은 의원은 아무 말도 하지 못하고 고개를 숙였다고 한다.

그리고 웃음은 유머와 일맥상통한다. 유머는 절제의 성품으로 나타난다. 유머란 단어는 우리말로 익살, 해학, 그리고 기분이란 뜻이다. 고대 생리학에서는 유머를 체액이라고 해석했다. 유명한 히포크라테스[20]는 사람의 몸에 피와 점액, 그리고 황담즙과 흑담즙의 네 가지 체액이 있다고 했다. 이 체액의 조합에 따라 사람의 기질이 달라진다고 했다. 그만큼 유머는 사람에게 중요한 요소이다. 유머는 자신과 타인을 함께 행복하게 만든다. 18세기 영국에서는 최고의 칭찬으로 유머리스트라고 했다. 유머는 사람의 마음과 마음을 연결해 주는 따뜻한 역할을 해준다. 유머는 첫 만남의 어색함과 갑자기 썰렁해진 분위기를 부드럽게 만든다. 유머의 감각을 증진시키기 위해서는 매일 적어도 한 사람을 웃기거나 즐겁게 하고자 해야 하고 책이나 인터넷을 통해서 유머나 이야기를 수집하며 즐겨야 한다. 요즘은 돈이 많고 외모가 뛰어난 사람보다 유머감각이 뛰어난 친구를 선호한다. 그리고 회사에서도 똑똑한 사람보다 유머가 있는 사람이 인기라고 한다.

스탠포드대학교 윌리엄 프라이는 **약으로서의 웃음**[21]에서 어린이는 하루 400번 웃기 때문에

---

[20] 히포크라테스(BC 460~377?): 고대 그리스의 의사, 서양 의학의 선구자이자 '의학의 아버지'라고 불림.
[21] 민현기. 리더여, 유머리스트가 되라. 북오션. 2011.

자면서도 무의식적으로 웃는다고 한다. 미국 어른은 하루 10번, 한국 사람은 하루에 한 번 웃는다. 그래서 성인이 어린이보다 자주 병에 걸린다고 했다. 그리고 웃음은 전염되고 감염된다. 이요셉은 **웃음으로 기적을 만든 사람들**[22]에서 웃음에는 신비한 힘이 있다고 했다. 그는 일부러라도, 억지로라도 웃으면서 살면 인생의 기적이 찾아온다고 했다. 우리가 살다 보면 여러 가지 일이 생긴다. 가정불화, 암, 매출하락, 회사의 부도 등. 그러나 그는 우리가 인생을 살아가면서 만나게 되는 그 어떤 어려움도 웃음 앞에서는 무기력하다고 말하고 있다. 그래서 인생이 아무리 힘들어도 웃을 수만 있다면 다시 시작할 수 있다는 것이다.

그리고 미국 캘리포니아대학병원의 이츠하크 프리드(Itzhak Frid)[23]는 우연히 웃음보를 발견했다. 잘 쓰러지는 간질병 환자의 발작 부위가 어디인지를 조사하다가, 왼쪽 뇌의 두정부를 쿡 찔러 보았다. 그 순간 자지러지게 웃었다. 이상하게 여긴 프리드는 한 번 더 찔러 보았다. 역시 마찬가지였다. 그 후로부터 웃음을 연구하기 시작했다. 고양이나 토끼, 애완견의 뇌 부분을 아무리 찔러 보아도 웃음은 전혀 없었다. 진화론자들의 주장대로, '진화해서 사람이 되었다는 원숭이는 어떨까' 하고 그 부분을 찔러 보았다. 웃음은커녕 눈만 껌벅껌벅할 뿐이었다. 이것은 인간에게만 웃음보가 있다는 증거였다. 웃음보는 조물주가 많이 웃고 건강을 유지하라고 만들어낸 위대한 작품이다.

그리고 서울아산병원 박소영 외 6명이 "웃음치료가 염증성 장질환 환자의 불안 및 우울에 미치는 효과"란 연구에서 웃음치료를 받은 환자들은 받지 않은 환자들보다 불안 정도가 낮은 것으로 나타났다. 웃음치료를 받은 실험군의 불안 점수는 치료 전 평균 44.47점에서 치료 후 평균 36.17점으로 뚝 떨어졌다.[24] 이처럼 웃음은 잘 알려졌듯 몸과 마음을 건강하고 즐겁게 해주는 약이자 선물이고, 긴장과 불안, 적의, 분노와 같은 불쾌한 상황에서 벗어날 수 있게 해주는 유용한 도구이다. 특히 스트레스를 풀어주는 해독제이다.

얼굴에는 근육이 80개 정도가 있다. 그중에 웃는 데 동원되는 근육이 20개쯤 되고, 인상을 쓰는 데 동원되는 근육이 40개쯤 된다. 그 나머지 20개 근육은 웃는 데도 동원되고 인상을 쓰는 데도 동원되는 중립을 지키는 근육이다. 항상 웃는 사람은 웃는 근육 20개는 물론이요, 웃음과 인상 쓰는 근육 사이를 왔다 갔다 영향을 미치는 20개 근육이 달라붙어 40개의 근육

[22] 이요셉. 웃음으로 기적을 만든 사람들. 팝콘북스. 2007.
[23] 황수관. 웰빙 건강법. 제네시스 21. 2004.
[24] 박소영 외 6명. 웃음치료가 염증성 장 질환 환자의 불안 및 우울에 미치는 효과. 임상간호학연구, 제 19권 제 1호. 213.

으로 발달한다. 그렇게 되면 인상 쓰는 근육 40개와 동률을 이루지만, 인상 쓰는 근육 40개는 완전히 위축되어 버린다. 반면에 인상 쓰는 근육은 40개와 중립을 지키던 근육 20개가 합쳐서 60개로 발달한다. 그렇게 될 경우에는 웃는 근육 20개가 크게 위축되어 인상파가 된다. 행복의 3S가 있다. 'smile, say yes, serve another'이다. 이만큼 웃음은 삶의 활력과 행복을 가져다준다. 웃음은 잠재의식을 일깨워 주고 건강에 지대한 영향을 준다.

미국의 심리학자 윌리엄 제임스는 "행복해서 웃는 것이 아니라 웃어서 행복하다."[25]고 했다. 대개는 행복해야만 웃는다. 이제 웃어서 행복해지는 발상의 전환이 필요하다. 행복해지기 위해 적극적으로 웃자. 웃으면 복이 온다는 말도 있다. 행복해지길 원한다면 웃자. 웃을 때 행복지수는 높아진다. 그래서 찰리 채플린은 웃음 없는 하루는 낭비한 하루라고 하였다.

1969년 8월부터 1985년 4월까지 무려 17년 동안의 장수 프로그램이었던 MBC의 '웃으면 복이 와요'가 있다. 이 프로그램은 한국 사람들에게 웃음을 선물하던 좋은 프로그램 중의 하나로 꼽힌다. 영국의 긍정심리학자 미리암 아크타르가 이끄는 연구팀이 2,000명에게 실제 나이 28~69세 여성 12명의 얼굴 사진을 보여주고 그들의 나이를 추측하는 실험을 시행했다. 웃는 얼굴은 실제 나이보다 평균 2살 더 어려 보이지만, 반대로 슬픈 얼굴은 평균 1살 더 늙어 보인다는 연구 결과가 나왔다. 그는 "웃는 얼굴은 매력이 있다. 이 매력 덕분에 어려 보이게 된다. 미소는 행복하다. 행복한 사람은 활력이 있고 오래 사는 경향이 있으며 사회성과 자신감도 풍부하다. 그리고 웃음은 일상적으로 얼굴 근육이 처지지 않게 하며 혈색도 좋아지게 해 더 젊게 보이게 만들어 준다"고 설명했다.[26]

최원교는 긍정의 결혼식[27]에서 웃음이란 스트레스를 완화하고 편안함을 느끼게 하는 엔도르핀을 분비시키고 몸을 편안하게 하는 효과가 있다고 했다. 그는 한 번 웃으면 얼굴 근육의 26개 중에 21개의 근육이 움직여 안면 근육운동이 저절로 된다고 했다. 그리고 20분간 웃으면 3분간 노를 젓는 운동 효과가 있고 한 번 웃으면 청춘이 회복된다고 했다. 그래서 요즘은 웃음치료가 많은 사람들에게 큰 호응을 얻고 있다. 웃는 얼굴에 침을 뱉을 수 없다는 말이 있다. 웃음은 기쁨으로 나타난다. 눈은 마음의 창이고 얼굴은 내면의 표상이다. 얼굴이 변화되었다는 것은 내면이 변화되었다는 말이다. 얼굴이 빛이 났다는 것은 내면이 빛나고 있다는 것이다.

[25] 김옥림. 명언의 탄생. 팬덤북스. 2014.
[26] 나우뉴스. 2015. 5.24.
[27] 최원교. 긍정의 결혼식. 이담북스. 2009.

　　스코틀랜드에 제이니 교수가 있다. 그가 가르치는 학생들에게 비친 그의 얼굴은 매일 천국에 갔다 온 것처럼 늘 행복한 얼굴빛이었다. 학생들은 그가 어떻게 날마다 행복해 보이는지 그 이유가 궁금했다. 어느 날 그는 학생들에게 그리스도인의 기쁨을 설명하면서 이렇게 설명했다. "기쁨이라는 것은 하나의 깃발이다. 성에 깃발이 나부낄 때는 왕이 성에 계시다는 것을 나타내듯이, 그리스도인에게 있어서 기쁨은 내 안에 하나님이 계시다는 표시이다."[28]

　　그렇다. 사람이 다른 것은 다 속일지라도 얼굴 표정만큼은 속일 수 없다. 우리가 표정을 속이려고 해도 표정 속에 나타난 색깔과 영감을 속일 수는 없다. 표정 속에서 그 사람이 어떤 사람인지 알 수 있다. 그래서 링컨이 이런 말을 했다. "40살 이상이 되면 자기 얼굴에 책임을 져야 한다. 40세 이전의 아름다움은 주어진 아름다움이다. 그것은 누구도 어찌할 수 없다. 그런데 그 아름다움은 나이가 들면 퇴색한다. 진정한 아름다움은 퇴색한 후에 나타나는 아름다움이다. 그 아름다움은 만들어지는 얼굴이다." 정기범은 웃음의 효과[29]에 대해 첫째는 신체의 면역을 강하게 한다. 둘째는 육체적인 고통을 완화시킨다. 셋째는 체온을 정상적으로 높여준다. 넷째는 불면증 완화, 감기 예방, 혈압강하에 도움이 된다. 다섯째는 심장 혈관 기능 향상, 위산 감소에 도움이 된다. 여섯째는 혈액순환을 돕고 영양 공급을 원활하게 한다. 일곱째는 엔도르핀을 분비하여 자연 진통을 돕는다. 여덟째는 스트레스 해소와 긴장 불안 등의 완화에 도움이 된다. 아홉째는 가슴 위장 어깨 등 상체 근육 운동에 효과가 있다고 했다.

6. 긍정과 감사

보통 사람들은 반 컵의 비유에서 반이 차 있는 컵을 보고, 부정적인 사람은 반밖에 없다고 하고, 긍정적인 사람은 반이나 있다고 한다고 한다. 그러나 분명한 것은 반밖에 없다는 것이다. 그렇다면 반을 어떻게 해야 할 것인가? 비어 있는 반도 채워질 것이라는 희망이다. 다시 말해 행복이란 앞으로 반도 채워질 것이라는 절대 희망과 감사하는 마음을 갖는 것이다.

　　중앙일보 논설위원 정진홍[30]의 8여(여덟 가지 여유)와 8부족(여덟 가지 부족)에 대한 내용이다. 경기도 파주시 광탄면 용미리와 고양시 덕양구 고양동을 잇는 '혜음령'이란 고개가 있다. 혜음령에 예로부터 내려오는 두 도적 이야기가 있다. 두 도적은 도적질로 빼앗은 장물들

[28] 우남식. 사도행전에서 만난 복음. 생명의 말씀사. 2013.
[29] 정기범. 웃으며 삽시다. 좋은 땅. 2014.
[30] 정진홍. 중앙일보. 2007. 11. 24.

이 더 이상 숲에 숨길 곳이 없을 만큼 많아지자 두 도적은 서로 죽일 생각을 하였다. 물론 장물은 둘로 나눠 가져도 충분했지만 두 도적은 나누는 것이 성에 차지 않았다. 어느 날 한 도적이 다른 도적을 죽일 요량으로 독이 든 술을 구하러 갔다. 반면에 다른 도적은 그가 돌아오면 목을 베리라 마음먹고 칼을 갈았다. 결국 독이 든 술을 갖고 오던 도적은 칼을 맞고 목이 날아갔다. 칼을 쓴 도적은 장물들을 독차지하게 된 것에 들뜬 나머지 무심결에 독에 든 술을 흥에 겨워 마시고 그 역시 죽었다. 족함을 모른 두 도적은 결국 모두 죽고 말았다.

한편 혜음령에서 멀지 않은 곳에 명봉산이 있다. 조선 중종 때 동부승지를 지낸 김정국이 기묘사화에 연루돼 삭탈관직당하여 이곳에 은거해 살며 이런 말을 남겼다. "토란국과 보리밥을 넉넉히 먹고, 등 따뜻하게 넉넉히 잠자고, 맑은 샘물을 넉넉히 마시고, 서가에 가득한 책을 넉넉히 보고, 봄꽃과 가을 달빛을 넉넉히 감상하고, 새와 솔바람 소리를 넉넉히 듣고, 눈 속에 핀 매화와 서리 맞은 국화 향기를 넉넉히 맡는다. 그리고 이 일곱 가지를 넉넉히 즐기니 이것이 팔여, 여덟 가지 여유다." 그래서 김정국을 8여거사라고 일컫는다. 그는 훗날 다시 등용되어 당대에 칭송을 얻고 후대에 이름을 남겼다. 족한 줄도 모르고 장물을 독차지하려다 결국 둘 다 죽은 혜음령의 이름 모를 도적들과 억울하고 힘든 세월을 넉넉한 마음 하나로 이겨낸 8여거사, 김정국의 삶을 극명하게 갈라놓은 것은 다름 아닌 '족함을 아느냐, 모르냐'였다.

세상은 '8여'보다 '8부족'의 아우성으로 가득 차 있다. "진수성찬을 배불리 먹고도 부족하고, 휘황한 난간에 비단병풍을 치고 잠을 자면서도 부족하고, 이름난 술을 실컷 마시고도 부족하고, 멋진 그림을 보고도 부족하고, 아리따운 여인과 한껏 즐기고도 부족하고, 좋은 음악을 듣고도 부족하고, 희귀한 향을 맡고도 부족하다. 여기 한 술 더 떠서 이 일곱 가지 부족한 게 있다고 한탄하는 것"이 8부족이다. 족함을 모르는 것은 병 중 큰 병이고, 불행 중 가장 큰 불행이다. 반면에 족함을 아는 것이야말로 심신이 온전할 수 있는 근간이요 최고의 행복 비결이다.

바울은 어떠한 형편 중에서도 자족하기를 배웠다(빌 4:11). 그리고 자족하는 마음이 있으면 경건에 큰 이익이 된다고 했다(딤전 6:6). 자족하는 마음은 감사로 이어지고 감사는 행복의 비결이다. 존 맥아더는 **자족연습**[31]에서 염려에서 벗어나고 싶다면 자족하는 삶으로 나아가라고 했다. 엄마의 품에 안겨 젖을 먹는 아기처럼 하나님을 믿고 그분만을 바라본다면 염려

---

[31] 존 맥아더. 자족연습. 김애정 역. 토기장이. 2008.

를 이겨낼 수 있다는 것이다.

헬렌 켈러는 3일 동안만 볼 수 있다면에서[32] "첫날에는 스승 설리번과 친구들을 만나고 산책을 하며 저녁노을을 보고 싶다. 둘째 날에는 장엄한 일출과 아침 이슬 그리고 박물관과 미술관에 가보고 책을 보고 싶다. 셋째 날에는 일상에 바쁜 사람들의 얼굴과 여성들의 옷 색깔, 외국인의 생활상을 보고 영화관에 가고 싶다."고 했다. 그리고 그는 이렇게 글을 맺고 있다. "집에 돌아온 후, 내가 다시 눈을 감아야 할 시간이 되면 지난 3일 동안만이라도 이 세상을 볼 수 있게 해준 것에 감사드리고 나는 다시 영원한 암흑의 세계로 돌아갈 것이다."

나에게 주어진 건강, 가정의 행복, 사업의 성공, 꿈의 성취도 분명 감사해야 할 것이지만 나의 감사가 거기에 머문다면 1차원적인 감사이다. 우리가 볼 수 있고 만질 수 있는 것은 가변적이어서 언제든 없어질 수 있다. 우리는 언제 다시 감사가 불평과 한숨으로 변할지 알 수 없다. 보이는 것이 조건이 된 감사는 임시적이고 일시적이다. 더 높은 차원의 감사는 눈에 보이지 않지만 삶을 풍요롭게 하는 생명과 사명, 판단할 수 있는 이성과 생각할 수 있는 상상력, 아름다움과 미움을 가려내는 정서, 시련을 이길 용기와 소망, 부부의 사랑과 자녀의 귀함, 즐겁고 향긋한 봄철, 뜨겁고 활기찬 여름, 단풍진 수확의 가을, 백설의 순결한 겨울이 있다. 그러나 이것들도 철학자, 문학가, 예술가들이 그려내는 인생예찬이나 자연예찬을 넘지 않는 감사이다. 이것들도 다 소진할 날이 온다. 이를 2차원의 감사라 부른다. 이런 감사 말고 믿음을 가진 사람만이 할 수 있는 제3차원의 감사가 있다. 받은 은혜에 감사하고, 받는 은혜에 감사하고, 받을 은혜에 감사하는 생활이다. 이 감사는 소유의 많고 적음에 있는 게 아니라 존재 자체에 있다. 그래서 성경에 "비록 무화과나무가 무성하지 못하며 포도나무에 열매가 없으며 감람나무에 소출이 없으며 밭에 먹을 것이 없으며 우리에 양이 없으며 외양간에 소가 없을지라도 나는 여호와로 말미암아 즐거워하며 나의 구원의 하나님으로 말미암아 기뻐하리라."(합 3:17-18)라고 했다.

1620년 102명의 청교도가 오직 신앙의 자유만을 찾아 메이플라워호에 몸을 싣고 신대륙 아메리카로 출발했다. 먹을 물과 양식이 부족한 가운데 행해진 65일간의 항해는 험난하기 그지없었다. 거기다가 청교도들이 신대륙에 도착한 때는 겨울이었다. 그들은 심한 식량난과 추위, 기후 차와 영양실조들의 원인으로 인해 첫 겨울에 102명 가운데 44명이나 죽었다. 그 나머지도 질병에 시달렸으므로 항상 일손 부족으로 인한 격무에 시달려야 했다. 그때 심한

---

[32] 헬렌 켈러. 3일만 볼 수 있다면. 고정욱 엮음. 여름숲. 2011.

고통 속에 있던 그들에게 도움을 주었던 것은 마음씨 좋은 인디언들이었다. 인디언들은 어려운 처지에 놓여 있는 청교도들에게 옥수수와 곡물을 가져다주었고, 농사짓는 방법도 가르쳐 주었다. 그들은 이들의 도움으로 다음해인 1621년 풍성한 곡식을 추수할 수 있었다. 이에 청교도들은 옥수수 몇 자루를 놓고 수확하도록 도와주신 하나님께 감사 예배를 드렸다. 그리고 친절한 인디언들을 초대해 추수한 곡식과 칠면조 고기 등을 함께 먹으며 첫 추수감사절을 지냈다. 그들이 하나님께 드렸던 첫 추수감사절의 벅찬 환희는 단순히 한 해의 추수의 감사에 그치는 것이 아니라 신앙의 자유와 개척자 정신의 고귀함 그 자체였다. 그들의 이런 행동은 모든 인류의 가슴속에 진한 감동을 전해주고 있다. 그래서 지금 미국인들은 추수감사절을 중요한 절기로 지킨다. 그들은 넉넉하지 못한 데서도 자족함을 알고 하나님께 감사할 줄 알았다. 자족한 마음에 복이 깃들고 감사한 마음에 길이 트인다. 어떤 형편 중에도 자족하면 감사가 생기고 기쁨이 생긴다.

톨스토이의 사람에게는 얼마만큼의 땅이 필요한가[33]의 단편소설에서 욕심쟁이 빠흠을 예로 들어 자족이 얼마나 어려운가를 말해주고 있다. 어느 날 빠흠은 촌장으로부터 경천진동할 제안을 받았다. 하루 동안 걸어서 표시할 수 있는 땅을 그냥 주겠다는 것이다. 이에 빠흠은 이른 새벽에 일어나 쉬지 않고 앞을 향해 나아갔다. 그에게 쉰다는 것은 자신의 땅이 줄어듦의 의미였다. 그가 앞으로 나아가면 갈수록 욕심이 눈덩이처럼 커져만 갔다. 결국 해가 지기 시작할 무렵에 황급하게 뒤를 돌아 목숨을 걸고 뛰었다. 숨을 헐떡이며 되돌아온 빠흠에게 촌장이 이렇게 말했다. "정말 장하다. 너는 엄청난 땅을 취하였다." 그러나 빠흠은 그 말을 듣는 순간에 피를 토하며 죽었다. 그에게 돌아갈 땅이라곤 겨우 그가 묻힐 반 평에 지나지 않았다. 톨스토이는 이렇게 말한다. 사람에게 얼마만큼의 땅이 필요할까? 자족하는 삶이 바로 행복한 삶의 지름길이다. 그래서 명심보감(明心寶鑑) 안분편(安分篇)의 경행록(景行錄)에 이런 말이 있다. 知足可樂 務貪則憂(족할 줄을 알면 즐거워할 수 있고 탐하기를 힘쓰면 근심만 더한다.)

로버트 에먼스와 마이클 메컬로의 연구[34]는 매일 적어도 다섯 가지씩 감사하는 일을 찾아 감사 일기를 쓰는 사람이 정신뿐만 아니라 육체적으로도 더 건강하다는 것을 보여주었다. 그래서 지속적인 행복을 얻으려면 감사일기 쓰기를 권한다. 필자도 수강하는 학생들에게 한

---

[33] 레프 톨스토이. 얼마나 가져야 행복할까. 안현주 역. 한국셰익스피어. 2015.
[34] 탈 벤 샤하르. 해피어. 노혜숙 역. 위즈덤하우스. 2007.

학기 동안 매일 세 가지 감사제목을 찾아 써서 종강 시간에 제출하도록 한다. 학생들은 평소에 무심코 지나쳤던 사소한 작은 것을 찾아 감사하는 것을 보았다. 우리는 감사하면 큰 것에 대한 것만 생각하기 쉽다. 그러나 우리의 일상적인 삶 속에서 작은 것으로부터 감사하는 습관을 기를 때 우리의 삶은 훨씬 풍요롭고 행복해질 것이다.

성경에 "범사에 감사하라."고 했다(살전 5:18). 축복의 때나, 궁핍의 때나, 환난의 때에도 감사하라는 것이다. 풍족한 물질을 가지고 있다고 행복한 것이 아니다. 물질이 풍족할지라도 감사가 없고, 그것이 오히려 욕망과 불안, 그리고 공포를 가져다준다면 이는 참된 행복이 아니다. 반면에 구제의 대상이 될 정도로 빈곤한 삶을 살지라도 그 마음에 감사가 있다면 이는 행복한 사람이다. 감사는 물량의 차원이 아니라 어떤 차원에서 생각하느냐에 있다.

이런 성가가 있다. "모든 것 주심 감사 지난 추억 인해 감사 주 내 곁에 계시네. 향기로운 봄철에 감사 외로운 가을날 감사 사라진 눈물도 감사 나의 영혼 평안해. 응답하신 기도 감사 거절하신 것 감사 헤쳐 나온 풍랑 감사 모든 것 채우시네. 아픔과 기쁨도 감사 절망 중 위로 감사 측량 못할 은혜 감사 크신 사랑 감사해. 외로운 가을날도 감사 사라진 눈물도 감사 길가에 장미꽃 감사 장미꽃 가시 감사. 따스한 따스한 가정 희망 주신 것 감사 기쁨과 슬픔도 감사 하늘 평안을 감사 내일의 희망을 감사 영원토록 감사해."

탈 벤 샤하르는 해피어[35]에서 행복 6계명 중의 여섯째가 기회 있을 때마다 감사를 표하라는 것이다. 첫째는 인간적인 감정을 허락하라. 두려움, 슬픔, 불안 등 우리가 느끼는 감정을 자연스럽게 받아들이면 극복하기가 쉬워진다. 자신의 감정을 부정하면 좌절과 불행으로 이어진다. 둘째는 행복은 즐거움과 의미가 만나는 곳에 있다. 직장과 가정에서 삶에 의미를 주면서 즐거움을 느낄 수 있는 활동을 하라. 그것이 여의치 않다면 '행복 촉진제'를 만들어 실천에 옮겨 보아라. 셋째는 행복은 사회적 지위나 통장잔고가 아니라 마음먹기에 달려 있음을 잊지 마라. 행복은 우리가 어디에 초점을 맞추고 상황을 어떻게 해석하는가에 따라 결정된다. 실패를 재앙으로 여길 수도 있지만 배움의 기회로 생각할 수도 있다. 넷째는 단순하게 살라. 우리는 살아갈 시간은 점점 줄어드는데 일은 점점 더 많이 하려고 욕심을 부리느라 눈코 뜰 새 없이 바쁘게 살고 있다. 그러나 너무 많은 일을 하다 보면 행복을 놓칠 수 있다. 다섯째는 몸과 마음이 하나라는 것을 기억하라. 우리가 몸으로 하는 것, 또는 하지 않는 것은 마음에도 영향을 준다. 규칙적으로 운동하고 충분히 자고 건강한 습관을 유지하면 몸도 마

---

[35] 탈 벤 샤하르. 해피어. 노혜숙 역. 위즈덤하우스. 2007.

음도 건강해진다. 여섯째는 기회가 있을 때마다 감사를 표현하라. 우리는 종종 우리의 삶을 당연한 것으로 여긴다. 사람에서 음식까지, 자연에서 미소까지, 우리 인생의 좋은 것들을 음미하고 감사하는 법을 배우자.

7. 긍정과 소망

1963년 8월 28일에 워싱턴에 25만 명의 평화 대행진에서 마틴 루터 킹 목사는 '나에게는 꿈이 있다'는 연설에서 이렇게 말했다. "언젠가는 조지아 주의 붉은 언덕 위에서 노예였던 사람들의 후손들과 노예를 소유했던 사람들의 후손들이 형제가 되어 식탁에 함께 앉게 되리라는 꿈이 있다. 나에게는 꿈이 있다. 불의의 열기가 이글거리는 미시시피 주조차도 언젠가 자유와 정의의 오아시스로 변할 것이라는 꿈이 있다. 나에게는 꿈이 있다. 나의 네 명의 아이도 피부색이 아니라 개성에 의해 능력이 판단되는 나라에 살게 될 날이 있을 것이라는 꿈이 있다. 오늘도 나에게는 꿈이 있다. 언젠가 모든 계곡이 메워지고, 모든 언덕과 산이 깎이고, 울퉁불퉁한 곳은 평탄해지고, 휘어진 곳은 곧게 되니 하나님의 영광이 이루어지고, 모든 사람은 함께 그것을 보게 될 것이라는 꿈이 있다. 나는 지금 꿈을 가지고 있다. 인간이 모두 형제가 되는 꿈이다. 나는 이런 신념을 가지고 절망의 산에다 희망의 터널을 뚫겠다. 나는 이런 꿈을 가지고 여러분과 함께 나서서 어둠의 어제를 광명의 내일로 바꾸겠다."[36] 이 연설은 미국인들에게 인종 차별 문제의 심각성을 일깨워 주는 중요한 역할을 하였다. 그 후에 킹 목사에게는 수많은 협박과 암살위협이 따라다녔고, 결국 그는 1968년 암살되었다. 그의 죽음으로 흑인 인권운동은 좌절되고 그의 꿈도 사라지는 것 같았다. 그러나 그는 갔어도 그의 꿈은 사라지지 않았다. 그의 꿈은 수많은 사람의 가슴에 희망의 불을 지폈다.

1950년대만 해도 흑인이 프로 스포츠에 발을 들여놓을 수 없었다. 야구 선수 중에 유일한 흑인 선수로는 로빈슨뿐이었다. 그러나 지금은 어떠한가? 농구 선수의 황제 조던, 골프의 황제 타이거 우즈 등 흑인이 프로 스포츠계를 평정하고 있다. 그리고 86년의 역사를 자랑하는 아카데미 시상식에서 연기상으로 트로피를 차지한 흑인 배우가 무려 열다섯 명이나 된다. 그뿐만 아니라 2008년에 미국에 최초의 흑인 대통령 오바마가 44대 대통령이 되었다. 마틴 루터 킹 목사가 꿈꿨던 것이 45년 만에 이루어졌다.

[36] 마틴 루터 킹. 나에게는 꿈이 있습니다. 채규철 외 역. 예찬사. 2015.

힐튼 호텔을 세운 창업자 콘래드 힐튼[37]은 가난한 행상의 아들로 태어났다. 그래서 그는 아버지를 따라서 미국의 이곳저곳을 떠돌아 다녀야 했다. 그러다 보니 제일 문제가 되는 것은 저녁이 되면 잠자리 문제였다. 이때부터 가난한 소년, 힐튼은 호텔 사업을 꿈꾸기 시작했다. 꿈은 있었지만 그의 수중에 가진 것이 없었다. 그러나 그에게 '믿음은 바라는 것들의 실상' (히 11:1)이라는 성경 말씀이 마음속에 있었다. 그는 이 말씀을 마음속에 간직하며 꿈을 꾸었다. 그는 실패와 성공을 반복하면서도 이 믿음의 소망을 잃지 않았다. 힘들면 힘들수록 오히려 그는 이 말씀을 붙들고 기도하고 기도했다. 그는 드디어 1924년에 텍사스 주 달라스에 호텔을 세웠다. 그는 이것으로 끝나지 않고 세계 곳곳에 호텔을 짓고자 하는 꿈을 꾸었다. 이 꿈이 그에게 현실로 다가왔다. 그는 지금 80여 나라에 26,000여 곳의 호텔을 세운 호텔왕이 되었다. 그가 믿음 안에서 소망했을 때 그 소망이 실상이 되었다.

미국의 디즈니랜드는 많은 청소년들이 가보고 싶어 하는 곳이다. 디즈니랜드를 세운 월트 디즈니는 꿈의 사람이었다.[38] 그는 거액을 들여 어린이들의 꿈의 동산 디즈니랜드를 LA 근교에 건설했다. 그때 많은 사람들이 실패할 것이라고 여겼다. 그러나 그는 많은 청소년들이 이 꿈의 동산으로 몰려올 비전을 보았다. 그의 꿈대로 이루어졌다. 그는 그것만으로 만족하지 않았다. 그는 LA에서 겪은 시행착오의 경험을 살려 좀 더 넓은 곳에서 좀 더 과학적이고 좀 더 자연친화적인 놀이동산을 만들고자 했다. 그는 플로리다 주에 월트 디즈니월드를 만들고자 결정하고 이를 위해 매진했다. 그러나 아쉽게도 그는 개관되기 전에 세상을 떠났다. 디즈니월드 개막식에서 유명한 분이 축사를 하며 오늘 월트 디즈니가 이 광경을 보지 못하고 먼저 간 것이 안타깝다는 말을 했다. 그런데 이어서 등단한 부인이 이런 유명한 답사를 했다. "조금 전에 축사를 하신 분이 제 남편에 대한 여러 좋은 말씀해 주신 것을 감사합니다. 그러나 한 가지 수정할 것이 있습니다. 그분이 제 남편이 오늘 이 개막식을 보지 못한 것이 아쉽다고 하셨는데 사실은 제 남편은 오늘 이 동산이 열리는 것을 보면서 일을 했습니다. 그가 보았기 때문에 우리가 오늘 여기에 있습니다." 사람이 절망에 처했을 때 꿈을 꾸기란 쉽지 않다. 그러나 절망은 넘어서 꿈을 꾸는 것이 중요하다.

미국 예일대학교 법대생을 대상으로 꿈이 있는 사람은 그것을 말로 하고, 또한 그 말을 글로 써보라고 했다. 3%는 말로 꿈을 말하고 글로도 썼다. 30%는 꿈이 있지만 말도 하지 않고

---

[37] 콘래드 니콜슨 힐튼(1887~1979): 힐튼 호텔 창업자로 노르웨이계 독일인 이민자의 아들.

[38] 최영진. 월트 디즈니. 자음과모음. 2013.

글로 쓰지도 않았다. 67%는 꿈도 없고 꿈을 말하지도 않았다. 20년 후에 이들의 삶을 조사해 보니 꿈을 말하고 썼던 3% 밑에서 나머지 97%가 일하더라는 것이다.[39] 꿈은 오늘의 현실을 미래의 역사로 만들어 가는 원동력이 된다.

8. 긍정과 감성

리처드 칼슨은 사소한 것에 목숨을 걸지 마라[40]에서 반응과 호응에 따라 우리의 마음 자세가 달라진다고 했다. "마음을 여세요."에서 반응은 부정적인 반응으로 냉소적으로 나타나고, 호응은 긍정적인 반응으로 긍정적인 접근이 된다는 것이다. '뭘 그런 것이 있어'는 부정적인 반응이고, '아, 그랬구나'는 호응으로 긍정과 감성의 접근이다. 행복한 사람은 긍정적인 호응으로 삶의 의미를 함께 느낀다. 그리고 호응과 감정은 행동을 추구하는 동기이고, 의미는 사회적 기준이 아니라 자기 자신에게 있는 자발적인 목적을 뜻한다. 행복을 달성하기 위해 즐거움만으로는 충분하지 않다. 목적의식만으로도 부족하다. 그는 긍정적인 호응과 감성이 동반해야 한다고 했다. 그 이유는 목적과 의미만 있고 현재 정서적인 만족을 즐기지 못하면 오래 버티기 어렵기 때문이다. 밝은 미래에 대한 전망만으로는 오래가지 못한다. 그리고 성취주의자들처럼 즉각적으로 만족을 보류하게 되면 행복해질 수 없다. 만족스럽고 행복한 삶을 살기 위해서는 즐거움과 의미를 추구하는 욕구가 둘 다 충족되어야 한다. 즐거움과 의미, 현재와 미래의 이익이 만나게 되면 동반 상승효과가 있다. 더구나 자신의 일에서 목적의식과 즐거움이 더해지면 더욱더 의미가 있고 즐겁게 된다.[41]

1) 긍정적 정서의 감정요소

긍정적 정서의 감정요소는 행복, 쾌활, 열정, 자긍심, 기쁨 등이다. 이 긍정적인 정서의 감정요소는 우리의 지적, 신체적, 사회적 자산을 지속적으로 확충하고 형성하여 위기에 처할 때와 기회가 있을 때 활용하게 된다. 사람은 긍정적 기분에 취했을 때 다른 사람이 우리를 더 좋아하게 된다. 우정, 애정, 유대감이 더 돈독해질 가능성이 있다. 그뿐만 아니라 정신작용이 활발해지고 인내심, 창의력이 높아진다. 그럴 경우 새로운 사상과 낯선 경험에도 마음을

[39] 이기우. 인천경영포럼조찬강연회. 2010. 9. 9.
[40] 리처드 칼슨. 사소한 것에 목숨을 걸지 마라. 강정 역. 도솔. 2005.
[41] 탈 벤 샤하르. 해피어. 노혜숙 역. 위즈덤하우스. 2007.

열게 된다. 그리고 리처드 와이즈먼[42]은 다른 사람이 나를 좋아하게 만들고 싶다면 그 사람에게 적극적으로 도움을 청하라고 했다.

2) 부정적 정서의 감정요소

부정적 정서의 감정요소는 공포, 비애, 분노, 혐오감, 불쾌감, 증오심 등이다. 특히 분노는 정신건강에 해롭다. 여성이 분노하게 되면 의사교환 능력이 저하된다. 특히 성욕이 남성보다 현저히 저하한다. 남성은 21% 저하되는 반면에 여성은 79%나 저하된다.[43] 긍정적 정서가 형성되면 부정적 정서는 사라진다. 좋지 못한 습관이 근절되는 것이 아니라 좋은 습관으로 대체된다. 또한 긍정의 감정은 행복을 포함해 우리가 추구하는 중추적인 역할을 한다. 그리고 감정은 동기 유발을 하는 원인이 되고, 행복을 추구하는 중요한 역할을 한다. 그러나 단순히 감정을 느끼는 것만으로는 충분하지 않고 긍정적인 감정을 느껴야 한다. 행복한 사람은 희로애락이 없는 것이 아니라 똑같이 경험한다. 그러나 전반적으로 긍정적이다. 그리고 행복한 사람은 대체로 분노와 죄의식 같은 부정적인 감정보다는 기쁨과 애정 같은 긍정적인 감정에 따라 움직인다.

표 3.2 긍정정서와 부정정서의 감성 요소

긍정정서 감성 요소	부정정서 감성 요소
행복감	분노
사랑	불안
안도감	공포
희망	절망
연민	질투
자부심	죄책감

출처 : Diner, Suh, Lucas, & Smith, 1999.

  우리의 뇌는 크게 셋으로 구성되어 있다. 뇌간과 대뇌변연계, 그리고 대뇌피질이다. 뇌간은 인간이 조정할 수가 없는 생명뇌이다. 대뇌피질은 생각뇌, 이성의 영역이고, 대뇌변연계

---

[42] 리처드 와이즈먼. 59초. 이충호 역. 웅진지식하우스. 2009.
[43] 윤가현. 성문화와 심리. 학지사. 2005.

는 감정의 뇌로 정서를 다루는 뇌이다. 행복은 이성의 영역이 아니라 감정의 영역이다. 대뇌변연계는 뇌간과 대뇌피질의 중간에 끼어 있어 안팎으로 압박을 받는다. 변연계는 대뇌피질과 달리 한 번 입력된 것은 잊혀지지 않는다. 특히 부정적인 정서는 잊혀지지 않는다. 그리고 상처를 잘 받는 영역이다. 이 영역은 한 번 상처를 받으면 뇌간과 대뇌피질에 영향을 준다. 따라서 변연계를 잘 처리하는 것이 행복의 지름길이다. 그러기 위해 긍정적인 정서를 갖도록 힘써야 한다. 특히 사랑의 모양, 하트는 뇌간과 대뇌피질에 상처를 주지 않는다. 따라서 행복지수를 높이기 위해서는 감성뇌인 변연계, 우뇌가 개발되도록 해야 한다.

현대는 이성의 영역인 과학과 기술, 그리고 물질적인 면에서는 장족의 발전을 이루었다. 반면에 정서적인 면에서는 점점 후퇴하고 있다. 이로 인해 미국의 10대 청소년들의 3분의 1이 우울증에 시달리고 있다. 이처럼 이전 세대보다 훨씬 더 심각한 불안과 우울증을 겪고 있다. 이러한 추세는 인종과 사회경제적 조건을 가리지 않고 전 세계로 점점 더 확대되고 있다. 다니엘 골먼은 감성지능[44]에서 "20세기 이후 지금 세대는 전 세계적으로 그들의 부모 세대보다 단순한 우울증이 아니라 무기력, 낙담, 자기 연민, 압도적인 절망 등에 시달릴 위험이 점점 더 커지고 있다."고 지적하며 '압도적인 절망', 즉 허무주의는 개인적으로나 전 세계적으로 메마른 정서 상태를 극복할 수 없다고 우려하고 있다. 그리고 그는 20세기의 특징이었던 '불안의 시대'는 이제 '우울의 시대'로 발전하고 있다고 했다. WHO에서도 2020년이 되면 심장병 환자보다 우울증 환자가 더 많아질 것으로 보고 있다. 이는 우리나라도 예외는 아닐 것이다. 요즘 우리 사회의 화두는 흙수저이다. 이는 우리 사회 전반에 걸쳐 정서적으로 절망감과 더불어 허무주의, 그리고 냉소주의로 인한 비애가 높아지고 있다는 증거이다.

의미치료(Logotherapy)를 창안한 빅터 프랭클은 죽음의 수용소에서[45] '실존적 공허는 20세기에 만연한 현상'이라고 주장했다. 아울러 유럽 학생의 25%와 미국 학생의 60%가 '내면의 공허' 또는 '실존적 공허'를 느끼고 있다고 보았다. 오늘날의 상황은 1950년대 빅터 프랭클이 책을 썼을 당시보다 훨씬 악화되었다. 그리고 미국 대학에 입학하는 학생들을 조사한 결과를 보면 그 이유를 어느 정도 짐작할 수 있다. 1968년 대학 신입생들에게 인생의 목표가 무엇인지 물었더니 41%가 돈을 많이 버는 것이라고 대답했고, 83%는 의미 있는 삶의 철학을 발전시키는 것이라고 대답했다. 30년이 지난 1997년에 똑같은 질문을 했는데 신입생의 75%가

---

44 다니엘 골먼. 감성지능. 황태호 역. 비전코리아. 1997.
45 빅터 프랭클. 죽음의 수용소에서. 이시형 역. 청아출판사. 2005.

부자가 되는 것이 인생의 목표라고 대답했고, 41%가 의미 있는 삶의 철학을 발전시키고 싶다고 대답했다(복수 응답). 그들의 목표는 부자가 되는 것이었다. 그런데 10년 후, 그들이 대학을 졸업하고 직장 4~5년차가 되었을 때 미국발 세계 금융위기를 맞았다. 이처럼 더 많은 물질을 얻고자 추구할 때 개인이 불행해지고, 사회 전체가 정서적으로 파탄에 이르게 된다. 정서적 파탄은 마약과 알코올 남용, 종교적인 광신과 같은 사회 문제를 일으킨다. 따라서 긍정적인 정서, 긍정적인 감정을 통해 긍정지수를 높이고, 긍정지수를 높이는 것이 행복의 지름길이다.

9. 긍정심리에 대한 반론

지금까지 살펴본 대로 긍정심리학의 태동은 정신분석심리의 부정적인 인간관에 대한 문제점으로부터 시작되었다. 긍정심리는 인간의 다양한 긍정적인 성품과 강점을 계발하는 계기가 되는 큰 공헌을 하였다. 이에 대해 바버라(Barbara Ehrenreich)는 **긍정의 배신**[46]에서 긍정심리에 대해 반론을 제기했다. 저자가 유방암에 걸려 병원에 입원했을 때 많은 환자들이 긍정적 사고가 암을 제거해 줄 것이라 굳게 믿고 있었고, 누구라도 부정적인 발언을 하면 불쌍하게 취급하였다. 그러나 그들의 의견은 어디에도 과학적 근거가 없었다. 긍정적으로 생각하는 직원이 많으면 회사의 생산성이 높아진다는 이론 또한 과학에 기초한 연구 결과가 어디에도 없다. 사람들은 그냥 그것이 사실이라고 믿는다는 것이다. 이런 영향의 또 다른 시장으로는 자기계발서 분야이다. 그 책들의 내용은 하나같이 긍정적 사고로 귀결된다. 대표적인 책은 론다 번(Rhonda Byrne)의 시크릿(*The Secret*)[47]이다. 예를 들어 놀이공원에서 줄을 기다리지 않고 첫 번째로 타고 싶다고 간절히 원하면 그렇게 된다는 것이다. 그는 사람들이 어떤 설득력도 없는 모순의 이론에 열광한다며 긍정적 사고의 문제점을 지적했다.

그는 긍정적 사고가 고용주의 손에 들렸을 때 떨치고 일어나 앞으로 나아가라는 권고가 아니라 직장에서의 통제 수단과 더 높은 실적을 내라는 수단으로 이용된다고 했다. 노먼 필의 적극적 사고방식[48]과 누가 내 치즈를 옮겼을까?[49] 등의 자기계발서 또한 자본주의와 긍정의

---

[46] 바버라 에런라이크. 긍정의 배신. 전미영 역. 부키. 2011.

[47] 론다 번. 시크릿. 김우열 역. 살림Biz. 2007.

[48] 노먼 필. 적극적 사고방식. 이갑만 역. 세종서적. 2001.

[49] 스펜서 존슨. 누가 내 치즈를 옮겼을까? 이영진 역. 진명출판사. 2008.

은밀한 공생을 통해 긍정 이데올로기로 둔갑하여 시장경제의 잔인함을 변호한다. 특히 긍정신학이 교회에 들어와 번영신학(prosperity theology)이 되어 현생에서의 부와 성공과 건강의 보장을 약속한다.

조엘 오스틴은 긍정의 힘[50]에서 인생은 기대를 따라간다고 주장한다. 기대한 만큼 이루어진다는 것이다. 긍정적인 생각을 품으면 긍정적인 방향으로 흘러가고 부정적인 생각에 사로잡히게 되면 일이 잘 풀리지 않는다고 말한다. 패배, 실패, 삼류 인생을 기대하면 잠재의식이 우리를 그쪽으로 몰아가 평범한 수준 이상의 어떤 시도도 못하게 만든다는 것이다. 오스틴의 긍정의 힘은 성경에서 말하는 믿음, 신앙인 것 같지만 긍정심리와 일맥상통하고 자기계발서의 한 종류이기도 하다. 그리고 '번영신학'과 일치한다.

지금 교회에서 복음의 능력이 긍정의 힘으로 둔갑되고 믿음이 긍정으로 대체되고, 고난을 통한 구원보다 고난이 없는 구원을 추구하고 있다. 한 사람의 중요성보다는 수량으로 평가한다.[51] 성경보다 '자기성취를 위한 개발서'가 교회에 자리를 잡고 있다. 교회의 텍스트북은 어디까지나 성경이지 결코 자기계발서가 될 수 없다. 그런데 자기계발서가 활개를 치고 있다. 그리고 번영신학은 현재에 건강과 부와 축복을 가져다준다고 선전한다. 그러다 보니 가난은 저주요 실패로 여긴다. 그리고 대형교회만이 하나님의 축복이고 작은 교회는 무능한 교회로 낙인찍는다. 그래서 너도나도 빚을 얻어 예배당을 크게 짓고 사람을 모은다. 이로 인해 교회가 빚을 갚지 못해 경매에 붙여지는 등의 역기능 현상이 벌어지고 있고, 심지어 교회 건물이 사이비종교에 넘어가는 경우가 생기기도 한다.

이에 마이클 호튼(Michael Horton)은 그리스도 없는 기독교[52]에서 미국과 전 세계에 그리스도 없는 기독교를 확산시키는 데 가장 앞장선 이가 바로 조엘 오스틴이라 비판했다. 번영신학은 사람들을 끌어들이는 매력이 있다. 번영신학은 대형교회를 꿈꾸고, 자신의 욕망에 이끌려 목회하는 이들에게는 자기 최면이 될 수 있다. 요즘 신사도운동도 이 부류에 속한다. 성경을 관통하는 핵심은 한 사람의 소중함과 고난을 통한 영광이다. 그리고 긍정의 힘이 아니라 예수 그리스도의 십자가를 통한 구원과 믿음의 능력이다. 여기에서 말하는 믿음은 자기 안에서 일어나는 긍정이 아니라 십자가에서 우리 죄를 위해 고난당하시고 죽으신 예수 그리스도를 믿음을 통한 하나님께서 주시는 은혜를 말한다. 믿음은 언제나 홀로 존재하지

---

[50] 조엘 오스틴. 긍정의 힘. 정성묵 역. 두란노. 2005.
[51] 우남식. 마가복음에서 만난 예수님. 킹덤북스. 2015.
[52] 마이클 호튼. 그리스도 없는 기독교. 김성웅 역. 부흥과개혁사. 2009.

않는다. 항상 예수 그리스도를 통한 믿음이다.

바울은 "내게 능력 주시는 자 안에서 내가 모든 것을 할 수 있느니라[I can do everything through Him who gives me strength]."(빌 4:13)고 했다. 여기에서 중요한 것은 내게 능력 주시는 그분(Him), 예수 그리스도이시다. 다시 말해 능력을 주시는 주님을 통해서 할 수 있다는 것이다. "나의 힘으로, 내가 스스로 강해서, 내 성격이 낙천적이어서 인내할 수 있는 것이 아니다. 우리는 내 안에 힘을 불어넣어 주시는 예수 그리스도로 말미암아 모든 것을 할 수 있다. 내가 하는 것이 아니라 하나님이 우리 속에서 능력으로 역사하심으로 할 수 있다." 이것이 성경에서 말하는 믿음의 능력이다. 바버라는 질문한다. "긍정의 힘으로 모든 것을 다할 수 있을까? 모든 병을 다 고칠 수 있을까?" 답은 아니다. 어쩌면 긍정의 힘은 나폴레옹에서 찾을 수 있다고 할 수 있겠다. 그는 알프스 산을 넘을 때 "내 사전에서 불가능이란 단어는 없다"고 했다. 그러나 그는 패전 후 세인트헬레나 섬에 유배되어 최후를 맞이했다. 이로써 불가능은 없다는 그의 말은 헛된 말이 되고 말았다. 성경은 주님이 주시는 능력으로 모든 것을 할 수 있다는 믿음을 가르친다.

2010년에 자칭 행복전도사라고 일컫는 최윤희 씨가 자살했다. 그는 열심히 '자살'을 거꾸로 하면 '살자'가 된다며 어떤 절망 중에도 '자살하지 말고 살자'며 외치고 다녔다. 그런데 그렇게 '살자'고 외치고 다니던 그가 '살자'가 아니라 '자살'했다. 당시 이는 큰 충격이었다. 필자는 생각해 본다. 왜 그녀가 자살했을까? 이는 긍정을 외치고 행복을 외쳤지만 긍정과 행복의 원천인 하나님을 알지 못했기 때문이다. 그는 심리치료법에 대해서는 알았지만 신앙의 비밀을 알지 못했다. 우리가 하나님을 바라보고 나를 보면 내가 얼마나 소중한 존재인가를 알게 된다. 이런 성가가 있다. "당신은 사랑받기 위해 태어난 사람 당신의 삶 속에서 그 사랑 받고 있지요, 당신은 사랑받기 위해 태어난 사람 당신의 삶속에서 그 사랑받고 있지요, 태초부터 시작된 하나님의 사랑은 우리의 만남을 통해 열매를 맺고 당신이 이 세상에서 존재함으로 인해 우리에겐 얼마나 큰 기쁨이 되는지, 당신은 사랑받기 위해 태어난 사람 지금도 그 사랑받고 있지요." 우리가 하나님을 만나는 순간 하나님의 은혜에 감격하게 된다. 그때 어떤 환경에서도 꿋꿋이 살아갈 힘이 생긴다. 그리고 하나님을 바라보고 나 자신을 바라보면 내가 얼마나 추한 사람이라는 것을 알게 된다. 그 순간 나와 같은 사람을 구원하신 예수 그리스도의 은혜와 사랑에 감격하게 된다. 이때 얼굴이 해같이 빛나게 된다. 긍정심리학은 인간을 이해하는 차원에서 접근해야지 자기계발과 이데올로기가 되어서는 안 된다. 더욱이 번영신학으로 둔갑되어서는 안 된다. 기독교의 핵심은 자기 긍정이 아니라 오직 믿음(sola fide),

오직 성경(sola scripture), 오직 은혜(sola gratia)이다.

10. 긍정과 부정정서 척도

다음에 나오는 단어들은 다양한 감정이나 기분을 기술한 것이다. 각 단어를 읽고, 요즘 여러분이 느끼는 감정이나 기분의 정도를 가장 잘 나타낸 곳에 ○표 하시오.

표 3.3 긍정 및 부정정서 척도

전혀 그렇지 않다(1)   약간 그렇다(2)   어느 정도 그렇다(3)   상당히 그렇다(4)   매우 그렇다(5)

문항	1	2	3	4	5	문항	1	2	3	4	5
1. 신나는						11. 화를 잘 내는					
2. 괴로운						12. 맑고 또렷한					
3. 활기에 찬						13. 창피한					
4. 혼란스러운						14. 의욕이 넘치는					
5. 자신감 넘치는						15. 신경질적인					
6. 죄책감 느끼는						16. 확신에 차 있는					
7. 위축된						17. 상냥한					
8. 분노를 느끼는						18. 초조한					
9. 열정적인						19. 활동적인					
10. 자랑스러운						20. 두려운					

출처 : Watson, 1988.

긍정정서 : 1, 3, 5, 9, 10, 12, 14, 16, 17, 19
부정정서 : 2, 4, 6, 7, 8, 11, 13, 15, 18, 20

04

행복과 결혼

1. 결혼의 정의와 목적

결혼을 통한 가족은 인류의 역사와 문화를 지탱해 온 근간이다. 건강한 가족이 있는 곳에 건강한 사회가 존재한다. 이를 볼 때 가정의 건강도와 사회의 건강도와는 비례한다. 그런데 가정은 결혼으로부터 출발한다. 따라서 결혼의 중요성을 인식할 때 가정 또한 굳게 세워진다고 볼 수 있다.

1) 결혼의 정의

결혼은 개인적인 측면과 공적인 측면이 있다. 개인적인 측면에서 보면 결혼은 애정을 느끼는 두 사람의 결합을 의미한다. 그리고 공적인 측면에서는 새로운 사회적 관계의 정립을 알리고 책임과 권리가 부여되는 사회적인 하나의 제도이다.

결혼의 구체적인 정의[1]를 보면 첫째는 결혼은 정서의 관계이다. 대부분의 사람들은 '사랑하기' 때문에 결혼한다고 말한다. 이는 결혼이 서로를 보살피고, 함께 있음을 즐거워하며 영원히 삶을 함께하고자 하는 관계라는 사실을 반영한다. 둘째는 결혼은 법적 책임의 관계이다. 법적인 책임은 혼인신고로부터 시작된다. 혼인신고는 당사자 쌍방과 성년자인 증인 2인

---

[1] 김시업. 결혼과 가정. 학지사. 2006.

이 연서하고, 혼인 신고서를 남편의 본적지 또는 주소지나 현거주지에서 신고하면 된다(민법 812조). 혼인 성립의 실질적 요건은 남자 만 18세, 여자 만 16세에 달한 때에는 혼인할 수 있다. 배우자가 있는 자는 다시 혼인하지 못한다. 그리고 당사자 간에 혼인의 합의가 있어야 한다. 셋째는 결혼은 자녀의 적출을 보장하는 관계이다. 혼인 신고한 부부에게서 태어난 자녀만이 적출로 인정을 받게 된다. 그리고 각 배우자에게 상대방의 재산을 공유할 수 있는 권리 부여와 배우자 직계비속과 공동 상속할 수 있게 된다. 넷째는 결혼은 공적 의식의 관계이다. 결혼은 결혼 의례를 통해 공적인 의식이 이루어지게 된다. 다섯째는 결혼은 성적인 일부일처의 관계이다. 이는 배우자가 상대방에 대한 성적 정숙을 지킬 의무가 있음을 의미한다.

이를 종합하면 결혼이란 성인 남녀가 그들이 거주하는 사회의 법률에 따라 정서적 관계와 서로에 대한 법적 책임과 공적인 의식을 갖는 하나의 합의이다.[2] 결혼하여 부부가 되면 비혈연관계지만 가장 친밀하고 생리적, 심리적, 사회적 욕구를 충족하는 보완적인 관계가 된다. 그리고 부부는 '너'와 '나'의 합의가 아니라 '너'와 '나'의 공동으로서 새로운 관계가 형성되며, 부부는 수직적 관계가 아니라 수평적인 관계이고, 일시적 관계가 아니라 지속적인 관계이다. 그러나 부부는 바른 지식과 가치관, 의식적인 노력이 없으면 불편한 관계가 될 수 있다.

2) 결혼의 목적

인간에게 3대 중요한 사건이 있다. 이는 출생과 죽음, 그리고 결혼이다. 그중에서도 인간이 자유를 행사할 수 있는 것은 결혼이다. 결혼을 일컬어 인륜지대사라고 한다. 인생에 있어서 그만큼 결혼이 중요하다는 것이다. 결혼의 목적[3]을 살펴보면 첫째는 사랑의 실현이다. 결혼 욕구 중 가장 강한 동기는 사랑하는 사람과 함께 살고 싶기 때문이다. 사랑의 실현을 위해 결혼을 하게 되고 결혼생활을 통해 성숙한 사랑이 이루어져 간다. 둘째는 성적 욕구의 충족이다. 결혼을 통해 법적으로나 사회적으로 인정된 성적 욕구를 충족시키게 된다. 즉, 성역할을 통한 마음의 평화와 안정감을 얻게 된다. 셋째는 경제적 안정유지이다. 결혼을 통해 경제적인 안정이 유지된다. 넷째는 정서적 안정유지이다. 결혼은 개인에게 정서적, 감정적인 안정을 제공해 준다. 다섯째는 자녀출산의 기회이다. 결혼은 자녀 출산을 가능하게 한다. 이를 통해 자기보존은 물론 종족을 계승해 주는 의미를 갖게 된다. 여섯째는 성인으로서의 신분

---

[2] 김정옥 외 공저. 결혼과 가족. 신정. 2002.
[3] 김태현, 이성희. 결혼과 사회. 성신여자대학교출판부. 1991.

획득이다. 결혼은 성년이 되는 중요한 단계이다. 결혼하게 되면 독립된 신분으로 인정을 받고 부모로부터 독립된 생활을 하게 된다. 그리고 마지막으로 사회적 기대의 부합이다. 우리나라에서는 결혼에 대한 기대가 크다. 그래서 적령기가 되었는데도 결혼을 하지 않은 젊은 이에게는 일반적으로 주위에서 결혼에 대한 은근한 압력을 준다. 그러므로 사람들은 대부분 결혼함으로써 사회적으로 인정을 받게 되고 그에 따른 생활의 안정과 성인으로서의 지위 향상도 이루어지게 된다.

2. 결혼의 유형과 형태

결혼의 유형은 배우자의 수에 따라 크게 단혼제와 복혼제, 그리고 집단혼으로 구분된다. 일반적으로 대부분의 문화권에서 볼 수 있는 결혼의 유형은 단혼제와 복혼제이나 현대사회에서는 복혼제보다 단혼제이다.

　단혼제는 결혼 기간 중 한 사람의 배우자와 결합하는 것만을 인정하는 일부일처제로서의 법적인 허용이다. 미국의 경우 결혼과 이혼을 반복하며 두 번 이상의 일부일처제를 경험하는 비율이 높다. 이러한 결혼 유형을 연속적 단혼제라고 한다. 복혼제는 일부 문화권에서 결혼기간 중 동시에 다수의 배우자와 결합하는 것을 말한다. 한 남성이 다수의 아내를 취하는 일부다처제와 한 여성이 다수의 남편을 취하는 일처다부제의 두 가지 유형이 있다. 일부다처제에는 여러 부인의 지위를 동등하게 인정하는 아랍이나 아프리카의 마사이족이 이에 속한다. 한편 한 부인만을 정실로 인정하고 나머지를 소실로 두는 동양의 축첩제도가 있다. 일처다부제는 히말라야의 티베트족, 인도의 토다족, 호주의 마케사스섬에 사는 원주민 등 소수의 사회에서만 나타난다. 그리고 집단혼은 한 집단의 모든 남녀가 동시에 다부다처의 결합을 이루는 형태이다. 원시적 결혼 형태로 극히 일부 집단에서 나타난다.

　결혼의 형태에서 배우자를 어느 집단 또는 지역에서 선택할 것이냐에 따라서 외혼 (exogamy)과 내혼(endogamy)으로 나눌 수 있다. 내혼은 모르는 집단끼리의 친교보다는 익숙한 숙지집단과의 친교가 더 유리하다고 생각하여 특정 집단 내에서 결혼 상대를 구하는 것을 말한다. 사회적 계급과 신분, 종교, 지역 등을 고려하여 결혼하는 내혼을 계급내혼, 지역내혼 등으로 구별한다.

　신라에서는 동일골품과 결혼하는 내혼이 있었고, 조선조서에는 양반은 양반끼리 결혼하는 내혼이 있었다. 같은 양반이라도 문반은 문반끼리 결혼을 택했다. 후기에는 당색에까지 확대시켜 내혼의 범위를 좁혀 갔다. 그러나 친족 간의 내혼은 관습에 따라서 엄격하게 규제했다. 특히 근친상간을 금했다. 근친상간의 금기 이유는 첫째는 가족 간의 적대감을 막을 수 있다. 둘째는 역할의 혼란을 막아주며, 셋째는 광범위한 사회적 경제적 협동관계를 창조해 낼 수 없었기 때문이다.

내혼이 이루어지는 중요한 목적은 자신들이 소유하고 있는 권력과 부의 분산을 방지하고, 또 자신들이 속하고 있는 집단의 단결을 확고히 하는 데 그 목적이 있다. 현대사회에서도 기득권을 소유한 상류층에서 내혼을 통해 자신들이 속한 집단을 결속한다. 혼맥으로 얽힌 재벌-권력-언론의 내혼의 혼맥도가 공개된 적이 있었다.[4] 방대한 혼맥도의 핵심축은 LG그룹이었다. 그들은 당대의 실세 정치 관료들과 사돈을 맺고 있다. 삼성그룹은 조선, 중앙, 동아일보 등 언론 3사와 모두 연결되어 있다. 삼성 이건희 회장이 중앙일보 홍진기 회장의 장녀와 혼인한 데서 출발한 이 혼맥은 현대가인 노신영 전 국무총리와 김동조 전 외무부장관, LG 허정구 회장가를 거쳐 조선일보로 연결되어 있다. 그리고 삼성 이건희 회장의 차녀와 동아일보 김병관 회장의 차남이 혼인했다. 연령층별 혼인 상대를 보면 60대의 경우에는 재계가 26%에 불과했으나, 50대 29%, 40대 37%, 20, 30대 60% 등 세대가 흐를수록 재벌과 재벌의 혼사가 주를 이루고 있다. 재벌가 일원이 유력가문 출신이 아닌 사람과 결혼한 비율은 50대가 33%에서 40대는 27%, 20, 30대는 13% 등으로 '보통 사람'과의 사돈 맺기는 갈수록 줄어들고 있다.

외혼은 자기가 소속된 친족집단 이외의 지역에서 배우자를 선택하는 것이다. 현대사회에서는 대부분 외혼의 결혼 형태에 의해 이루어지고 있다.

3. 동거와 독신생활 및 재혼

1) 동거

동거란 결혼 유무에 관계없이 법적으로 혼인 신고를 하지 않은 상태에서 두 사람이 함께 거주하며 사실상의 부부관계를 유지하는 것이다. 일반적으로 동거는 결혼에서와 마찬가지로 정서적이고 성적인 부부관계뿐만 아니라 경우에 따라서는 자녀 출산과 양육도 포함한다. 그러나 동거와 결혼의 차이를 보면 첫째는 동거가 결혼보다 훨씬 일시적이다. 동거하는 대다

---

[4] MBC. 한국 상류층의 얽히고설킨 혼맥도. 2004. 1. 13.

수가 2년 내에 헤어지거나 합법적인 결혼을 결정한다(Glick & Spanier, 1980).[5] 동거를 끝내고 결혼하는 경우를 보면 대개 자신들의 관계를 공식화하거나 자녀를 갖기 위해, 혹은 부모와 주위 사람들의 압력 때문이다. 둘째는 동거는 서로 간에 애정이다. 동거를 유지하는 가장 강력한 요인은 서로에 대한 애정 때문이다. 그러나 동거는 관계를 유지하는 데 결혼한 부부들에서만큼 강하지 않다. 따라서 두 사람 사이에 문제가 생겼을 때 동거관계는 언제든지 헤어질 가능성이 높다. 셋째는 경제적으로 독립적이다. 부부는 동거동재(同居同財), 동거동손(同居同損)이지만 동거는 동거별재(同居別財)이다. 그래서 각기 경제적으로 독립한다. 마지막으로 결혼관계에서는 전통적으로 남편이 직업을 갖고 부양자 역할을 하는 반면에 동거관계에서는 남녀의 구분 없이 둘 다 취업을 하며 스스로를 부양한다.

　동거의 장점을 보면 첫째는 결혼을 전제로 하는 동거일 경우 사전에 서로에 대해 파악할 수 있다. 특히 결혼 후 성격 차이로 이혼하는 부부가 많은데 사전에 예방할 수 있다. 둘째는 결혼을 전제로 하지 않는 동거일 경우에 경제적으로 도움이 된다. 셋째는 서로에게 얽매일 필요가 없다. 서로에 대한 책임감이 없기 때문에 마음이 가볍다. 넷째는 기존의 결혼제도가 주는 부담에서 자유롭다. 다섯째는 자발적으로 동거를 하는 경우 기존의 결혼이란 틀에서 벗어나 있기 때문에 결혼제도 안에서 아내와 남편의 역할분담과는 또다른 관계가 성립된다.

　한편 동거의 단점을 보면 첫째는 무책임한 동거는 큰 불행을 가져올 수 있다. 적절한 피임이 없는 동거생활 중에 아이가 생기게 된다면 결혼 의사가 없던 두 남녀관계는 복잡해질 수 있다. 둘째는 법적으로 보호를 받을 수 없다. 상대방이 결혼을 전제로 한 동거를 했다 하더라도 법적으로 보호받을 수 없다. 셋째는 동거를 바라보는 사회의 시선이 따갑다. 요즘 신세대들이 동거를 선호하지만 주위 사람들이나 가족들에게 숨기는 분위기다. 특히 결혼을 하지 않을 경우에 여성 쪽이 불명예가 될 수 있다. 넷째는 결혼의 신성함이 퇴색될 수 있다. 결혼은 필수가 아니라 선택이라며 동거를 해보고 결혼할 수도 있고, 꼭 결혼할 필요성을 느끼지 못할 수도 있기 때문이다. 다섯째는 결혼으로 연결되지 않을 때 상처로 남는다. 동거는 상대방에 대한 환상이 순식간에 깨질 수 있고, 결혼하지 못하게 될 때 상처가 된다. 여섯째는 쉽게 헤어질 수 있다. 결혼생활을 통해 서로 부족한 부분을 감싸며 믿음으로 살아가는 것과는 다르게 동거생활에서는 지속적으로 믿음을 유지하기가 힘들다. 마지막으로 원하지 않는 임신을 했을 경우에 인공임신중절로 인한 문제가 야기될 수 있다.

---

[5] 마가렛 앤더슨 저. 성의 사회학. 이동원 역. 이화여자대학교출판부. 1989.

최근 동거 유형을 보면 첫째는 결혼을 배제한 동거가 있고, 둘째는 결혼을 전제로 한 동거가 있다. 셋째는 결혼이 가능한 동거가 있고, 넷째는 룸메이트 개념의 동거가 있다. 룸메이트 개념의 동거는 대학생들 사이에서 일반적으로 행해진다. 특히 지방 대학의 경우 다른 지역에서 온 학생들끼리 동거하는 경우는 더 이상 낯선 사례가 아니다. 동거 중인 대학생들은 생활비의 절감을 가장 큰 장점으로 내세운다.

동거의 유형은 리들리와 피터맨 및 에버리(Ridley, Peterman & Avery, 1978) 유형과 몰입 정도에 따른 매클린(Macklin, 1983)[6] 유형이 있다.

리들리와 피터맨 및 에버리의 유형에는 첫째로 라이너스 담요(Linus blanket)형이 있다. 이 유형은 만화인 피너츠(Peanuts)의 등장인물 중 유아기적 성격을 가진 라이너스가 항상 담요를 가지고 다니는 것에 비유한 것이다. 이 유형은 커플 중 한 사람이 상대방에 대한 의존도가 높아 혼자 있는 것을 불안해한다. 일반적으로 라이너스 담요형은 서로에 대한 욕구의 정도가 다르기 때문에 오래 가지 못한다. 둘째로 해방(emancipation)형이 있다. 이 유형은 두 사람 중 한쪽 혹은 양쪽이 부모의 영향력으로부터 벗어나기 위해 동거를 선택하는 것이다. 이 유형은 부모들이 상대방보다 더 많이 관여하기 때문에 두 사람이 친밀한 관계를 가로막는 원인이 될 수 있다. 셋째로 편의(convenience)형이 있다. 이 형은 법적 구속력이 없이 경제적 이익과 성, 또는 안정된 거주지를 원하는 사람들이 동거하는 것이다. 여기에서 성(gender)은 매우 중요한 요소가 된다. 대개 결혼하기를 원하는 쪽은 여성이며, 두 사람이 동거관계에서 얻는 이익이 같지 않을 경우에는 착취관계가 되기 쉽다. 넷째로 실험(testing)형이 있다. 이 유형은 결혼의 시험적인 성격을 띠는 것으로서 동거관계가 만족스러울 때에는 결혼으로 연장될 가능성이 높다.

그리고 매클린 유형에는 세 가지가 있다. 첫째로 데이팅 동거(dating-going together)형이 있다. 이 형은 서로가 좋아서 함께 있고 싶은 욕구 때문에 동거하는 유형이다. 두 사람의 애정이 식지 않는 한 동거관계는 계속된다. 둘째로 결혼에 대한 일시적 대안(temporary alternative to marriage)형이 있다. 이 형은 결혼을 원하는 두 사람이 결혼할 적절한 시기가 올 때까지 일시적으로 동거하며 결혼을 연기하는 유형이다. 셋째로 결혼에 대한 영구적 대안(permanent alternative to marriage)형이 있다. 이 형은 두 사람이 장기적으로 실질적인 부부관계를 맺고 있지만, 법적 혹은 사회적 결혼은 거부하는 유형이다.

----

[6] 김시업. 결혼과 가정. 학지사. 2006.

동거의 동기를 보면[7] 첫째로 상대방의 신체적 매력에 이끌릴 때이다. 둘째로 상대방과의 정서적 관계가 매우 강할 때이다. 셋째로 정서적 유대관계를 맺고 싶은 욕구이다. 넷째로 정규적인 친밀감과 성관계를 갖고 싶은 욕구일 때이다. 다섯째로 새로운 생활양식을 실험하고자 하는 욕구일 때이다. 여섯째는 개인적인 성장에 대한 욕구일 때이다. 일곱째는 동거를 하고 있는 동료들의 영향을 받을 때이다. 그리고 마지막으로 결혼의 적합성을 검증하고자 하는 욕구가 있을 때이다.

동거는 1970년대까지만 해도 유럽 사회의 전형적인 가족 형태였던 핵가족을 분해시키는 요인으로 작용하였다. 그러나 미국은 18~29세의 연령층 10명 중 1명꼴로 동거를 하고 있다. 그리고 성인 인구의 4분의 1가량이 일생 중 어느 시기에 동거를 경험하는 것으로 추정하고 있다. 프랑스는 미국보다도 동거의 역사가 오래되어 보편적이 되었다. 이로 인해 혼외 출산이 급증하고 있다. 이제 한국도 동거를 이상하게 바라보는 시각이 많이 달라지고 있다. 한국 대학생의 2004년과 2014년의 동거에 대한 인식을 비교한 결과(그림 4.1)를 보면 2004년에 남학생이 3.24, 2014년에는 3.94, 여학생은 2004년에 3.03, 2014년에는 3.28이었고, 2004년 평균값은 3.17이고, 2014년에는 3.67이었다. 남학생의 평균값은 3.71이고, 여학생의 평균값은

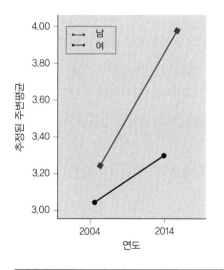

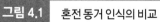

그림 4.1 혼전 동거 인식의 비교

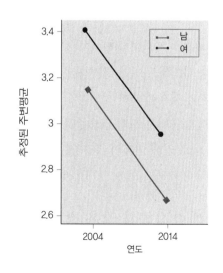

그림 4.2 혼전 동거 전제조건

---

[7] 정현숙 외. 결혼학. 신정. 2003.

3.21로, 성별, 연도별 p<.001 수준에서 차이를 보였다. 이를 볼 때 10년 동안 동거에 대한 인식이 긍정적으로 변하였고, 여학생보다는 남학생이 동거에 대한 인식이 호의적으로 변하고 있다. 그리고 대학생의 혼전 동거의 전제 조건을 보면(그림 4.2) 남학생은 2004년에 3.14, 2014년에는 2.64이었고, 여학생은 2004년에 3.39, 2014년은 2.92이었고 남학생은 평균값이 2.80이고 여학생은 평균값이 3.06이었다. 연도별로 p<.001의 유의미한 수준에서 차이가 있었다. 따라서 남녀대학생 모두가 결혼을 전제로 하는 동거라는 인식이 낮아진 것을 볼 수 있다. 그리고 대학생의 동거에 대한 동기를 보면 2004년에는 경제적인 도움 때문에 동거한다는 여학생이 없었는데 2014년에는 경제적인 도움 때문에 동거하는 현상이 나타났다. 이는 미국 대학생의 동거 형태를 닮아가고 있음을 알 수 있다(우남식, 2005).[8]

2) 독신생활과 재혼

독신생활은 종교적 이유든, 결혼을 전혀 해보지 않았든, 이혼이나 별거 또는 사별하였든, 배우자가 없는 경우에는 모두가 독신생활에 속한다. 독신자들에 대한 고정관념이 예전과 많이 달라졌지만 아직도 남아 있다. 대개 원하는 사람을 만나지 못해 혼자 살아간다는 고정관념과 동성애자로 추측하는 고정관념도 없지 않아 있다.

재혼이란 이혼으로 인해 결혼생활을 새롭게 시작하는 것을 말한다. 재혼의 관점에서 본다면 이혼은 재혼이 이루어지는 하나의 과정이다. 우리나라의 전통적인 관념은 이혼과 재혼에 대한 사회적 규제가 엄격하다. 그러나 요즈음은 특수한 관습이 지배하는 지역을 제외하고는 이혼과 재혼에 대한 사회적 규제가 대부분 철폐되었다. 그래서 현대사회에서 재혼에 관련된 사회적 규범은 도덕적 법주를 벗어나지 않은 한 개인의 자율을 존중하는 방향으로 가고 있다. 이로 인해 이혼이 급증하는 원인이 될 수도 있다.

4. 바람직하지 않은 결혼

바람직하지 않은 결혼의 동기는 현실도피와 반발, 지위상승과 순간적인 열정, 그리고 혼전 임신을 들 수가 있다.[9] 현실 도피형은 부모들이 억압적이고 불행한 가정 상황일 경우에 현실

---

[8] 우남식. 성심리. 시그마프레스. 2015.
[9] 유영주 외. 현대 결혼과 가족. 신광출판사. 2006.

을 도피하기 위해 나타나는 결혼이다. 현재의 불행한 가정을 탈출하기 위하여 별로 원하지 않는 사람과 결혼하는 것은 좋은 결혼이라 할 수 없다. 반발심형은 교제하던 사람이 다른 사람과 결혼할 때 반발로 나타나는 경우다. 이러한 황급한 결혼은 부부문제, 재정문제 등 많은 문제가 야기될 수 있다. 지위상승형은 자신의 목표를 달성하기 위한 수단으로 결혼하는 경우이다. 사랑이 없는 결혼은 결국 매매혼과 다를 바가 없으며 오래 지속되기 어렵다. 순간적인 열정형은 단기간에 만나 바로 결혼을 결정하는 것이다. 순간적인 열정만으로 서로를 이해할 수 없다. 그리고 마지막으로 혼전 임신이다. 교제하는 동안에 임신을 하여 상대방에 대해 죄의식을 느끼고 결혼하는 경우가 있다. 이때에 자신의 인생 목표가 좌절될 경우에 원망하게 되고, 미성숙한 상태에서 부모 역할을 하기 때문에 여러 문제가 발생할 수 있다.

5. 부부 역할

부부가 결혼하게 되면 남편과 아내로서의 역할이 각기 주어진다. 부부의 역할에 따라 가족의 행복에 중요한 영향을 미치게 된다. 전통적인 남편의 역할은 가족의 균형 유지와 대외에 관계를 수립하는 역할을 하였다. 반면에 아내의 역할은 가족 구성원을 통합하고 긴장을 완화시키는 표현적 역할을 하였다. 한편 현대사회에서는 맞벌이 가족의 증가로 남녀평등의 가치관으로 인해 부부가 공동으로 가족을 위한 역할을 수행해 나가고 있다. 부부 간의 역할을 역할분리형, 역할공유형, 그리고 과도기형의 세 가지 형태가 있다.

1) 역할분리형

부부는 아내와 남편의 역할을 엄격히 구분한다. 이는 남성과 여성은 신체적으로나 기질적으로, 그리고 생물학적으로 다르기 때문이다. 그래서 사회적 역할에서도 엄격하게 구분한다. 이 이론의 근거는 기능주의적 관점에 근거를 두고 있다. 이 형은 자연적으로 남성 지배형이 된다.

2) 역할공유형

아내와 남편이 공동으로 책임지는 형태이다. 따라서 아내도 경제활동에 종사하여 부양의 책임을 남편과 공동으로 진다. 남편도 가사활동에 적극 참여하게 된다. 남편의 사회생활이 중요한 만큼 아내의 사회생활도 중요하다. 그래서 아내는 자신의 사회생활을 희생하면서까지 가사활동에 전념하지 않아도 된다. 그러므로 역할공유형 가족은 대체로 부부의 위치가 평등하다. 한국 사회도 여성의 교육수준 상승, 여성 전문직 종사자의 증가와 남녀평등의 이념으로 인해 이런 유형이 점차 확대되고 있다.

3) 과도기형

전통사회의 역할분리가 현대사회의 역할공유형으로 변하는 과정에서 나타난다. 그래서 경제활동과 자녀양육과 같은 가사활동은 부부가 공동으로 담당한다. 이 경우 남편의 사회생활이 아내의 그것에 비해 중요시된다. 한편 아내는 가사와 자녀양육으로 인해 남편보다 사회생활을 희생하게 된다. 이 유형은 역할분담 방식뿐만 아니라 부부의 권위관계도 과도기적 모습을 드러내 권위주의적 부부관계와 평등적 부부관계가 혼재되어 나타난다.

현대사회에서는 역할분리형에서 과도기형 또는 역할공유형으로 점차 변하고 있다. 그 이유는 첫째는 현대사회에서는 기혼여성의 취업이 늘고 있어 역할분리형으로는 힘들기 때문이다. 따라서 현대사회에서는 역할공유가 더 바람직하다. 둘째는 아내 혼자 가사를 담당하는 것보다 남편과 함께 하는 것이 효율적이기 때문이다. 가사활동 중에는 남편이 더 잘 할수 있는 영역이 있다. 또한 가사를 아내나 남편이 혼자서 수행하는 것보다 공동으로 수행할때 심리적 안정감을 가질 수 있다. 셋째는 가족주기에 따라 가족역할이 다를 수 있기 때문이다. 자녀가 성장한 후에는 가사의 부담이 적은 반면에 미취학 자녀나 학동기 시절에는 가사의 부담이 많다. 가사의 종류와 양이 가족주기에 따라 변하기 때문에 가족주기에 맞추어 역할을 조정하는 것이 바람직하다. 넷째는 역할분리에 따른 경제적, 심적 부담을 질 수 있다. 여자나 남자나 홀로 서야 할 때 각기 어려움을 겪을 수 있다.

부부는 서로 돕고 돕는 관계이다. 이를 일컬어 내조, 외조라고 한다. 듀오가 미혼 남녀 306명을 대상으로 설문 조사한 결과를 보면 내가 받고 싶은 내조와 외조의 1위가 하루의 피곤한 일과를 마친 후 따뜻한 대화이다. 남자가 27%, 여자는 43%이다. 남편은 퇴근하여 집에 왔을 때 아내가 돈 이야기와 자녀 이야기 등 소위 말하는 바가지 긁는 것을 싫어한다가 32%이고, 아내는 남편이 퇴근하여 손 하나 까닥하지 않는 소파 귀신이 59%로 나타났다.[10] 이런 얘기가 있다. 미국의 한 여자 친구가 초청을 받아 한국 가정에 갔는데 남편은 소파에 앉아 텔레비전

---

[10] 한국일보. 2009. 4. 29.

만 보고 있고 자기 친구만 열심히 음식을 준비하는 것이었다. 이를 본 미국 친구가 자기 친구에게 네 남편은 장애인이냐고 물었다는 일화가 있다. 부부의 덕목은 두부 자르는 것처럼 역할을 나눌 것이 아니라 필요를 따라 서로 돕고 섬기고 챙겨주는 것이라고 본다.

6. 이성교제와 순결

1) 이성교제

전통사회에서는 부모에 의해 배우자가 정해졌고 남녀 간의 이성교제를 금하였다. 그러나 해방 후 서구문화가 들어오면서 배우자 선택권이 부모에게서 점차 당사자들에게로 옮겨지고 있다. 그래서 가정마다 차이는 있지만 당사자가 배우자 선택의 권한을 가지고 있다. 그렇기 때문에 결혼 전의 이성교제가 자연스러운 현상이 되고 있다. 그리고 경제적인 자립과 통신의 발달로 부모의 보호와 감시가 어려워지면서 이성교제의 선택의 폭 또한 넓어졌다.

　청소년기에 이성교제의 장점은 이성을 존중할 줄 아는 자질을 키우고, 성 역할을 이해하게 되며, 사랑의 본질과 기쁨을 알게 되어 이성에 대한 혐오감이 줄어들고, 남녀가 서로 어울려 예절을 배우는 기회가 된다. 또한 장래 배우자 선택이나 결혼생활에 대한 유익한 소양을 갖출 수 있는 계기가 된다. 반면에 단점은 외모에 신경을 많이 쓰게 되고, 이성에 대한 생각으로 정신이 집중되지 않아 학업에 지장을 준다. 성적 충동을 일으키기 쉬워 순수한 관계를 유지하기가 어려울 수도 있다. 따라서 호기심을 조절하고 절제하며 상대방에 대한 예절을 지키며 서로 인격체로서 존중하고 협력하는 덕목이 필요하다. 그리고 이성교제가 꼭 필요한 것은 아니다. 따라서 이성과의 사귐이 없다고 소외감을 느낄 필요는 없다.

2) 순결

이성교제에서 가장 중요한 문제는 혼전순결이다. 순결에 대한 다섯 가지 기준이 있다(Jurich, A. & Jurich, J., 1974).[11] 첫째는 절대로 순결은 지켜야 한다. 혼전 성교는 어떤 이유이든 남녀 모두에게 허용해서는 안 된다는 것이다. 둘째는 애정이 있으면 허용해도 좋다. 약혼이나 결혼할 대상이나 사랑하는 사이라면 허용해도 좋다는 것이다. 셋째는 애정이 없어도 좋다. 육

---

[11] Jurich, A., & Jurich J. The effect of cognitive moral development upon the selection of premarital sexual standards. *Journal of marriage and family*, 36(4). 736-741. 1974.

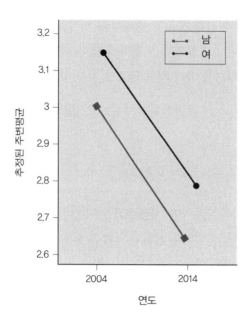

그림 4.3 대학생의 연도별, 성별 순결 인식의 비교

체적 매력만 있으면 남녀 구별 없이 허용해도 된다는 것이다. 넷째는 이중기준이다. 혼전 성관계는 남자는 괜찮고, 여자는 안 된다는 것이다. 다섯째는 동의에 의한 허용이다. 사랑의 감정을 포함하든, 포함하지 않든지 간에 두 사람이 상호 동의하면 결혼 전에 가능하다는 것이다.

한국 문화에서 가장 공식적으로 지지를 받는 기준은 절대 혼전의 순결은 지켜야 한다는 기준이다. 결혼 이외의 성관계는 보호받지 못하는 것이 사회의 통념이다. 필자도 혼전 순결을 지지하는 입장이다. 그림 4.3과 같이 대학생의 순결 의식에 대한 2004년과 2014년 비교를 보면 남학생은 2004년에 3.00, 2014년에는 2.68이었고, 여학생은 2004년은 3.14, 2014년에는 2.72이다. 성별로는 차이가 없었으며 연도별로 $p < .001$ 수준에서 유의미한 차이를 보였다. 이를 볼 때 2004년과 2014년의 순결의식은 평균값이 3.05에서 2.72로, 10년 동안 순결 의식이 낮아진 것을 볼 수 있었다.[12]

우리나라의 전통적 성 가치관은 상당히 보수적이다. 이는 남녀칠세부동석(男女七歲不同席)이란 말에서 찾을 수 있다. 그리고 성에 대한 보수적 관념은 여성의 혼전 순결을 강조

---

[12] 우남식, 성심리. 시그마프레스. 2015.

하는 데서 찾아볼 수 있다. 그러나 지금은 서구문화의 개방화로 인해 보수적 성 관념이 점점 약해지고 있다. 이로 인해 별거와 이혼율이 높아지고 있다. 칸과 런던(Kahn & London, 1991)의 보고를 보면 혼전 성 경험이 없는 사람일수록 별거나 이혼할 확률이 낮게 나타났다.[13] 그리고 아이오와대학교 연구진의 조사 결과를 보면 10대에 처음 성관계를 맺은 여성의 경우 이혼 확률이 상대적으로 높다는 조사 결과가 나왔다.[14] 연구진이 이혼녀 3,793명을 대상으로 조사해본 결과 이들 가운데 10대에 처음 성관계를 맺은 여성 중 31%가 결혼 후 5년 안에, 47%가 결혼 후 10년 안에 이혼한 것으로 나타났다. 반면에 성인이 된 뒤 성관계를 맺은 여성들 가운데 결혼 후 5년 안에 이혼한 사람은 15%, 결혼 후 10년 안에 이혼한 사람은 27%였다. 16세 이전에 성관계를 경험한 여성은 이혼 확률이 더 높았다.

　　요즘 순결이란 용어를 구석기 시대의 용어라고 매도하는 사람들이 없지 않아 있다. 그러나 연구진들의 조사 결과를 보면 혼전 순결은 가정을 지키는 중요한 요인인 것을 알 수 있다. 이혼이 난무하여 가정이 깨지게 되면 이로 인해 다음 세대를 이어갈 자녀들이 큰 상처를 입고 살아간다. 이런 시대에 혼전 순결을 지켜 가정을 보호하고 지켜야 한다. 홈의 스트레스 지수를 보면 배우자의 죽음을 스트레스 지수 100으로 보았을 때 이혼이 73, 별거가 65이다. 이혼한 가정에 행복이 있을 리 없다. 순결은 곧 행복이란 공식이 성립된다.

3) 신세대들 '드메 신드롬'

요즘 신세대들은 연상의 여인과 연하의 남자와 연애하는 드메 신드롬의 연애 풍속도가 유행하고 있다. 19세기 초 프랑스 파리에 연상의 여성에게만 사랑을 고백하고 다니는 드메라는 청년이 있었다. 어느 날 드메는 쇼팽의 연인이자 소설가인 조르주 상드(George Sand)를 찾아가 "사랑이 어디에 있느냐?"고 물었다고 한다. 이에 상드가 "샘 속에 있을지 모른다."고 답하자 드메는 그 말을 믿고 샘으로 뛰어들었다고 한다.

　　'드메 신드롬'이란 이 청년 드메에서 유래했다. 우리나라에서는 2000년을 전후해 사용되기 시작했다. 2013년 6월 11일 서울시 통계를 보면 서울의 초혼부부 중 15.5%가 드메 커플로 나타났다. 이는 20년 전보다 6.6% 증가한 수치다. 전문가들은 여성의 사회 진출과 기혼 여성의 취업이 늘어나면서 전문직 여성들이 사회적, 성적 주체성을 되찾고, 남성들이 강한 여성

---

[13] 안병철, 임인숙. 성역할의 변화와 가족제도. 한국 사회학회. 2004.
[14] 중앙일보. 2011. 6. 16.

에게 모성성을 찾는 데서 나타나는 현상으로 보고 있다.

그리고 양다리를 걸치며 연애하는 풍속도 또한 증가추세이다. 2004년 한 결혼정보회사의 발표를 보면 양다리 걸친 연애를 하는 이유 중에 가장 많은 것은 '비교해 보고 더 나은 상대를 선택하려고 한다'라는 얌체형이 35.8%였다. '오는 이성을 막을 수가 없어서'가 27.7%였다. '다 사랑하니까'가 14%였다. 그리고 '이성에게 쉽게 싫증을 느끼는 편이다'가 12.8%, '스릴 있으니까'는 5.7%였다. 한 번에 여러 명의 이성을 사권 후의 결과를 묻는 질문에는 절반에 가까운 49%가 '그중 가장 마음에 드는 사람을 선택했다'라고 답했다. 그리고 '들켜서 차였다'는 응답자는 8.9%에 지나지 않았다.

7. 결혼과 임신

1) 사랑의 일곱 단계

첫 번째 단계가 허니문(Honey moon) 단계이다. 이 시기는 두 사람 모두가 세상을 다 소유한 듯 주위 사람들의 관심을 받으며 들뜬 감정으로 살아간다. 두 번째 단계는 신혼 초의 과도기적 단계로, 이 시기는 신혼의 달콤한 꿈에서 깨어나 현실세계로 들어오는 과정으로 두 사람은 바뀐 환경과, 생활습관, 가치관의 차이로 인해 서로에게 실망하지만 서로에게 아픈 상처를 주지 않기 위해 감정을 절제하며 잊어버린다. 세 번째 단계로 현실에 적응하는 안정 단계이다. 이 시기는 아이를 갖게 되고 삶의 여러 가지 문제로 인해 심각한 갈등과 위기를 겪으며 잦은 말다툼과 냉전과 열전이 있다. 네 번째 단계는 혼동(混同)과 위기의 단계이다. 이 단계에는 부부 사이에 잦은 갈등으로 두 사람 사이에는 실망과 좌절감을 맛본다. 다섯 번째 단계는 배척과 재연합의 단계이다. 이 단계 때에 혼동과 위기의 단계를 지혜롭게 대처하지 못하면 비통함과 더불어 분리되고 서로 감정과 육체적으로 보복을 한다. 여섯 번째 단계는 빈둥우리의 단계이다. 이 단계에는 남편이나 아내는 정년퇴직 하여 집안에 들어오는 반면, 성장한 자녀는 학업과 직장이나 결혼으로 인해 하나 둘씩 부모 곁을 떠나는 단계이다. 공허감이 찾아온다. 그리고 마지막으로 자녀들이 부모가 되는 부메랑(Boomerang)의 단계이다. 이때는 자녀들이 결혼하여 부모가 되어 할아버지 할머니가 되는 단계이다.

2) 임신

여성의 생식기관은 크게 자궁과 난소로 나누어진다. 자궁과 난소를 연결해 주는 것이 나팔관이다. 자궁은 한 개 난소와 나팔관은 자궁의 양쪽에 각각 한 개씩 두 개가 있다. 자궁은 아기가 열 달 동안 자라는 장소이다. 자궁의 양쪽에 각각 위치한 작은 밤 크기의 난소에서는 한 달에 한 번 씩 난자를 배출한다. 나팔관은 수정이 된 수정란이 자궁으로 이동하게 되는 통로 역할을 한다. 자궁의 아랫부분에 질부가 있다. 이곳은 외부에서 자궁으로 들어가는 곳이다. 질부는 사정된 정자가 여성생식기 내에 처음 놓이게 되는 곳이다.

남자의 정자가 만들어지는 고환은 두 개의 음낭에 싸여 있다. 정자는 부고환을 거쳐 정관으로 나오게 된다. 정관의 끝부분에 전립선과 정낭이 달려있다. 전립선과 정낭은 각각 전립선액과 정낭 액을 분비하여 정액을 만든다. 이 정액은 정자를 보호하고 정자에게 영양을 공급한다.

난소에서는 매달 배란이 일어난다. 생리가 시작되면 난자는 배란이 되기 전에 성숙과정을 거친다. 난자는 난포라는 주머니 속에 들어 있다. 난자가 들어있는 난포는 점점 그 크기가 커진다. 난포가 커지는 것은 초음파 기계로 측정할 수가 있다. 크기가 약 2cm 정도로 크면 배란이 된다. 배란이 되는 날짜는 대개 생리 시작일로부터 보름 정도 되었을 때이다. 난자가 배란이 되면 배란된 난자는 나팔관으로 들어가 정자를 기다린다.

한편 정자는 사정을 통해 여성의 질부에 놓이게 되고 약 20분간 정액은 묵과 같이 굳은 상태를 보이다가 물같이 풀어진다. 그후 정자는 경부를 거쳐 나팔관 끝 쪽에 있는 난자를 만나 수정하게 된다. 수정된 수정란은 세포분열을 하면서 나팔관에서 자궁으로 이동하게 된다. 자궁으로 들어간 수정란은 자궁내막에 자리를 잡게 된다. 이를 착상이라고 한다. 수정이 되어 착상될 때까지는 약 4~5일이 걸린다. 태아 때 난소가 생기고 초경 후 배란이 된다.

8. 부부의 행복에 영향을 미치는 요인

부부는 결혼하면서 다양한 상황에 처하게 된다. 다양한 상황적인 요인들이 부부의 행복에 영향을 미친다. 대부분 부부가 직면하는 스트레스가 자녀 출산이다. 자녀 출산 이후에 행복지수가 낮다. 부부의 행복도는 결혼 초기에 높다가 자녀의 청소년기에 최저점에 도달하고 양육의 의무로부터 벗어나 단둘이되면 행복한 신혼기의 수준으로 회복된다. 부부의 행복에 미치는 요인들은 다음과 같다.

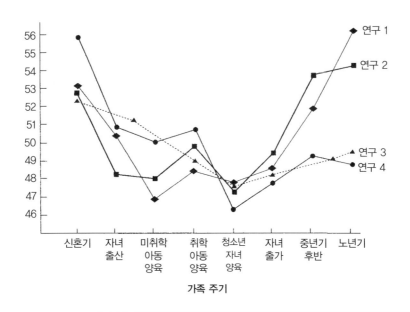

가족주기에 따른 부부 행복도

1) 행복과 성

부부의 행복에 영향을 미치는 요인 중에 하나가 성생활이다. 첫째는 남편의 나이가 성생활에 영향을 미친다. 둘째는 부부 간의 연령차가 크지 않더라도 결혼기간이 성생활에 영향을 미친다. 셋째는 자녀가 있으면 부부의 성생활이 줄어들 가능성이 있다. 넷째는 현대의 거의 모든 부부가 오르가슴 경험을 중요시한다. 그러나 남녀의 차이에 의해 성생활의 만족도가 달라질 수 있다. 다섯째는 부부의 성생활이 의무와 권리라는 차원에서 이루어지면 결혼생활의 만족도가 감소된다.

서울시 통계(2015)를 보면 서울에 거주하는 부부의 만족도는 남성이 여성보다 높은 것으로 나타났다. 그리고 행복한 부부는 정서적으로 안정성이 높은 것으로 나타났고, 성격이 비슷할수록 부부생활의 만족도가 높은 것으로 본다. 그러나 필자는 이 점에 있어서 반론을 제기한다. 신혼 초기에는 성격이 비슷할 때 만족도가 높을 수도 있다. 그러나 부부란 상호보완의 관계, 바라봄의 관계가 아니라 서로 간의 도움의 관계로 보고 멀리 내다보게 되면 상반된 성격이 오히려 부부의 만족도가 높을 수 있다고 본다.

2) 귀인양식

귀인이론이란 자신과 타인의 성공과 실패에 관련된 행동원인을 설명하는 이론이다. 귀인 이론을 체계화한 와이너(Bernard Weiner)[15]는 사람들이 성공이나 실패의 원인을 보면 늘 비슷한 방식으로 반응하려는 경향이 있다고 보았다. 성공이나 실패의 원인을 무엇으로 인지하느냐에 따라 개인의 행동양식이 결정된다고 본 것이다. 흔히 원인의 소재, 안정성, 통제 가능성의 세 가지 차원에서 귀인양식을 분류한다. 첫째는 소재와 관련하여 행동의 원인을 내면적 태도 및 동기로 설명하느냐, 아니면 상황이나 환경적 요인이냐에 따라서 성향귀인 및 상황귀인으로 분류한다. 그리고 성공 및 실패 원인이 개인 내부 혹은 외부에 있느냐에 따라 내, 외적 귀인으로 나눠진다. 둘째는 성공과 실패에 대한 귀인이 시간의 경과나 상황이 바뀌어도 변화 가능성이 없느냐, 혹은 언제든지 변할 수 있느냐에 따라 안정적, 불안정적 귀인으로 분류한다. 셋째는 행위자의 통제 가능성에 따라 통제가능과 통제 불가능의 귀인으로 분류한다.

3) 대화방식

부부의 행복에 대해 상대방의 의견을 경청하고 상대방의 행동을 수용하며 상대방에 대한 배려와 욕구의 수용 및 절충하려는 노력이 있을 때 부부 만족도가 높다.[16] 반면에 갈등을 해결하지 못하고 증폭시키는 부부는 비판적 행동, 경멸적 행동, 방어적 태도, 장벽 쌓기 등의 의사소통으로 나타난다. 이런 부부는 행복하지 못하다. 그리고 부부의 대화방식이 결혼만족도에 중요한 영향을 미친다고 본다. 부부의 대화방식은 적극적이냐 소극적이냐, 그리고 건설적이냐 파괴적이냐의 두 차원에서 나누어 분석한다.[17]

[15] 김재휘. 설득 심리 이론. 커뮤니케이션북스. 2013.
[16] 박재호. 자신의 브랜드 가치를 높이는 커뮤니케이션 심리학. 영남대학교출판부. 2003.
[17] Gable, S.L., Reis, H. T., Impett, E.A., & Asher, E. R. What do you do when things go right? The intraersonal and intraersonal benefit of sharing good event, *Journal of Personality and Social Psychology*, 87, 228-245. 2004.

4) 긍정적 환상

긍정적인 환상은 배우자에 대해 실제보다는 긍정적인 환상을 지니고 있는 것을 말한다. 흔히 콩깍지가 씌었다는 말처럼 배우자에 대한 환상은 부부의 관계를 안정적이고 오래 지속될 수 있도록 해준다. 머레이와 홈스(Murray & Holmes)[18]의 연구 결과를 보면 자존감이 높을수록 긍정적인 환상을 갖는다고 보았다. 자존감이 높은 사람들은 긍정적인 자기개념을 상대방에 투사함으로써 긍정적인 대인관계를 맺게 된다. 이를 탄력적 환상이라고 말한다. 그러나 배우자에 대한 환상이 갈등을 회피하기 위한 것일 경우에는 오히려 부부관계에 부정적인 영향을 미칠 수 있다.

5) 친밀감

친밀감은 연령, 소득 및 교육 수준, 인종에 상관없이 행복하게 한다. 친밀함은 긍정심리학의 핵심주제이기도 하다. 부부가 육체적으로나 정서적으로 또는 영적으로 하나가 되어 친밀감을 이룬다는 것은 모든 부부의 소망이다. 친밀감은 사람과 사람 사이의 심오한 기쁨을 준다. 그리고 서로 가깝게 연결해 주고 결합되어 있다는 느낌을 준다. 이러한 정서적 친밀감은 부부 사이에 사랑과 믿음을 갖게 하며, 믿음은 심리적으로 안정감을 준다. 심리적인 안정감은 불안과 공포로부터 보호해 주고, 자아존중을 상승시키며, 자신감을 갖게 한다. 그리고 결혼한 사람이 미혼자나 이혼한 사람보다 더 행복하고[19], 연애를 하는 대학생이 하지 않는 대학생보다 더 행복하다.[20] 듀오휴먼라이프연구소는 1,000명을 대상으로 조사한 '연애와 행복 인식 보고서'에서 '결혼을 전제로 연애 중'일 때 각각 남자 64.3점, 여자 58.1점으로 나타났다. 반면에 '솔로 남성'은 49.5점, '솔로 여성'은 49.9점으로, 전체 평균치 53.5점에 크게 못 미쳤다. 즉 연애 중이거나 결혼을 전제로 한 커플이 솔로보다 훨씬 행복했다.[21] 이는 인간관계에서 오는 친밀감 때문이라고 본다.

---

[18] Murray, S. L., & Holmes, J.G. A leap of faith? Positive illusions in romantic relationships. *Personality and Social Psychology Bulletin*, 23, 586−604. 1997.

[19] Myers, D. G., & Diener, E. Who is happy? *Psychological Science*, 6, 10−19. 1995.

[20] Hendrick, S.S., & Henndrick, C. *Romantic love*. Newbury Park, CA: Sage Publication. 2000.

[21] 서울신문. 2015. 2. 6.

(1) 친밀감의 구성요소

친밀감의 구성요소는 첫째는 애정이다. 애정은 부부가 표현하는 정서적 밀접함의 정도를 말한다. 둘째는 표현이다. 표현은 사고, 신념, 태도, 감정 등이 전달되는 정도를 뜻한다. 셋째는 양립성 여부이다. 부부가 함께 편안하게 일과 놀이를 할 수 있는 정도이다. 넷째는 응집력이다. 이는 관계에 대한 헌신을 뜻한다. 다섯째는 성애이다. 성적 욕구가 전달되고 성취되는 정도를 말한다. 여섯째는 갈등 해결의 능력이다. 의견의 차이가 해소되는 용이성 정도를 말한다. 일곱째는 자율성이다. 가족이나 친구와 긍정적인 관계의 정도를 말한다. 그리고 마지막으로 정체감이다. 정체성은 부부의 자신감과 자존감의 수준을 말한다.

(2) 친밀감 강화

친밀감의 강화를 위해서는 첫째는 서로 좋은 의도를 갖도록 노력해야 하고, 둘째는 적극적인 경청과 감정을 반영하는 방법으로 서로를 이해하려고 노력해야 한다. 셋째는 서로의 차이점과 공통분모를 찾고, 넷째는 서로의 차이는 관계를 살아 있게 하고 재미있게 유지하는 긍정적인 요소라는 것을 이해해야 한다. 다섯째는 '나' 메시지를 사용하고 상호 비난을 피한다. 여섯째는 놀이와 휴식을 위한 시간뿐만 아니라 대화와 문제해결을 위해 시간을 가져야 한다. 마지막으로 갈등으로부터 비난, 관심 분산, 침묵의 대응 또는 부정, 불평, 방해, 모욕, 혼합된 메시지와 같은 불공평한 전략을 제거해야 한다.

6) 기대감

결혼생활에 행복의 요인 중에 하나는 기대감이다. 기대감은 내면적인 역동성을 불러일으켜 결혼생활을 능동적, 적극적인 태도를 갖도록 하고, 결혼생활의 고통을 적게 만들어 준다. 그리고 배우자를 다시 한 번 용서할 수 있게 하고, 결혼생활을 성장하고 발전시켜 주며, 부부관계를 응집시켜 준다. 기대감을 향상시키기 위한 조건은 있는 그대로의 모습을 수용하는 것이다. 그리고 극단적인 부정적 사고에서 벗어나야 하고, 결혼생활을 긍정적으로 생각하며, 사고의 유연성을 갖는 것이다. 그리고 결혼생활에 대한 자신감을 갖는 것이다.

행복한 부부는 '된다, 안 된다'는 결정론적인 생각에서 벗어나서 긍정적인 시각으로 대하면 서로의 약점보다는 강점이 부각된다. 이처럼 긍정적인 시각으로 서로를 바라보면 배우자에 대한 미움이나 불편함이 사라지게 된다. 부부에 대한 긍정적인 태도는 결혼생활 만족도에 절대적인 영향을 준다. 그래서 루소는 이런 말을 했다. "가정에 돌아와서 즐거움을 찾는 남성은 내 아내를 사랑하는 사람이다. 그리고 남성들이 가정에서 행복을 느낀다면 그 아내도 행복한 여성이다."[22]

7) 의사소통

긍정적인 배려 못지않게 갈등을 만들지 않는 의사소통이 중요하다. 갈등의 내용이나 횟수보다 갈등을 다루는 의사소통의 방식이 만족도와 연계된다. 만일 갈등을 원만한 의사소통으로 해결하지 못할 경우에는 이혼과 별거의 원인으로 나타난다. 대개 갈등을 해결하지 못하고 증폭시키는 부부들의 특성을 보면 의사소통에 문제가 있다. 여기에는 모욕적 언사뿐만 아니라 공격적 농담, 조롱과 비웃음, 혐오적인 신체언어, 정서적인 무관심, 회피, 장벽 쌓기 등이 있다. 의사소통에는 적극성과 소극성, 건설성과 파괴성이 있다. 적극적이고 건설적인 의사소통은 부부의 만족도를 높여준다. 그렇다고 항상 긍정적인 반응을 나타낼 필요는 없다.

8) 애착이론

애착이론(attachment theory)[23]은 존 보울비(John Bowlby)에 의해 연구한 인간관계의 근본 원인을 설명하는 이론이다. 이 이론의 핵심은 영아가 정상적인 감정이 발달하기 위해서는 하나 이상의 주보호자와 관계를 형성해야 한다는 것이다. 아기들은 자신에게 민감하고 반응을 지속적으로 잘 해주는 성인과 6개월에서 2년 사이에 애착관계를 형성한다. 아기가 기어 다니고 걸어 다니기 시작할 무렵부터 아기는 친숙한 애착대상을 안전기지로 이용한다. 이 안전 기지를 토대로 주변을 탐험했다가 돌아오는 과정을 반복한다. 부모의 반응이 이 시기에 애착형태를 결정하는 데 중요한 영향을 미친다. 사람이 인간 또는 인간사회와 격리된 환경에서 성장하게 되면 사회화 교육을 해도 인간과 소통하는 능력을 쉽게 갖추지 못한다. 한 번 인간에게 버려지거나 방치되어 야생의 습관을 갖게 된 아이들은 구조 후에도 변화된 환경으로 인해 엄청난 스트레스를 받다가 참지 못하고 탈출을 하거나 힘겹게 인간생활을 습득해야 하는 문제에 직면하게 된다. 뿐만 아니라 이들은 구조된 이후 사회에 적응하지 못해 10년을 넘기지 못하고 이유 없이 사망하는 것으로 보고 있다. 이를 모글리 현상(Mowgli Syndrome)

---

[22] 루소(1712~1778): 프랑스의 계몽사상가요, 교육소설인 에밀을 저술한 교육자.
[23] 마리오 마론. 애착이론과 심리치료. 이민희 역. 시그마프레스. 2005.

이라고 한다.[24] 애착형태는 아기의 지각, 감정 및 향후 관계에 대한 생각과 기대에 지대한 영향을 미친다.

애착이론으로 할로우(Harlow)의 가짜 원숭이 실험이 있다. 할로우의 실험은 접촉과 사랑의 중요성을 제기했다. 할로우의 가짜 원숭이 실험이 있기 전까지인 1950년대까지만 해도 아기들이 어머니를 사랑하는 이유는 배가 고플 때 젖이 필요하기 때문이라고 생각했다. 배고픔의 충동과 애정이 밀접한 관계가 있다고 보았다. 그런데 할로우가 원숭이 실험을 통해 생리적 만족보다는 아기와 엄마 간의 친밀한 신체 접촉을 통한 정서적 만족이 더 중요하다는 결과가 나왔다. 또한 격리되어 자란 원숭이는 성숙했을 때 성적으로 무능하며 어미로서의 역할을 수행하지 못하는 것으로 나타났다.[25] 이처럼 자녀를 키울 때 보상보다는 사랑의 본질인 애착이 중요하다. 본능이 환경을 통해 바뀔 수 있다.

부부관계 전문 상담기관인 '부부클리닉 후'[26]가 108명의 내원 환자를 대상으로 조사한 바에 따르면 성격차이가 41건으로, 배우자의 외도 31건을 훨씬 웃돌았다. 이밖에 우울증 등 정서적 문제 10건, 의부와 의처증이 7건, 남편 폭력 4건, 성적인 부조화가 4건의 순이었다. 어떤 이유보다 성격차이에 의한 갈등이 가장 많이 나타났다. 여기에서 어떤 성격유형이 갈등을 유발하는가를 네 가지 형태를 제시하였다.

갈등의 유형에는 네 가지가 있다. 첫째는 애착 추구형과 애착 회피형이다. 애착 회피형은 성장과정 중 부모의 방임이나 거절에 의해 적절한 애착형성이 이루어지지 못한 유형이다. 이들은 가능하면 상대방과의 접촉을 피하는 게 고통을 줄이는 것이라고 생각한다. 그러나 애착 추구형은 부모에게서 버림받았던 경험이 있어서 배우자가 항상 옆에 있지 않으면 불안하고, 버림받았다는 느낌을 갖게 된다. 따라서 한쪽은 사랑을 얻기 위해 무조건 매달리는 반면에 다른 한쪽은 이러한 배우자의 집착에 전혀 관심과 배려가 없기 때문에 갈등을 빚게 된다.

둘째는 탐색 회피형과 탐색 추구형이다. 탐색 회피형은 부모의 과잉보호에 의해 압박감을 경험한 사람이다. 탐색 회피형은 배우자가 관심을 보일수록 부담을 느껴 거리를 유지한다. 반면에 탐색 추구형은 성장과정에 부모로부터 거절당한 경험이 있는 사람이다. 탐색 추구형은 배우자에게 지속적인 관심을 요구한다. 부부는 애착 갈등형에 비해 서로 탐구하고, 변화를 찾기 위해 노력하지만 실패하게 될 경우에 좀 더 대화가 잘 통하는 다른 상대를 찾게

---

[24] MBC, 신비한 TV 서프라이즈.
[25] Paul Chance. 학습과 행동. 김문수 역. 시그마프레스. 2004.
[26] 중앙일보. 2006. 8. 1.

된다.

셋째는 명령형과 수행형이다. 명령형은 상대방을 마음대로 조정하려 하며 비타협적인 반면, 수행형은 자신의 존재에 대해 불확실한 주체성을 가졌기 때문에 배우자의 명령에 따라 움직일 때 안전감을 느낀다. 우리나라 중년층에 많은 부부갈등의 유형이다. 개인의 행복권이 대두되면서 황혼이혼의 배경이 되고 있다.

넷째는 경쟁지향형과 수동적 타협형이다. 경쟁지향형은 성취 지상주의자로 좌절의 고통을 경험하지 않기 위해 끊임없이 배우자를 경쟁의 대상으로 삼는다. 그러나 후자는 경쟁심과 능동적인 활동 없이 성장해 매사 수동적이다. 친밀함과 애착을 갖기 위해서는 갈등의 유형을 서로 잘 알아 지혜롭게 대처하는 것이 중요하다.

9) 로버트 스턴버그의 사랑의 삼각형

스턴버그(Robert J. Sternberg)는 1986년에 사랑의 삼각형 이론을 발표했다. 그는 사랑을 친밀감, 열정, 헌신과 결정이라는 세 요소로 이루어져 있다고 보았다.[27] 친밀감은 '정서적 투자'로부터 도출된다. 열정은 '동기적 몰입'에서 생긴다. 헌신과 결정은 '관계에 대한 헌신과 그 안에서의 인지적 결정'으로부터 나타난다. 그는 사랑을 측정될 수 있다고 보았다. 이를 위해 사랑의 세 가지 요소의 측정 도구를 개발했다. 그는 척도의 개발과 타당도 검증을 위해 미국 뉴헤이븐 지역의 성인 남녀 101명을 대상으로 연구를 수행했다. 참여자들의 연령은 18세에서 71세 사이였으며, 평균 나이는 31세였다. 그들이 연인, 부부 등의 관계를 맺은 기간은 1년에서 42년이었으며, 평균 기간은 6년 3개월이었다.

각 문항에 상대방의 이름을 넣어 각기 문장을 읽고 알맞은 곳에 V표를 해보시오. 점수는 1~15, 16~30, 31~45의 합하여 5로 나눈 수로 삼각형을 그려봅시다.

표 4.1 스턴버그의 사랑의 척도

구분	문항	전혀 그렇지 않다	대체로 그렇지 않다	보통 이다	대체로 그렇다	매우 그렇다
1	나는 실제로 ○○가(이) 잘 지내도록 돕고 있다.	1	2	3	4	5
2	나는 ○○를(을) 보면 설렌다.	1	2	3	4	5

---

[27] 권석만. 하루 15분 행복 산책. 메디치미디어. 2013.

3	나는 ○○이(가) 걱정된다.	1	2	3	4	5
4	나는 ○○와(과) 같이 있으면 따뜻하게 느껴진다.	1	2	3	4	5
5	나는 하루에도 몇 번씩 ○○를(을) 생각한다.	1	2	3	4	5
6	나는 필요할 때 ○○에게 의지할 수 있다.	1	2	3	4	5
7	나는 ○○와(과)의 관계를 유지하려고 애쓰고 있다.	1	2	3	4	5
8	필요할 때 ○○가(이) 나에게 의지할 수 있다.	1	2	3	4	5
9	○○에게 헌신하고 있기 때문에 우리 사이에 다른 사람이 끼어들게 하지 않을 것이다.	1	2	3	4	5
10	나와 ○○는(은) 열렬한 관계이다.	1	2	3	4	5
11	나는 나 자신과 내가 가진 것들을 ○○와(과) 기꺼이 나눌 수 있다.	1	2	3	4	5
12	나는 ○○에게서 정신적으로 많은 힘을 얻고 있다.	1	2	3	4	5
13	우리 관계는 변하지 않을 것이다.	1	2	3	4	5
14	나는 ○○에게 헌신하는 중에 어떤 것도 개입시키지 않을 것이다.	1	2	3	4	5
15	나는 ○○에게 정신적으로 많은 힘을 주고 있다.	1	2	3	4	5
16	나는 ○○가(이) 아주 매력적이라고 생각한다.	1	2	3	4	5
17	나는 ○○와(과) 말이 잘 통한다.	1	2	3	4	5
18	나에게 ○○은(는) 내 이상형이다.	1	2	3	4	5
19	나는 남은 인생을 ○○와(과) 사랑하며 지내기를 바란다.	1	2	3	4	5
20	나는 ○○만큼 나를 행복하게 해줄 수 있는 사람은 없다고 여긴다.	1	2	3	4	5
21	나의 생활에서 ○○가(이) 아주 많은 가치를 차지하고 있다.	1	2	3	4	5
22	나는 ○○에 대한 강한 책임감을 느낀다.	1	2	3	4	5
23	나는 다른 사람보다 ○○와(과) 더 같이 있고 싶다.	1	2	3	4	5
24	나는 ○○를(을) 가깝게 느낀다.	1	2	3	4	5
25	나는 ○○에 대한 헌신이 변함 없을 것이라 본다.	1	2	3	4	5
26	나에게 ○○와(과) 있으면 편안하다.	1	2	3	4	5
27	나에게 ○○와의 관계보다 더 중요한 것은 없다.	1	2	3	4	5
28	나는 ○○을(를) 잘 이해한다.	1	2	3	4	5
29	나는 ○○와(과)의 관계가 끝나는 것을 상상도 할 수 없다.	1	2	3	4	5

30	나는 ○○을(를) 신뢰한다.	1	2	3	4	5
31	나는 ○○와(과) 손을 잡거나 팔짱을 끼는 등과 같은 신체적 접촉을 좋아한다.	1	2	3	4	5
32	○○에 대한 내 사랑은 확실하다.	1	2	3	4	5
33	나는 ○○와(과)의 관계에 끌리는 무언가가 있다.	1	2	3	4	5
34	우리의 관계는 영원할 것이다.	1	2	3	4	5
35	나는 ○○을(를) 흠모한다.	1	2	3	4	5
36	나는 ○○와(과)의 관계가 현명한 결정이라고 본다.	1	2	3	4	5
37	나에 대해서 ○○에게 숨김없이 털어놓는다.	1	2	3	4	5
38	나는 ○○가(이) 없는 인생은 생각할 수도 없다.	1	2	3	4	5
39	나는 ○○에 대해 책임감은 변함없을 것이다.	1	2	3	4	5
40	○○는(은) 나를 잘 이해해 준다.	1	2	3	4	5
41	우리 관계는 열정적이다.	1	2	3	4	5
42	나는 ○○와(과)의 관계를 유지해 나갈 것이다.	1	2	3	4	5
43	나는 로맨틱한 영화를 볼 때나 책을 읽을 때 ○○를(을) 생각한다.	1	2	3	4	5
44	나는 ○○에 대해서 환상을 가지고 있다.	1	2	3	4	5
45	○○가(이) 어려울 때도 나는 우리의 관계를 계속 유지해 나갈 것이다.	1	2	3	4	5

1~15번은 친밀함, 16~30번은 열정, 31~45은 헌신과 결정이다. 사랑의 삼각형 이론을 통해 자신이 인지하는 삼각형과 상대방이 인지하는 삼각형의 형태를 비교하고 어떤 유형의 불일치가 일어나는지를 상호 비교해 볼 수 있다. 스턴버그의 사랑의 유형을 보면 여덟 가지 유형이 있다.

첫째, 열정만 있는 열병의 사랑(Infatuation)이다. 보통 첫눈에 사랑에 빠진다는 말이 있다. 이런 사랑은 짝사랑인 경우가 많다. 상대방을 이상적으로만 바라본다. 이런 사랑은 거의가 순간적으로 불타올랐다가 갑자기 사라져 버릴 수 있다. 관계는 매우 비대칭이다. 내가 사랑하는 사람에 대해서는 잘 안다고 생각하지만, 상대방은 나에 대해 잘 모른다. 또한 자신이 준 사랑만큼 되돌려 받지 못한다는 생각 때문에 관계에서 스트레스를 받거나 쉽게 지쳐 버릴 수 있다.

둘째, 헌신만 하는 공허한 사랑(Empty love)이다. 이런 사랑은 상대방을 사랑하겠다는 결심만으로 유지되는 사랑이다. 이런 사랑은 오랜 사랑 끝에 권태기가 찾아온 연인이나 부부

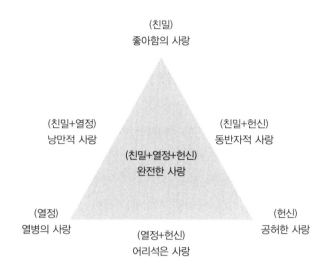

그림 4.5   스턴버그의 사랑의 삼각형

일 수가 있다. 서로에 대한 책임감과 헌신만으로 관계가 유지되는 경우이다. 상대에게 감정적인 몰입이나 육체적인 매력을 전혀 느끼지 못하고 책임감과 의무로 이어지는 것이다. 공허한 사랑은 비대칭일 수 있고, 상대방은 상대를 사랑하지만 다른 한쪽은 피로감을 느낄 수 있다. 이럴 경우에 사랑을 느끼지 못한 쪽이 상대에게 빚을 지고 있다는 죄책감을 느끼게 되면 관계가 어긋날 가능성이 크다.

셋째, 친밀감만 있는 좋아함(Liking)의 사랑이다. 여기서 좋아한다는 일상적 의미와는 다르다. 베푸는 데서 느낄 수 있는 감정이라는 것이다. 상대에게 깊은 친밀감, 신뢰, 따뜻함을 느낌을 말한다.

넷째, 열정과 친밀함만 있는 낭만적 사랑(Romantic love)이다. 서로에게 완전히 빠져서 엄청난 사랑의 열정을 느끼고 자신의 모든 것을 다 보여줄 수 있을 것 같은 느낌이 든다. 둘 사이에 사랑의 영원함은 중요하지 않다. 로맨틱한 사랑은 열정에서 출발할 수도, 친밀감에서 출발할 수도 있다. 가령 첫눈에 사랑에 빠진 연인이 점차 공통적인 면이 많음을 깨닫고 사랑을 키워나가거나, 우정으로부터 시작해서 서로 매력을 느끼고 사랑으로 나아갈 수 있다. 열정이 헌신으로 대체되어 간다면 관계를 더욱 발전할 수 있는 계기가 된다.

다섯째, 친밀감과 헌신이 있는 동반자적 사랑(Companionate love)이다. 사르트르와 보바르의 계약결혼과 같은 경우이다. 오래된 우정 같은 사랑이다. 뜨겁게 타올랐던 사랑의 열정은 점차 줄어들고, 서로에 대한 감정적인 교류, 추억, 일치감 등으로 대체되어 관계가 오래 지속되고 더욱 깊어진다. 관계가 주는 안락감, 편안함으로 인해 더욱 큰 행복감을 느끼게 된다. 그러나 사랑에 로맨스가 없다면 행복하지 못할 수도 있다. 그런 경우에는 관계가 점점 소홀하게 되고 신선한 로맨스를 찾아 나설 수 있다.

여섯째, 열정과 헌신만 있는 어리석은 사랑(Fatuous love)이다. 두 사람이 첫눈에 사랑에 빠져, 약혼을 하고 결혼을 한다. 처음에는 행복하지만 시간이 지나 영원할 것 같았던 사랑의 불꽃이 시들고 서로에 대한 헌신만이 남게 된다. 오랜 기간 동안 형성되고 성숙된 관계가 아니기에 때문에 사랑의 깊이가 얕다. 또한 서로에 대해 아는 것이 별로 없고 내밀한 교류도 없었기 때문에 관계는 허공을 걷는 느낌을 줄 수 있다. 이들은 완벽한 결혼을 꿈꾸지만 이는 드라마 속에서나 가능한 것이다. 정작 관계를 유지시키기 위해서 해야 할 일은 잘 깨닫지 못한다.

일곱째, 열정, 헌신, 친밀감이 있는 완전한 사랑(Consummate love)이다. 모든 이들이 이러한 사랑을 바란다. 서로에 대해 사랑을 느끼고, 헌신하며, 내적으로 친밀함의 관계이다. 이러한 사랑에 이르기 위해 노력해야 한다. 이것은 이상일 수 있지만 노력하면 된다.

여덟째, 모든 요소가 없는 사랑의 부재인 비사랑이다. 서로에 대해 많은 것을 알고 싶지도 않고 알려고 하지도 않는다. 가족이나 진실한 친구, 그리고 연인이나 부부를 제외한 대부분의 인간관계가 이러하다고 볼 수 있다.

표 4.2 스턴버그의 사랑의 유형

사랑의 유형	구성요소		
	친밀감	열정	헌신
비사랑	−	−	−
좋아함의 사랑	+	−	−
열병의 사랑	−	+	−
공허한 사랑	−	−	+
낭만적 사랑	+	+	−
어리석은 사랑	−	+	+
동반자적 사랑	+	−	+
완전한 사랑	+	+	+

9. 부부관계의 문제를 풀어가는 방법

1) 갈등 예방의 8가지 원칙

첫째는 부부갈등은 문제가 어디에 있든 부부가 함께 풀어가는 과제라는 생각을 한다. 둘째는 이기려 하지 않는다. 양쪽이 함께 이기는 윈윈전략을 모색한다. 셋째는 상대에게 변하라고 요구하지 말고 내가 먼저 변한다. 넷째는 한 번에 한 문제씩 언급하고, 문제해결이 가능하도록 세분화해 접근한다. 다섯째는 상대방 이야기를 경청하고, 긍정과 부정을 분명하게 표시하는 의사소통의 기술을 익힌다. 여섯째는 책임회피, 말초적 표현, 빈정대기, 돈으로 무마, 나만 불쌍한 척하기, 캐묻기, 문제 확대, 상대방의 잘못된 행동 나열 등 유치한 전술을 쓰지 않는다. 일곱째는 공통의 관심을 유발하는 취미를 개발한다. 여덟째는 이혼이 능사가 아니다. 최악의 사태가 발생하기 전에 전문 상담기관에 도움을 요청한다.

2) 부부관계를 좋게 하는 긍정적 질문

첫째, 마음을 읽어주는 질문

결혼한 지 여러 해가 지난 부부가 있었다. 남편은 열심히 일을 하고 아내는 알뜰하게 살았지만, 집을 장만할 가능성은 점점 멀어지는 것만 같았다. 남편은 아내에게 정말 미안해서 이렇게 말했다. "여보, 내가 10년 내에 40평 아파트 안방마님 되게 해주고 말겠어." 이 말을 들은 아내는 남편의 미안하고 쓰린 마음을 짐작하고 이렇게 말했다. "정말 행복해. 당신만 믿어."

둘째, 의견을 묻는 질문

결혼 전에는 목숨을 바꿀 만큼 상대를 배려한다. 그러나 얼마 지나면 기대가 실망으로 바뀌면서 서운한 마음이 짙어지기 시작한다. 갈등이 생기고 자기주장을 관철하려고 한다. 한국 부부의 대화에서 가장 많이 사용하는 유형은 독선형이라고 한다. 남편도 그렇고 아내도 그렇다는 것이다. 상대를 존중하고 그의 의견을 받아들이는 것이 아니라, 자기주장만 강요하는 것이다. 독선형과 주고받는 대화는 행복한 가정생활을 이룰 수가 없다. 부부는 서로 자기의 의견을 내세우기 전에 "당신 생각은 어때?" 상대의 의견을 묻고, 되도록 따라 주어야 한다.

셋째, 상황을 배려하는 질문

요즈음 전화를 받으면 거의가 "지금 전화 괜찮으세요?"라고 묻는다. 받는 사람의 상황을 배려해서 하는 말이다. 이런 전화를 받으면 전화 받기가 좀 어려운 상황이라도 되도록 받게 된다. 부부가 서로를 배려한다는 것은 당연한 일이다. 그러나 다음의 예를 보자. 남편이 회사에서 높은 실적을 올려 기분 좋게 회식을 하고 늦게 귀가하다가 꽃가게 앞을 지나게 되어 생각이 났다. 결혼 후 한 번도 아내에게 꽃을 사준 적이 없었다는 것을 안 아내가 좋아할 모습을 떠올리며 꽃다발을 사가지고 집에 와서 꽃을 내밀었다. 그런데 아내는 뜻밖의 반응을 보였다. "당신 솔직히 말해." 남편은 "뭘?" 하고 물을 수밖에 없었다. 아내는 "당신 나한테 잘못한 거 있지? 뭔가 수상해. 그렇지 않으면 뜬금없이 꽃을 사올 리가 없어. 당신, 나 몰래 카드 긁었지?"하는 것이다. 상황을 전혀 모르는 상태에서 아내는 자기의 직감에 의존하여 말하는 바람에 신뢰감이 손상되고, 남편의 마음에 상처를 주었다. 만일 아내가 "오늘 무슨 좋은 일 있었어?" 또는 "고마워요. 그런데 웬 꽃이에요?"라고 말을 했다면 어떠했을까.

넷째, 칭찬하기 위한 질문

부모나 선생님들은 아이들이 잘못했을 때 나무라기 위해서 질문을 하기도 하지만, 칭찬을 하기 위해 질문하는 경우가 훨씬 많다. 학력이 좀 뒤진다 싶은 아이에게 쉬운 문제를 질문해서 정답이 나오면 즉각 칭찬을 해주는 것이다. 부부 간에도 칭찬을 위한 질문 화법이 필요하다. "당신이 정말 그 일을 해냈어요?", "이 두꺼운 책을 하루에 다 읽었다고?" 등이 그런 질문이다.

다섯째, 위로하기 위한 질문

다소 어렵게 결혼생활을 시작한 부부가 몇 년간 성실히 저축하여 큰맘 먹고 새 차를 한 대 샀다. 그 기쁨이 이루 말할 수 없었다. 남편은 아침저녁으로 세차를 하는 등 차를 애지중지했다. 어느 날 아내는 좀 서툰 운전 실력으로 시장에 가고자 했다. 아내가 차를 후진하는 순간, 뒤 범퍼가 찌그러들고 말았다. 등에 식은땀이 흘렀다. 겨우 진정하고 조심조심 집으로 돌아왔지만 도무지 일이 손에 잡히지 않았다. 남편이 퇴근해 왔다. 남편에게 어렵게 그 사건을 말했다. 남편은 이렇게 아내에게 말했다. "많이 놀랐겠네. 그런데 범퍼는 왜 붙여 놨는지 알아?", "몰라" "범퍼는 원래 부딪히라고 있는 거야." 아내는 남편이 그렇게 고마울 수가 없었다.

3) 행복한 부부관계를 만드는 다섯 가지 비결

존 고트먼(John Mordecai Gottman)[28]은 일주일에 5시간 부부에게 투자하면 부부관계 달라진다고 했다. 첫째는 애정을 담아 스킨십을 하라. 입맞춤, 손을 꼭 잡아준다(5분×7일). 둘째는 부부가 각자 그날 할 일을 한 가지씩 찾아라(2분×5일). 셋째는 집으로 돌아오면 가벼운 주제로 대화를 나누어라(20분×5일). 넷째는 일주일에 한 번씩 두 사람만의 편안한 데이트를 하라(2시간). 다섯째는 적어도 하루에 한 번씩 진심을 담아 칭찬과 감사를 표하라(5분×7일).

그리고 부부 친밀감을 강화하기 위해서는 첫째는 서로 좋은 의도를 갖도록 노력한다. 둘째는 적극적인 경청과 감정을 반영하는 방법으로 서로를 이해하려고 노력한다. 셋째는 서로의 차이점을 탐구한다. 넷째는 서로의 차이는 관계를 새롭게 하고 재미있게 유지하는 긍정적인 요소임을 인식한다. 다섯째는 '나' 메시지를 사용하고 상호 비난은 피한다. 여섯째는 놀이와 휴식을 위한 시간뿐만 아니라 대화와 문제해결의 시간도 만든다. 일곱째는 갈등으로부터 비난, 관심분산, 침묵적 대응 또는 부정, 불평, 방해, 모욕, 혼합된 메시지와 같은 불공평한 전략은 제거한다.

4) 행복한 부부 10계명(1)

첫째는 당신의 배우자가 완벽할 거라는 생각을 버려라. 둘째는 배우자가 집안일을 돕도록 하라. 셋째는 배우자의 단점을 불평하지 말고 덜 공격적인 단어로 말하라. 넷째는 당신의 장점을 믿어라. 다섯째는 반응하며 듣는 방법을 연습하라. 여섯째는 싸움이 아닌 대화로 문제를 풀어라. 일곱째는 대답할 여지가 있도록 질문하라. 여덟째는 낙천적인 사람이 되어라. 아홉째는 나만의 시간을 가질 필요성을 이야기하라. 열 번째는 좋아하는 음식 등 서로에 대해 파악하라.

5) 행복한 부부 10계명(2)

첫째는 적극적으로 사랑을 표현하라. 둘째는 용서를 구하고 용서하는 일에 인색하지 마라. 셋째는 부부만의 창조적인 언어를 사용하라(애칭 특별한 표현). 넷째는 부부가 함께하는 취미생활을 가져라. 다섯째는 서로 떨어져 지내지 마라. 여섯째는 부모 의존에서 벗어나 부부

---

[28] 리즈 호가드. 행복: 영국 BBC 다큐멘터리. 이경아 역. 예담. 2006.

중심의 삶으로 전환하라. 일곱째는 합리적인 가정 경제를 경영하라. 여덟째는 성에 공을 들여라. 아홉째는 이상적인 가정의 기준을 함께 세우고 실천하라. 열 번째는 배우자의 사소한 행동들을 주의 깊게 살피고 감사로 표현하라.

6) 남편의 10가지 의무

첫째는 남편은 아내가 존경 받기를 원하고, 여성으로서의 가치를 인정받기를 원한다는 것을 알아야 한다. 둘째는 남편은 부부 간의 화합을 유지하기 위해 존중할 줄 알아야 한다. 셋째는 남편은 아내가 하는 것을 인정해 주어야 한다. 넷째는 남편은 아내가 유행에 민감하고 청결과 멋에도 관심이 많다는 것을 잊지 마라. 다섯째는 남편은 작은 일에 있어서도 아내를 사랑할 수 있어야 한다. 여섯째는 남편은 아내가 칭찬을 기대하고 있다는 것을 알아야 한다. 일곱째는 남편은 아내에게 많은 것을 주고, 말을 해도 아내와 같이 있지 않으면 소용이 없다. 여덟째는 남편은 아내와 자녀 교육 문제를 잘 상의하여 슬기롭게 돕는다. 아홉째는 남편은 잘못(외도)을 하고 용서를 구하는 것이 절대로 잘하는 것이 아니라는 것을 알아야 한다. 열 번째는 급박한 경우, 중요한 문제를 해결해야 할 경우 확고한 태도와 권위 있는 자세를 잃지 말아야 한다.

7) 아내의 10가지 의무

첫째는 아내는 여성의 능력을 잘 인식하는 것이 좋다. 둘째는 남편 역시 아내의 현존을 기대한다. 셋째는 아내는 가정의 태양, 가정의 여왕인 자신의 역할을 등한히 하지 않도록 아내의 권리와 의무를 명심해야 한다. 넷째는 아내는 남편의 필요를 이용하여 남편을 노예로 만들어서는 안 된다. 다섯째는 아내는 남성보다 더 쉽게 신경질적이어서는 안 된다. 여섯째는 남편이 사무실에 예의 바르고 상냥하고 총명한 여비서를 두게 되었다고 이야기를 할 때 아내는 그것을 나쁘게 생각해서는 안 된다. 일곱째는 아내는 자기 남편이 착하고 훌륭하긴 하지만 건망증이 심하다는 것을 알아야 한다. 여덟째는 아내는 가정에서 일어나는 사소하고 언짢은 일을 일일이 이야기하지 말아야 한다. 아홉째는 아내는 남편이 밖에서 자신의 능력과 업적으로 인해 칭찬과 존경을 받는 훌륭한 사람이라 할지라도 마음은 약하다는 것을 알아야 한다. 열 번째는 아내는 부부의 진정한 사랑을 이해하고 꾸준히 실천해야 한다.

8) 아빠가 딸에게 전하는 부부 행복계명

(1) 초장 기선제압은 감동과 신임 퍼주기로 하라.

(2) 남편을 객관적으로 정밀 분석하라.

(3) 남편과의 협상 능력을 높여라.

(4) 부부관계에 품질관리기법을 적용하라.

(5) 부부 간 긍정, 부정의 자극과 반응의 형태, 횟수를 데이터화해 보아라.

(6) 갈등과 불화가 생길 때는 그 상황을 녹화해서 보아라.

(7) 부부 문제에 대해 부모님께 도움 청하는 것을 부끄러워하지 마라.

(8) 집안일은 남편과 동등하게 나눠서 하라.

(9) 돈 문제는 투명하게 하라.

(10) 가슴속에 참을 인자를 새겨라.

(11) 엄지손가락을 치켜세우며 "우리 남편 최고!"라고 말해주어라.

(12) 하루쯤은 남편의 평소 생활 습관을 그대로 따라 해 보아라.

(13) 남편에게 말할 때는 친근한 반말과 존댓말을 적절하게 섞어서 사용하라.

(14) 남에게 웃어주는 것처럼 활짝 웃는 얼굴로 남편을 대하라.

(15) 때로는 말로 하기보다 편지를 써라.

(16) 도저히 참지 못하겠거든 친정으로 오너라.

(17) 드라마보다는 신문이나 뉴스를 많이 보아라.

(18) 메일, 휴대전화 메시지는 자주 비워라.

(19) 바람은 바람일 뿐이다. 관리를 잘하라.

(20) 나중에 아이가 생기거든 사진을 많이 찍어 두어라.

행복과 가정

1. 가족의 정의

전체주의는 국가가 최고라고 부르짖지만 국가가 최고일 수 없다. 국가나 민족도 모두가 가정으로부터 출발한다. 성경에서도 가정이 교회보다 앞선다. 가정은 인간 사회의 기본적인 단위이자 제도의 처음이며 사회근간을 유지하고 발전되어지는 곳이다. 또한 가정은 모든 교육의 시초가 되고 근간이 된다. 그래서 페스탈로치(Pestalozzi, J.H.)는 일찍이 "가정이여, 너는 도덕의 학교이다."[1]라고 했다. 그는 가정을 어린이의 교육을 위한 최적의 학교로 보았으며, 어머니는 하늘이 내리신 교사라고 했다. 그의 말은 가정이란 학교 중의 학교요 교사이며, 그중에서도 어머니는 교사 중의 교사라는 것이다.

인간은 어머니 복중에서 태어나면서부터 가정에서 먹는 법을 배우고, 말하는 법을 배우고, 걷는 법, 삶의 법, 남을 섬기는 법, 서로 돕는 법 등을 배우며 사회화된다. 특별한 경우를 제외하고는 인간은 가족 속에서 태어나서 가족 속에서 죽어갈 만큼 가족은 인간이 태어나서 죽을 때까지 평생의 보금자리가 된다. 가정은 결혼으로부터 시작된다. 결혼은 한 사람의 남녀, 반드시 이성(異性)으로 이루어져야 한다.

에드워드 기번(Edward Gibbon)은 로마제국 쇠망사[2]에서 로마제국이 망한 원인 중의 하나로

---

[1] 학교교육학회. 인간과 교육. 문음사. 1996.
[2] 에드워드 기번. 로마제국 쇠망사. 송은주, 조성숙, 김지현 역. 민음사. 2010.

가정의 무너짐을 들었다. 로마가 제국이 되어 부강한 나라가 되자 남자들은 가정을 팽개치고 사냥과 주연을 일삼았다. 부인들은 사치와 쾌락에 몰입하여 가정을 돌보지 않았다. 그런 가정에서 자란 아이들이 행복했을까? 부모는 자녀의 거울이라는 말이 있다. 가정은 사회의 올바른 성장의 원동력이 되는 곳이다. 그래서 행복한 가정 = 행복한 가족 = 행복한 사회란 도식이 성립된다. 반면에 가정이 무너지면 사회가 무너지고 사회가 무너지면 나라도 무너진다. 가정은 인간의 행복을 담는 그릇이요, 행복의 통로, 축복의 통로이다. 그리고 가정은 생명이 창조되는 곳이고, 인간을 만나는 최초의 사회 공동체이며, 사회화되는 최초의 기관이며, 사회근간이 유지되고 발전되는 곳이다.

가정의 구체적인 정의는 이러하다. 가정(家庭)은 가족이 동거동재(同居同在)하는 곳이다. 그리고 가정은 동거동재(同居同財)이다. 이는 가족은 함께 거하며 재물을 공유해야 한다는 것이다. 그리고 가정은 동거동찬(同居同饌)이다. 가족은 같이 살고 한솥밥을 먹는 것이다. 식구라는 말은 함께 밥을 먹는 뜻이 함축되어 있다. 요즘 가족이 한자리에 모여 식사를 함께 하는 경우가 별로 없다. 그러나 가족은 하루에 한 끼만이라도 함께 식탁을 나누는 것이 필요하다. 우리나라의 교육의 전통은 밥상머리를 통한 교육이다. 찬송가에 이런 내용이 있다. "아침과 저녁에 수고하여 다같이 일하는 온 식구가 한상에 둘러서 먹고 마셔 여기가 우리의 낙원이라 고마워라 임마누엘 예수만 섬기는 우리 집 고마워라 임마누엘 복되고 즐거운 하루하루"(찬송가 559장).

또 동거동숙(同居同寢)이다. 가족은 같이 살고 함께 잠을 자는 것이다. 특히 부부가 별거하여서는 안 된다. 성경은 특별한 기도할 일이 생겨 분방하게 될지라도 즉시 합하라고 했다(고전 7:5). 부부가 침실을 함께 하지만 부부싸움을 하고 벽을 쳐다보고 자는 것도 별거이다. 그래서 성경은 해가 지도록 분을 품지 말라고 했다(엡 4:26). 그리고 법정스님은 해가 지기 전에 화해하라고 했다.

동거동손(同居同損)이다. 가족은 함께 거하며 재물도 함께 손해를 봐야 한다. 재물은 부채까지도 포함한다. 그렇다면 부채로 인해 이혼을 하는 것은 바람직하지 않다. 이러기 위해서는 부부가 피차 재물에 있어서 일절 정직하고 깨끗해야 한다. 즉 재물에 있어서 신뢰가 있어야 한다. 부부가 재물에 있어서 신뢰를 하지 못하게 되면 부부 사이에도 신뢰할 수 없게 된다. 미국 사회에서는 크레디트 카드(credit card)가 곧 신용이다. 그 사람의 돈의 지출과 수입의 흐름을 알면 그 사람의 신용도를 알 수 있기 때문이다. 사람이 신용이 있고 신뢰와 믿음이 갈 때 그에게 돈을 맡길 수 있고 또 기부도 할 수 있다. 내가 아는 한 분은 자신의 재산이 없는데도 큰 규모의 사회사업을 하고 있다. 왜냐하면 그분에게 돈을 맡기고 기부하면 정직하고 바르게 사용하기 때문이다. 신뢰와 신용이 있는 곳에 돈이 모인다.

그리고 가정은 인륜(人倫)과 천륜(天倫)이 만나는 곳이다. 인륜은 부부와의 평등적 관계이고, 천륜은 부모와 자녀간의 서열적인 관계이다. 부모와 자녀와의 관계는 끊으려야 끊을 수 없다. 이는 천륜의 관계이기 때문이다. 부부와의 관계 또한 끊어질 수 없는 관계이지만 인륜의 관계이기 때문에 여러 이유로 아픈 상처를 남기고 헤어지기도 한다.

존 킹은 잘되는 자녀는 아버지가 다르다[3]에서 가정에 아버지가 없거나 있어도 제 역할을 하지 못할 경우에 자녀들은 이렇게 된다고 했다. "자살할 확률이 5배 높아진다. 그리고 교정기관에 수감될 확률이 9배 높아진다. 고등학교에 낙제할 확률이 9배 높아진다. 약물(마약)에 손댈 확률이 10배 높아진다. 강간을 저지를 확률이 10배 높아진다. 행동장애를 일으킬 확률이 20배 높아진다. 수감될 확률이 20배 높아진다. 가출할 확률이 32배 높아진다." 이만큼 가정에서 아버지의 역할이 중요하다.

그래서 성경은 "아내들에게 남편에게 순종하고 남편은 아내를 사랑하라."고 한다(골 3:18-19). 그런데 여기에서 순종이라는 단어는 헬라어로 휘포타쏘(ὑποτάσσω)로, 권고와 충고를 따른다는 군대 용어이다. 이는 계급대로 정돈시킨다, 질서 있게 배열한다는 뜻으로 질서를 위한 순종이다. 다시 말해 부부는 주종관계로서의 순종이 아니다. 부부는 동등한 위치이지만 질서를 지키기 위해 순종하는 것이다.

그리고 가족을 영어로 패밀리(family), 독일어로는 패밀리에(familie), 그리고 불어로는 패밀레(famille)이다. 그 어원은 라틴어 패밀리아(familia)에서 왔다. 이는 노예와 재산을 뜻한다. 이를 볼 때 가족이란 노예를 포함한 가족 구성원과 토지, 가옥과 금전 등의 모든 재산이 포함된다. 희랍어로 오이코스(οἶκος)인데, 이는 공적인 공간에 폴리스에 대비된 사적인 공간의 집이란 뜻이다. 그리고 영어 경제(economy)의 어원이기도 하다. 그리고 가족이란 패밀리(family)의 이니셜을 따서 "Father and mother I love you."라고 한다. 이를 볼 때에 가족이란 동서를 막론하고 주거와 재산의 공유를 내포한다.

---

[3] 존 킹. 잘되는 자녀는 아버지가 다르다. 노승영 역. 아가페출판사. 2008.

2. 가족의 기능

1) 일반적인 가족의 기능

가족의 기능[4]은 첫째는 성적 통제의 기능이 있다. 어느 사회를 막론하고 결혼을 제도화한 것은 성적 관계를 규제하기 위한 것이다. 이에 따른 규범은 시대환경을 따라 다소 차이는 있을지라도 소멸되지 않을 것이다. 둘째는 가족은 생식의 기능이 있다. 이는 사회의 구성원을 충원하기 위한 재생산의 기능이다. 셋째는 가족은 자녀 부양과 사회화의 기능이 있다. 자녀가 출생하면서부터 가족을 통해 교육을 받고 사회경제적 지위를 익혀 건강한 사회인으로 자라게 된다. 넷째는 애정의 기능이 있다. 가족은 자녀들을 사랑으로 양육하는 기능이 있다. 다섯째는 휴식의 기능이 있다. 가정은 복잡한 사회생활로 인해 스트레스, 긴장, 갈등을 해소하고 몸과 마음이 쉴 수 있는 안식처로, 에너지를 재충전할 수 있는 기능이 있다. 여섯째는 종교의 기능이 있다. 종교는 의례적인 형식을 뜻하는 것이 아니다. 종교는 삶의 진리와 인간의 능력의 한계를 깨닫고 겸허하게 살아가는 자세와 생활태도를 배워가도록 한다. 마지막으로 오락을 통한 사회적 기능이 있다.

2) 우리나라의 가족의 기능 변화

가족제도는 시대가 변천함에 따라서 현대사회에 적합한 핵가족의 형태로 변해 왔다. 핵가족이 증가됨에 따라 부부 사이의 사랑의 관계가 가족생활에 주는 영향이 크다. 그중의 하나가 가부장권의 축소현상이다. 이로 인해 부자관계에 있어서도 호혜평등의 경향이 증가한다. 또한 여성이 경제력의 증대로 인해 여성들의 사회적 지위가 상승되고 있다. 그리고 노인 문제의 중대이다.

3. 가족의 구성과 특징

1) 가족의 구성

우리 사회는 농경사회였기 때문에 직계가족의 원칙에 의한 확대가족의 형태가 일반적이다. 확대가족은 부부와 자녀, 형제자매, 조부모 등의 직계관계로 구성된다. 그리고 혈연을 중시

---

[4] 이영실 외. 가족복지론. 양서원. 2013.

하는 가족주의(familism)가 강하고 친족의식이 강하다. 구체적인 예로서는 부모의 원수는 대대로 원수로 생각하고, 가족의 일원이 혼인을 할 때에는 개인자신의 의견보다는 가족 전체의 의견에 따르는 것 등이다. 그리고 효사상과 조상숭배의식으로 구성되어 있다. 그러나 요즘은 혈연과 법적인 관계를 초월하여 정서적으로 연대 성향이 강하다. 특히 부계의 친족보다 모계의 친족의식이 강하게 나타나고 있다. 이는 점점 모계 중심 형태로 가고 있는 현상으로 보인다. 그리고 전형적인 가족 이데올로기를 뛰어넘어 양성평등이 가족 내 역할과 기능을 수행하는 형태로 변화하고 있다.

2) 가족의 특징

(1) 일반적인 가족의 특징

첫째는 성과 혈연의 공동체이다. 가족은 남녀라는 이성이 결합하여 한 공동체를 형성한다. 그리고 자녀의 출산과 성장 등 혈연으로 맺어진 원초적이고 보편적이며 기초적인 집단이며, 가족은 혼인과 혈연이나 입양으로 이루어진다. 둘째는 거주의 공동체이다. 가족은 집이라는 특정한 장소에서 공동으로 취사하고 동거하는 거주의 공동체를 형성하는 집단이다. 가족은 남편과 아내, 또는 어머니 아버지, 자녀, 형제, 자매로서 사회적 역할을 수행하며 상호작용하는 결합체이다. 가족 성원은 대체로 한 지붕 밑에 같이 살고 있는 단일 가구로 형성된다. 과거에는 3대 이상의 자손들이 모여 가족을 구성하였다. 셋째는 가계의 공동체이다. 가족이 집단으로 존속하기 위하여 가계의 공동체가 불가피하다. 생산과 소비의 공동을 통하여 결합관계가 강력하게 유지된다. 넷째는 애정의 결합체이다. 부부는 비타산적이고 애정으로 맺어진 결합체이다. 여기에는 인내와 봉사 희생이 자연적으로 발생하게 된다. 다섯째는 운명의 공동체이다. 가족은 출생과 더불어 소속이 결정되고 가족 간의 지위와 역할이 부여된다. 따라서 가족의 구성원은 필연적으로 운명공동체의 성격을 갖는다. 그리고 가족은 그 사회의 기본적인 문화를 소유하면서 이를 유지한다. 그러나 사회가 복잡해질수록 가족이 소유하고 있는 기본문화에서 여러 가지 파생문화가 발생한다.

(2) 현대 가족의 특징

현대 가족의 특징은 전통적인 가족관을 부정한다. 그 특징을 보면 첫째는 가장으로서의 지위와 권위의 저하로 인해 부부관계와 친자관계가 대등화되고 있다. 둘째는 가족의 보호기능과 부양기능이 점점 줄어들고 있다. 셋째는 부부만의 가족이 일반화되고 있고 가족규모가 축소되고 있다. 넷째는 가족 주기의 변화가 현저히 나타나고 있다. 가족주기란 부부의 결혼으로부터 사망에 이르기까지의 경로를 뜻한다. 평균 초혼 연령이 늦어지고 평균 수명의 연장으로 결혼 기간이 증가한다. 반면에 자녀수가 줄어들면서 출산 기간이 축소되어 자녀의 양육 기간도 단축되는 등 가족주기에 많은 변화가 생긴다. 다섯째는 주부의 가사노동이 경감되며 여가 시간의 증가로 여성의 적극적인 사회활동이 가능해졌다. 여섯째는 혼인자유의 법적 보장과 욕구에 따라 연애결혼의 증가와 부부의 행복을 지향하는 경향이 커지고 있다. 일곱째는 가사노동과 자녀양육 등의 가족문제가 발생되고 있다. 여덟째는 이혼율이 증가하는 경향이 있다. 특히 황혼이혼이 증가하는 추세다.

4. 가정 환경

가정 환경은 물리적인 환경과 심리적 환경으로 구분되고, 또 지위 환경, 구조 환경, 과정 환경으로 구분된다.[5]

1) 지위 환경

지위 환경은 가정의 지위와 상태를 나타내는 것으로, 첫째는 정적 환경을 말한다. 양친의 유무, 양친의 혼인상태, 양친의 동거 및 별거와 양친의 생존여부, 생부 생모의 여부이다. 둘째는 거주지의 생태적 환경이다. 주택이 있는 주변지역의 상태 및 보호 기능 등이고, 셋째는 사회경제적 지위이다. 부모의 교육정도, 부모의 직업, 경제적 수준이다. 넷째는 가족 구성이다. 가족의 수, 형제자매의 수, 조부모의 유무, 동거인의 상황과 종교 기능 등이다. 다섯째는 주택 상황이다. 집의 크기와 가족 구성원의 배치상황과 오락 기능 등이다.

2) 구조 환경

구조 환경은 자녀의 양육 체제 환경을 말한다. 여기에는 문화적 환경과 영양 및 위생 상태, 생활공간, 강화체제, 언어 모형, 가치지향성, 학습체제, 집단 특성 등이 포함된다. 문화적 상태는 가정에서 문화시설의 활용 상태를 말한다. 영양과 위생 상태는 적절한 영양의 공급과

---

[5] 정원식. 인간의 환경. 교육과학사. 2012.

위생적 환경의 조건을 말한다. 생활공간은 필요한 공간의 정도, 운동할 수 있는 조건, 자연과의 접촉 가능성을 말한다. 언어 모형은 어휘의 양과 질, 추상적 개념의 도입, 세련된 표현 방식을 말한다. 강화체제는 부모 등에 의하여 행해지는 보상과 벌의 일관된 체계를 말한다. 가치지향성은 가정의 가치체제를 말한다. 학습체제는 학교학습, 사회적 학습 및 학습동기 등 지적 학습과 성취를 강조하는 풍토의 체제를 말한다. 마지막으로 집단 특성은 가족의 특징을 말한다.

3) 과정 환경

과정 환경이란 심리적 과정으로서 개인을 둘러싸고 있는 외적 조건이나 자극과의 상호작용의 동적 작용을 말한다. 과정 환경의 요소로 수용-거부, 자율-통제, 보호-방임, 성취-안일, 개방-폐쇄 등을 들 수 있다. 첫째는 수용과 거부이다. 애정, 이해, 존중과 무시, 하대와 체벌, 거부의 양극을 연결하는 측면이다. 둘째는 자율과 통제이다. 자유, 자발, 비지시적 관계를 특징으로 하는 면과 지시, 지배, 억압, 금지, 일변도의 면을 연결하는 측면이다. 셋째는 보호와 방임이다. 관심의 표시 등 보호적인 특징으로 하는 극과 무성의 등의 극을 연결하는 측면이다. 넷째는 성취와 안일이다. 과업의 달성을 요구하는 극과 무사안일, 현실만족의 극을 연결하는 측면이다. 다섯 번째는 개방과 폐쇄이다. 자기중심적 사고의 탈피를 포함하는 개방의 극과 자기중심적 사고의 경향을 나타내는 폐쇄의 극을 연결하는 측면이다.

　여기에서 지위 환경이나 구조 환경보다 중요한 것은 과정 환경이다. 울프(Wolf, 1964)[6]의 연구를 보면 지위 환경, 구조 환경이 .5 정도라면 과정 환경의 다중 상관계수가 .76이다. 그리고 지능지수와 지위 환경의 상관계수가 .40인 것을 고려해 보면 과정 환경이 중요하다. 학업 성취도 과정 환경이 지위 환경보다 .8로 더 높다. 이를 볼 때 외적인 구조 환경과 지위 환경보다 더 중요한 것은 내적인 과정 환경임을 알 수 있다. 이는 마틴 셀리그만의 행복방정식과 일맥상통한다. 셀리그만의 행복공식에서 상황보다 더 중요한 것은 상황에 대한 태도이다.

4) 가정 환경과 교육

자녀는 가정에서 부모와의 최초의 상호작용으로 사회화 과정의 시작이 된다. 부모는 자녀에

---

[6] 이대식 외. 아동발달과 교육심리의 이해. 학지사. 2010.

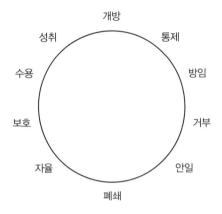

출처 : 정원식, 2005

그림 5.1 과정 환경

게 사회화 과정의 중요한 역할을 한다. 그래서 심리학자인 테일러(Taylor)는 세 살 이전에 아이들이 가정에서 92%의 사회화, 문화화 과정을 겪는다고 했다.[7] 이는 동양에서 세살 버릇 여든 간다는 말과 상통한다. 이처럼 동서양의 공통점은 어린 시절, 가정에서의 교육이다. 가정교육의 특성은 부드러운 연성과 사랑을 기초로 하는 무의도성이고, 가정은 강한 애정으로 결속되어 있다. 모성과 부성은 자녀에게 지적, 정서적, 사회성과 신체발달에 영향을 준다. 그리고 가정은 심신의 배려와 보호가 있다.

5. 현대 가정의 병리현상

1) 이혼율 증가

우리나라의 이혼 가정은 2014년에 11만 5,500건, 2015년 10만 9,200건으로 지난해보다 감소한 것으로 나타났다. 그러나 여전히 결혼대비(2015년 결혼 30만 2,800건) 이혼율이 높다.[8] 평균 이혼 연령은 남자 46.9 여자 43.3으로, 이들 자녀들의 나이가 10대인 것을 생각할 때 이로 인해 자녀들이 겪을 심적인 타격이 많을 것을 예상할 수 있다. 그리고 듀오휴먼라이프연구소[9]에서 전국 미혼 남녀 1,000명을 대상으로 조사한 '결혼 및 이혼 인식 보고서'를 보면 이혼

---

[7] Taylor, E.B. *Primitive Culture*(7th ed). New York: Brentano's. 1924.

[8] 통계청. 2015년.

[9] 경향신문. 2015. 1. 27.

이 불가피한 원인에 대해서는 남녀 모두가 '외도'로 남자 24.8%, 여자 25.6%였고, '가정폭력'은 남자 13.3% 여자 23.4%로 나타났다. 다음으로 남성은 '가족과의 갈등'이 12.4%, 여자는 '도박'이 13.0%이었다. 이혼가정이 많은 만큼 이혼 상담도 크게 늘고 있다.

한편 2016년 한국가정법률상담소를 찾은 사람들을 보면 성격차로 인한 이혼과 재정문제로 인한 이혼이 가장 많았다. 그러나 부부간에 성격차가 있는 것은 당연한 것이다. 우선 남녀라는 성차가 있고 자란 환경과 배경이 다르다. 존 그레이의 화성에서 온 남자 금성에서 온 여자[10]를 보면 남자와 여자는 언어와 사고방식 등 모든 면에서 판이하게 다르다. 서로의 다름을 인정하고 이를 극복할 때 성숙하게 된다. 이혼은 당사자들만의 문제로 끝나지 않는다. 반두라의 모델 학습 이론에 기초할 때 이혼한 가정에서 자란 아이가 이혼할 확률 또한 높다. 그리고 이혼할 경우 가장 큰 걱정은 경제문제가 31.2%, 자녀 양육이 30.5%로 나타났다. 따라서 이혼보다는 서로 간의 차이를 인정하며 상대방에게 맞춰서 사는 지혜가 필요하다. 그리고 외도와 재정문제로 인한 이혼이 증가하는 것을 볼 때 부부간에 일절 성적 순결과 물질에 있어서의 투명성과 신뢰가 어느 시대보다도 중요하다.

2) 모유 수유율 저조

"여자는 약하지만 어머니는 강하다."는 말이 있다. 여자는 아기를 낳고 자녀에게 젖을 먹일 때 어머니로 다시 태어난다. 어머니가 아기에게 젖을 먹일 때 어머니의 눈과 아기의 눈이 마주칠 때 진한 모성애가 생기며 동시에 아기는 어머니의 한없는 자애로운 모습에 안정감을 갖고 건강한 자녀로 자라게 된다. 모유 수유를 받게 되면 감염 예방이 되고, 유아 사망률이 낮아진다. 한 연구보고서에 의하면 모유 수유아의 생후 28일부터 1년 사이에 발생하는 영아 사망률이 분유 수유하는 아이들에 비해 20%가 낮았다. 그리고 모유 수유는 아기의 지능이 높아진다. 1만 7,000명 이상의 영유아를 대상으로 출생 후 6년 6개월까지 지능점수와 기타 지능을 검사한 결과 장기적인 완전 모유 수유를 한 경우 인지 능력 발달이 크게 향상되었다. 전문가들은 젖을 먹이면 엄마와 아기 사이에 생기는 정서적 유대감이 지능의 발달에 기여하는 것으로 보고 있다. 뿐만 아니라 모유 수유는 산모의 산후우울증과 스트레스를 줄이기도 한다. 산모들이 모유 수유를 하는 동안 감정적으로 편안함을 느끼는데 그 이유는 모유 수유를 하는 동안 옥시토신이라는 호르몬이 분비되기 때문이다. 모유를 수유하는 동안은 생리가

---

[10] 존 그레이. 화성에서 온 남자 금성에서 온 여자. 김경숙 역. 동녘라이프. 2010.

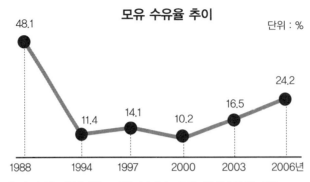

모유 수유율 추이

단위 : %

48.1

11.4   14.1   10.2   16.5   24.2

1988   1994   1997   2000   2003   2006년

*모유 수유율 기준은 생후 15개월 미만까지 모유와 이유식만 먹이는 경우

출처 : 한국보건사회연구원, 2006

그림 5.2 **모유 수유율**

멈추기 때문에 각종 암 발생률이 낮아진다. 아기에게 모유를 먹이면 아기는 100% 젖을 빨아먹는다. 그러나 수축기로 젖을 짜게 되면 100% 짜지지 않아 산모의 건강에 해가 된다. 이런 여러 가지 장점이 있기 때문에 세계보건기구(WHO)는 산모들에게 모유 수유를 2년 동안 할 것을 권장하고 있다.

그런데 한국의 모유 수유율은 2006년 '국민건강영양조사'에 따르면 아기가 생후 6개월 된 시점에서 완전 모유 수유를 한 비율은 전체 산모의 37.4%이었고, 한국보건사회연구원의 조사 결과를 보면 1988년 48.1%, 1994년 11.4%, 1997년 14.1%, 2000년 10.2%, 2003년 16.5%, 2006년에는 24.2%이었다. 2003년 이후 상승하고 있으나 미국이나 유럽 등의 모유 수유율이 50~70%에 이르는 것과 비교한다면 아직도 낮은 수준이라고 할 수 있다. 이에 따라 유니세프한국위원회는 아동권리옹호 사업의 일환으로 모유수유권장사업을 적극적으로 전개하고 있다. 대개 미용을 생각하여 모유 수유를 거부한다고 하는데 산모가 아이에게 젖을 먹이는 것이 엄마의 건강에도 좋고, 아기 또한 신체적으로 정서적으로도 건강하다.

3) 부권상실

과거에는 어머니가 자녀들이 물어보면 아버지께 여쭤보라고 했다. 그리고 자녀들이 말을 듣지 않으면 아버지에게 말씀드릴 것이라고 하였다. 그런데 지금은 아버지는 자녀들에게 엄마에게 물어보라고 한다. 그리고 엄마에게 이를 것이라고 한다. 그뿐만 아니라 자녀교육이 성공하려면 할아버지의 재력과 엄마의 정보력과 아버지의 무관심이라는 말까지 있다. 그것뿐만 아니라 "3번아 잘 있거라." "6번은 간다."는 말도 있다. 어느 사회에나 중심축이 있어야 한다.[11] 그렇지 않으면 공동체가 무너지게 된다. 가정 또한 중심축이 있어야 한다. 그렇다고 가부장제를 무조건 옹호하려는 것이 아니다. 가정에는 누구인가 이끌어가는 사람이 있어야 한다는 것이다. 다시 말해 가정에는 가정의 장이 있어야 한다. 민주적인 의견이라 할지라도 그 의견들을 통합하고 그 가족을 이끌어 갈 수 있어야 한다. 때로는 어머니가 가장 역할을 하는 경우도 있다. 모권사회로 돌아가는 것이 문제가 아니라 무정부 상태가 되어서는 안 된다는 것이다. 남자와 여자가 평등해진다 해도, 아이를 분만하는 기능을 남자가 대신해 줄 수는 없다. 아버지 같은 어머니, 어머니 같은 아버지가 있을 수는 없다. 따라서 아버지는 아버지로서의 권위, 어머니는 어머니로서의 품위가 회복되어야 한다. 그래야 그 속에서 자란 아이가 사회에 나가서 주인이 되고, 행복한 가정, 물댄 동산과 같은 아름다운 가정을 이룰 수 있다.

4) 자녀교육의 소홀

가정은 인격형성이 이루어지는 최초의 공간이다. 자존감이 낮은 아이의 경우를 보면 부모의 교육에 문제가 있다. 부모와 자녀의 가치를 보면 부모의 자존감과 자녀의 자존감 사이에 깊은 연관성이 있다.[12] 자녀교육은 부모가 일차적으로 책임을 져야 한다.

월킨슨은 야베스의 기도[13]에서 현대 부모들의 자녀교육의 위험한 유형을 일곱 가지를 들어 지적했다. 첫째 유형은 '알아서 크겠지'이다. 자녀들에게 의식주만 제공하여 주면 때가 되면 좋은 열매를 거둘 것이라는 '농업형 양육'이다. 둘째 유형은 '잘 부탁합니다'이다. 부모는 단순히 관리자로서 학교, 학원, 보모, 어린이집, 과외 교사 등에게 맡기는 타입이다. 셋째 유형은 '뭐든지 최고로 해줘야지'이다. 이런 부모들은 오로지 돈으로 애들을 키운다는 것이다. 최고 수준의 유치원, 최고급의 장난감, 최고의 옷 등을 사주는, 소위 일류병 양육이다. 넷째 유형은 '미안하구나, 너무 바빠서'이다. 직무와 사업 지향적인 부모들일수록 바쁘다는 이유로 자녀 양육을 위한 스케줄이 없다. 다섯째 유형은 '부모가 하라는 대로'이다. 이는 군대의 선임 하사 같은 단속지향의 타입이다. 주로 '그것 안돼'라는 단어를 많이 사용한다. 여섯째

[11] 이어령. 읽고 싶은 이어령. 여백. 2014.
[12] 박영신 외. 한국의 청소년 문화와 부모 자녀관계. 교육과학사. 2004.
[13] 브루스 윌킨슨. 야베스의 기도. 마영례 역. 디모데. 2001.

유형은 '내 자식의 수송은 내가 책임을 진다'는 기사 역할의 유형이다. 학교, 학원, 과외, 독서실 등 하루 종일 태워다 주는 것만을 사명으로 여긴다. 이럴 때 아이들은 삶의 현실을 경험할 기회가 없게 된다. 일곱째 유형은 '교회에서 살아라'이다. 아이들을 교회에다 묶어 두기만 하면 잘되는 줄 안다. 부모는 자녀교육에 책임을 진다는 각오로 관심과 애정으로 키워야 한다.

맥아더 장군의 자녀를 위한 기도문[14]을 보면 가슴이 뭉클하다. "주여! 내게 이런 자녀를 주옵소서, 약할 때에 자기를 돌아볼 줄 아는 여유와 두려울 때 자신을 잃지 않는 대담성을 가지고, 정직한 패배에 부끄러워하지 아니하고, 승리에 겸손하고 온유한 자녀를 저에게 주옵소서, 생각해야 할 때에 고집하지 말게 하시고, 주를 알고 자신을 아는 것이 지식의 기초임을 아는 자녀를 저에게 허락하옵소서. 원하옵나니 그를 평탄하고 안이한 자로 인도하지 마옵시고, 고난과 도전에 직면하여 분투 항거할 줄 알도록 인도하여 주옵소서. 그리하여 폭풍우 속에서 용감히 싸울 줄 알고, 패자를 관용할 줄 알도록 가르쳐 주옵소서. 그 마음이 깨끗하고 그 목표가 높은 자녀를, 남을 정복하려고 하기 전에 먼저 자신을 다스릴 줄 아는 자녀를, 장래를 바라봄과 동시에 지난날을 잊지 않는 자녀를 저에게 주옵소서. 이런 것들을 허락하신 다음 이에 대하여 제 아들에게 유머를 알게 하시고, 생을 엄숙하게 살아감과 동시에 생을 즐길 줄 알게 하옵소서! 자기 자신에 지나치게 집착하지 말게 하시고, 겸허한 마음을 갖게 하시어 참된 위대성은 소박함에 있음을 알게 하시고, 참된 지혜는 열린 마음에 있으며, 참된 힘은 온유함에 있음을 명심하게 하옵소서. 그리하여 나 아버지는 어느 날 내 인생을 헛되이 살지 않았노라고 고백할 수 있도록 도와주시옵소서." 우리는 갑자기 좋은 부모가 될 수 없다. 기독교 교육자 데이비드 스튜어드(David Steward)는 교사로서의 부모[15]에서 부모는 가르침으로써가 아니라 자신을 끊임없이 부모화(parenting)함으로써 좋은 부모가 될 수 있다고 했다. 좋은 부모는 태어나는 것이 아니라 만들어진다고 볼 수 있다. 부모는 끊임없이 교사로서의 부모화하여 좋은 부모가 되어 자녀를 보살펴야 한다. 자녀의 교육과 양육의 1차적인 책임은 부모이다.

---

[14] 맥아더(1880~1964): 미 육군 사관학교와 육군 대학을 최우수 성적으로 졸업하고, 일본 점령 최고 사령관을 역임하고 6·25전쟁 시에는 유엔군 총사령관으로 인천상륙작전의 빛나는 전공을 세운 장군.
[15] 곽선희. 신앙인의 신앙 2. eBook21. 2012.

5) 가치관 형성 결여

우리는 보통 위대한 교육의 예를 유대의 교육에서 찾는다. 유대 교육은 '3라'에 있다고 한다. 첫째는 토라, 둘째는 모라, 셋째는 호라이다. '토라'는 성경 말씀이다. 토라의 힘이 이스라엘의 교육의 핵심이다. 모라는 성경을 가르치는 교사이다. 회당(synagogue)에서 교사들이 아이들에게 각종 교육을 시킨다. 모라는 이스라엘 교육의 요체이다. 그래서 이런 말이 있다. "이스라엘의 모든 것을 가져가라. 그러나 '모라'만은 남겨 달라." 그리고 '호라'는 신앙심이 깊은 어머니를 말한다. '호라'가 있는 한 이스라엘은 망하지 않는다는 말이 있다. 어머니는 앉으나 서나 언제 어디서 무엇을 하든지 자녀들에게 토라를 암송하도록 하고 가르친다. 이를 통해 자녀는 무의식의 세계까지 유대인의 정체성을 갖게 된다.

  우리나라의 부모들은 자녀들에게 재산을 물려주는 것이 자녀를 행복하게 하는 줄로 알고 있다. 그러나 물질을 많이 물려준다고 행복한 것은 아니다. 유대인의 부모는 자녀들에게 물고기를 잡아주지 않고 물고기를 잡는 방법을 가르쳐 준다고 한다. 그리고 무엇이 옳고 그름인가를 가르쳐야 한다. 3살이 되면 됨과 안됨을 가르치는 바른 가치관을 심어주는 것이 중요하다.

6) 복합가정 출현

복합가정이란 이혼이나 사별로 인해 생기는 가정으로 배다른 형제들로 구성된 가정이다. 이때 어린 자녀들은 갑자기 새로운 가정의 구성으로 인한 정서적인 혼란을 겪을 수 있다. 이를 극복하기 위한 방법 중의 하나는 멘토를 잘 만나는 것이다. '멘토'란 현명하고 신뢰할 수 있는 상담 상대, 지도자, 스승, 선생의 의미로 쓰이는 말이다. 이 단어는 본래 오디세이아(Odyssey)에 나오는 오디세우스의 충실한 조언자의 이름에서 유래한다. 오디세우스가 트로이 전쟁에 출정하면서 집안 일과 아들 텔레마코스의 교육을 그의 친구인 멘토에게 맡겼다. 오디세우스가 전쟁에서 돌아오기까지 무려 10여 년 동안 멘토는 왕자의 친구, 선생, 상담자, 때로는 아버지가 되어 그를 잘 돌보아 주었다. 이후로 멘토라는 그의 이름은 지혜와 신뢰로 한 사람의 인생을 이끌어 주는 지도자의 동의어로 사용되었다. 멘토는 그들을 위해 평생토록 기도하고, 그리고 그들이 사회에서 승리하는 모습을 보기를 원하며, 그들이 어떻게 살아가는지 진심으로 돌보아 주는 사람이다. 멘토의 상대자를 멘티(mentee) 또는 멘토리(mentoree), 프로테제(Protege)라 한다.

6. 건강한 가정의 15가지 특징

콜린스의 행복하고 건강한 가정의 특징은 다음과 같다.[16]

1. 대화를 나누며 상대방의 말을 경청한다.

2. 서로를 인정해 주며 지원해 준다.

3. 서로에 대한 존중을 가르친다.

4. 신뢰감을 전달한다.

5. 유희감각과 유머감각을 발휘한다.

6. 공동의 책임의식을 발휘한다.

7. 옳고 그름에 대한 판단을 가르친다

8. 관습과 전통이 넘치는 강한 가족의식을 발달시킨다.

9. 가족 간 조화로운 상호작용을 한다.

10. 종교적 교제를 함께 나눈다.

11. 서로의 사생활을 존중한다.

12. 다른 사람을 돕는 봉사를 가치있게 여긴다.

13. 식탁에서의 대화를 권장한다.

14. 휴가시간을 함께 나눈다.

15. 문제를 곧바로 인정하고 그 문제에 대한 도움을 구한다.

[16] 게리 콜린스. 창의적 상담 접근법. 정동섭 역. 두란노. 2002.

행복과 사회

1. 인간과 사회

사회는 두 사람 이상이 모여 서로 상호작용하는 체제를 말한다. 사회 속에 여러 가지 사회 집단을 갖고 있는데 대표적으로 가정집단, 교우집단, 학교집단, 직장집단, 더 나아가 국가도 포함된다. 사회란 용어는 중국의 송나라에서 시작되었으며, 그 후 청조에 이르러 공식화 되었다. 송나라 때의 개념은 토신을 모시는 제사의 집합이라는 한정된 뜻을 갖고 있었다.[1] 그리고 메릴(Merril)은 사회를 두 사람 이상이 모여 뜻있는 상호 접촉하고 있는 것을 사회라고 했고, 그린(Green)은 인구와 조직과 시간, 공간 및 이해관계에 상호 구성되어 있으며 한 개인이 소속해 있는 집단이라고 했다.[2] 이를 볼 때에 사회란 사회집단, 사회단체, 사회관계 등을 내포한다. 인간은 사회집단에서 상호접촉을 통해 경쟁, 갈등, 화해, 동화라는 사회 현상이 나타난다.

인간은 사회적인 존재이기 때문에 혼자서 살아갈 수 없고 타인과의 관계 속에서 살아간다. 사람이라는 한자로 '人'(인)인데, 이는 형상 그대로 사람과 사람이 서로 의지하며 살아가는 존재임을 상징적으로 나타내 주고 있다. 그리고 한자의 인간(人間)도 사람과 사람 사이에 살아가는 사회적 존재라는 것을 시사해주고 있다. 일찍이 아리스토텔레스는 인간은 사회적

---

[1] 마쓰모토 준이찌로(松本潤一郎). 집단사회학원리. 홍문당서방. 1940.
[2] 김신일. 교육사회학. 교육과학사. 2015.

존재라며 "사회에서 살 수 없는 자나 자기 자신으로 충분하다고 생각하는 사람은 야수가 아니면 신이다."라고 했다.

인간이 사회적 존재일 수밖에 없는 이유는 첫째는 인간은 가장 무력한 상태로 태어나기 때문이다. 동물은 태어나자마자 곧 걷기도 한다. 그런데 신생아는 미숙한 모습으로 태어나 부모와 다른 사람의 절대적인 도움과 섬김, 그리고 오랜 양육이 필요하다. 둘째는 인간은 독립적 생활을 하기까지 오랜 양육기간이 필요하기 때문이다. 아기가 태어나서 아장아장 걸을 수 있는 기간은 1년이 지나야 한다. 셋째는 인간은 태어날 때부터 타인의 보호와 도움을 필요로 하는 의존적인 존재이기 때문이다. 신생아는 반사행동과 보호본능이 있다. 손에 닿으면 붙잡아 매달리는 현상, 배냇웃음은 모두가 보호본능을 자극하는 본능적인 행동이다. 그리고 인간은 죽을 때까지 다른 사람의 도움을 받으며 살아간다. 인간은 죽을 때도 자녀들과 다른 사람의 도움을 받는다. 이처럼 인간은 혼자서 살아갈 수 없는 의존적 존재이다. 넷째는 인간은 어린 시절의 성장 과정 속에서 사회적 존재로 학습되기 때문이다.

인간집단에는 가족, 친족, 종친회와 같은 혈연공동체, 지역사회 및 동향회와 같은 지역공동체, 학교나 동문회와 같은 학연공동체, 회사나 정치적 집단과 같은 이익공동체, 민족이나 국가와 같은 민족공동체가 있다. 그리고 인간은 성장 과정에서 교육과 학습을 통해 사회인이 된다. 우리나라의 제수(祭需)로 곶감이 필수다. 이는 교육을 통해서 집안의 버팀목이 되라는 뜻이 담겨져 있다. 감을 심으면 감이 열리는 것이 아니라 고욤이 열린다. 고욤나무에 감나무를 접목해야 감나무가 되고 감이 열린다. 이는 사람이 태어났다고 다 사람이 되는 것이 아니라 가르침을 받고 배워야 사람이 된다는 교육에 대한 시사점이 있다.

2. 사회집단의 요건과 특징 및 형태

1) 사회집단의 요건

사회집단이란 두 사람 또는 그 이상의 사람들로서 그들 사이에 제도화된 심리적 상호작용의 양식이 이루어진 것을 말한다. 사회집단의 성립 요건 중의 첫째는 공동의 목표와 공동체에 대해 관심을 가져야 한다. 둘째는 공동의 목표하에 역할 분담에 기초한 조직이 갖추어져야 한다. 셋째는 규제의 제도와 규범이 있어야 한다. 넷째는 '우리'라는 공동체의식 및 공손의식을 가져야 한다. 다섯째는 상호 행위가 지속되어야 한다.

2) 사회집단의 특징

사회집단의 특징은 첫째는 지속성이다. 사회집단은 일단 형성되면 간단이 해체되지 않고 새로운 성원이 계속 보충됨으로써 비교적 오래 존속할 수 있다. 둘째는 조직성과 통일성이다. 사회집단에 있어서는 성원의 행위가 조직화되어 전체적, 통일적으로 행동한다. 셋째는 공통적인 행동양식이다. 집단 내부에는 공통적인 행동양식이 형성되고 그것은 성원의 행동을 어느 정도 규제하려는 규범적 성격을 띤다. 넷째는 집단의식이다. '우리의식' 또는 '공손의식'을 갖게 된다. 공손의식이 있을 때 자기 집단의 존속을 희망하고, 관습과 전통, 그리고 제도와 가치관을 적극적이고 자발적으로 유지하려는 의식이 생기게 된다. 이런 의식을 일반적으로 집단의식이라 한다. 한국의 3대 불가사의한 집단은 해병전우회, 호남향우회, 고대교우회가 있다.

3) 현대사회의 특징

현대사회의 특징을 보면 첫째는 조직화되고 거대화되어 가고 있다. 거대한 조직사회 속에서 개인의 역할은 점점 왜소화되어 나란 존재는 있어도 그만 없어도 그만의 존재가 되어 간다. 둘째는 효율성과 신속성을 강조한다. 타인의 배려와 관심과 애정을 가질 시간적 여유가 없고, 주변이 모두가 잠재적 경쟁자이기 때문에 속내를 드러낼 수 없다. 셋째는 다원화되어 있다. 현대사회는 사람마다 추구하는 가치관, 생활양식, 기호 취미 등이 다양해졌다. 따라서 공통분모는 감소하고 갈등의 요소가 증가한다. 즉 개성은 발달하지만 함께 나눌 수 있는 공통성은 줄어든다. 넷째는 정신적 가치가 경시되고 있다. 현대사회는 자본주의가 주도하기 때문에 판단 기준이 가치중심이기보다는 수량적이다. 그래서 사람을 물질을 얻기 위한 수단으로 보기 때문에 인간관계가 형성될 수 없다. 마지막으로 전자통신 기술로 인한 연결망으로 형성되어 있다. 전화, 휴대전화, PC 통신, SNS, 이메일, 인터넷 채팅 등 통신 수단의 발달로 사람 간 접촉의 양은 많아지지만 접촉의 질은 피상적이다. 대면적인 인간관계는 점점 감소하고 사이버공간을 통한 원격적인 인간관계가 증가하고 있다.

4) 사회집단의 형태

사회집단의 형태를 보면 윌리엄 섬너(William G. Sumner)[3]는 소속감의 분류에 따라 내집단

---

[3] 윌리엄 섬너(1840~1910): 미국의 사회학자로, 그의 사회학은 인류학적 경향을 띠어, 집단에 공유되고 사회

과 외집단으로 나눴다. 내집단은 개인이 규범, 가치, 습관, 태도 등에서 공통점을 느껴 동지의식을 가지고 집단에 대하여 애착과 충성의 태도로 임하는 집단이다. 외집단은 규범, 가치, 습관, 태도 등이 자기와 공통성이 없는 타인들로 이루어진 집단을 말한다.

퇴니스(Ferdinand Tönnies)[4]는 사회를 결합의지에 따라 '공동사회'(Gemeinschaft)와 '이익사회'(Gesellschaft)로 나눴다. '공동사회'는 결합관계가 매우 긴밀하고 융합된 성질을 가진다. 반면에 이익사회는 관심의 일치, 등가의 교환이 전제되는 경우에만 성립하게 된다.

쿨리(Charles Horton Cooley)[5]는 접촉방식에 따라 1차 집단과 2차 집단으로 나누었다. 1차 집단은 구성원 대면접촉과 친밀감을 바탕으로 결합되어 구성원들이 전인격적인 관계를 이루는 집단이다. 2차 집단은 구성원 간의 간접적인 접촉과 목적 달성을 위한 수단적인 만남을 바탕으로 결합된 집단이다. 그리고 1차 집단은 개인의 인성 형성에 근원적인 영향을 줄 뿐 아니라, 사회생활에 있어서도 없어서는 안 된다는 의미에서 원초집단이라고도 하는데, 대표적인 예로는 가족과 놀이집단을 들 수 있다. 2차 집단은 전인격이 아닌 인격의 일부만을 토대로 의식적, 인위적 상호작용을 하는 집단을 말한다. 2차 집단의 대표적인 예로 회사나 각종 단체를 들 수 있다.

하이먼(H. Hyman)[6]은 1942년에 행위기준에 따라 소속집단과 준거집단으로 분류했다. 소속집단은 어떤 개인이 일정한 집단에 소속하고 있다는 사실이 다른 사람들에 의하여 인정받고 있을 때의 그 집단이다. 준거집단은 한 개인이 자신의 신념, 태도, 가치 및 행동방향을 결정하는 데 준거기준으로 삼고 있는 사회집단이다.

형식성에 따라 공식집단과 비공식집단으로 구분한다. 공식집단은 구성원 사이의 공통목표를 지향하는 집단 활동의 효율화를 꾀하고, 이를 위하여 각자의 지위, 직능, 권한, 의무 등의 분업적 역할관계가 인위적, 형식적으로, 성문화된 규범에 의해 공적으로 정해져 있는 집단이다. 비공식집단은 공식집단이나 조직 내에 사적 상호관계에 의하여 이루어지는 집단이다.

그리고 기딩스(Franklin H. Giddings)[7]는 생성사회와 조직사회로 분류했고, 소로킨(Pitirim

---

질서 유지의 힘이 되는 습속이라는 개념을 제창하였고, 저서로 습속론이 있다.

[4] 페르디난트 퇴니스(1855~1936): 막스 베버, 게오르그 짐멜과 함께 독일의 3대 사회학자 중의 한 사람.

[5] 찰리 호튼 쿨리(1864~1929): 초기의 미국 사회학자.

[6] 이슈투데이 편집부. 한국 사회 이슈 100선. 이슈투데이. 2005.

[7] 기딩스(Franklin H. Giddings: 1855~1931): 심리학과 사회학의 조합의 필요성을 강조했으며, 콩트의 실증주의와 스펜서의 진화론을 융합, 동류의식이 사회를 발생, 유지시킨다고 보았던 미국의 사회학자.

A. Sorokin)[8]은 수평적 집단사회와 수직적 집단사회로 분류했다. 그리고 매키버(Robert M. MacIver)는 공동체와 결사체로 분류했다.[9] 또 오타웨이(A.K.C. Ottaway)는 공동사회(community)와 사회(society)로 분류했다.[10] 이상에서 볼 때 사회란 공감, 공유, 공속의 의미를 갖고 있다고 하겠다.

3. 사회 변동

사회 변동에는 원시사회와 유목사회, 농경사회, 산업사회, 복지사회 그리고 정보사회가 있다. 원시사회는 자연에 순응하고 씨족사회나 모계중심의 사회이다. 유목사회는 능동적 활동과 강력한 리더십이 요구되는 사회이고, 농경사회는 촌락생활과 강한 친족체계를 형성한다. 산업사회는 산업 혁명 이후에 산업 사회와 대중사회가 형성되는데 산업 사회는 기계의 힘, 대량생산, 대량소비의 특징을 갖고 있다. 산업사회의 특성은 조직의 전문화, 작업의 분업화, 조직의 체계화, 도시 발달의 형성이다. 그리고 그 사회의 사고는 물질이 모든 기준의 척도가 된다. 그래서 물질위주, 인명경시의 흐름이 있다.

한편 대중사회의 특성은 수동적인 대중과 선도의 엘리트층으로 구성되고, 구성원은 개인적인 일에 집착하고 구성원들의 빈부격차가 심화 및 복지 정책을 필요로 한다. 그 사회의 사고는 외형적인 집합, 고립, 대중매체에 지배당하고 국가에 의존하게 된다. 대중사회의 문제점은 주체의식이 약화되고, 물질주의 사고, 자연파괴, 구성원 간의 고립화가 심화될 수 있다. 이를 위한 대책으로 인간에 대한 존엄성, 자연 개발 자제, 그리고 분배의 공평을 위해 힘써야 하며 엘리트층이 솔선수범하여 공존공영 강화에 힘써야 한다.

복지사회는 인간의 행복한 삶이 보장되는 사회를 말한다. 복지란 영어로 웰페어(welfare)로, 건강의 상태인 웰(well)이란 단어와 살아간다는 뜻이 담긴 페어(fare)의 합성어로 편안하게 잘 지내는 상태를 뜻한다. 기본이념은 인도주의와 평등주의, 그리고 보상주의이다. 대상은 전통사회에서는 낙오자의 의식주 문제를 해결하고, 현대사회에서는 국민의 인간다운 삶

----

[8] 소로킨(Pitirim A. Sorokin:1889~1968): 문화체계의 발생과 몰락에 관한 그의 연구는 토인비와 유사하며 앙리 생시몽과 같은 관점을 가지고 있는 러시아계 미국 사회학자.
[9] 매키버(Robert M. MacIver:1882~1970): 미국의 사회학이 지나치게 경험주의로 흐르는 것을 비판하고, 방법으로서의 이론의 중요성을 강조한 미국의 사회학자.
[10] 오타웨이(A.K.C. Ottaway)는 사회가 정적일 때의 교육은 보수적 기능으로 족하지만 사회질서나 문화체제 등의 유동성이 강한 사회에서는 진보적 기능이 요청된다고 본다.

을 보장한다. 국민의식은 물질로 모든 것을 판단하는 데서 정신적 만족과 풍요에서의 질 문제, 그리고 물질의 예속에서 인간 가치를 소중하게 여기고, 공존공영, 준법정신, 신용정신, 근검절약, 자연 및 환경 보존, 근로의욕 고취와 세계시민의식 함양이다.

영국은 산업화혁명으로 농촌이 피폐되고 자본가에 의해 노동자가 어려움에 처하게 되었다. 빈부의 차가 심화될 때 경쟁에서 낙오된 자들에 대한 관심과 도움의 손길이 절실히 필요하게 되었다. 이에 영국은 복지정책을 통해 빈부의 차이에서 오는 혼란을 극복했다. 그런데 우리나라는 급격한 산업화로 인해 빈부의 차가 점점 심화되고 중산층이 점점 무너지는 현실에 처해 있다. 또한 노인문제, 자녀 양육문제, 빈곤층의 복지문제가 어느 때보다도 심각하다. 거기다가 정보사회로 진입하여 빈부의 차는 점점 심화되고 20:80이라는 용어가 등장하기까지 하였다. 이런 시점에 선택적 복지와 보편적 복지를 놓고 이념적인 문제로 접근하여 서로 대립하고 있다. 이것은 이념의 문제로 다룰 것이 아니라 방법의 차이다. 우리나라는 복지문제에 대해 한참 늦었다. 이제 빈부의 차가 벌어져 사회가 해체되기 전에 방법을 놓고 서로 이념적으로 대결할 것이 아니다. 복지라는 원칙과 목적이 일치한다면 방법은 그리 문제가 아닐 것이다.

정보사회란 주요 인간 활동이 정보 및 통신 기술이 제공하는 서비스의 지원에 의해 이루어지는 사회이다. 정보는 인간의 지적 활동의 결과로 얻어지는 눈에 보이지 않는 무형재산이다. 시공간의 의미가 없으며 폐쇄성의 붕괴와 열린사회이다. 그리고 공간의 극소화와 정보접근이 용이하고, 무한 경쟁사회이다. 정보사회의 문제점은 첫째는 정보의 대량생산으로 인한 정보의 질적 문제가 생긴다. 둘째는 정보의 통제로 인한 정보의 분배에 문제가 있을 수 있다. 셋째는 특정 정보가 폐쇄될 수 있다. 넷째는 정보가 권력과 밀착될 수 있고, 정보를 악용할 수 있다. 다섯째는 의사소통이 과장되고 허위가 있을 수 있다.

반면에 낙관적 견해와 비판적 견해가 동시에 존재하는데, 낙관적인 견해는 산업사회에서 제기된 불평등이 해소되고, 의사소통이 용이하고 직접민주주의가 가능하다. 반면에 비판적인 견해는 능력과 조건에 의해 불평등이 심화될 수 있다. 정보사회의 자세를 보면 첫째는 가치관의 함양, 둘째는 인간존중 사상의 함양, 셋째는 공동체의식의 함양, 넷째는 개성존중과 성 평등사상 고취, 다섯째는 세대 간 극복과 유기적인 관계 형성, 여섯째는 서로를 이해할 수 있는 개방적인 가치관의 확립, 일곱째는 세계시민사상의 함양이다.

정보사회를 대중매체 사회라고도 할 수 있다. 대중매체의 특징은 비인격적 통신을 통해 사회화의 기능을 한다. 그리고 간접경험의 기회가 확대되고 다양한 행동모형이 제시되며,

각종 정보와 공통적 경험을 제공하며 문화적 동질화를 이루는 기능을 수행한다. 반면에 비대면성, 익명성을 통한 문제점이 발생할 수 있다. 산업사회에서는 소품종 대량생산이었지만 정보사회에서는 다품종 소량생산이다.

표 6.1 산업사회와 정보사회의 비교

산업사회 : 소품종. 대량생산
정보사회 : 다품종. 소량생산

4. 사회계층의 특징과 형태

1) 사회계층의 특징

어느 사회나 계층이 있을 수 있다. 계층은 크게 상류층, 중산층, 하류층으로 구분한다. 계층의 분포도를 보면 상류층의 상이 1.1%, 상류층의 하가 1.6%, 중산층인 상이 10%, 중산층의 하가 28%이다. 그리고 하류층의 상이 33%이고 하류층의 하가 25%, 모른다가 1%이다.[11]

　상류층의 특징은 지향시점이 과거지향적이다. 그들의 교육관은 사회계층의 유지 수단이다. 중시 교과는 교양과목으로 역사, 종교, 철학, 예술이다. 그들의 특징은 표면에 나서기 싫어하며 부요하고 물려받은 재산을 향유한다.

　중산층의 특징은 지향점이 미래지향적이다. 그들은 중산층에서 상류층이 되고자 각고의 노력을 한다. 그리고 그들의 교육관은 사회의 지도층과 계층의 상승 수단으로 생각한다. 그래서 이런 말이 있다. 중산층은 분당에서 강남으로, 강남에서 대치동이나 압구정동으로 옮기는 것이 소원이다. 중시 교과는 공대나 의대, 법대 등이고, 특징은 자신의 능력과 노력, 그리고 모든 희망을 교육에 기대하며 보험, 저축을 한다.

　하류층의 특징은 현재지향적이며, 교육관은 생활 수단으로 여긴다. 중시 교과는 직업교육을 주로 하고, 특징은 자신의 노력보다는 정부나 사회의 힘에 의존하고 자신이 받은 교육 정도로 만족한다.

---

[11] Warner, Yankee, 1949.

표 6.2 사회계층의 비교

	상류층	중산층	하류층
분포도	상상: 1.1%, 상하:1.6%.	중상: 10%, 중하: 28%	하상: 33%, 하하: 25%
지향성	과거지향	미래지향	현재지향
교육관	계층 유지 수단	계층 상승 수단	생활 수단
중시 교과	문학, 역사, 예술	이공계, 의대, 법대	직업교육
특징	표면에 나서기를 싫어하고 물려받은 재산으로 향유	자신의 능력과 노력, 교육에 기대, 저축, 보험	자신의 노력보다 사회에 의존, 자신이 받은 교육 이상 기대하지 않음

출처 : Warner, Yankee, 1949.

2) 사회계층의 형태

사회계층의 형태를 보면 완전계층형, 완전평등형, 부분계층형, 그리고 부분평등형이 있다. 완전계층형은 모든 성원이 일직선상에 상하로 배열되어 있는 형태로 현실적으로 불가능한 형태이다.

완전평등형은 모든 성원이 횡적으로 비슷한 위치에 놓여 있는 형태로 사회주의 국가의 이상형이다. 그러나 이 또한 존재할 수 없는 형태이다.

부분계층형은 피라미드형으로 하>중>상의 구조로 되어 있으며 후진사회에서 많이 볼 수 있다.

부분평등형은 중간층이 비대한 다이아몬드 형으로 현대사회의 사회구조이다.

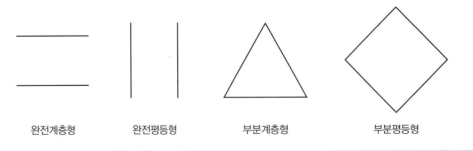

| 완전계층형 | 완전평등형 | 부분계층형 | 부분평등형 |

그림 6.1 사회계층 형태

5. 사회계층을 보는 시각

사회를 어떤 시각에서 보느냐에 따라, 다시 말해 사회적 기능, 기회 균등, 사회계층과 사회
이동, 직업의 분배 등의 문제를 어느 시각으로 보느냐에 따라 크게 기능주의 시각과 갈등주
의 시각이 있다.

1) 기능이론

기능이론은 콩트(Auguste Comte)[12]와 스펜서(Herbert Spencer)[13]로 소급된다. 이 이론을 형
성한 학자는 뒤르켐(Emile Durkheim)[14]이고, 이를 체계화한 학자는 미국의 파슨스(Talcott
Parsons)[15]이다. 기능이론의 사회에 대한 기본 입장은 첫째는 사회는 유기체와 같아서 다른
여러 부분으로 구성되어 있으며 각 부분은 전체의 존속을 위해 각각의 고유 기능을 수행한
다. 둘째는 사회의 각 부분은 상호의존적이며 항상 안정을 유지하려는 속성을 지니고 있으
며 어떤 변화나 충격에 의해 안정이 깨뜨려지면 회복하기 위한 노력을 전개한다. 셋째는 모
든 사회의 요소들은 통합된 구조를 지니고 있으며 체제유지에 공헌하고 있다. 넷째는 사회
계층은 기능의 차이에 둔 차등적 보상체제의 결과이다. 다섯째는 사회는 안정과 질서라는
합의된 목표 아래 상호의존하며 살아가는 인간집단이다.

　기능이론의 중요 개념은 첫째는 사회는 구조와 기능으로 구성되어 있다. 둘째는 사회는
많은 부분들로 구성되어 있고 이 부분들은 각 사회의 사회적 구도를 결정한다. 셋째는 사회
의 각 부분이 전체의 존속을 위하여 필요한 기능을 수행하며 상호 보완과 협동을 통해 사회
를 유지한다. 넷째는 사회는 각 부분을 강조하지만 이러한 부분들은 서로 통합되어 있고 상
호의존적이다. 다섯째는 사회는 급진적인 변동보다는 안정에 의해 지배된다. 여섯째는 모든
사회구조는 사회 전체의 유지와 존속을 위한 구성원 간의 합의에 의한다.

　기능이론에 대한 비판은 첫째는 사회의 변화와 개혁보다는 기존 체제의 존속, 현상 유지
를 옹호한다. 둘째는 인간을 수동적 존재, 사회에 종속된 존재로 보고 있으며 교육에 있어서
엄격한 훈련과 지도를 강조한다. 셋째는 통합과 합의를 지나치게 강조한 나머지 집단 간의

[12] 오귀스트 콩트(Auguste Comte, 1798~1857): 프랑스의 사회학자로 실증주의자.
[13] 허버트 스펜서(Herbert Spencer, 1820~1903): 영국의 철학자, 사회학자로 실증주의자.
[14] 에밀 뒤르켐(Emile Durkheim, 1858~1917): 프랑스의 사회학자로 근대사회학의 기초를 확립했다.
[15] 탤컷 파슨스(Talcott Parsons, 1902~1979): 미국의 사회학자로 구조기능분석론을 확립하여 사회체계론을 전
　개했다.

갈등을 정면으로 다루지 못하고 사회의 변화 과정을 올바르게 설명하기 힘들다. 넷째는 교육 선발이 능력 본위로 이루어지기 때문에 선발과정의 귀속적 측면에 대한 관심이 소홀히 다루어진다. 다섯째는 학교 경쟁을 가열화시켜 고학력을 부추기는 경향이 있다. 여섯째는 보수적이며 목적론에 빠져 있고 실증적이지 못하다. 일곱째는 변화를 제대로 설명하지 못한다. 여덟째는 구조나 성격 같은 기본 변수를 소홀히 취급한다. 아홉째는 권력투쟁과 갈등, 그리고 일탈행동 등을 제대로 설명하지 못하고 이런 현상을 범법행위나 병리현상으로 간주한다.

2) 갈등이론

갈등이론은 칼 마르크스[16]와 막스 베버[17]의 이론에 뿌리를 두고 출발하였으나 네오마르크시즘(neo-Marxism)[18]에 의해 전개되었다. 이 이론에 밀즈[19]와 코저[20] 등이 있다. 갈등이론에서 계층이란 인간이 제도적으로 만들어 놓은 불평등의 체제로 본다. 그리고 계급은 생산수단의 소요 여부와 생산관계의 지위 역할의 차이로 구별하고 있다. 갈등이론의 기본 전제는 첫째는 인간이 소유하고자 하는 대상물은 제한되어 있지만 인간의 소유욕은 무한하다. 따라서 인간 간의 경쟁과 갈등은 불가피하다. 둘째는 사회는 변화 과정과 갈등을 겪게 되어 있고 사회의 모든 요소는 사회의 분열과 변화를 요구한다. 셋째는 사회는 한 집단의 다른 집단들에 대한 강제에 기반을 두고 있다.

갈등이론의 중요 개념을 보면 첫째는 사회는 개인 간, 집단 간의 끊임없는 경쟁과 갈등의 연속이다. 둘째는 구성원 간의 갈등, 지배자의 압제와 피지배자의 저항, 끊임없는 사회의 불안정과 변동의 연속이다. 셋째는 사회의 본질을 갈등과 변동, 그리고 강제의 과정으로 파악한다.

갈등이론이 기여한 점은 첫째는 사회의 모순과 기본 문제를 드러내었다. 둘째는 모든 사회 문제를 사회 구조의 문제로 연결시켰다. 셋째는 기존의 능력주의에 대해 근본적인 문제를 제기했다. 넷째는 사회적 성격에 대해 다양한 해석을 가져왔다. 반면에 갈등이론의 문제

---

[16] 칼 마르크스(Karl H. Marx, 1818~1883): 독일의 헤겔의 영향과 엥겔스와 경제학을 연구하여 독일 이데올로기에서 유물사관을 정립하여 공산당선언을 발표했다. 그의 저서로는 정치경제학비판과 자본론이 있다.

[17] 막스 베버(Max Weber, 1864~1920): 독일의 사회과학자로 주요 논문에 사회과학적 및 사회정책적 인식의 객관성과 프로테스탄티즘의 윤리와 자본주의의 정신이 있다.

[18] 네오마르크시즘(neo-Marxism): 1920년대 이탈리아의 그람시(Gramsci), 헝가리의 루카치(Lukacs) 등이 마르크스주의에 영향을 받아 생긴 사상을 의미하고 유럽의 신좌익(new left)사상에 영향을 주었다.

[19] 라이트 밀즈. 사회학적 상상력. 강희경 역. 돌베개. 2004.

[20] 루이저 코저. 사회사상사. 신용하 역. 일지사. 1997.

점은 첫째는 경제 결정론에 빠져 있고, 둘째는 사회구조를 단순히 이분법으로 설명한다. 셋째는 학교교육의 공헌을 무시하고, 넷째는 갈등과 세력 경쟁을 지나치게 강조하여 사회적 결속력과 국가 공동체의 의식을 저하시킨다.

표 6.3 기능이론과 갈등이론의 비교

기능이론	갈등이론
1. 계층은 보편적이며 필요하고 필연적이다.	1. 계층은 보편적일지는 모르지만 필연적인 것은 아니다.
2. 사회조직(사회체제)이 계층체계를 만든다.	2. 계층체계(사회체제)가 사회 조직을 만든다.
3. 계층은 통합, 조정, 응집을 위한 사회적 욕구에서 발생한다.	3. 계층은 집단 정복, 경쟁, 갈등에서 생긴다.
4. 계층은 사회와 개인이 적절한 기능을 하도록 촉진한다.	4. 계층은 사회와 개인이 적절한 기능을 못하도록 방해한다.
5. 계층은 사회적 공동가치의 표현이다.	5. 계층은 권력집단들의 가치의 표현이다.
6. 권력은 늘 정당하게 배분된다.	6. 권력은 늘 부당하게 배분된다.
7. 일자리와 보상은 평등하게 배분된다.	7. 일자리와 보상은 불평등하게 배분된다.
8. 경제적인 부분을 타부분의 밑에 둔다.	8. 경제적인 부분을 사회의 맨 위에 둔다.
9. 계층체계는 항상 진보적 과정을 통하여 변화된다.	9. 계층체계는 항상 혁명적 과정을 통하여 변화한다.
10. 뒤르켐: 도덕사회학자, 교육사회학자	10. 칼 마르크스 및 신마르크스주의

6. 한국 사회의 병리

1) 자살 문제

9월 10일은 자살예방의 날이다. 자살의 어원은 라틴어의 sui(자기 자신을)와 cædo(죽이다)의 두 낱말의 합성어이다. 여기서 알 수 있듯이, 자살이란 그 원인이 개인적이든 사회적이든, 당사자가 자유의사에 의하여 자신의 목숨을 끊는 행위를 말한다. WHO(1968)는 자살을 치명적인 결과를 초래하는 자해 행위로, 어느 정도 자살 의도를 갖고 그 동기를 인지하면서 자기 자신에게 가한 상해라고 정의한다. 즉 자살은 장차 초래될 결과를 알고 자신에게 행하는 적극적 또는 소극적 행동의 죽음의 형태를 띠고 있는 행위를 말한다. 그리고 자살기도는 치명적이지 않은 결과를 초래하나 어느 수준에서는 자신을 죽이려는 의도가 있는 스스로의 상해 행동을 뜻한다.

자살의 원인의 사회학적 관점에서 보면 뒤르켐은 자살론[21]에서 개인의 외부에 존재하는 사회적 힘이 자살에 영향을 준다고 보았다. 그는 이를 사회적 연대라는 개념과 사회 결속의 두 가지 유형인 사회 통합과 사회 규제에 연관시켜 설명했다. 그는 통합과 규제의 유무에 따라 자살에 네 종류의 유형이 있다고 봤다.

첫 번째 유형은 이기적 자살이다. 이것은 개인이 사회에 덜 통합되어 있기 때문에 나타나는 유형이다. 대표적으로 독신자의 자살률이 기혼자보다 높고, 개신교도의 자살률이 가톨릭 신자보다 높은 경우에서 찾는다. 두 번째 유형은 이타적 자살이다. 이것은 개인이 공동체에 지나치게 통합되어 나타나는 현상으로, 원시사회와 같은 기계적 연대를 기초로 한 사회에서 일어나는 유형이다. 이는 태평양전쟁에서 등장했던 일본군의 가미카제가 좋은 예이다. 세 번째 유형은 아노미적 자살이다. 이것은 현대사회의 특징을 보여주는 자살 유형으로서 사회적 규제가 적을 때 나타난다. 이 아노미적 자살은 일상적인 삶 속에서 개인의 기대와 욕망에 대한 현실적인 제한을 강요하는 공동체적 규칙이 무너질 때 일어난다. 이러한 규범이 없는 상태에서 삶의 의미를 잃어버릴 때 자살한다는 것이다. 네 번째 유형은 숙명적 자살이다. 이것은 사회적 규제로 인해 일어나는 자살이다. 뒤르켐은 자녀가 없는 기혼여성의 자살이나 인도의 순장처럼 주인을 따라 죽는 노예를 예로 들고 있다.

심리학적 관점에서 보면 프로이트(Freud)는 슬픔과 우울[22]에서 어느 대상을 향한 애정이 우울한 정서로 인해 가학적인 증오경향으로 바뀌게 된다고 했다. 이때 자신과 대상이 동일시되는 경우에 그 모든 증오와 복수심이 자신에게로 향하게 되는데, 이로 인해 상대방에 대한 복수를 자신에게 향하는 현상이 나타날 때 자살한다는 것이다.

메닝거(Karl Augustus Menninger)[23]는 자살 심리의 배경에는 세 가지의 의식적, 무의식적 동기가 작용하는 것으로 본다. 이것은 죽기, 죽이기, 그리고 죽임당하기이다. 이 동기들은 대개 무의식적인 것으로 정신분석을 통해서만 밝혀진다. 이러한 동기들은 본능과 관련이 있다고 보고 죽음의 본능은 생의 본능과 함께 선천적인 것이라고 하였다.

바우마이스터(Roy Baumeister)[24]는 기대와 현실 사이에 괴리의 원인을 자기 탓으로 여겨

[21] 윤민재. 뒤르켐이 들려주는 자살론 이야기. 자음과 모음. 2006.

[22] 위르겐 몰트만. 절망의 끝에 숨어 있는 새로운 시작. 곽미숙 역. 대한기독교서회. 2006.

[23] 칼 메닝거(1893~1990): 미국 정신의학의 치료방법을 개척한 의사 집안에서 태어나 메닝거 정신과 학교를 세웠으며 저서로는 인간의 마음과 애증 등이 있다.

자기비난, 부정적 자기평가로 인해 생각과 감정을 해소할 강력한 수단으로 자살을 선택한다는 것이다.

그리고 생물학적 관점에서 보면 베클러(Baechler)의 가계 연구에서 자살자 가족들이 다른 가족에 비해 자살기도나 자살률이 높게 나타난다고 했다. 로이(Roy)의 149명의 쌍생아 연구에서 한 명이 자살했을 때, 쌍둥이 모두가 자살한 경우가 9쌍이었다. 그리고 타스크맨(Taskman)의 생화학적 연구를 보면 자살자의 뇌에서 신경전달물질인 세로토닌 결핍 현상이 발견되었다.[25]

자살의 종류를 보면 첫째, 충동적 자살이다. 극도의 압박감, 고통, 감동 혹은 좌절과 같은 감정을 경험하게 될 때 순간적으로 스트레스가 정신을 압도하여 자살을 결심하게 된다. 이런 현상은 이성이 충분히 발달하지 않은 청소년들에게 일어난다. 둘째, 우울성 자살이다. 우울성 자살은 삶에서 통제할 수 없는 일련의 사건들이 발생하여 감당할 수 없는 심각한 분노로 자살하게 된다. 셋째, 고통에서 해방되기 위한 자살이다. 심한 고통을 겪는 사람들이 그 고통을 줄이기 위해 약물을 남용하거나 자살을 선택하게 된다. 넷째, 복수를 위한 자살이다. 타인으로 받은 상처나 거절에 대해 거꾸로 상처를 주겠다는 생각이 살겠다는 생각보다 자살로 나타나는 현상으로 청소년들에게 많이 일어난다.

한국의 자살률은 경제협력개발기구(OECD)에서 10년 넘게 1위를 차지하고 있다. 나라별로 비교할 수 있게 '인구 표준화 과정'을 거쳐 내놓은 한국의 2014년 자살률은 27.3명으로 OECD 평균(12.0)의 두 배가 넘는다. 일본의 자살률은 18.7명, 미국은 12.5명, 독일은 10.8명이었다. 통계청(2015)이 발표한 '2014년 사망 원인 통계'[26]에 따르면 2014년 자살한 사람은 1만3천836명으로 하루에 37.9명꼴이었다. 자살률(인구 10만 명당 자살자)은 27.3명으로 2013의 28.7명보다 1.3명 감소했다. 모든 연령층에서 자살률이 전반적으로 감소했지만 20~30대 남자 자살이 증가세를 보였다. 20대 남자 자살률은 21.8로 2013년보다 4.2% 늘었고 30대 남자는 36.6으로 0.5% 증가했다. 2013년 자살한 20~30대 남자는 모두 2천219명이었다. 이는 취업이 어려운 현실이 20~30대의 극단적 선택을 늘린 원인이 됐을 것이라는 분석이다. 정희연 교수가 구직활동 중인 20~35세 124명을 조사한 바에 따르면 24.4%가 우울증을 경험했고 15.3%가 자살 충동을 느꼈거나 실행에 옮겼다고 본다. 자살로 인한 사망률이 가장 높

---

[24] 윤성일, 안홍선. 청소년 자살행동과 특성. 한국학술정보. 2012.

[25] 이광자 외. 가족건강관리. 이화여자대학교출판부. 2007.

[26] 통계청, 2014년 사망원인 통계, 2015.

은 지역은 충남으로 인구 10만 명당 30.9명이었고, 강원(29.9명), 충북(26.6명), 인천(26.2명) 순이었다. 전체적으로 분석해보면 자살의 주된 원인은 미래에 대한 불안과 경제적인 어려움, 과도한 책임의식, 대인관계에서 오는 스트레스, 그리고 신체적인 질환 등이다. 자살예방 사업은 국가의 의무이다. 정부나 사회는 자살 예방에 대해 적극적으로 나서서 자살률 1위의 오명을 벗어야 한다.

여러분의 삶에 대한 태도에 대한 질문입니다. 현재 혹은 지난 한 달간의 기준에 의거하여 평가해 보시오. 다음 사항을 읽고 현재 자신의 생각과 일치하는 곳에 '∨'표 하시오.

표6.4 자살 생각 척도

번호	내용	전혀 그렇지 않다	별로 그렇지 않다	정말 그렇다/ 자주
1	나는 이 세상에서 사는 것이 즐겁고 보람되게 느껴진다.	③	②	①
2	나는 사는 것이 지겹고 정말 죽어버리고 싶다.	①	②	③
3	당신은 실제로 자살을 기도하려는 욕구가 있습니까?	①	②	③
4	당신은 자살에 대한 생각을 얼마나 자주 합니까?	①	②	③
5	당신에게 일단 자살에 대한 생각이 떠오르면 생각이 얼마나 지속됩니까?	①	②	③
6	당신은 자살하고 싶은 충동을 스스로 억제하거나 통제할 수 있습니까?	③	②	①
7	당신이 실제 자살을 기도하려고 할 때 당신의 주변 환경이 얼마나 도움을 줄 것 같습니까?	①	②	③
8	자살기도에 대해 구체적으로 계획해 보았습니까?	①	②	③
9	당신은 "정말로 내가 자살을 기도했으면" 하고 생각하십니까?	①	②	③
10	당신은 자살기도에 대한 생각을 실행하기 위해 어떤 사전 준비 행동을 한 적이 있습니까?	①	②	③
11	당신은 단지 생각이 아니라 실제로 자살을 실행할 수 있다고 생각합니까?	①	②	③
12	자살기도 방법을 생각해 보았다면 그 방법을 사용하는 것이 현실적으로 가능하며 또 사용할 기회가 있다고 생각합니까?	①	②	③
13	당신은 "당신이 왜 자살을 하려고 하는지 주변 사람들에게 알리는 글"이나 이와 비슷한 글을 써본 적이 있습니까?	①	②	③
14	당신은 죽음에 대한 준비로 어떤 행동을 해본 적이 있습니까?	①	②	③

15	당신은 "당신이 자살에 대해 생각해 봤다."고 다른 사람에게 이야기를 합니까?	①	②	③

출처 : Beck, 1979.

*15문항의 체크한 숫자를 더하고 1, 6번은 역 문항으로 주의하여 합산할 것.

　높을수록 정도가 심함을 나타낸다.

　20점 이하 : 정신적으로 정상이며 건강함.

　21~30점 : 자살 생각이 있는 편임. 주의하여 살펴볼 필요가 있음.

　30점 이상 : 자살 생각이 위험한 정도이고 실제 자살행동에 대한 계획이 있을 수 있으며 심도 있는 상담이 요망됨.

2) 따돌림과 학교폭력 문제

따돌림 혹은 왕따는 대표적인 학교폭력의 유형으로서 서구에서는 벌링(Bullying), 일본에서는 이지메(いじめ), 우리나라에서는 '집단따돌림'이라고 표현한다. 따돌림의 특징은 첫째는 가해자나 피해자 모두가 또래들이며, 둘째는 가해자보다는 피해자에게 필요한 주관적 요건과 의사능력이나 책임능력을 더 많이 묻게 되고, 셋째는 가해자나 피해자의 역할이 순환되며 대상이 무차별로 확산된다는 것이다.

따돌림의 종류에는 소외, 모함, 신체적, 언어적 폭력, 괴롭힘 등의 행위가 있다. 따돌림은 정서발달에 심각한 저해를 준다. 그리고 사이버 따돌림과 사이버폭력이 있다. 사이버 따돌림이란 인터넷, 휴대전화 등의 정보통신을 이용하여 특정 학생을 대상으로 지속적, 반복적으로 상대를 괴롭히는 일체의 행위를 뜻하고, 사이버폭력은 인터넷 등의 가상공간을 이용하여 다른 사람에게 피해를 입히는 일체의 행위를 말한다.

학교폭력의 원인을 보면 첫째는 갈수록 심화되고 있는 성적 지상주의로 인한 스트레스 때문이다. 둘째는 가정의 급속한 해체와 가정교육의 기능 상실 때문이다. 셋째는 핵가족과 자녀 수의 감소로 인한 가정의 사회적 기능의 약화 때문이다. 넷째는 게임과 사이버 문화에 대한 과도한 노출로 인한 공감능력의 약화로 인함이다. 다섯째는 가정과 학교, 그리고 사회를 통한 폭력의 직접 경험을 들 수 있다. 여섯째는 매체를 통한 폭력의 간접 경험에서 오기도 한다.

학교폭력의 특징을 보면 첫째는 학교폭력의 가해자나 피해자의 연령이 점차 낮아지고 있다. 둘째는 여학생들이 가해자 또는 피해자가 되는 비율이 높아지고 있다. 셋째는 학교폭력의 피해유형이 다양화되어 가고 있다. 특히 언어폭력, 사이버폭력이 증가하고 있다. 넷째는 가해학생과 피해학생의 구별이 불분명하다. 피해 경험이 있는 학생이 다른 학생에게 폭력을 행사하는 악순환이 발생한다. 다섯째는 욕설과 집요한 따돌림 등의 정서적 폭력이 증가하고 있다. 그리고 폭력의 지속성이 확대되고 있다. 여섯째는 학교폭력이 점차 집단화, 조직화되어 가고 있다.

3) 고령화 문제

고령자의 기준은 고령자 고용촉진법시행령에서는 55세 이상을 고령자, 50~54세를 준고령자(2조)로 규정하고 있다. UN에서는 65세 이상을 고령자로 보고 있으며, 65세 이상이 총 인구의 7% 이상일 때 고령화사회(Aging Society), 65세 이상 인구가 총인구를 차지하는 비율이 14% 이상일 경우 고령사회(Aged Society), 그리고 65세 이상 인구가 총인구를 차지하는 비율이 20% 이상이면 후기고령사회(post-aged society) 혹은 초고령사회라고 한다.

우리나라의 고령인구를 보면 1960년에는 65세 이상 노인 인구가 전인구의 2.9%였다. 그러다가 2014년에는 고령인구 비율이 약 13%로 고령화사회가 되었고, 2018년에는 14%가 되어 고령사회가 될 것으로 보고 있다. 국제신용평가사 무디스(2015)의 발표 또한 2030년에는 한국이 영국, 미국 등과 함께 65세 노인이 20%가 되는 초고령사회에 진입할 것으로 보고 있

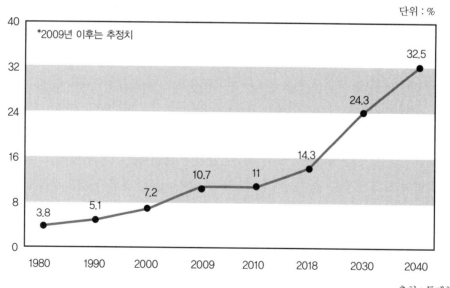

단위 : %

*2009년 이후는 추정치

출처 : 통계청

그림 6.2 한국의 65세 이상 인구 비중 추이

다. 인구보건복지협회장 손숙미(2015)도 한국이 2026년에 초고령사회에 도달할 것이라고 밝혔다. 통계청도 한국의 65세 이상 인구 구성비가 2020년에 15.7%, 2040년에 32.3%가 될 것으로 보고 있다. 평균수명이 긴 나라가 선진국이고 평화롭고 안정된 사회를 상징하는 의미에서 장수는 우리의 소망이다. 그러나 고령에 따르는 질병, 빈곤, 고독, 직업 등에 대응하는 사회경제적 대책이 고령화사회의 당면 과제이다.

고령화로 인한 문제점은 개인적 측면에서 볼 때 소득 상실로 인한 수입 감소이다. 이로 인해 경제적 빈곤 문제, 신체적·정신적 노화로 인한 건강 악화, 사회적·심리적 고립 등의 문제가 나타난다. 사회적 측면에서는 비경제 활동 인구의 증가로 인한 노동력 부족 문제가 야기된다. 그리고 연금 지급과 의료비 증가로 국민의 부담을 가중시키는 문제가 나타난다. 이러한 문제를 해결하기 위해서는 개인적인 차원이 아니라 국가적 차원에서 접근해야 한다. 먼저 노년층의 인구를 사회적 노동력으로 인식해 일할 수 있는 여건과 일터를 개발하고 제공하여 고용기회를 확대하고 노년층의 다양한 욕구에 대응할 수 있는 시설과 실버산업의 육성 등 노인 복지 정책을 펴야 한다.

4) 저출산 문제

1955년부터 1963년까지는 한국의 합계출산율은 6.1명이었다. 1964년부터 1967년까지는 한국의 합계출산율은 5.2명이었다. 이를 일컬어 한국의 제 1, 2차 베이비 부머 시대라고 한다. 그러나 1968년부터 1971년까지는 한국의 합계출산율은 여성 1인당 4.7명이었으며, 1970년대 초반부터 가족계획의 강화로 1984년에는 2명 미만이 1.74명 수준으로 떨어졌다. 다음해인 1985년 1.66명 수준으로 약간 떨어졌으나 1987년에는 출산율이 1.53명 수준까지 떨어졌다. 이후 1996년부터는 출산정책을 산아제한정책에서 산아자율정책으로 전환했지만, 출산율은 빠른 속도로 저하되면서 마침내 2001년에는 1.30명으로 초저출산사회로 접어들었고, 이에 따라 출산장려정책을 펴기 시작했지만, 2005년 1.08명으로 역대 최저치로 떨어졌다. 2007년 1.26명으로 급증했지만 세계 금융위기로 2009년에는 1.15명으로 감소되었다.

그러나 다시 경제회복 등으로 2010년부터 다시 증가하기 시작하여 2012년 1.3명으로 초저출산 국가에서 탈출하려는 기미를 보였으나 그 후 불경기 등으로 출산율은 감소하여 2013년 1.18명 2014년 1.21명에 이르렀다. 이로 인해 2018년에는 대학입학 정원이 55만 명인데 고등학교 졸업생은 49만 명으로 이 6만 명이 부족하고 2023년에는 16만 명이 부족한 것으로 나타났다. 그리고 통계청(2016)의 발표에 의하면 17개 시 · 도 가운데 전라남도가 2013년 인구가 자연 감소한 데 이어 강원도도 2014년에 신생아(1만 662명)가 사망자(1만 1,004명)보다 342명이 적은 것으로 나타났다. 그리고 전북과 경북의 경우 지난해 신생아 수가 사망자보다 각각 400명, 1,500명 많은 데 그쳐 올해나 내년쯤 인구 자연 감소 대열에 포함될 가능성이 높다. 이후에도 부산 · 충북 등이 전국적으로 같은 현상이 확산되면서 오는 2030년엔 우리나라 전체 인구가 자연 감소 사태를 맞을 것으로 예상했다. 인구 감소 도미노가 전국적으로 확산되면 소비 위축과 지역 경제 침체로 이어지고, 이것이 다시 결혼 및 출산 감소로 연결되는 '축소 균형'의 악순환 고리로 빠져들 것이다. 또한 유엔미래보고서에서는 2050년이 되면 한국의 인구가 4,000만 이하로 줄어들 것으로 보고 있다.[27] 언어가 보존되기 위한 최소 인구를 1억 명으로 보고 있는데, 그렇다면 2050년에는 560년의 역사를 자랑하는 한글이 사라질 위기에 처하게 된다. 언어가 사라진다는 것은 문화가 사라진다는 것이고, 문화가 사라진다는 것은 민족이 사라진다는 것을 뜻한다. 그리고 국방의 문제점이다. 소비에트 연방의 붕괴도 그 원인을 슬라브족의 인구 감소로 보고 있다.

저출산의 원인을 보면 첫째, 여성들의 학력 상승에서 찾을 수 있다. 여성들의 학력이 상승하여 결혼을 늦게 하고, 첫 아이를 출산하는 연령이 높아지면서 자녀 수가 감소하고 있다. 또한 여성들의 학력 상승은 노동시장 진출을 증가시켜서 자녀에 대한 기대를 다른 것으로 변화시키거나 대체시키고 있기 때문이다. OECD 가입국가 여성들이 학력이 높아지고 노동시장 진출이 늘어나면서 자율성이 높아지고 경제적으로 독립할 수 있게 되었다. 바로 이러한 변화가 여성들로 하여금 성 평등과 같은 새로운 가치관을 갖게 되었다. 이런 사상들이 자녀를 낳는 것에 영향을 미쳤다고 본다. 둘째, 국가의 경제 수준이다. OECD 국가 중에서 GDP 수준이 높을수록 합계출산율이 높고, 낮을수록 합계출산율이 낮다는 것이다. 예를 들어 GDP가 3만 달러가 넘는 미국, 프랑스, 노르웨이 등은 합계출산율이 1.6명이 넘고, 15,000달러가 안 되는 폴란드, 헝가리 등은 1.3명 이하이다. 셋째, 여성이 참여하는 노동시장의 조건에 기인한다. 1980년대까지는 여성취업률이 높으면 출산율이 낮았다. 그러나 2000년대에 들어서면서부터는 여성취업률이 높으면 출산율도 높아지고 있다. 예를 들어 이스라엘, 덴마크, 미국, 노르웨이 등은 여성취업률이 높고, 출산율도 높다. 넷째, 부부끼리 행복하게 살면 된다는 생각이다. 이로 인해 가족 기능이 저하되고 있다. 여기에는 자녀교육 비용 부담,

---

[27] 제롬 글렌, 테드 고든, 엘리자베스 플로레스큐. 유엔미래보고서 2040. 박영숙 역. 교보문고. 2013.

노후 보장기대, 결혼연령 상승, 여성의 사회활동 증가 등이다. 특히 우리나라는 양육에 대한 경제적 부담이 더 크게 작용하는 것이 저출산의 원인이 되고 있다.

저출산 해소 방안으로는 첫째, 육아지원에 대한 재정투자 비율을 높여야 한다. 통계청(2015)의 발표를 보면 혼인건수는 302,800으로, 2014년의 305,500건에 비해 2.7% 감소했다. 계속되는 경기 침체와 청년 취업난으로 결혼을 포기하는 젊은 층의 증가와 결혼 적령기 인구 감소가 원인으로 보고 있다. 혼인기피 현상의 심화로 평균 초혼연령도 높아지고 있다. 2015년 남자의 초혼 연령은 32.6세, 여자는 30.0세로 2014년의 남자 32.4세, 여자 29.8세보다 각기 0.2세 높아졌다. 초혼의 비율은 남자는 84.7%, 여자는 82.5%였다. 2014년에 비해 남자는 0.3%, 여자는 0.2% 증가했다. 재혼은 2014년에 비해 남자 47.6세, 여자 43.5세로 남녀 공히 0.5% 증가하였다.

에릭슨은 20에서 35세까지를 청년기로 본다. 이때는 친밀감과 고독감의 시기이다. 이 시기에 결혼과 직장, 그리고 자녀를 출산한다. 그렇지 못할 경우에 고독감으로 자신의 세계를 펼 수가 없다고 본다. 그런데 지금 청년들을 일컬어 결혼포기, 연애포기, 구직포기, 출산포기, 내집 마련포기, 저축포기라는 6포가 회자되고 있다. 이런 시대임에도 불구하고 정치권에서는 유권자들의 표를 의식하여 노인복지에 우선하고 있다. 이로 인해 육아비용과 영유아 보육, 교육 재정에 인색하다. 이제 출산과 육아 정책 지원에 최우선해야 한다. 그리고 육아휴직 3년을 의무로 하고 육아휴직 중에 50%의 기본급을 지급하는 적극적인 방안을 모색해야 한다. 그리고 실질적인 지원이 될 수 있도록 지원액을 현실화하고 영유아 보육, 교육 재정지원체계가 중앙정부와 지방정부, 교육부, 여성부 등으로 나누어져 있는데, 이를 통합하여 일관성이 있는 지원체계로 전환해야 한다.

둘째, 인공임신중절에 대해 엄격하게 규제해야 한다. 우리나라에서 인공임신중절을 법으로 금하고 있다. 그러나 음성적으로 이행되고 있다. 2016년 5월 11일에 미국 인공임신중절 연구단체 구트마커연구소와 세계보건기구(WHO)에서는 각국 정부 통계 등을 바탕으로 15~44세 가임 여성들의 인공임신중절을 분석한 결과 2010~2014년 연평균 인공임신중절 건수를 5,600만 건으로 밝혔다. 선진국의 인공임신중절률은 1990년에 여성 1천 명당 46건에서 2014년 27건으로 떨어진 반면, 개발도상국에서는 39건에서 37건으로 변화가 미미했다.[28] 우리나라는 공식적으로 2005년에 복지부에서 발표한 불법 인공임신중절 실태를 보면 총

---

[28] 연합뉴스. 2016.5.12.

34,200건이고 그중에 미혼 여성이 198,000건으로 58%를 차지하고 있다. 그리고 2010년 통계청의 보고에 의하면 출생율은 47만 명인 반면에 대한산부인과의사회의 보고서를 보면 인공임신중절이 하루 평균 1,000여 건으로 보고 있다.[29] 그러나 음성적으로 행해지는 인공임신중절의 실태를 포함하여 연 150~300만 건으로 보기도 한다. 이는 인구 비례로 보면 미국의 6배요 세계 1,2위이다. 인공임신중절은 이유 여하를 막론하고 생명을 죽이는 살인행위이다. 그러므로 인공임신중절에 대한 대책을 세워야 한다. 그 대책 중의 하나는 성윤리 교육에 기초한 생명윤리의 강화이다.

5) 계층 간의 갈등과 중산층의 붕괴 문제

경제협력개발기구(OEDC)가 정의한 중산층은 소득의 중간값(평균값)의 50~150%의 가구를 중산층으로 분류한다. 50% 미만은 빈곤층으로 150% 이상이 상류층이다. 그리고 미국의 공립학교에서 가르치는 중산층의 기준은 자신의 주장을 떳떳하게 말할 수 있고, 사회적인 약자를 배려하고 부정과 불법에 저항하고 테이블 위에 정기적으로 받아보는 비평지가 있어야 한다고 가르친다. 자신의 주장을 떳떳하게 펼치려면 가치관이 분명해야 한다. 그러기 위해서는 책을 많이 읽어 머리가 무거워야 한다. 약자에 대한 배려가 있으려면 따뜻한 마음, 정의를 실현하고자 하는 마음이 있어야 한다. 불의와 부정에 대한 항거는 옳고 그름에 대한 분명한 가치관이 정립되어야 한다. 여기에는 진리에 대한 확고한 신념이 있어야 한다. 그리고 비평지를 읽는다는 것은 사회에 순치되는 것이 아니라 더 나은 사회로의 발전에 기여하고자 하는 사상적인 뒷받침이 있어야 한다.

반면에 우리나라의 중산층 기준은 부채가 없는 30평대의 아파트, 월급이 500만원, 자동차는 2000cc 이상의 중형차, 통장잔고가 1억이고, 1년에 해외여행을 몇 차례 다니는 사람으로 보고 있다. 그리고 2013년 8월 11일 정부에서의 중산층 과세대상을 보면 연봉 3,450만원을 중산층의 기준으로 삼고 있다. 이처럼 중산층의 개념이 한국과 미국이 확연히 다르다. 미국의 중산층 개념은 의미와 가치에 둔다면 한국은 소유와 수량에서 찾는다.

지금 한국의 중산층이 무너지고 있다고 경고하고 있다. 데이비드 립튼(David Lipton) 국제통화기금(IMF) 수석부총재는 2015년 2월 4에 서울대학교 금융경제연구원 주최로 열린 세미나에서 "한국은 사회적 계층 이동이 어렵고 중산층이 무너지고 있다. 재분배 정책을 통해 불

---

[29] YTN 뉴스. 2012.2.3.

평등을 줄여야 한다."고 제언했다. 그는 1998년에 한국의 기업 구조조정 등 IMF 구제금융 계획의 실행을 진두지휘했던 사람이다. 한국 경제 관료들은 그를 두고 IMF의 저승사자로 불렀다. 그는 "나라 간 불평등은 줄어들고 있지만 나라 내부의 불평등은 오히려 증가하고 있다."며 "한국도 예외가 아니다."고 말했다. 그러면서 한국의 소득 불평등을 보여주는 다섯 가지 특성을 지적했다. 첫째는 사회계층 간 이동 붕괴, 둘째는 중산층 감소, 셋째는 노동시장의 이분화, 넷째는 노인 빈곤, 다섯째는 성의 불평등이다. 그는 "1990년대 75.4%였던 한국의 중산층이 2010년에는 67.5%로 줄었다."며 "소득 불평등 정도를 보여주는 지니계수도 1990년 0.26에서 2010년 0.31로 높아졌고, 상대적 빈곤율도 상승했다."고 강조했다. 이어 불평등이 심해지는 나라는 성장이 저하되고, 반대의 경우 빨리 성장하는 것을 수년간 봤다며 "한국도 사회계층 간 이동, 중산층 재건 등 점점 더 악화되는 불평등을 막기 위해 정부가 공공 사회 지출을 늘려야 한다."고 충고했다.

김용하 교수[30]도 빈곤층을 중산층으로 끌어올리는 인위적 정책은 신중해야 하고, 빈곤층으로 내려가는 사람은 정부가 복지정책을 사용해 현재 상태를 유지하도록 도와줘야 한다고 강조하고 있다. 그런데 지금 한국은 빈곤층에 대한 복지를 이야기하면 좌파, 종북으로 낙인을 찍으려고 한다. 지금은 어느 때보다도 나눔, 녹명이 필요한 시대이다.

6) 수도권 집중화 문제

제조업체가 1999년에 53.7%, 2001년 56.4%이고, 서비스업체의 45.7%이고 서비스업 종사자의 50.6%가 수도권에 있다.[31] 그리고 인구 밀집도가 가장 높은 나라다. 도시화 집중 현상을 어떻게 풀어야 할 것인가는 한국 사회의 당면 문제이다.

2012년을 기준으로 금융 자산이 10억 원을 넘는 부자가 163,000명이다. 이는 2011년 142,000명보다 14.8% 늘어난 수치이다. 이들 중 70%가량은 서울, 경기, 인천 등 수도권에 살고 있다. 수도권 지역 부자 비중은 2011년 69.43%에서 69.87%로 조금 높아졌다. 이 중에서도 서울이 차지하는 비중 또한 47.95%에서 48.0%로 약간 상승했다. 부의 수도권 편중, 서울 집중이 여전하다는 것을 보여준다. 서울에서는 강남, 서초, 송파구의 3구의 부자 비중은 2009년 39.2%, 2011년 37.8%, 2012년 37.6%다.[32] 이로 인해 농촌에 공동화 현상이 일어나고

---

[30] MK 뉴스, 2012.3.21.
[31] 황희연. 수도권 대단위 택지개발사업이 인구집중에 미치는 영향. 공간과 사회. 2003.
[32] 시사저널. 1236호. 2013.6.23.

있다. 농촌은 어머니의 탯줄과 같다. 농촌의 붕괴로 미래의 희망을 기대하기 어렵다. 앞으로 식량이 무기화가 될 날이 멀지 않다고 본다. 그런데 지금 우리나라의 정부정책이 모든 규제를 풀어야 한다는 슬로건을 내세워 도시의 규제를 풀기에 바쁘다. 이것은 미래에 다칠 재앙을 앞당기는 결과를 초래하는 것이다. 포스트모던 시대는 개발이 아니라 자연의 보존이다. 도시의 규제를 풀게 되면 도시와 농촌의 사회 구조가 더욱더 피라미드형이 되게 된다.

어머니의 탯줄과 같은 농촌을 살려야 한다. 그러기 위해서는 젊은이들이 농촌에 살 수 있도록 사회 안전망을 구축하고 대학 서열화를 탈피해야 한다. 지금 대학 서열화는 심각하다 못해 패닉 상태이다. 지금 대학을 말할 때, 서울, 그 다음이 수도권, 그 다음 벨트가 천안권, 그 마지막의 마지노선이 대전권이라는 말이 있다. 그렇다면 대전 이남의 대학은 어떻게 되겠는가? 이제 대학의 균형 발전을 위해 독일식의 평준화를 모색해야 한다고 본다. 그리고 도시의 규제를 풀기보다는 지방분권을 강화하여 인구를 분산할 필요가 있다.

7) 가정폭력과 자녀들의 일탈 문제

가정폭력이란 부모, 배우자, 자식, 형제자매, 친척, 사실혼 관계에 있는 사람 등을 대상으로 행해지는 폭력을 말한다. 여기에는 신체적 학대와 언어적인 학대, 정신적 학대와 성적 학대가 있다. 그리고 경제적 학대와 사회적 격리가 있다. 가정폭력이 자녀에게 미치는 영향은 치명적이다. 부모로부터 폭력을 경험할수록 학교폭력 피해 집단 또는 피해와 가해 중복집단에 속할 가능성이 높은 것으로 보고 있다.[33] 그리고 부모로부터의 폭력 경험이 언어 및 정서적 폭력, 신체 및 물리적 폭력, 금품 갈취, 괴롭힘, 집단따돌림 등의 학교폭력 전체와 상관관계가 높은 것으로 나타났다. 또 부모 간의 폭력을 경험 혹은 목격했을 경우에는 학교폭력 가해 경험이 많아지고, 부모의 부부갈등에 노출된 경험이 많을수록 우울증이 높아지고, 청소년이 우울할수록 학교폭력 가해경험이 많은 것으로 나타난다.[34]

청소년의 가출 원인의 1위가 부모 등 가족과의 갈등이 61.3%으로 조사되었으며 가출 후 청소년들은 흡연이 34.6%, 음주가 27.4%, 절도 92%, 강취 9%, 폭행 6.4%, 성관계 5.6%, 성희롱 및 성추행 4.8%, 환각성 물질 이용 2.8% 등으로 나타났다.[35] 그뿐만 아니라 아동학대를

---

[33] 신혜섭. "중학생의 학교폭력유형에 영향을 미치는 변인", 〈청소년연구〉, 제 12권 제4호. 2012.

[34] 윤명숙, 이묘숙. 지역사회 여성노인들의 우울과 생활만족도에 관한 연구. 한국지역사회복지학. 36, 89-115. 2011.

[35] 김경래, 정진욱. 학교폭력 피해 아동의 자살생각 유발경로와 한계효과에 관한 연구. 보건복지포럼. 2015.

받은 피해자는 다시 자녀를 학대할 가능성이 높아 세대 간 폭력 대물림 현상으로 이어지게 된다. 가정은 사회의 최소 단위이자 최초의 공동체이다. 가정의 붕괴는 사회 전체의 붕괴의 원인이 된다. 따라서 가정이 행복해야 사회의 행복지수도 올라가게 된다.

7. 사회와 행복과의 관계

사회가 안정돼야 행복하다. 행복에서 한자로 행(幸)자는 사회적인 안전이란 것을 전장에서 언급하였다. 사회가 안전하지 못하면 행복은 있을 수 없다. 매슬로 욕구이론의 두 번째도 안전욕구이다. 우리나라의 사회안전망은 제도적으로 1, 2, 3차로 되어 있다. 1차 안전망은 일반 국민을 대상으로 하는 공적연금, 의료보험, 산재보험, 고용보험 등 4대 사회보험으로 이뤄져 있다. 2차 안전망은 1차 안전망에 보호받지 못하는 저소득층을 위한 기초생활보장제도와 보완적 장치인 공공근로사업을 운용하고 있다. 3차 안전망은 재난을 당한 사람에게 최소한 생계와 건강을 지원해 주는 각종 긴급구호 제도이다.

그런데 우리나라(2012)는 OECD 국가 34개국 중에 환경, 생태 유지 가능성과 사회네트워크 안정성 부문에서 최하위인 34위를 기록했다. 주관적 건강 상태가 32위, 필수시설을 갖추지 못한 가구 비율 31위, 소수집단에 대한 관대성 28위, 빈곤율 28위, 가처분소득 27위, 국가기관 신뢰도 26위, 1인당 방수(房數)는 25위, 고용률 21위, 소득분배 정도를 나타내는 지니계수는 21위 등 모두 하위권에 속해 있다.[36] 그뿐만 아니라 최근에 발생한 세월호 사건과 메르스 사태를 보면서 사회안전망의 미흡한 제도와 운영의 미숙함이 드러났다. 사회와 행복과의 관계는 불가분의 관계가 있다. 인간은 사회적인 환경의 영향을 받기 때문에 사회적인 환경이 어떠냐에 따라서 행복지수가 달라지게 마련이다. 이제 우리는 나만 잘살면 된다는 이기심에서 공동체와 타인을 생각하는 이타심, 약자에 대한 배려, 그리고 사회안전망에 대한 대폭적인 손질과 소외계층에 대한 따뜻한 보살핌이 어느 시대보다도 필요하다고 본다.

---

[36] 보건사회연구원. '보건사회연구'. 2012.

행복과 문화

1. 문화의 정의

문화(culture)란 라틴어로 컬터스(*cultus*)이다. 이 말의 뜻은 원래 밭을 갈아 경작한다, 배양한다는 뜻으로, 자연에 노동을 가하여 수확한다는 뜻이다.

협의로는 자연 상태로부터 가치상승, 가치창조, 자연에 대한 가공을 말하고 문명인을 뜻한다. 그리고 광의로는 인간 행위의 가꿈을 뜻한다. 문화적인 요소에는 종교, 도덕적 명령, 합리성, 시간초점, 권위, 세계관, 인생관, 생활양식, 사고방식, 행동 특성 등을 포함하는 지식, 예술, 도덕, 법률, 관습 등을 포함한다. 여기에는 공통의 행동의 틀이 있다. 이 행동의 틀은 학습되고 공유되며 전수되어 행동양식이 된다. 홉스테드(Geert Hofstede)[1]는 "문화는 양파와 같다. 문화는 양파처럼 여러 겹으로 둘러싸여 있으며 한 사회가 소중하게 여기는 가치나 상징, 영웅, 음식 등을 통해 표출된다."고 했다. 린튼(Ralph Linton)은 문화의 정의를 전 생활 방식(total ways of life)이고, 사회 성원이 참여하는 습관, 관념, 태도가 조직된 것의 집적이라고 했다.[2]

문화와 문명은 둘 다 인간이 자연 상태에서 벗어나 물질적, 정신적으로 진보된 상태를 뜻

[1] 홉스테드: 네덜란드 심리학자로 문화의 다섯 가지 요소로 구분한다. ① 개인주의 대 집단주의 ② 대－소 권력 간격 ③ 불확실성에 대한 회피성의 강－약 ④ 남성다움 대 여성다움 ⑤ 미래 지향과 현실 지향 등이다.
[2] Ralph Linton. *The Background of Personality*. New York: Appleton Century Crofts, Inc, 1945.

한다. 이 두 단어를 같은 개념으로 쓰기도 하고 구별하여 쓰기도 한다. 그러나 대체로 문화는 종교, 학문, 예술, 도덕 등 정신적인 움직임을 가리킨다. 반면에 문명은 보다 더 실용적인 생산, 공업, 기술 등 물질적인 방면의 움직임을 가리킨다. 기술 문명 등의 예를 들 수 있다. 그래서 문화를 정신문명, 문명을 물질문명으로 구분하기도 한다.

일반적으로 정신적, 물질적 움직임이 복합적일 때에는 어디에 더 중점을 두느냐에 따라 달리 표현할 수 있다. 예를 들어 문명의 발상지, 황하 문명, 잉카 문명 등은 농사, 토목 등 물질적인 움직임을 중시한 말이다. 반면에 한국 문화, 미국 문화 등은 그 민족이나 국가의 도덕, 가치관, 종교 등 정신적인 움직임을 중시한 말이라고 할 수 있다. 요즘 흔히 음주 문화, 자동차 문화 등은 음주와 운전에 관련된 예절과 풍속 등의 정신적인 측면을 고려한 말이다.[3]

한편 풍속은 합리적이고 계획적인 것이 아니라 무의식적으로 일어나는 일상생활의 행동 양식이다. 풍속은 민속과 민풍으로 나눌 수 있다. 민속은 자연환경에 가장 많은 영향을 받는다. 민풍은 사회의 존속에 필요로 하는 풍속이다. 민풍은 옳고 그름의 판단이 따르며, 종교적인 의식과 권위 등이 있다. 또 다른 의미로는 행동적 풍속, 대표적 풍속, 신체적 풍속으로 나눌 수 있다. 행동적 풍속은 외부 행동으로 나타나고, 대표적 풍속은 몸이나 말, 신호 등이다. 정신적 풍속은 윤리 등과 같이 공유된 정신활동의 의식이다. 문화는 국가 번영의 능력을 결정하는 중요한 결정적인 요인이 된다.

2. 문화의 중요성

문화는 모두가 각기 다름대로 의미와 가치를 갖고 있다. 한 예로 막 혼례를 올린 신부가 시부모에게 폐백을 드릴 때 시부모된 분들이 대추를 한 움큼 새며느리의 치마폭에 던져준다. 이것은 아들 딸 구분 말고 대추가 열리듯이 많이 낳으라는 뜻이다. 하필이면 왜 대추냐? 대추는 꽃이 피는 만큼 열매가 열리기 때문이다. 다른 과일나무는 꽃이 핀다고 다 열매가 맺히는 것이 아니다. 그런데 대추만큼은 꽃이 피는 만큼 열매가 맺힌다. 그리고 또 밤을 며느리에게 준다. 여기에도 깊은 뜻이 있다. 어느 식물의 경우 나무를 길러낸 최초의 씨앗은 사라져 버린다. 그러나 밤만은 땅속에 들어갔던 최초의 씨 밤이 그 나무가 아름드리가 되어도 썩지 않고 밤이 껍질째로 그냥 달려 있다. 이처럼 밤을 던져 주는 것은 조상의 뿌리를 알라는

---

[3] 이동학 외. 스토리버스 융합사회. 스토리버스. 2014.

뜻이다.[4] 따라서 문화를 접할 때 편견을 버려야 한다.

문화 또한 사회만큼이나 중요한 위치를 가지고 있다. 그런데 문화와 사회는 서로 깊은 연관성을 갖고 있다. 사회는 문화 없이는 존재할 수 없고, 문화 또한 사회 없이는 존재할 수 없다. 다시 말해 사회는 집단이며 문화는 그 집단의 행동양식이다. 어떤 문화를 만나고 접하느냐에 따라 삶의 질이 달라진다.

새뮤얼 헌팅턴은 **문화가 중요하다**[5]에서 문화의 중요성을 이렇게 설명하고 있다. 1990년대 초에 1960년대 한국과 아프리카의 가나와 비교 결과를 보면 1960년대 초에는 가나와 상황이 비슷하였다. GNP, 1차 제품인 농수산품, 2차 제품인 공산품과 서비스와 경제 점유의 분포도가 비슷하였다. 그러나 30년 후에 한국과 가나를 비교하면 이루 말할 수 없는 차이를 가져왔다. 한국은 다국적 기업(자동차 전자)으로 2차 상품 수출국이고 경제 10위권이다. 가나와 한국의 GDP 차이는 1/15이다. 왜 이런 현상이 생겼을까? 그는 문화가 결정적인 요인이라고 말하고 있다. 한국사람에게는 검약, 투자, 근면, 교육, 조직, 기강, 극기정신의 국민성이 있다는 것이다. 이와 같이 문화는 삶과 밀접한 관계를 가지고 있고 행복과 직접적인 영향이 있다. 보수진영은 사회의 성공을 결정짓는 것은 정치가 아니라 문화로 보고 있다. 반면에 진보진영은 정치가 문화를 바꿀 수 있다고 본다. 이는 상반된 견해처럼 보이지만 문화의 중요성에 대한 견해는 차이가 없다 하겠다.

우리나라 3대 재벌인 삼성과 현대와 LG는 각기 독특한 기업문화를 갖고 있다. 삼성은 창조와 성과를 중시하는 기업문화를 갖고 있다. LG는 인화를 강조하는 기업문화를 갖고 있다. 현대는 도전적인 기업문화를 갖고 있다. 그래서 애니어그램에서 삼성은 머리형, LG는 가슴형, 현대는 장형으로 구분한다. 그뿐만 아니라 지역적으로도 독특한 문화를 가지고 있다. 마찬가지로 애니어그램을 보면 서울과 중부를 머리형, 전라도를 가슴형, 경상도를 장형으로 구분하기도 한다. 이처럼 문화가 어떠하냐에 따라 기업과 지역사회 및 국가가 달라질 수 있다.

---

[4] 홍일식. 한국인에게 무엇이 있는가. 정신세계사. 1996.
[5] 새뮤얼 헌팅턴. 문화가 중요하다. 이종인 역. 책과 함께. 2015.

3. 문화의 특징과 유형

1) 문화의 특징

문화의 특징은 물질(문명)과 비물질로 형성되어 있다. 그 특징을 보면 첫째는 문화는 보편적이며 공통점을 갖고 있다. 둘째는 문화는 독립적이지 않고 각 부분들이 통합되어 연결되어 있다. 셋째는 문화는 시대 장소에 따라 가변적이다. 넷째는 문화는 생물학적 유산의 소산이 아니다. 다섯째는 문화는 반복성과 가치성을 갖고 있다. 여섯째는 문화는 개인의 인성 형성에 지대한 영향을 준다. 일곱째는 문화는 사회적 유산이고 학습되고 축적된다. 여덟째는 문화는 다양하고 공유한다. 아홉째는 문화는 행복의 요인이 된다. 마지막으로 문화는 몇 가지가 복합되어 큰 문화의 특성을 나타낸다.

2) 문화의 유형

문화의 유형은 물질문화(기술문화)와 정신문화(가치문화)로 구성되어 있는데, 미국의 인류학자 린튼(Ralph Linton)은 보편문화와 특수문화, 그리고 선택문화로 나누었다. 오그번(Willam Fielding Ogburn)[6]은 정신문화, 가치문화, 물질문화로 나눴다. 정신문화에는 관념문화와 제도문화로 나눴는데 정신문화는 지식, 종교, 철학, 신화, 전설 등이 있고, 제도문화는 각종 사회 제도를 말한다. 물질문화는 인간의 5감(시각, 청각, 후각, 미각, 촉각)을 통해 확인될 수 있는 문화이다. 건축물, 예술품, 기계, 자동차, 컴퓨터, 의복 등이고, 문화 내용은 서로 다른 속도로 변한다. 물질문화는 가치문화보다 속도가 빠르다. 이들 문화는 서로가 서로를 자극하여 속도에 영향을 준다. 볼드리지(J. V. Baldrige)는 경험적 문화와 심미적 문화, 그리고 규범적 문화로 분류했다. 경험적 문화는 제조법과 같은 기술적 지식을 말하고, 심미적 문화는 음악, 미술, 문학과 같은 미에 대한 가치나 이념을 말하며, 규범적 문화는 선악의 행동을 구체화하는 것이다.

4. 문화 변화와 변동

문화 변화는 거시적 관점에서의 사회 변화를 뜻한다. 내외적인 원인으로 인해 문화의 형태

---

[6] 장재천. 교육사회학의 이론과 실천. 교육과학사. 2009.

가 변화된다. 내적 요인은 발견, 발명, 산업조직, 사회계층의 구조의 변화 등이 있고, 외적 요인은 문화 전래, 전파, 동화 등이 있다. 그리고 문화 변동에는 첫째는 직접 전파가 있다. 여기에는 전쟁, 결혼과 교역을 통한 변동이다. 둘째는 간접 전파가 있다. 이는 각종 대중매체를 통한 변동이다. 셋째는 장기 변화가 있다. 이는 진화를 통한 변동이다. 넷째는 단기 변화가 있다. 여기에는 개혁과 혁신을 통한 변동이다. 다섯째는 공존적 변화가 있다. 여기에는 수용과 동화의 변동으로 나타난다.

수용은 A, B 두 문화가 상호작용하여 능동적으로 문화를 받아들여 발전하는 것이다. 우리 민족은 문화를 수용하는 민족이다. 불교가 고구려 소수림왕 때 전래된 이래 불교를 수용하여 다른 불교문화를 만들었다. 한 예로 사찰의 중심은 부처를 모신 집이다. 따라서 당연이 불전이라고 해야 옳다. 그런데 대웅전(大雄殿)이라고 했다. 대웅이 부처와 무슨 상관이 있는가? 아무 상관이 없다. 그런데 왜 대웅전이라 했을까? 우리의 저변에는 환인(桓因), 환웅(桓雄), 왕검(王儉)이라는 토속신앙이 자리 잡고 있다. 그중에 가장 큰 신이 환웅이다. 이처럼 우리 조상들은 우리 것을 버리지 않고 큰 것보다 더 큰 것이라는 부처를 받아들인 것이다. 그리고 유교도 한국에 들어와 조상숭배, 기독교는 기복종교로 우리화하였다.

홍일표[7]는 조선시대를 살아간 노비, 평민에서부터 정승과 임금에 이르기까지 그들이 남긴 삶의 발자취와 다양한 삶의 모습을 조명하였다. 그리고 영국의 선교사 하지스[8]는 한국인의 신앙과 풍속을 1890년부터 1917년까지 한국인의 문화를(종교) 담았다. 당시의 신학교육, 영성 사역, 의료 선교 분야에 참여했던 5명의 선교사들이 직접 기록했다. 그들의 눈에 비친 한국인은 순수와 무지가 공존하는 신비한 존재로 보았다. 한편으로 가까운 과거를 들어 몇 차례의 박해에서 수많은 가톨릭 순교자를 낸 존경을 받아 마땅한 민족으로, 다른 한편으로는 미신을 좇고 무책임하고 충동적인 성품을 지닌 계몽의 대상으로 그렸다.

또 그들은 교회에 막 들어온 새내기임에도 교회에서 영향력을 행사하려는 양반교인들의 행태를 지적하고, 서양 의술을 선뜻 받아들이지 못하는 한국인의 모습에서 드러나는 전통에 고착된 완고함을 보여준다. 그런가 하면 늘 소외되어 왔던 여성들이 이제 어엿한 사회인으로 발돋움하려는 새로운 모습 등 낡은것과 새것이 교차하던 당시의 복잡한 면모도 흥미롭게 묘사했다. 백정을 천시하는 것을 일종의 카스트 제도처럼 본 점이나 여성, 특히 며느리가 한

7 홍일표. 조선시대 인물기행. 화남출판사. 2005.
8 하지스. 한국인의 신앙과 풍속. 안교성 역. 살림. 2011.

국의 가부장사회에서 얼마나 어려운 처지에 있는지 등을 기록했다.

이런 점들을 통해 볼 때 우리 민족은 문화를 수용하여 만드는 특별한 민족이다. 현재 한류가 동남아를 비롯하여 세계로 전해져서 전세계인들이 열광을 하고 있다. 우리 민족이 한류를 피가 흐르는 민족이기도 하지만 미국의 엘비스 프레슬리(Elvis Aron Presley)를 우리나라화하지 않았나 생각해 본다. 동화는 우수한 쪽의 문화를 받아들여 자기 문화가 상실하는 것을 말한다. 몽골이 세계를 제패했지만 자기나라의 독특한 문화를 곳곳에 심지 못하고 오히려 동화되어 몽골의 흔적을 찾아볼 수 없는 것이 한 예일 것이다.

마지막으로 파괴적, 갈등론적 입장에서의 변동이 있다. 여기에는 소멸과 대치, 그리고 복고와 반동이 있다. 소멸은 우수한 쪽의 문화가 우수하지 못한 문화를 파괴한다. 대치는 두 문화의 상호작용 과정에서 문화적 갈등 상태로 대치되다가 소멸한다. 복고는 파괴된 문화의 재부흥을 추구하게 된다. 문예부흥이나 종교개혁이 이에 속한다. 반동은 문화적 파괴에서 오는 반항 현상이다.

5. 문화실조와 기대와 기능

1) 문화실조

사람이 영양실조가 되면 우리의 몸이 균형 있게 발달하지 못하고 성장하지 못한다. 지금 북한 어린이들이 영양실조로 인해 키가 작은 것으로 나타나고 있다. 1998년 식량난 이후에 2002년과 2004년에 북한보건당국과 국제아동기금, 세계식량계획에서 조사한 통계에 따르면 영유아 사망의 50~60% 이상이 영양불량과 그로 인한 면역력 저하가 직접적인 원인으로 나타났다. 이처럼 문화에도 문화실조가 있다. 문화실조란 개인이 소속된 사회의 가치관이 규정하는 인간의 바람직한 발달을 도모하는 데 필요한 문화적 환경이 결핍된 상태이다. 여기서 문화적 환경이란 인류가 만들어 사용해 오고 있는 문화유산 일체를 말하는 것으로, 언어, 예술, 용구, 기구, 인쇄물, 통신매체 등 일체를 포함한다. 인간이 문화적 환경과의 접촉 경험이 없거나 적을수록 고도의 문명국가에서는 사회에 적응하고 발달을 도모하는 데 불리한 입장에 처하게 된다. 일례로 오늘날과 같은 정보통신 사회에서는 일상생활에서 컴퓨터를 다용도로 사용하는 사람이 컴퓨터를 사용하지 않는 사람보다 훨씬 편리하고 효율적인 생활을 하게 된다.[9]

영양실조에 걸리면 건강에 치명적이듯이 문화실조 또한 정신건강에 치명적이다. 1920년 인도의 캘커타 근처 마을에서 늑대 떼와 함께 살고 있던 두 여자 아이가 그들이다. 사람들은 8세와 15세로 추정되는 두 소녀에게 카말라와 아말라라는 이름을 붙이고 이들을 인간화하기 위해 온갖 노력을 기울였다. 이들은 늑대처럼 네 발로 걷고 뛰었으며 으르렁거리고 울부짖었다. 음식은 냄새부터 맡았으며 고기나 우유만 먹었다. 시각과 후각이 매우 발달하여 어두운 곳에서도 큰 불편이 없었으며 먼 곳의 냄새도 곧잘 맡았다. 15살로 추정되는 아말라는 1년 후에 죽었고, 8살 정도로 보이는 카말라는 9년을 더 살았다. 9년 동안 가르친 결과 약 30개의 단어와 어휘를 알게 되고 다른 아이들과 어울리기도 했다. 그러나 그들은 문화실조로 인해 문화에 적응하지 못하고 일찍 죽었다. 어린 시절에 애착 및 문화실조 즉, 모글리 현상[9]으로 결정적인 시기를 놓치게 되면 모국어를 상실할 위기에 처하게 되는 것으로 보고 있다. 이처럼 문화실조는 영양실조 못지않게 중요하다.

최근 사회 각 분야에서 문화의 차가 심화되어 사회 양극화 양상이 심각하다. 전통적으로 한국 사회에서 계층 간의 격차를 줄이고 사회 이동을 가능하게 하는 가장 효과적인 수단이 교육이었다. 그래서 개천에서 용이 난다는 것이 그 대표적인 말일 것이다. 그런데 이제는 개천에서 용이 난다는 말은 사라진 지 오래되었다. 요즘의 교육은 계층을 고착화하는 도구가 되었다. 그리고 양극화의 핵심요인이 되고 있다. 특히 사교육비 지출의 양극화가 심각하다. 교육의 빈익빈 부익부 현상이 문화와 사회 양극화를 더욱더 심화시키고 있다. 양극화나 갈등이라는 용어가 있는 곳은 행복한 사회가 아니다. 따라서 문화의 혜택을 받지 못하여 문화실조에 걸리지 않도록 교육의 기회 균등과 과정 균등 등이 중요하다고 본다. 문화를 골고루 누리고 즐길 수 있는 사회가 행복하다.

2) 문화기대

문화기대란 그 속에서 태어난 개인에게 그 문화의 행동양식(생활양식)을 따라 행동할 것을 요구하는 기대를 뜻한다. 평균인은 문화기대에 어울리는 인간을 말한다. 주변인은 경계인이라고도 하는데, 문화에 대해 주체성이 없는 사람, 자아가 혼란한 사람을 뜻한다.

문화기대의 유형에는 첫째는 강제적인 기대가 있다. 이는 개인이 피할 수 없는 완전한 기

---

[9] 모글리 현상 : 소설 '정글북'의 주인공인 모글리에서 유래되었고, 어린아이가 인간대우를 받지 못해 동물처럼 지내는 현상을 말한다.

[10] 교육심리학 용어사전. 학지사. 2000.

대를 뜻한다. 둘째는 임의 기대가 있다. 이는 개인이 선택의 자유를 갖는 기대를 말하고, 셋째는 외적 기대가 있는데, 이는 밖으로부터 주어지는 기대를 뜻하고, 넷째는 내적 기대가 있다. 이는 개인적인 자발성으로 이루어진다.

3) 문화기능

문화의 요인에는 내적 요인과 외적 요인이 있다. 내적 요인은 발견, 발명 등을 통해 이루어지고, 외적 요인은 문화 전래, 전파, 다른 문화의 접촉, 접변을 통해 이루어진다. 문화의 기능은 첫째는 문화는 개인에게 모든 사회적 상황에서의 행동, 생각, 느낌에 대한 규칙을 제공한다. 둘째는 문화는 개인을 사회화한다. 셋째는 문화는 개인의 욕구를 충족한다. 넷째는 문화는 인성을 형성하는 중요한 요인이 된다. 이에 맹모삼천지교(孟母三遷之敎)를 들 수 있다. 맹모삼천지교란 맹자 어머니가 맹자를 교육시키기 위해 세 번 이사했다는 데서 유래한다. 맹자는 어린 시절에 시장 근처에서 살았다. 그가 듣고 보는 모든 것이 상인들로부터 영향을 받았다. 이를 안 맹자의 어머니는 공동묘지 근처로 이사를 갔다. 이제는 맹자가 상여소리를 듣고 보면서 따라서 행동하는 것이었다. 맹자의 어머니는 안 되겠다 싶어 서당 근처로 이사를 갔다. 맹자는 거기에서 공부하는 행동을 보이더라는 것이다. 여기에서 맹자의 어머니의 모습 속에서 자녀교육을 위한 아름다운 흔적을 볼 수 있다. 그런데 우리는 맹자의 어머니가 이렇게 이사를 하면서 맹자를 교육을 시킨 것은 어떤 의도가 있지 않나 생각해 볼 수 있다. 맹자의 어머니는 맹자를 시장 근처에 살도록 함으로써 생존경쟁의 치열한 사회의 모습을 보여주었고, 공동묘지 근처에 살면서 인간의 근원적인 삶과 죽음에 대해 생각하도록 했으며, 서당 근처에서의 삶을 통해 이 모든 문제를 학문을 통해 해결하도록 하지 않았을까 하는 생각도 하게 된다. 왜냐하면 그는 군자의 3락 중의 하나로 교육을 들었기 때문이다(득천하영재교육지삼락야: 得天下英才敎育之三樂也). 다섯째는 문화는 사회 변동과 과학과 기술을 발달시킨다. 여섯째는 문화는 사회 통제 기능을 한다. 일곱째는 문화는 사물의 의미를 규정한다. 여덟째는 문화는 행복에 영향을 준다.

이윤경은 문화로 자라나는 행복[11]에서 한국의 GDP는 2014년에 세계 13위를 기록하였다. 이제 1인당 GDP가 곧 3만 달러 돌파를 눈앞에 두고 있다. 이대로 간다면 2016년에는 일본을 앞지를 수도 있다는 전망까지 하였다. 그러나 국가별 행복 정도를 측정하는 행복지수에 의

---

[11] 이윤경. 문화로 자라나는 행복. 2015.

하면, 우리나라는 OECD(2016)에서 측정한 결과를 보면 '더 나은 삶 지수(Better Life Index)'를 보면 38개국 중 28위이다. 이는 국제사회에서의 한국의 GDP 순위에 비해 주관적인 행복도는 낮다는 것을 보여준다. 그리고 미국의 경제학자인 저스틴 올퍼스 교수는 한국이 1인당 소득이 높음에도 불구하고 장시간 및 높은 강도의 노동, 치열한 경쟁 등으로 인하여 자살 사례가 많은 것으로 미루어 보아 국민의 행복도는 낮다. 이에 대한 대안으로 우리나라의 노동 환경의 개선과 방송, 음악, 연극, 영화 등의 향유의 질을 높이고, 서울에 편중된 문화시설을 지방에도 확충하여 국민 모두가 문화를 통한 삶의 질을 높이도록 해야 한다.

6. 동양과 서양의 문화 비교

동서양의 문화는 각기 특징을 갖고 있다. 니스벳은 생각의 지도[12]에서 동양과 서양은 단순한 지리적 구분만을 뜻하지 않는다고 했다. 왜냐하면 각기 환경이 다르고 나라의 구성이 다르며 각 나라는 또 저마다의 역사와 사회구조, 문화를 가지고 있기 때문이다. 따라서 동양에 사는 사람과 서양에 살고 있는 사람은 같은 것을 보더라도 다르게 생각하고 느낀다. 그래서 그는 다양한 경험과 통찰, 실험을 통해 이를 알기 쉽게 심리학적으로 증명해 보였다. 그는 서양을 대표하는 미국과 동양 중에서도 한, 중, 일 삼국을 대상으로 동서양의 사고방식의 차이에 대해 체계적으로 연구하여 인간의 사고방식을 지배하는 것은 유전자가 아니라 문화라는 사실을 증명해냈다.

　한 예로 니스벳은 자기 자신에 대해 설명해 보라고 하면, 미국과 캐나다 사람들은 자신의 성격을 묘사하거나 행동을 서술한다. 이에 반해 한국과 중국, 그리고 일본인들은 가정이나 학교, 직장 등에서 자신이 수행하는 역할을 중심으로 표현하는 경향을 보였다. 또한 가지각색 볼펜들을 보여주고 하나를 선택하라고 하면, 한국인들은 가장 흔한 색깔을, 미국인들은 가장 희귀한 색깔을 골라 뚜렷한 차이를 보였다. 이를 통해 알 수 있는 사실은 동양은 집합주의, 서양은 개인주의적이라는 차이를 발견했다. 동양인들은 자신들이 속한 내집단에 대해서는 강한 애정을 보이지만, 외집단이나 그저 아는 사이인 사람들에게는 상당한 거리를 둔다. 반면 서양인들은 자신과 내집단과 외집단과도 크게 구별하지 않는다.

　동서양 사고방식에 있어서 세계관에서도 차이가 있다고 했다. "서양인은 개별적 사물을

---

[12] 리처드 니스벳. 생각의 지도. 최인철 역. 베리타스알파. 2015.

보는 반면에 동양인은 연속적인 물질을 보고 있다고 했다. 그는 코르크로 만든 피라미드 모양의 물체를 보여주고 나서 후에 코르크로 만든 다른 모양의 물체와 그리고 다른 재료로 만든 피라미드 모양의 물체를 보여준 후에 앞의 것과 같은 것이 무엇이냐고 물어보면 미국 아이들은 모양이 같은 것을, 일본 아이들은 재료가 같은 것을 골랐다. 또 약간 다른 사진 두 장을 보여주고 차이점을 언급하게 하면, 일본 학생들은 미국 학생들보다 배경의 미세한 차이를 훨씬 잘 찾아냈다. 일본 학생들은 개별 사물을 주변 배경에 고착시켜 기억하는 반면, 미국 학생들은 개별 사물을 주변 환경으로부터 분리하여 기억하기 때문이다.

살인사건에 대한 미국과 중국의 기사를 분석한 결과, 중국의 매체는 살인 사건의 원인으로 범인이 처한 환경과 상황을 분석한 반면, 미국 신문은 범인의 성격과 같은 개인적인 특성에 초점을 맞추었다. 가상의 살인 사건을 주고 그에 대한 의견을 물어본 실험의 경우에서도 중국 학생들은 상황이 달랐더라면 사건이 일어나지 않았을 거라고 가정한 반면, 미국 학생들은 상황이 달랐더라도 범인의 성격의 특성이 그대로이므로 살인이 발생했을 거라는 입장을 보였다. 니스벳은 동양인들은 서양인들에 비해 "기본적 귀인 오류(Fundamental Attribution Error)를 덜 범하게 된다."고 보았다. 기본적 귀인 오류(fundamental attribution error, FAE)는 관찰자가 다른 이들의 행동을 설명할 때 상황 요인들의 영향을 과소평가하고 행위자의 내적·기질적 요인들의 영향을 과대평가하는 경향을 말한다. 그리고 서양인들이 겉으로 드러난 사물의 특징에 집중하고 그것을 분석하여 그에 의거하여 사물을 범주화하는 데 익숙한 반면, 동양인들은 사물의 속성에 주의를 기울이고 맥락에 초점을 맞춘다는 것이다. 동양인은 순환적인 관점으로 사고하는 반면에 서양인은 직선적인 관점으로 사고한다. 또한 서양인들은 동양인들보다 인과적 설명을 더 많이 한다고 보았다.

이어령[13]은 서양의 식탁문화에서 라이프와 포크는 짐승의 발톱을 묘사하여 찍고 찢어먹는 것이라면 동양의 젓가락을 가지고 새가 쪼아 먹는 것으로 비유한다. 그리고 그는 동서양의 문화의 융합을 주장하였다. 동양과 서양은 서로의 장점을 수용하여 두 문화의 특성이 함께 공존하는 문화 형태를 만들어 나가야 한다고 주장한다. 음식에 비유하자면, 동양과 서양이라는 각각의 맛은 자신의 고유의 맛을 잃어버리지 않고 유지하면서도 서로 어우러져 더 훌륭한 맛을 만들어낼 것이라는 얘기다.

지금은 융합의 시대이다. 문화는 높고 낮음이 없다. 문화는 귀하고 천한 것이 없다. 그렇

---

[13] 이어령. 읽고 싶은 이어령. 여백. 2014.

다면 서양과 동양의 문화를 잘 수렴하고 서로 결합하여 각기 속성을 유지하며 서로 어우러져 새로운 문화를 창조해야 한다. 다시 말해 어느 한쪽이 다른 한쪽을 지배하려고 하기보다 서로 융합하여 더 나은 문화를 창조하여야 한다.

7. 헬레니즘과 헤브라이즘의 비교

유럽에는 크게 두 개의 문화가 공존한다. 그것은 헬레니즘과 헤브라이즘이다. 헬레니즘은 그리스를 중심한 문화이고 헤브라이즘은 히브리인을 중심한 문화이다. 그리고 그리스의 문화가 인간중심의 세계인 데 반하여, 히브리의 문화는 신중심이다. 그리스 문화는 자연을 중시한다. 히브리 문화는 자연 같은 건 거들떠보지도 않는다. 이처럼 너무나 서로 다른 문화가 녹아서 하나가 되었다. 그들은 영혼의 구원은 히브리의 유일신에게 의존했지만 자연의 연구와 과학과 학문, 그리고 예술은 헬레니즘에 의존했다. 지구촌에 살고 있는 우리는 이웃인 서구의 사상을 뒷받침하는 헬레니즘과 헤브라이즘의 원형과 그 발전을 통해 서구의 과거를 이해하고 미래를 내다볼 수 있다.

1) 헬레니즘

헬레니즘은 그리스의 정신, 그리스와 같은 문화를 뜻하는 것으로 현실적인 미를 추구한다. 이 사상은 알렉산더 대왕의 동방원정 이후 그리스와 오리엔트의 문화가 서로 교류함으로써 발생한 사상이다. 사상의 핵심은 인본주의이며 이성적 과학적 성향을 띠고 있다. 사유형식은 변증법적 시간관, 시각적 의미를 강조하고 있다. 동서양의 융합으로 '간다라 미술'[14]이 유행하였고, 에피쿠로스와 스토익 사상으로 나누어진다. 에피쿠로스는 쾌락주의 사상이고, 스토아 사상은 금욕주의이다. 헬레니즘 사상은 방법(how)에 대해 생각하게 되었고, 이로 인한 문명과 자연 과학의 발달을 가져왔다.

그리고 특징은 로고스(이성, 철학)와 미토스(신화, 신비적), 파토스(정열적, 올림픽), 에토스(윤리, 신뢰)이다. 서양문화를 이해함에 있어서 그리스와 로마신화(미토스)에 대한 지식은 필수적이다. 신화를 모르고 서구문화를 이해할 수 없다. 이는 어머니를 모르고 그 아들을 보

---

[14] 간다라 미술 : 사실을 추구하는 그리스의 헬레니즘과 부드러움의 인도 오리엔트 문화의 융합으로 탄생된 예술을 말한다.

는 것과도 같다. 그리고 교육은 자유교육(liberal education)이고, 미적 교육과 개성교육이다. 주로 의학, 수학, 물리학, 천문학이다.

에디스 해밀턴은 그리스 로마 신화[15]에서 여성만이 볼 수 있는 감각으로 로마와 그리스 신화를 보았다.

(1) 제우스(로마, 주피터) : 고대 그리스인의 최고신이다. 올림포스 신족의 장으로 그 이름은 천공을 의미하는 인도와 유럽어계의 언어에서 왔으며, 그는 천공신으로서 구름, 번개, 비, 눈 등의 기상을 지배하고 인간사회의 질서 유지자이기도 하다.

(2) 아프로디테(로마, 비너스) : 아름다운 꽃들이 땅 위를 장식하고 바다의 파도마저 웃음 짓는다. 그녀의 모습은 눈부실 정도의 빛에 싸여 있다. 이 여신 없이는 모든 즐거움과 아름다움이 존재하지 않는다. 하지만 역시 양면성을 띠고 있다. 트로이 전쟁에서 인간에게 부상당하는 모습을 보이기도 하고 교활하고 심술궂은 여신으로 인간에게 치명적 해를 끼치기도 한다. 많은 이야기 속에서 그녀는 절름발이에다 추남인 대장장이 헤파이스토스의 아내로 나타난다. 신목은 도금양, 신조는 비둘기인데 때로 참새 혹은 백조로도 그려진다.

(3) 헤라(로마, 유노) : 헤라는 제우스의 아내로, 결혼의 여신이다. 헤라는 바람을 피우는 제우스 때문에 질투심이 많아 제우스가 만나는 여자들에게 보복하기도 했다. 헤라와 제우스의 신혼이 300년이나 지속되었으며 헤라는 그리스에서 가장 오래되고 큰 신전을 가진 여신이기도 하다. 헤라의 상징 동물은 암소와 공작이다.

(4) 포세이돈(로마, 넵투누스) : 포세이돈은 제우스의 형제로 티탄 싸움에서 이긴 뒤, 바다의 신이 되었다. 그의 아내 암피트리테는 네레우스의 딸인 요정이다. 결혼 후에도 포세이돈은 바닷속 궁전에 머물러 있기보다는 올림포스에 놀러가거나 인간들의 전쟁에 끼어들기를 더 좋아했다. 포세이돈은 결혼 후에도 요정이나 인간 여자들과 사랑에 빠져서 티탄 전쟁 때 대지를 가르던 삼지창으로 애인의 샘을 파주는 데 쓰기도 했다. 포세이돈은 시원하게 파도를 가르며 눈처럼 흰 말들이 끄는 전차로 유명하다. 포세이돈이 말을 창조했다는 말도 있다.

(5) 데메테르(로마, 케레스) : 데메테르는 제우스의 남매로서 제우스와의 사이에서 태어난 딸

---

[15] 에디스 해밀턴. 그리스 로마 신화. 서미석 역. 현대지성사. 2008.

페르세포네를 끔찍이 아꼈다. 그런데 어느 날 지하의 왕 하데스가 땅속으로 페르세포네를 납치했다. 데메테르는 페르세포네를 찾으러 다니며 땅을 돌보지 않아 겨울이 생겼다고 한다. 후에 페르세포네는 1년 중에 3분의 1은 지하세계에서 보내고, 3분의 2는 어머니와 같이 있기로 했다.

(6) 헤파이스토스(로마, 불카누스) : 헤파이스토스는 절름발이였다. 그는 뛰어난 대장장이로 못 만드는 물건이 없었다. 헤라는 헤파이스토스를 낳자마자 불구인 아들이 부끄러워 하늘 궁전 밖으로 던져버렸다. 그때 테티스와 에우리노메가 구해 주어서 헤파이스토스는 9년 동안 두 여신과 살면서 귀고리와 목걸이 등을 만들었다. 그가 헤라에게 황금 옥좌를 선물했는데 헤라가 그 황금 옥좌에 앉자마자 보이지 않는 사슬이 몸을 묶어 공중으로 치솟았다. 아무도 헤라를 풀어줄 수 없었다. 그때 헤라가 헤파이스토스를 불러 최고의 아름다운 여신을 아내로 주고 자신을 풀어줄 것을 요청한다. 올림포스로 다시 돌아온 헤파이스토스는 키클롭스의 도움을 받으며 화산 속의 숨겨진 대장간에서 일하였다.

(7) 아폴론(로마, 아폴로) : 아폴론은 헤라의 질투를 받아 아이를 낳을 곳을 찾지 못해 헤매다 포세이돈의 도움을 받아 출산하게 된 레토의 아들이다. 아폴론은 심한 진통 끝에 태어났는데, 그가 태어났을 때 백조들이 노래를 부르면서 그의 출산지인 델로스 섬 주위를 일곱 바퀴 돌았다고 한다. 아폴론은 의술의 신으로 불리기도 한다. 아폴론은 빛의 신, 활의 신, 음악의 신으로도 불렸는데 사랑에는 인연이 없었다.

(8) 아르테미스(로마, 디아나) : 아르테미스는 달과 사냥의 여신으로 임신과 출산을 돕는 신이다. 그녀는 은화살을 지니며 아름다운 요정들과 사냥개를 몰고 산으로 들로 사냥을 하고 다녔다. 아르테미스는 어릴 적에 처녀로 지내기로 맹세했는데, 요정들도 아르테미스와 같이 처녀로 지내기로 맹세했다. 아르테미스의 화살은 아주 냉정했지만, 어두운 밤 길 잃은 나그네를 인도해 주기도 했다.

(9) 아테나(로마, 미네르바) : 아테나는 지혜롭고 지략이 뛰어난 전쟁의 여신이다. 지혜의 여신 아테나는 제우스의 머리에서 태어났다고 한다. 헤파이스토스가 제우스의 머리를 쪼개자 아테나가 태어났다고 한다. 아테나는 제일 친한 친구 팔라스가 있었는데, 전쟁놀이를 하다 팔라스를 죽이고 말았다. 아테나는 팔라스를 잊지 않기 위해 팔라스의 이름을 자신의 이름 앞에 붙였다. 아테나는 또한 공예의 신으로도 유명하다. 아테나가 총애

하는 새는 올빼미이다. 독일의 철학자 헤겔이 **법철학**[16]의 서문에서 "미네르바의 부엉이는 황혼 무렵에야 날개를 펴기 시작한다."는 유명한 말을 남겼다. 이 뜻은 이성적인 철학이나 진리에 대한 인식은 시대에 선행하기보다는 일이 다 끝날 무렵에야 알게 된다는 뜻이다. 무슨 일을 하다가 한참 후에야 비로소 깨닫게 됨을 뜻하기도 한다.

(10) 아레스(로마, 마르스) : 아레스는 제우스와 헤라의 아들로 전쟁의 신이다. 헤라는 제우스가 혼자 아테나를 낳자 화가 나서 꽃의 여신 플로라에게 찾아가 부탁을 해 아이를 가졌는데, 그 아이가 바로 아레스이다. 아레스는 전쟁의 신이지만, 승리의 신으로 여겨지지는 않았다. 그리고 다른 신들에게 미움을 많이 샀다. 이런 아레스를 아프로디테가 사랑하여 데이모스와 포보스를 낳았는데, 이 두 아들과 에리스, 에니오와 같이 다녔다고 한다.

(11) 헤르메스(로마, 머큐리) : 헤르메스는 신들의 전령이다. 그는 태어나자마자 리라라는 악기를 만들고 소떼를 훔치는 등 많은 일을 하여 올림포스의 신이 되었다. 헤르메스는 전령의 임무를 맡음과 동시에 나그네, 상인, 도둑의 신이기도 했다. 헤르메스는 지하세계를 넘나들며 영혼을 인도하는 전령이기도 하다.

(12) 디오니소스(로마, 바카스) : 디오니소스는 포도주의 신이다. 그가 앉은 올림포스 황금 의자의 원래 주인은 헤스티아였다. 하지만 헤스티아가 디오니소스에게 양보해, 올림포스의 신이 되었다. 디오니소스의 어머니는 세멜레였는데 제우스의 본 모습을 본 세멜레가 타 죽어 디오니소스는 제우스의 허벅지에서 3개월 동안 자라다가 다시 태어났다. 디오니소스는 포도주를 발명했는데, 사람들이 그 음료를 매우 좋아하여 포도주를 퍼뜨리기 위해 여러 나라를 떠돌아다녔다고 한다. 나중에 디오니소스는 타 죽은 자신의 어머니 세멜레를 지하세계에서 모셔오기도 했는데 세멜레도 신이 되었다고 한다.

2) 헤브라이즘

헤브라이즘은 고대 히브리인의 사회, 문화 및 전통에 기반이 된다. 창조, 타락, 만유회복의 세계관을 갖고 있다. 사상적 핵심은 신본주의이며 의지적, 종교적이다. 사유형식은 시작과 끝의 직선적인 시간관을 가지고 있으며 청각적이다. 그리고 종합 분석적 사고와 타락한 인간의 본성이 악하다고 보는 부정적인 인간관을 갖고 있다. 그리고 부정적인 인간관, 자유와

---

[16] 헤겔. 법철학. 임석진 역. 한길사. 2008.

평등의 공동체 의식을 갖고 있다. 헬레니즘은 어떻게(how)를 생각하였다면 헤브라이즘은 왜 (why)에 대해 생각하였다. 이는 신학과 종교 발달의 시발점이 되었다. 특징은 계시의 종교로 계시란 감추어진 하나님의 말씀을 펼쳐낸다는 뜻이다.

헤브라이즘 교육은 종교교육이고, 교재는 구약성경과 미슈나(토라에 대한 주석서인 탈무드)이다. 구약성경에는 고대 이스라엘의 뿌리이자 도덕성과 제사법이 기록되어 있다. 성경은 구약 39권과 신약 27권으로 총 66권으로 구성되어 있다.

표 7.1 신구약 성경

순번	구약성경	순번	구양성경	순번	신약성경
1	창세기	22	아가	1	마태복음
2	출애굽기	23	이사야	2	마가복음
3	레위기	24	예레미야	3	누가복음
4	민수기	25	예레미야애가	4	요한복음
5	신명기	26	에스겔	5	사도행전
6	여호수아	27	다니엘	6	로마서
7	사사기	28	호세아	7	고린도전서
8	룻기	29	요엘	8	고린도후서
9	사무엘상	30	아모스	9	갈라디아서
10	사무엘하	31	오바댜	10	에베소서
11	열왕기상	32	요나	11	빌립보서
12	열왕기하	33	미가	12	골로새서
13	역대상	34	나훔	13	데살로니가전서
14	역대하	35	하박국	14	데살로니가후서
15	에스라	36	스바냐	15	디모데전서
16	느헤미야	37	학개	16	디모데후서
17	에스더	38	스가랴	17	디도서
18	욥기	39	말라기	18	빌레몬서
19	시편			19	히브리서
20	잠언			20	야고보서
21	전도서			21	베드로전서

(계속)

				22	베드로후서
				23	요한1서
				24	요한2서
				25	요한3서
				26	유다서
				27	요한계시록

구약은 창세기 출애굽기, 레위기, 민수기, 신명기, 여호수아, 사사기, 룻기, 사무엘상, 사무엘하, 열왕기상, 열왕기하, 역대상, 역대하, 에스라, 느헤미야, 에스더, 욥기, 시편, 잠언, 전도서, 아가서, 이사야, 예레미야, 예레미야애가, 에스겔, 다니엘, 호세아, 요엘, 아모스, 오바댜, 요나, 미가, 나훔, 하박국, 스바냐, 학개, 스가랴, 말라기서이다.

창세기는 하나님이 창조주이시고 모든 만물은 그의 피조물인 것과 히브리 민족의 형성과정을 통하여 구원 약속이 기록되어 있다. 출애굽기는 모세가 애굽에서 이스라엘 민족을 해방시켜 가나안으로 가는 여정을 기록하고 있다. 레위기는 예배의 규칙을 기록하였고 민수기는 이스라엘 민족이 시나이로부터 가나안을 향하여 가는 도중에 겪은 고난을 기록하고 있다. 신명기는 이스라엘 백성이 가나안에 들어가서 지켜야 할 율법을 기록하였다.

여호수아서는 모세의 후계자 여호수아가 이스라엘을 이끌고 가나안에 입성하기까지를 다루고 있다. 사사기는 이스라엘의 가나안 정복과 왕을 세우기 전의 기록이다. 룻기는 다윗왕의 조상이 된 이방 여자 룻을 주제로, 모든 이방인도 구원의 대상임을 전하고 있다. 사무엘상은 사무엘의 생애와 사울과 다윗의 생애를 기록하고, 사무엘하는 이스라엘의 왕 다윗의 생애를 기록하고 있다.

열왕기상하는 솔로몬과 그 이후의 왕들의 사적을 기록하고 있고, 역대상은 다윗 왕국의 언약, 역대하는 성전에 대한 기록이다. 에스라는 유대 선지자 에스라에 관한 기록, 느헤미야는 유대인들이 바벨론에 잡혀갔다가 돌아온 역사에 대한 기록이고, 에스더는 바사의 왕비가 된 에스더의 믿음과 용기가 기록되어 있고, 욥기는 하나님이 욥을 시험하심과 시편은 하나님을 찬양하는 시의 모음, 잠언은 삶의 지혜의 기록이고, 전도서는 하나님 없는 삶의 허무함에 대한 기록이며, 아가서는 하나님의 신부인 교회에 대한 사랑을 비유로 기록한 노래이다.

이사야서는 남유다 왕국의 왕족 출신 이사야의 기록, 예레미야는 유다의 멸망을 예고한 예레미야의 기록이고, 예레미야애가는 예루살렘 함락과 성전 파괴를 슬퍼하여 읊은 5편의 서정시가 기록되어 있다. 에스겔서는 바벨론으로 사로잡혀 간 유대인 포로들의 신앙지도자 에스겔의 기록, 다니엘서는 바벨론으로 포로로 잡혀간 다니엘의 믿음을 기록하였고, 호세아서는 이스라엘 북왕국의 예언자 호세아의 비극적 체험과 예언집이고, 요엘서의 내용은 메뚜기 떼로 인한 재난과 회개의 촉구와 축복을 기록한 예언서이다. 아모스서는 이스라엘의 예언자 아모스가 쓴 것으로 심판과 죄에 관한 경고가 기록되어 있고, 오바댜서는 선지자 오바댜의 기록이고, 요나서는 요나가 물고기 뱃속에서 3일간을 지내다가 되살아나 사명을 완수한 기록이고, 미가서는 선지자 미가의 심판과 회복의 약속 등에 대한 기록이며, 나훔서는 나훔의 예언을 기록한 예언서이고, 하박국서는 하박국이 끝까지 의로운 삶을 살 것을 기록한 예언서이다. 그리고 스바냐서는 유다의 타락과 유다 백성의 우상 숭배에 대한 경고이며, 학개서는 학개의 예언을 적은 예언서로 성전 건축에 대한 기록이다. 스가랴서는 스가랴가 회개를 촉구한 예언서이며, 말라기서는 이스라엘에 대한 야웨 하나님의 사랑에 대한 기록이다.

  신약에는 마태복음, 마가복음, 누가복음, 요한복음의 4복음서와 사도들의 행적인 사도행전과 서신들인 로마서를 비롯한 고린도전서, 고린도후서, 갈라디아서, 에베소서, 빌립보서, 골로새서, 데살로니가전서, 데살로니가후서, 디모데전서, 디모데후서, 디도서, 빌레몬서, 히브리서, 야고보서, 베드로전서, 베드로후서, 요한1서, 요한2서, 요한3서, 유다서와 요한계시록이 있다.

표 7.2 헬레니즘과 헤브라이즘의 비교

헬레니즘	헤브라이즘
인본주의	신본주의
어떻게(how)	왜(why)
이성적, 과학적	의지적, 종교적
문학과 과학의 발달 원동력	신학과 종교의 시발
시각적	청각적
직선적 시간	시작과 끝의 직선적 시간
로고스, 미토스, 파토스, 에토스	계시

8. 포스트모더니즘

근대란 뜻인 모던(modern)은 근대화와 관련된 단어로 16세기 이후의 과학기술과 계몽사상에 근거한 인본적이며 이성적인 삶의 양식이 지배하는 시대를 말한다. 그리고 포스트모던(post modern)은 포스트(post)란 후기, 혹은 탈이란 뜻과 근대의 모던(modern)의 합성어로 후기근대란 뜻이다. 포스트모더니즘(post modernism)은 과학과 이성으로 특징지어진 근대를 떠나 새로운 시대로 후(後)근대, 탈(脫)근대로 번역한다. 포스트 인더스트리얼 소사이어티(post industrial society)란 후기 산업사회를 뜻하고, 포스트 이데올로지컬 에라(post ideological era)는 탈이데올로기 시대를 뜻한다. 포스트모더니티(post modernity)는 후기 모던사상이 지배하는 시대를 말한다.

1) 포스트모던의 어원

포스트모던이라는 단어는 아놀드 토인비의 역사연구에서 서구를 암흑기, 중세기, 모던, 포스트모던의 네 시기로 구분한 데서 연유한다. 여기서 포스트모던이란 제1차 세계대전 또는 1870년대 이후를 일컫는다. 곧 합리주의가 붕괴되고 무정부주의가 대두되기 시작한 가장 최근의 역사적 시기이다. 토인비는 이 책에서 포스트모던 시대의 특징을 자포자기, 도피주의, 표류로 보았다. 그리고 그 시대는 언어, 습관, 종교, 사회 문화 등 모든 영역에서 무차별 수용하는 혼합주의와 무비판적 관용의 시대라고 했다. 한편 근대주의를 배격하기 위해 사용했다는 설도 있다. 또 다른 경우 서구의 지배가 약화되고 개인주의가 쇠퇴하며 비이성적 문화와 상대주의가 팽창하는 시대의 지시어로 사용된 것으로 보기도 한다.[17]

2) 포스트모던의 뿌리

1960년대에 포스트모던이 예술, 건축, 사상의 영역에서 나타난 것은 모더니즘의 대부인 황무지 저자 엘리엇(Thomas S. Eliot)이 죽은 해인 1965년을 기점으로 삼는다. 그리고 건축가 젱크스(Charles Jenks)는 세인트루이스의 프루이트 아이고우 주택단지 폭파 해체 시간인 1972년 7월 15일 오후 3시 32분을 기점으로 삼기도 한다. 다른 한편으로는 1960년 중반 이후 베트남 반전운동 시기로 보기도 한다.

---

[17] 신국원. 포스트모더니즘. IVP. 1999.

서구의 근대문명이 위기에 처했다는 위기의식은 20세기 초반부터 번지기 시작했다. 슈펭글러(Oswald Spengler)는 서구의 몰락[18]에서 인류의 역사는 무한히 직선적으로 발전하는 것이 아니라 순환한다고 주장하면서 모든 역사와 문명은 각기 태어나고 자라고 절정기에 달한 후 노쇠하여 멸망하고 그 다음의 순환체계가 다시 나타난다고 했다. 그의 사상은 이전의 사상을 뒤엎는 것이다. 이전의 서구의 사상은 역사를 직선으로 보았다. 그래서 그는 "문명이란 한 문화의 불가피한 종결의 운명"이라고 선언했다. 그는 세계대전과 러시아 혁명 등으로 혼란스러웠던 당대 서구의 상황이 발전의 정점에 이르렀다가 곧 쇠퇴의 길로 접어드는 것이 옛 그리스 · 로마문화가 보여준 양상과 유사하다는 점을 역설하였다. 그리고 그는 서구문화의 종결을 예언하고, 모던 시대에서 포스트모던 시대의 도래를 예측하였다.

3) 전근대, 중세, 근대의 차이

유럽의 세기를 전근대, 중세기, 근대, 그리고 후기 근대로 나눈다. 전근대의 시기는 AD 5세기 이전을 일컫는다. 그 시대의 특징을 보면 첫째는 초월적 세계가 존재하며 창조주에 대한 신앙, 세계 자체를 신성시하고 외경심을 갖고 있으며 지구를 어머니로 보았다. 둘째는 세계를 조화와 체계라고 믿었다. 세계에는 법과 원리, 이성, 로고스, 자연법 등 초인간적 질서가 있다는 것이다. 셋째는 진리란 모두에게 공통적이라는 객관성이 있다는 것이다. 삶의 바른 길, 그리고 신화나 계시는 구체적으로 현현해야 하는 것으로 보았으며, 자연을 신의 능력, 영광과 분노, 은총의 표현으로 보았다.

중세는 게르만 민족의 대이동인 AD 5세기 말부터 시작하여 오스만투르크의 오스만 1세에 의해 동로마 제국의 콘스탄티노플이 함락된 시점까지로 본다. 중세의 기간은 약 1,000년이 된다. 이 시대의 특징은 문화와 예술이 성직자를 위해 만들어졌고, 주제도 성직자로부터 지시를 받았으며, 재정적 지원도 그들로부터 받았다. 그러니 문화와 사상과 예술이 인간의 창의성이 없이 획일적일 수밖에 없었고, 문학과 예술은 교회에 의존할 수밖에 없었다. 만일 문화와 예술가들이 성직자들의 눈에 벗어나든지 아니면 그들의 생각과 사상이 빗나가면 이단으로 처형을 당했다. 그래서 중세를 암흑기라고 부른다.

근대는 문예부흥과 종교개혁이 일어난 16세기로 본다. 종교개혁과 문예부흥이 동시에 일어났다. 문예부흥(Renaissance)과 종교개혁(Reformation)은 다시(re) 순수한 헤브라이즘과 순

---

[18] 슈펭글러. 서구의 몰락. 양해림 역. 책세상. 2008.

수한 헬레니즘으로 돌아가자는 것이다. 헤브라이즘과 헬레니즘은 공존할 수 없고 만날 수 없는 마치 두 축의 레일과 같다. 그런데 1,000년 동안 두 사상이 만나 혼재하여 1,000년간 어둠의 터널 속에 갇혀 있었다. 이에 마르틴 루터나 칼뱅을 비롯하여 그들의 추종자들이 종교개혁의 깃발을 들었고, 이탈리아의 피렌체를 중심하여 3대 거장인 레오나르도 다빈치, 미켈란젤로, 라파엘로, 그리고 코페르니쿠스로부터 시작하여 베이컨과 갈릴레이, 뉴턴을 거치면서 고대로부터 중세로 이어져 온 과학의 원리들이 폐기되거나 근본적으로 바뀌었다. 알렉상드르 코이레는 이 시기를 '닫힌 우주에서 열린 우주'라고 표현했다. 그리고 데익스터르하위스(Dijksterhuis, E.J.)는 과학의 여정을 '세계상의 기계화(Die Mechanisierung des Weltbildes)'라고 불렀다.[19]

아리스토텔레스 이후 고대와 중세를 지배하던 세계관은 유기적인 세계관이었다. 그러나 이후부터 세계를 생명체가 아니라 하나의 거대한 기계로 본 것이다. 다시 말해 세계를 태엽에 의해 장시간 정확히 움직이는 시계로 보았다. 갈릴레이의 지동설은 고대와 중세를 지배해 오던 아리스토텔레스의 철학적인 세계관과 토마스 아퀴나스의 신학적 세계관이 폐기되었고, 단테의 천국에 관한 설도 뒤엎어져 근대의 과학적 세계관으로 바뀌었다. 그리고 권위 있는 이론이나 사상이 교육을 받지 못한 계층인 상인, 장인, 선원, 항해사들로 인해 무너졌다. 그리고 데카르트(René Descartes)를 통해 그간 지배했던 방법론에서 합리주의와 인식론의 기초가 이루어지기 시작했다. 그래서 데카르트를 일컬어 근대의 철학의 아버지라고 부른다. 그는 이런 유명한 말을 남겼다. "나는 생각한다. 고로 나는 존재한다."

4) 포스트모더니즘의 특징

포스트모더니즘의 특징을 보면 첫째는 다중문화 출현이다. 세계화와 지역화의 역설적인 현상이 일어난다. 예로 유럽공동체 형성을 들 수 있다. 둘째는 사이버 세계와 시뮬레이션의 가상현실이 등장한다. 셋째는 자연환경에 대한 의식이 달라진다. 자연을 개발과 착취에서 자원과 자연을 보존해야 한다는 새로운 세계관이 등장한다. 넷째는 포스트모던의 과학이 발달한다. 토마스 쿤은 과학이 일직선으로 점진적으로 발전해 온 것이 아니고 한 시대의 과학의 틀이 한계에 봉착하게 되면 다른 틀로 대처해 왔다는 패러다임의 이론을 주장했다. '패러다임'이란 한 공동체의 일원들에 의해 공유되는 믿음, 가치, 기술 등의 전체적 집합이란 뜻이

[19] 김원기. 꿈꾸는 과학. 풀로엮은집. 2008.

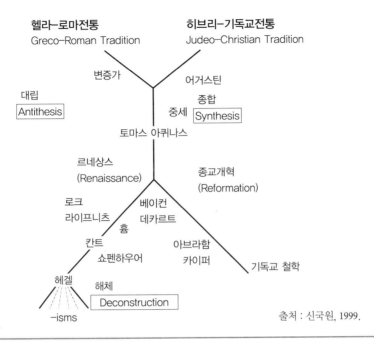

그림 7.1　전근대, 중세, 근세

다. 이는 과학의 기초가 궁극적으로 사회적이요 상대적인 것임을 보여준다. 다섯째는 뉴에이지와 신과학과 비과학 운동이 번진다. UFO 연구 등이 출현하게 된다. 여섯째는 다원주의와 탈중심사회가 형성된다. 합리적이고 객관성을 토대로 하여 통일성의 기초를 마련했던 철학과 과학이 흔들려 상대주의가 만연한다. 이로 인해 종교 다원주의가 출현하게 된다.

　포스트모더니즘이 교회에 들어오게 되면 과거의 역사적인 사실을 중요하게 생각하지 않는다. 지금 현재 무엇인가 강하게 느끼는 것만을 중요시한다. 그러다 보니 은사주의가 등장하게 되고, 다른 사람들의 말을 들으려 하지 않는다. 혼자 느끼고 혼자 즐기면 되기 때문이다. 그리고 포용성이라는 미명 아래 모든 것을 담고자 한다. 다른 종교에도 구원이 있다고 한다. 그러나 신앙은 도그마이다. 절대적인 도그마가 무너지면 신앙은 설 자리가 없다. 기독교의 핵심 교리는 예수 그리스도를 통한 구원의 유일성과 절대성이다(요 14:6, 요 4:12, 행 4:12). 그렇다고 타종교에 대해 배타적이어서는 안 된다. 신앙의 도그마 기초 위에 너그럽게 포용하여야 한다. 일곱째는 동성애와 페미니즘이 성행한다. 여덟째는 대중문화 시대가 도래한다. 고전적 문화의 개념이 쇠퇴하고 전통민속문화의 쇠퇴와 더불어 대중문화가 부상한다. 아홉째는 감성세대가 등장하고 감성을 중심한 광고가 등장한다. 어빙 하우(Irving Howe)[20]는 새로운 감성중심 세대를 인내심이 없는 것을 특징으로 보고 있다. 데카르트의 합리적이고 이성적인 "생각한다. 고로 존재한다."가 아니라 "느낀다. 고로 존재한다."로 감성이 지배하게 된다. 열째는 해체의 시대이다. 모든 것을 해체하고자 한다. 마지막으로 여성의 시대이기도 하다. 그래서 21세기를 일컬어 5F시대, 여성(female), 패션(fashion), 가상(fiction), 우정(friend), 느낌(feel)의 시대라고 한다.

표7.3 전근대, 중세, 근대, 후기근대의 구분과 특징

구분	시기	특징
전근대	~A.D. 5세기 이전(게르만 민족 이동)	초월적, 신화나 계시의 현현화
중세기	A.D. 5~15세기(콘스탄티노플 함락)	예술, 문화, 사상의 획일적 성직자 중심
근대	문예부흥, 종교개혁~20세기	과학적 세계관, 합리주의, 인식론
후기근대	20세기 초~	감성시대, 상대주의, 다중문화

9. 영화와 인터넷 문화

1) 드라마와 영화의 장점

드라마의 장점을 보면 첫째는 의학 상식, 법학 상식, 역사 등 일반인들에게 어려운 지식을 쉽게 전달할 수 있다. 예로 드라마 '뉴하트', '대왕 세종' 등일 것이다. 둘째는 드라마 혹은 영화에 등장하는 인물을 보며 우월감, 위안, 대리만족을 할 수 있다. 예로는 드라마 '우리 한번 연애해 볼까요'와 영화 '말아톤'이 있다. 셋째는 시공간적으로 현실에서 체험하기 힘든 일들을 스크린을 통해 간접경험을 할 수 있다. 한 예로 '부르스 올마이티'를 들 수 있다. 넷째는 사회의 비리나 잘못들을 우회적으로 드러내는 사회풍자 기능이 있다. 예는 '강남 엄마 따라잡기'가 있다. 다섯째는 5.18 광주민주화운동, 한국전쟁 등 과거사를 재조명할 수 있다.

---

[20] 어빙 하우(Irving Howe, 1920~1993): 미국의 문화연구학자로 사회적, 정치적인 관점을 면밀하게 탐구한 문화비평가이다.

2) 드라마, 영화가 사회에 주는 영향

드라마와 영화가 사회에 주는 영향을 보면 첫째는 드라마 속의 불륜을 한 번쯤 꿈꿔 볼 수 있는 계기를 만들어 주고, 심할 경우 가정파탄까지 이를 수도 있다. 둘째는 드라마 속의 미화된 동거의 모습이 시청자들로 하여금 왜곡, 편파적 사고를 심어 줄 수 있다. 셋째는 잘못된 성윤리와 성의식에 의해 성범죄가 증가할 우려가 있다. 또한 우리가 의식하지 못하는 사이에 성을 가볍게 여길 우려가 있다. 넷째는 폭력이 빈번히 노출될 때에 폭력에 대한 감정이 둔화되고 또 폭력을 행사하려는 동기가 생길 수 있다. 다섯째는 시청률 지상주의로 인해 자극적이고 흥미 위주로 흐를 수 있다. 이로 인해 비윤리적이고 선정적이며 폭력적일 수 있다.

3) 대중매체가 미치는 영향

대중매체가 미치는 영향은 첫째는 유해한 대중매체는 청소년들이 모방하는 과정에서 공격성과 폭력성이 형성된다. 청소년들은 유해 미디어에 등장하는 주인공을 자기 자신의 모델로 삼아 그와 같은 사람이 되기를 바라게 된다. 둘째는 모델들의 행동을 모방하여 유해한 행동을 하게 된다. 셋째는 유해한 대중매체는 범죄행위에 대해 도덕적 불감증을 유발시켜 비행 수단이나 기술을 배우고 비행화를 촉진하는 작용을 하게 한다.

4) 인터넷 문화(언어)

인터넷 문화(언어)에는 긍정적인 측면과 부정적인 측면이 있다. 긍정적인 측면의 첫째는 언어에서 개성을 표출할 수 있다. 둘째는 일종의 방언이기 때문에 같은 언어를 사용하는 사람들끼리 친근함을 느낄 수 있다. 셋째는 인터넷 언어도 또 하나의 문화이다. 이런 긍정적인 측면도 있는 반면에 부정적인 측면도 있다. 첫째는 현실에서 사용하는 말과 인터넷상에서 사용하는 언어를 구분하지 못한다. 인터넷에서 사용하는 언어의 대부분은 줄임말이거나 신조어 등이 많다. 따라서 그런 언어를 현실에서 사용할 경우 맞춤법에 맞지 않아 의사소통에 어려움을 줄 수 있다. 둘째는 비속어, 은어 등을 이용한 언어폭력이 발생한다. 셋째는 우리말의 정체성을 훼손할 위험이 있다.

10. 신세대 문화의 특성

1) 신세대

브라보(BRAVO) 세대[21]란 1980년 전후에 태어나서 IT 및 글로벌 환경에서 성장했고 2000년 이후에 취업을 시작한 Y세대(와이세대, 신세대)를 말한다. 신세대에 대해 총 8개 항목으로 나누어 조사한 결과를 보면, 3개 요인인 타인 의존성, 질책으로부터 상처받기 쉬움과 협업선호 등은 예상과 달리 기성세대와 별다른 차이가 없었다. 그러나 5개요인 네트워킹, 보상 민감성, 글로벌 및 IT 적응력, 자신의 감정과 의사 표현, 개인생활 중시 등은 뚜렷한 차이를 나타내었다. 5개 특징을 설명하는 영어 문구의 첫 글자를 딴 것이 바로 'BRAVO'이다.

'Broad Network & Spec'은 넓은 인간관계와 스펙 추구를 말하고, 'Reward-sensitive'는 평가와 보상에 민감하며, 'Adaptable'은 새로운 것에 적응력이 높고, 'Voice'는 솔직하고 명확한 의사 표현을 선호하며, 'Oriented to myself'는 회사보다 개인생활을 중시한다는 것이다.

조직의 성공을 위해서는 신세대의 특성에 적합한 리더십과 조직문화를 구축해야 함을 강조하고 있다. 그러기 위해서는 첫째는 신세대의 폭넓은 네트워크와 다양한 관심사가 창의성으로 연결되도록 독려하고, 둘째는 성장 및 경력개발을 돕고 공정한 경제적 보상을 통해 동기를 부여하며, 셋째는 자신의 의견을 솔직하게 표현할 수 있는 수평적 쌍방향 의사소통을 활성화하고, 마지막으로 일과 생활의 균형을 추구할 수 있도록 지원해야 한다는 것이다.

2) 기성세대

기성세대는 워커홀릭(Workaholic)이라고 할 수 있다. 워커홀릭(Workaholic)은 일(work)과 알코올 중독자(alcoholic)의 합성어로, 일중독자, 일벌레 등을 의미한다. 이 단어는 미국의 경제학자 오츠(Wayne E. Oates)[22]가 워커홀릭에서 말한 개념이다. 이제는 이 용어가 현대 산업사회에서 자신의 모든 가치기준을 일에 두고 있는 사람들에게 비판을 가하는 용어로, 지나치게 일하는 업무 중독환자라는 부정적인 뉘앙스로 사용된다.

우리나라(2014)의 근로시간이 OECD 평균 근로시간보다 10시간 이상 높아 44.6시간으로 나타났다. 한국 중년남성의 자살 원인이 대부분 직장 문제 때문이라고 한다. 중년남성은 직장 내에서 낮은 업무평가를 받거나 명예퇴직을 당하고 나서 우울증에 빠지기 쉽다. 그러나

---

[21] 삼성경제연구소. 신(新)세대 직장인을 말하다. 2009.
[22] 문충태. 내 인생을 바꾼 기적의 습관. 중앙경제평론사. 2014.

많은 직장인들이 여전히 워커홀릭의 함정에 갇혀 있는 이유 역시 경제적인 이유 때문이다. 한국에서 자녀를 양육하고 내 집을 마련하기 위해선 목돈이 필요하며, 근로자가 더 많은 소득을 얻기 위해선 결국 일중독자가 될 수 밖에 없다.

그런데 BRAVO 세대의 가장 큰 특성은 기성세대와 같은 일벌레를 거부한다. 일을 위해서 즐거움과 여가를 희생시키지 않는다. 일과 삶의 균형을 최우선으로 삼고 있다. 그러나 글로벌 경제위기와 함께 치열한 생존경쟁 속에서 살아남으려면 자신의 일에 전념해야 한다. 무엇보다도 자기 전공에 있어서 탁월해야 한다. 이동진 외의 인문의 스펙을 타고 가라[23]를 보면 외국회사에서 근무하려면 외국서적을 대학시절에 10,000페이지 이상 읽으라는 내용이 있다. 10,000페이지는 300페이지의 책이 33권이다. 누구나 삶의 여유를 즐기면서 행복한 가정을 꾸리고 싶지만 현실은 만만치 않다. 그러나 모든 근로자들에게 노동의 강도에 비례한 임금을 주고 노력에 대한 공정한 보상을 해주는 문화가 정착될 때 행복지수는 높아질 것이다.

3) 워커홀릭 진단표

아래 _____ 항목의 해당되는 곳에 ○표 하시오.

표 7.3 워커홀릭 진단

문항	
1. 일만 생각하면 마음이 들뜬다.	
2. 되는 일이 하나도 없다 가도 일만 시작하면 에너지가 넘친다.	
3. 취침 전, 주말, 휴가 때도 일을 가지고 간다.	
4. 가장 하고 싶은 것이 일이고, 대화도 주로 업무에 관한 것이다.	
5. 실시간 기준으로 주 40시간 이상 일한다.	
6. 취미활동도 돈이 되는 일을 하려고 한다.	
7. 업무 결과에 대해 전적으로 책임지려 한다.	
8. 일로 인해 약속시간을 많이 어겨 가족이나 친구가 포기했을 정도다.	
9. 내가 직접 안 하면 문제가 생길까 봐 몇 번이고 추가로 확인한다.	
10. 과업을 완료하느라 마지막에 서두른다.	
11. 하고 있는 일이 마음에 들면 장시간 일하는 것도 마다하지 않는다.	

(계속)

[23] 이동진 외. 인문의 스펙을 타고 가라. 사회평론. 2010.

12. 일이 아닌 다른 것에 우선순위를 두는 사람들을 보면 견디지 못한다.	
13. 열심히 일하지 않으면 실직되고 실패할까 봐 불안하다.	
14. 일이 잘 풀릴 때조차도 미래에 대해서 걱정이 된다.	
15. 노는 것도 이기기 위해 열정적으로 한다.	
16. 업무 중 누군가 다른 일을 부탁하면 짜증이 난다.	
17. 장시간 근무로 인해 가족이나 지인 등 대인관계에 문제가 있다.	
18. 운전할 때, 잠자리에 들 때 등, 시도 때도 없이 일에 대해 생각한다.	
19. 밥 먹으면서 뭔가를 읽거나 일 처리를 한다.	
20. 돈만 많이 벌면 인생의 문제가 대부분 해결될 것이라고 생각한다.	

출처 : 미국 일중독자 협회.

08

행복과 종교

1. 의미와 가치

인간은 쾌락을 추구하는 동시에 의미를 추구하는 존재이다. 의미는 인간으로 하여금 고난을 이겨내게 하는 인내의 원천일 뿐만 아니라 인생에 가치관과 만족감을 부여하는 행복의 원천이기도 하다. 인생의 의미와 가치를 발견하지 못하는 사람은 결코 행복할 수 없다. 물론 의미만으로 행복을 보장할 수 없지만 의미는 행복의 필수적 요소이다. 종교는 바로 인생의 의미와 가치를 제공하여 준다. 철학은 오늘을 창조하고, 이념은 내일을 창조하며, 종교는 영원을 창조한다. 인간은 삶의 여정에서 불안하기 때문에 신에게 의탁하고자 하는 속성이 있다. 그래서 행복의 요인 중에 종교, 영성이 차지하는 비중이 크다. 그래서 에몬스(Emmons, R.A.,2003)[1]는 인생의 의미를 일(성취), 친밀감(관계), 영성(종교), 초월(다산성, Generativity)이라는 네 가지 주제로 요약하고 있다. 초월은 개인적인 이익을 초월하여 다른 사람과 다음 세대를 위해 기여하고 헌신하는 생산적인 활동을 의미한다.

그렇다면 인생의 의미와 목적은 무엇인가? 어떻게 사는 것이 정말 의미있는 삶인가? 무엇을 위해 사는 것이 정말 가치가 있는가? 의미와 목적은 우리 삶의 방향을 제시할 뿐만 아니

---

[1] Emmons, R.A. Personal goals, life meaning, and virtue: Wellsprings of a positive life. In C. L.M. Keyes, J. Haidt(Eds.), *Flourishing: Positive psychology and the life well-lived*(pp.105–128). Washington, DC:American Psychological Association. 2003.

라 우리 삶이 소중하다는 가치를 제공하여 준다. 인생은 끊임없이 변하지만 의미는 변하지 않는다. 인간은 의미의 수준에 따라 행동도 달라진다. 낮은 수준의 의미는 즉각적이며 특수한 내용을 반영한다. 그러나 높은 수준의 의미는 장기적이고 포괄적이다. 낮은 수준의 의미는 구체적이고 세부적인 반면에, 높은 수준의 의미는 긴 시간에 걸쳐 커다란 목표를 향하게 한다.

인간이 동물과 다른 점은 바로 삶의 목적과 방향을 추구하는 데 있다. 삶의 목적과 방향을 추구하되 일관성 있는 삶을 살기 위해 방향과 목적의식을 갖는다. 그리고 목적과 방향을 갖되 가치 있는 것을 추구한다. 다시 말해 자신이 추구하는 목표나 가치가 소중한 것이기를 바란다. 그리고 인간은 자신의 효능감과 통제감을 추구한다. 인간은 자신에 대해서 무언가 변화를 만들어낼 수 있는 유능한 존재라는 믿음을 갖고 있다는 것이다. 또한 인간은 자신이 가치 있는 존재, 자신이 선하고 소중한 존재이기를 바라는 속성을 갖고 있다.

이와 같이 의미와 가치가 주는 긍정적인 기능은 어떤 사건을 이해하게 하고, 사건의 가치를 인식하게 만들며, 인생의 경험 속에 긍정적 측면을 발견하게 한다. 그리고 자신의 정체성 확립과 자기 가치의 소중함을 알게 하고 증진하는데 도움을 준다. 또한 의미 부여를 통해 목적을 발견하고, 고통과 불운 앞에서 자기 가치의 중요성을 깨닫고 유지하게 하도록 한다.

2. 인간관

1) 성악설

성악설은 인간은 태어날 때부터 본질적으로 악하기 때문에 본능적으로 악한 행동을 하게 되어 있으며 교육적인 제재를 가하지 않으면 선한 행동보다 악한 행동이 나타난다고 본다. 성악설은 서구의 지배적인 사상이다. 특히 고대 히브리 사람들은 인간의 본성에 대해 부정적이었다. 그리스 철학자들도 인간의 본성을 부정적으로 보았다. 그들의 인간관은 영과 육으로 구성되어 있는 이원론의 사상을 갖고 있었다. 육은 불순하고 영은 순결하고 선한 것으로 보았다. 영이 인간을 지배하면 선한 행동이 기대되지만 육이 인간을 지배하면 악하게 된다는 것이다. 문제는 인간이란 육의 지배를 받기 때문에 근본적으로 악하다는 것이다.

기독교는 5세기 이후, 성 아우구스티누스[2] 이후에 성악의 견해를 가지고 있다가 16세기 칼

---

[2] 아우구스티누스(354~430) : 북아프리카의 누미테아 출신으로, 젊은 시절에는 탕아였으나 암브로우스 주교

뱅 이후에는 극단적인 성악의 사상으로 발전하였다. 인간의 본성이 악하다는 사상은 아동의 교육에 지대한 영향을 미쳤다. 엄격한 훈련을 하지 않으면 악한 성향을 이길 수 없기 때문에 엄격한 훈육을 강조하게 된다. 이는 엄격한 훈육만이 이기적이고 부정직한 성향을 시정할 수 있다고 보기 때문이다. 그래서 어린 시절의 훈육을 강조한다. 18세기 간행물을 보면 "학생들은 겨울이나 여름이나 5시에 기상하고 그들의 놀이는 산책하는 일과 화초를 가꾸는 일과 목욕하는 일이 되어야 한다. 학생들이 목욕을 할 때에는 교장이 임석해야 하고 한 명씩 차례로 목욕을 해야 한다. 놀이에서 오염되지 않도록 해야 한다. 어려서 놀게 되면 늙어서도 놀게 된다."고 했다.

동양의 학자로는 순자(荀子)³를 들 수 있다. 순자는 전국시대 사람으로 법가철학의 효시이다. 그의 인간관을 보면 첫째는 사람은 태어나면서부터 이익을 추구한다. 남과 쟁탈을 하게 되고 사양함이 없다. 둘째는 인간은 태어나면서부터 남을 시기하고 미워한다. 인간은 그 본성에 따르기 때문에 남을 해치는 일이 생기고 성실함과 신의가 없어진다. 셋째는 인간은 태어나면서 미움과 미색을 좋아한다. 그래서 이목과 욕망을 절제하지 못하여 예의와 글의 깨달음을 아는 문리(文理)가 없어진다고 보았다.

2) 성선설

성선설은 성악설에 대비되는 사상으로 인간의 본성을 선하게 보려는 입장이다. 동양에서는 맹자가 성선설을 주장하였다. 그는 인간의 본성은 본래 선하여 성선을 토대로 선한 행동을 하면 성인이 된다는 것이다.

서양에서는 18세기 루소(Jean-Jacques Rousseau)⁴가 에밀이란 교육소설을 통해 인간은 본시 선하다고 주장하였다. 에밀의 내용을 보면 제1편에서는 기존에 행해지던 학교와 가정에서의 교육을 비판하고 출생에서 5세까지의 교육을, 제2편에서는 5세에서 12세까지의 교육

의 설교를 듣고 회심하여 초기 기독교의 대표적인 교부로, 기독교 사상에 큰 영향을 끼쳤다. 그의 저서로는 고백록과 신국론이 있다.

³ 순자(B.C. 298~B.C.238): 중국의 주나라 말기 전국시대의 유가(儒家)로 성악설과 군거화일을 주장하였다. 군거화일이란 천자, 제후, 사대부, 관인백리(官人百吏), 서민이 직분에 따라 일을 하고 각각 그 직분에 만족하는 질서를 말한다.

⁴ 루소(Jean-Jacques Rousseau, 1712~1778): 프랑스의 사상가이자 교육자로, 1762년에 출판한 교육론인 에밀이 있다. 에밀은 에밀이라는 아이의 출생부터 25세가 될 때까지 받은 교육과정을 다루고 있다. 교육을 주제로 하고 있지만, 인간론, 종교론까지 폭넓게 다루고 있다.

을, 제3편에서는 12세에서 15세까지의 교육을, 제4편에서는 15세에서 20세까지의 교육을 다양한 관점에서 다루고 있다. 그리고 제5편에서는 에밀의 약혼자가 여성교육과 정치교육에 관해 서술하고 있다. 그는 인간은 선하게 태어나지만 태어나면서 어른들의 풍습과 관례에 오염되어 악하게 된다고 보았다. 그는 인간을 식물에 비유하여 성인이 어린이를 방해하지 않으면 착한 방향으로 성장한다는 것이다. 그리고 그는 부모와 교사는 되도록 아이를 자연적으로 자라도록 주장한다. 루소의 주장은 당시 인간의 본성을 죄악시하던 시대에 아이들에게 혹독한 훈련을 해서는 안 된다는 점을 주지시켰다.

3) 백지설

고자(告者)는 백지설을 주장하였다. 고자(출생, 사망 미상)는 중국의 제나라에서 활동한 사상가로, 맹자와 인성에 관하여 논쟁을 벌여, "사람의 본성은 본래 선도 아니고 악도 아니며, 다만 교육하기 나름으로 그 어느 것으로도 될 수 있다."고 주장하였다. 그는 인간의 본성을 연못의 물에 비유하면서 인간은 선의 방향으로 갈지 악의 방향으로 갈지 모르는 선악을 평가하기 이전의 상태라는 것이다.

4) 타불라 라사

타불라 라사(Tabula Rasa)란 라틴어로 아무것도 적혀 있지 않은 백지라는 뜻이다. 이 단어는 스토아 학파에서 나타난다. 이는 인간이 감각적인 경험을 하기 이전의 마음의 상태를 가리킨다. 이 말이 알려지게 된 것은 라이프니츠[5]가 로크[6]의 인식론을 비평하였을 때부터이다. 인간은 환경의 자극을 수동적으로 받아들일 수 있는 태도만을 갖고 있다는 것이다. 그리고 인간은 환경에 능동적으로 작용하는 동적인 존재가 아니라 수동적인 존재로 본다. 이 사상은 20세기 행동주의 심리학에 지대한 영향을 미쳤다.

---

[5] 라이프니츠(Leibniz, Gottfried Wilhelm, 1646~1716): 독일 계몽철학의 서장을 연 철학자이며 객관적 관념론의 입장에 섰다. 그는 조숙한 소년으로 성장하여 정치가, 외교관으로서 다양한 활동을 하는 한편, 백과전서적인 박식가이다.

[6] 로크(John Locke, 1632~1704): 영국의 철학자로, 경험론 철학의 시조이다. 그의 인식론에서 모든 지식은 관념의 복합이며, 관념은 경험에 의해 백지 상태인 마음(Tabula Rasa)에 새겨진다고 했다.

5) 이상주의

이상주의(Idealism)는 인간의 정신은 신에 의해 창조된 것이며 불멸하고 사후에는 신의 세계로 돌아간다는 것이다. 이상주의는 인간의 정신적 존재로서의 가치를 강조한다. 따라서 인간은 정신적인 존재이기 때문에 자유의사를 구사할 수 있는 능력이 있고, 자신의 행동에 책임져야 한다고 주장한다. 그리고 인간은 신경조직으로 간주해서는 안 되며, 정신적 목적을 가지고 있는 존재로서 어린이의 교육은 다른 사람의 정신적 가치를 존중할 수 있도록 가르쳐야 하고 인간과 우주와의 내적인 조화를 강조한다.

6) 실학주의

실학주의가 태동한 것은 문예부흥과 종교개혁이 처음 의도를 벗어나 형식주의에 빠지게 되자 이에 대한 반발로 자연과학이 본격적으로 시작되었는데 이를 실학주의라고 한다. 실학은 추상적이고 이론적인 지식이 아니라 구체적인 지식과 경험을 중시한다. 여기에는 과학적 실학주의와 합리적 실학주의가 있다.

과학적 실학주의 인간관은 고도로 발달된 신경조직과 자연적인 사회성을 지니고 있는 생물적인 유기체로 본다. 인간의 자유의지를 부정하고 인간 행동은 개인의 유전과 생물적인 구조에 대한 물리적 사회적 환경에 의해 결정된다고 본다. 반면에 합리적 실학주의 사상은 스콜라주의이다.[7] 이 사상은 첫째는 인간은 신에 의해 창조되었다. 둘째는 인간은 육과 영혼으로 구성되어 있고 본질적인 복합체로 결합되어 있다. 셋째는 인간은 지성과 자유의사, 즉 선택할 수 있는 능력을 가지고 있다. 넷째는 인간은 이성적인 동물이며 인간 이외의 동물은 사고하거나 의지의 능력이 없다. 다섯째는 인간의 마음은 비물질적이기 때문에 신 이외에는 아무도 그것을 파괴할 수 없다. 여섯째는 인간의 행동은 어떤 것은 본질적으로 선하고 어떤 행동은 본질적으로 악하다.

7) 실용주의

인간은 고도로 복잡하고 섬세한 기계에 불과하고 생물적, 사회적인 환경 속에 생을 영위하는 하나의 자연적인 유기체로 보며 사회적 요소를 강조한다. 그리고 사람과의 상호작용을

---

[7] Brubacher, J.S. 교육사. 이원호 역. 문음사. 1984.

중요하게 여기고 교육을 통해 인간성이 결정되며, 어린이의 경험을 재구조시키고 재평가를 통해 그들을 능동적이고 사고하는 유기체로 성장시켜야 한다는 견해를 나타내고 있다.

8) 실존주의

실존이란 존재한다의 영어 이그지스지트(exist)로, 이는 라틴어 ex(밖에)와 sistere(서게 한다, 서게 만든다)는 합성어로 외부에 서 있다는 뜻을 갖고 있다. 이는 우리 자신의 밖에 서있는 것이 바로 목표라는 것이다. 실존주의는 인간의 불안한 문제를 가장 중요하게 여긴다. 이는 19세기 중엽의 사회 상황인 산업화와 과학기술의 발달, 및 제1, 2차 세계대전으로 인해 인간의 불안 문제가 제기되었기 때문이다. 실존주의는 인간의 문제를 시간적 제한, 즉 죽음과 부재(non being)에 대한 불안에서 찾는다. 이 문제의 해결 방법은 인간의 존재의미에서 찾고자 한다. 이 이론에서는 인간을 존재(being), 부재(non being)라는 두 가지 개념으로 이해한다. 인간의 존재란 자기가 누구라는 것을 알고, 자기가 무엇이며, 장차 어떻게 무엇이 될 것인가를 이해하는 것을 의미한다. 반면에 부재란 생물학적으로 살아 있지만 개성을 잃은 상태, 즉 무개성, 죽음을 말한다.

실존주의를 대표하는 철학자는 야스퍼스, 하이덱거, 샤르트, 키에르케고르, 카뮈 그리고 메이(Rollo May)[8]와 로고테라피의 창시자이고 독일의 아우슈비츠 수용소에서 살아난 빅터 프랭클(Victor E. Frankl)이다. 프랭클은 현대인을 실존적 공허(existential vacuum)가 만연한 현상으로 보았다.

9) 다윈의 진화론과 창조설

다윈의 진화론은 인간의 기본적인 성질을 생물학적인 견지에서 보았다. 다윈은 환경에 적합한 형질을 가진 개체만이 선택된다고 보는 것이다. 즉, 종은 선택의 결과라는 것이다. 그러나 진화론은 방향성이 없다. 예를 들면, 사람들은 "눈은 보이기 위해 진화됐다."라고 말한다. 그러나 눈은 보이기 위해 진화된 것이 아니라 본래 눈은 보는 기능을 갖고 있다. 또 하나는 진화에는 정도가 없다는 것이다. 현 시간에서 자연에 가장 잘 적응해서 진화됐다는 것이다.

그러나 기독교에서는 창조설을 주장한다. 그 이유를 첫째는 제1원인(Arche-근원)의 문제

---

[8] 롤로 메이. 자아를 잃어버린 현대인. 백상창 역. 문예출판사. 2010.

를 규명하지 못한다는 것이다. 즉 진화론은 존재된 상태에서 출발한다고 본다. 둘째는 과정이 없다는 것이다. 과학이라는 것은 반드시 실험에 의한 데이터가 있어야 하는데 진화론은 과정이 없다. 진화론을 뒷받침하여 주고 있는 것이 고고학인데 하나의 생물체에서 다른 생물체로 진화하는 '중간 화석'이 없다는 것이다. 셋째는 자연 상태에서 다른 종끼리는 절대적으로 번식할 수 없다는 것이다. 수백 년 전의 원숭이나 그 모습에는 지금의 원숭이나 변함이 없다. 현재 유전공학에서도 원숭이와 인간의 DNA 배열을 전혀 다르게 보고 있다. 넷째는 우연에 불과하다는 것이다. 확률적으로 불가능한 단백질이 생겼다 할지라도 그 자체에는 생명이 없고 외부에서 생명의 신비를 주입하여야 하며 또 생명이 유지되기 위해서는 어떤 일정한 환경이 마련되어야 한다. 그러나 창조설은 현재의 환경은 인간이 살 수 있도록 하나님이 가장 오묘하게 창조한 환경임을 강조한다. 또 파스칼(Pascal, Blaise)은 "인간은 생각하는 갈대(roseau pensant)"라고 했고, 칸트(Immanuel Kant)는 인간은 "마음에 도덕률을 가진 자유와 양심의 존재"라고 주장한다. 더 나아가 인간은 영적인 존재라고 주장한다. 그래서 인류가 산 곳에는 반드시 예배의 흔적이 있다는 것이다.

3. 종교의 심리적 기능

1) 종교의 순기능

종교는 인간의 삶에 있어서 순기능과 역기능이 있다. 종교의 순기능으로는 인생의 의미를 제시, 심리적 안정, 초월적 체험, 인생의 역경을 이겨낼 수 있는 심리적 힘, 집단적 정체감, 사회적 지지체계를 제공한다. 이러한 순기능은 크게 다섯 가지로 나누어 볼 수 있다. 첫째는 종교는 인생의 의미와 목적을 제공한다. 종교의 가장 중요한 기능은 인간의 의미 추구와 욕구를 충족해 준다. 여러 심리학자들은 종교 기능이 삶의 방향성과 일관성을 부여해 행복과 정신건강을 증진하는 가장 중요한 역할이라고 했다. 둘째는 종교는 건강한 생활방식을 제공한다. 대부분의 종교는 건강한 생활방식을 계율의 형태로 제시한다. 이러한 계율이나 권장 사항은 인생을 살아가는 구체적인 생활 지침이 된다. 계율과 권장 사항은 심리적인 안정감과 불필요한 갈등을 피해 행복과 건강을 증진하는 데 도움이 된다는 것이다. 셋째는 종교는 인생의 고통과 역경에 대한 독특한 대처방식을 제공한다. 기도, 명상, 찬송, 경전 읽기 등의 여러 가지 종교행위를 통해 인간의 고통에 대한 의미를 찾고 위안을 얻는다. 그리고 부정적 감정을 감소시키고 사랑, 긍휼, 희망 같은 긍정적 감정을 강화하고, '항상 기뻐하라. 범사에 감사하라' 등의 긍정과 적극적인 삶을 제공한다. 넷째는 종교는 사회적 지지를 제공한다. 같은 종교적 신념을 가진 사람들끼리의 집단적 정체감은 삶을 긍정적으로 이끌어주며 사회적 지지는 종교와 행복과의 관계를 설명하는 중요한 요인이 된다. 특히 사회적 지지가 부족한 사람일수록 종교는 더 큰 도움이 된다. 마지막으로 종교는 심리적 성숙과 통합을 증진한다. 종교는 인간이 자신의 내면을 성찰하게 한다. 이로 인해 자기이해 및 성격 형성과 내면적인 갈등의 해소에 도움이 된다.

2) 종교의 역기능

종교는 순기능만 있는 것이 아니라 역기능이 있다. 그 첫째는 과도한 종교생활로 자녀양육이나 직업 활동에 소홀히 할 수 있다. 둘째는 과도한 죄책감을 심어주는 등 정신건강에 부정적인 영향을 줄 수 있다. 셋째는 종교적 신념 때문에 의료서비스를 거부할 경우 신체건강에도 해로움이 될 수 있다. 마지막으로 독단적이고 배타적인 종교심은 안위에 위험하다. 한 예로 이스라엘과 팔레스타인 분쟁을 들 수 있다. 따라서 종교는 양날의 칼과 같다. 종교는 사람의 태도에 따라 행복에 도움을 주기도 하고 그렇지 않기도 한다. 종교와 행복의 관계에 대한 연구는 주로 기독교와 관련된 연구이기 때문에 다른 종교에 일반화하기는 어렵다.

3) 종교와 영성의 차이

영성은 인간의 자기초월적 노력이며, 인간이 될 수 있는 최선의 상태이자 성스러운 것의 추구를 뜻한다. 종교와 영성의 차이를 보면 종교는 다른 종교와 선을 긋는 배타성이 있다. 종교는 강령과 교리문답이 있다. 반면에 영성은 언어를 초월한 감정과 경험이다. 종교는 모방적이고, 영성은 나의 능력, 희망, 경험에서 온다. 종교는 경전과 문화에 뿌리를 두고 있으며 좌뇌에 연관되어 있다. 그러나 영성은 육체, 언어, 이성, 문화의 한계를 초월하는 우뇌에 속해 있다. 그러나 좌뇌와 우뇌를 떼어놓고 말할 수 없는 것처럼 종교와 영성을 따로 떼놓고 말할 수 없다.

그런데 요즘 신사도운동을 하는 사람들은 성령사역만을 강조한다. 또 개혁주의 신앙에서는 말씀사역만을 강조한다. 그러나 성령사역과 말씀사역을 분리할 수 없다. 조화로운 균형을 이루어야 한다. 영적 추구, 신앙생활의 궁극적인 목표는 삶의 의미와 가치를 위해서이고,

성스럽고 영원하며 절대적인 존재와의 만남을 위해서다.

종교와 영성에는 명상이 있고 명상에는 기도가 있다. 기도는 성스러운 존재와 의사소통하는 경배행위이다. 여기에는 기도문을 암송하고 낭독하는 의례적 기도가 있고, 물질의 도움이나 자기소원을 요청하는 기복적 기도가 있다. 그리고 자신의 죄의 용서를 갈망하는 회개기도가 있고, 절대자를 느끼며 시간을 보내는 명상 기도가 있다. 이 명상은 주의를 한곳에 집중하여 마음을 청정하게 하고 삶에 대한 통찰에 이르게 하는 영적인 수행방법으로 힌두교, 불교의 수행방법으로부터 시작되었다. 그뿐만 아니라 집중명상은 지속적으로 한곳에 주의를 집중하고 흔들리지 않는 평온한 마음 상태를 경험하는 것이 목표이고, 집중의 대상이 다양하고 심리적, 신체적 건강에 도움이 되며 존재와 삶에 대한 나름의 통찰에 이르게 한다. 기독교에서 말하는 기도는 성경 말씀을 묵상하며 하나님의 뜻을 헤아리며 기도하는 것이다. 의미가 없는 단어를 반복하는 만트라를 경계하고 있다. 방언도 일종의 만트라일 수도 있다.

4) 종교가 행복에 미치는 긍정적인 영향

종교 활동에 참여하고 신앙심이 깊을수록 육체적, 정신적으로 더 건강한 경향을 보인다. 영성평가의 척도가 높은 사람일수록 건강하고 면역력이 높고 수명이 길다. 일반적으로 종교는 신체적 건강보다 정신적 건강에 더 긍정적인 영향을 미친다.

그리고 대개 독신, 어린 시절 희망, 사랑을 가져보지 못한 사람들이 종교적인 열심이 있는 것으로 본다. 한편 영성은 깊지만 사회적 유대관계를 외면하는 경우가 있다. 반면에 종교 활동으로 사회적 지평을 넓혀나가는 경우가 있다. 여성이 남성보다 행복에 있어서 종교가 차지하는 비중이 크고, 나이가 많을수록 행복에 있어서 종교가 차지하는 비중이 크다. 개인의 성격 요인에 따라 외향적인 사람이 외현적 종교심을 가질 가능성이 높다. 외현적인 종교 활동을 하는 사람은 행복지수가 높지 않다. 종교를 중요시하는 사회일수록 종교가 주관적 안녕에 더 강한 영향을 미친다.

4. 세계 종교의 탄생

BC 3100년경의 이집트는 태양신을 믿었고, 파라오는 태양신의 아들이라고 믿었다. BC 538년의 메소포타미아의 북쪽으로 솟아 있는 산악지대에는 오랫동안 야만적인 산악 민족이 살고 있었다. 그들은 빛과 태양을 숭배하는 종교를 가지고 있었다. 그러면서 그들은 매일같이 암흑과 싸우면서 악마의 사악한 힘에 대항한다고 믿었다. 이 산악 민족이 바로 페르시아족이다. 그들은 수백 년 동안 아시리아와 바벨론의 지배를 받아오다가 구약 성경에 기록된 고레스, 키투스라는 왕이 나타났다. 그는 용감한 왕으로 기마병을 이끌고 바벨론을 정복하였다. 그리고 바벨론의 포로가 되었던 유대인들을 풀어주었다.

BC 500년에는 불교가 탄생되었다. 고타마 왕자로서의 화려한 생활을 뒤로하고 왕궁을 떠났다. 이는 생로병사를 통해 드러난 이 세상의 고통에 대해 명상하기로 마음을 먹었기 때문이다. 그는 오랜 수행 끝에 깨달음을 얻었다. 그래서 깨달음을 얻은 자 '부처'가 되었다. 그가 깨달은 것은 욕심이 없으면 고통도 없다는 것으로 이 세상에서 도달할 수 있는 최고의 단계는 아무것도 바라지 않는 것이라고 하였다. 다시 말해 더 이상 생에 애착을 가지지 않고 죽으면 무의 세계, 열반 속으로 들어간다는 것이다.

BC 333년에 알렉산더는 이집트를 정복한 후에 이집트의 지배자가 되고 싶었다. 그래서 사막을 지나 태양신의 신전으로 나아가서 사제들에게 자신이 태양신의 아들이며 진정한 파라오라고 말하도록 시켰다. 그는 이집트를 떠나기 전에 바닷가에 도시를 건설하고 자신의 이름을 따서 '알렉산드리아'라고 명명하였다.

BC 130년경에 로마인들은 자신들이 원하는 대로 따르기만 한다면 속주국 국민들이 고유한 종교를 가질 수 있게 하였고 모국어를 사용할 수 있도록 하였다.

BC 4년에 예수 그리스도가 탄생하였다. 예수 그리스도는 동정녀 마리아에게 탄생하였으며 하나님의 뜻을 전하러 왔다고 하였다. 그리고 설교하고 가르치며 병자를 치료하고 가난한 자들을 위로하였다. 그런데 유대인의 왕이 되려고 한다고 고발당하여 로마의 총독인 본디오 빌라도에 의해 십자가형으로 처형되었다.

BC 552년에 황제를 천자로 부르던 시절 중국에 공자가 태어났다. 공자는 부처와 모든 점에서 달랐는데 왕자가 아니라 관리의 아들이었고 은둔자가 아니라 관리와 훈장 노릇을 하였다. 그는 사람들이 각자 욕심을 버리고 고통에서 벗어나는 것보다 서로 평화롭게 사는 것을 원하였다. 곧 그의 목표는 더불어 사는 것을 가르치는 것이었다.

AD 610년에 이슬람교가 창시되었다. 메카에 사는 압둘라의 아들 마호메트는 정의로운 사람이라고 불리는 사람이었다. 그는 어느 날 여행 중에 대천사 가브리엘에게서 신의 계시를 받았다고 하였다. 그리고 그의 아내와 친척, 그리고 친구들을 신자로 만들었고 메카에서 설교하였다. 그러나 메카 사람들은 그를 대역 죄인으로 처형하려 했는데 창문을 통해서 622년

6월 16일 탈출하였다. 그 후 1,500명의 신자를 얻은 뒤 다시 메카로 순례하여 그곳에서 많은 신자를 얻었다. 아랍어로 복종을 이슬람이라고 하는데 마호메트는 자신의 교리를 이슬람교라고 불렀다.

AD 1517년에 종교개혁이 일어났다. 루터는 하나님의 은혜는 돈으로 살 수 없고, 오직 믿음으로 구원을 받을 수 있다(롬 1:17)는 내용으로 95개 조목이 실린 벽보를 비텐베르크 교회 정문에 붙임으로써 면죄부 거래에 반기를 들며 종교 개혁의 깃발을 들었다. 이로 인해 프로테스탄트, 기독교 시대가 열렸다.

5. 동양의 종교

중국에서 유가사상이 이루어진 이후, 중국인은 수천 년 동안 유가[9]의 울타리에서 벗어나지 못하고 있다. 종교가 한 생명의 영생을 구하는 일이라면 유가의 이론은 가족의 혈연으로 영생을 구하려 하고 있다. 가족을 통한 영생은 효를 수행함으로써 이루어진다. 중국의 지식층은 불교와 기독교가 전래되자 이를 진리탐구의 한 학설이 더 증가된 것으로 생각하고, 민중들은 의지할 신이 하나 더 생긴 것으로 보았다. 그래서 사람들은 중국 사람의 머리에는 유학의 관을 쓰고, 몸에는 도교의 복장인 도포를 입고, 발에는 스님의 신발을 신고 있다고 말한다. 심지어 초창기에는 기독교 선교사들까지도 환영했다. 이처럼 중국 대륙의 종교관은 다른 나라들과 사뭇 다른 현상을 보여준다.

일본의 종교 인구는 통계상의 수치로 전체 인구를 훨씬 넘는다. 일본의 문화청(1999)이 집계한 종교 인구는 총인구의 1.7배나 된다. 그 원인은 불교 신자 수와 신도(神道) 신자의 수가 중복되기 때문이다. 신도는 일본의 민족종교이다. 세계종교인 기독교나 불교, 이슬람교와는 달리 교조가 따로 없이 자연발생적으로 나타났다. 교리보다는 제사나 의례를 중시하고 개인의 구원보다는 공동체의 이익을 우선한다. 신도에 있어서 가장 중요한 것은 신을 모시는 제사이다.

한국인은 종교성이 강한 민족이다. 한국인의 종교성은 샤머니즘과 깊은 연관을 맺고 있다. 이를 단군신화에서 찾을 수 있다. 단군신화는 우리 민족의 역사 속에서 문화를 이루며

---

[9] 유가(儒家): 공자의 학문과 학풍을 신봉하고 연구하는 학자나 학파를 뜻한다.

민간신앙의 형태로 뿌리를 내렸다(유동식, 1995).[10] 그리고 한국인의 심층에는 무교(巫敎)가 자리하고 있다. 무교는 종교, 정치, 예술 등에 영향을 주고 있다. 무교는 수천 년 동안 한국인의 정신세계를 지배하였으며 종교적 토양이 되었다. 무교의 영향을 받은 불교와 유교와 기독교는 현세적이고 물질적인 기복종교로 변질되었고, 신앙생활을 현세의 복을 얻는 방편으로 여기게 되었다.

유교가 한국에 전래된 연대는 기록이 없어 확실하지 않으나 삼국시대 때, 당나라의 학제인 국학을 받아들인 때를 그 기원으로 삼는다. 고구려는 372년, 소수림왕 2년에 태학을 세웠으며, 백제는 국학을 세운 기록은 없으나 285년, 고이왕 52년에 이미 왕인 박사가 논어와 천자문을 일본에 전한 기록으로 보아 그 이전부터 유학이 전래된 것으로 추정된다.

신라에도 오래전부터 전래된 것 같으나 국학의 건립은 훨씬 늦어 682년, 신문왕 2년에 실시되었다. 그 후 신라에서는 당나라에 유학생을 보내 학문을 장려하고 최치원은 당나라의 과거에 급제하여 이름을 떨쳤으며 설총은 이두를 창시하여 구경(九經)을 해석하였다. 구경은 공자가 주창한 천하국가를 다스리는 데 긴요한 아홉 가지 법도이다. 이 법도의 내용을 보면 첫째는 몸을 닦을 것(수신: 修身), 둘째는 어진 이를 존경할 것(존현: 尊賢), 셋째는 친척을 사랑할 것(친친: 親親), 넷째는 대신을 공경할 것(경대신: 敬大臣), 다섯째는 여러 신하를 자신의 몸같이 보살필 것(체군신: 體群臣), 여섯째는 백성을 제 자식처럼 대할 것(자서민: 子庶民), 일곱째는 각 분야의 기능인을 모이게 할 것(래백공: 來百工), 여덟째는 원방인을 관대히 대우할 것(유원인: 柔遠人), 아홉째는 제후를 위로하여 줄 것(회제후: 懷諸侯) 등이다. 그러나 당시의 유교는 유능한 관리를 양성하는 데 목적이 있었고, 부차적으로는 지도계급으로 하여금 경사(經史)에 통하게 하고 운자(韻字)를 달아 지은 한시(漢詩)인 사부(詞賦)와 문장을 능하게 하는 데 목적이 있었다.

고려시대에는 태조의 숭불정책으로 유교가 한때 부진하였다가 992년, 성종 11년에 국자감을 세웠고 문종 때는 최충이 사학인 9재(九齋)를 설치하고 학도를 가르쳤다. 그러나 무관의 계속된 전란으로 유교는 240년간이나 다시 침체 상태에 빠졌다가 제25대 충렬왕 때 안향이 왕을 따라 연경에 다녀오면서 주자전서를 입수해서 정부에 건의하여 국학을 세우고 대성전을 건립하여 공자를 존숭하는 등 유교 부흥에 힘썼다. 그는 한국에 주자학인 성리학을 처음 수입하였으므로 주자학의 시조로 일컬어진다.

---

[10] 유동식. 한국종교와 기독교. 대한기독교서회. 1965.

한국에 가톨릭은 선교사가 들어오기 전에 받아들였다. 1637년 정월에 인조가 남한산성의 삼전도에서 청나라 태종에게 3번 절하고 항복하였다. 이때 인조의 소현세자와 대신들이 청의 심양으로 끌려갔다가 베이징에서 주교인 아담 샬(Johann Adam Schall von Bell)을 만나 친분을 쌓으며 그가 건네준 기독교 서적을 읽었으며 돌아올 때에 기독교 서적을 가져왔지만 소현세자는 곧 죽음의 비운을 맞았다.

중국을 섬기던 조선에서는 중국에 사절단을 보냈는데, 그때 사절단의 인원이 300~500명 정도가 되었으며 50일에 걸려가서 50일 정도 머물고 돌아왔다. 그때 진상품으로는 비단, 금, 은, 보석, 호피 등이었다. 1601년에 마태오리치가 설립한 성당이 남당이고, 아담 샬이 살던 곳에 설립한 성당이 동당이다. 사절단이 1603년에 마태오리치가 쓴 '천주실의'를 가져오게 되는데, 당시 주자학이 당쟁과 허례허식으로 인해 학자들이 '천주실의'를 연구하기 시작했다. 그 후에 천주교는 박해를 받아 많은 순교자가 나왔다.

한국의 기독교는 1885년 4월 5일에 미국의 선교사 언더우드(Horace Grant Underwood)와 아펜젤러(Henry Gerhard Appenzeller)가 입국하기 전, 1883년 5월 16일에 서상륜, 서경조 형제에 의해 황해도 장연군 대구면 솔내(松川理)에 예배당이 세워졌다. 미국 선교사가 입국한 것은 1885년 4월 부활절이고, 그들이 본격적으로 복음을 전한 것은 1887년이다. 그러니까 한국에 기독교가 전래된 것은 1883년 이전이라고 할 수 있다.

불교는 인도 땅에서 발원하여 중국을 거쳐 한국 땅에 이르렀다. 우리나라의 불교는 다른 나라의 불교와 구별되는 전통을 지니고 있다. 이같은 전통을 세운 사람은 고려시대의 대각국사 의천이었다. 현대적 의미의 불교가 우리나라에서 시작한 것은 조선조의 폐쇄적 사회가 근대의 개방적 사회로 넘어오면서부터이다. 결국 한국의 불교의 연구는 1910년에서 1990년대 말에 이르기까지 약 90년의 역사를 지니고 있다고 볼 수 있다. 대종단은 조계종과 태고종이 있다.

6. 종교의 결혼관과 자녀관

기독교의 결혼관은 첫째는 한 몸의 원리요(창 2:24), 둘째는 돕는 배필의 원리이다(창 2:18). 부족한 것을 채워주는 관계이고, 바라는 배필이 아니다. 셋째는 순종과 사랑의 원리이다(엡 5:22,25). 아내는 남편에게 순종하고, 남편은 아내를 희생적으로 사랑해야 한다. 여기에서 순종은 질서상 순종의 개념이다. 넷째는 화평과 조화이다. 기독교의 자녀관은 하나님의 선물로 본다(시 127편). 그리고 자녀 하나하나를 개성 있는 인격체로 본다.

유교의 결혼관은 첫째는 출가외인(出嫁外人)이다. 시집간 딸은 친정 사람이 아니고 남이나 마찬가지라는 뜻으로 여긴다. 둘째는 여필종부(女必從夫)이다. 아내는 반드시 남편을 따라야 하는 것으로 재가를 허용하지 않는다. 셋째는 칠거지악(七去之惡)이다. 일곱 가지 잘못은 첫째로 시부모에 순종하지 않음이다(불순부모: 不順父母). 둘째로 아들이 없는 것이요(무자: 無子), 셋째로 음탕함이고(부정: 不貞). 넷째로 질투함이다(질투: 嫉妬). 다섯째로 나쁜 병이 있음이다(악질: 惡疾). 여섯째로 말이 많음이다(구설: 口說). 일곱째로 도둑질이다(절도: 竊盜). 그러나 칠거지악에 해당하는 잘못을 지었더라도 다음과 같은 세 가지 경우에는 예외가 되었다. 이를 삼불거(三不去) 또는 삼불출(三不出)이라고 하는데, 첫째는 내쫓아도 돌아가 의지할 곳이 없는 경우이다(유소취무소귀불거: 有所取無所歸不去). 둘째는 함께 부모의 3년상을 치른 경우이다(여공경삼년상불거: 與共更三年喪不去). 셋째는 전에 가난하였으나 혼인한 후 부자가 된 경우이다(전빈천후부귀불거: 前貧賤後富貴不去).

유교의 자녀관은 송시열의 계녀서[11]에 잘 나와 있다. 그는 어머니의 바른 자녀 지도의 자세를 강조하였다. "딸은 어머니가 가르치고 아들은 아버지가 가르친다 하거니와 아들도 글을 배우기 전에는 어머니에게 배우는 것이니, 어렸을 때부터 속이지 말고, 너무 때리지 말고 글 배울 때도 순서 없이 권하지 말고, 하루 세 번씩 권하여 읽히고 잡된 장난을 못하게 하고, 보는데서 드러눕지 말게 하고, 세수를 일찍 하도록 하고, 친구와 언약하였다고 하거든 실행하여 남과 실언치 말게 하고 잡된 사람과 사귀지 못하게 하고, 일가제사에 참례하게 하고, 온갖 행실은 옛사람의 좋은 점으로 배우게 하고, 15세가 넘거든 아버지 앞에서 잘 배우도록 하고, 백사(百事)를 한결같이 가르치면 자연히 단정하고, 어진 선비가 되느니라."

이슬람의 결혼관은 사회결속과 가족연대 강화이다. 그리고 일부다처와 결혼지참금 제도가 있고, 사촌과 결혼할 수 있고, 남성 위주의 결혼이다. 자유연애 결혼은 거의 상상할 수 없다. 남자는 18~20세, 여자는 16~18세에 이르게 되면 카타바라는 중매쟁이를 통해 양가의 사회적 신분, 재산, 직업, 교육 정도를 고려해 신랑 신부의 혼담이 진행된다. 쉬아파와는 달리 순니파에서는 남자는 자신보다 낮은 지위에 속한 가문의 여자와 결혼할 수 있으나, 여자의 경우에는 자신보다 비천한 가문의 남자와 결혼하는 것이 허용되지 않는다. 결혼 시기는

---

[11] 송시열(1607~1689년): 조선 후기의 학자로 노론의 영수이다. 그는 주자학의 대가로 이이의 학통을 계승하여 기호학파의 주류를 이루었다. 이황의 이원론적인 이기호발설을 배격하고 일원론적 사상을 발전시켰다.

가장 좋은 달이 10월이고 가장 회피하는 달은 1월이다. 시간은 금요일 저녁이나 월요일 저녁을 주로 택한다.

이슬람 사회에서 아이들이 없는 집안은 축복받지 못한 것으로 간주한다. 자녀 출산은 사회적으로는 가계의 승계, 노동력의 증가, 전사의 확보 등의 의미를 갖는다. 아이들이 출생하면 아이의 오른쪽 귀에는 아잔(Azhan), 왼쪽 귀에는 이까마(Iqamah)를 낭송하며 악마의 해악으로부터 보호한다. 7일째 되는 날에 아이의 이름을 짓고 그 아이의 머리털을 자르며 남아일 경우에는 양 두 마리, 혹은 염소, 여아의 경우에는 양 한 마리를 제물로 바친다. 영국에 살고 있는 모슬렘 가족들은 자녀들이 학교에서 집으로 돌아왔을 때 바로 이슬람 학교인 마드라사(madrassa)로 보내 오후 4시부터 매일 두 시간 동안 월요일부터 금요일까지 쿠란(Qran)을 배우게 한다. 이러한 교육은 5살 때부터 시작하여 10대 초반이 될 때까지 계속된다. 이것은 그들의 삶에 엄청난 영향을 끼치는 데, 특별히 기독교에 대하여 적대적인 사고를 갖게 된다. 이는 십자군 전쟁 때 수백만의 모슬렘들이 십자군에 의해 학살당함에 대한 적대적인 감정의 표출이다. 이슬람은 기독교에 대해 적대적이다.

불교의 결혼관은 관대하다. 불교에서는 결혼을 전적으로 사적이고 개인적인 사항으로 간주하고 종교적 의무로 여기지 않는다. 불교는 사람들에게 '꼭 결혼을 하라'거나 '독신으로 남으라'거나 아니면 금욕생활을 하라고 강제하지 않는다. 승려가 결혼을 하지 않는 이유는 인류에 대한 봉사자가 되기 위해 택한다고 본다.

불교의 자녀관을 보면 자녀와 부모의 다섯 가지 지킬 사항이 있다. 자녀가 지킬 사항은 첫째는 집안 살림살이를 잘 보살필 것, 둘째는 부모를 대신하여 집안의 온갖 일을 책임질 것, 셋째는 경계할 것에 대하여 그 뜻을 잘 이해할 것, 넷째는 잘 받들어 봉양할 것, 다섯째는 부모를 기쁘게 할 것 등이다. 한편 부모의 지킬 사항은 첫째는 집의 가업을 이룩하는 것, 둘째는 이로운 일을 도모하도록 하는 것, 셋째는 결혼을 시키는 것, 넷째는 경과 도를 가르치는 것, 다섯째는 재산을 물려주는 것이다.

인도의 결혼관은 여자가 남자한테 청혼하는 것이 보통이며 신랑의 아버지는 청혼 받은 사실을 자랑스럽게 생각한다. 결혼의 성립 요건은 신랑의 아버지가 아들과 잘 어울리는 배필감인지를 알아보기 위해 남녀의 별자리를 맞춰본다. 지참금은 별자리와 족보상에 이의가 없고 가장 중요한 문제인 지참금에 있어서도 협의가 이루어지면 약혼날짜가 정해진다. 결혼 전의 결혼 예비행사 절차는 첫째로 먼저 예비 신랑 신부의 아버지들이 함께 자리를 한다. 둘째로 친척과 승려들이 참석한 가운데 양가 부모들이 결혼을 공식적으로 허락한다. 셋째로 약혼이 이뤄지면 결혼 날짜와 시간도 점성가와 별자리를 상의한 후 정한다.

결혼의 절차는 첫째는 승려가 주례를 한다. 둘째는 신랑이 말을 타고 친구와 친척들의 호위를 받으며 기쁨의 춤을 추는 행렬을 이끌고 신부집에 도착한다. 셋째는 신부는 베일로 얼굴을 가리고 예복을 입고 식장에 마련된 의자에 신랑과 나란히 앉는다. 넷째는 승려는 마사로 짠 린넨(linen)천으로 한 끝은 신랑의 옷에 묶고 다른 한 끝은 신부의 옷에 묶은 뒤에 신성한 시들을 읊는다. 다섯째는 신랑신부는 승려의 지시에 따라 힌두의식들을 반복한다. 여섯째는 신성한 불 주위를 신랑이 앞서고 신부가 그 뒤를 따르면서 일곱 번을 돈다.

7. 종교의 갈등

세계 곳곳에서 종교를 둘러싼 크고 작은 분쟁이 끊이지 않고 있다. 세계 분쟁 39곳 중에 16곳이 종교 화약고라고 해도 과언이 아니다. 이데올로기 냉전 체제는 20세기의 유물이 되었지만 민족갈등과 종교 분쟁은 21세기에 들어와서는 오히려 악화되고 있다. 7세기경에 발생한 이슬람교는 전쟁을 통해서 지배한 지역마다 코란을 퍼뜨렸다. 이로 인해 중동 전체를 무슬림화시켰고, 유럽에서도 스페인을 정복하여 700년간 지배한 후에 프랑스까지 정복하려다가 투르-푸아티 전투[12]에서 격퇴당하여 저지되었다. 그리고 동쪽으로는 중앙아시아까지 진출해 당나라와 탈라스 전투[13]에서 이겨서 아랍이 실크로드의 무역권을 장악했다. 이 싸움의 결과로 종이가 서양에 전파되는 계기가 된다.

11~13세기에 유럽의 기독교 연합군과 중동의 이슬람교와의 전쟁인 십자군 전쟁이 있었다. 명분은 기독교 성지인 예루살렘을 탈환한다는 것인데 사실은 유럽세계가 힘이 커져서 중동으로 뻗어 나가고 싶어서였다. 또 아랍인이 장악하고 있는 무역권을 빼앗고자 하는 데 목적이 있었다. 200년 동안 7차례에 걸쳐 대규모 원정을 했는데 성공한 것은 처음 두 차례뿐이었다. 이 전쟁의 결과로 기사계급이 몰락하고 중세시대가 내리막길을 걷게 되었다.

20세기에 들어와서 팔레스타인 문제가 전쟁의 화약고가 되고 있다. 제3차 전쟁은 팔레스타인에서 일어난다는 설도 있는 등 팔레스타인은 세계 평화 질서 유지에 중요한 지역이다.

---

[12] 투르-푸아티: 프랑크의 마르텔이 732년에 투르 푸아티 전투에서 이슬람 세력을 격퇴한 사건.

[13] 탈라스 전투: 고구려 출신인 당나라의 장수 고선지가 이끄는 당군과 이슬람 아바스 왕조 사이에 중앙아시아 지역 패권을 두고 벌어진 전투로, 이 전투에서 당군이 패배하였다. 그 결과 중앙아시아 지역에서 이슬람교가 확산되었고, 포로로 잡힌 당군을 통해 중국의 제지술이 이슬람 세계에 퍼지는 계기가 되었다.

8. 종교가 행복에 미치는 영향

종교가 행복에 미치는 영향은 그리 크지 않고 깊은 신앙심이 행복에 영향을 미친다고 본다. 아가일(Argyle, 1999)[14]은 종교는 삶의 만족도에 5~7%이고 정서적인 안녕에는 2~3% 영향을 미친다고 하였다. 그러나 같은 종교적 신념을 가진 사람들끼리 집단적 정체감이 삶에 긍정적인 영향을 끼쳤고, 사회적 지지는 종교와 행복의 관계를 설명하는 중요한 요인이 되었으며, 사회적 지지가 부족한 사람일수록 종교는 더 큰 도움이 되었다. 그리고 종교는 인간이 자신의 내면을 성찰하게 하고, 자기이해와 성격통합의 증진과 더불어 내면의 갈등이 많은 사람에게 갈등 해소에 도움이 되는 것으로 나타났다.

9. 영성평가

아래의 문항을 주의 깊게 읽고, 지난 1년간 실제로 어떠했는지에 근거하여 당신에게 가장 적절한 숫자에 ○표 하시오.

표 8.1 영성평가

문항	전혀 아니다 (1)	약간 그렇다 (2)	어느 정도 그렇다 (3)	상당히 그렇다 (4)	매우 그렇다 (5)
1. 나는 인생에는 의미가 있다고 믿는다.					
2. 나는 절대적인 힘 또는 신의 존재를 믿는다.					
3. 나는 종교적 수행을 게을리하지 않는다.					
4. 나의 삶에 중요한 영향을 미치는 종교가 있다.					
5. 지난 24시간 이내에 명상이나 기도를 하는 데 30분 이상 보냈다.					

(계속)

---

[14] Argyle, M. Causes and correlates of happiness. In D. Kahneman, E. Diener, & N. Schwartz(Eds.), *Well-being: The foundations of hedonic psychology* (pp. 353–373). New York, US: Russell Sage. 1999.

6. 나는 평소에 삶의 궁극적 의미를 발견하고 초월적인 체험을 하기 위해서 종교적 또는 영적 활동(종교 행사 참여, 명상, 기도, 경전 읽기, 종교 프로그램 청취 등)을 많이 하는 편이다.					

6~9점: 영성이 부족한 상태, 영성 계발을 위한 적극적인 노력이 필요.

10~20점: 영성이 보통 수준, 계발을 위한 노력 필요.

21~25점: 상당한 영성을 지니고 있으며 강점으로 계발.

26~30점: 매우 탁월한 영성을 지니고 있으며 대표 감성으로 계발 바람.

행복과 심리

1. 정신분석심리

심리는 인간 이해와 행동의 이해를 가져다준다. 따라서 인간 심리를 알게 되면 자기 자신과 타인의 행동을 이해하기 때문에 인간 상호 간의 관계가 더 좋아질 수 있다. 따라서 행복과 심리는 행복 지수를 높이는 데 중요한 요인이 된다.

1) 프로이트의 정신분석심리

프로이트(Sigmund Freud, 1856~1939)는 체코의 유대계 가정에서 태어나 유년 시절에 오스트리아의 빈으로 이주하여 그곳에서 의학을 공부하고 정신분석의 창시자가 되었다. 그는 1938년 나치의 박해를 피해 런던으로 망명하였다. 한편, 프로이트는 자신의 일기 혹은 편지와 같은 사적인 자료를 공개하지 못하도록 했다. 정신분석을 창시하고, 무의식이라는 개인의 비밀을 캐내는 데에 전념했던 그가 자신의 비밀은 누구에게도 알려지지 않기를 바란 점은 정신분석적으로 흥미롭다.

　프로이트는 다윈, 아인슈타인과 함께 20세기의 위대한 인물로 평가를 받는다. 프로이트는 의식의 세계만 보던 데서 무의식의 세계를 보았기 때문이고, 다윈은 진화론을 통한 자연세계를 다시 보게 되었으며, 아인슈타인은 고전 물리학에서 상대성 이론을 주창했기 때문이다.[1]

---

[1] 고전 물리학은 공간적, 시간적으로 커다란 스케일로 일어나는 현상을 다루는 학문으로, 결정론적 인과성을

프로이트 인간관은 첫째는 유소년기의 경험이 성격을 형성한다는 과거지향적이다. 모든 인간 행동의 원인을 무의식과 과거에서 찾는다. 무의식이 모든 표출행동의 원동력으로 본다. 따라서 개인의 자유의지를 무시한다. 둘째는 인간의 성격은 본능, 자아, 초자아의 영역으로 이루어져 있다. 프로이트는 인간의 정신세계를 흔히 빙산에 비유한다. 빙산으로 비유하는 것은 보이는 의식의 세계가 1/3이고, 물속에 잠겨 보이지 않는 곳이 2/3에서 유래하고 있다. 셋째는 인간의 기본 에너지는 리비도(libido)이다. 리비도는 사람이 내재적으로 갖고 있는 성욕. 또는 성적 충동은 프로이트 정신 분석학의 기초 개념으로, 이드(id)에서 나오는 정신적 에너지, 특히 성적 에너지를 지칭한다. 사람은 리비도를 어떻게 쓰느냐에 따라 각기 다른 모습을 지니게 된다.

이를 종합해 보면 과거가 현재를 지배하고, 2/3의 무의식이 1/3의 의식의 세계를 지배하며, 인간의 부적응 행동은 무의식의 충동에 의해서다. 따라서 그의 인간관은 운명적이며, 주된 연구는 인간의 신경증과 부정적인 것이다.

프로이트는 성적 발달단계를 다섯 단계로 구분했다. 구순기, 항문기, 남근기, 잠복기, 그리고 생식기이다.

구순기(0~18개월)는 빨고 삼키고 깨무는 행위를 통한 쾌감을 느끼는 시기이다. 이 시기는 배가 고프지 않아도 손에 잡히는 등 모든 것을 입에 넣고 빤다. 6개월이 되기 전까지는 대상 부재의 시기이고 6개월 이후에는 어머니의 존재를 느끼며 엄마에 대해 욕구 불만을 갖고, 엄마에 대해 애정과 적대감정의 양가감정을 갖는 시기이다. 이 시기에 욕구 불만이 생기면 음식에 집착하고 음주와 흡연에 몰두하는 구순고착증이 나타난다.

항문기(18개월~3세 반)는 아이들이 배변을 통해 성적 쾌감을 갖는 시기다. 이 시기는 약속과 규범, 도덕에 대한 개념이 생긴다. 부모가 거칠거나 강압적이면, 아이들은 대변을 억제하는 경향이 심해져서 다른 행동에까지 일반화되어 항문 보유성격이 된다. 성인이 되면 고집이 세고 인색하며 지나치게 청결하거나 혹은 지나치게 불결한 경향으로 나타난다. 반대로 배변 훈련을 시키면 이런 행동에 즐거움을 느끼고 후에 항문공격 성격을 갖게 된다. 이 단계가 고착되면 잔인하고 파괴적이며, 난폭하고 적개심을 나타내게 된다. 따라서 적당하게 배변 훈련을 해야 사회적인 규범과 도덕을 잘 지키는 건강한 사람이 될 수 있다.

전제로 하는 갈릴레이, 뉴턴의 역학을 기초로 하는 학문이다. 한편 현대 물리학이라고 일컫는 양자 역학은 에너지가 작은 값으로 이루어졌으며 불연속성의 개념이다. 아인슈타인의 상대성 이론과 플랑크, 하이젠베르크의 양자 역학을 기초로 하는 학문이다.

남근기(4~5세)는 성기를 통한 리비도 만족과 오이디푸스 콤플렉스(oedipus complex)와 엘렉트라 콤플렉스(electra complex) 현상이 나타난다. 오이디푸스 콤플렉스 현상은 아버지와 동일시하는 남성다운 모습으로 발달하고, 여아는 남근에 대해 선망하게 된다. 이 시기는 아동이 이성의 부모에게 성적인 매력을 갖는다.

예를 들면 남아가 자신의 어머니에 대해 성적인 매력과 욕구를 느끼면서 자신의 아버지에 대해서는 양가감정을 느낀다. 그래서 남아는 아버지를 사랑하면서, 미워하기도 하고 두려워한다. 다시 말해 자신의 아버지가 어머니와의 경쟁관계에 있는 아들을 제재하기 위해서 남근을 잘라버릴 것이라는 두려움을 갖게 된다는 것이다. 그리고 여아는 자신이 남근이 없음을 깨닫고 자신이 열등하다고 느끼면서 남근을 갖지 않은 것 때문에 남근을 선망한다는 것이다. 프로이트의 이러한 욕망이나 두려움은 무의식에서 일어나기에 때문에 의식수준에서는 알 수가 없다. 이러한 배경에서 무의식을 접근하여 분석하는 정신분석학이 창시된 것이다. 이에 대해 여성 학자들은 오이디푸스 콤플렉스는 순전히 남성의 우월성을 강조하는 성차별적인 발상이라고 주장한다. 만일 여성이 남성의 성기를 선망한다면 남성은 여성의 유방을 선망한다고 주장한다. 그리고 이 시기를 성적 정체성을 갖는 시기로 보며, 동성애자가 될 수 있는 시기로도 본다.

잠복기(6~12세)는 성적, 공격적인 환상들이 무의식 속에 잠복되어 있는 평온한 시기이다. 이 시기는 지적 탐색과 주위 환경에 대해 탐색한다. 잠복기에 고착된 성격의 특징은 성인이 되어도 이성에 대한 관심을 갖지 못할 수도 있다.

생식기(사춘기 이후)는 이성에 대한 관심을 갖는 시기이고 억압되었던 성적인 감정이 크게 강화된다. 오이디푸스 콤플렉스 감정이 의식되어 부모 앞에서 불안하게 되고 떨어져 있는 것이 편한 감정이 들어 자기 방에서 나오지 않고, 심하면 가출까지 생각하게 된다. 이 시기를 잘 넘기면 이타적인 원숙한 성격을 갖게 된다.

표 9.1 프로이트의 심리성적 다섯 발달단계

구분	시기	특징
구순기 (oral stage)	출생~18개월	• 입으로 빠는 것을 통한 쾌감 • 구순고착증 : 과식, 과음, 손가락 빨기, 흡연 등
항문기 (anal stage)	18개월~3세 반	• 배설을 통한 쾌감 • 항문도착증 : 항문 강박적, 항문 폭발적인 성격-고집이 세고 소유욕이 강하고 방종

(계속)

남근기 (phallic stage)	4세~5세	• 성기를 통한 쾌감 • 오이디푸스 콤플렉스와 엘렉트라 콤플렉스 • 성적 정체성과 동성애가 될 수 있는 시기
잠복기 (latency stage)	6세~12세	• 성적 욕구나 갈등이 억압되는 평온한 시기 • 동성끼리 놀이하며 지적, 주위 환경 탐색
생식기 (genital stage)	사춘기 이후의 전생애	• 성행위를 통한 쾌감 • 이성에 대한 사랑 • 이타적인 원숙한 성격

프로이트는 우리의 의식에 떠오르지 않은 무의식이 중요한 의미를 지니고 있다고 본다. 인간이 지닌 생득적인 충동, 본능적 에너지의 원천을 말하는 원욕인 이드(id), 부모가 가르치는 예의범절이나 사회의 규칙에 의해 몸에 배인 규범이나 가치관으로 충동을 억누르려고 하는 초자아인 슈퍼에고(superego), 그리고 '이드'와 '초자아' 사이를 조정하고, 현실에 대응하려고 노력하는 것이 자아인 에고(ego)가 있다고 했다. 그는 '이드'가 너무 강해지면 그 사람은 감정적, 충동적인 행위를 하려는 경향이 짙어지고, '초자아'가 강하면 내부로부터 선악의 판단에 엄격해져 자신을 다스리는 도덕적인 행위를 하게 된다고 했다.

원욕은 유전적인 본능의 지배를 받으며 쾌락의 추구가 중요한 목표가 되고, 무의식이 지배하는 영역이다. 자아는 의식과 무의식으로 구성되어 있다. 주로 개인의 경험을 통해 형성된다. 외부 현실과 쾌락을 추구하는 원욕과의 갈등을 조정하며 만족을 얻는다. 초자아는 현실적 자아로부터 발달되며 의식과 무의식으로 구성된다. 무의식은 어린 시절 부모나 주위의 사람들로부터 영향을 받는다. 사회적 가치나 도덕 등에 내면화된 것이다. 초자아 역시 원욕과 갈등을 겪는다. 자아 기능이 약해져서 갈등의 조정 기능이 충분히 수행하지 못하게 되면 장애 현상이 나타난다. 무의식은 전의식과 무의식으로 구성되어 있다. 무의식은 전혀 기억할 수 없는 경험의 세계로 한 예를 든다면 이러하다.

한 여학생이 검은색과 어둠을 신경증적으로 싫어하고 밤은 하나의 공포감이었다. 이 여학생을 심층 분석한 결과 태어나자마자 사산으로 판단이 되어 검은 비닐 봉지 속에 넣었는데 그 순간에 할머니는 내 첫 손주인데 얼굴이라도 한 번 다시 보자며 검은 비닐 봉지를 여는 순간 아이가 우는 것이었다. 아이가 검은 봉지 속에 있었던 시간은 순간, 몇 초였다. 그 짧은 순간 그녀가 어둠에 대한 공포감이 있었던 것이다.

한편 전의식은 기억하면 기억할 수 있는 세계이다. 한 예를 들면 한 잘나가는 공무원이 있었다. 그에게는 부인과 딸과 아들을 둔 다복한 가정이었다. 그는 어느날 모처럼 휴가를 얻어

바캉스를 가게 되었다. 그 가족이 바캉스를 준비하던 중에 부인이 무심코 남편에게 "여보 그 것도 못해요." 하였다. 그런데 그는 그 말을 듣는 순간에 이전에 남편으로부터 보지 못했던 행동을 하는 것이었다. 남편은 물건을 집어던지고 소리를 지르는 등의 행동으로 바캉스는 그만두고 이혼 직전까지 가게 되었다. 이 남편을 심층 분석해 보니 어린 시절에 어머니로부 터 늘 "에야, 너는 그것도 못하느냐!"라는 말을 듣고 자랐다. 그는 그것이 너무나 싫었다. 그 런데 사랑하는 아내로부터 그 말을 듣는 순간에 어머니와 오버랩 되면서 그런 행동을 한 것 이다. 이것을 일컬어 전의식이라고 한다.

프로이트에 따르면 무의식은 최면이나 자유연상 등이 아니면 의식의 표면에 떠오르지 않 는다고 했다. 그리고 일상에서는 '꿈'이나 말실수, 건망증 등이 무의식적으로 나타난다고 생 각하여 이에 대한 분석에 몰두하였다. 프로이트는 인간의 마음을 하나의 장치, 심적 장치라 고 생각했다. 한 예로 학교에서 늘 따돌림을 당하는 아이가 따돌리는 아이들에게 "죽여 버 리겠다!"라며 충동 그대로 행동하는 경우, 이것이 이드의 욕망이다. 이와 달리 "사람을 죽여 서는 안 돼!", "상대방을 죽이게 되면 큰 벌을 받게 돼!"와 같이 행위를 정지시키는 것이 초 자아이다. '죽여 버리겠다'의 이드와 '죽여서는 안 돼'의 초자아 사이를 중재하는 것이 자아 이다. 자아는 "차라리 야구 방망이 휘두르기 500번을 하자."며 이드의 에너지를 별개의 바람 직한 형태로 발산시키게 한다.[2]

자아는 이처럼 이드의 본능적인 충동을 자신과 타인, 혹은 사회에 해(害)가 되지 않도록 처리해 나가는 기능이다. 이 기능을 '방어기제'라고 한다. '죽여 버리겠다!'는 충동을 '방망이 휘두르기 500번'으로 변경하는 방어기제를 승화라고 한다. 승화란 본능적인 에너지가 자아 와 초자아에게 보다 용납될 수 있는 목표를 위해 전환되는 것을 말한다. '억압'도 방어기제와 유사하다. 프로이트에 따르면 건강한 정신 상태란 '자아'가 주체가 되어 '이드'와 '초자아' 사 이에서 능숙하게 타협해 나가는 상태를 말한다.[3]

2) 융의 정신분석심리

융(Carl Gustav Jung)은 1875년 스위스 개신교 목사의 아들로 태어났으며 정신의학자요, 심 리학자이다. 그는 프로이트의 심리학에 영향을 받았지만, 정신현상을 성욕에 귀착시켜 설명

---

[2] 최정윤. 이상심리학. 학지사. 2015.
[3] 크리스 라반. 심리학의 즐거움. 김문성 역. 휘닉스. 2004.

하는 프로이트에 반대하고 아들러(Alfred Adler)[4]의 사상을 받아들여 성격에는 내향형과 외향형이 있다고 주장하였다. 그는 인도와 북아프리카 등지를 여행하면서 미개인의 생활을 관찰하였고 그것을 바탕으로 심층심리에는 단순히 개인적인 것 뿐만 아니라, 오랜 집단생활에 의해 심리에 침전된 '집단무의식'이 있다는 사실을 밝혀냈다. 융의 심리유형을 바탕으로 마이어스(Myers)와 브릭스(Briggs)가 고안한 것이 MBTI 성격검사이다.

융과 프로이트의 차이점은 첫째는 프로이트는 리비도를 성적 에너지라고 주장한 반면에 융은 일반적 에너지로 간주했다. 둘째는 프로이트는 성격에 있어 어린 시절의 영향에 대한 결정론적인 견해를 주장한 반면에 융은 생활 속에서 후천성으로 인해 변할 수 있고 미래의 열망에 따라 형성된다고 보았다. 셋째는 프로이트는 무의식을 주장한 반면에 융은 집단 무의식을 강조하였다. 집단적 무의식 요소를 원형이라고 한다.

융의 용어에 무의식이 있다. 모든 사람에게서 발견되며 유전된 기억과 조상들의 행동 양식을 담고 있다. 원형은 모든 무의식을 형성하는 기본적인 요소로, 근원적 이미지 꿈이나 신화로 표현된다. 모든 인류의 신화나 예술 등이 꿈에서 나타난다. 원형에는 영웅, 부모, 죽음, 탄생과 부활, 일관성, 아이들, 신, 악마 등을 포함한다.

표 9.2 융과 프로이트의 차이

	프로이트	융	비고
리비도 역할	인간의 생물학적 성에 제한한 에너지	성뿐만 아니라 삶의 에너지 포함한 정신 에너지	리비도 확장
성격 형성	과거의 사건이나 과정들에 의해 형성	과거뿐만 아니라 미래의 열망에 의해 형성	미래
무의식 개념	정신 자각 수준을 따라 무의식의 중요	정신문화 발달에 따라 집단무의식 개념 도입	집단무의식

아니무스와 아니마가 있다. 아니무스는 모든 여성의 의식에는 사랑, 에로스가 있지만 무의식에는 남성적인 로고스, 이성, 즉 적극적인 요소가 있다는 것이다. 반면에 남자는 의식 속에는 로고스, 이성이 있지만 무의식 속에는 사랑, 에로스가 있다는 것이다. 헬라어로 사랑은 다섯 가지가 있다. 첫째는 에로스(eros)이다. 이 사랑은 강렬한 낭만적인 사랑이고, 둘째

---

[4] 아들러(Alfred Adler, 1870~1937): 헝가리계 유대인으로 오스트리아 빈에서 태어난 정신의학자로 '개인심리학'을 수립하였으며 프로이트의 딸인 안나 프로이트의 남편이기도 하다.

는 스토르게(storge)이다. 이는 동반자적인 사랑이라고 한다. 셋째는 루두스(ludus)이다. 이를 유희적인 사랑이라고 한다. 넷째는 프라그마(pragma)가 있는데, 이를 실용적인 사랑이라고 한다. 마지막으로 아가페(agape)가 있다. 이는 이타적인 사랑을 뜻한다. 아니마는 모든 남성의 의식 속에는 이성, 로고스가 있지만 깊은 무의식에는 여성적인 에로스, 수동적인 요소가 있다는 것이다.

칼의 아니무스와 아니마를 통해 필자의 생각은 겉으론 여자가 약해 보이지만 내면은 강하며 남자는 겉으로 강해 보이지만 속은 약하여 남녀관계에서 피차 헤어질 경우에 여자들은 뒤를 돌아보지 않고 가지만 남자들은 힘들어하는 것이며, 남자는 첫사랑이 있지만 여자는 마지막 사랑이 내 사랑이라고 본다. 우리는 여기에서 남자와 여자의 성차가 있음을 알고 이를 잘 조화롭게 하는 것이 행복의 비밀이다.

존 그레이는 화성에서 온 남자 금성에서 온 여자에서 남녀 간의 차이를 인정하고 다름을 인정하라고 한다. 남녀의 문제는 옳고 그름 문제가 아니라 같음과 다름을 인식하는 것이 중요하다. 남자는 사실중심, 결과중심, 요약 형이고 여자들은 말을 할 때 과정중심, 확대형으로 말한다. 그래서 사회학자들은 남자가 하루 평균 10,000개, 여자들은 25,000개의 정도의 단어를 사용한다고 한다. 남자들의 대화는 문제해결이나 설득의 수단이지만 여자들의 대화는 개인적인 관계를 위한 다리이다. 그래서 남편이 아내가 대화를 하자고 하면 무슨 문제를 해결해 줄까 생각하지만 아내는 대화를 통해 남편과 관계가 더 깊어지기를 원한다. 남성은 인정과 존경을 받기를 원하지만 여성은 이해와 사랑을 받기를 원한다.

감각과 직관이 있다. 감각은 기관을 통하여 인지하는 것을 뜻하고, 직관은 감각 입력에 기저(基底)하고 있는 것으로, 인지를 빠르게 추측한다.

감정과 사고, 그리고 그림자와 의식이 있다. 감정은 아름다움이나 추함, 쾌락이나 불쾌의 정서적 측면들에 초점을 둔다. 사고는 추상적 사고와 추론을 뜻하고, 그림자는 인간의 어둡고 밝은 측면의 원형이다. 의식은 우리가 직접 알고 있는 정신의 부분이 의식이다. 의식은 자아에 의해 지배된다.

내향성과 외향성이 있다. 의식의 정신적 에너지 방향을 따라 의식을 내적인 방향으로 향하게 되면 내향성, 의식의 방향을 타인에게 향하게 되면 외향성이라고 한다.

개인 무의식과 집단무의식이 있다. 개인 무의식은 의식에 인접해 있는 부분으로 쉽게 의식화될 수 있는 망각된 경험이나 감각 경험으로 구성되어 있다. 개인의 무의식의 자료는 개인의 과거 경험으로 비롯된 것이고 집단무의식은 역사와 문화를 통해 공유된 정신적 자료의 저장소를 말한다. 집단무의식은 선조로부터 물려받은 우리의 행동에 영향을 주는 정신적인 수많은 원형이다. 이 집단무의식은 직접적으로 의식화되지 않지만 인류역사의 신화, 민속, 예술 등이 지니고 있는 영원한 주제인 현시를 통해 관찰된다.

　대립원리와 등가원리, 균형원리가 있다. 대립원리는 정신체계에 갈등이 없으면 에너지도 없고 인생도 없다. 사랑과 미움은 정신 내에 존재하면서 행동으로 표현되는 긴장과 새로운 에너지를 창출한다. 대립이 모든 행동의 1차적인 동인이 된다. 등가원리는 에너지 보존의 법칙, 풍선의 원리로 에너지는 소멸되지 않고 다른 방향으로 전환되는 원리를 말한다. 균형원리는 평형원리, 강한 욕망 쪽에서 약한 욕망으로 흘러 평형하게 동등한 분배를 이루는 것을 뜻한다.

　페르소나와 자기가 있다. 페르소나는 라틴어로 가면이란 뜻이다. 이는 환경의 요구에 조화를 이루려고 하는 적응의 원리로, 겉으로 표현되는 것과 내면이 다를 때에 겉과 속이 다르게 나타난다. 성격이란 단어인 퍼스낼리티(personality)는 바로 페르소나에서 나왔다. 자기는 무의식과 의식의 주인으로 성격 형성은 자기를 실현하는 과정이다. 인생의 전반기는 외부에서 자기를 찾으려고 한다면, 중년기에는 내부로 지향한다.

2. 행동심리

1) 왓슨

행동주의가 태동한 것은 정신분석에 대한 반기다. 프로이트의 정신분석의 심리학은 과학적으로 증명할 수 없다. 무의식의 세계를 과학적으로 증명할 수 없고, 인간의 발달단계 또한 과학적으로 설명할 수 없다. 과학의 생명은 데이터인데 정신분석심리학은 객관적인 데이터가 없다. 이에 왓슨이 실험을 통해 과학화한 것이 행동주의 이론이다.

　행동주의 인간관은 기계론적이다. 반복을 통한 의식화하고 할 수 있다. 행동주의는 19세기 말에 미국의 왓슨에 의해 시작되어 파블로프의 조건반사와 스키너, 그리고 존 다이크를 통해 계승 발전되었다. 왓슨(John Broadus Watson)은 존스 홉킨스 대학 교수로 행동주의(Behaviorism)[5]에서 "누구든 본성과 상관없이 교육을 통해 원하는 방향의 인간으로 만들어낼 수 있다."고 생각했다. 인간 발달에서 끝없는 논쟁거리 중 하나인 '본성과 양육'에서 그는 거

---

[5] 김문성. 심리학 개론. 스마트북. 2013.

의 급진적인 수준으로 '양육'의 중요성을 강조했다. 그가 1913년에 발표한 행동주의자의 관점에서 본 심리학(Psychology as the behaviorist views it)은 하나의 선언문과 같았고 학계에 큰 반향을 불러일으켰다. 행동을 통제하고 예측하는 객관적인 과학으로 심리학을 재정의해야 한다고 주장했다. 이는 당시 유행하던 정신분석학과 정반대의 태도를 취하며 무의식의 존재를 부정했다. 그는 모든 행동은 학습에 의해 변화시킬 수 있고, 적절한 조건에 자극을 준다면 충분히 예측 가능하다고 했다. 그리고 이를 '아기 앨버트' 실험을 통해 입증해 보였다.

그는 9개월 된 아기 앨버트가 방 안에서 강아지와 흰쥐, 원숭이 같은 동물들, 사람 가면, 불타는 종이 등의 물건들을 처음으로 접했을 때 두려움 없이 손을 뻗쳐 만져 보려 하면서 호기심을 보였다. 앨버트가 한창 놀고 있을 때 연구원이 망치로 쇠막대기를 마구 두드려 큰 소음을 냈다. 그 소리에 놀란 앨버트는 자지러지게 울기 시작하고 무서워했다. 두 달 후 11개월이 된 앨버트에게 다시 흰쥐를 보여줬다. 연구원은 앨버트가 흰쥐를 만지려고 할 때마다 쇠막대기를 두드려 놀라게 했고, 일주일 간격으로 2회에 걸쳐 일곱 번 반복했다. 그 이후 앨버트는 전에는 잘 만졌던 흰쥐를 보기만 해도 울음을 터뜨리며 공포감을 드러냈다. 이를 통해 인간은 자극에 반응을 타나내는 행동주의 심리학의 이론을 정립하였다. 그러나 왓슨은 사람을 대상으로 실험을 하는 우를 범하였다. 시험의 대상이었던 앨버트의 삶을 2010년에 추적했는데, 6살에 뇌수종으로 일찍 생을 마감한 것으로 나타났다. 인간은 결코 실험의 대상이나 훈련의 대상이 될 수 없음이 드러났다. 인간은 훈련의 대상이나 실험의 대상이 아니라 사랑의 대상, 섬김의 대상이다.

그러나 그는 후속 연구를 계속하지 못했다. 이는 왓슨이 함께 연구를 진행했던 레이너와 스캔들에 휘말렸기 때문이다. 그녀가 상원의원의 조카딸인데다 왓슨의 아내는 미국 유명 정치가의 여동생이었기에 언론의 관심을 받게 되면서 학교의 명예를 실추시켰다는 이유로 해고됐다. 아내와 이혼하고 레이너와 결혼했지만 다시 학계로 돌아갈 수 없었다. 왓슨은 1935년 두 번째 부인이 사망한 후 지나친 음주와 은둔생활 끝에 1958년에 코네티컷의 작은 집에서 사망했다. 혼자 연구하고 글을 쓰던 왓슨은 죽기 전에 출판하지 않은 모든 연구를 불태워 버렸다. 왓슨은 비록 지속적으로 학술적인 연구를 하지는 못했으나 "인간 행동은 관찰 가능하고 이를 예측과 통제를 통해 변화시킬 수 있는 객관적인 방법이 있다."는 심리학의 새로운 방향을 제시하며 '행동주의'를 창시한 것은 분명하다.

2) 손다이크 이론

손다이크(Edward Lee Thorndike)는 미국의 심리학자이다. 그는 컬럼비아대학교 심리학 교수로 시행 착오법이라는 학습이론을 수립, 게슈탈트(Gestalt) 심리학이 출현하기까지 학계를 지배했다. 그리고 그는 현대 미국 심리학의 기능학파의 중심적 학자이기도 하였다. 그는 효과의 법칙, 연습의 법칙, 준비성의 법칙을 주장했다. 효과의 법칙은 결과의 법칙이라고도 한다. 반응이 만족스러울 때에는 결합이 견고하나 불만족스러울 때에는 결합이 약해진다. 이 이론을 기초로 학습자가 교사의 칭찬을 받게 되면 열심히 공부하지만 그렇지 않으면 공부를 하지 않는다. 연습의 법칙은 빈도의 법칙이라고도 한다. 자극과 결합이 반복 연습되는 경우 그 결합이 강해진다. 반복 연습이 많을수록 결합이 견고해지고 연습량이 적어지면 결합이 약해진다. 그리고 준비성의 법칙은 준비를 충분히 하게 되면 결합이 용이해지며 만족할 만한 효과가 나타난다.

3) 파블로프의 조건 반사

파블로프(Ivan Petrovich Pavlov)는 조건반사에 대한 개념을 발전시킨 것으로 유명하다. 그는 굶주린 개가 종소리에 반응하여 침을 분비하는 과정을 연구하다가 조건반사 연구결과를 결과를 발표했다. 그는 본래 이미 1904년에 순환생리, 소화생리로 소화액 분비의 신경 지배에 관한 연구로 노벨 생리의학상을 수상했다.

그의 조건반사 이론에는 세 가지 원리가 있다. 강도의 원리, 시간의 원리, 계속성의 원리이다. 강도의 원리는 첫 번째 강도보다 다음의 자극이 강해야 결과가 나타난다는 원리로, 자극의 강도가 일정하거나 먼저 제시한 자극보다 더 강해야 효과가 있다. 시간의 원리는 자극조건이 무조건 자극보다 시간적으로 앞서거나 거의 동시에 주어야 한다는 원리이다. 그 간격은 0.5초가량이고 5초 이상 지연되면 효과가 없다. 그리고 계속성의 원리는 자극과 반응이 반복되는 횟수가 많을수록 효과가 있다는 원리로, 반복연습과 비례한다.

파블로프의 '조건반사'는 본능적인 반응과는 구별된다. 예를 들어 "귀가 중 전철에서 겨우 자리를 잡았을 때, 노인이 다가오면 눈을 감고 자는 척한다."든가, "매력적인 여자나, 남자를 보면 말을 건다."든가, 더운 물에 손을 넣으면 자동적으로 손을 급히 빼버리는 등은 파블로프의 조건반사가 아니다. 이는 본능에 속한 것이다. 조건반사는 어떤 경험에 따라 '조건적으로' 몸에 밴 일종의 행동을 말한다. 따라서 개인적으로 경험한 것인지 어떤지가 중요하다.

예로 한국인이 김치를 보기만 해도 입안에 군침이 돈다고 했을 때, 이는 김치를 먹는 습관이 있는 한국인에게 있는 특유의 조건반사로 김치를 먹은 적이 없는 외국인에게는 일어나지 않는다. 이게 파블로프가 말하는 조건반사이다.

조건반사는 대뇌피질의 기능을 연구하는 목적으로, 20세기 초엽에 파블로프에 의해 시작되었다. 실제로 대뇌를 제거하면, 조건반사는 일어나지 않는다. 그리고 이는 20세기 전반에 미국을 중심으로 널리 퍼진 행동주의 심리학의 성립에 크게 기여하였고, 나아가서는 심리학 안에 속한 '행동의 획득 또는 변용이라는 의미의 학습'이라는 영역에 하나의 주축이 되어 현재에 이르고 있다.

4) 스키너의 조작적 조건화

'스키너의 상자(Skinner Box)'로 유명한 스키너(Burrhus Frederic Skinner)는 상자 안에 쥐를 넣고, 쥐가 상자 안에 막대를 누를 때마다 먹이가 나오도록 만들었다. 처음에 쥐는 우연히 막대를 눌렀는데 곧 먹이가 나온다는 것을 학습하고는 일부러 막대를 누르는 행동을 자주 보였다. 스키너는 이를 이론화하여 막대를 누르는 행위를 통해 먹이를 얻는 것을 긍정적 강화(positive reinforcement)로 보았고, 반대로 상자 안의 쥐가 활동할 때 불쾌한 전기충격을 주는 장치를 사용해서 활동량을 줄이도록 하는 것을 부정적 강화(negative reinforcement)라고 했다. 그는 이런 식으로 긍정적 강화와 부정적 강화를 적절히 이용하여 원하는 방향으로 행동을 이끌 수 있다고 주장했다. 이를 조작적 조건화(operational conditioning)라고 한다. 여기에는 강화와 벌, 그리고 강화 계획이 있다.

강화와 벌에서 강화란 어떤 행동의 강도와 발생 빈도를 증사시키는 것을 의미한다. 강화에는 정적 강화와 부적 강화가 있다. 정적 강화란 바람직한 반응을 했을 경우에 반응자가 좋아하는 강화물을 제공하면 강도가 증가하는 것을 말한다. 예를 들어 인정과 칭찬, 그리고 상품을 주는 것이다. 반면에 부적 강화는 바람직한 반응을 했을 경우에 반응자가 싫어하는 것을 제거 혹은 감소시켜 주는 것을 말한다. 예를 들어 청소나 과제를 제외시키는 것을 말한다. 그리고 강화 계획이란 행동에 대한 강화의 제시나 중단을 지시하는 규칙 및 절차를 말한다. 여기에는 고정간격 강화계획, 변동간격 강화계획, 고정비율 강화계획, 변동비율 강화계획 등이 있다.

3. 인지심리

피아제(Jean Piaget)는 스위스의 심리학자로, 10세 때에 이미 새에 대한 논문을 출판하였다. 그는 비네(Binet)에게 심리학을 배우기 시작하여 1929년 루소의 연구 기관장이 되어 어린이를 연구하게 되었으며, 이것이 계기가 되어 심리학과 교육학에서 중요한 인물이 되었다. 인지심리는 정신분석학의 인간관이 운명적, 부정적이고, 행동주의 인간관 또한 기계론적인에 것에 대해 동화와 조절로 인해 평형화를 이룰 수 있다고 보았다.

동화란 새로운 것을 이미 알고 있는 것에 맞추어 이해하려는 시도이다. 예를 들어 네 발 달린 동물을 개로 인식한 아이는 송아지를 보고는 큰 개로 인식하는 것을 뜻한다. 조절은 새로운 정보에 적응하기 위해 기존 도식에 대한 변화를 시도하는 것이다. 예를 들어 개라고 알고 있는 데서 새로운 도식으로 변형하는 시도를 말한다. 기존 도식과 부합되지 않으면 불안, 불균형을 이루게 되고, 동화와 조절을 통해 잘 부합하게 되면 불안이 감소되고 평형 상태로 회복이 된다. 신입생이나 신입사원이 대학에, 혹은 직장에서 동화와 조절을 잘하지 못하면 적응하지 못해 자퇴, 혹은 이직하게 되고, 초 · 중 · 고생들은 따돌림을 당하게 된다.

피아제는 발달단계를 4단계로 보았다. 유아기, 아동초기, 아동중기, 형식적인 조작기로 보았다. 유아기(감각기 0~2세)는 감각적 운동기로, 자기중심적이고 점차 영속적으로 획득하는 시기이고, 아동초기(전조작기 3~7세)는 한 가지 관점에서 사물을 판단하고 이해할 뿐 수, 양, 부피 등의 개념이 형성되지 못한 시기이다. 아동중기(구체적 조작기 8~11세)는 논리적인 사고가 가능하고 보존 개념을 형성하는 시기이다. 그리고 형식적인 조작기(12세~)는 명제, 가설, 추상적인 차원에서도 논리적인 사고가 가능하다.

4. 교류분석심리

교류분석이론은 번(Eric Berne, 1910~1970)에 의해 시작되었다. 그는 캐나다 몬트리올에서 태어났다. 원래 이름은 에릭 번스타인(Eric Bernestein)이었으나 1943년 에릭 번으로 개명하였다. 1935년 맥길대학교에서 의학을 전공하고 이후 예일대학교에서 정신분석을 공부하였다. 제2차 세계대전 발발 후에는 미 육군 정신과 군의관으로 복무하기도 하였다. 그는 전역 후에 샌프란시스코 정신분석 연구소에서 에릭슨(Erik Erikson)의 지도를 받았으며 1940년대 말 정신분석의 연구를 중단하고, 자아 상태 연구에 집중하여 10년간의 연구 끝에 '교류분석이론'

을 완성하였다.

교류분석 인간관은 인간은 단순히 행동주의 심리학처럼 기계론적인 것도 아니고 정신분석심리 이론처럼 운명적인 것도 아니고 동화와 조절을 통한 평형화를 이루는 인지적인 존재도 아니라 선택하고 행동에 책임을 지는 존재로 보았다. 번의 교류분석이론을 통해 에고 그램의 성격검사가 나오게 되었다. 교류분석심리에는 네 가지 자세가 있다. 자기부정과 타인긍정, 자기부정과 타인부정, 자기긍정과 타인부정, 그리고 자기긍정과 타인긍정이다.

1) 자세

(1) 자기부정−타인긍정(I'm not OK−You're OK)

이 자세는 스스로 부족하고 무능하며 열등하다고 생각한다. 한편 타인은 자기보다 낫다고 생각한다. 초기 어린 시절의 일반적인 자세이다. 어린이들은 부모의 애정을 경험하기 때문에 타인에 대해 긍정적이다. 그러나 욕구충족에 있어서 거의 무능한 상태에 있는 젖먹이 어린아이는 잠시라도 다른 사람의 보살핌이 없으면 생존의 위협을 느끼게 된다. 이때문에 젖먹이 어린아이는 어쩔 수 없이 좌절을 경험하게 된다. 이 자세를 계속 유지하게 되면 타인과 친밀한 관계를 맺기가 어렵다. 이런 자세는 내향적이고 피해적이다. 그리고 의기소침하고 열등감과 자살 충동을 느끼게 된다.

(2) 자기부정−타인부정(I'm not OK−You're not OK)

이 자세는 부모의 애정 어린 무조건적인 보호가 점차로 줄어드는 생후 1년을 전후로 나타난다. 이 자세는 스스로도 열등하지만 타인들도 부족하고 불완전하며 나쁘다고 여기는 태도이다. 아이가 혼자 걸을 수 있게 되면 부모의 보살핌이 줄어들기 때문에 엎어지고 넘어지는 위험에 처하게 된다. 이 경우에 아이는 더 이상 자기를 보살펴 주지 않는 타인에 대해서 부정적인 태도를 취하게 된다. 이 자세는 네 가지 생활자세 중에서 가장 바람직하지 않은 자세이다. 이러한 자세를 가진 사람은 삶의 의미상실, 정신분열증, 타살 및 자살, 파괴 충동을 느끼게 된다. 이런 자세는 정신병원이나 감옥 등에서 일생을 보낼 확률이 높다.

(3) 자기긍정−타인부정(I'm OK−You're not OK)

어린아이가 심하게 무시당하거나 비난과 억압을 당하든지, 혹은 부모로부터 매를 맞게 될 때, 옳지 못한 사람은 자기가 아니라 다른 사람이라고 결정할 수 있다. 반면에 자신에게 가졌던 부정성이 긍정성으로 바뀌게 된다. 이 자세는 편집증적 자세로 불린다. 극단적인 불신과 비난, 그리고 증오의 특징이 보인다. 그리고 이 자세는 투시적인 입장이고 공격적이며 자기 실수를 남에게 떠넘기고 희생을 당했다고 생각한다. 타살 충동을 갖게 된다. 그러나 타인의 저주나 무관심을 잘 견뎌내면 자생력과 저항력이 생겨 독립하게 된다.

(4) 자기긍정-타인긍정(I'm OK-You're OK)

이 자세는 가장 건강한 생활자세이다. 이러한 자세를 갖는 사람은 스스로 유능하며 인생은 살아갈 만한 가치가 있다고 생각한다. 아울러 타인들도 전반적으로 신뢰할 수 있는 좋은 사람이라고 생각한다. 따라서 자기 자신과 타인을 신뢰한다. 이런 자세는 생의 초기에 무의식적으로 형성된다. 이 자세는 의식적이고 언어적인 자기결단이기 때문에 개인과 타인에 관해 광대한 양의 정보를 포함한다. 이 정보는 아직 경험하지 못한 가능성의 복합된 내용도 포함한다.

2) 자아 상태의 구별

자아는 크게 세 가지로 구분한다. 하나는 어린이 자아이고, 다른 하나는 어른 자아이고, 또 다른 하나는 부모 자아이다. 어린이 자아는 0~5세에 형성되며 한 개인의 생리적인 욕구와 감정의 저장소이다. 그리고 자신이 누구인가를 느끼도록 하는 실제적인 모습을 체험되기도 한다. 삶에서 가장 중요한 정서적인 사건뿐만 아니라 영아기의 경험까지도 모두 기록하는 시기이다. 어린이 자아 상태는 어렸을 때 느꼈던 감정과 행동들을 그대로 느낄 수 있다. 어른 자아는 18개월에서 12세에 완성되고 자료를 수집하고 처리하며 논리적인 법칙을 따라 판단하며 어떤 결론에 도달하도록 진행시키는 것을 포함한다. 12세쯤 되면 그 기능이 성숙해지며 16세가 되면 충분한 성인 자아가 성장하게 된다. 부모 자아는 6세 이전에 부모나 의미있는 연장자들의 말과 행동을 무비판적으로 받아들여 내면화시킨 것으로 개인의 가치 체계와 도덕을 나타낸다. 번(Berne)의 이론으로 볼 때 성인이란 연령이나 생활 연령에 의해 구분되는 것이 아님을 알 수 있다.

표 9.3 프로이트와 번의 비교

	분류	어린이 자아(C)	어른 자아(A)	부모 자아(P)
번	시기	출생~5세	18개월~16세	6세 이전
	영향	어린 시절 감정, 행동	사고, 합리적인 행동	부모 혹은 의미 있는 주위 사람들
	반응	감정적인 반응	내적·외적 욕구, 언어능력	무비판적이고 객관적인 사실 없이 수용
프로이트		id	ego	superego

3) 자아 상태의 대응 반응

자아 상태의 말과 어투, 비언어, 대응 반응, 직업 등을 살펴보면 비판적 어버이 자아, 양육적 어버이 자아, 어른 자아, 자유분방한 어린이 자아, 길들여진 어린이 자아가 있다.

비판적 어버이 자아(CP, critical parent ego)의 말은 '당연히 해야지. 하지 않으면 안 된다. 내가 말하는 대로 하면 된다. 요즘 아이들은 무책임해서 문제야. 손님이 오면 반드시 인사를 해야 돼, 안 돼. 격언' 등을 사용한다. 어투는 설교적이고 비판적이고 단정적이고 권위적이다. 위압적이고 강요적이며 보수적이고 봉건적이다. 비언어는 잘못을 지적하고 정정한다. 손가락질한다. 깔보는 자세로 팔짱을 끼고 주먹으로 책상을 친다. 초조함을 노골적으로 드러내고, 얼굴을 위로 하고 내려다 보며 잘난 척하고, 상사인 것처럼 행동한다. 대인 반응은 나는 긍정(I am OK), 타인 부정(Your are not OK)이다. 이는 타인이 볼 때 무시당한 느낌과 풋내기 식으로 대하는 느낌을 받는다. 직업은 교장, 군인, 경찰, 스포츠맨, 행정가 등이다.

양육적 어버이 자아(NP, nurturing parent ego)의 말은 '해줄게. 귀엽구나. 아름답구나. 맡겨 놓으세요. 알겠어요. 힘을 내세요. 걱정하지 마세요. 안됐군요.' 등을 사용한다. 어투는 온화하다. 안정감을 준다. 애정이 담뿍 들어 있다. 따뜻하고 부드럽게 걱정해주는 듯하다. 비언어는 손을 내민다. 미소 띤다. 수용적이다. 배려가 있고 돌보는 데 열중하고 스킨십이 있다. 안아 준다. 대인 반응는 나도 긍정(I am OK), 당신도 긍정(You are OK)이다. 남을 도와주고 동정하는 마음과 달래는 태도와 위로를 받는다. 직업은 미술교사, 보모, 의사, 카운슬러, 간호사 등이다.

어른 자아(A, adult ego)의 말은 육하원칙을 들어 말한다. '생각해 봅시다. 나의 의견은, 어쨌든 사실 확인을 해봅시다. 반대 의견을 들어보자. 통계자료를 보자.' 등을 사용한다. 어투

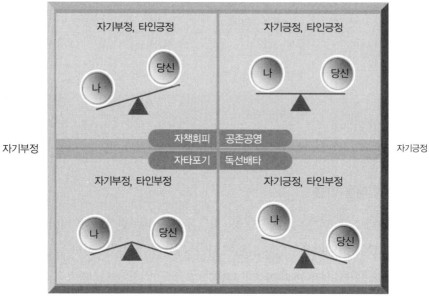

그림 9.1   번의 교류분석

는 차분하고 낮은 목소리, 냉정하고 단조롭다. 일정한 톤으로 선정되어 있다. 명료하다. 말하는 상대방의 내용을 이해한다. 비언어는 주의 깊게 듣는다. 바른 자세, 관찰력, 상대방의 눈과 마주친다. 감정적이지 않고 대등한 태도를 취한다. 대인 반응은 사실 중심주의, 안정된 느낌, 그리고 객관적으로 본다. 느낌과 계산이 되어 있고 냉정하다. 직업은 기사, 물리학자, 통계학자, 화학자, 세일즈맨, 세무사 등이다.

　자유분방한 어린이 자아(FC, free child ego)의 말은 '와아! 아아! 좋다. 싫다. 멋지다. 아, 유쾌하다. ~을 갖고 싶다. ~해줘요. 기뻐요. 아, 그립다.' 등의 감탄조이다. 어투는 감정적 개방적 느긋한 모양, 큰 소리로, 티없이 밝고 명랑하며 흥분한 듯하다. 비언어는 자유로운 감정 표현, 활발하고 잘 웃는다. 장난꾸러기, 유머가 풍부하고, 때론 공상적이고, 응석을 부린다. 대인 반응은 나도 긍정(I am OK), 너도 긍정(You are OK)이다. 자유롭고 희로애락을 느낀다. 본능적으로 무슨 생각을 떠올리며 느낀다. 직업은 배우, 가수, 무용가, 음악가, 예술가 등이다. 어린이 교수 자아(LP)를 포함한다.

길들여진 어린이 자아(AC, adapted child ego)의 말은 '~해도 좋습니까? ~을 할 수 없습니다. 근데 곤란한데요. 잘 모르겠습니다. 저 같은 사람이, ~할 작정입니다. 그리고 나를 조금도 알아주지 않는다. 슬프다. 우울하고 분하다.'는 말을 한다. 어투는 우물쩍거리고 사양하고 조심스럽다. 여운이 있는 반응과 한스럽고 때론 끈덕지다. 비언어는 안색을 살피고 마음을 쓴다. 탄식과 어둡고 겁에 질린 모습으로 반항하고 동정을 구한다. 기대고 자학적이고 자기애적이며 기분을 억누른다. 대인 반응은 나는 부정(I am not OK), 당신은 긍정(You are OK)이다. 타율적, 의존적, 순종적, 반항적, 도전적 착한 아이이다. 직업은 비서, 타이피스트, 가정부, 사서, 웨이터 등이다.

다음 질문을 읽고 맞다고 하는 곳에 ○표, △표, ×표를 하시오.

표 9.4 이고그램 진단 문항

	문항	○	△	×
CP	1. 아내(남편)나 아이, 부부 등이 잘못을 하면 즉시 나무라는가?			
	2. 당신은 규칙을 지키는 데 엄격한 편인가?			
	3. 최근 세상은 아이들을 버릇없이 가르치고 있다고 생각하는가?			
	4. 당신은 예의범절에 잔소리 많은 편인가?			
	5. 다른 사람의 말을 막고 자신의 생각을 주장한 적이 있는가?			
	6. 자신을 책임감이 강한 사람이라고 생각하는가?			
	7. 적은 부정에도 우물우물 넘겨버리는 것이 싫은가?			
	8. '못쓰겠어', '하지 않으면 안 된다'라는 말을 곧잘 사용하는가?			
	9. 좋고 나쁜 것을 확실히 해두지 않으면 마음이 편치 않은 편인가?			
	10. 때로는 아이들을 스파르타식으로 훈련할 필요가 있다고 생각하는가?			

	문항	○	△	×
NP	1. 다른 사람이 길을 물었을 때 친절하게 가르쳐 주는가?			
	2. 부탁을 받으면 대체로 받아들이는가?			
	3. 친구나 가족에 뭔가 사주기를 좋아하는가?			
	4. 아이들을 곧잘 칭찬하거나 머리를 쓰다듬어 주기를 좋아하는가?			
	5. 다른 사람을 돌보아주는 것을 좋아하는가?			

6. 다른 사람의 결점보다도 장점을 보는 편인가?			
7. 다른 사람이 행복하게 되는 것을 기뻐하는가?			
8. 아이나 아내(남편) 혹은 부하의 실패에 관대한가?			
9. 당신은 남의 처지를 헤아려 주는 편이라고 생각하는가?			
10. 경제적으로 여유가 있다면 길에 버려진 아이를 데리고 와 가르치고 싶다고 생각하는가?			

	문항	○	△	×
	1. 당신은 감정적이라기보다는 이성적인 편인가?			
	2. 무엇이나 정보를 수집해서 냉정하게 판단하는 편인가?			
	3. 당신은 시간을 잘 활용하고 있는가?			
	4. 일은 능률적으로 솜씨 있게 잘 처리해 가는 편인가?			
A	5. 당신은 여러 가지 책을 잘 읽는 편인가?			
	6. 누군가를 비난하기 앞서 사정을 잘 조사해 보는가?			
	7. 사물은 그 결과까지 예측하고 행동에 옮기는가?			
	8. 무엇을 할 때 자신의 득실을 잘 생각하는가?			
	9. 몸의 컨디션이 좋지 않을 때는 자중하여 무리를 피하는가?			
	10. 뭔가 분명하지 않은 것이 있으면 다른 사람에게 상담하여 잘 처리하는가?			

	문항	○	△	×
	1. 기쁠 때나 슬플 때에 얼굴이나 동작에 곧 나타나는가?			
	2. 당신은 다른 사람 앞에서 노래를 부르기를 좋아하는가?			
	3. 말하고 싶은 것을 사양하지 않고 말할 수 있는가?			
	4. 아이들이 떠들거나 장난치거나 하는 것을 내버려 두는가?			
FC	5. 원래 제멋대로의 면이 강한 편인가?			
	6. 당신은 호기심이 강한 편인가?			
	7. 아이들과 함께 흥에 겨워 놀 수 있는가?			
	8. 만화책이나 주간지를 읽고 즐거워하는가?			
	9. '와', '굉장하다', '멋진데' 등의 감탄사를 곧잘 사용하는가?			
	10. 놀이의 분위기에 즐겁게 어울릴 수 있는가?			

	문항	○	△	×
AC	1. 당신은 조심성 있고 소극적인 편인가?			
	2. 생각한 바를 말하지 않고 뒤에 후회한 적이 곧잘 있는가?			
	3. 무리를 해서라도 다른 사람이 좋게 생각하도록 노력하고 있는가?			
	4. 당신은 열등감이 강한 편인가?			
	5. 너무나 좋은 아이기 때문에 언젠가 폭발할지도 모른다고 생각하는가?			
	6. 타인의 얼굴색을 보고 행동하는 점이 있는가?			
	7. 참된 자신의 생각보다 부모나 다른 사람들이 말하는 것에 영향을 받기 쉬운 편은 아닌가?			
	8. 다른 사람으로부터 어떻게 평가 받고 있는가? 무척 마음에 드는 편인가?			
	9. 싫은 것을 싫다고 말하지 않고 억제하는 경우가 많은 편인가?			
	10. 내심으로 불만이지만 표면으로는 만족해하고 있는 것처럼 행동하는가?			

출처 : 김형태, 1997.

○＝10점	△＝5점	×＝0점

0	CP	NP	A	FC	AC

다음 질문을 읽고 빈 칸에 3, 2, 1, 0 점을 적으십시오.

표 9.5 이고그램 진단 문항(여성용)

항상 그렇다＝3점　종종 그렇다＝2점　가끔＝1점　아니다(좀처럼 없다)＝0점

	CP	NP	A	FC	AC
1. 동작이 절도가 있어야 능동적이다.	■	■		■	■

항목					
2. 개방적이며 자유분방하다.	■	■	■		■
3. 상대를 얕본다.		■	■	■	■
4. 주의 사람들에게 잘 맞추어 나간다.	■		■		■
5. 전통을 소중히 여긴다.		■	■	■	■
6. 상대의 장점을 잘 알고 칭찬해 준다.	■			■	■
7. 상대의 이야기에 공감한다.	■			■	
8. 현실을 잘 보고 판단한다.	■	■		■	■
9. 감정을 곧 얼굴에 나타낸다.	■	■	■		
10. 매사에 비판적이다.		■	■	■	■
11. 양보심이 많고 소극적이다.	■	■	■		■
12. 동정심이 강하다.	■			■	
13. 하기 싫은 일은 이유를 붙여 뒤로 미룬다.	■	■		■	
14. 책임감을 소중히 여긴다.		■		■	■
15. 곧은 자세로 상대의 얼굴을 보면서 이야기한다.	■	■		■	■
16. 불평불만이 많다.	■	■	■		
17. 남의 일을 잘 돌보아준다.	■				■
18. 상대의 눈치를 본다.	■	■	■		
19. 왜, 어떻게라는 말을 잘 쓴다.	■	■		■	■
20. 도덕적이다.		■	■	■	■
21. 사물의 판단이 정확하다.	■	■		■	
22. 아이구, 야아 등의 놀람을 나타낸다.	■	■	■		■
23. 상대의 실패나 결점에 엄격하다.		■	■	■	■
24. 가정에서 세척, 청소 등을 적극적으로 한다.	■		■	■	
25. 마음속에 있는 말을 잘 못하는 성격이다.	■	■		■	
26. 그럴듯하게 변명을 잘한다.	■		■	■	
27. '~해야 한다'고 하는 말투를 쓴다.		■			■
28. 얌전하게 있는 것은 질색이다.	■	■			■
29. 규칙을 준수한다.		■	■		■
30. 비교적 인간접촉에 능란하다.	■	■	■	■	
31. 상대가 좋아하도록 노력한다.	■		■	■	
32. 하고 싶은 말을 거리낌 없이 한다.	■	■	■		■
33. 여러 가지 정보(사정)를 수집, 잘 생각한다.	■	■		■	■

	CP	NP	A	FC	AC
34. 자기 중심적이다.	■	■	■		■
35. '미안합니다, 실례했습니다'란 말을 잘한다.	■	■	■	■	
36. 자기 감정을 배제하고 생각한다.	■	■		■	■
37. 호기심이 강한다.	■	■	■		■
38. 주위 사람에게 개의치 않는다.	■	■			■
39. 이상을 추구한다.		■	■	■	■
40. 실행하기 전에 완벽한 계획을 세운다.	■	■		■	■
41. 대화에서는 감정적으로 나오지 않는다.	■	■		■	■
42. 곤란한 사람을 보면 위로해 준다.	■		■	■	■
43. 봉사활동에는 앞장서서 움직인다.		■	■	■	■
44. 의견을 명확히 주장한다.	■	■	■		■
45. 이론보다 직감으로 결정한다.	■	■	■		■
46. 융통성이 있다.	■		■	■	
47. 갖고 싶은 것은 끝내 갖고야 만다.	■	■	■		■
48. 상대의 실패를 너그러이 용서해 준다.	■		■		■
49. 누구하고도 이야기를 잘한다.	■	■		■	■
50. 부탁 받으면 거절 못한다.	■		■	■	■
계					

출처 : 김형태, 1997.

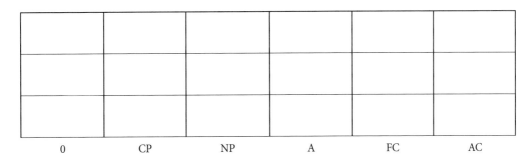

0	CP	NP	A	FC	AC

다음 문항을 읽고 빈칸에 3, 2, 1, 0을 채워 보시오(깊이 생각하지 말고 편안한 마음으로 하자).

표 9.6 이고그램 진단 문항(직장인용)

항상 그렇다=3점　종종 그렇다=2점　가끔=1점　아니다(좀처럼 없다)=0점

	CP	NP	A	FC	LP	AC
1. 내가 맡은 일이 잘 안 될 때 다른 사람들에게 그 이유나 배경을 잘 설명한다.	■	■		■	■	■
2. 나는 마음에 걸리는 게 많은 편이다(누가 내게 한 말이나 행동, 또한 내가 남에게 한 말이나 행동)	■	■	■	■	■	
3. 나는 다른 사람들이 내 지시에 잘 따라 주기를 바란다.		■	■			■
4. 필요한 정보를 입수하기 위하여 질문을 하거나 조사를 한다.	■	■		■	■	■
5. 윗사람의 지시를 받으면 비록 어려운 일이라도 가능하면 실천하도록 노력한다.	■	■	■	■	■	
6. 미안해거나 죄스럽게 느끼는 것이 있다(일 제대로 못하고 시간을 못 지키고, 태만 등)	■	■	■	■		
7. 나는 세밀하게 자료를 검토하기보다 전체적으로 감을 잡고 신속히 결정한다.	■	■	■			■
8. 나는 다른 사람(동료, 윗사람, 학생, 손님)들에게 미소를 잘 보이는 편이다.	■	■		■		
9. 나는 몸이 불편한 사람에게 병원에 가기를 권하거나 휴가를 받으라고 권한다.	■	■		■	■	
10. 나는 일이 내 방식대로 되어 가기를 바란다.	■	■	■		■	■
11. 나는 저들이 저렇게 하면 안 되는데, 혹은 이 사람들이 이렇게 하지 않으면 안 되는데 등의 생각을 많이 한다.		■	■	■	■	■
12. 내가 바라는 것이 준비되어 있지 않으면 빨리 해달라고 계속 재촉한다.	■	■	■			■
13. 지루한 일을 하게 되는 때에도 내 나름대로 흥미 있는 측면을 찾아낼 수 있다.	■	■	■	■	■	
14. 나는 내 능력을 개발하기 위하여 교육(연수) 기회가 있으면 열심히 참가하는 편이다.	■	■		■	■	■
15. 나는 무슨 일이 일어나기 이전에 미리 예감을 느낄 때가 많다.	■	■	■	■		■
16. 나는 합리적이고 객관적이라는 소리를 듣는다.	■	■		■	■	■
17. 나는 내가 돌보고 챙겨주지 않으면 내 주변 사람(부서 직원)들이 제대로 일하기 어렵다고 생각한다.	■		■			
18. 나는 직감력이 뛰어나다는 소리를 잘 듣는 편이다.	■	■	■	■	■	

문항						
19. 나는 우리 가족이나 아랫사람이 목표달성을 못하면 꾸짖거나 야단을 친다.		■	■	■	■	■
20. 나는 될 수 있는 한 경비를 아끼면서 좋은 성과를 낼 수 있는 방법을 잘 찾아낸다.	■	■				■
21. 나는 쉽게 흥분하지 않고 차분한 편이다.	■	■			■	■
22. 나는 내 일에 조금 지장이 있더라도 남들이 어려워하면 그것을 돕는 편이다.	■			■	■	■
23. 나는 화가 나면 어딘가 혼자 있을 수 있는 곳을 찾는다.	■	■	■	■	■	
24. 내 눈에는 쓸만하다고 느끼는 사람이 거의 없다.		■	■	■	■	■
25. 나는 근무 중에도 내가 하기 싫은 일은 거의 안 하는 편이다.	■	■				■
26. 나는 '죄송합니다, 감사합니다' 등의 말을 잘 쓴다.	■	■	■		■	
27. 나는 다른 사람들을 위해서 내가 이렇게 해주어야 한다는 생각을 잘한다.	■			■	■	■
28. 나는 상대방과 터놓고 이야기하며 사람들을 편안하게 대하는 편이다.	■	■	■		■	■
29. 나는 접시에 남은 마지막 과자도 남의 눈치를 안 보고 집어먹는 편이다.	■	■	■		■	■
30. 나는 필요한 정보를 입수하지만 필요보다 육감이나 직관에 의해 의사를 결정할 때가 많다.	■	■	■			■
31. 나는 동료의 어려움을 적극적으로 나서서 돕는 편이다.	■			■	■	■
32. 나는 주변 사람들에게 '날씨가 추우니 두터운 옷을 입어라, 비가 올 것 같으니 우산을 준비하라' 등의 이야기를 잘하는 편이다.	■			■	■	■
33. 나는 전화를 공손하게 받으며 예의가 바르다는 소리를 잘 듣는다.	■	■	■	■	■	
34. 나는 일을 회피하기 위하여 잔꾀를 잘 쓰는 편이다.	■	■	■	■		■
35. 나는 아랫사람(윗사람)들이 일을 제대로 못할 때에는 직선적으로 나무라는 편이다.		■	■		■	■
36. 나는 내가 결정을 내려놓고 아래 사람(자녀)들이 그대로 행동해 주기를 요구하는 편인다.		■	■	■	■	■

출처 : 김형태, 1997.

0	CP	NP	A	FC	AC	LP

4) 인생태도에 따른 자아 상태

(1) 자기부정, 타인긍정(I am not OK, You are OK)은 열등감, 무력감을 수반하는 인생관 갖고 산다. 전형적 이고그램은 NP와 AC가 높고 CP와 FC가 낮은 N자형으로 자기를 억제 하여서라도 타인과의 좋은 관계를 맺으려고 한다. 내면에 모순이 축적되는 경우가 많고, 자신이 무엇을 원하는지 잘 모른다.

(2) 자기부정, 타인부정(I am not OK, You are not OK)은 허무주의적이고 비건설적인 인생관을 갖고 있다. 전형적인 이고그램은 NP를 바닥으로 하고 AC가 올라가는 골짜기형으로 P나 A의 기능이 약하고 C의 기능이 강한 것이 특징이다. NP가 낮아서 타인과 따뜻한 교류를 갖기가 힘들며 AC가 높기 때문에 자기에 대해서도 긍정적인 태도를 취하기 힘들고, 인생의 목표가 없다.

(3) 자기긍정, 타인부정(I am OK, You are not OK)은 자신감을 갖고 있으나 책임 전가적인 인생관을 갖고 있다. 전형적 이고그램은 CP와 FC가 높고, NP와 AC가 낮은 역 N자형이다. 이는 타인에게는 비관적이나 자기를 적극적으로 살리려는 CP나 FC의 기능이 표면에 나오는 특징이 있다. 주변사람과 마찰이 생기기 쉽고, 경직된 인생을 사는 경향이 있다.

(4) 자기긍정, 타인긍정(I am OK, You are OK)은 민주적이고 건설적인 인생관을 가지고 산다. 전형적인 이고그램은 NP를 고점으로 하여 AC로 내려가는 산형으로 P나 A의 기능이 강한 것이 특징이다. 타인과 좋은 관계를 맺고 FC가 높으므로 자기를 적절하게 표현할 수 있으며, 인간관계가 잘 유지되는 자아 상태로 '지금 여기'에서 승자적인 삶을 산다.

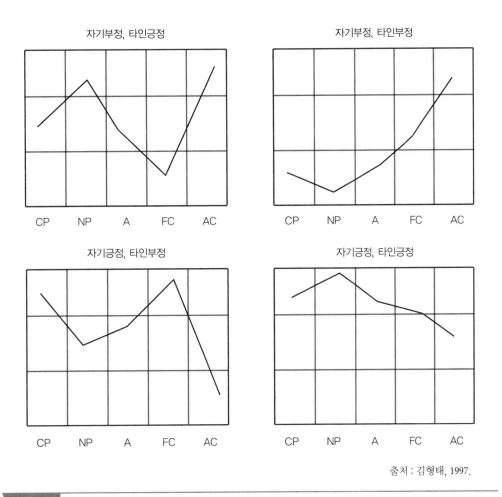

출처 : 김형태, 1997.

그림 9.2 번의 교류분석의 전형적인 형태

5) 활성화 방안

CP 활성화 방안은 1. 자신을 갖고 큰소리로 이야기 한다. 2. 등을 펴고 동작을 크게 한다. 3. 인생목표, 업무목표를 명확히 세운다. 4. 결정, 결심한 것을 끝까지 한다. 5. 가훈, 좌우명을 만들어 수시로 읽는다. 6. 자기의견과 소신을 미리 준비한다. 7. 시간 금전 등의 계획을 세우고 엄격히 지킨다. 8. 사물의 옳고 그름을 명확히 가른다. 9. 타인에 대한 평가를 확실하게 한다. 10.주위의 좋지 않은 행동에 주의를 준다.

NP 활성화 방안은 1. 상대의 이야기를 친근감 있게 듣는다. 2. 사람을 좋아하고 싫어하는 편견을 없앤다. 3. 타인을 격려하고 용기를 북돋우어 준다. 4. 타인에게 관심을 높이고 장점을 배운다. 5. 모임에서 총무나 서기의 역할을 맡는다. 6. 타인에게 관심과 호의를 몸으로 표현한다. 7. 타인의 부탁은 기분 좋게 받아들이고 지원한다. 8. 사회봉사활동에 앞장서서 참가한다. 9. 관대한 애정으로 타인을 바라본다. 10. 타인이 듣고 싶어 하는 말을 준비해 본다.

A 활성화 방안은 1. 무엇이든 계획을 세우고 행동한다. 2. 자질구레한 일에 구애 받지 않는다. 3. 가능성과 결과를 예측하고 전체를 보며 추진한다. 4. 찬반 양쪽을 모두 파악하고 판단한다. 5. 하려는 것을 미리 문장화, 구체화한다. 6. 5W1H를 활용하여 묻고 생각한다. 7. 감정이 격할 때에 틈을 두고 천천히 말한다. 8. 현실상황, 여건을 감안해서 행동한다. 9. 요가, 명상, 자율훈련 등 자기조절 훈련을 한다. 10. 상대방의 말의 내용을 확인 후 내 말을 한다.

FC 활성화 방안은 1. 생각을 하면 곧 행동에 옮긴다. 2. 자질구레한 일에 구애 받지 않는다. 3. 낙관적으로 행동하고 생각한다. 4. 자신의 생각을 적극적으로 피력한다. 5. 자신의 태도, 감정을 그대로 나타낸다. 6. 코미디를 보고 유행하는 농담을 해본다. 7. 등산, 수집, 감상 등 취미활동을 적극적으로 한다. 8. 즐거운 공상을 통해 즐거운 기분에 빠진다. 9. 사물에 대한 강한 호기심을 갖는다. 10. 최선을 다할 수 있는 일을 찾는다.

AC 활성화 방안은 1. 내심 불안하더라도 즉각 표현하지 않는다. 2. 집단이나 타인이 정한 규칙에 따른다. 3. 상대가 어떻게 느끼는지 확인한다. 4. 주위를 생각하고 상대의 안색을 살핀다. 5. 부정, 거부하는 말을 한 번 더 생각한다. 6. 상대 이야기를 잘 듣고 맞장구 쳐준다. 7. 스스로 겸손하고 상대를 치켜세운다. 8. 세부적인 일까지 신경 쓰고 배려한다. 9. 자신의 기분과 감정을 조절, 억제한다. 10. 평지풍파, 분란을 일으키는 일을 주도하지 않는다.[6]

5. 인본주의심리

매슬로(Abraham H. Maslow)는 러시아에서 이주한 유대인으로, 위스콘신대학교에서 왓슨의 행동주의 심리학에 매료되어 연구에 전념하다가 제2차 세계대전과 첫 아이 출생을 통해 행동주의 심리에서 인본주의 심리로 바꾸었다. 그는 아기를 낳고 이렇게 말했다. "나는 신비감과 통제할 수 없는 기분에 휩싸였다. 나는 아이를 가져본 사람은 누구나 행동주의자가 될 수 없을 것이라고 생각한다." 그는 아이가 태어나면서부터 엄마의 젖을 먹는 것을 보면서 지금까지 행동주의에 기초한 자극과 반응 및 교육을 통해 원하는 방향으로 인간을 만들 수 있

---

6 김형태. 상담의 이론과 실제. 한남대학교 출판부, 1997.

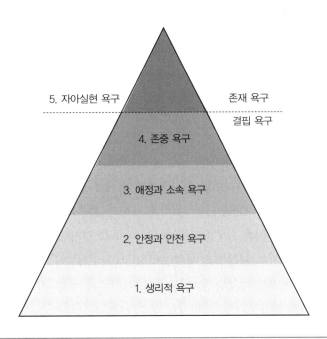

5. 자아실현 욕구

존재 욕구

결핍 욕구

4. 존중 욕구

3. 애정과 소속 욕구

2. 안정과 안전 욕구

1. 생리적 욕구

그림 9.3 매슬로의 욕구이론

다는 생각을 접고 인본주의인 욕구위계이론을 정립하였다.

그리고 그의 동기(motivation)이론이 유명하다. 동기는 라틴어 모비어스(moveers)에서 유래된 것으로 움직인다(move)의 뜻을 가지고 있다. 동기는 행동을 일으키게 하는 내적인 직접요인으로, 행동에 활력을 주며 어떤 목표를 향하도록 방향을 제시하며, 목표달성을 위해 효과적인 행동을 하도록 한다.

인본주의 이론은 행동주의 이론과 정신분석학 이론에 대한 비판을 토대로 이루어졌다. 그는 내적 인간에 대한 관심을 갖고 인간성과 자아실현을 강조하였다. 그는 인간의 주체성과 능동성을 주장했으며 환자를 대상이 아니라 건강한 사람들의 성격을 중심으로 이론을 전개했다. 그리고 그는 인간을 '소망의 존재'로 보았다. 그는 1967년에 미국 심리학회 회장을 역임하기도 하였다. 그러나 이 이론은 욕구가 채워져야 다음 단계의 욕구로 간다는 것에 대해 비판을 받는다. 한 예로 성직자들이 기본적인 생리욕구가 채워지지 않는다 할지라도 자아실현욕구를 실현할 수도 있다. 매슬로는 인간의 동기가 작용하는 양상을 설명하기 위해 생리적 욕구, 안정과 안전 욕구, 애정과 소속 욕구, 존중 욕구, 그리고 자아실현 욕구의 5단계를 피라미드 형태로 설명하였다.

첫 단계는 생리적 욕구이다. 생리적 욕구(physiological needs)는 인간에게 나타나는 가장 기본적이면서도 강력한 욕구로 피라미드의 최하단에 위치한다. 생존을 위해 물리적으로 요구되는 필수 요소이기 때문에 생리 욕구가 충족되지 않으면 인간의 신체는 제대로 기능하지 못한다. 따라서 적응적 생존이 불가능하게 된다. 생리적인 욕구에는 식욕, 수욕, 성욕 등이 있다. 이것은 인간의 생존에 필요한 본능적인 신체적 기능에 대한 욕구이다. 이 욕구는 가장 기본적이면서 중요한 욕구이기 때문에 다른 어느 욕구보다도 먼저 충족되어야 한다. 이에 기초해서 회사는 사원들에게 기본적인 최저생계비를 지급해야 한다.

두 번째 단계는 안정과 안전 욕구이다. 생리적 욕구가 충족되면 안전 욕구(safety needs)가 나타난다. 안전 욕구는 두려움이나 혼란스러움이 아니라 평상심과 질서를 유지하고자 하는 욕구로, 안전의 위협을 느낀 사람들은 불확실한 것보다는 확실한 것, 낯선 것보다는 익숙한 것, 안정적인 것을 선호하는 경향을 보인다. 전쟁이나 자연 재해, 가정 폭력, 유아학대와 같이 개인의 물리적 안전이 보장되지 못한 사람들은 트라우마를 경험할 수 있다. 그리고 경제 위기나 실업 등으로 인해 경제적으로 안정이 보장되지 못하게 되면 사람들은 고용보장 제도를 선호하게 된다. 현대사회에서는 종교 귀의 등에서 안전의 욕구를 실현하는 모습을 볼 수 있다. 그리고 사람들은 개인적인 안정, 재정적인 안정, 건강과 안녕, 사고나 병으로부터의 안정과 안전을 위해 각종 보험에 가입하기도 한다. 그러나 무엇보다도 사회 안전망이 확보되어야 한다. 그리고 노동시장이 안정이 되어야 한다. 그러기 위해 우리 사회의 심각한 문제인 비정규직 문제가 해결돼야 한다. 사회가 안전해야 행복지수가 높아진다.

세 번째 단계는 애정과 소속 욕구이다. 생리적 욕구와 안전 욕구가 충족되면 대인관계로부터 오는 애정과 소속 욕구(need for love and belonging)가 나타난다. 이 욕구는 특히 다른 발달단계보다도 애착이 중요한 어린아이에게서 강하게 나타난다. 애정과 소속 욕구가 결핍되면 교우 관계, 가족 관계를 포함한 전반적인 사회적인 관계를 맺고 유지하는 데 큰 장애가 될 수 있다. 요즘 한국 사회에 나타나는 따돌림 문제는 애정과 소속 욕구가 결여될 수 있다. 소속과 애정이 결핍되게 되면 직장인들은 이직하게 된다. 애정과 소속 욕구 충족을 위해서는 MT나 같은 팀끼리 야유회를 가거나 유니폼을 입기도 한다.

네 번째 단계는 존중 욕구이다. 애정과 소속욕구가 충족되면 존중욕구가 나타난다. 모든 사람은 존중받고자 하는 욕구(need for respect)가 있다. 존중 욕구는 타인과 나 자신의 존중 욕구도 포함한다. 누구나 타인의 인정을 받고 싶어 한다. 타인으로부터 인정을 받을 때 자신이 가치 있다고 느끼게 되고 자신이 무언가에 기여하고 있다는 느낌을 갖게 된다. 이러한 존중 욕구가 충족되지 않거나 욕구에 불균형이 생기면 사람들은 낮은 자존감과 열등감을 갖게 된다. 직장에서 직임과 직위에 맞게 일을 맡기고 임금도 지급해야 한다. 특히 낙하산 인사는 조직사회를 흔들고 직장인들의 행복지수를 떨어뜨리는 행위이다.

다섯 번째 단계는 **자아실현 욕구**이다. 욕구 피라미드의 최상부에 위치한 것이 자아실현 욕구(self-actualization needs)로, 이는 각 개인의 타고난 능력 혹은 성장 잠재력을 실행하려는 욕구라고 할 수 있다. 다시 말하여 자아실현 욕구는 자신의 역량이 최고로 발휘되기를 바라며 창조적인 경지까지 자신을 성장시켜 자신을 완성함으로써 잠재력의 전부를 실현하려는 욕구라 할 수 있다.

매슬로의 생리적인 욕구에서 존중 욕구까지의 네 단계는 결핍 욕구를 해소하려는 욕구 해소의 동기라면, 자아실현 욕구는 결핍 상태에서 출발하는 것이 아니라 성장을 향한 긍정적 동기의 발현이다. 이는 생존을 위한 욕구가 아니라 성장과 성숙을 위한 동기라고 할 수 있다. 자아실현의 욕구는 사람마다 다르게 구현되며 구체적으로 나타난다. 이를테면 어떤 사람은 이상적인 부모가 되는 것이 자아실현의 욕구가 될 수 있고, 어떤 사람은 예술가가 되는 것이 궁극적인 자아실현이 될 수도 있다. 필자는 자아실현 욕구를 진선미성의 완성이라고 본다.

표 9.7 매슬로의 욕구 5단계

욕구		생리적 심리적 지표
5. 자아실현 욕구	성장 욕구	잠재력의 발달 신체적, 지적, 정서적, 영적인 것에서 미의 균형 알고, 이해하고자 하는 욕구, 진, 선, 미, 성
4. 존중 욕구	결핍 욕구	한 개인으로서의 가치, 자기존중, 타인에 의한 존중, 지위 인정
3. 애정과 소속 욕구		타인과의 관계, 우정과 애정
2. 안정과 안전 욕구		위험과 위협으로부터 보호, 불안으로부터의 자유, 법, 안정에 대한 욕구
1. 생리적 욕구		맛, 수면, 갈증, 냄새, 성, 접촉, 굶주림

잘되는 리더는 심리학을 안다[7]

경영자들이 의지만 있으면 어떤 업무에서도 적용할 수 있는 동기부여 조치들이 많다. 더구나 그중 대부분은 비용이 전혀 들지 않는다. 설사 비용이 발생해도 그 금액은 아주 적은 수준에 불과하다. 특히 존중과 자아실현의 욕구는 전혀 비용이 들지 않고도 충족시킬 수 있다는 게 특징이다. 그러면서도 1차적인 동기부여의 효과가 있으며, 장기적으로도 업무 만족도를 높여주는 효과가 있다.

첫 단계는 직원의 생리적 욕구를 충족시켜 주는 조치들로, 첫째는 신체 조건에 맞게 합당한 업무를 배분한다. 둘째는 적절한 업무 시간, 휴식 시간, 휴가 규정을 두어 실행한다. 셋째는 몸에 무리가 갈 정도의 교대 업무와 야간 잔업, 그리고 특근을 폐지한다. 넷째는 합리적 기능의 작업 공간, 휴식 공간, 위생 공간을 마련한다. 다섯째는 최적의 난방, 환기, 조명 시설, 그리고 소음, 먼지, 악취 제거를 한다. 여섯째는 목적에 맞는 인체공학적인 업무를 설비하고 장애인을 위해 공간 설비와 통행로를 확보한다. 일곱째는 목적에 맞고, 매력적인 업무 복장과 휴식 시설을 마련하고 스포츠 활동을 위한 시설을 마련한다.

두 번째 단계는 직원의 안전 욕구를 충족시켜 주는 조치들로, 첫째는 장기적이고 공정한 근로 계약을 맺는다. 둘째는 작업안전 예방 조치를 한다. 안전복장, 안전모, 안전설비를 한다. 셋째는 교육 프로그램과 연수 프로그램을 만들고 업무 관할과 권한에 대해 명확하게 규정한다. 넷째는 광범위한 정보를 제공하고, 정확하고 규칙적으로 임금을 지급한다. 다섯째는 승진 기준 및 복지 사업에 대한 이해, 개인 물건을 안전하게 보관할 수 있는 시설을 확보한다. 여섯째는 직원의 근심과 문제를 대화를 통해 도움을 준다. 일곱째는 약속을 충실하게 이행하고, 업무 결과와 성과에 따른 칭찬과 보상을 한다. 여덟째는 낙관주의적인 분위기를 조성한다.

세 번째 단계는 직원의 소속감 욕구를 충족시켜 주는 조치들로, 첫째는 서면보고 대신에 잦은 대화를 한다. 둘째는 직원의 사생활에 대해 관심을 갖고, 셋째는 사이가 좋은 동료들끼리 같이 일할 수 있도록 배려하고, 넷째는 팀끼리 정기적인 회의를 개최하고, 다섯째는 갈등 해소와 따돌림을 방지하고, 여섯째는 휴식시간 및 휴식 공간을 마련한다. 일곱째는 기업 이미지, 팀 이미지, 공동체 의식을 조성하고, 야유회, 회식, 영화 관람 같은 공동행사를 개최하며, 취미 모임, 스포츠 활성화, 직원 가족들을 초대하는 행사를 개최한다.

[7] 하르무트 라우퍼. 잘되는 리더는 심리학을 안다. 장혜경 역. 갈매나무. 2009.

　네 번째 단계는 직원의 존중 욕구를 충족시켜 주는 조치들로, 첫째는 인사를 할 때에 직원 개개인의 이름을 부르면서 악수를 나눈다. 둘째는 옷이나 문 앞에 이름표를 붙인다. 셋째는 직원 개개인의 생일이나, 결혼식, 돌잔치 등에 축하인사를 전한다. 셋째는 개인의 세계관과 가치관을 존중한다. 넷째는 책임이 막중하고 도전적인 업무를 맡긴다. 다섯째는 의견 제안과 희망사항을 물어본다. 여섯째는 책임과 결정권을 허용한다. 일곱째는 만족스러운 업무 성과를 냈을 경우에 칭찬을 아끼지 않는다. 그리고 평균 이상의 성과에는 성과급을 지급하고 승진의 기회를 준다.

　다섯 번째 단계는 직원의 자아실현 욕구를 충족시켜 주는 조치들로, 첫째는 창의적 활동을 할 수 있게 도와준다. 둘째는 강압적인 업무 지시를 하지 않는다. 셋째는 직원들이 스스로 업무 공간을 꾸미도록 한다. 넷째는 개선안을 내면 적절하게 보상한다. 실현 불가능한 개선안이라도 마찬가지로 처리한다. 다섯째는 직원의 제안을 그 직원이 직접 실현하고 시험할 수 있도록 해준다. 여섯째는 개인의 능력, 선호도, 취미에 맞는 업무를 분배한다. 일곱째는 개인에게 업무 시간과 분배를 자율적으로 맡긴다. 여덟째는 개인이 원하는 교육 프로그램을 고려하고 봉사활동을 시원한다.

　위에서 열거한 내용 이외에도 직원들에게 동기부여를 하는 방법은 수없이 많다. 그러나 이 정도만으로도 생각보다 손쉽게 직원들에게 동기를 부여할 수 있다.

6. 사회발달심리

에릭슨(Erik Homburger Erikson, 1902~1994)은 덴마크계 독일인으로 미국에 귀화한 발달심리와 정신분석심리학자이다. 그는 인간의 사회발달이론으로 유명하고 그중에 특히 정체성 이론이 유명하다. 그는 유대인 어머니 카를라 아브라함센(Karla Abrahamsen)과 덴마크 아버지 피를 받아 태어났다. 그 어머니는 그가 태중에 있을 때 덴마크 사람인 남편과 이혼하고 독일 프랑크푸르트로 이주하여 유대인 의사와 재혼하였다. 생부의 성은 에릭(Erik)이다. 그러나 법적으로는 독일계 유대인인 계부의 아들로 되어 있었다. 부모는 에릭슨의 출생을 비밀로 하였다. 어린 시절 그는 푸른 눈을 가진 금발의 소년으로, 유대 게토에서는 노르만인이라고 괴롭힘을 당했고, 문법학교에서는 유대인이라며 놀림을 당했다.

　그는 프로이트의 제자로 문화와 환경을 연구했다. 그리고 안나 프로이트에게 교육분석 훈련을 받고 1933년 미국으로 이주하여 보스턴에서 아동정신분석을 연구하였다. 1936년 예일대학교에서 프로이트의 발달이론을 기초로 8단계의 사회심리이론을 전개했다. 이 이론의 핵심은 아이덴티티(Identity), 정체성이론이다. 출생부터 5세까지 부모, 특히 어머니와의 관계와 성인초기인 나는 누구인가 하는 자신의 정체성이 중요하다고 했다. 에릭슨은 프로이트의 다섯 단계에서 3단계를 늘려 8단계로 구분하였다.

첫 단계는 유아기(출생~1세)이다. 이 시기는 신뢰감과 불신감(trust vs mistrust)이 형성되는 시기이다. 엄마의 애정과 안정감이 있으면 타인과 자신에 대해 신뢰성이 생긴다. 반면에 엄마의 거부와 무관심일 경우에는 주위에 대해서 불신하게 된다. 이 단계에서 중요한 인물은 엄마이고, 엄마와의 관계가 중요하다.

두 번째 단계는 초기 아동기(2~3세)이다. 이 시기는 자율성 대 회의감 및 수치심(autonomy vs doubt & shame)이 형성되는 시기이다. 이 시기는 자율적인 의지의 시기이다. 자율적인 대응은 법과 질서이다. 자율적 의지가 실현되지 않으면 수치심과 회의감을 느낀다. 수치심이란 자신이 타인들의 눈에 자기 자신이 좋게 보이지 않는다고 생각할 때 갖는 느낌을 말한다.

세 번째 단계는 후기 아동기(4~5세)이다. 이 시기는 주도성과 죄의식(initiative vs guilt)이 형성되는 시기이다. 이 시기는 운동능력과 지적능력의 발달과 주도성이 발달한다. 그리고 자기 주도적 활동과 환상에 대해 처벌을 받게 되면 죄책감을 느끼게 된다. 자기 주도적 향상 시 책임감과 도덕성이 발달한다. 죄책감은 지나치게 엄격한 훈육이나 윤리적 태도를 강요할 때 형성된다.

네 번째 단계는 학동기(6~11세)이다. 이 시기는 근면성과 열등감(industry vs inferiority)의 시기이다. 이 시기는 타인으로부터의 인정과 칭찬을 받게 되면 근면성이 향상된다. 학교를 통해서 근면성을 획득하게 된다. 읽기, 쓰기, 셈하기 등의 인지적 기술을 획득, 또래와 같이 놀고 일하는 것을 배우게 된다. 타인으로부터의 거부와 조롱을 받게 되면 열등감을 느낀다. 열등감은 실수나 실패를 거듭하게 될 때 생긴다. 그리고 학교나 사회가 어린이에 대한 편견적 태도를 취할 때 일어날 수 있다.

다섯 번째 단계는 청소년기(12~18세)이다. 이 시기는 정체성과 역할혼돈(identity vs role confusion)의 시기이다. 이 시기는 신체 변화 및 자아정체성의 형성시기 및 불안한 시기이다. 이 시기는 정체성의 형성에 대한 확신과 성인 시기를 대비한다. 자아정체감이란 자기 동일성에 대한 자각인 동시에 자기 위치, 능력, 역할 및 책임에 대한 분명한 인식을 말한다. 정체성 형성에 실패할 경우에 정체성 위기를 맞게 된다. 그리고 이 시기는 성적 정체성을 갖는 시기이기도 하다. 성적인 정체성을 갖지 못하면 혼란을 겪게 되고, 동성애자가 될 수 있는 시기이다. 에릭슨은 이 시기를 가장 중요한 시기로 본다.

여섯 번째 단계는 성인초기(19~35세)이다. 이 시기는 친밀감과 고립감(intimacy vs isolation)의 시기이다. 부모로부터 독립하고 직업 선택 및 결혼을 통한 성숙과 책임감을 느끼는 시기이다. 그리고 직장을 통해서 타인과 친밀감을 맺고 타인과 융화하는 시기이기도 하다. 고립과 회피 및 위협적으로 느낄 경우에는 공격적으로 나타난다. 그리고 심리적 고립감은 형식적인 인간관계를 형성하게 한다. 반면에 다른 사람과 집단과 친밀한 관계를 맺게 되면 자신의 능력에 충실하게 된다.

일곱 번째 단계는 성인기(35~55세)이다. 이 시기는 생산성과 침체감(generativity vs stagnation)의 시기이다. 생산적인 요소에는 한 세대에서 다음 세대로 전해지는 모든 것, 기술적인 생산품, 아이디어, 책, 예술작업 등의 재현 등이 있다. 직업적인 분야와 학문, 예술분야의 생산성이 증가하는 시기이기도 하다. 생산성을 제대로 발휘하지 못하거나 안 하게 되면 침체감이 형성된다. 이 경우에는 타인들에 대한 관심보다는 자신의 욕구에 더 치중하는 경향을 보이며, 타인에 대한 관대함이 결여되고 자기도취에 빠지게 되고, 대인관계가 피폐하게 된다. 행복의 사이클을 보면 말발굽인 U자형으로 20대 초와 60대가 행복지수가 높은 반면에 40대가 행복지수가 가장 낮다. 이는 자녀들이 입시와 또 사회에서의 중간 관리자로 많은 스트레스를 받는 시기이기 때문이다. 60대가 행복지수가 높아지는 것은 필자의 생각으로는 손자, 손녀들을 보았기 때문일 것이다. 손은 한자로 孫(손)인데 이는 子+系의 합성어로 손자를 보아야 자기의 대가 계승되었다는 뜻이다. 자기 대를 이을 손을 보았으니 행복지수가 높아질 수밖에 없다. 인간에게는 누구나 종족 보존의 욕구가 있다.

여덟 번째 단계는 노년기(55세 이후)이다. 이 시기는 자아통합감과 절망감(ego integrity despair)의 시기이다. 노년기에는 신체적인 노쇠와 은퇴, 친한 친구와 배우자의 죽음 등으로 인하여 인생에 대한 무력감을 느끼는 시기이다. 자아통합은 확고하게 '나는 만족스럽다'라고 확신하는 능력이다. 자아통합감이 확고하지 못하여 자신의 삶이 무의미하다고 느껴지면 절망에 빠지게 된다.

프로이트와 에릭슨의 발달이론에서의 차이점을 보면 프로이트는 유아기의 구순기로부터 시작해서 성인이 되기까지의 5단계로 나누었다. 사춘기 이후 성인은 모두 생식기로 포괄하였다. 또한 프로이트의 발달이론에서는 인간의 정신발달을 성적 에너지와의 관계로만 생각했다. 이에 반해 에릭슨은 개인의 발달에 관련된 사회와 대인관계를 도입하여 전 생애를 8개 단계로 나눴다. 그리고 각각의 발달단계마다 성장에 있어서 중요한 의미를 지니고 있는 것으로 보았다. 특히 청년기에 아이덴티티를 획득하지 못할 경우에는 그 다음 단계로의 발달이 불가능하다고 보았다. 즉, 아이덴티티의 확립은 청년기를 초월해 개인의 전 생애에 걸친 중요한 과업으로 본 것이다. 에릭슨이 아이덴티티에 대해 연구했던 것은 자신의 출생 전에 양아버지 밑에서 자란 데서 오는 자신의 소속감, 그리고 자신의 존재의식에 대한 혼란이 있었기 때문이었을 것이다. 그의 아이덴티티 이론은 에릭슨의 인생 그 자체이다.

표9.8 에릭슨의 발달이론

단계	나이	심리사회적인 위기		주요인물	특징
		긍정적	부정적		
1. 유아기	출생~1세	신뢰감	불신감	어머니	• 어머니의 애정과 안정감 : 타인과 자신에 대해 안정 • 어머니의 거부와 무관심 : 주위에 대해 불신
2. 초기 아동기	2~3세	자율성	회의감 및 수치심	부모	• 자율적인 의지의 시기 • 자율적인 의지가 실현되지 않으면 수치심, 회의감
3. 후기 아동기	4~5세	주도성	죄의식	가족	• 운동능력과 지적능력 발달과 주도성 발달 • 자기 주도적 향상 시 책임감과 도덕성 발달 • 자기 주도적 활동과 향상에 처벌 시 죄책감
4. 학동기	6~11세	근면성	열등감	교사 또래	• 타인으로부터 인정과 칭찬 : 근면성 • 타인으로부터 거부 조롱 : 열등감
5. 청소년기	12~18세	정체성	역할 혼돈	또래 친구들	• 신체 변화 및 자아정체성 형성 및 불안한 시기 • 정체성 형성 : 확신을 갖고 성인 대비 • 정체성 실패 : 정체성 위기 및 혼돈
6. 성인 초기	19~35세	친밀감	고립감	애인, 배우자, 친구	• 부모 독립, 직업 선택 및 결혼 : 성숙, 책임감 • 직장 및 타인과 친밀감 : 자신의 정체성, 타인과 융합 • 고립 : 회피, 위협적으로 느낄 때 공격적
7. 성인기	35~55세	생산성	침체감	배우자, 자녀, 문화	• 다음 세대를 위해 가르치고 참여 • 실패 : 침체, 대인관계 빈곤
8. 노년기	55세 이후	자아 통합감	절망감	일생 동안 사회적인 경험	• 은퇴, 배우자 사망 시기 • 자아통합감 : 성취감과 만족감 • 실패 시 : 절망 무기력

표 9.9 에릭슨과 프로이트의 비교

프로이트	에릭슨
id 중시	ego 중시
세 단계에 걸쳐 성인이 되고, 성격 형성은 종결, 과거 중시	완료된 상태가 아닌 과정의 상태, 전 생애 과거 현재 미래 모두 포함
리비도에 의한 성격 발달	부모와 사회와의 관계 속에서 형성
신경증 환자들을 대상	건강한 사람을 중심으로 이론 전개

7. 역할모델과 효능감

1) 반두라의 보보인형

반두라(Albert Bandura)[8]는 캐나다 앨버타 주에서 폴란드인 아버지와 우크라이나인 어머니 사이에서 태어났다. 그는 미국의 심리학자로 사회학습이론(social learning theory)의 주창자이자 현대 교육심리학 분야의 석학이다. 그는 현재 스탠퍼드대학교 심리학과 교수로 있으며 미국심리학회 회장을 역임했다. 반두라의 모델학습의 인간관은 행동주의의 보상과 처벌과 달리 관찰만을 통해서도 행동이 형성된다는 것이다. 그의 유명한 '보보인형' 실험에서 이를 증명했다. 보보인형 실험은 150cm의 보보인형의 실험에 참가한 4.4세의 남녀 어린이들을 72명(각기 남녀 36명)을 24명씩 3팀으로 나눠서 실험했다. 공격성, 무관심, 치밀함이었다. A집단의 성인은 10분 동안 때리고 발로 차고 망치로 치는 등 과격하고 폭력적인 방식으로 인형을 대했고, B집단의 성인은 보보인형을 건드리지 않았다.

　이 과정이 끝난 뒤 아이들은 20분 동안 공격적인 장난감으로 보보인형, 나무망치, 2개의 화살촉 등이었고, 비공격적인 장난감으로는 인형, 자동차, 공 등으로 채워진 놀이방에서 놀도록 했다. 표 9.9를 보면 공격적인 모델을 관찰한 아이들이 훨씬 더 공격성이 높았다. 즉, 소년들은 공격적인 남성 모델을 보았을 때, 소녀들은 공격적인 여성 모델을 보았을 때 폭력적인 행동을 더 많이 했으며 소년들은 행동적 모방을, 소녀들은 언어적 모방을 많이 한 것으로 나타났다. 구체적인 내용을 보면 첫째는 폭력적인 모델에 접하게 된 아이들은 그들이 관찰한 바로 그 폭력적 행동을 모방하기 쉽다는 것이다. 폭력적인 모델에 노출된 소년 피험자

---

[8] 우종하. 인간이해의 심리. 교육과학사. 2000.

에서는 평균 38.2개의 모방한 신체적 공격의 예가 있었다. 소녀 피험자에서는 12.7개의 예가 있었다. 그 외에 모델의 언어적으로 공격한 행동은 소년들에게 평균 17번, 소녀들에게 평균 15.7번 모방되었다. 이러한 특별한 신체적 언어의 공격의 행동은 비공개적인 모델에 노출된 피험자나 어떤 모델에도 노출되지 않은 통제집단에서는 전혀 볼 수 없었다.

둘째는 소년늘의 폭력적 행동은 공격적인 여성 모델보다는 공격적인 남성 모델에서 더 많은 영향을 받는다는 것이다. 소년들이 여성 모델을 관찰했을 때는 공격적인 행동의 평균 총 사례 수는 48.4이었다. 공격적인 남성 모델을 봤을 때는 104회, 여성 모델이 있는 조건에서는 57.7회였다. 반면에 소녀들은 남성 모델을 봤을 때의 36.3회에 비해 공격적인 모델의 경우에는 평균 57.7회의 공격적인 행동을 보여주었다. 같은 성별의 공격적 조건에서 소년들은 신체적 폭력을 모방하기 쉽고 소녀들은 언어적인 폭력을 모방하기 쉽다는 것을 보여주었다.

셋째는 거의 모든 조건에서 소녀들보다 소년들이 더 신체적으로 공격적인 성향을 보인다는 것이다. 모든 공격의 수를 합하면 소녀들이 128.3회이다. 이에 비해 소년들의 폭력적인 행동은 두 배에 가까운 270회였다.

표 9.10 다양한 처치 조건에서 아동의 평균 공격 수

	공격적 남자	비공격적 남자	공격적인 여자	비공격적 여자	통제집단
신체적 공격					
남자	25.8	1.5	12.4	0.2	1.2
여자	7.2	0.0	5.5	2.5	2.0
언어적 공격					
남자	12.7	0.0	4.3	1.1	1.7
여자	2.0	0.0	13.7	0.3	0.7
말렛(망치) 공격					
소년	28.8	6.7	15.5	18.7	13.5
소녀	18.7	0.5	17.2	0.5	13.1
비모방적 공격성					
	36.7	22.3	16.2	26.1	24.6
	8.4	1.4	21.3	7.2	6.1

2) 반두라의 역할모델

반두라의 역할모델에는 모방학습과 모형학습, 역할학습과 행위학습이 있고, 인지학습과 사회학습이 있다. 모방학습은 생활 속에서 무의식적으로 형성되는 것을 뜻하고, 모형학습은 의식적으로 답습하는 학습을 말한다. 그리고 역할학습은 지위에 따라 기대하는 학습으로, 개인의 집단에서 차지하는 위치이고, 행위학습은 외형적으로 관찰될 수 있는 행동의 습득과 변화과정이다. 여기에는 모방 및 모형학습을 포함한다. 인지학습은 새로운 행동과 심리적 특성들이 형성되고 변화하는 과정에서 작용하는 내부적인 의식 과정을 의미한다. 마지막으로 학습이론은 학습자의 직접적인 경험보다 타인의 행동을 관찰하고 모방하는 데서 오는 행동 변화를 말한다. 이를 역할모델이라고 할 수 있다.

성경은 인류 역사 이래 변하지 않는 욕망의 세 축이 있는데 그것은 안목의 정욕, 육신의 정욕, 이생의 자랑이다(요일 2 : 16).

프랑스 소설가 프레데릭 베그베데[9]는 모든 사람은 태어나서 18세가 될 때까지 평균 35만 개의 광고에 노출된다고 했다. 그러나 지금은 각종 매체로 인해 더 많은 광고에 노출되어 있다고 본다. 이런 광고의 대부분이 육신의 정욕, 안목의 정욕, 이생의 자랑이다. 호모 콘소마투스(소비의 인간)의 눈은 잠시도 쉬지 못하게 하고 있다. 이런 광고를 접하며 사는 현대인들의 가치관과 생활양식은 불보듯 뻔하다. 삶의 좋은 모델이 없는 시대에 청소년들에게 좋은 영향력을 끼칠 수 있는 좋은 부모가 되어야 한다. 자녀들의 1차적인 역할 모델은 부모이다. 김구 선생은 서산대사의 글을 무척 애송했다.

> 답설야중거(踏雪野中去), 불수호란행(不須胡亂行), 금일아행적(今日我行跡). 수작후인정(遂作後人程). 눈 덮인 들판을 걸어갈 때 함부로 걷지 말지어다. 오늘 내가 걸어간 발자국은 뒤 사람의 이정표가 되리니.

이는 학습자의 직접적인 경험보다 타인의 행동을 통한 관찰과 모방의 역할이 얼마나 중요한가를 말해 주고 있다.

3) 반두라의 자기효능감(자기 주도적 학습)

자기효능감(self-efficacy)은 스스로의 효과를 평가하는 정도를 일컫는다. 반두라는 자기효능

---

[9] 프레데릭 베그베데(Frédéric Beigbeder, 1965~)는 프랑스의 작가이다.

감을 개인이 결과를 얻는 데 필요한 행동을 성공적으로 수행할 수 있는 기술에 대한 신념으로 정의하였다. 다시 말해 자기의 능력에 대한 신념뿐만 아니라 구체적이고 실제적인 기술까지 더해 실행했을 때 그 수행의 결과가 나오는데, 이러한 전 과정을 통틀어 자기효능감이라는 것이다. 이러한 자기효능감은 네 가지 요소에 의해 영향을 받아 형성된다고 하였다. 첫째는 성공 경험, 둘째는 대리적 경험, 셋째는 언어적 설득, 마지막으로는 생리적 상태와 정서적 상태이다.

성공 경험(enactive mastery experience)은 '강한 자기효능감을 만드는 가장 효과적인 방법'이라고 했다. 어떤 과제를 성공적으로 완수하게 되면 자기효능감이 커진다는 것이다. 그러나 과제나 도전을 적절하게 다루지 못해서 실패하게 되면 자기효능감이 약해지거나 손상될 수 있다고 본다. 대리적 경험(vicarious experience)은 다른 사람의 성공을 보는 것 또한 중요한 자기효능감의 원천이라고 했다. "자신과 유사한 사람이 지속적인 노력으로 성공하는 것을 본다면, 우리 또한 그와 비슷한 일에 있어 성공할 수 있는 역량을 충분히 가지고 있다는 신념을 갖게 된다." 언어적 설득(verbal persuasion)은 사람들이 성공할 수 있는 기술과 능력들을 가지고 있다는 믿음에 설득당한다는 것이다. 누군가가 당신이 목표를 이룰 수 있다고 격려하는 긍정적인 말을 해주게 되면 회의를 극복하고 도전하여 주어진 과제에 전념할 수 있다는 것이다. 생리적 상태와 정서적 상태(physiology and affective states)는 상황에 대한 반응과 정서적 태도 또한 자기효능감에 중요하다고 본다. 어떤 특정 상황에 처했을 때의 감정, 정서적 상태, 신체적 반응, 그리고 스트레스 수준들은 개인이 자신의 능력을 어떻게 느끼는가에 따라 큰 영향을 끼치게 된다는 것이다. 대중들 앞에서 연설을 하기 전에 극도로 예민하게 되면 자기효능감이 낮게 된다는 것이다. 그러나 중요한 것은 정서적 신체적 반응들의 강도 그 자체가 아니라 그 반응들을 어떻게 지각하고 해석하느냐가 중요하다.

반두라의 이론을 학습 현장에 적용해 본다면 교사가 끊임없는 관찰을 통해 학생 개개인의 숨겨진 능력을 발견하여 구체적인 언어를 통해 격려하고, 좌절할 때는 교사 본인 혹은 그 분야의 전문가를 통한 대리적 경험을 할 수 있도록 기회를 제공해 주면 성공을 거둘 수 있다.

그리고 반두라의 역할모델을 통해서 볼 때에 이혼한 가정에서 자란 자녀들이 이혼할 확률이 높다. 그리고 이 이론에 기초할 때 동성애 부부가 입양했을 경우에 동성애자가 될 가능성이 많다고 볼 수가 있다.

표 9.11 훌륭한 교사와 평범한 교사

훌륭한 교사(효능감이 높은 교사)	평범한 교사(효능감이 낮은 교사)
문제의 답을 사람에게서 찾는다.	문제의 해법을 프로그램에서 찾는다.
희망에 초점을 둔다.	규칙에 초점을 둔다.
문제 발생 시 예방에 집중한다.	문제 발생 시 처벌에 집중한다.
학생에게 높은 기대치와 자신에게 더 높은 기대치를 갖는다.	학생에게 높은 기대치를 갖지만 스스로에게 별로 기대를 갖지 않는다.
교실 안에서 최대변수는 교사임을 알고 있다.	학생, 학부모, 사회 환경이 변수라고 생각한다.
모두를 사랑한다.	특정 대상만을 사랑으로 대한다.
긍정적인 태도를 공유한다.	불평과 불만을 생각 없이 퍼뜨린다.
관계 개선에 힘쓰며 먼저 사과할 줄 안다.	날카로운 지적과 꼼짝 못할 반박을 일삼는다.
사소한 소란은 무시할 줄 안다.	사소한 소란에 말려들어 전쟁을 선포한다.
매사 계획과 목적을 갖고 행동한다.	주사위 구르는 대로 하루하루를 보낸다.
우수한 학생을 염두에 둔다.	항상 중간층 아이 위주로 생각한다.
노력하는 사람에게 불편하게 만들 결정을 피한다.	노력하는 사람까지 불편하게 만들 결정을 내린다.
학력 평가를 총체적인 관점에서 바라본다.	학력 평가 자체에 집착한다.
변화를 이루는 감정의 힘을 안다.	말로만 동기를 유발하려 한다.

출처 : 토드 휘태커, 2009 [10]

8. 동기, 비교, 적응과 대처이론, 목표이론

1) 동기이론

인간은 다양한 욕망을 지니고 있는데 이러한 욕망이 충족될 때에 행복감을 느낀다는 주장이다. 심리학에서는 욕망보다는 동기란 용어를 선호하는 경향이 있다. 동기는 '특정한 목표를 향해 행동하게 하는 내면적인 원동력'을 의미한다. 동기에는 내재적 동기와 외재적 동기가 있다.

2) 비교이론

비교이론은 자신의 상태를 어떠한 기준과 비교하여 그 기준과의 긍정적 차이를 인식할 때

---

[10] 토드 휘태커. 훌륭한 교사는 무엇이 다른가. 송형호 역. 지식의날개. 2009.

행복감을 느낀다는 이론이다. 비교이론에는 수평비교와 상향비교, 그리고 하향비교가 있다. 수평비교는 자신과 비슷한 사람들과의 비교를 말하고, 상향비교는 자신보다 나은 사람과의 비교를 뜻한다. 그리고 하향비교는 자신보다 못한 사람과의 비교를 말한다. 다른 사람과의 비교는 일시적이다. 그리고 과도하게 하향적 비교를 하게 되면 자기도취와 교만으로 변질될 수 있고, 높은 수준의 사람과 비교하게 되면 불안과 우울을 느낄 수 있다

그리고 과거와의 비교가 있다. 과거와의 비교를 통해 긍정적인 변화를 인식하게 되는데 이때 행복감을 느끼게 된다. 과거에 삶의 수준이 열악했던 사람은 새로운 변화를 통해 긍정적으로 경험할 가능성이 높다. 그런데 새로운 긍정적 변화에 금방 익숙해져 그것을 당연시 여기기 때문에 일시적이 될 수 있다. 또 우리가 지향하는 목표와의 비교가 있다.

3) 적응과 대처이론

만족할 만한 환경과 바라는 일이 성취되어 행복감 안에 있더라도 그러한 상태가 계속되면 행복감은 저하된다. 이는 적응의 원리에서 비롯된다. 적응(adaptation)은 지속적으로 반복되는 자극에 대한 인식이 점점 감소되는 현상을 말한다. 이를 둔감화(desensitization) 또는 습관화(habituation)라 한다. 행복은 민감함과 새로운 긍정적 변화에 대한 반응이다. 이러한 변화는 우리의 신체반응을 흥분시키고 주의를 분산시키기 때문에 흥분 상태가 오래 지속되지 않는 둔감화가 좋다.[11] 행복의 비밀 중 하나가 반복에 둔감하며 변화에 민감하는 것이다. 어떤 상황은 적응하는 데 많은 시간이 걸린다. 배우자를 잃은 사람은 시간이 흐름에 따라 우울감이 감소하기는 하지만 2년 후에도 여전히 상당한 우울감에 빠져 있다는 보고가 있다.

대처(coping)는 새로운 변화에 대한 적응과 관련하여 매우 중요하다. 적응은 수동적인 과정인 반면에 대처는 능동적인 적응 과정이다. 대처에는 낙관성이 중요하다. 미래에 대해 낙관적인 사람이 삶에 대해 만족도와 행복도가 더 높다.[12]

---

[11] Barkow, J. H. Barkow, J.H.: 1997, 'Happiness in evolutionary perspective', in N.L. Segal, G.E. Weisfeld and C.C. Weisfeld (eds.), *Uniting psychology and biology: Integrating perspectives on human development* (pp. 397−418). Washington, DC: American Psychological Association. 1997.

[12] Diener, E., Suh, E. M., Lucas, R. E., & Smith, H. E. Subjective well−being: Three decades of progress. *Psychological Bulletin,* 125, 276−302. 1999.

4) 목표이론

행복을 설명하는 심리학 이론 중 목표이론(goal theory)이 있다. 목표이론에 따르면 인간은 목표의 설정, 목표를 향한 진전, 그리고 목표의 성취를 이룰 때 행복을 느낀다.[13] 목표에는 접근목표와 회피목표가 있다. 접근목표는 무엇인가를 향해 움직이도록 동기를 부여하는 것인 반면에 회피목표(avidence goals)는 위험, 곤란, 공포 등을 피하기 위한 것이다. 일반적으로 접근목표가 회피목표보다 주관적 안녕과 관련성이 높다. 그리고 행복에 있어서 중요한 것은 구체적인 목표와 더불어 추상적인 장기적 목표를 함께 세우는 것이다. 추구하는 목표가 다양하면 삶의 만족도와 긍정정서 수준은 넓지만 부정정서 수준은 높은 경향이 있다. 이는 여러 가지 목표를 추구하는 사람은 성취의 즐거움도 많이 있지만 이러한 목표들을 성취해야 하는 부담감도 크고, 여러 목표들과의 불일치와 갈등으로 인해 스트레스도 많기 때문이다. 행복한 삶을 위해서는 서로 조화롭게 밀접히 연결된 목표를 선택하여 추구하는 것이 중요하다.

9. 기질

성격의 심리학은 역사적으로 짧지만 그 역사는 깊다. "내가 두려워하는 사람은 누구인가?", "내가 믿을 수 있는 사람은 누구인가?", "나는 어떤 배우자를 원하는가?", "나는 누구인가?" 이처럼 개인차와 그 원인을 찾는 것은 모두가 자신과 상대방의 성격을 알고자 한 것이다. 성격(personality)의 어원은 라틴어 페르소나(persona)에서 나왔다. 이 뜻은 탈, 혹은 가면의 뜻을 함축하고 있다. 사람의 성격은 겉으로 드러난 모습, 말과 행동, 습관, 반응을 통해 그 사람의 성격을 미루어 알 수 있다는 것이다.

 헬라의 히포크라테스는 성격을 생물학적인 원인에서 찾고자 하였다. 그는 우리 몸의 체액을 네 가지로 보았다. 혈액, 점액, 황담즙, 흑담즙이다. 이 네 가지의 체액이 몸 안에서 적당한 비율로 섞여 있지 않고 어느 하나에 치우쳐 많거나 적으면 불완전한 기질을 갖게 되거나 지배적인 체액에 따라 기질이 결정된다고 보았다. 히포크라테스는 이중에 흑담즙이 많을 경우 우울해진다고 보았다. 흑담즙은 그리스어로 멜랑콜리아(melancholia)인데, 이는 검다(melan)와 쓸개(chole)의 합성어로, 우울증인 멜랑콜리(melancholy)란 단어가 여기에서 나온

---

13 Austin, J.T., & Vancouver, J. F. Goal constructs in psychology: Structure, process, and content. *Psychological Bulletin,* 120, 338-375. 1996.

것이다.

그러나 19세기에 들어오면서 멜랑콜리(melancholy)의 용어 대신에 디프레션(depression)이라는 용어를 쓴다. 갈렌(Galen, A.D. 130~200)[14]은 히포크라테스의 몸의 체액에 따른 네 가지 기질을 근거하여 다혈질(sanguine), 우울기질(melancholic), 담즙질(choleric), 점액질(phlegmatic)로 나눴다. 그리고 미국의 윌리엄 마스톤(William Marston)은 1928년에 독자적인 행동유형을 제시하였다. 그의 행동유형을 보면 담즙질(D: Dominance, 주도형), 다혈질(I: Influence, 사교형), 점액질(S: Steadiness, 안정형), 흑담질(C: Conscientiousness, 신중형)로 나누었다.[15] 이를 DISC라고 부른다.

표 9.12 DISC의 유형별 특징과 행동전략

	담즙질(D)	다혈질(I)
일반적인 성향	다른 사람의 행동을 유발시킨다. 도전을 받아들인다. 의사결정을 빠르게 내린다. 지도력을 발휘한다. 어려운 문제를 처리한다. 문제를 해결한다.	사람들과의 접촉과 호의적인 인상을 준다. 말솜씨가 있다. 다른 사람을 동기 유발시킨다. 열정적이고, 사람들을 즐겁게 한다. 사람과 상황에 대해 낙관적이다. 그룹 활동을 좋아한다.
선호하는 환경	힘과 권위가 제공된다. 도전과 개인적 성취가 가능하다. 다양한 활동과 업무가 가능하다. 직접적으로 답이 제공된다. 성장의 기회가 있다. 통제와 감독으로부터 자유롭다. 많은 새롭고 다양한 활동이 있다.	인기, 사회적 인정받기를 원한다. 능력에 대해 공개적으로 인정한다. 의사 표현이 자유롭다. 직무 외 그룹 활동이 있다. 민주적인 관계가 있다. 업무 환경이 우호적이다.
유형에 필요한 사람	찬반 양쪽을 신중히 고려하는 사람 위험요인을 고려하는 사람 보다 예측 가능한 환경을 조성하는 사람 사실을 조사하는 사람 결정하기 전에 심사숙고하는 사람 다른 사람의 욕구를 인식하는 사람	일에 집중하고, 사실을 추구하는 사람 단도직입적으로 말하는 사람 성실성을 존중하고, 체계적으로 접근하는 사람 사람보다 일을 다루는 것을 선호하는 사람 논리적인 접근을 취하는 사람 자신의 일을 끝까지 완수하는 사람

---

[14] 강경선 외. 환경위생학. 문운당. 2009.
[15] 김영회, 이건웅, 이승철 공저. DISC 누구도 피할 수 없는 우리 행동의 4가지 특성. 학이시습. 2012.

효과를 높이기 위한 전략	어려운 과제를 맡는다. 다른 사람의 도움이 필요하다는 것을 이해한다. 실제 경험에 근거한 기술을 이용한다. 가끔 충격을 받는다. 그룹의 일원이라는 점을 인식한다. 결정을 내린 이유에 대해 먼저 말로 표현한다. 일하는 속도를 조절하고 여유를 갖는다.	시간관리에 신경을 쓴다. 의사결정에서 객관성을 유지한다. 관리, 경영에 직접 참가한다. 타인을 보다 현실적으로 평가한다. 우선순위와 마감일을 명확히 한다. 타인에 대해 좀더 단호한 태도를 취한다.
	점액질(S)	**흑담질(C)**
일반적인 성향	예측 가능하고 일관성 있게 일을 수행한다. 참을성을 보인다. 전문적인 기술을 개발한다. 다른 사람을 돕고 지원한다. 충성심을 보이고, 남의 말을 잘 듣는다. 흥분한 사람을 진정시킨다. 안정되고, 조화로운 업무 환경을 만든다.	중요한 지시나 기준에 관심을 둔다. 세부사항에 신경을 쓴다. 분석적으로 사고하고 찬반, 장단점 등을 고려한다. 비사교적이다. 갈등에 대해 간접적 혹은 우회적으로 접근한다. 정확성을 점검한다. 업무수행에 대해 비평적으로 분석한다.
선호하는 환경	변화에 대한 이유가 없는 한 현상을 유지한다. 예측 가능한 일상업무가 제공된다. 업무성취에 대한 진실한 평가가 있다. 그룹 일원으로서 인정받는다. 일 때문에 가정생활이 침해받지 않는다. 표준화된 절차가 제공되고, 갈등이 적은 환경을 원한다.	업무수행에 대한 기준이 명확하다. 품질, 정확성을 가치 있게 여긴다. 전문성을 입증할 수 있다. 업무수행에 영향을 미치는 요인을 통제할 수 있다. '왜'라는 질문을 요구한다. 전문기술과 성취를 인정받기 원한다.
유형에 필요한 사람	갑작스러운 변화에도 신속히 대응하는 사람 어려운 과제를 도전적으로 받아들이는 사람 한 가지 이상의 다양한 일에 참여하는 사람 자신을 적극적으로 개발하는 사람 일을 적극적으로 추진하는 사람 예측할 수 없는 상황에서도 편안하게 일하는 사람 일의 우선순위를 정하는 것을 도와주는 사람 일을 융통적으로 처리하는 사람	중요한 업무를 위해서 일할 수 있는 사람 빠른 의사결정을 하는 사람 가이드라인만으로 정책을 수행하는 사람 반대 의견과 타협할 수 있는 사람 토론을 유도하고 촉진하는 사람 팀워크를 격려하는 사람

| 효과를
높이기
위한 전략 | 변화를 우선적으로 고려한다.
자신의 가치를 자각한다.
자신이 전체에 어떤 기여를 하는가를 안다.
자신과 유사한 능력과 성실함을 보이는 사람과 일한다.
업무를 성취하기 위한 가이드라인을 만든다.
창의적인 면을 격려한다. | 주의 깊은 계획을 요구하는 일을 맡는다.
직무기술과 수행목표를 정확히 하는 일을 한다.
업무수행을 평가한다.
수행결과에 대해 구체적으로 피드백을 한다.
업무성취만큼이나 사람들의 개인적 가치를 존중한다.
갈등상황에 대해 인내심을 기른다. |

출처 : 김영희 외, 2012.

우리가 기질에 대해 알아야 할 것은 기질은 타고나며, 인격은 기질과 환경 및 교육으로 형성된다는 것이다. 그리고 성격은 나의 인격이 다른 사람의 인격과 접촉하는 과정에서 타인에게 나타나는 부분이고, 성품은 다듬어진 기질이다. 기질에는 각기 장점과 단점이 있다. 따라서 기질은 좋고 나쁜 것이 없고, 기질은 대체로 복합적으로 주기질과 부기질로 구성되어 있다. 자신의 기질을 알고 단점을 보완하고 장점을 살리면 좋은 성품이 된다.

기질의 주요 특징을 보면 다혈질은 해피 웨이(happy way)이다. 욕망은 관심과 칭찬이며, 장점은 말을 잘하고 흥미를 추구하고, 낙천적이며 흥분을 잘하고 축제를 즐긴다. 단점은 훈련이 안 되어 있고, 잘 잊어버리고 실망 및 과장과 겁이 많다.

점액질은 피스 웨이(peace way)이고, 욕망은 존중과 이해이며, 장점은 중재를 잘하고, 침착하며 태평하고, 인내심이 있고, 조용하지만 재치가 있다. 그리고 평화를 추구한다. 단점은 게으르고 소극적이며 우유부단하고 관망자이다.

담즙질은 마이 웨이(my way)이다. 욕망은 성취와 지배욕이 강하며, 장점은 일을 잘하고 의지가 강하며, 결정을 잘하고, 목표 지향적이고 독립심이 강하다. 단점은 지배욕이 강하고 거만하며, 인내심이 부족하고, 감정이 무디며 남의 말을 잘 안 듣는다.

흑담질은 퍼펙트 웨이(perfect way)이다. 욕망은 완벽과 질서가 있고, 장점은 깊이 생각하고, 재능이 많으며, 매사 분석적이고 정서적으로 민감하고 완전을 추구한다. 단점은 부정적이고 지나치게 자기중심이며, 내성적이고, 비사교적이며 자학적이다.

다혈질인 사람과 교제를 하게 될 경우에는 자주 관심을 표현하고 칭찬하고, 그의 창의성과 열정을 격려하며, 그가 계획을 수립하고 질서를 갖추도록 돕고, 그가 잊지 않도록 중요한 일들을 상기시켜야 한다.

점액질과 사귈 경우에는 그를 이해하고 존중하고, 그가 게으르지 않도록 돕고, 그에게 동기를 부여하고, 그가 조용히 평화롭게 일하도록 도와야 한다.

담즙질과 사귈 경우에는 그의 리더십을 인정하고 그의 성취를 격려하고, 그에게 맞는 일감과 일터를 제공하고, 그가 사람들에게 상처를 주지 않도록 주의시키고, 그가 때로 목표 실현을 위해 기다리는 것의 중요성도 배우도록 도와야 한다.

흑담질과 사귈 경우에는 그의 완벽 추구 태도를 높이 평가하고, 그에게 어떤 과제를 주거나 상황을 분석하는 책임을 맡기며, 그에게 조용히 생각하고 연구할 수 있는 공간을 제공하고, 그가 세운 높은 기준으로 스스로를 학대하지 않도록 도와야 한다.

다음을 읽고 각기 맞는 곳에 ○표 하시오.

표 9.13 기질 점검표

다혈질		담즙질	
1. 말을 살한다.		1. 일을 잘 한다.	
2. 매사 흥미를 추구한다.		2. 의지가 강하다.	
3. 낙천적이다.		3. 결정을 잘한다.	
4. 흥분을 잘한다.		4. 목표 지향적이다.	
5. 축제를 즐긴다.		5. 독립적이다.	
6. 훈련이 안 되어 있다.		6. 지배하려고 한다.	
7. 잘 잊어버린다.		7. 거만하다.	
8. 안정을 추구하고 안 되면 실망한다.		8. 자만하고 남의 말을 잘 듣지 않는다.	
9. 과장이 많다.		9. 감정이 무디다.	
10. 겁이 많다.		10. 참을성이 부족하다.	
점액질		**흑담질**	
1. 중재를 잘한다.		1. 깊이 생각한다.	
2. 침착하고 태평하다.		2. 재능이 많다.	
3. 인내심이 많다.		3. 매사 분석적이다.	
4. 조용하지만 재치가 있다.		4. 정서적으로 접근한다.	
5. 평화를 추구한다.		5. 완벽을 추구한다.	

(계속)

6. 게으른 편이다.		6. 부정적이고 환경에 잘 좌우된다.	
7. 잘 흥분하지 않는다.		7. 지나치게 자기중심적이다.	
8. 소극적이다.		8. 지나치게 내성적이다.	
9. 우유부단하다.		9. 비사교성이 강하다.	
10. 관망자 스타일이다.		10. 자학적인 경향이 많다.	

제일 많이 표시한 순서로   1.___형( )개, 2.___형( )개, 3.___형( )개

다음을 읽고 각기 맞는 기질의 장단점에 ○표 하시오.

표 9.14 기질 체크

담즙질			
장점		단점	
1. 담대하고 모험적이다.		1. 관대하지 못하고 동정심이 없다.	
2. 확신이 있고 설득력이 있다.		2. 교만하고 완고하다.	
3. 의지가 강하다.		3. 주장하고 논쟁한다.	
4. 경쟁력이 있다.		4. 성급하다.	
5. 긍정적이다.		5. 일벌레적인 경향이 있다.	
6. 주관이 뚜렷하고 솔직하다.		6. 애정 표현이 없다.	
7. 지도력이 있다.		7. 매사를 자신이 주도한다.	
8. 생산적이다.		8. 조종하는 경향이 있다.	
9. 독자적이고 독립적이다.		9. 거칠고 화를 잘 낸다.	
10. 성취를 잘 해낸다.		10. 노골적으로 면박을 준다.	
점액질			
장점		단점	
1. 평온하며 융통성이 있다.		1. 귀찮은 것이 많고 열정이 없다.	
2. 참을성이 있고 감정을 잘 억제한다.		2. 우유부단하여 잘 결정하지 못한다.	
3. 쉽게 순응하고 수용성이 있다.		3. 어떤 일에 관계되는 것을 싫어한다.	
4. 외교적이고 로비를 잘한다.		4. 잘 망설인다.	
5. 침착하고 안정되어 보인다.		5. 목표가 없다.	
6. 자신은 웃지 않으며 남을 잘 웃긴다.		6. 무관심하다.	

7. 중립적이다.		7. 느리고 게으르다.	
8. 포용력이 있고 관대하다.		8. 타협을 잘한다.	
9. 다른 사람을 잘 거스르지 않는다.		9. 마지못해 일한다.	
10. 말을 잘 들어준다.		10. 소심하고 겁이 많다.	

흑담질			
장점		단점	
1. 끈기가 있다.		1. 분을 참고 잘 적응하지 못한다.	
2. 분석적이고 계획적이다.		2. 까다롭다.	
3. 남을 존중하고 이해심이 많다.		3. 과민하다.	
4. 헌신적이고 희생적이다.		4. 내성적이다.	
5. 조직적이고 질서 있다.		5. 우울하다.	
6. 감수성이 예민하고 섬세하다.		6. 부정적이고 비판적이다.	
7. 이상적인 것을 좋아한다.		7. 의심을 많이 한다.	
8. 집중력이 강하다.		8. 앙심을 품고 있다.	
9. 민감하다.		9. 자신을 격리시킨다.	
10. 음악을 좋아하고 예술적이다.		10. 자신감이 없다.	

다혈질			
장점		단점	
1. 쾌활하고 사교적이다		1. 규칙에 약하다.	
2. 긍정적이고 창조적으로 생각한다.		2. 중언부언하고 중간에 잘 끼어든다.	
3. 격려를 잘한다.		3. 쉽게 화를 낸다.	
4. 말을 잘한다.		4. 즉흥적이고 일관성이 없다.	
5. 무대 체질이다.		5. 과시하고 자랑한다.	
6. 즐겁고 명랑하다.		6. 침착하지 못하고 산만하다.	
7. 매력적이고 인기 있다.		7. 정리정돈을 잘 못하고 어지른다.	
8. 낙천적이다.		8. 기억을 잘 못하고 건망증이 있다.	
9. 열정적이다.		9. 칭찬을 바란다.	
10. 쉽게 감동한다.		10. 옷은 잘 입지만 옷장은 어지럽다.	

행복과 정신건강

1. 정신건강의 정의

세계보건기구(WHO)는 건강에 대해 이렇게 정의하였다. "건강이란 단지 질병에 걸리거나 허약하지 않은 상태뿐만 아니라 신체적, 정신적, 사회적으로 편안한 상태(well-being)이다." 이를 볼 때 인간은 신체적 존재인 동시에 정신적 존재이며 또 사회적 존재인 것을 알 수 있다.[1] 미국정신위생위원회(NCMH)에서는 "정신적 질병이 걸려 있지 않은 상태만이 아니고 만족스러운 인간관계와 그것을 유지해 나갈 수 있는 능력을 의미하는 것으로, 이것은 모든 종류의 개인적·사회적 적응을 포함하며, 어떠한 환경에도 대처해 나갈 수 있는 건전하고 균형 있는 통일된 성격의 발달을 의미한다."라고 하였다.

여기에서 정신은 사고나 감정을 다스리는 마음, 사람의 순수한 대뇌 기능 이상을 의미하고, 건강이란 육체가 아무 탈 없이 정상적이며, 의식과 사상이 바르고 건실하다는 것을 뜻한다. 그리고 정신건강은 장애가 없는 그 이상을 의미하는 것으로, 최대한 능률적으로 일하여 만족감을 느끼고 현실을 인정하며 사회적으로 행동이 신중하고 자기 자신이나 환경에 적응을 잘하는 것을 말한다.

설리번(Sullivan, H. S.)[2]은 인간 성격의 지배적인 주체를 대인관계로 보았다. 대인관계 중

[1] 김광웅. 현대인과 정신건강. 시그마프레스. 2007.
[2] Sullivan, H.S. *The Interpersonal Theory of Psychiatry*. New York: Norton. 1953.

에서도 특히 개인 생활에 의미를 부여하는 타인에 대한 지각과 태도에 강조점을 두고 있다. 그는 정신적으로 건강한 사람은 타인과 통합적인 관계를 맺으며, 항상 현실적으로 관계를 맺고 행동한다고 했다. 따라서 정신건강은 개인의 문제로 끝나지 않고 사회의 비행과 관련이 있고, 그가 성인이 된 후에도 중요한 문제가 될 수 있음을 인식할 필요가 있다.

킬란다(Kilanda, H.F.)[3]는 정신건강을 인간이 환경을 바람직하게 조성하고 잘 적응하며, 적당하게 만족과 성공과 능률과 행복을 누릴 수 있는 능력이라고 했다. 다시 말해 정신건강은 한 개인의 이상(disorder)의 증상만을 의미하는 것이 아니라, 각 개인이 환경과 서로 작용하면서 정서적 상태가 불안정한 것을 의미한다.

보워(Bower, E.M.)[4]는 정신건강에 대한 정상의 기준으로 네 가지를 들고 있다. 첫째는 언어, 숫자, 음성, 예술 등의 상징을 잘 다룰 수 있어야 한다. 이러한 능력이 결여되어 있으면 학습부진에 빠지게 된다. 둘째는 규칙이나 법이 명시하는 권위를 다룰 수 있어야 한다. 규칙을 수용할 수 없고 상습적으로 위배하게 되면 습관이 형성되어 결국에는 범죄자가 된다. 셋째는 원만한 대인관계를 형성할 수 있어야 한다. 넷째는 감정을 자제할 수 있어야 한다.

프롬(Fromm, E.)[5]은 정신건강을 사회적 환경과 인간과의 관계에 초점을 두고 있다. 그리고 그는 자기 자신을 유일한 개체로서 경험하며 동시에 자신의 친구로도 느끼고, 항상 새로 태어나는 과정에 있음을 알며, 인생을 가장 가치 있는 선물로 여기는 사람을 정신적으로 건강한 사람이라고 했다.

모르간(Morgan, W. P. 1988)[6]은 정신건강을 사회와 일상적인 삶에 대해 심리적인 행복과 만족스러운 적응으로 보았다. 이처럼 정신건강은 건강한 정신, 또는 정신적 건강의 향상을 의미하며 기본적으로 행복하다고 느끼는 개인의 긍정적인 정신적 안녕(well-being)의 상태이다. 따라서 정신이 건강한 사람은 환경의 적응과 특정한 요구에 맞추기 위해 자신을 순응시키는 능력이 좋은 사람이다. 그리고 자신에 대해 현실적으로 판단하고, 자신의 강점과 약점을 있는 그대로 받아들이며, 타인에게 성실한 자세로 관심을 갖고, 외부보다는 내부의 가치에 더 지향하며, 그 과정에서 타인에게 피해를 주지 않으면서도 자신을 돌볼 수 있고, 성

[3] Kilanda, H.F. *School health education*. New York: Univ. Press. 1962.

[4] Bower, E.M. *Primary prevention in a school setting, prevention of mental disorders in children*. New York : Basic Books. 1970.

[5] Fromm, E. *Escape from freedom*. New York : Rinehart. 1974.

[6] Willis, Joe D. 운동건강심리학. 박종현 역. 대한미디어. 2004.

격의 부조화를 이루지 않고도 스트레스와 좌절을 이겨낼 수 있는 상태이다.

이상에서 볼 때 정신건강이란 심리적인 스트레스나 긴장을 잘 견디어 내어 정서적으로 안녕한 상태로써 욕구 불만과 갈등, 불안 등의 감성적인 문제를 적당히 처리하는 힘, 즉 현실 생활에서 독립적, 건설적, 자주적으로 무엇이든 잘 해결해 나아갈 수 있는 능력을 말한다. 그리고 정신위생이란 정신건강을 유지하기 위해 최적의 적응과 원만한 인간관계를 유지해 나가는 적극적이고 실천적인 자세를 뜻한다.

2. 정신건강의 조건

정신건강의 조건에는 마리 자호다, 게리 펜톤, 카롤, 정신과 행동장애국제질병분류 10판(ICD-10), 정신장애진단 및 통계편람(DSM-5), 그리고 지능지수(IQ) 검사가 있다.[7]

1) 마리 자호다의 정신건강의 조건

마리 자호다(Marine Jahoda)는 정신건강의 조건으로 여섯 가지를 들었다. 첫째는 자신에 대한 긍정적인 태도와 성장, 둘째는 성장, 발달 그리고 자기실현(self-realization), 셋째는 통합력, 넷째는 자율성, 다섯째는 현실지각 능력, 마지막으로 주변 환경의 지배이다.

자신에 대한 긍정적인 태도와 성장은 자기 자신을 의식화하여 행동하고, 때로는 자아개념을 수정하기도 하며, 자아정체감을 갖는 것을 뜻한다. 그리고 나이가 들면서 필수적으로 자아개념이 변하여 현실적 수준에 맞게 주체성, 전체성, 소속감, 안정감을 가지고 인생의 의의를 느끼며 사는 것을 말한다.

성장, 발달과 자기실현(self-realization)은 자신의 자아를 인정할 뿐 아니라 성장하고 발달하려는 욕구가 있으며, 궁극적으로는 자아실현의 동기를 갖는 것을 말한다. 그리고 적절하고 자유롭게 자신의 자아와 접촉하고, 자신의 느낌과 감정을 살펴서 지적, 인지적인 기능을 통합시켜서 자신의 내적 갈등과 스트레스에 억제 받지 않고 자신의 환경을 자유롭게 개방하여 다른 사람들과 잘 어울리며 그들의 삶을 배우는 것을 뜻한다.

통합력은 개인의 내적, 외적 갈등 및 역동과 기분 및 정서가 균형을 이루는 것을 뜻한다. 다시 말해 정신적으로 균형 잡혀 있고, 삶에 대해 통합적이고, 어떤 스트레스를 받더라도 항

---

[7] 나동석 외. 정신건강론. 양서원. 2010.

상 안정된 행동을 하는 것을 말한다.

자율성은 자기결정, 의존과 독립의 조화, 자기행동에 대한 결과의 수용 등을 포함한다. 이는 자기 결정과 행동, 그리고 사고와 감정 등을 포함하여 개인 스스로가 책임을 지고, 타인의 자율성과 선택의 자유도 존중할 수 있는 것을 말한다.

현실지각 능력은 정확한 현실지각 능력과 현실에 대한 민감성을 갖추어서 사물을 왜곡하지 않는 것을 말한다. 그뿐만 아니라 타인에게도 보다 적절히 대응할 수 있고, 자신의 감정을 적절히 주고받을 수 있는 것을 말한다. 또한 자기의 지각을 새로운 정보에 비추어서 변경할 수 있는 것을 의미한다.

주변 환경의 지배는 새로운 사람과 좋은 관계를 맺고 만족한 집단생활을 하는 것을 뜻한다. 이는 공격성, 고독, 좌절 등에 잘 대응하는 자질이 있는 것을 말하며, 남을 사랑하고 남들로부터 사랑을 받으며 호혜적 관계를 갖는 것을 말한다.

2) 게리 펜톤의 정신건강의 조건

게리 펜톤(Gary Fenton)은 정신건강 조건으로 첫째는 통일성과 일관성, 둘째는 자신에 대한 승인, 셋째는 사회적 승인, 넷째는 사회적인 승인의 유지이다.

통일성과 일관성은 인격의 조화를 의미하는 것으로, 이는 감성과 이성이 잘 조화를 이루어 균형 잡힌 건전한 성격을 말한다. 즉 인격이 조화롭고 환경에 적응하여 적절하게 정서를 나타내는 것으로, 이는 일시적인 갈등이나 불안, 공포 등으로부터 고통을 겪다가도 곧 평형을 회복하는 능력을 말한다. 이러한 사람은 마음의 행복을 유지할 수 있다.

자신에 대한 승인은 자기 자신을 객관적으로 판단하고 있는 그대로 수용하고, 자신의 한계를 받아들이는 것을 말한다. 다시 말하여 자신의 능력 조건을 올바로 파악하여 그 한도 내에서 최대한 노력을 하는 것이다.

사회적 승인은 사회 속에서 타인과의 정신적 유대와 협력 및 신뢰관계를 이루는 것을 말한다. 즉 인기, 친화성, 지도성 등으로 바람직한 인간관계를 맺어야 한다는 것이다.

사회적 승인의 유지는 바람직한 환경 조성을 위해 노력하는 것으로, 사회적 현상을 중요시하고 자신의 욕구나 욕망을 사회적 이상으로 정정해 나가는 것을 말한다. 즉 개인적인 욕구의 만족에 매달리지 않고 자기계발과 사회적 이상실현을 위해 자신의 특성이나 능력을 최대로 발휘하여 생산적이며 바람직한 자기실현을 위한 삶을 뜻한다.

3) 카롤의 정신건강의 조건

카롤(Carrol, H.A.)의 정신건강의 조건을 보면 네 가지 요소를 들고 있다. 첫째는 자기 자신과 타인을 존중해야 한다. 둘째는 자신의 한계와 타인의 한계를 이해하고 수용해야 한다. 셋째는 모든 행동에는 원인이 있다는 사실을 알아야 하고 넷째는 자아현실에 대한 이해이다.

4) 정신장애 분류기준

정신장애 분류의 기준을 보면 정신과 행동장애국제질병분류 10판(ICD-10)이 있다. 여기에는 impairment(손상), disability(능력장애), handicap(사회적 불리)가 있다. 그리고 미국정신의학협회에서 발행하는 정신장애진단 및 통계편람 5편(DSM-5)이 있다. 이 책은 다축 평가 5축과 17개 주요 진단 범주로 구성되어 있다. 1축에는 주요 정신과적 증후군, 2축에는 성격장애 및 정신지체, 3축에는 일반적인 의학적 상태, 그리고 4축에는 심리사회적, 환경적 문제가 수록되어 있고, 5축에는 전반적인 기능평가가 기록되어 있다.

장애 분류에는 물질관련장애의 오남용과 정신분열증이 있다. 정신분열증에는 피해망상, 사고장애, 지각장애(환시, 환청), 특이한 반복 운동성 행동, 그리고 대인관계와 사회성 부족이 있다, 기분장애(정동장애)에는 우울, 양극성(우울, 조증)장애가 있고, 신체형장애가 있다. 신체형장애에는 생리학적 원인불명과 신체증상호소가 있다. 성격장애(인격장애)에는 편집성, 경계선, 반사회성, 의존성이 있고, 불안장애가 있다. 불안장애에는 공황장애, 공포증, 강박장애, 외상후 스트레스(PTSD) 등이 있다. 불안장애를 다룬 드라마는 '시크릿 가든'이 있고, 외상후 스트레스 장애를 그린 영화는 '디어 헌터'가 있다. 불면증을 다룬 영화는 '잠들 수 없는 밤'이 있고, 조현증은 '괜찮아, 사랑이야'가 있다. 알코올 중독을 그린 영화는 '라스베가스를 떠나며'가 있다. 그리고 연극성장애의 영화는 비비안 리의 '바람과 함께 사라지다'가 있다.

5) 지능지수의 분류

해마는 이성적인 '학습기억'을 관장하는 부분이다. 해마가 손상되면 손상되기 이전의 사실에 대해서는 기억할 수가 있지만, 이후에 발생한 새로운 사실은 기억할 수 없다. 기억은 기명, 정보를 정리하는 과정으로 머릿속에 흔적으로 각인된다. 파지는 기명된 것을 일정 기간 동안 기억 흔적으로 간직하는 것을 말하고, 재생은 기억의 흔적으로 있는 내용을 생각해내 의식화하는 과정이다. 재인은 기명된 것과 재생된 내용이 일치하는가를 의식하는 과정이다.

표 10.1 지능지수의 특징과 분포도

지능지수	특징	분포도	비고
130 이상	최우수	2.3%	
120~129	우수	6.7%	
110~119	평균 상	18%	
90~109	평균	48.6%	
80~89	평균 하	15.3%	
70~79	경계선	7.3%	
69 이하	정신지체	1.8%	• 가벼운 정도 50-55-70 : 대부분 85%, 6학년까지 • 중간 정도 35-40-50-55 : 10%, 초등학교 2년 • 심한 정도 20-25-35-40 : 3~4% 소아기 의사소통 • 아주 심한 정도 20, 25 이하 : 1,2%, 소아기 감각운동장애

우리가 알아야 할 것은 지능 지수가 높다고 기억력이 좋은 것이 아니라는 것이다. 독일의 심리학자 헤르만 에빙하우스는 보통 사람의 경우 학습 종료 후 10분이 지나면 학습 내용에

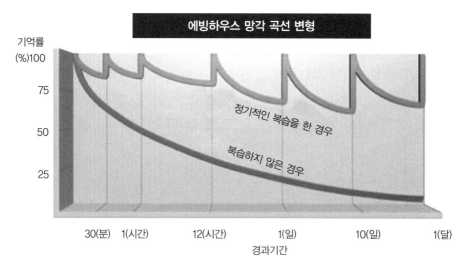

출처 : Shaller, 2004, http://gnbfriends.blog.me/20110879810

그림 10.1 에빙하우스의 망각 곡선과 복습

대한 망각이 시작되며 1시간 뒤에는 학습량의 50%를, 1일 후에는 70%를, 1달 후에는 80%를 망각하게 된다고 주장했다[그림 10.1 참조]. 이런 망각으로부터 기억을 유지하기 위한 가장 효과적인 방법은 복습이며 기억 유지에 있어서 복습의 주기가 매우 중요하다고 했다. 그래서 학습 종료 후 10분 이내에 복습하면 복습한 내용을 1일 이상 기억할 수 있고, 여기에 다시 1일 후 같은 내용을 복습하면 그 기억은 1주일 동안 유지되며, 또 다시 1주일 후 복습을 하면 1달 이상, 1달 후 복습하면 최초의 학습 내용은 6개월 이상 기억 할 수 있는 장기 기억으로 전환된다고 했다. 에빙하우스의 기억과 망각에 대한 연구는 효율적인 학습법을 개발하는 데 크게 공헌했다.[8]

3. 정상과 이상의 차이

정신건강의 정상(order)과 이상(disorder)의 차이를 보면 첫째는 이상하다는 것은 통계적인 규준에서 벗어나서 행동을 한다. 예를 들어 밤에 자지 않고 낮에 일을 하는 사람, 낮에 자고 밤에 행동하는 사람은 이상한 사람으로 분류할 수 있다. 둘째는 사회적으로 용인한 것으로부터 일탈된 행동을 한다. 부모를 존경하지 않고 구타하거나 노인석이나 장애인이 앉아야 할 자리에 앉아서도 전혀 문제의식이 없는 사람을 일컫는다. 셋째는 개인의 행동으로 사회에 나쁜 영향을 주는 것이다. 술을 마시고 자주 계속 주정을 하고 분노를 표출하는 행동을 하는 것 등이다. 넷째는 주관적 감정이다. 개인적인 고통을 느끼며 불안하여 안절부절못하거나 불면증이나 우울감 등이 이에 포함된다.

정상(order)은 첫째는 자신의 삶을 비교적 현실적으로 인식한다. 둘째는 동기와 감정을 어느 정도 인식한다. 셋째는 자신의 행동을 통제할 수 있고, 자신을 인정하고 타인으로부터의 인정을 받는다. 넷째는 타인과의 친밀함을 유지하며 자신의 능력을 생산적 활동에 이용한다.

3) 정신장애의 발생원인

정신장애의 발생원인은 기질적인 원인과 심리적인 원인, 그리고 사회적인 원인이 있다. 첫째로 기질적인 원인은 뇌에 영향을 미침으로 질병이 발생한다. 뇌는 해마와 편도, 생명뇌인

---

[8] 이정모 외. 인지심리학. 학지사. 2009.

뇌간, 대뇌변연계인 감정뇌, 그리고 대뇌피질인 생각뇌로 구성되어 있다.

해마는 이성적인 '학습기억'을 관장하는 부분이다. 편도는 감정적인 기억을 관장하는 기관으로 감정과 관련된 기억을 잊지 않기 위하여 특별하게 강조를 표시한다. 편도에 축적된 부정적인 감정을 정화하기 위해 긍정적 자세가 중요하다. 뇌간은 생명 뇌로, 뇌의 가장 깊숙한 곳에 자리 잡고 있으며 호흡, 순환, 생식 등 생존의 필수기능이다. 뇌간은 인간이 의식적으로 조절할 수도 없고 변연계와 함께 이성보다는 본능에 속하는 힘을 관장한다.

대뇌변연계는 감정뇌로 인간의 희로애락을 관장하고 편도체는 좋고 싫음을 결정하고, 정서적 기억 과정에 참여한다. 그런데 생각뇌인 대뇌피질에 의해 짓눌리고 억압당하기 쉽다. 한편 대뇌피질인 생각뇌는 인간에게 가장 발달된 부위인 언어를 토대로 기억, 분석, 종합, 판단, 창조, 의식에 개입한다. 발달 순서는 뇌간부터 대뇌변연계, 대뇌피질 순서로 발달한다.

둘째로 심리적인 원인은 개인의 본능적인 충동과 그에 관련된 감정들이 정신장애의 원인이 된다. 특히 부정적인 감정이 정신장애의 요인이 된다. 갈등, 미움, 공포, 불안, 우울, 슬픔, 시기질투, 고독, 죄책감, 부정적인 요인이 대표적이다. 또 하나의 원인은 상실감이다. 사랑의 상실, 자존심의 상실, 죽음과 이별 등, 의존 대상의 상실로 인한 절망, 미움, 분노, 억압이 서로 얽혀 정신 장애의 원인이 된다.

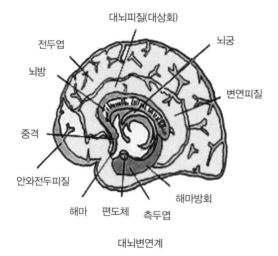

그림 10.2　**뇌의 구조**

셋째로 사회적 원인은 가족문제와 사회문제로 나눌 수 있다. 가족은 대인관계의 최초이자 기본적인 단위로 가족의 이혼, 별거, 부모의 부재, 사랑 결핍, 과잉보호, 편애, 폭행, 학대, 무관심이 원인이 된다. 그리고 사회문제에는 입시제도, 친구 관계, 직장에서의 부적응 등이다. 경쟁심과 야망이 많은 사람일수록 문제가 야기된다. 그리고 도시화와 지식정보화 사회에서 오는 정신장애를 들 수 있다. 도시사회 특징은 지역 범위가 넓고 인구 밀도가 크며, 인간관계는 일시적이고 비인격적이다. 사회적 이동이 심하다. 따라서 문제점은 극단적인 이기주의의 심화이다. 반면에 책임감이 없고 감정적으로 과격하고, 신속성과 불안정을 들 수 있다.

그리고 정보사회는 컴퓨터와 통신이 결합하여 만들어내는 정보의 가치가 매우 중요한 재화로 인식한다. 정보가 유력한 자원이기 때문에 정보의 가치생산을 중심으로 사회가 발전하며, 개성이 중시되고 다양성이 보편화되고, 힘의 원천이 정보과학에서 나온다. 그리고 비대면성과 익명성으로 인한 무책임과 비인격적인 인간관계가 형성되고, 인간과의 교제가 감소하고, 가상세계로 빠져들거나 현실도피, 인터넷 중독자가 나타난다.

4. 정신건강의 구성요소

1) 셀리그만의 구성요소

셀리그만의 정신 구성요소를 첫째는 즐거운 삶이다((pleasant life). 즐거운 삶이란 자신의 삶에 대해 만족하고 긍정정서를 경험하는 것이다. 둘째는 주관적인 안녕이다. 주관적인 안녕은 정서적 안녕과 인지적 요소로 구성되어 있다. 정서적 안녕의 정서적 요소는 긍정정서와 부정정서를 말하고, 인지적 요소는 자신의 삶에 대한 만족도를 말한다. 다시 말해 주관적 안녕은 높은 긍정정서와 낮은 부정정서, 그리고 높은 삶의 만족도를 뜻한다. 셋째는 적극적인 삶이다(positive life). 자신이 추구하는 가치를 실현할 뿐만 아니라 자신의 잠재력을 발휘하게 된다. 넷째는 사회에 기여하는 삶이다(meaningful life). 사회에 소속하여 봉사하고 공헌하면서 삶의 의미를 도출하게 된다.

2) 케이스와 로페즈의 정신건강 모델

케이스와 로페즈(Keyes & Lopez)의 정신건강 모델[9]은 첫째는 정서적인 안녕, 둘째는 심리적인 안녕, 셋째는 사회적인 안녕이다. 정서적 안녕(emotional well being)은 즐겁고 명랑하며 행복하고 평온하며 만족스럽고 충만한 긍정적인 정서가 있어야 하고, 과거와 현재의 삶에 대해서 느끼는 전반적인 행복감이 있어야 한다. 그리고 과거와 현재의 삶에 대해 전반적으로 삶의 만족스럽다는 인지적 평가를 할 수 있어야 한다.

심리적 안녕(psychological well being)은 환경의 통제를 할 수 있어야 한다. 복잡한 환경에 잘 대처하며 적절한 환경을 선택하고 만들어 갈 수 있는 환경의 통제능력이 있어야 한다. 그리고 다른 사람과 공감적으로 교류할 수 있는 능력과 주변 사람들과 따뜻하고 신뢰할 수 있는 긍정적인 인간관계를 맺을 수 있어야 한다. 개인 성장에 힘써야 한다. 도전적인 새로운 경험에 대해 개방적이고 자신이 성장하고 있다는 인식이 있어야 한다. 그리고 자율성이 있어야 한다. 자신의 선택과 결정에 대해서 편안함을 느끼며 비도덕적인 사회적 압력에 저항할 수 있어야 한다. 인생의 목적이 있어야 한다. 그리고 자기를 수용할 수 있어야 하고, 자신과 자신의 삶에 대해 긍정적이고 수용적인 태도를 지녀야 한다.

사회적 안녕(social well being)은 사회를 수용할 수 있어야 한다. 사람들의 복잡성을 인식하고 수용하면서 타인에 대해서 긍정적 태도를 지녀야 한다. 그리고 다른 사람들을 위해 기여할 뿐만 아니라 사회가 긍정적으로 진보하고 있다는 믿음이 있어야 하고, 사회적으로 기여를 해야 한다. 사회나 학교로부터 도움을 받고 혜택을 받았으면 언젠가는 보답할 수 있어야 한다. 사회적 일치가 있어야 한다. 사회에 대한 관심을 가질 뿐만 아니라 사회는 합리적이고 정의롭다는 느낌이 있어야 한다. 마지막으로 사회적인 통합, 즉 공동체의 일부로서의 소속감을 느끼며 공동체로부터 편안함과 지지를 얻어야 한다.

3) 캐롤 리프의 심리적 안녕의 여섯 가지 구성요소

캐롤 리프(Carol Ryff)[10]는 여러 학자들의 주장을 통합함으로써 심리적 안녕(psychological well

---

[9] Keyes, C.L., & Lopez, S.J. Toward a science of mental health: positive directions in diagnosis and in C.R. Syner, & S.J. Lopez(Eds), *Handbook of positive psychology*(pp.45-59). New York: Oxford University Press. 2002.

[10] Ryff, C.D. Happiness is everything, or is it? Explorations on the meaning of psychological well-being. *Journal of Personality and Social Psychology*, 57, 1069-1081. 1989.

-being)의 여섯 가지 요소를 제시하였다. 첫째는 환경의 통제, 둘째는 타인과의 긍정적 인간 관계, 셋째는 자율성, 넷째는 개인적 성장, 다섯째는 인생의 목적, 그리고 자기수용이다.

환경의 통제(environmental mastery)는 주변 환경에서 발생하는 문제를 잘 처리하는 능력과 이에 대한 통제감을 뜻하는 것으로, 자신의 환경 조건을 효과적으로 잘 활용하고, 자신의 가치나 욕구에 적합한 환경을 선택하고 창출할 수 있어야 한다.

타인과의 긍정적 인간관계(positive human relations with others)는 타인과 따뜻하고 신뢰할 수 있는 관계를 형성하고 타인의 행복에 대해 관심을 갖는 것을 말한다. 그리고 타인과 공감 적이고 애정어린 친밀한 관계를 형성하는 능력과 인간관계의 상호 교환적인 속성을 이해해야 한다.

자율성(autonomy)은 독립적이며 독자적인 결정능력을 말한다. 특정한 방향으로 생각하고 행동하도록 요구하는 사회적 압력에 저항하는 능력이 있어야 한다. 그리고 내면의 기준에 의한 행동의 결정이다. 외부적인 기준보다 자신의 개인적 기준에 의해 자신을 평가할 수 있어야 한다.

개인적 성장(personal growth)은 자신이 지속적으로 성장하고 있다는 느낌을 말한다. 자신이 발전하고, 자신의 잠재력이 실현되고 있다는 느낌과 새로운 경험에 대한 개방과 자신의 발전과 성장을 위해 노력해야 한다.

인생의 목적(purpose in life)은 삶에 대한 일관성 있는 목적과 목표를 말한다. 현재와 과거의 삶에 의미가 있다고 느끼며, 인생의 의미를 부여하는 신념체계를 지니고 있어야 한다.

마지막으로 자기수용(self-acceptance)은 자기 자신에 대한 긍정적 태도를 지녀야 한다. 그리고 긍정적 특성과 부정적 특성을 모두 포함한 자신의 다양한 특성을 인정하고 수용해야 한다.

5. 신경증과 정신분열증

1) 신경증

신경증은 독일어로 노이로제(neurose), 혹은 신경정신증(neurosis, psycho-neurosis)이라고 한다. 신경쇠약, 히스테리 등은 신경증의 범주에 속한다. 그리고 신경증은 정신병과 구별하여 대인관계의 병리현상으로 기능성 장애 중에서 발병 과정을 심리학적으로 더듬어 조사할 수 있는 심인성 질환이다.

신경증과 정신증과의 차이는 첫째는 정신증은 성격 전체에 변화가 있는 반면에 신경증은 부분적으로 나타난다. 둘째는 신경증은 현실의 양적 변화이고, 정신증은 질적인 변화로 현실을 무시한다. 셋째는 신경증은 언어장애가 없는 반면에 정신증은 언어장애가 있다. 신경증의 원인을 보면 첫째가 불안이다. 둘째는 가정 분위기가 원인이 될 수 있다. 특히 부모의 가정불화가 원인이 된다. 셋째는 불안 요인에다 약해진 자아가 원인이 될 수 있다.

신경증적인 성격은 첫째는 의존적이고 둘째는 긍정적인 성격보다 자기가 불리한 이유를 만들어 내는 사람이다. 셋째는 성격이 예민하고 과민하며, 넷째는 충동적이고 돌발적인 행위를 가진 사람이며, 다섯째는 열등감과 불안감, 그리고 낮은 자존감을 가진 사람이다. 여섯째는 남에게 싫은 소리를 못하고, 일곱째는 공격적이고 압제적이다. 여덟째는 앞에서는 말을 못하고 돌아서서 후회하고 공상하는 성격이다. 아홉째는 자녀들에게 애정 표현이 부족한 성격이며, 열 번째는 인내심이 부족하고 대면기피증인 경우이다.

히스테리성 신경증이 있는데, 히스테리(Hysteria)란 헬라어 자궁(hysteron)에서 유래되었다. 히포크라테스는 여자의 자궁(hysteron)이 몸 안에서 왔다 갔다 하기 때문에 생기는 것이라 하여 히스테리라고 했다. 그 특징은 첫째는 언행이 이기적이다. 둘째는 자기중심적이다. 셋째는 눈에 띄는 행동을 한다. 넷째는 남에게 인상을 남기기 위해 말이 많고 행동이 과장되고 남의 동정을 사고자 한다. 다섯째는 겉으로 수줍은 것 같지만 속으로 색에 대한 호기심이 많고, 외견상으로는 유혹적이면서 내면은 불감증이다. 여섯째는 공상을 많이 하고 부모에게 의존적이다. 일곱째는 갑자기 화를 내고 악으로 반응한다. 여덟째는 사랑과 관심을 독점한다. 아홉째는 대인관계에 있어서 요구가 많고 의존적이다.

신경증을 예방하기 위해서는 첫째는 부모의 신경증적인 성격을 고쳐야 한다. 둘째는 건전하고 안정된 가정 분위기를 만들어야 한다. 셋째는 가족 사이에 갈등관계가 없어야 한다. 미국 컬럼비아대학교 대학생의 신경증 환자의 81.6%가 가족 간의 갈등이 주원인이었다. 넷째는 사회적, 개인적 관계의 갈등이 없어야 한다. 다섯째는 인격 형성에서 정신적 갈등을 누적시키지 말고 발산해야 한다. 불안, 초조, 반발, 그리고 적의를 품지 말고 현실을 도피하지 않는다. 신경증의 치료 방법을 보면 첫째는 낫는다는 확신과 둘째는 환경의 변화, 셋째는 정신요법과 전두엽 수술 등이 있다.

다음 평가 내용을 읽고 체크하고 점수를 내보십시오.

표 10.2 신경증 자가 진단

① 전혀 그렇지 않다. ② 약간 그렇다. ③ 대체로 그렇다. ④ 매우 그렇다.

	평가 내용	1	2	3	4
1	요즈음 전보다 신경질적이고 불안하다.				
2	공연히 두려워진다.				
3	사소한 일에 당황하고 어쩔 줄을 모른다.				
4	신경이 극도로 약해져서 몸과 마음을 가눌 수 없다.				
5	만사가 순조로운 것 같지가 않다.				
6	손발이 떨리고 안절부절못한다.				
7	머리가 아프고 목덜미가 무겁거나 허리가 아프다.				
8	이유 없이 몸이 약해지고 피곤하다.				
9	마음을 안정하고 편히 오래 앉아 있을 수가 없다.				
10	가슴이 두근거린다.				
11	어지러워서 고생을 한다.				
12	졸도하거나 졸도한 것처럼 느껴질 때가 있다.				
13	가슴이 답답하다.				
14	손에 쥐가 나거나 저려서 고생을 한다.				
15	소화가 안 되어 고생을 한다.				
16	소변을 자주 본다.				
17	손이 보통 덥고, 땀이 난다.				
18	얼굴이 쉽게 붉어지고 화끈거린다.				
19	쉽게 잠이 들지 않고 깊이 잠들지 못한다.				
20	꿈자리가 사납다.				

출처 : http://pann.nate.com/talk/240685

36점 이상이면 정신과 전문의와 상담이 필요합니다.

2) 정신분열증

정신분열증은 보통 15~45세 사이에 나타나고 최고의 발병 시기는 25~35세이다. 실제 발생 빈도는 0.5~0.6%이다.[11] 미국에서는 매년 인구의 1%가 발병하고 있다.[12] 증상을 보면 첫째는

---

[11] 이수원 외. 심리학. 정민사. 1986.
[12] 임승권. 정신위생. 일조각. 1974.

사고와 주의력에 있어서 장애이다. 둘째는 지각장애와 감정장애에 고통이 있다. 셋째는 현실로부터 도피하고자 한다. 넷째는 망상과 환각 현상이 일어난다. 영향망상(조정망상), 피해망상, 억울망상, 죄악 망상, 허무망상, 신체망상, 과대망상, 관계망상, 부정망상(의처증, 의부증) 등이 있다.

정신분열증의 원인을 보면 첫째는 유전적 원인이 중요한 요인이 되고 있다. 둘째는 생화학적 요인을 들 수 있다. 중추신경계에서 발견되는 호르몬이나 신경전달물질인 도파민 신진대사상의 이상이 원인이 될 수 있다는 것이다. 셋째는 사회, 심리적 요인을 들 수 있다. 가정환경, 부모의 성격, 부모의 건강 등이 원인이 된다.

치료와 예방에는 환경요법, 정신요법, 약물요법, 충격요법 등이 있다. 예방은 건강한 아이를 낳아 건강하게 키우고 정신분열증의 성격이 형성되지 않도록 한다. 그러기 위해 지나치게 내성적이고 비사회적인 성향을 개선하고, 공상에 빠지지 않고 현실 세계를 보도록 하고, 자아의식과 자존감을 높이도록 하며, 속마음을 얘기할 수 있는 대화상대를 갖도록 한다. 더 나아가 성격에 맞는 수준의 친구들과 공부하도록 하고 직업을 택하도록 한다.

표 10.3 정신병과 신경증

정신병	신경증
현실을 심하게 왜곡되게 보는 심각한 정신장애	노이로제라고 불리며 주로 불안과 관련된 증상
조현증, 망상, 환각, 정서적 둔감 및 기이한 행동	불안장애(공포증, 강박장애, 공황장애 등), 신체적 장애, 해리장애

6. 우울증과 조울증

우울증은 사회심리학적 요인 외에도 생물학적 요인과 더불어 복합적으로 작용하여 나타난다. 사랑하는 사람의 사망이나 이별하는 경우는 물론 경제적 어려움, 질병, 가정불화, 여러 가지 사회적 요인으로 인해 나타날 수 있다. 그리고 뇌의 감정, 행동, 기억 등에 관여하는 신경전달물질인 세로토닌과 노르에피네프린이 부족한 경우에 나타난다. 우울증이란 검다(melas)와 담즙(chole)의 합성어로, 담즙 황갈색의 쓸개물이 흑색으로 변한다는 데서 유래되었다. 모든 것을 검게 또는 희게 볼 수 있다는 뜻이다. 우울증은 여성이 10%, 남성은 5%를 경험하는 것으로 본다.

1) 우울증

(1) 우울증의 정신적 증상

첫째는 모든 일을 귀찮게 생각한다. 둘째는 사람과 만나는 것을 기피한다. 셋째는 흥미를 상실한다. 넷째는 희망과 자신감이 없다. 다섯째는 인생이 허무하다는 생각이 든다. 여섯째는 집중이 안 되고 불면증과 악몽에 시달린다. 일곱째는 무자비하게 자아비판을 한다. 여덟째는 자기를 멸시하고 비난을 하여 정신이 이완되고 죄책감에 시달린다. 아홉째는 무능하며 정신이 이완된다.

(2) 태도 및 신체적 증상

첫째는 표정 어둡고 무겁고, 슬픔이 지속되며 언행이 느리고 서성거린다. 둘째는 성욕과 식욕이 감퇴하고 소화불량과 두통, 근육통, 그리고 변비가 생긴다. 셋째는 정력과 체력이 약해지고 생리가 줄어든다. 넷째는 불면증이 생긴다.

(3) 성격적 특징

첫째는 대인과의 만남을 회피한다. 둘째는 요구가 많고 쉽게 화를 내며 매사 지나치게 신중하다. 셋째는 잔걱정과 근심이 많다. 넷째는 모든 역경과 고초를 혼자 떠안고자 하는 순교자적인 삶을 살고자 한다. 다섯째는 강박적 성격장애, 공허하고 허무한 생각이 든다. 여섯째는 지나치게 자기에 대해 과잉 요구한다.

(4) 치료방법

첫째는 작업요법과 오락요법을 통한 기분 전환을 한다. 둘째는 적의나 증오감의 배출구를 마련한다. 셋째는 종교로 귀의하여 신앙심을 갖도록 한다. 넷째는 잠을 충분히 자도록 한다. 다섯째는 항우울제는 우울증 초기에 복용하고, 안정제를 낮에 복용하여 밤에 스스로 잘 수 있도록 한다.

2) 조울증

조울증은 기분장애의 대표적인 질환 중 하나이다. 기분이 들뜨는 조증이 나타나기도 하고, 기분이 가라앉는 울증이 나타난다. 그래서 '양극성장애'라고도 한다.

(1) 조증의 증세

첫째는 조기에 기상하여 열심히 일한다. 둘째는 밥을 먹지 않고 일하거나 바쁘게 뛰어다닌다. 셋째는 잠자고 밥 먹는 것이 아깝다고 생각한다. 넷째는 사소한 일에도 참을성이 없다. 다섯째는 의기양양하고 낙천적이다. 여섯째는 인심이 좋아지고 갑자기 전화를 쉴 틈 없이 한다. 일곱째는 행동이 부산해지고 주의력이 산만하다. 여덟째는 참을성과 판단력이 결여되고 무절제와 수치감이 감소한다. 아홉째는 열이 나고 또한 발한 증세가 나타난다.

(2) 울증의 증세

첫째는 사고의 장애나 정신운동이 저하된다. 둘째는 감정이 우울하고 언어 동작이 느리고 목소리도 낮아진다. 셋째는 간단하게 대답을 좋아하고 감정 표현이 부적절하다. 넷째는 자기가 낯설게 느껴지는 이인증이 나타나고 자신의 인격이 나가 없어지는 현상이 나타난다. 다섯째는 기분 변동이 심하고 시선이 아래쪽으로 향하고 아침에 일어나기 힘들고 오후에 기분이 좋아진다. 여섯째는 수면장애가 나타나고 우울 상태가 심하면 혼미 상태에 이른다.

(3) 치료 방법

양극성장애인 조울증은 70% 정도가 우울증으로부터 시작한다. 대부분이 울증과 조증을 경험하나 10~20%는 조증을 경험한다. 평균 조증은 5~10주 지속되며, 울증은 19주, 혼재성은 36주 정도 지속되지만 개인차가 있다. 우울장애에 비해 양극성장애가 더 좋지 않다. 그러나 최근에는 정확한 진단과 치료를 통해 상당히 호전되고 있다. 반복해서 재발할 경우 지속적인 약물치료를 통해 재발을 방지하는 것이 중요하다. 그리고 심한 경우에는 입원해서 치료를 받을 수도 있다. 우울증장애의 영화로는 '미세스 다웃파이어'가 있고, 조울증장애의 영화로는 '미스터 존스'가 있다.

3) 우울척도

아래에 있는 항목들은 지난 일주일 동안의 당신의 상태에 대한 질문이다. 그와 같은 일들이 지난 일주일 동안 얼마나 자주 일어났었는지 답변해 보시오.

0. 극히 드물다(일주일 동안 1일 이하). 1. 가끔 있었다(일주일 동안 1~2일). 2 .종종 있었다(일주일 동안 3~4일). 3. 대부분 그랬다(일주일 동안 5일 이상).

표 10.4 한국판 역학연구센터 우울척도

	지난 일주일간 나는	0	1	2	3
1	평소에는 아무렇지도 않던 일들이 괴롭고 귀찮게 느껴졌다.				
2	먹고 싶지 않고, 식욕이 없었다.				
3	어느 누가 도와준다 하더라도, 나의 울적한 기분을 떨쳐 버릴 수 없을 것 같았다.				
4	무슨 일을 하든 정신을 집중하기가 힘들었다.				
5	비교적 잘 지냈다.				
6	상당히 우울했다.				
7	모든 일들이 힘들게 느껴졌다.				
8	앞일이 암담하게 느껴졌다.				
9	지금까지의 내 인생은 실패작이라는 생각이 들었다.				
10	적어도 보통 사람들만큼의 능력은 있었다고 생각한다.				
11	잠을 설쳤다(잠을 잘 이루지 못했다).				
12	두려움을 느꼈다.				
13	평소에 비해 말수가 적었다.				
14	세상에 홀로 있는 듯한 외로움을 느꼈다.				
15	큰 불만 없이 생활했다.				
16	사람들이 나에게 차갑게 대하는 것 같았다.				
17	갑자기 울음이 나왔다.				
18	마음이 슬펐다.				
19	사람들이 나를 싫어하는 것 같았다.				
20	도무지 무엇을 해나갈 엄두가 나지 않았다.				

출처 : 조맹제 등(1993)의 한국어판 CES-D.

1. 채점 방법

　각각의 문항에 대한 반응은 0점에서 3점 사이에 채점하고, 5, 10,15번 문항은 역으로 채점한다.

2. 해석지침

　점수의 범위: 0~60점

　점수가 높을수록 우울증의 정도가 심하다.

　절단점을 Radloff는 16점, 조맹제 등(1993)은 21점, Kappa는 25점을 제시하였다.

7. 인터넷 중독과 게임 중독

1) 인터넷 중독

인터넷 중독이라는 용어를 가장 먼저 사용한 사람은 킴벌리 영(Kimberly Young)과 이반 골드버그(Ivan Goldberg)[13]이다. 인터넷 중독이란 가상공간의 활동에 집착하고 의존하며 사용시간이 증가하고, 사용하지 않으면 불안하고 대인관계나 일상생활 등 현실생활에 지장을 초래하는 현상을 말한다.

인터넷 중독 원인을 보면 첫째는 인터넷은 호기심을 자극하고 오락과 유희를 제공하는 인터넷 자체의 특성 때문이다. 둘째는 언제, 어디서나 이용이 가능한 편리성과 본인이 원하는 대로 선택할 수 있기 때문이다. 셋째는 비슷한 관심사를 가진 사람들이 쉽게 모이고, 친밀성이 높기 때문이다.

인터넷 중독의 증상을 보면 첫째는 리셋증후군이 있다. 이는 컴퓨터가 느리거나 오작동시 리셋버튼을 이용하면 처음부터 다시 시작될 수 있는 것처럼 현실세계에서도 자신의 마음에 들지 않는 상황이나 관계를 쉽게 다시 시작하려는 현상이다. 이는 자기중심적이고 즉흥적이며 책임감 없는 행동으로 사회적 문제가 된다. 둘째는 시간의 왜곡 경험이다. 인터넷 사용시간을 실제 소요된 시간보다 짧게 느껴진다. 그리고 인터넷을 처음 사용의 목적을 잊어버리고 계속 검색과 탐색으로 많은 시간을 보내기 때문에 다른 활동시간이 현저히 줄어든다. 셋째는 금단증상이다. 인터넷에 대해 집착하여 의미를 부여하고, 밤낮이 바뀌는 일상생활 리듬이 불균형하고 체력이 저하된다. 그리고 현실생활에서 대인관계를 기피하고 외부활동이 저하되고 인터넷을 하지 않으면 우울하고 불안한 금단증상이 나타난다.

예방을 위해서는 첫째는 인터넷을 과다하게 사용하는 원인을 확인하고 해결해야 한다. 둘째는 인터넷의 접속시간을 파악하고 하루 중 일정시간을 정해 놓고 컴퓨터를 사용한다. 셋째는 고립된 장소가 아니라 공개된 장소에서 컴퓨터를 사용한다. 넷째는 신체적인 활동 시간을 늘린다. 다섯째는 사이버 공간이 아니라 현실 공간에서 대인관계를 늘린다. 여섯째는 인터넷을 하면서 잊고 있었거나 하지 않게 된 활동을 확인하고 자신에게 즐거움을 주는 다른 활동을 한다.

---

[13] 강봉균, 강경윤. 신경과학. 바이오메디북. 2009.

2) 게임 중독

게임 중독은 행위 중독의 일종으로 게임에 지나치게 몰입하여 자기 조절능력을 상실하고 신체적, 정신적으로 불안감을 초래하는 것을 말한다. 그리고 게임에 강박적 의존, 내성, 금단현상이 나타난다. 이로 인해 일상생활에서 부적응적이고 현실세계보다는 게임 속의 가상세계를 지향하며 스스로 게임 행동을 통제하기 힘들거나 습관적으로 게임을 시속하는 것을 의미한다.

DSM-IV에서 제시한 인터넷 게임 중독의 진단 기준 및 증상은 다음과 같다. 임상적으로 중대한 장애 또는 곤란을 가져오고, 지속적이고 반복적인 인터넷 게임을 하며, 12개월 동안 다음 9개 중 5개 이상에 해당하면 게임 중독의 증상일 수 있다.

① 인터넷 게임에 대해 집착하는 것으로 이전에 했던 게임이나 앞으로 하게 될 게임에 대해 생각이 나며 인터넷 게임을 하는 것은 하루 중 지배적인 활동이다(집착).
② 인터넷 게임을 못하게 되면 초조, 불안, 슬픔 등의 증상을 경험한다(금단).
③ 인터넷 게임을 하는 시간이 늘어난다(내성).
④ 인터넷 게임을 하는 것을 조절하려고 해도 잘 되지 않는다.
⑤ 인터넷 게임에 대한 결과로 인터넷 게임 이외의 취미나 다른 오락거리들에 대한 흥미가 저하되었다.
⑥ 인터넷 게임에 대한 심리사회적 문제점을 알고 있음에도 불구하고 지속적으로 인터넷 게임을 과도하게 한다.
⑦ 인터넷 게임을 얼마나 하는지 가족, 친구 등 다른 사람들에게 거짓말을 한다.
⑧ 무력감, 죄책감, 불안 등의 부정적인 감정을 회피하거나 완화시키기 위해 인터넷 게임을 한다.
⑨ 인터넷 게임 때문에 중요한 인간관계, 일, 교육과 경력에 대한 기회가 위태롭게 된 적이 있거나 잃은 적이 있다.

게임 중독은 강박적 사용과 집착, 내성과 금단, 일상생활의 기능장애, 일탈 행동 및 현실구분장애 등의 증상이 나타난다.

3) 게임 중독의 실태 및 요인

게임 중독의 실태를 보면 서울시(2012)가 21개의 청소년상담지원센터를 통해 2009년부터 2011년, 3년간 상담 내용을 분석한 결과 10대 청소년의 고민 1위가 인터넷 게임 중독으로 나타났다. 행정안전부(2011)의 '인터넷 중독 실태조사'에서도 우리국민의 인터넷 중독률은 7.7%, 특히 10~19세 청소년 인터넷 중독률이 10.4%로 전 연령대 중 가장 높았으며, 이들의 고위험군 비율도 2.9%로 가장 높게 나타났다. 또한 인터넷을 이용하는 주목적은 일반 사용자는 뉴스 검색이 43.0%로 주로 정보 획득을 위한 것이었지만 인터넷 중독자의 주이용 목적은 온라인 게임이 41.3로 나타났다. 특히 인터넷 중독 고위험군 56.4%가 온라인 게임이 주목적인 것으로 나타났다.

게임 중독의 요인을 보면 첫째는 환경 요인이다(가정 환경, 학교 환경, 사회 환경). 가정 환경의 요인으로는 가족관계, 부모의 양육태도, 학교 환경 요인으로는 교사와 교우관계가 될 수 있으며, 사회 환경 요인으로는 대인관계 등이 있다. 둘째는 심리적 요인이다(내면적 요인). 심리적 요인으로는 우울, 외로움, 충동성, 그리고 무력감과 자극추구 성향 등이 있다. 셋째는 내재적 요인이다. 내재적 요인으로는 이용의 편리성, 익명성, 그리고 사회적 특성인 사회적 지지와 사이버 대인관계 형성 등이 있다. 넷째는 개인적 요인이다(객관적 요인). 객관적 요인으로는 인구통계학적 요인인 성별과 교육수준, 직업 등이 있고, 개인의 인터넷 사용 특성으로는 사용 기간과 사용 시간 등이 있다. 다섯째는 신경생물학적 요인이다(뇌과학적 요인). 뇌과학적 요인으로는 중독에 취약한 유전적 요인, 기질적 요인, 신경생리적 요인과 신경인지적 요인 및 뇌영상 연구를 통한 요인 등이 있다.

그리고 게임 중독에 관한 정책을 보면 여러 나라에서 인터넷 게임 중독을 예방하기 위한 다양한 정책을 수립하고 있다. 그러나 유럽이나 미국은 아직까지 사회문화적 여건상 이 문제가 심각한 문제로 제기되고 있지 않아 주로 자율규제중심이거나 포르노, 폭력물 등 전통적인 콘텐츠 중심의 대책이 주를 이루고 있다. 유럽연합은 범유럽 게임정보(PEGI) 협회를 출범하여 게임물 등급을 5단계로 구분하고 관리하고 있다. 미국은 아동인터넷보호법(CIPA) 등을 통해 아동의 인터넷 안전정책과 미성년자 유해 내용에 대한 접근을 금지시키고 있으며, 오락 소프트웨어 등급심의위원회(ESRB)를 통해 게임물 등급을 7단계로 나누어 심의하고 이용 가능한 연령을 정하고 있다. 중국, 태국, 대만 등 인터넷 게임 중독이 사회문제로 대두되고 있는 나라에서는 이를 예방하기 위한 사전조치로서의 제도가 제안되고 있다. 대표적으로 중국에서는 국무원 산하 신문출판총서 등 8개 부서에서 '인터넷 게임 중독방지 시스템 개발 표준'을 제정하여 2007년부터 본격 적용에 돌입하였으며 특히 '인터넷 게임 중독방지 시스템 실명인증 방안'은 게임을 한 번에 5시간 넘지 않도록 하고 있다.

그리고 국내 정책을 보면 2013년 6월 제2차 인터넷 중독 예방 및 해소 종합계획(2013~2015)을 수립하여 인터넷 및 스마트미디어 중독 확산에 대한 대책을 수립하였다. 미래창조과학부, 교육부를 포함한 8개 부처가 공동 협력 추진하여 국가정보화기본법에 의거 3년마다 '인터넷 중독 예방 및 해소 종합계획(안)'을 수립하고 유아부터 성인까지 전 생애 걸쳐 중독에 대한 예방 및 상담, 치료, 사후관리까지 지원체계를 마련하도록 했다. 특히 인터넷 게임 중독 예방을 위해서는 게임산업진흥에 관한 법률에 따라 문화체육관광부에서 실태조사, 게임 과몰입 예방을 위한 지표, 예방교육 프로그램 개발 및 인력양성, 그리고 게임 과몰입 해소를 위해 진단, 예방, 상담, 치유의 4단계 대응 체계 마련을 목표로 진행하고 있다.

8. 스트레스

1) 스트레스의 정의

스트레스는 라틴어 스트릭투스(strictus), 스트링제레(stringere)에서 유래되었다. 우리말로는 팽팽하다, 좁다는 뜻을 지니고 있다. 스트레스라는 말이 지금의 의미로 사용되기 시작한 것은 셀리에(Hans Selye)[14]에 의해서다. 그는 스트레스를 개인에게 의미 있는 것으로 지각되는 외적·내적 자극이라고 정의했다. 스트레스 반응은 위험한 상황에 처한 개체가 생존하게끔 하고, 먹이를 잡을 때 효율성을 높이는 것으로 본다. 일상적으로 경험하는 괴로운 스트레스를 디스트레스(distress)라고 하고, 좋은 일이지만 자율 신경계가 스트레스 반응을 보이는 것을 유스트레스(eustress)[15]라고 부른다. 스트레스를 잘 관리하면 병에 대해 내성이 생긴다. 그러나 스트레스를 반복적으로 받으며 해소할 수 없게 되면 신체질환 등 내외적으로 위험할 수 있다.

---

[14] 셀리에(Hans Selye, 1907~1982): 오스트리아 출생의 캐나다 내분비학자로 1936년에 '스트레스 학설'을 제창하며, 내분비학 영역에 새로운 분야를 개척하였다.

[15] 유스트레스(eustress) : 긍정적 결과를 가져오는 신조어

2) 홈 지수

홈(Thomas Holmes)과 마수수(M. Masusu)의 스트레스 지수(Stress Index)[16]를 보면 배우자의 죽음을 스트레스 지수 100으로 보았을 때 이혼이 73, 별거가 65, 결혼이 50, 출산이 40이다.

표 10.5 토마스 홈 스트레스 지수

순위	생활사건	점수	순위	생활사건	점수
1	배우자 사망	100	23	자녀의 출가	29
2	이혼	73	24	시댁 친구와의 문제	29
3	별거	65	25	우수한 개인적인 성취	28
4	감옥살이	63	26	아내의 맞벌이 시작 및 중지	26
5	일가친척 사망 가족의 사망	63	27	입학 또는 졸업	26
6	본인의 부상 및 질병	53	28	거주 환경의 변화	25
7	결혼	50	29	개인 버릇 교정	24
8	해고	47	30	상사와의 갈등	23
9	별거 후 재결합	45	31	근무시간 및 근무조건의 변화	20
10	은퇴	45	32	거주지 변화	20
11	가족구성원의 건강 문제	44	33	학교의 변화	20
12	임신	40	34	오락 활동의 변화	19
13	성적 장애	39	35	교회 활동의 변화	19
14	새로운 구성원의 증가	39	36	사회 활동의 변화	18
15	사업의 재적응	39	37	천만원 이하의 저당이나 채무	17
16	재정적인 변화	38	38	수면습관의 변화	16
17	친한 친구의 사망	37	39	동거인 수의 변화	15
18	직업 전환	36	40	식습관의 변화	15
19	배우자와 말다툼	35	41	휴가	13
20	천만원 이상의 저당 및 채무	31	42	성탄절	12
21	저당물 압수	30	43	가벼운 법률 위반	11
22	일의 책임상의 변화	29			

---

[16] 김흥규. 인간행동의 이해. 양서원. 1994.

높은 스트레스는 두통, 위궤양, 고혈압, 만성피로 등의 육체적인 고통으로 나타나며 집중력을 상실하게 한다. 그뿐만 아니라 스트레스의 가장 심각한 결과인 실패와 상실감까지 생기게 된다. 스트레스의 원천들은 환경적, 심리적, 생리적, 성격적인 원인 등 네 가지로 분류한다. 인간은 성장과 더불어 모든 발달단계에서 스트레스를 경험한다. 스트레스 관련 경험은 여러 형태로 나타나지만 일반적으로 공통적인 현상은 스트레스 경험 그 자체보다 이를 어떻게 인식하고 감당하느냐가 더욱 중요하다. 효과적인 스트레스 관리를 위한 구체적인 방법은 생각을 바꾸고, 명상 및 웃음 그리고 성숙한 사랑이다. 그리고 스트레스 연구로 1958년에 노벨 의학상을 수상한 한스 셀리에(Hans Seyle)는 하버드대학교 고별강의에서 스트레스 해소 방안을 한마디로 감사하며 살자였다. "Appreciation!"

3) 우리나라 행복과 스트레스 인식

대한신경정신의학회((2011)는 정신건강의 날을 앞두고 전국의 19세 이상의 성인남녀 1,006명을 대상으로 실시한 '행복과 스트레스에 대한 인식 조사'에 결과를 보면 자신의 행복상태 점수를 90점 이상으로 높게 제시한 응답 비율은 15.2%에 불과했고, 80~89섬은 24.7%, 70~79점은 21.6%, 60~69점 9.5%, 50~59점 21.5%, 50점 미만은 7.6%였다. 응답자들은 또 지금보다 더 행복해지기 위한 조건으로 건강이 32.7%, 돈이 31.8%였다. 특히 행복의 조건으로 여성은 건강이 37.1%, 남성은 돈이 33.0%였다. 행복상태는 100점 만점에 68.1점으로 낮은 수준이었다.

일상생활 중 얼마나 스트레스를 받는지를 묻는 질문에는 응답자의 26.2%가 아주 많다가 5.1%, 많다가 21.2%였다. 성인 4명 가운데 1명은 평소에 스트레스를 심하게 받는다는 뜻이다. 반면 스트레스가 적거나 거의 없다는 응답비율은 32.3%였다. 스트레스의 주요 원인으로는 직업 문제가 25.8%, 경제적 문제 21.5%, 인간관계 12.4%, 본인의 건강 문제 9.4%, 부모 및 자녀 문제가 9.1% 등이었다. 스트레스를 받았을 때 나타나는 증상은 분노와 예민 25.7%, 피로감 17.0%, 불편함 9.2%, 우울과 슬픔 9.2%, 두통이 8.8% 순으로 나타났다. 스트레스를 해소할 때 함께하는 사람을 묻는 질문에는 혼자 해소한다는 응답비율이 48.3%, 친구나 선후배, 동료와 함께 푼다는 응답비율은 34.6%, 가족은 14.2%, 연인은 2.4%였다.

그리고 스트레스 해소 방법으로는 운동 22.7%, 음주 17.7%가 가장 높은 비율을 나타냈고, 대화 10.8%, 잠 8.2%, 영화나 TV 시청이 7.8% 등이 뒤를 이었다. 문제는 스트레스를 많이 받고 있음에도 불구하고 정신과 상담이나 진료를 받고 싶었다는 응답은 전체의 16.6%에 불과했고, 이 중에 실제로 상담과 치료를 받은 비율은 29.9%에 그쳤다. 스트레스를 받을 때 정신과의 도움을 받지 않는 이유는 대수롭지 않게 여기기 때문으로 나타났다. 그리고 상담 의향자 중의 절반 이상인 56.4%는 '심각하게 생각되지 않아서' 정신과에 가지 않는다고 답했고, '막연한 거리낌이나 두려움'이 17.1%, '경제적 여유가 없어서'가 9.4%, '개인적 불이익이 두려워서'가 5.1%로 나타났다. 앞으로 상담을 받을 의향이 있는지에 대해서도 48.5%가 부정적인 반면에 받을 의향이 있다는 비율은 29.7%에 그쳤다.

표 10.6 스트레스 자가 진단 테스트

※ 최근 보름간의 나의 상태를 잘 생각해보고 해당되는 부분에 체크하시오.

질문	전혀 없었다(0)	가끔 있었다(1)	자주 있었다(2)
1. 아침에 눈 뜨는 게 두려운 적이 있다.			
2. 잠을 잘 못 들거나 깊은 잠을 못 자고 자주 잠에서 깬다.			
3. 늘 쫓기는 느낌이 든다.			
4. 식욕이 없어 잘 안먹거나 갑자기 폭식을 한다.			
5. 매사에 집중이 안 되고 일의 능률이 떨어진다.			
6. 기억력이 나빠져 잘 잊어버린다.			
7. 텔레파시, 육감, 사주를 믿는다.			
8. 만사가 귀찮고 피로감을 자주 느낀다.			
9. 나에 대한 안 좋은 뜬소문에 시달린 적이 있다.			
10. 말과 행동이 거칠어졌다.			
11. 느닷없이 화가 치밀어 오르는 때가 있다.			
12. 남들과 터놓고 속얘기하기를 꺼린다.			
13. 귀가 얇은 편이다.			
14. 집안 식구들로부터 가정에 소홀하다는 이야기를 들었다.			
15. 내 일이 지겹게 느껴진다.			
16. 동료가 제멋대로 행동한 적이 있다.			
17. 납득할 수 없는 요구 때문에 골치가 아팠다.			
18. 업무 중 도망가고 싶은 적이 있다.			
19. 시간 약속 때문에 압박감을 느껴본 적이 있다.			

20. 리액션이 과하다는 말을 종종 듣는다.			
21. 생각이 많아 일이 늦어진다.			
22. 나는 남들보다 특별했으면 좋겠다.			
23. 쉽게 부끄러워하고 반응에 몹시 민감하다.			
24. 동료와 말다툼을 한 적이 있다.			
25. 내 의지와는 전혀 상관없는 일을 한 적이 있다.			
26. 나의 의견이 무시당한 적이 있다.			
27. 이직을 생각한 적이 있다.			
28. 아무런 이유 없이 나를 괴롭히는 사람이 있다.			
29. 공개적으로 혼난 적이 있다.			
30. 일의 분배가 불공정하게 이루어진다고 생각한 적이 있다.			

출처 : http://blog.naver.com/yunachoio/220475338463

〈스트레스 자가 진단 테스트 결과〉

0~15점 : 현재 특별한 정서적 불편을 느끼지 않는 상태

16~25점 : 약간의 스트레스가 의심되며 예방책이 필요

26~40점 : 중증도 스트레스가 있으며 적극적인 도움을 받아야 함

41~60점 : 고도의 스트레스로 인해 반드시 전문적인 치료를 받아야 함

9. 성격장애

1) 성격장애의 분류

성격장애는 A군, B군, C군으로 분류한다.[17]

(1) A군 성격장애

사회적으로 고립되어 있고 기이한 성격특성을 나타내는 유형으로 편집성 성격장애(paranoid personality disorder)와 조현성 성격장애(schizoid personality disorder), 조현형 성격장애(schizotypal personality disorder)가 있다.

---

[17] 정신질환의 진단 및 통계편람(DSM-5), 2016.

(2) B군 성격장애

정서적이고 극적인 성격특성을 나타내는 유형으로 반사회성 성격장애(antisocial personality disorder), 경계선 성격장애(borderline personality disorder), 연극성 성격장애(histrionic personality disorder), 자기애성 성격장애(narcissistic personality disorder)가 있다.

(3) C군 성격장애

불안하고 두려움을 많이 나타내는 유형으로 강박성 성격장애(obsessive compulsive personality disorder), 의존성 성격장애(dependent personality disorder), 회피성 성격장애 (avoidant personality disorder)가 있다.

표 10.7 성격장애 분류(DSM-Ⅴ)

A군(Cluster)	편집성 성격장애, 조현성 성격장애, 조현형 성격장애
B군(Cluster)	연극성 성격장애, 자기애성 성격장애, 반사회성 성격장애, 경계성 성격장애
C군(Cluster)	회피성 성격장애, 의존성 성격장애, 강박성 성격장애

출처 : 정신질환의 진단 및 통계편람(DSM-5), 2016.

2) 편집성 성격장애

(1) 개념

편집증(paranoia)이란 그리스어로 제정신을 잃었다는 뜻으로, 타인에 대한 강한 불신과 의심을 지니고 적대적인 태도를 나타내어 사회적 부적응을 나타내는 성격특성을 말한다. 이 경우에 속하는 사람들은 주로 고집스럽고, 의심이 많고 배우자에 대한 병적 질투심이 많다.

(2) DSM-Ⅳ의 진단기준

A. 다른 사람의 동기를 악의가 있는 것으로 해석하여 타인에 대해 전반적으로 불신과 의심을 갖는다. 이는 청년기에 시작되며 여러 상황에서 나타나고 다음 중 네 가지(또는 그 이상) 항목으로 나타난다.

첫째, 충분한 근거 없이 타인이 자신을 착취하고 해를 주거나 속인다고 의심한다.

둘째, 친구나 동료의 성실성이나 신용에 대해 의심을 많이 한다.

셋째, 정보가 자신에게 악의적으로 사용될 것이라는 부당한 공포 때문에 터놓고 얘기하기를 꺼린다.

넷째, 타인의 말이나 사건 속에서 자신을 비하하거나 위협하는 숨겨진 의미를 찾으려 한다.

다섯째, 원한을 오랫동안 풀지 않는다. 자신에 대한 모욕, 손상, 경멸을 용서하지 않는다.

여섯째, 타인은 그렇게 생각하지 않지만 자신의 인격과 명성이 공격당했다며 즉시 화를 내거나 반격한다.

일곱째, 이유 없이 배우자의 정절에 대해 반복적으로 의심한다.

B. 정신분열증, 정신병적 양상이 있는 기분장애, 기타 정신병적 장애의 과정에서 발생한 것은 여기에 포함시키지 않으며, 일반적 의학적 상태의 직접적인 생리적 효과에 의한 것이 아니다.

(3) 주요 특징

첫째, 적대적인 관계를 형성하는 경우가 많다.

둘째, 과도한 의심과 적대감으로 인해 반복적인 불평, 격렬한 논쟁, 냉담하거나 공격적인 행동을 나타낸다.

셋째, 자신에 대한 타인의 위협 가능성을 지나치게 경계하기 때문에 행동이 조심스럽고 비밀이 많다. 그리고 생각이 지나치게 복잡하고 미래의 일을 치밀하게 예상하거나 계획하는 경향이 있다.

넷째, 잘 따지고 고집이 세며 비꼬는 말을 잘하여 냉혹한 사람으로 비쳐지기도 한다.

다섯째, 의심이 많고 논쟁적이며 도전적인 행동을 잘 하기 때문에 상대방을 화나게 만드는 경향이 있다.

여섯째, 타인과 친밀한 관계를 갖기가 힘들다.

일곱째, 숨어 있는 동기, 의미를 찾으려는 특성 때문에 전체 상황을 이해하고 판단하는 판단력이 부족하기 때문에 업무수행에 문제가 있다.

(4) 역학 특징

유병률은 0.5~2.5%이다. 남자에게 많고 가족에 정신분열병 빈도가 높게 나타나며, 동성애자, 소수 민족, 이민자에게 많다.

(5) 치료

인지행동치료(CBT)와 다른 형태의 정신치료가 일부 환자에게 도움이 된다.

(6) 방어기제

자신이 용납할 수 없는 감정, 사고, 욕구를 무의식적으로 타인에게 돌리는 투사로 나타난다. 투사란 실은 내가 A를 싫어하는데, A가 나를 싫어한다고 생각하는 것을 말한다.

3) 조현성 성격장애

(1) 개념

타인과의 친밀한 관계형성에 관심이 없고 감정표현이 부족하여 사회적 적응에 현저한 어려움이 있다. 이들은 다른 사람들이 볼 때 외톨이처럼 보인다. 혼자 지내고 정서적으로 냉담하고 무관심하며 타인에 대해 따뜻함이나 부드러움이 없으며, 이성교제에 대한 욕구도 거의 없고 타인의 느낌, 칭찬, 또는 비평에 무관심하다. 그러나 언어, 행동 또는 사고의 괴이한 면은 없다.

(2) DSM-Ⅳ 진단기준

A. 대인관계에서 제한된 범위의 감정표현이 나타난다. 이는 청년기에 시작되며 다음 중 네 가지(또는 그 이상) 항목으로 나타난다.

　첫째, 가족의 일원이 되는 것을 포함하여 친밀한 관계를 원하지도 즐기지도 않는다.

　둘째, 거의 항상 혼자서 하는 활동을 선택한다.

　셋째, 성 경험을 갖는 일에 거의 흥미가 없다.

　넷째, 소수의 활동에서만 즐거움을 얻는다.

　다섯째, 직계가족 이외에는 마음을 털어놓을 가까운 친구가 없다.

　여섯째, 타인의 칭찬이나 비평에 무관심하다.

　일곱째, 정서적인 냉담, 무관심 또는 감정이 없어진 사람처럼 감정반응을 보인다.

B. 정신분열증, 정신병적 양상이 있는 기분장애, 기타 정신병적 장애 혹은 전반적 발달장애의 과정에서 발생한 것은 여기에 포함시키지 않으며, 일반적 의학적 상태의 직접적인 생리적 효과에 의한 것이 아니다.

(3) 주요 특징

첫째, 서먹서먹하고, 사회적으로 은둔적이다.

둘째, 혼자서 하는 직업, 활동, 취미를 선호한다(그렇지 못한 상황에서는 부적응).

셋째, 따뜻하고, 친밀한 관계 형성이 결여되어 있다.

넷째, 정서반응에서 냉담하고 무미건조하다.

다섯째, 자신의 감정을 직접 표현하지 않는다.

여섯째, 말과 행동이 이상하게 일탈되어 있지 않지만 사회적 기술이 빈약하다.

(4) 역학 특징

일반 인구의 7.5% 정도이며, 남녀 간 차이는 2:1 정도로 남자가 많다.

(5) 치료

상황대처, 사회기술훈련, 자아 존중감, 의사소통 등과 관련된 분야가 중심이 된다. 점차적인 신뢰의 발달이 치료 과정에서 중요하다. 대인관계 기술이 부족하므로 적절한 대인관계 행동을 통한 행동치료가 도움이 될 수 있다.

(6) 방어기제

정서와 대인 경험을 지극히 사실적인 용어로 기술하려는 이지화 경향이 있다. 이런 사람들은 사회적, 정서적 사건들에 대해 형식적이고 객관적인 면에 관심을 두며 정서적 표현이 미성숙하다.

4) 조현형 성격장애

(1) 개념

사회적으로 고립되어 있으며 기이한 생각과 행동을 나타내어 사회적 부적응을 초래하는 성격장애를 말한다.

(2) DSM-IV의 진단기준

A. 친분관계를 급작스럽게 불편해하고 그럴 능력의 감퇴 및 인지 및 지각의 왜곡, 행동의 괴이함이 사회 및 대인관계에서 광범위한 형태로 나타나며 청년기에 시작하며 다음 중 다섯

가지(또는 그 이상) 항목으로 나타난다.

첫째, 관계망상과 유사한 사고를 한다(분명한 관계망상은 제외).

둘째, 행동에 영향을 미치는 괴이한 믿음이나 마술적 사고에 집착한다(예: 미신, 천리안에 대한 믿음, 텔레파시나 육감, 청소년의 경우 기괴한 환상 등).

셋째, 신체적 착각을 포함한 유별난 지각 경험을 한다.

넷째, 괴이한 사고와 언어를 사용한다(예: 애매하고 우회적이며 은유적이고 지나치게 자세하게 묘사함).

다섯째, 의심이나 편집증적인 사고가 있다.

여섯째, 부적절하거나 제한된 행동을 한다.

일곱째, 괴이하고 엉뚱하거나 특이한 외모와 행동을 한다.

여덟째, 직계가족 외에는 가까운 친구가 마음을 털어놓을 수 있는 사람이 없다.

아홉째, 과도하게 사회적으로 불안해한다(자신에 대한 부정적인 판단보다는 편집증적 공포와 연관되어 있음).

B. 정신분열증, 정신병적 양상이 있는 기분장애, 기타 정신병적 장애, 혹은 전반적 발달장애의 과정에서 발생한 것은 여기에 포함시키지 않으며, 일반적 의학적 상태의 직접적인 생리적 효과에 의한 것이 아니다.

(3) 주요 특징

첫째, 은둔적이고 정서적인 깊이가 없고, 사회적 기술이 결여되어 있다.

둘째, 이상한 단어와 문장을 사용하거나 단어를 이상한 방식으로 사용하여 때때로 이해하기가 어렵다.

셋째, 생각을 분명하게 표현하지 못한다.

넷째, 행동이 때때로 기괴해 보인다.

다섯째, 의심이 많고 미신에 사로잡혀 동떨어져 있는 것처럼 보일 때가 많다.

(4) 역학 특징

유병률은 인구의 약 3%이고 여자보다 남자에게 조금 더 많다. 가족 중에 정신분열병이 많다.

(5) 치료

정서적인 판단보다는 객관적인 판단을 하는 법을 익히도록 하고, 모방학습을 통해 사회적으로 적당한 행동을 하도록 한다.

(6) 방어기제

방어기제는 취소로, 이는 보상의 한 형태이다. 바람직하지 않은 행동이나 악한 동기를 참회하려는 시도이다.

표 10.8 조현성과 조현형의 성격장애 차이

조현성	조현형	공통점
언행이 괴이하지 않다.	언행이 괴이하다.	은둔적이다.
생각과 표현이 확실하다.	생각과 표현이 망상적이다.	정서와 사회적 기술이 결여되어 있다.

5) 반사회성 성격장애

(1) 개념

타인의 권리를 대수롭지 않게 여기고 침해하며, 반복적으로 범법 행위와 거짓말을 하고, 사기성, 공격성, 무책임한 성격을 보이는 성격장애이다. 반사회성을 다룬 영화는 '프라이멀 피어'가 있고, 드라마로 '별에서 온 그대'가 있다.

(2) DSM-Ⅳ의 진단기준

A. 다른 사람의 권리를 무시하고 침해하는 행태를 전반적, 지속적으로 보이며, 이러한 특징은 15세 이후에 시작된다. 다음 중 세 가지 이상의 항목으로 나타난다.

첫째, 반복적인 범법 행위로 체포되는 등, 법률적 사회규범을 따르지 않는다.

둘째, 거짓말과 가명을 사용하고, 자신의 이익과 쾌락을 위해 다른 사람을 속이는 사기성이 있다.

셋째, 미리 계획을 세우지 않고 충동적으로 행동한다.

넷째, 쉽게 흥분하고 공격적이어서 신체적인 싸움이나 타인을 공격하는 일이 반복된다.

다섯째, 자신과 타인의 안전을 무모하게 무시한다.

여섯째, 시종일관 무책임하다. 예컨대 일정한 직업을 꾸준히 유지하지 못하거나 당연히 해야 할 재정적 책임을 다하지 않는다.

일곱째, 다른 사람에게 해를 입히거나 학대한다. 또 다른 사람의 물건을 훔치는 것에 대해 아무렇지도 않게 느끼거나 합리화하는 등 양심의 가책을 느끼지 않는다.

B. 진단 당시 최소한 만 18세 이상이어야 하고, 만 15세 이전에 미국정신의학회의 진단기준 (DSM-IV)에 따른 행실장애(품행장애)가 있었다는 증거가 있어야 한다.

(3) 주요 특징

첫째, 다른 사람들을 냉혹하게 착취한다.

둘째, 충동적이고 주저함 없이 일을 시작하며 자신감이 있다.

셋째, 전투적이고 호전적이다.

넷째, 보복과 복수심이 강하다.

다섯째, 다른 사람을 쉽게 신뢰하지 못하고 냉소적이다.

여섯째, 잔인하고, 권력 지향적이며 기득권 유지를 위해 조직을 활용한다.

(4) 역학 특징

남자는 15세 이전, 여자는 15세 이후에 발병하고 타인의 고통에 무감각하다. 중년기 이후에는 호전적인 양상이 보인다.

(5) 치료

친사회적인 행동을 통해 얻을 수 있는 장기적인 이익과 물질적 가치에 초점을 두는 것이 효과적이다.

(6) 방어기제

공격적인 사고, 감정 및 외형적 행동들을 충동적으로 표출하는 행동화 경향으로 나타난다.

6) 경계선 성격장애

(1) 개념

경계선 성격장애는 대인관계, 행동, 기분, 자아상을 포함하여 여러 영역에서 불안한 정서를 보이며 심한 충동성을 나타낸다.[18] 영화로는 '위험한 정사'가 있다.

(2) DSM-IV의 진단기준

아래의 아홉 가지 증상 중에 다섯 가지 또는 그 이상 나타나는 경우를 말한다.

첫째, 실제적 혹은 상상 속에서 버림을 받지 않기 위해 미친 듯이 노력한다(다섯째 기준에 있는 자살이나 자해행위는 포함하지 않음).

둘째, 과대, 과소평가의 극단 사이를 반복하는 것을 특징으로 하는 불안정하고 격렬한 대인관계의 양상이다.

셋째, 주체성의 혼란이 있다(자기 이미지 또는 자신에 대한 느낌이 현저하고 지속적인 불안정).

넷째, 자신을 손상할 가능성이 있는 최소한 두 가지 이상의 경우에서의 충동성을 갖는다(소비, 물질남용, 좀도둑질, 부주의한 운전, 과식 등, 다섯째 기준에 있는 자살이나 자해행위는 포함하지 않음).

다섯째, 반복적 자살행동, 위협 혹은 자해행동을 한다.

여섯째, 기분에 대한 반응으로 현저하게 불안정하다(예: 일반적으로 수시간 동안 지속되며 드물게 수일간 지속되기도 하는 격렬한 삽화적 불쾌감, 과민성 불안).

일곱째, 만성적인 공허감을 느낀다.

여덟째, 부적절하게 심하게 화를 내고 화를 조절하지 못한다(예: 자주 울화통을 터뜨리거나 늘 화를 내거나, 신체적 싸움을 자주 함).

아홉째, 일시적이고 스트레스와 연관된 피해적인 사고 혹은 심한 해리 증상을 나타낸다.

(3) 주요 특징

경계선(Borderline)이라는 말처럼, 극히 변덕스럽고 극단적이다. 타인에 대한 평가가 극과 극을 오가며 감정의 기복이 심하다. 친구나 연인을 사귈 때 급격히 가까워지며 극단적인 친밀감을 갖다가도 어떤 시기에는 극단적으로 냉담해지는 식이다. 이처럼 대인관계는 지나친 기대를 가지고 가깝게 접근했다가 곧 실망해서 원망하며 멀리하는 양극단의 양상이 반복되는 증세가 나타난다. 행동은 폭발적이고 예측할 수 없으며 기분의 변화가 심하여 정상적인

---

[18] 최정윤. 이상심리학. 학지사. 2015.

기분이었다가 바로 우울해하고 분노하는 경향이 있다. 세상을 극단적인 선과 악으로 이원화하기 때문에 종교에 쉽게 빠져드는 경향도 있다.

(4) 역학 특징

유병률은 2%이며 그중에 75%가 여성이다. 정신과 외래환자의 10%, 정신과 입원환자의 20% 정도로 추정하고 있다.

(5) 치료

환자의 현실에서 매일 경험하는 대인관계상의 문제점을 중심으로 대화하는 것이 좋다. 약물 치료에는 항정신병 약물이나 항우울제를 사용하기도 한다.

(6) 방어기제

욕구 불만에 빠져 현재 도달하고 있는 정신발달의 수준 이전의 미발달단계로 되돌아가 더 원시적이 되어 미숙한 행동을 취하는 퇴행으로 나타난다.

7) 연극성 성격장애

(1) 개념

감정 표현이 과장되고 주변의 시선을 받으려는 특이한 성격장애이다.

(2) DSM-IV의 진단기준

다음 중 다섯 가지 이상에 해당하는 경우에 진단 가능하다.

첫째, 자신이 주목 받지 못하는 상황을 불편하게 생각한다.

둘째, 다른 사람과의 관계에서 부적절할 정도로 성적으로 유혹적이고 자극적이다.

셋째, 감정 표현이 자주 바뀌고 피상적이다.

넷째, 자신에 대한 관심을 계속해서 유지하기 위해서 외모를 이용한다.

다섯째, 연극적인 방식으로 말을 하고, 말하는 내용에 세부적인 사항이 결여되어 있다.

여섯째, 자신을 극적인 방식으로 표현하고, 연극적인 태도를 보이며, 감정을 과장해서 표현한다.

일곱째, 피암시성이 높아서 다른 사람이나 환경에 쉽게 영향을 받는다.

여덟째, 다른 사람과의 관계를 실제보다 더 친밀한 것으로 생각한다.

(3) 주요 특징

타인의 주목을 받고자 하는 과장된 행동과 감정을 표현하고 성적으로 유혹적이다. 신체 증상을 호소하거나 알코올 관련 문제가 동반될 수 있다. 또한 환자는 무의식적인 방어기전으로 인해 자신의 실제 감정과 행동의 동기를 깨닫지 못하는 경우가 많다. 스트레스 상황에서는 현실을 검증하는 능력에 문제가 생길 수 있고, 이러한 상황 자체를 무의식적으로 무시하는 태도를 보일 수도 있다.

(4) 역학 특징

일반 인구의 2~3% 정도가 히스테리성 성격장애라고 하며, 여성에게 흔히 나타난다.

(5) 치료

치료에 대한 환자 스스로의 동기가 낮은 경우에는 치료효과가 떨어질 수 있다. 동반 증상에는 약물치료가 보조적으로 사용될 수 있는데, 우울증이나 신체 증상을 호소하는 경우에는 항우울제, 불안을 호소하는 경우에는 항불안제 등이 사용될 수 있다.

(6) 방어기제

다른 사람들이 자신의 실제 모습을 보지 못하게 하는 것으로 불유쾌한 사고와 감정을 드러내거나 반추하지 못하게 하는 해리로 나타난다.

8) 자기애성 성격장애

(1) 개념

자신에 대한 애정이 과도한 만큼, 쉽게 남의 시선에 상처를 받거나 분노하는 모순된 면을 지니고 있다.

(2) DSM- Ⅳ의 진단 기준

다음 중 다섯 가지 이상에 해당하는 경우에 진단 가능하다.

첫째, 자신의 중요성에 대해 지나치게 과장된 자신감이 있다.

(예: 자신의 성취나 재능을 과장하고, 뒷받침될 만한 성취가 없는 상태에서 자신의 뛰어남을 인정받고자 함)

둘째, 끝없는 성공, 권력, 탁월성, 아름다움, 이상적인 사랑에 대한 공상에 빠진다.

셋째, 자신이 특별하고 독특해서 다른 특별하거나 상류층인 사람 또는 기관만이 자신을 이해할 수 있거나, 그런 사람들과만 어울려야 한다고 믿는다.

넷째, 과도한 찬사를 요구한다.

다섯째, 특권의식 즉 특별대우를 받을 것에 대한 불합리한 기대감이나, 그럴 만한 이유가 없는데도 특별대우나 복종을 바라는 불합리한 기대감을 가진다.

여섯째, 대인관계가 착취적이다. 즉, 자신의 목적을 달성하기 위해 다른 사람들을 이용한다.

일곱째, 공감 능력이 결여되어 있다. 즉 타인의 감정이나 욕구를 인정하거나 자신의 감정 또는 욕구와 같은 선상에서 보려 하지 않는다.

여덟째, 종종 타인들을 시기하거나, 타인들이 자신을 시기하고 있다고 믿는다.

아홉째, 거만하고 방자한 행동이나 태도를 보인다.

(3) 주요증상

대인관계에서 남을 위할 줄 모르고, 자신의 중요성을 지나치게 느껴 모든 것이 자기중심적이다. 자기의 능력에 대해 비현실적인 자신감을 가지고 있고, 무제한적인 능력, 재물, 권력, 높은 지위, 아름다움이나 이상적 사랑을 바란다. 간혹 이러한 목표가 달성된다 하더라도 만족하지 못하고 더 큰 목표가 달성되지 못했다고 실망한다. 또한 존경과 관심의 대상이 되고자 끊임없이 애쓴다. 내면의 충실보다는 겉치장에 더 관심이 있고, 멋진 사람들과 어울리는 것을 좋아한다. 다른 사람이 자신을 비판할 때는 분노로 인해 상대를 모독하고, 어떤 일에 실패하거나 실의에 빠질 때는 스스로에 대한 열등감, 수치심, 허무감으로 괴로워한다.

(4) 역학 특징

자기애성 성격장애의 유병률은 일반인 경우에 1% 미만이고, 병원을 찾는 경우는 2~6.2%로 추정된다.

(5) 치료

치료에서는 이상화나 평가절하의 태도를 다루는 과정이 중요하다. 실망에 대한 인내와 다른 사람의 욕구에 대한 인정과 자존감 발달이 중요하다. 약물치료는 제한적이나, 리튬과 세로토닌 제제를 사용해 볼 수 있다.

(6) 방어기제

실패나 실망, 사회적으로 용납하기 어려운 행동 등을 정당화하고 자신의 단점을 희석시키기 위해 자신의 우월감을 유지하기 위해 현실왜곡을 위해 사용되는 합리화다.

9) 강박성 성격장애

(1) 개념

사소한 세부사항이나 규칙에 집착하고 지나치게 고지식하거나, 자신의 방식을 고수하는 등의 완고한 완벽주의 성격이다. 영화는 '이보다 더 좋을 순 없다'가 있다.

(2) DSM-IV의 진단기준

다음의 기준들 중에서 4개 이상의 항목에 해당되면 강박성 성격장애로 진단된다.

첫째, 사소한 세부사항, 규칙, 순서, 시간계획이나 형식 등에 집착한다. 결과적으로 일의 큰 흐름을 놓치게 된다.

둘째, 지나친 완벽주의로 인해서 오히려 일을 완수하는 것이 힘들어진다.

셋째, 지나치게 높고 엄격한 기준에 집착하느라 일을 마칠 수 없게 된다. 여가시간을 갖지 않고 지나치게 일에 몰두한다.

넷째, 도덕, 윤리 문제에 있어서 지나치게 양심적이고 융통성이 없다.

다섯째, 닳아빠지고 무가치한 물건을 좀처럼 버리지 못한다.

여섯째, 다른 사람이 자신의 방식을 그대로 따르지 않을 경우 일을 맡기거나 같이 일하기를 꺼린다.

일곱째, 자신과 타인 모두에게 돈을 쓰는 데 매우 인색하다.

여덟째, 경직성과 완고함을 보인다.

(3) 주요 특징

긍정적인 면에서 있어서는 근면하고 자기비판에 가혹하며 소신과 신념이 강하고 완전무결하고 침착하고 신중하다. 부정적인 면에서는 감정의 양극성이고 지엽말단에 지나치게 집착하며 융통성과 독창성이 없고 지나치게 다른 사람에게 후원을 기대한다.

(4) 역학 특징

유병률은 약 1%이고 정신건강 진료소를 방문한 외래환자 중에 3~10%로 본다.

(5) 치료

자신의 감정을 인식할 수 있도록 촉진하고, 내면의 분노를 방출할 수 있도록 허용적인 분위기를 만드는 것이 중요하다. 나무가 아닌 숲을 보도록 유도한다. 실수에 대한 두려움을 극복하고 흑백논리의 사고방식에서 벗어나도록 한다. 긍정적인 측면을 바라보며 결과 지향적이 아니라 과정 지향적 태도를 기르도록 돕는다.

(6) 방어기제

방어기제는 반동형성이다. 바람직하지 못한 충동을 억압하고 정반대의 의식적 태도를 형성하는 과정으로 분노하거나 당황할 수 있는 상황에서 합리적이고 사회적으로 수용되는 이미지를 나타나게 한다.

10) 강박증

(1) 개념

강박증이란 본인의 의지와 무관하게 어떤 생각이나 장면이 떠올라 불안해지고 그 불안을 없애기 위해서 어떤 행동을 반복하는 질환이다. 예를 들면 현관문을 잠그고 돌아서서 몇 걸음 가다가 문을 제대로 잠그지 않았다는 생각이 들어 다시 가서 확인해 보는 행동을 수차례 또는 수십 차례 반복하는 증상이다. 이런 증상이 심해지면 정상적인 생활에 어려움을 겪게 되고, 이 경우 강박증으로 진단하게 된다.

(2) 특징

강박증은 정신질환 중에 하나이지만, 현실과 비현실을 분간하지 못하는 '정신병'은 아니며 불안 장애의 하나로 흔히 노이로제라고 하는 '신경증'에 속한다. 강박증 환자를 곁에 두고 있는 사람도 괴롭지만, 가장 괴로운 사람은 당사자이다. 강박증상은 여러 가지 종류로 나눠질 수 있다. 한 환자가 하나의 증상만을 가지는 경우도 있고, 여러 가지 증상을 함께 가질 수도 있다.

첫째, 오염에 대한 청결 강박행동이다. 강박증 중에서 가장 흔한 유형으로 더러운 것에 의해서 오염되는 것에 대한 공포와 걱정, 그리고 이를 제거하려는 행동을 보인다. 다른 사람이 보기에 깨끗한 옷을 몇 번이고 세탁하고 씻는 행동을 반복한다.

둘째, 확인 강박행동이다. 문을 잠갔는지, 가스는 끄고 나왔는지, 수도는 잠그고 나왔는지 등이 의심이 되어 반복적으로 확인한다. 경우에 따라서는 그 행동을 확실하게 하기 위하여 독특한 행동방식을 만들어서 반복한다.

셋째, 반복행동이다. 어떤 상황에서 마음을 못 정하고 어떤 행동을 번갈아 반복하는 것으로, 옷을 입었다가 벗기를 반복하고 물건을 들었다가 놓기를 반복한다.

넷째, 정렬행동이다. 물건이 제자리에 있지 않으면 심한 불안을 느낀다. 또 물건의 배열상태가 바르지 않으면 불안해지고 이를 반복적으로 확인하면서 정돈하는 행동을 한다. 특히 두 개 이상의 물건이 있을 때 대칭이나 직각이 되도록 두어야 한다. 이런 행동으로 많은 시간을 지체하게 되어 실제로 중요한 일을 할 시간이 부족하게 된다.

다섯째, 모아 두는 행동이다. 대개 쓸모가 없는 물건들을 무조건 모으기만 하고 버리지 못하는 경우로 인해 방이나 집 전체가 잡동사니로 가득 채워진다.

여섯째, 강박적인 생각이다. 어떤 행동을 꼭 해야만 하는 강박증은 아니지만 특정한 생각을 반복적으로 하고 있는 것도 강박증에 속한다.

(3) 강박증 자가진단

다음은 강박증의 종류들을 나열한 것입니다. 다음 중 두 가지 이상의 항목에 해당되면 강박증의 심한 정도를 평가할 수 있습니다.

표 10.9 강박증 자가진단

문항	
1. 더러운 것, 병균, 화학물질 등에 감염될 것 같다는 생각 때문에 괴롭다.	
2. 물건을 정렬하거나 정확한 순서대로 나열하는 데 지나친 관심을 갖는다.	
3. 죽음이나 무서운 사건이 일어날 것에 대한 생각 때문에 괴롭다.	
4. 스스로 받아들이기 힘든 종교적인 혹은 성적인 생각으로 괴롭다.	
5. 집에 화재나 수해가 나고 도둑이 들 것 같은 생각으로 괴롭다.	
6. 차를 운전하다가 우연히 교통사고가 날 것 같은 생각이 든다.	
7. 나로 인하여 어떤 질병이 전염되어 퍼질 것 같은 생각이 든다.	
8. 소중한 어떤 것을 잃어버릴 것 같은 생각이 든다.	
9. 나의 부주의로 사랑하는 사람에게 해를 끼칠지도 모른다는 두려움이 든다.	
10. 사랑하는 사람을 해칠 것 같은 충동이 든다.	
11. 다른 사람을 자동차로 칠 것 같은 충동이 든다.	
12. 부적절한 성관계를 가질 것 같은 욕망이 들어서 힘들다.	
13. 다른 사람의 음식에 독을 탈 것 같은 충동이 들어서 힘들다.	
14. 지나치게 자주 씻거나 치우는 행동을 반복적으로 한다.	
15. 전등, 수돗물이나 난로 등의 상태를 반복적으로 확인한다.	
16. 지나치게 여러 번 계산하거나 정리하는 행동을 반복한다.	
17. 꼭 필요하지 않은 물건을 모으거나 불필요한 물건을 버리지 못하고 모아둔다.	
18. 한 가지 행동을 자신이 만족하는 횟수가 될 때까지 반복한다.	
19. 다른 사람이나 사물을 만지고 싶은 충동을 느낀다.	
20. 반복적으로 어떤 내용을 읽거나 쓰는 행동을 하고 싶은 충동을 느낀다.	
21. 어떤 병에 걸리지 않았는지 걱정 때문에 자신의 신체를 반복적으로 살핀다.	
22. 불길한 사건과 관련된 상징적인 숫자, 색깔, 이름 등을 피하려는 충동을 느낀다.	
23. 죄책감이나 자신의 언행에 대해 위안을 받기 위해 어떤 사실을 반복 질문한다.	

출처 : 미국 국립보건원에서 만든 강박 증상 체크리스트.

11) 의존성 성격장애

(1) 개념

자신의 정신적 신체적인 욕구를 충족하기 위해 다른 사람에게 지나치게 의존하는 만성적인 상태를 말한다.

(2) DSM-IV의 진단기준

보살핌을 받고자 과도하게 만연된 욕구로 인해 복종적이고 매달리는 행동, 그리고 분리에 대한 두려움이 나타난다. 성인 초기에 시작되고 다양한 상황에서 나타나며 다음 중 5개 이상의 항목이 해당되면 의존성 성격장애로 진단된다.

첫째, 다른 사람으로부터 과도한 정도의 조언과 확신이 없으면 매일의 결정을 내리기가 어렵다.

둘째, 자기 인생의 매우 중요한 영역까지도 대신 책임져 줄 수 있는 타인을 필요로 한다.

셋째, 지지와 승인을 받지 못할 것 같은 두려움으로 타인의 의견에 반대하지 못한다(주의 : 보복에 대한 현실적인 두려움은 포함되지 않음).

셋째, 스스로 어떤 일을 시작하거나 수행하기 어렵다. 동기나 활력이 부족해서가 아니라 자신의 판단과 능력에 대해 자신이 없기 때문이다.

넷째, 타인의 보살핌과 지지를 받기 위하여 불쾌한 행동까지도 자청해서 한다.

다섯째, 스스로 잘해 나갈 수 없다는 과도한 두려움으로 인해 혼자 있으면 불편한 감정과 무력감을 느낀다.

여섯째, 어떤 친밀한 관계가 끝났을 때 보살핌과 지지를 얻기 위해 곧바로 또 다른 관계를 찾는다.

일곱째, 스스로 자신을 돌봐야 하는 상황에 처할지도 모른다는 두려움에 비현실적으로 집착한다.

(3) 주요 특징

의존성 성격장애를 가진 사람에게 나타나는 증상은 주변 사람들로부터 보호나 돌봄을 받고자 하는 욕구가 지나친 나머지 순종적인 태도를 보이며, 의존하는 사람과 헤어지게 될까 봐 항상 불안해한다. 의존하는 사람에게 끊임없이 매달리는데, 이러한 증상은 흔히 성인 초기에 시작된다.

구체적인 증상의 예를 들면, 스스로 결정을 내리지 못하고 항상 다른 사람으로부터 매우 많은 조언을 들은 후에 비로소 결정을 내린다. 결과적으로 독립적인 생활을 하지 못하고 타인에게 자신의 대부분의 삶을 맡겨버리게 된다. 또한 주변 사람의 지지나 동의를 잃는 것이 두려워 반대 의견을 표현하지 못하며, 자신의 능력이나 판단에 대해 확신이 없기 때문에 어떤 일을 스스로 시작하는 데 어려움을 겪는다. 스스로를 돌볼 수 없을 것 같은 두려움 때문에 혼자 있을 때면 무력감을 느끼며, 자신을 지지해 주고 돌봐 주던 사람과의 관계가 끊어지면 그런 지지와 돌봄을 줄 수 있는 다른 사람을 급히 찾는다. 항상 스스로를 돌보아야 하는 상황에 처할 수 있다는 두려움에 집착하게 된다.

(4) 역학 특징

의존성 성격장애는 정신건강진료소를 찾는 성격장애 중에 가장 빈도가 높다.

(5) 치료

의존성 성격장애를 가진 사람은 심층적인 정신치료를 통해 그들이 겪고 있는 불안의 원인에 대해 탐색하고 직면하도록 해야 한다. 때로 스스로 무력하고 무능하게 느껴질 때의 대처 방안에 대해 인지행동치료 접근 방식이 도움이 될 때가 있다.

(6) 방어기제

외부의 대상을 자기 내면의 자아체계로 받아들이는 내사로 나타난다.

12) 회피성 성격장애

(1) 개념

사회적으로 억제, 위축되고, 부적절한 느낌을 받으며, 부정적 평가에 과민한 양상을 나타낸다.

(2) DSM-IV의 진단기준

사회 활동의 제한, 부적절, 그리고 부정적 평가에 대한 과민성과 같은 광범위한 양상이 초기 성인기에 시작되어 다양한 상황에서 다음 중 네 가지 이상의 항목으로 나타난다.

첫째, 비판, 비난 또는 거절이 두려워 중요한 대인 접촉을 포함한 직업 활동을 회피한다.

둘째, 자신이 좋아한다는 확신이 없으면 다른 사람들과의 관계에 관여하지 않으려 한다.

셋째, 창피를 당하거나 조롱을 받을까 두려워서 친밀한 관계를 갖지 않으려 한다.

넷째, 사회적 상황에서 비판을 받거나 거절당하는 것에 집착한다.

다섯째, 부적절함으로 새로운 대인관계에서 억제되어 있다.

여섯째, 자신을 사회적으로 어리석고 개인적으로 매력이 없으며 다른 사람에 비하여 열등한 것으로 여긴다.

일곱째, 당황할 것에 대한 두려운 나머지 개인적 위험을 감수하거나 새로운 활동에 참가하는 것을 지나치게 주저한다.

(3) 주요 특징

자존심이 낮으며 거절에 대한 지나친 경계심을 갖고 있다. 이들은 타인이 자기를 거부할지 모른다는 생각에 집착하여 타인이 자기를 어떻게 평가하느냐에 마음을 쓴다. 타인이 자기를 싫어하는 눈치가 조금이라도 보이면 실망하고 모욕감을 느껴 사회 참여나 대인관계 형성의 기회를 회피한다. 대인관계 형성의 어려움 때문에 괴로워한다. 혹은 다른 사람들로부터 떨어져 나와 은둔적인 생활을 하기도 한다.

(4) 역학 특징

유병률은 0.5~1.0%이고, 정신건강진료소를 찾는 외래환자의 10% 정도로 본다.

(5) 치료

집단치료를 통해서 자신의 거부에 대한 과민성이 다른 사람들에게 미치는 영향을 이해할 수 있도록 돕는다. 이는 거절에 대한 지나친 예민함을 감소시킬 수 있다. 영화는 '파인딩 포레스터'가 있다.

(6) 방어기제

현실에 충족시킬 수 없는 욕구와 소망을 만족시켜 주는 환상으로 나타난다. 환상은 현실에서 성취하기 어려운 애정 및 공격성, 기타 충동을 방출시키려는 매개 역할을 한다.

표 10.10 각종 성격장애와 방어기제 비교

종류	편집성	조현성	조현형	반사회성	경계성	연극성	자기애성	회피성	의존성	강박성
방어 기제	투사	이지화	취소	행동화	퇴행	해리	합리화	환상	내사	반동 형성

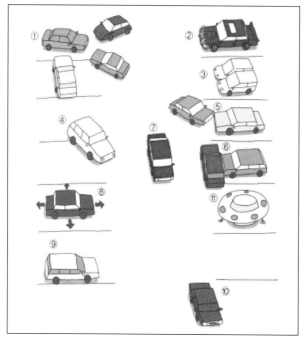

출처 : 이충헌, 2008.

1. 주차만 하면 내 차가 나가지 못하게 다른 차들이 에워싸요. → 편집성
2. 다른 사람보다 큰 차를 타야 하고 범퍼와 그릴도 멋져야 해요. 난 소중하니까~. → 자기애성
3. 혼자 세워두기 불안해요. 한 칸에 같이 세워요. → 의존성
4. 천상천하 유아독존! 다른 차가 댈 수 없게 삐딱하게 두 칸에 걸쳐 주차하죠. → 수동공격성(거부성 성격장애)
5. 앗! 날 차버린 옛날 여자 친구 차다. 힘껏 들이받습니다. → 경계성
6. 골탕 먹어 봐라. 다른 차가 나가지 못하게 앞을 막아버립니다. → 반사회성
7. 나만 봐. 한가운데 세우면 다들 나만 보겠죠. → 연극성
8. 나는야 바른생활인. 앞뒤 좌우를 자로 잰 듯 반듯하게 주차해요. → 강박성
9. 차가 많이 있는 쪽은 싫어요. 조금이라도 떨어져서. 주차선은 안 넘게. → 회피성
10. 다른 차가 내 차 가까이 있는 게 싫어서 멀찌감치 세우다 보니 주차장을 벗어났군요. → 조현성
11. 지구에만 주차하란 법 있나요. 다른 은하계에게 주차하기도 하고 우주선을 타고 오기도 하죠. → 조현형

그림 10.3 주차 형태로 알아보는 내 성격

13) 자폐증 장애

자폐증[19]이란 다른 사람과 상호관계가 형성되지 않고 정서적인 유대감도 일어나지 않는 아동기 증후군으로 '자신의 세계에 갇혀 지내는' 것 같은 상태라고 하여 이름 붙여진 발달장애

---

[19] 민성길. 최신정신의학. 일조각. 2001.

이다. 자폐증은 사회적 교류 및 의사소통이 어렵고, 언어발달지연, 행동상의 문제 등이 현저하게 저하된 활동 및 관심 등이 특징적이다. 1943년경부터 진단되었으며 전반적 발달장애의 대표적인 질환이다. 소아 1,000명당 1명 정도이며, 대부분 36개월 이전에 나타난다. 여아보다 남아에서 3~5배 많이 발생한다.

자폐아동은 발달 전반에 문제를 보이기 때문에 정신지체, 언어장애, 학습장애, 간질 등 다른 장애가 동반될 수 있다. 증상은 매우 다양한데 심한 경우는 기괴한 행동이나 공격성, 때로는 자해행위 등이 나타나며 가벼운 경우에는 학습장애로 보일 수 있다.

(1) 원인

최근에는 생물학적 원인으로 보는 견해가 지배적이며 대표적으로 임신, 분만을 전후한 합병증, 경련성 질환과의 연관, 감염, 그 외 생화학적 요인 등이 있다. 그중 출생 전후의 뇌손상과 뇌염, 선천성 풍진 등과 같이 뇌의 뚜렷한 기질적 원인이 자폐장애와 관련 있는 것으로 알려져 있다. 그리고 유전적 요인이 있다.

(2) 증상

① 사회적 상호관계 장애

첫째는 유아기 때 미소반응이 거의 없고 사람들과 눈 접촉을 피하며 신체적 접촉을 싫어하고 혼자 지내려 한다.

둘째는 사람이 아니라 장난감 등에 관심이 많다.

셋째는 다른 사람들이 없는 것처럼 행동한다.

넷째는 말을 걸어도 반응이 없다.

다섯째는 부모가 안아주려고 하면 꼭 안기려고 하지 않고 바둥거리는 등 부모에 대한 애착행동이 별로 없다.

여섯째는 이별의 불안이나 낯가림은 없는 경우가 많다.

일곱째는 학령기가 되어도 친구가 없고 성인이 되어도 대인관계나 이성관계를 맺지 않는다.

여덟째는 자신만의 세계 안에서 사는 것처럼 보인다.

아홉째는 극단적인 기쁨, 분노, 고통의 경우를 제외하고는 얼굴에 감정 표현이 없다.

② 의사소통 및 언어장애

첫째는 말할 때가 지났는데도 전혀 말이 없거나 괴상한 소리를 지른다.

둘째는 유아기 때 옹알이를 하지 않고 언어발달이 비정상적이거나 늦다.

셋째는 반항언어를 보인다(남이 말한 단어 따라 하기).

넷째, 말소리의 크기 조절이 안 되어 너무 크게 얘기하거나 너무 조용하게 말한다.

다섯째는 특정 단어를 지나치게 강조해서 말한다.

여섯째는 언어적 결함을 몸짓, 가리키기, 눈 맞춤, 또는 얼굴 표정 등과 같은 대안적인 의사소통 방식으로 극복하려고 시도하지 않는다.

일곱째는 신조어를 만들거나 문법적인 오류가 빈번하다.

여덟째는 외국에서 살아본 적이 없는 경우에도 강한 외국어 억양으로 말하기도 한다.

③ 행동장애의 특징

첫째는 이상한 행동을 반복적으로 되풀이한다.

둘째는 발가락 끝으로 걷거나 몸을 흔든다.

셋째는 전기 스위치를 켰다 끄기를 반복한다.

넷째는 물건을 의미 없이 계속 회전시킨다.

다섯째는 주위 환경의 변화에 저항하고 똑같은 것만을 고집한다.

여섯째는 한 가지 질문을 반복적으로 한다.

일곱째는 산만하고 가만히 있지를 못한다.

여덟째는 머리를 부딪치거나 자신의 피부에 손상을 주고 머리카락을 뽑는 등의 자해행동을 한다.

아홉째는 장난감이나 사물에 병적으로 집착한다.

열 번째는 숫자나 순서에 집착한다.

④ 지능 및 인지적 결손

자폐 아동의 70~80%에서는 정신지체가 동반된다. 지적능력이 낮은 아동이 사회적 발달에서 더 심한 손상을 보이고 일탈된 행동을 더 많이 보인다.

(3) 진단 연령 및 DSM-Ⅳ 진단기준

자폐증은 거의 항상 영유아기에 시작하며 대부분의 부모들은 생후 첫 1년 안에 아이의 발달에 대하여 심각한 고민을 하게 되며, 그 내용은 의사소통, 놀이, 사회적 반응의 이상인 경우가 많다.

　① 사회적 상호교류의 질적인 장애로 다음 중 최소 2개가 나타난다.
　ⓐ 다양한 비언어성 행동, 즉 사회적 상호작용을 조정하는 눈 마주치기, 얼굴 표정, 몸짓, 및 제스처를 보이는 데 현저한 지장이 있다.
　ⓑ 발달수준에 적합한 또래 관계를 형성하지 못한다.
　ⓒ 자발적으로 다른 사람과의 즐거움, 관심, 또는 성취감을 공유하고자 하는 마음이 부족하다(예 : 물건을 보여주거나, 가지고 오거나, 지적하는 점이 부족).
　ⓓ 사회적 또는 정서적 상호교류가 부족하다.

　② 의사소통의 질적인 장애로 다음 중 최소 1개가 나타난다.
　ⓐ 구두언어 발달이 지연되거나 또는 전적으로 발달되지 않는다(제스처 또는 몸짓 같은 다른 형태의 의사소통 방식으로 보충하려고 하지 않음).
　ⓑ 대화를 시작하거나 또는 지속하는 데 현저한 지장이 있다.
　ⓒ 언어 또는 특이한 언어를 상동적, 반복적으로 사용한다.
　ⓓ 발달수준에 적합한 다양한 자연스러운 놀이 또는 사회성 상상놀이가 부족하다.

　③ 행동, 관심 및 활동이 한정되고 반복적이고 상동인 양상으로 다음 중 최소 1개로 나타난다.
　ⓐ 한 개 또는 그 이상의 상동적이고 한정된 관심에 몰두하는데, 그 강도나 집중 정도가 비정상이다.
　ⓑ 외관상 독특하고 비기능적인 일상의 일 또는 관습에 변함 없이 집착한다.
　ⓒ 상동적이고 반복적인 운동현기증(예 : 손이나 손가락 흔들기, 비꼬기 또는 복잡한 전신의 움직임)을 보인다.
　ⓓ 물건의 어떤 부분에 지속적으로 집착한다.

(4) 치료

언어치료와 놀이치료가 있다. 그리고 음악이나 미술치료가 있고, 감각 통합치료, 특수교육과 약물치료가 있다.

14) 주의력결핍 과잉행동장애

주의력결핍 과잉행동장애(ADHD, Attention Deficit Hyperactivity Disorder)란 주의가 산만하고 과잉행동, 충동성을 주증상으로 보이는 정신질환이다. 대개 초기 아동기에 발병하여 만성적인 경과를 밟는 특징을 보인다.[20]

(1) 원인

① 유전적 요인

주의력결핍 과잉행동장애(ADHD)가 있는 아동은 가족력이 있다. ADHD가 있는 아동을 보면 형제의 발현율이 약 30% 내외이고, 부모가 ADHD인 경우에는 그 자녀가 57%의 발현율을 나타낸다.

② 신경학적 요인

전두엽[21] 기능이 문제가 있어서 행동 반응의 억제 실패가 일관되게 나타난다.

③ 사회심리적인 요인

과거 초기에는 ADHD의 원인으로 환경적 요인이 제시되었지만 별로 지지받지 못하였다. 이후 부모들의 자녀 관리 방법이 잘못되거나 부모의 정신병리, 심리적 방어기제들이 자녀의 ADHD와 관련이 있다는 사회심리적 요인이 제기되었다. 그러나 이런 요소들이 ADHD 발현에 기여하는 비율은 10%도 되지 않는다.

(2) 증상

핵심증상 중의 하나는 안절부절못하고 불필요한 움직임이 많다. 대개 부모들은 ADHD 아동늘이 모터가 달린 것처럼 움직이고 지나치게 기어오른다고 호소한다. 이외에 학교에서 자리를 벗어나 돌아다니기도 하고 팔다리를 가만히 두지 않고 흔들어 댄다. 학령 전기 아동들의 경우 비교적 주의집중력이 덜 요구되기 때문에 주위 산만을 인식하지 못하고, 단순히 과잉행동이나 요구가 많은 것으로 간과되기 쉽다. 그리고 이들은 지시를 끝까지 기다리지 않고 빠르게 반응한다. 그래서 결과적으로 잘 다치거나 물건을 잘 망가뜨리고 도중에 문제를 많이 일으킨다.

---

[20] 네이버 지식백과. 주의력결핍 과잉행동장애. 국가건강정보포털 의학정보.
[21] 전두엽: 대뇌반구의 일부로 중심구보다 전방에 있는 부분으로 기억력, 사고력 등의 고등행동을 관장한다. 포유류 중에서 고등한 것일수록 잘 발달되어 있고 인간은 특히 현저하게 발달해 있다.

기타 증상들을 보면 인지발달 및 학습 기능이 약간 저하되어 있는 것으로 알려져 있다. 그러나 이것이 행동 때문인지 실제 지능의 차이인지는 명확하게 알 수는 없다. 그러나 웩슬러 지능검사[22]를 통해서 보면 산수, 숫자, 기호쓰기 등이 저하된다고 보고된다. 이런 과잉행동은 나이가 들면서 서서히 좋아지기는 하지만 다른 핵심 증상은 남아 있는 경우가 많다.

(3) DSM-IV 진단기준

① 진단

ⓐ 부주의에 관한 다음 증상 중에 여섯 가지 이상 증상이 6개월 동안 부적응적이고 발달수준에 맞지 않는 정도로 지속된다.

- 흔히 세부적인 면에서 면밀한 주의를 기울이지 못하거나 학업, 작업, 또는 다른 활동에서 부주의한 실수를 저지른다.
- 흔히 일을 하거나 놀이를 할 때 지속적으로 주의를 집중할 수 없다.
- 흔히 다른 사람이 직접 말을 할 때 경청하지 않는 것으로 보인다.
- 흔히 지시를 완수하지 못하고, 학업, 잡일, 작업장에서의 임무를 수행하지 못한다(반항적 행동이나 지시를 이해하지 못해서가 아님).
- 흔히 과업과 활동을 체계화하지 못한다.
- 흔히 지속적인 정신적인 노력을 요구하는 작업(학업 또는 숙제 같은)에 참여하기를 피하고, 싫어하고, 저항한다.
- 흔히 활동하거나 숙제하는 데 필요한 물건(예 : 장난감, 학습 과제, 연필, 책, 또는 도구)들을 잃어버린다.
- 흔히 외부의 자극에 의해 쉽게 산만해진다.
- 흔히 일상적인 활동을 잊어버린다.

ⓑ 과잉행동 : 충동에 관한 다음 증상 가운데 여섯 가지 이상 증상이 6개월 동안 부적응적이고 발달수준에 맞지 않는 정도로 지속된다.

- 흔히 손발을 가만히 두지 못하거나 의자에 앉아서도 다리를 안절부절못한다.

---

[22] 웩슬러(David Wechsler, 1896~?) : 루마니아 출신의 미국 심리학자로 성인과 아동을 위한 지능검사 도구를 제작했다. 이 검사는 일반적인 지적능력 평가를 비롯하여 특수교육의 아동의 판별 및 진단, 교육계획과 배치 평가 및 그 밖의 임상적 평가에 활용된다.

- 흔히 앉아 있도록 요구되는 교실이나 다른 상황에서 자리를 떠난다.
- 흔히 부적절한 상황에서 지나치게 뛰어다니거나 기어오른다(청소년 또는 성인에서는 주관적인 좌불안석으로 제한될 수 있음).
- 흔히 조용히 여가 활동에 참여하거나 놀지 못한다.
- 흔히 끊임없이 활동하거나 마치 자동차(무엇인가)에 쫓기는 것처럼 행동한다.
- 흔히 지나치게 수다스럽게 말을 한다.
- 흔히 질문이 채 끝나기 전에 성급하게 대답한다.
- 흔히 차례를 기다리지 못한다.
- 흔히 다른 사람의 활동을 방해하고 간섭한다(예: 대화나 게임에 참견).

② 장애를 일으키는 과잉행동, 충동 또는 부주의 증상이 7세 이전에 있었다.

③ 증상으로 인한 장애가 두 가지 또는 그 이상의 장면에서 존재한다(예 : 학교, 또는 작업장, 가정).

④ 사회적, 학업적, 직업적 기능에 임상적으로 심각한 장애가 초래된다.

⑤ 증상이 광범위성 발달장애, 조현증, 또는 기타 정신증적 장애의 경과 중에만 발생하지 않으며, 다른 정신장애(예: 기분장애, 불안장애, 해리성장애, 또는 인격장애)에 의해 잘 설명되지 않는다.

(4) 발병률

통계에서는 평균 3~8%의 비율로 주의결핍 과잉행동장애가 있다고 알려져 있다. 1994년에 서울 및 대전 지역에서의 역학조사에서도 7.6%의 발생 비율로 나타났다. 그리고 한양대 정신과 안동현 교수 연구팀 조사에 의히면 1,2차 설문검사(CPSQ, K CBCL)의 3차 개별면접 조사를 2002~2006년 동안 성동구의 초등학교 2학년에서 4학년 2,935명을 조사했을 때 3.3%인 97명으로 나타났다. 2007년 4월에 서울교육청 산하 학교보건진흥원이 펴낸 '학교보건연보'를 보면 학생들의 전체 정신장애 진단 중 주의력결핍 과잉행동장애(ADHD)로 진단된 학생의 비율이 전체 2,672건 중 354건인 13.25%로 집계되었다. 남학생의 정신장애 중 가장 많은 18.61%를 차지하였으며, 고등학생의 정신장애 중에서도 가장 많은 9.52%의 비중을 차지하였다. 이처럼 매년 ADHD 아동이 증가하는 것을 볼 수가 있다.

(5) 치료

약물치료가 있는데, 약물치료는 ADHD 아동들의 약 70~80%에서 매우 효과가 있다. 부모 및 가족 상담, 그리고 교육적 방법이 있다. 미국에서는 법으로 ADHD 아동과 관련한 내용을 규정하여 모든 학교에서 ADHD 아동에 대해 특별한 관심을 가지고 교육시키고 있다.

10. 정신질환자 현황

2011년에 보건복지부의 지원으로 '전국 정신질환 실태조사'를 실시하였다.[23] 이 조사는 병원에 내원한 환자들만이 아니라 가정과 사회 속에서 일상적으로 생활하고 있는 6,000명의 일반인들을 가가호호 방문하여 조사한 것이다. 이 조사의 결과를 보면 우리 국민의 27.6%가 평생 한 번 이상 우울증, 불안장애, 알코올 사용장애, 니코틴 사용장애 등의 정신질환을 경험하였다. 이중에서 한 번이라도 치료나 상담을 받는 경우는 15%에 불과하였다. 즉, 정신건강의 문제로 고통받는 우리나라 사람들 중 85%가 치료 없이 지낸다는 것이다. 더욱 큰 문제는 치료받지 않은 사람들의 80%가 자신에게 정신건강에 문제가 있다는 사실조차 모르고 있었다.

　2014년 전진아[24]의 보고서를 보면 2011년에 19세 이상의 성인 981,157명 중 7.7%가 정신질환을 가지고 있는 것으로 나타났다. 이들 중 86.8%, 전체 인구의 6.3%가 복합 정신질환을 가지고 있었다. 복합 정신질환은 2개 이상의 정신질환을 보유하거나 만성질환과 1개 이상의 정신질환을 보유한 사람의 수의 분율로 계산한 것이다. 정신질환 보유자 중 13.2%는 단일 정신질환을 가지고 있었고 85.5%는 만성질환과 1개 이상의 정신질환을 보유하고 있었고, 1.3%는 2개 이상의 정신질환을 보유하고 있었다. 여자의 정신질환 유병률이 7.5%로 남자의 4.9%보다 높았다. 연령별로 보면 65세 이상 성인의 복합 정신질환 유병률은 15.9%로 가장 높았다. 다음으로는 55~65세가 8.85, 45~54세가 6.3%였다. 그리고 우울을 포함하는 기분장애가 다른 정신질환이나 만성질환과 복합되는 경우가 가장 높았다. 그 다음으로는 수면장애, 신체형 장애의 순으로 다른 정신질환이나 만성질환과 복합되는 경우가 높았다.

---

[23] 대한신경정신의학회. 대한민국 정신건강의 현주소(정신이 건강해야 삶이 행복합니다, HIDOC).
[24] 전진아. 보건사회연구원. 제241호(2014-20). 2014.

표 10.11 정신질환 유형 분류표

	구분
1	유아기, 소아기, 청년기에 처음으로 진단되는 장애
2	섬망, 치매 그리고 기억상실 및 기타 인지장애
3	다른 곳에 분류되지 않는 일반적인 의학적 상태로 인한 정신장애
4	물질관련장애(알코올 사용장애, 니코틴 사용장애, 약물 사용장애)
5	정신분열병과 기타 정신증적 장애
6	기분장애
7	불안장애
8	신체형장애
9	허위성장애
10	해리성장애
11	성장애 및 성 정체감장애
12	섭식장애
13	수면장애
14	분류되지 않은 충동조절장애
15	적응장애
16	성격장애
17	임상적 관심의 초점이 될수 있는 기타 장애

출처 : 전진아, 2014.

표 10.12 복합 정신질환의 다빈도 15가지 구성 패턴

순위	정신질환 간 복합	만성과 정신질환 간 복합
1	기분장애+정신분열병	뇌졸증+섬망 · 치매
2	기분장애+불안장애	고혈압+섬망 · 치매
3	물질관련장애+기분장애	만성요통+섬망 · 치매
4	기분장애+수면장애	만성위염+기분장애
5	섬망 · 치매+정신분열병	만성요통+기분장애
6	섬망 · 치매+기분장애	알레르기+기분장애
7	유아 · 아동 · 청소년기정신질환+정신분열병	무릎관절증+섬망 · 치매
8	물질관련 장애+정신분열병	만성위염+정신분열병

9	섬망 · 치매+물질관련장애	고혈압+정신분열병
10	정신분열병+불안장애	간질환+물질관련장애
11	정신분열병+수면장애	만성요통+수면장애
12	불안장애+ 수면장애	알레르기+수면장애
13	섬망 · 치매+수면장애	만성위염+불안장애
14	물질관련장애+불안장애	만성위염+수면장애
15	물질관련장애+수면장애	알레르기+정신분열병

출처 : 전진아, 2014.

　그리고 2015년 4월 3일에 대한신경정신의학회는 조사전문기관 마크로밀엠브레인에 의뢰해 2015년 3월 한 달간 서울과 6대 광역시에서 만 20~59세 성인남녀 1,000명을 대상으로 한 '정신건강과 행복 조사'의 결과를 발표했다.[25] 조사 결과를 보면 '행복하다'고 답한 비율은 64%, '행복하지 않다'고 응답한 비율은 36%로 나타났다. 우울증과 불안장애가 의심되는 비율은 각각 28%, 21%였고 분노조절장애가 의심돼 전문가 상담이 필요한 대상자는 11%였다. 일생 중 한 번 이상 정신건강의학과 의사에게 상담이나 치료를 받고 싶은 문제가 있었다가 42%였다. 상담 받고 싶은 문제는 우울증이 44%로 가장 높았고, 실제 치료를 받은 대상자 중 70%가 증상 호전을 경험했다. 전체 응답자의 56%는 스스로 우울증을 의심해 본 경험이 있었다.

　우울증의 경우 연령에 따라 다양한 증상을 보였는데 20~30대는 일상생활 흥미 상실, 40대는 수면장애와 불면증과 이유 없이 우는 현상, 50대는 인지장애가 상대적으로 높았다. 중복 응답 기준으로 우울증 하면 떠오르는 증상은 기분 저하, 흥미 상실이 각각 83%, 79%로 나타났다. 집중력 저하, 결정장애, 건망증 같은 인지 기능 저하로 생각하는 비율은 51.6%였다.

　이 조사를 통해 신경정신의학회는 정신건강이 국민 행복과 직결된다고 했다. UN의 세계 행복 보고조사를 주관한 '행동하는 경제학자' 제프리 삭스 교수는 "경제 발전의 측면에서 위대한 진보를 이룬 반면 비만, 흡연, 우울증과 같은 현대의 질병이라는 새로운 위기에 직면한 국가들"이 있음을 지적하고 있다. 이를 볼 때 우리나라가 국민의 정신건강이 적신호를 울리고 있다. 특히 남자보다 여자가 정신건강에 문제가 더 크다.

---

[25] 뉴시스. 2015. 4. 3.

11. 정신건강이 행복에 미치는 영향

지금 우리 사회는 물질적 풍요 속에 정신적 빈곤과 정신건강의 위기에 처해 있다. 신경정신의학회에서 발표한 것처럼 정신건강이 국민 행복과 직결된다고 볼 때 물질의 풍요만을 행복의 조건으로 삼는 것은 위험하다. 정신건강이 건강할 때 행복한 것이다. 그런데 우리는 정신건강에 대해 심각하게 생각하지 않는 경향이 있다. 프로이트는 "정신건강을 일하고, 사랑하고, 놀 수 있는 능력"이라고 했다. 그렇다면 정신건강 문제를 방치하게 되면 소득이 늘어나고 몸이 튼튼하다고 해도 제대로 일을 할 수 없고, 가족과 친구들과의 교감할 수 없고, 좋아하던 것들을 즐길 수 없게 된다. 이는 불행이다.

우리는 그동안 정신건강에 대해 무지하고 소홀히 여겨왔다. 이제 우리는 정신건강은 곧 행복과 직결된다는 점을 인식하고 신체적인 단련 못지않게 정신건강을 가꿔야 한다. 그래야 개인의 행복은 말할 것도 없고 국민의 행복지수가 올라가게 된다. 정신건강을 위해서는 정신건강을 돌아보는 노력과 정신건강을 돌봄이 필요하다. 정신건강을 돌아보기 위해서는 정신건강의 신호에 귀를 기울여야 한다. 우리는 신체감각에 조금만 변화가 와도 반사적으로 "혹시 몸에 무슨 문제가 생긴 것 아닌가?" 걱정을 한다. 그런데 정신건강에 신호에 대해서는 무시하는 경향이 있다. 우리는 그동안 자본주의 사회에서 살다 보니 물질과 성공을 위해 앞만 바라보고 달려왔다. 우리는 그러는 과정에서 서로 상처를 주고받아 왔다. 그 상처는 반드시 치료를 받고 회복해야 되는데 그러지 못했다. 그래서 불안장애, 우울장애, 기분장애 등으로 힘들게 지내왔고 지내오고 있다. 이제 우리 마음에 어떤 신호가 오면 감기가 들었을 때 병원을 찾는 것처럼 우울증이나 불면증과 같은 질병의 신호가 오면 즉시 치료를 받아 부정적인 감정을 줄이고 긍정적인 감정을 늘려 행복지수를 높여야 한다.

특히 우리나라는 여자가 남자보다 정신질환 유병률이 높다. 브리스톨(Bristol, 1988)은 아버지보다 어머니가 건강하지 못할 경우에 가정불화가 더 심하다고 했다. 아내란 뜻은 집안의 해(sun)라는 뜻이다. 집안의 해가 정신질병의 구름에 가리게 될 때 가정에 행복이 있을 수 없다. 그렇다면 여자들의 정신건강에 대해 보다 더 세심한 돌봄이 필요하다. 그리고 국가는 정신건강의 질병으로부터 안전을 위한 안전망을 세워 국민 모두가 건강하여 행복지수를 높여야 한다. 그리고 정신병원을 찾는 것을 감기에 걸리면 내과를 찾는 것 같은 인식의 전환과 정신병원을 가는 사람을 색안경을 쓰고 보는 인식의 전환 또한 필요하다. 정신병원 자체도 음울한 인상에서 밝고 맑은 인상과 더불어 정신병원이 동네 곳곳에 세워져야 한다. 정신건강이 곧 행복이다.

12. 정신건강 10가지 수칙(복지부)

1. 긍정적으로 세상을 본다.

2. 감사하는 마음으로 산다.

3. 반갑게 마음이 담긴 인사를 한다.

4. 하루 세끼 맛있게 천천히 먹는다.

5. 상대의 입장에서 생각해 본다.

6. 누구라도 칭찬한다.

7. 약속시간에 여유 있게 가서 기다린다.

8. 일부러라도 웃는 표정을 짓는다.

9. 원칙대로 정직하게 산다.

10. 때로는 손해 볼 줄도 알아야 한다.

표 10.13 상담과 심리치료의 비교

상담	심리치료
1. 상담은 정상의 문제이다.	1. 심리치료는 비정상의 문제이다.
2. 현실적인 불안에 근거한 의식의 문제이다.	2. 신경증 불안에 의한 무의식적 갈등이다.
3. 교육 직업 등 선택과 결정의 문제이다.	3. 지속 반복적인 감정의 갈등이다.
4. 성장 발달을 촉진한다.	4. 장애 제거 혹은 완화이다.
5. 목적은 예방이다.	5. 치료 교정이다.
6. 생각 등을 다루는 인지적 방법을 적용한다.	6. 본능을 다루는 정서적 방법을 적용한다.
7. 질병 문제는 배제한다.	7. 심리적 문제, 일종의 질병 문제이다.
8. 교육학, 심리학 등 훈련 받은 상담자가 수행하는 심리적인 조력 과정이다.	8. 의학, 임상심리학 분야에서 훈련 받은 상담자가 병원을 중심한 심리적 조력 과정이다

다음은 여러분이 어떻게 느끼고 있는가를 알아보기 위한 것이다. 질문지를 읽고 적절한 번호에 ○표 하라.

표 10.14 나의 고독 평가

순번	문항	거의 그렇지 않다(0)	가끔 그렇다 (1)	종종 그렇다 (2)	자주 그렇다 (3)
1	나에겐 친한 친구가 없다고 느껴진다.				
2	나는 다른 사람을 믿는 것이 두렵다.				
3	나에게는 이성 친구가 없다고 느껴진다.				
4	내 고민을 이야기하면 가까운 사람들이 부담스럽게 느낀다.				
5	나는 다른 사람에게 필요하지도 중요하지도 않은 사람이라고 느낀다.				
6	나는 누구와도 개인적인 생각을 나누기 어렵다고 느낀다.				
7	나는 다른 사람들로부터 이해받지 못하고 있다고 느낀다.				
8	나는 다른 사람에게 다가가는 것이 편하지 않다.				
9	나는 외로움을 느낀다.				
10	나는 어떤 친목 집단이나 조직에도 소속감을 느낄 수 없다.				
11	나는 오늘 다른 사람과 교류를 가졌다는 느낌이 들지 않는다.				
12	나는 다른 사람에게 할 말이 별로 없다고 느낀다.				
13	나는 다른 사람과 함께 있으면 평소의 내 모습이 달라진 것 같다.				
14	나는 다른 사람 앞에서 당황해할까 봐 두려워한다.				
15	나는 재미있는 사람이 아니라고 생각한다.				

0~10점인 경우 : 거의 고독을 느끼지 않는 것 같다.

11~20점인 경우 : 보통 사람들이 느끼는 평균 수준의 고독감을 느끼고 있다.

21~28점인 경우 : 보통 사람들보다 높은 수준의 고독감을 느끼고 있다.

29점 이상 : 상당히 심한 고독감을 느끼고 있다.

11

행복과 성

1. 성의 어의

1) 섹스

서양어의 섹스(sex)라는 단어는 '나눈다', '분리하다'의 뜻인 섹코(Seco), 섹크(Sec)에 관련된 라틴어 섹서스(Sexus)에서 유래한다. 성은 성관계를 의미하기보다 생물학적인 면에서 남녀의 구분을 뜻한다. 인간은 태어나면서부터 남성(male), 여성(female)으로 구분된다. 남녀의 구분은 심리적인 현상 이전에 이미 출생부터 선천적으로 결정지어진다. 이를 성적 주체성(sexual identity)이라 한다.[1] 그리고 섹터스(Sextus)는 라틴어 제6(six)이란 뜻이다.[2] 이는 천주교의 십계명 중 제 6계명인 "간음하지 말라"에서 유래한다. 간음하지 말라는 계명은 천주교에서는 십계명 중의 6계명이고 개신교에서는 7계명이다. 하나님이 간음하지 말라는 6계명을 주신 것은 가정 보호를 위해서다. 따라서 성이란 성인의 남녀가 결혼해서 한 부부가 되어 가정에서 은밀하게 인격적으로 사랑을 나누는 것이다.[3] 그리고 성교육 또한 순결교육으로 시작되어야 한다.[4]

---

[1] 윤가현. 성문화와 심리. 학지사. 2005.
[2] 김외선. 결혼과 성. 중문출판사. 2001.
[3] 우남식. 성심리. 시그마프레스. 2015.
[4] 김외선. 결혼과 성. 중문출판사. 2001.

2) 젠더

젠더(gender)라는 단어는 서로 다른 사회화, 문화화 과정을 거치면서 훈련 및 습득되는 여성의 '성'과 남성의 '성' 및 성역할을 의미한다.[5] 이 용어는 주로 여성운동가(feminist)들이 즐겨 사용한다. 이들은 여성이 사회적 역할이나 지위에 있어서 남성에 비해 상대적으로 열등한 것은 생물학적인 성의 차이에서가 아니라, 사회와 문화가 만들고 형성하여 길들여진 것으로 보고 있다.

다시 말하여 '젠더'란 개인이 태어난 이후에 사회적, 문화적, 심리적 환경에 의해 습득되는 후천적인 성을 의미한다.[6] 이를 성 정체성(gender identity)이라고 한다.

3) 섹슈얼리티

섹슈얼리티(sexuality)라는 단어는 19세기에 이르기까지는 찾아보기 어렵다. 이는 일반적으로 육체적 기관을 뜻하는 중립적 개념으로서의 섹스(sex)와 젠더(gender)를 모두 포괄한다.[7] 나아가 인간의 육체적, 정신적, 사회심리적 차원들을 모두 포괄하기도 한다. 즉 섹슈얼리티는 성에 대한 태도와 개념, 행동, 감정, 가치관, 신념 등을 포함한다.[8] 그리고 섹슈얼리티는 성행위만을 뜻하는 것이 아니며 인격의 한 차원을 차지하는 것을 말한다. 이는 성 정체성(gender identity)의 영향을 받는다. 최근 섹슈얼리티를 우리말로 성성(性性)이라고 한다.[9] 이를 우리말에 익숙한 일상 언어에서 찾는다면 색(色)에서 찾을 수 있다. 우리말에는 성이라는 단어 하나로 섹스, 젠더, 섹슈얼리티를 표현한다.[10]

4) 성

한자로 性(성)이란 마음심(忄)과 날생(生)의 합성어로, 전체적인 인간 그 자체를 뜻한다. 우리가 사용하는 성이라는 단어들을 살펴보면 성 이외에도 성격, 인성, 성미, 본성 등이 있다. 이러한 단어들은 개인의 전체성을 묘사한다. 그리고 개인이 갖는 성에 대한 환상, 꿈, 행동,

---

[5] Joseph, F. *Moral Responsibility; Situation ethics at work*. Philadelphia : Westminster Press. 1967.
[6] 윤가현. 성문화와 심리. 학지사. 2005.
[7] 박충구. "기독교 성윤리의 반성과 과제 1". 기독교사상 제 452호.1996.
[8] 윤가현. 성문화와 심리. 학지사. 2005.
[9] 아산사회복지재단편저. 현대와 성윤리. 아산사회복지재단. 1997.
[10] 아산사회복지재단편저. 현대와 성윤리. 아산사회복지재단. 1997.

태도, 사고, 감정, 가치관, 신념, 이해 및 개인의 존재의미 등을 지칭하기도 한다.

2. 성의 연구 및 역사

성에 대한 연구는 타학문 분야와 달리 불리한 여건 속에서 행해지고 있다. 즉 인간의 가장 기본적인 행동을 연구한다는 것은 특별한 용기가 없이는 불가능하다. 왜냐하면 연구 자체가 타학문 분야와는 다른 방법론의 문제가 대두되기 때문이다. 이를 구체적으로 말한다면 각 개인은 종교와 도덕적인 가치관에 의해 성의 표현이 여러 가지의 제약을 받고 있다. 그리고 그들의 성생활에 대한 질문을 받는다는 것은 자신들의 사생활이 침해되는 것으로 인식할 수 있다.

특히, 연구 결과를 얻기 위하여 실험실에서 인간의 성생활을 관찰한다는 것은 더더욱 안 된다. 이는 음란 행위로 간주된다. 이와 같은 어려운 여건 속에서도 수많은 연구자들은 전통적이고 보수적인 금기와 관례를 깬다는 각오로 자신을 희생시키며 연구해 왔다. 그러한 연구를 했던 19세기 이후의 대표적인 인물들은 다음과 같다.

1) 크라프트에빙

크라프트에빙(Krafft-Ebing, Richard Freiherr von)은 근대의 성에 대한 연구의 개척자로 독일과 오스트리아에서 개업을 했던 의사 출신이다. 그 당시 유럽에서는 남녀 모두에게 성행위는 추하고 더러운 것으로 여겨졌던 시대이다. 이런 시대에 그는 인간의 성을 연구하였다.

그는 성기능 장애의 분류를 시도했고[11], 이런 그의 시도는 당시 사회에 엄청난 반향을 불러일으켰다. 그는 1882년에 성의 **정신병리학**(*Psychopathia Sexualis*)이라는 저서를 출간하였다. 그는 200명 이상의 사례를 토대로 성적 특이성을 강조했는데, 피학성 변태성욕(masochism)과 가학성 변태성욕(sadism), 수간(sodomy), 동성애(homosexuality), 패티시즘(fetishism) 등을 언급했다. 그리고 그는 생산을 목적으로 하지 않는 성행위를 일탈된 성으로 보았다. 그는 성에 대한 연구의 개척자로, 엘리스나 프로이트에게 직접적인 영향을 끼친 사람으로 평가를 받고 있으며[12], 현대 성의학의 토대를 마련한 인물이다.

---

[11] 신승철. 정신의학에서 본 성, 기독교사상 통권 제452호. 기독교사상(8). pp.37-45. 1996.

[12] Allgeier, E., &, Allgeier, A. *Sexual interactions*(3rd ed). Lexington, Massachusetts: D.C. Health & Co. 1991.

2) 엘리스

엘리스(Ellis, Henry Havelock)는 프로이트와 같은 시기의 인물로, 프로이트가 후기에 주장할 것을 미리 주장했다고 볼 수 있다. 그는 선장의 아들로 영국에서 태어나 호주에서 교사생활을 하다가 고국으로 돌아와 의학공부를 하여 의사가 되었다. 엘리스가 살던 시대는 성의 표현에 대해 억압이 가장 심했던 사회 중의 하나인 19세기 후반의 영국의 빅토리아 여왕(1837~1901)시대였다. 빅토리아 여왕시대에는 함부로 정액을 낭비하는 행위를 죄악으로 취급했으며, 심지어 자녀를 생산할 목적이 아니면 남편이 부인에게 성관계를 요구하는 것도 금지되어 있었다.

그는 이런 시대에 심리학의 일부로서 성에 대한 조사를 실시했다. 특히, 그는 1897~1928년에 성의 심리학에 대한 연구(*Studies in the psychology of sex*)를 출간하면서 그 당시 범죄 또는 질병으로 취급했던 동성애를 선천적인 성적 본능의 표출이라고 언급하여 세상을 놀라게 했다. 그가 동성애의 사례 연구를 토대로 발표했던 33편의 저서들은 법정에서 외설, 사악, 음탕, 중상적 출판물로 취급받았다. 그럼에도 불구하고 그는 수백 편의 사례 연구 끝에 여러 가지의 성행동에 대한 관찰을 체계적으로 기술했다. 예를 들면 자위행위는 거의 모든 사람에 의해 행해지고 있으며, 여성들은 생리기간에 가장 성적인 욕망이 높다고 기술했다. 또한 그는 여성들이 성적으로 민감하지 못한 원인은 남성의 잘못이거나 아니면 여성이 아동기 때에 받은 성적인 억압의 결과라고 주장하기도 했다. 그리고 그는 여성의 성적인 욕구에 관해서는 그 당시의 견해를 수용하여 현숙한 여성들은 성적 욕구가 없다고 했으며, 성적인 문제는 신체적인 것보다 심리적인 것이 더 중요하다고 했다. 특히 엘리스의 공헌은 의사로서 성병에 관한 많은 정보를 제공한 것이다.

그리고 1920년대 성을 연구한 캐더린 다비스드(Katherrine Davisd)와 마리 스톱스(Marie Stopes), 그리고 테오도르 반 데 벨데(Theodore van de Velde)가 있다. 캐더린 다비스드는 2,200명의 여성을 상대로 1922년과 1927년 사이에 시리즈로 책을 펴내 여성의 성생활에 대한 정보를 제공했다. 또한 마리 스톱스는 여성에 대한 결혼의 지침서를 펴내 유럽과 미국에서 많이 읽혀졌다. 1926년에 테오도르 반 데 벨데는 이상적인 결혼(*Ideal Marriage*)을 펴냈다. 그리고 부부 간의 구체적인 성교 방법과 구강성교에 관한 책자를 냈는데 베스트셀러가 되기도 했다. 그러나 1929년에 미국이 대공황에 접어들면서 성에 대한 관심보다는 생존에 매여서 성에 대한 연구와 관심은 뒷전으로 밀려났다.

3) 프로이트

프로이트(Sigmund Freud)는 엘리스와 거의 동시대에 모라비아(현재 체코) 프라이베르크에서 태어나 오스트리아 빈에서 정신과 의사로 활동하였다. 그는 설명하기 곤란한 히스테리환자들에게 많은 관심을 가졌다. 그는 환자들에게 그들의 생활을 이야기하도록 한 결과 히스테리 환자들에게서 나타나는 마비 현상과 불안감 등이 실제이든 가상이든 모두 아동기 때의 성적인 상처에 기인한다고 보았다. 그는 아동의 모든 생활 자체도 역시 성적인 욕구와 관련이 있다고 주장했다.

프로이트는 그러한 관점을 증명하기 위하여 스스로 잠자는 의자에 드러누워서 기억, 꿈, 회상, 실언 등 자신의 인생의 순간들을 회고하면서 아동기의 성의 이론을 구성했다. 그리고 여성들이 남근을 선망하는 것(penis envy)이나 남성들이 거세에 대한 불안을 갖는 것(castration anxiety) 등을 무의식의 형태로 설명했다. 그는 개념적으로 성에 관한 욕구이론과 정신분석을 정신병리학의 원리로 응용했다. 그의 이론을 보면 신경증이란 자위행위에 의해 발생된 것이며, 남성 동성애자는 횡포한 어머니와 연약한 아버지에 의해 형성되었다고 주장했다. 그의 이론은 과학적으로 객관성이 없지만 후에 발달심리학과 행동의 원인을 설명하는 심리학의 이론에 큰 영향을 미쳤다.

프로이트의 성에 대한 기본적인 태도는 첫째는 성이 모든 인간 행동의 기본적인 동기이다. 둘째는 성문제 때문에 인간의 신경증적 증상이 발생한다. 셋째는 불안의 근저에는 성에 관련된 문제를 적절하게 대처하지 못하는 데 있다. 넷째는 성적인 욕구는 어린아이 시절에서부터 시작한다. 그리고 프로이트의 사상은 행동주의와 달리 인간의 심층적인 의식의 세계를 중요시하고 있다. 그는 인간의 부적응 행동은 의식의 작용이 아니라 무의식의 충동으로 보았다.

프로이트의 사상을 보면 첫째는 유소년기의 경험이 성격을 형성한다. 둘째는 인간 행동의 원인은 무의식의 표출이다. 그의 사상은 무의식을 모든 표출행동의 원동력으로 보기 때문에 개인의 자유의지가 무시된다. 셋째는 인간은 원욕(id), 자아(ego), 초자아(superego)의 영역으로 이루어져 있다. 그는 원욕이란 유전적인 본능의 지배를 받으며 쾌락의 추구를 중요한 목표로 본다. 또한 무의식이 지배하는 세계이다. 자아는 의식과 무의식으로 구성되어 있다. 주로 개인의 경험을 통해 형성된다. 외부 현실과 쾌락을 추구하는 원욕 간의 갈등을 조정하며 만족을 얻는다. 초자아는 현실적 자아로부터 발달되며 의식과 무의식으로 구성되어 있으며, 어린 시절 부모나 주위의 사람들로부터 영향을 받는다. 그리고 초자아는 사회적 가치나 도덕 등에 내면화된 것이다. 초자아 역시 원욕과 갈등을 겪는다. 자아 기능이 약해져서 갈등의 조정 기능이 충분히 수행하지 못하게 되면 장애현상이 나타난다. 무의식은 전의식과 무의식으로 구분한다. 전의식은 '묶여 있는' 상태로 의식에 접근할 수 있지만, 무의식은 전혀 의식할 수 없는 영역이다. 그는 의식이 3분의 1이고 무의식이 3분의 2로 되어 있으며 무의식이 의식의 행동에 영향을 미친다고 주장했다. 따라서 그는 무의식 세계에 관심이 많았다. 넷째는 인간의 기본심리의 에너지를 리비도로 보았다. 리비도(libido)는 사람이 내재적으로 갖고 있는 성욕, 또는 성적 충동을 가리킨다. 이는 성기와 성적인 접촉을 바라는 욕망과는 다른 넓은 개념을 뜻하며, 리비도가 사춘기에 갑자기 나타나는 것이 아니라 태어나면서부터 발달하며 개인의 쾌락 추구에 따라 각기 다른 모습을 지닌다.

4) 킨제이

1940년대에는 제2차 세계대전 이후로 성에 대한 관심과 접근은 새롭게 진행되었다. 그 대표적인 인물이 킨제이(Kinsey, Alfred Charles, 1894~1956)이다. 그는 본래 인디애나대학교의 동물학 교수로, 1938년 이전까지는 인간의 성행동보다 동물의 교합에 대한 연구자로 더 많이 알려져 있었다. 그는 인간의 성행위에 대한 최소한의 믿을 만한 정보가 부족하다는 사실을 알고 1940년대부터 5,300여 명의 남성과 5,940여 명의 여성으로부터 얻은 자료를 분석하여 발표했다. 이 연구는 그때까지 공공연하게 논의되지 못했던 여러 가지 주제들에 대한 정보와 그 정보의 내용이 매우 귀중하다는 업적을 낳았다. 그는 1948년에 남성 성행동(*Sexual behavior in the human male*)[13]을 출간하면서 뉴욕타임지에 광고를 부탁했지만 처음에는 거절당했다. 그 당시 사회에서는 성에 대한 연구를 그렇게 달갑게 여기지 않았기 때문이다. 그러나 후에 광고가 나가자 일반인들은 경악하지 않을 수 없었다. 그는 12,000명을 상대로 한 조사를 발표하였는데, 조사 내용이 350개의 문항이 되었고, 뉴욕의 남창가도 다니면서 직접 면접을 실시했다. 그의 조사 결과에 의하면 37%의 남성이 사춘기에 오르가슴을 일으킬 정도로 동성애를 경험했고, 40%의 남성이 외도를 경험했다고 했다. 그리고 62%의 여성이 결혼 중에도 자위행위를 하고, 여성이 성적인 존재라고 발표하여 큰 충격을 주었다. 그때까지 여성은 성욕구가 없는 것으로 알고 있었다. 또 1953년에 여성 성행동(*Sexual behavior in the human*

---

[13] Kinsey, A.C., Pomeroy, W.B., Martin, C.E. *Sexual behavior in the human male*. Philadelphia : W.B. Saunders. 1948.

female)[14]을 출간했다. 이로 인해 세상이 시끄러웠는데, 이유는 여성들도 '성적인 존재'라고 언급했기 때문이다.

디킨슨은 킨제이의 업적을 최고 기념비적인 성의 연구라고 경탄했다. 그의 이러한 업적을 기념하기 위해 인디애나대학교에는 킨제이 연구소가 설립되어 있다. 그러나 그는 그 당시에 종교단체나 여러 사람들에게 부정적인 비판과 평가를 받았고, 1956년에 그가 죽을 당시에 비판의 부정적인 반응에 시달렸다. 그러나 그의 업적은 이 분야에 관심이 있는 사람들에게 선구적인 역할을 했다.

5) 마스터즈, 존슨

킨제이는 성에 대한 연구를 일반인을 상대로 인터뷰 방법을 사용했다. 그러나 워싱턴의과대학의 행동과학자이면서 의사였던 마스터즈와 존슨(Masters William & Johnson Virgina)은 인간의 복잡한 심리적인 성행동을 이해하기 위해 인간의 신체적인 구조와 기능을 이해해야 한다고 주장했다.

마스터즈는 뉴욕의 로체스터대학교 의과대학의 학생시절부터 인간의 성기능에 대한 생리학이 너무도 알려지지 않은 분야라는 것을 알고 이를 과학적, 임상적으로 연구할 것을 결심했다. 그러나 그는 성 반응에 대한 연구를 시도하기 이전부터 동료와 선배들로부터 끊임없는 저지를 받았다. 그는 처음에는 산부인과를 선택하여 노화와 호르몬의 문제를 연구했다. 마스터즈가 실시했던 호르몬의 연구는 명성을 얻어서 워싱턴대학교로부터 후원을 받기에 이르렀다. 그곳에서 1953년부터 실험실을 운영할 허가를 얻어냈으며 1954년 7월부터 성연구에 착수했다. 그리고 거기에서 그는 1957년 존슨을 만나 인간의 성 반응을 함께 연구하기 시작하였다. 그들은 1965년까지 남자 312명, 여자 382명으로부터 약 10,000건의 성행동을 관찰했고, 기계적으로 접근하는 성적인 관점을 배제하고 성행동의 과정과 성의 목적에 관해 설명을 하려고 시도했다. 또한 그들은 인간의 성 문제에 관해 성의 치료 관점에서 정보를 얻었다. 그들은 처음에는 인조의 남근을 만들어 매춘부들을 상대로 연구했지만 그들이 성적인 흥분을 느끼지 못했기 때문에 다른 대상자들을 찾다가 결국 18세에서 89세까지의 매춘부가 아닌 수백 명의 실험대상자들을 상대로 성 반응 시의 호흡 반응, 심장박동, 신체의 변화,

---

[14] Kinsey, A.C., Pomeroy, W.B., Martin, C.E. & Gebhard, P.H. *Sexual behavior in the human female.* Philadelphia : W.B. Saunders. 1953.

피부반사 등을 측정하여 분석했다. 그들은 결국 11년간의 연구 끝에 1966년에 인간 성 반응(*Human sexual response*)[15]이라는 책을 출간했다.

그런데 이러한 그들의 성 연구는 기계론적이어서 사랑과 정신적인 기능에 대해 아무런 언급이 없었다. 이로 인해 신학자들을 비롯한 다른 과학자들로부터 비난을 받는 결과를 초래했다. 그러나 마스터즈와 존슨은 객관적이고 과학적인, 그리고 임상적인 연구를 시도했다고 대응했다. 그들의 저서는 1980년대 초까지만 해도 30만 권 이상이나 팔렸고, 1970년에 여러 가지 성적인 부적응의 치료에 관한 문제를 다룬 성적 부적응(*Human sexual inadequacy*)[16]을 출판하기도 했다.

6) 하이트

하이트(Hite, Shere, 1942~)는 1942년 11월 2일 미국에서 태어났지만 독일 사람이 되기 위해 1995년에 시민권을 포기했다. 그는 심리학자로 최근에는 하이트가 10대에서 90대까지의 사람들을 대상으로 성에 대해 여러 가지 질문을 하면서 거기에 대한 심리학적인 해답을 얻으려고 노력했다. 하이트는 1976년에 3,019명의 여성들로부터 얻은 질문을 바탕으로 '여성의 전성에 대한 보고서'를 발표했다. 그리고 7,239명의 남성으로부터 얻은 자료에서 1981년에 '남성의 전성에 대한 보고서'를 발표했다. 그녀의 보고서들은 전성의 여러 가지 분야에 걸쳐 개인이 논쟁과 토의, 그리고 이야기들을 수록했는데, 이 글이 발표된 당시 상당한 논란이 일어났다. 일부는 그녀의 연구 보고서를 쓰레기에 불과하다고 했으며, 일부는 훌륭한 연구라고 극찬했다. 이를 계기로 근래에는 전성에 대한 개인의 태도, 사고, 신념 등이 심리학적인 연구의 대상이 되고 있다.

3. 정신의학적, 심리적, 종교적인 면에서의 성

1) 정신의학적인 면에서의 성

정신의학에서는 성을 인간의 성 체계, 즉 생물학과 환경 및 심리적 측면으로 나누어 설명한다. 생물학적 측면은 염색체 호르몬, 1차 성징 및 2차 성징으로 요약될 수 있다. 환경 및 심리

---

[15] Master, W., & Johnson, V. *Human sexuality response*. Boston: Little, Brown. 1996.

[16] Master, W., & Johnson, V. *Human sexuality inadequacy*. Boston: Little, Brown. 1970.

적 측면은 성적 주체성의 핵을 말한다. 이것은 남성 또는 여성으로 간직해야 할 내적 확신을 말하며 2~3세 때에 확실해진다. 이 성적 주체성의 핵은 사회생활에 중대한 영향력을 끼친다. 성적 주체성의 핵의 상실은 곧 성 기능장애의 원인이 된다고 본다.[17]

정신의학에서 성행위(normal sexual behavior)는 전희(foreplay), 체위(sexual position), 극치(orgasm), 성욕(sex drive)이 있다. 남자의 성욕은 20대에 긴박하며, 여자는 30대 후반과 40대 초반에 절정에 달한다.[18] 그리고 기타 성행위로 자위(masturbation), 몽정(nocturnal orgasm), 애무(heterosexual patting) 등이 있다. 자위행위가 이상(disorder)이냐, 정상(order)이냐, 그리고 의학적으로 해로운가에 대해서는 많은 논란이 있지만 킨제이 보고서를 보면 일생을 통해 남자는 90%, 여자는 62%가 자위행위를 경험하는 것으로 본다. 이를 볼 때 자위행위 그 자체는 문제가 될 수 없다. 문제는 이로 인한 죄책감과 수치심이다. 그러나 소아의 자위행위와 집단적, 구강과 항문을 통한 자위행위 등은 변태(sexual disorder)이다.

2) 심리적인 면에서의 성

심리학적 면에서의 성은 인간의 총체적인 인격적 차원으로 이해한다. 성은 단순히 생물학적 생식능력만 있는 것이 아니라 감성적 차원의 기능과 사회적 차원의 기능도 포함하고 있다. 따라서 심리학적 면에서 볼 때 성은 생물학과 사회적인 기능에 의해 영향을 받는다.[19]

생물학적으로 남자는 튼튼한 체구를 가지고 있으나, 여자의 체질은 부드럽고 골반과 가슴이 더 발달한다. 또 심리적 특성과 정신적 경향도 각기 다르다. 남자는 행동적이고 외향적이고 공격적인 반면에 여자는 수용적이고 보호적이며 인내심이 강하다. 남자는 관찰력과 성취욕이 강한 반면에 여자는 감성적이며 내적인 것에 관심이 많다. 이런 현상들은 단지 생물학적인 요인에 의해 야기되는 것이 아니라, 생물학적으로 부여받은 환경 요인에 의해 변화될 수 있다. 다시 말해 인간의 성은 생물학적 기능의 차원과 사회적 기능의 차원을 동시에 갖고 있다. 생물학적 기능의 차원에만 머문다면 인간은 단지 동물과 다를 바 없다. 반면에 사회적 기능만을 강조하면 성윤리를 정립할 수 없다. 왜냐하면 성은 종족보존의 본능이라는 일면도 있기 때문이다.

프로이트는 사춘기 이전의 어린이에게도 유아 성욕(infantile sexuality)이 있음을 강조

---

[17] 이정균. 정신의학. 일조각. 1995.
[18] 이정균. 정신의학. 일조각. 1995.
[19] Kaplan, A. G. 성의 심리학. 김태련 역. 이화여자대학교출판부. 1990.

했다. 유아성욕은 사춘기 이후의 성기성욕(genital sexuality)이 아니라 성적 본능(sexual instinct)을 말한다. 이는 성의 심적 원동력인 리비도를 뜻한다. 그는 성애부위(erogenous zones)에 따라 구강기, 항문기, 남근기, 잠복기, 생식기로 발달한다고 하였다. 이때 어느 시기에 행동이 강하게 고착되느냐에 따라 후에 성격형성에 지대한 영향을 준다고 보았다.

3) 종교적인 면에서의 성

기독교의 성에 대한 입장은 첫째는 인간은 성을 가진 존재로 본다(창 1:27). 인간의 성은 하나님이 섭리하고 정한 창조의 일부로 죽을 때까지 변하지 않는 것으로 본다. 인간은 각기 남자와 여자로 동등하게 지어졌고, 출산이나 기타 모든 삶의 영역에서 동등하다.[20] 둘째는 다른 성을 지배하거나 통제해서는 안 된다. 성을 지배하고 통제하려는 욕망은 상호 평등한 관계를 왜곡시키고 분열시키는 것으로 본다.[21] 기독교 윤리는 성 자체가 악하기보다는 이기적인 욕망에서 비롯되는 것으로 본다(롬 8:1-17). 셋째는 성은 본질적으로 선하다고 본다. 그리스의 영지주의에서는 "육체는 악의 근원이며 죄악의 통로다."라고 했다. 그러나 성경은 인간의 육체를 포함한 모든 물질세계를 선하다고 보았다(창 1:10, 12, 18, 25, 31). 따라서 성도 본질적으로 선하다고 본다. 피터슨(Peterson, 1981)[22]은 "성은 하나님께서 가지고 계신 좋은 것들 중에서 가장 좋은 것이다."라고 했다. 그리고 맹용길[23]은 성은 하나님의 뜻을 이루는 수단이 되어야지 그 자체가 목적이 될 수 없다고 했다. 따라서 성은 하나님께서 주신 선물 중의 하나이기 때문에 순결하게 누려야 한다. 넷째는 성은 출산과 쾌락을 포함한다고 본다. 그랜드 데이비드와 갈런드 데이비드(Grand David & Garland David, 1986)는 성을 출산과 쾌락을 모두 포함한다고 했다. 전통적으로 성은 출산을 강조하지만 성경에는 성의 즐거움을 긍정한다(잠 30:18-19). 성은 후손을 출산하기 위한 것만이 아니라 즐거움과 긴장을 풀어주는 기능도 있다.[24] 다섯째는 성은 선과 동시에 악으로도 사용될 수도 있다고 본다(삼하 11~12장). 이는 성 자체가 악해서라기보다는 그것을 사용하는 다윗의 도덕적 결함 때문이다. 여섯째는 성적인 범죄에는 용서가 가능하다고 본다. 다윗은 나단의 책망을 듣고 자신의 잘못을 회개

---

[20] 박원기. 기독교의 성이해. 기독교사상. 제452호. 1996.

[21] Joan and Hunt, R. *Affirming Sexuality in Christian Adulthood*. Nashville: UMC Publishing House.1982.

[22] Peterson, R. Everlyn. *For Woman Only*. Heaton: Tyndle. 1981.

[23] 맹용길. 제4의 윤리. 서울 : 성광문화사. 1983.

[24] James Nelson. *The Church and Sexuality*. Embodiment, 1978.

하여 하나님으로부터 용서를 받았다. 그리고 현장에서 간음하다 잡힌 한 여인이 예수로 부터 용서를 받는 장면이 나온다(요 8:1−11).

불교의 결혼관은 전적으로 사적인 일로 간주하고 자유방임적이다. 그래서 불교는 결혼할 것을 강요하거나 독신으로 생활할 것을 강요하지 않는다. 또한 아이를 꼭 낳아야 한다거나 낳은 아이들의 숫자를 제한하는 규정 또한 없다. 승려들에 대해서는 결혼을 하지 않고 독신 생활을 하도록 하는 이유는 스스로 세속적인 구속을 벗어나 마음의 평화와 자기의 삶을 다른 사람들의 해탈을 자유롭게 도와주기 위함이다. 그렇다고 불교를 수행하려는 모든 사람들에게 독신생활을 요구하지는 않는다. 그리고 불교에서는 성력을 낭비하지 않는 것이 정신수행에 도움이 되고, 현대인의 노이로제의 원인은 불규칙하고 무절제한 성생활에서 오는 것으로 보고 있다. 독신생활은 정신수행의 역량을 발전시키는 데 중요한 덕목으로 보고 있다.

유교의 성윤리는 유교의 이데올로기와 규범에 의해 규제되어 있다(아산사회복지재단, 1997). 유교의 성윤리에서 성관계는 혼인제도의 틀 안에서만 허용한다. 부계혈통의 유지를 가장 중시하였으며, 족외혼을 준수하여 동성동본의 결혼을 금지하고, 일부일처제를 준수한다.

4. 성문화

일반적으로 성은 생득적인 것이기 때문에 성을 문화로 보지 않기도 한다. 그러나 성 또한 문화에서 예외일 수 없다. 테일러(Taylor, 1974)[25]는 문화를 "지식, 신앙, 예술, 도덕, 법률, 습관 및 사회성원으로서 인간에 의해 획득된 모든 능력과 습성을 포함하는 복합적 총체다."라고 정의했다. 즉, 문화란 그 공동체 내의 구성원들이 당연하게 받아들이는 규범, 관습, 가치체계, 사고방식 등을 포괄하는 일체의 생활양식이라는 것이다. 성문화 또한 보편적으로 생활화된 생활양식이다. 그리고 성은 성행위만을 뜻하는 것이 아니라 성행위를 포함한 성에 대한 태도, 가치관, 성역할, 성행동의 양식 등을 포함한다. 한국이 1970년대 이후 청소년의 성문제와 성비행이 급증하기 시작했는데, 그 원인은 문화적 요인일 수가 있다. 문화의 요인 중에 가장 큰 요인은 종교와 사회적 현상이다. 종교에 따른 성문화와 우리나라의 성문화를 살펴보면 다음과 같다.

---

[25] Taylor, E.B. *Primitive culture*(7th ed). New York: Brentano's. 1924.

1) 고대사회의 성문화

고대사회의 동굴의 벽화에 나타난 성문화를 보면 대체로 여성의 자녀 출산을 중시하여 여성 성기를 숭배했다. 그러다가 농경사회로 접어들면서 남성의 힘이 농사와 가축을 기르는 데 절대적으로 필요한 것을 인정하고 남성의 중요성을 인정함과 동시에 남근을 숭배하기 시작했다. 고대 이집트에서는 남성의 성기를 상징하는 도끼나 검들이 신을 숭배하는 도구로 사용되었다. 고대 그리스에서는 성의 표현이 자유로웠다. 매춘이 비교적으로 허용되었다. 남성은 특별한 이유 없이 이혼할 수 있었고, 여성이 외도하면 필연적으로 이혼을 해야 했다.

고대 로마에서는 사랑의 여신, 비너스를 숭배하는 의식에 거대한 남성의 성기를 거리의 축제에서 전시하기도 했다. 성생활이 문란했고, 구강성교, 집단성교, 가학적인 변태성 성행위를 즐겼고, 매춘이 성행하는 등 성도덕이 문란했다. 그러나 동성애는 가정을 무너뜨릴 수 있는 요인이 된다고 생각하여 선호하지 않았다.[26]

고대 히브리인들은 성을 신의 축복이며 선물로 보았다. 반면에 성을 개인과 가정 그리고 사회를 파멸로 몰아넣을 수 있는 폭발성과 분열성을 가진 잠재적인 힘으로 인식했다. 그리고 성을 출산과 연관을 지어 율법으로 엄격하게 규정했다. 동성애는 엄하게 금했다. 자녀 생산과 무관한 성행위는 신의 저주를 받게 될 것으로 생각했다. 이러한 성문화는 출산이라는 목적적 사고를 가져왔고, 출산은 아내의 일차적인 의무가 되었으며, 자녀가 없는 경우에는 정죄되었다. 이러한 맥락으로 인해 후사를 얻지 못하고 형이 죽으면 형수와 결혼하는 제도를 장려하기도 했다(창 38장, 신 25:5-10).

2) 동양과 서양의 성문화

(1) 동양의 성문화

중국은 성을 회피의 대상이나 두려움의 대상이 아니라 신앙의 대상, 영생불멸로 이르는 과정이라고 보았다.[27] 중국의 성문화를 보면 중국의 명조시대까지는 성에 대해 매우 긍정적이었다. 그러다가 청조시대에 와서는 금욕주의적인 유교의 전통을 따라 성을 제한했다.

인도에는 성애에 관해 구체적으로 기술한 카마수트라(Kamasutra)가 있다. 카마수트라는 바츠야야나의 저술로 산스크리트어로 된 운문으로 쓰여 있다. 인도는 인생의 세 가지 목적,

---

[26] Cole, W. G. *Sex and Love in the Bible*. New York: National Board of Young Men's Christian. 1959.

[27] Bullough, V.L. *Age at menarche: A misunderstanding*. Science, 213, 365-366. 1981.

다르마(法: 종교적 의무), 아르타(利: 처세의 길), 카마(愛: 성애의 길)에 관해 많은 책을 펴냈다. 카마수트라는 그런 책 중에 가장 오래된 것으로, 그 내용을 보면 성애의 기교, 소녀와의 교접, 아내의 의무, 남의 아내와의 통정, 유녀(遊女), 미약(媚藥) 등이 있다. 그리고 다양한 성행위 자세에 대한 설명과 그 자세가 108가지나 된다. 카마수트라는 고대인도의 성문화를 이해하는 데 중요한 책이다.

(2) 미국의 성문화

동양에서는 성을 즐기는 비결에 관한 책들이 발간되고 있는 반면에 서양에서는 성문화에 대해 상반된 태도가 얼마간 유지되었다. 서양의 성문화에 대해 크게 네 가지로 분류된다. 첫째는 성적인 욕구를 일차적으로 죄로 규정했다. 둘째는 성을 본질주의, 또는 생물학적 결정론으로 보았다. 성은 인간 본성 속에 있는 자연적인 것으로, 남성은 강한 성적 충동과 본능을 가지고 있으며, 여성은 모성 본능을 가지고 있다는 것이다. 이 관점이 한국 사회에 지배적으로 자리 잡고 있다. 셋째는 성의 해방이 정신건강에 중요하다는 것이다. 프로이트는 성 에너지의 해방이 정신건강에 중요하다고 보았다. 넷째는 성적 억압은 심리적 병을 불러일으키는 동인이 된다고 보았다. 이러한 시대적인 영향으로 인해 성이 학문적인 연구의 대상으로서 등장하기 시작한 것이다.

미국의 초창기의 성문화는 청교도의 영향을 받아 금욕적이었다. 그러나 현재는 사회의 변화, 그중에 매스컴의 등장으로 인해 크게 변화되었다. 미국의 청소년이 고등학교를 졸업할 때까지 평균 TV 시청시간이 총 15,000시간이고, 여기에는 노골적인 성관계를 묘사한 드라마와 영화의 장면들이 상당 부분 포함되어 있고, 그중에 80%가 혼외정사와 혼전 성관계, 성폭력 등이다. 그리고 같은 기간 동안 평균 15,000시간 정도 음악을 듣는데, 그중 대부분이 록뮤직으로, 주로 근친상간을 노래하는 등 왜곡된 성관계로 편성되어 있다.

또 미국이 해마다 포르노 산업에 쓰이는 돈이 약 70억 달러 규모다. 이런 추세라면 15~55세 사이의 전체 미국인 중에 성관계를 통해 각종 성병에 걸릴 확률이 25%까지 높아질 것으로 우려하고 있다.[28] 그리고 언론매체들이 조사한 결과 직장여성 중 50%가 성희롱을 당한 것으로 드러났다. 그러나 학교와 가정에서 꾸준한 성교육과 1993년 4월 미국 내슈빌의 로즈 튤립 그로브 침례교회에서 59명의 청소년이 진정한 사랑은 기다리는 것(true love waits)이라는

---

[28] 박원기. 기독교의 성 이해. 기독교사상. 452. 1996.

캠페인과 더불어 시작된 순결서약은 단기간에 개교회로 확산되어 남침례교회의 100만 명 이상의 청소년이 서약을 하였다. 이로 인해 청소년의 성문화가 달라지는 계기가 되었다.

3) 한국의 성문화

삼국시대에는 성에 대해 비교적 관대했다. 삼국지 위지동이전 고구려조에는 "그 나라 백성들은 노래와 춤을 즐기며, 나라 안의 읍락에서는 남녀가 밤늦도록 모여 노래하고 논다."라고 기록되어 있고, 주서 49권 열전 41에는 "남녀가 함께 시냇가에서 목욕하고, 한방에서 잔다."라고 기록되어 있다(박경휘, 1992). 그리고 삼국유사에는 불교 전통인 탑돌이 행사에서 남녀가 탑을 돌다가 서로 눈이 맞으면 한적한 곳으로 가서 정을 통했다는 기록도 있다. 이와 같은 전통은 고려와 조선 시대에도 이어져서 아이를 낳지 못하는 여성이 탑을 돌면 아이를 잉태하고 노처녀가 탑을 돌면 연인을 만난다고 믿었다.[29] 그리고 고려 후기에 와서는 부모 의사에 따라 맺어지는 중매결혼으로 바뀌었다.[30]

무덤에서 나온 유장품 중에는 토우로 남성의 성기를 과장해서 표현하거나 남녀가 성관계하는 장면도 나온다. 그 밖에도 여성의 성기와 비슷한 고인돌이나 암석과 바위를 숭배했고, 남근을 상징하는 선돌, 총각바위 등을 숭배했다. 여성 성기 숭배는 풍작이나 마을의 평화를 위해, 남성 성기의 숭배는 주로 자식이나 아들을 얻기 위해서였다.[31] 이처럼 우리나라는 성에 대해 비교적 관대했다.

그러다가 조선왕조의 유교 문화권을 형성하기 시작하면서부터 성에 대한 억압이 심해졌다. 혼전 성교를 금했고, 기혼자도 자녀 생산을 위한 성행위만을 원칙으로 했으며, 남성의 사정도 건강을 해친다며 절제하도록 했다.[32] 그러나 당시 사람들의 성의식이 현대인들보다 높다고 볼 수 없다. 왜냐하면 양반의 남성들은 축첩과 기생의 수청 등을 자연스럽게 여겼기 때문이다.

유교의 영향을 받은 우리나라의 성문화는 첫째는 남녀의 순결관이 이중적이다. 남성에게 적용하는 것과 여성에게 적용하는 기준이 달랐다. 여성에게는 결혼 전까지의 순결을 요구하지만 남성에게는 필수적이지 않았다. 남자의 동정은 중요하게 여기지 않았다. 이는 오늘

---

[29] 전완길. 한국인의 본성. 문음사. 1980.
[30] 박경휘. 조선민족 혼인사 연구. 한남대학교출판부. 1992.
[31] 김태곤. 한국 민간신앙연구. 집문당. 1980.
[32] 윤가현. 성문화와 심리. 학지사. 2005.

날 남녀 간의 차별을 가져온 원인이기도 하다. 둘째는 여성을 비하했다. 여성이 성을 즐기면 탕녀로 취급했고, 반면에 남성의 성욕 충족은 당연하게 생각했다. 다시 말해 성을 남성의 전유물로 여겼다. 이는 우리만은 아니다. 회교의 문화권에서는 오랫동안 여성의 음핵을 잘라 버리는 관습이 있었다. 이는 자신의 부인이 도망을 가거나 바람을 피울까 두려워하는 동기에서 비롯되었다고 한다. 셋째는 처녀가 임신했을 때 여자에게만 책임을 전가했다. 임신이란 남녀 모두에게 책임이 있음에도 불구하고 처녀가 임신하면 집안을 망신시켰다고 해서 내쫓거나 심지어는 죽이기까지 했다. 최근에 미국에서는 미혼모가 임신을 하면 상대방 남자나 남자의 부모가 아이의 양육비를 강제로 지불해야 하는 법이 통과되어 실시하고 있다. 넷째는 여성의 순결을 일방적으로 찬양했다. 남성이 자신의 부인을 위해 수절을 한다고 열부(烈夫)라고 사회적으로 인정하지 않는다. 그러나 여성에게는 이러한 제도를 통해 직·간접적으로 여성의 재혼을 방지하거나 수절을 장려했다. 다섯째는 여성의 순결을 목숨과 동일하게 여긴다. 그래서 양반의 여성은 은장도를 항상 가지고 다녀서 어떤 상황이 발생할 때에 목숨을 끊는 것을 미덕으로 여겼다. 그들은 순결과 목숨을 동일시하였다.

최근에 와서 여성이 사회적 주체로 부각되고, 여성의 사회적 지위가 상승되면서 여성을 성적 대상으로만 보던 불평등 현상이 점차 극복되고 있다. 그러나 아직도 대중매체에서는 여성을 상품화하고 도구화하고 있다. 여성 신체의 특정 부분만을 강조하여 인간의 성적 환상을 자극시켜 각종 성폭력과 성범죄를 조장하고 여성의 성적 욕구를 도덕적인 잣대로 부정적으로 평가한다. 그래서 여성은 도덕적인가, 비도덕적인가, 순결한가, 부정한가, 정숙한가, 문란한가 등의 이분법적인 기준으로 분류한다. 이로 인해 정절은 여성의 최대 덕목이 되었다. 그래서 여성에게는 결혼 전까지 정절을 지킬 것을 요구하고 있다.

5. 성건강

1) DSM-IV에 기초한 건강 기준

성적 건강에 대한 기준은 범세계적으로 모든 질병을 망라한 국제질병 및 건강문제 분류 (ICD)보다는 정신장애진단 및 통계편람(DSM-IV)에 의존하는 경향이 더 높다. DSM-IV에서는 성적으로 건강하지 못한 상태를 성적 및 성 정체감장애(Sexual and Gender Identity Disorder)라는 범주로 표기하고, 이 범주의 내용을 세 가지 내용으로 구분하였다. 첫째는 성기능장애(sexual dysfunctions), 둘째는 성도착장애(paraphilia), 셋째는 성 정체감장애(gender identity disorder)이다.

성기능장애에는 성욕장애, 성적흥분장애, 오르가슴장애, 그리고 성교통증장애가 있다. 성도착장애에는 노출장애(exhibitionism), 성애물장애(fetishism), 접촉마찰장애(frotteurism), 아동성애장애(pedophilia), 성적가학장애(sexual sadism), 성적피학장애(sexual masochism), 관음장애(voyeurism), 의상전환장애(transvertic fetishism)가 있다.

(1) 성도착장애

성도착장애를 변태성욕이라고도 부른다. 성도착장애의 증상은 첫째는 인간이 아닌 대상, 둘째는 개인 자신이나 상대방의 고통이나 굴욕감, 셋째는 소아나 동의하지 않는 사람들과 같은 상황에서 성적인 흥분을 강하게 일으키는 공상, 성적 충동, 성적 행동이 반복되며 적어도 6개월 이상 지속되는 경우를 말한다.[33]

① 노출장애

2014년 8월에 제주지검장의 노출장애현상이 신문에 보도된 적이 있었다. 이처럼 노출장애(exhibitionism)의 초점은 낯선 사람에게 성기를 노출시키는 것이다. 때론 성기를 노출시키면서 또는 노출시켰다는 상상을 하면서 자위행위를 하기도 한다. 개인이 이러한 충동을 행동화하는 경우 낯선 사람과 성행위를 하려는 시도는 없다. 어떤 경우는 보는 사람을 놀라게 하거나 충격을 주려는 욕구를 인식하고 있기도 하다. 보통 18세 이전에 발병되며 그 이후에도 시작될 수 있다. 40세 이후에는 상태가 보다 완화되는 것으로 알려지고 있다. 여자고등학교의 교문에서 바바리를 입고 나타난다고 해서 일명 '바바리맨'이라고도 한다. 요즘에는 하의를 다 벗고 외제 승용차를 타고 다니며 대학 주변에 여학생들에게 길을 묻는 것처럼 하고 자동차 안을 들여다보도록 하는 신흥 바바리맨이 등장하고 있다.

진단기준은 낯선 사람에게 성기를 노출시키는 행위를 중심으로 성적인 흥분을 강하게 일으키는 공상, 성적 행동이 적어도 6개월 이상 지속된다. 이러한 성적인 공상, 성적 충동, 성적 행위가 임상적으로 심각한 고통이나 사회적 직업적 또는 기타 중요한 기능 영역에서 장애를 초래한다.

---

[33] 정신질환의 진단 및 통계편람 제4판(DSM-IV), 1994.

② 성애물장애

성애물장애(fetishism)의 특징은 무생물을 사용하는 것이다. 물건은 여성의 내의, 브래지어, 스타킹, 신발, 부츠, 또는 기타 착용물이다. 그런 물건을 만지거나 문지르거나 냄새를 맡으면서 자위행위 또는 성행위 시에 그런 물건을 착용하도록 요구한다. 그런 물건이 없으면 발기부전현상이 일어나기도 한다. 발병은 청소년기에 일어나고 일단 발병하면 만성적이다.

　진단기준은 무생물적인 물건, 여성 내의를 중심으로 성적인 흥분을 강하게 일으키는 공상, 성적 충동, 성적인 행동을 반복하며 적어도 6개월 이상 지속된다. 이러한 공상, 성적 충동, 행위가 임상적으로 심각한 고통이나 사회적, 직업적, 또는 기타 중요한 기능 영역에서 장애를 초래한다. 그러나 기호물이 옷 바꿔 입기에 시용되는 여성 의류, 또는 촉감으로 성기를 자극하려는 기구, 즉 진동기는 이에 해당되지 않는다.

③ 접촉마찰장애

접촉마찰장애(frotteurism)는 동의하지 않는 사람에게 접촉하거나 문지르는 행위를 하는 것이다. 이러한 행위는 체포될 염려가 없는 밀집된 지역, 대중교통이나 사람들이 많이 붐비는 곳에서 행해진다. 상대방의 엉덩이나 허벅지에 성기를 문지르거나 상대방의 성기 또는 유방을 건드리는 행위이다. 보통 행위 중 피해자와 비밀스러운 애정관계를 맺게 된다는 상상을 한다. 발병은 청소년기에 시작되어 15~20세 사이에 발병하여 빈도 수가 줄어든다.

　진단기준은 동의하지 않는 상대방에 대한 접촉, 문지름을 중심으로 성적 흥분을 강하게 일으키는 공상, 성적 충동, 성적인 행동이 반복되며 적어도 6개월 이상 지속된다. 그리고 이러한 공상, 성적 충동이 임상적으로 심각한 고통이나 사회적 직업적 또는 기타 중요한 기능 영역에서 장애를 일으킨다.

④ 아동성애장애

아동성애장애(pedophilia)는 사춘기 이전, 13세 이하의 소아를 대상으로 하는 성행위이다. 아동성애장애가 있는 개인은 16세 이상이거나 적어도 대상이 소아보다 5년 연상이어야 한다. 여아를 선호하는 경우에는 8~10세의 소아를 선호하고, 경우에는 약간 나이를 든 소아를 선호하기도 한다. 소아성애장애는 다양한 폭력을 행하기도 한다. 그런 행동을 통해 소아도 성적인 쾌락을 얻을 것으로 말하고 변명하고 합리화한다. 보통 발병이 청소년에 시작되지만 중년이 될 때까지도 한다. 경과는 만성적이고 남아보다 여아를 선호하는 비율이 2배에 이른다.

　진단기준은 사춘기 이전의 소아, 보통 13세 이하 소아를 대상으로 성행위를 중심으로 성적 흥분을 강하게 일으키는 공상, 성적 충동, 성적 행동이 반복되며 적어도 6개월 이상 지속된다. 이러한 공상, 성적 충동, 행동이 임상적으로 심각한 고통이나 사회적 직업적 또는 기타 중요한 기능 영역에서 장애를 초래한다. 단 13세, 또는 13세 소아와 성관계를 맺고 있는 후기 청소년들은 포함시키지 않는다.

⑤ 성적가학장애

성적가학장애(sexual sadism)의 초점은 희생자의 심리적, 육체적 고통, 굴욕들을 포함하여 성적 흥분을 얻는 행위이다. 이러한 성도착증이 있는 일부 개인들은 그들의 가학적인 상상으로 자극 받게 되는데, 이런 상상은 성교나 자위행위 중에 자극되며 행동으로는 이행되지 않는다. 어떤 이들은 고통이나 수치심을 자진해서 겪기를 동의하는 상대에게 가학적 성적 충동을 행한다.

　그러나 어떤 개인들은 그들의 가학적인 성적 충동에 동의하지 않는 상대에게 행한다. 이 모든 경우에 있어서 상대의 고통이 성적이 흥분을 일으킨다. 가학적 상상이나 행위는 희생자에 대한 가해자의 우월성을 상징하는 행동으로 행해진다. 예를 들어 희생자를 기어 다니도록 하거나, 희생자를 우리에 가두기도 한다. 가학적 행위에는 사지 구속, 눈가림, 손으로 더듬기, 손찌검, 채찍질, 꼬집기, 때리기, 불로 태우기, 전기쇼크, 자르기, 강간, 찌르기, 목조르기, 고문, 상해, 살인 등이 포함된다. 발병은 소아기 때부터 존재하는 경향이 있다. 가학적 행위가 시작되는 연령은 다양하지만 대개 초기 성인기이다. 성적 가학증은 보통 만성적이다. 동의하지 않는 상대에게 행해질 때 성적 가학증을 가진 개인이 체포될 때까지 반복된다. 대개 가학적 행위는 시간이 경과함에 따라 강도가 높아진다. 반사회적 성격장애를 동반할 때 심한 손상을 입히거나 희생자를 살해하기도 한다.

　진단기준은 희생자의 심리적 또는 육체적 고통(굴욕을 포함)을 통하여 성적 흥분을 얻는 행위를 중심으로, 성적 흥분을 강하게 일으키는 공상, 성적 충동, 성적 행동이 반복되며, 적어도 6개월 이상 지속된다. 그리고 이러한 공상, 성적 충동, 행동이 임상적으로 심각한 고통이나 사회적, 직업적 또는 기타 중요한 기능 영역에서 장애를 초래한다.

⑥ 성적피학장애

성적피학장애(sexual masochism)는 이성으로부터 매를 맞는다든지 고통을 받음으로써 성적 만족을 느끼고, 그러한 행위가 성교를 대신하게 되는 경우를 뜻한다. 다시 말해서 성적 흥분이나 환상을 즐기기 위해 모욕, 구타, 채찍질, 묶임, 기타 고통을 당하는 방법이 성적 흥분을 얻기 위해 애용되거나 또는 유일한 방법이 될 때를 말한다. 또한 성적 흥분을 얻기 위해 신체적으로 상처를 입거나 생명의 위협을 받는 행동에 의도적으로 몸을 내맡겨 육체적으로 또는 정신적으로 상처를 입거나 고통을 참고 견디는 경우도 포함된다. 남편은 밤새도록 두들겨 패고 여성은 밤새도록 매를 맞으면서도, 다음날이면 언제 그랬냐는 듯 다정하게 지내는 것을 일생 동안 반복하는 부부의 경우는 가학성과 피학성이 결합된 특수한 형태라고 할 수 있다.

진단기준은 굴욕을 당하거나 매질을 당하거나 묶이고 기타 다른 방식으로 고통을 당하는 행위를 중심으로 성적인 흥분을 강하게 일으키는 공상, 성적 충동, 성적 행동이 반복되며 6개월 이상 지속된다. 그리고 이러한 공상, 성적 충동이 임상적으로 심각한 고통이나 사회적, 직업적, 또는 다른 중요한 기능 영역에서 장애를 초래한다.

⑦ 관음장애

관음장애(voyeurism)는 옷을 벗는 과정에 있거나 성행위 중에 있는, 옷을 벗은 대상을 관찰하는 행위이다. 이때 낯선 사람이고 전혀 눈치 채지 못하고 있다. 바라보는, 엿보는 행위는 성적 흥분을 일으키기 위한 것이다. 대개 자위행위로 일어나는 절정감은 관음 행위 중이거나 나중에 목격한 내용을 기억할 때 일어난다. 관음장애는 대개 15세 이전이다. 경과는 만성되는 경향이 있다. 요즘 스마트폰으로 여성의 신체일부를 몰래 도촬하는 행위 또한 관음장애이며, 노출장애와 관음장애를 그린 영화로는 '로리타'가 있다.

진단기준은 옷을 벗는 과정에 있거나 성행위 중에 있는, 전혀 눈치 채지 못한, 옷을 벗은 대상을 관찰하는 행위를 중심으로, 성적 흥분을 강하게 일으키는 공상, 성적 충동, 성적 행동이 반복되며 적어도 6개월 이상 지속된다. 그리고 이러한 공상, 성적 충동, 행동이 임상적으로 심각한 고통이나 사회적, 직업적, 또는 다른 중요한 기능 영역에서 장애를 초래한다.

⑧ 의상전환장애

의상전환장애(transvestic fetishism)는 옷을 바꿔 입는 것이다. 남자는 여자 옷을 수집하여 바꿔 입는다. 옷을 바꿔 입는 동안 자신의 성적 공상 속의 남자 주인공과 상대방 여성이라고 상상하며 대개 자위행위를 한다.

진단기준은 옷을 바꿔 입기를 중심으로, 성적 흥분을 강하게 일으키는 공상, 성적 충동, 성적 행동이 반복되며 적어도 6개월 이상 지속된다. 그리고 이러한 공상, 성적 충동, 행동이 임상적으로 심각한 고통이나 사회적, 직업적, 또는 다른 중요한 영역에서 장애를 초래한다.

⑨ 동성애

DSM-4에는 동성애가 장애에서 빠졌지만 필자는 장애로 보기 때문에 성적인 장애로 분류하고자 한다. 성적 지향의 대상을 성별에 따라 분류하면 여성, 남성, 양성, 무성 등으로 나눌 수 있다. 이러한 성적 지향성을 바탕으로 자신의 성적 상황을 스스로 인식하고 그 인식을 바탕으로 자신의 성적 주체성을 정립시켜 나가는데 첫째는 이성애(heterosexuality)이다. 이성애는 성적 관심이나 성행동 대상이 이성일 경우이다. 둘째는 양성애(bisexuality)이다. 양성애는 성적 관심이나 성행동 대상이 양성일 경우이다. 셋째는 동성애(homosexuality)이다. 동성애는 성적 관심이나 성행동 대상이 동성일 경우이다. 넷째는 무성애(asexuality)이다. 무성애는 성적 관심이나 성행동의 대상이 없을 경우를 말한다.

동성애 성향과 동성애 행위는 구별해야 한다. 동성애 성향은 같은 성을 사랑하는 성적 정체성을 말하고, 동성애 행위는 동성을 사랑하며 동성 간의 육체적 결합을 지칭한다.

동성애의 호모(homo)란 용어는 그리스어로 남성과 여성 사이에 이루어지는 이성애에 대한 반대 개념이다. 이 용어가 동성애자로 사용된 것은 1896년에 칼 마리아 거트베니(Karl Maria Kertbeny) 헝가리 의사가 그 이전의 동성애를 종교적 또는 도덕적으로 모멸하는 용어인 소도미(sodomy)를 대신하여 병리학적 인식으로 만든 용어이다. 그러나 산업화 이후 동성애자들에 대한 탄압이 시작되면서부터 동성애와 동성애자를 모멸하는 용어로 사용되기 시작했다. 게이(gay)라는 용어는 동성애자들이 어두운 동성애자의 이미지에서 벗어나 밝은 이미지의 기쁨이란 의미를 부여하면서 사용되기 시작되었다. 원래는 남녀 동성애자 모두를 지칭했으나, 지금은 주로 남성 동성애자를 가리킨다. 레즈비언(lesbian)은 여성 동성애자를 지칭한다. 고대 그리스의 유명한 여자 시인 사포가 그의 여제자들과 살았던 레스보스 섬에서 유래한다. 그리고 커밍아웃(coming out of the closet, coming out stage)이란 용어는 '벽장 속에서 나오기, 혹은 무대로 나오기'의 축약으로, 동성애자 스스로가 자신의 정체성을 밝히는 것을 말한다.

동성애의 역사는 고대 서양에서의 동성애는 플라톤의 향연에 아리스토파네스의 연설에 나타나 있다. 그리고 소돔성에 두 천사가 롯의 집에 찾아왔을 때 소돔 사람들이 집 주위를 둘러싸고 "너희 집에 온 그들을 끌어내라 우리가 그들과 상관하리라"고 협박을 하는 장면이 나온다. 여기에서 '상관한다(have sex with them)'는 영어 성경에 성적 행위를 뜻한다(창 19:5). 여기에서 동성애라는 소도미(sodomy)라는 단어가 나왔다. 로마 황제들 가운데 동성애자가 많았다는 사실 또한 사료를 통해 확인할 수 있다.

한국에서 역사적 기록에 언급된 최초의 동성애자는 삼국유사에 나오는 묘정으로 신라 원성왕(785~798)때의 사람이다. 그는 용모가 출중하여 신라 안팎에 소문과 칭찬이 자자했으며, 신라 고관들의 사랑을 받았고 후에 당의 황실에 들어가 황제의 총애도 받았다고 전해진다. 그리고 신라 제36대 혜공왕(758~780)의 이야기에도 있다. 삼국유사의 기록에 따르면 그는 8세의 어린 나이에 왕위에 올랐다. 평소 여자 같이 행동하고 옷 입기를 즐겨하여, 신하들이 의논하기를 원래 왕은 여자였는데 남자의 몸으로 왕이 되었으니, 나라에 불길하다고 하여 죽였다고 전해진다. 고려시대에 와서는 고려의 공민왕(1330~1374)이 있다.

왕은 몽골의 공주출신의 노국공주가 병사하자 큰 슬픔과 고통 속에서 살다가 자제위라는 궁정 청년 근위대를 만들고 그들과 동성애를 즐기다가 후궁 익비와 사통한 홍륜에게 죽임을 당한다. 조선실록의 세종기에 세자빈 봉씨가 후궁들과 오랫동안 동성애를 즐기다 발각되어 궁에서 쫓겨난 사건도 기록되어 있다. 구전으로 전해진 민간의 동성애 전통과 관련된 민담과 구전가요는 화랑에서 찾아볼 수 있다. 몇몇 향가의 기록 속에 은근히 배어 나오는 화랑도들 간의 사랑과 그리움의 감정 등을 감안했을 때에 화랑도에서 동성애적 행위와 사랑은 공공연하게 이루어졌을 가능성이 크다. 또 유랑 예인집단 남사당과 그 외 승빙과 머슴 사이에서 남자끼리, 또는 여자끼리의 사랑 얘기가 많이 전해진다.

문학작품에서 동성애의 감정을 기록한 것은 고려시대 경기체가 한림별곡에서 찾아볼 수 있고, 또 박지원의 열하일기에서 청나라 상인들과 미소년들이 동성애 행위를 하고 있다고 기록하고 있다. 이러한 단편적인 기록들이나 구전을 통해 우리 역사 속에서 동성애가 존재하였음을 알 수 있다.

미국의 동성애 운동이 본격화된 것은 동성애 인권운동에 참여하게 된 1960년대 이후라고 할 수 있다. 그 전개과정을 보면 1890년경부터 제2차 세계대전 직전까지를 동성애 운동의 발아기라 할 수 있다. 미국에서 동성애 조직이 최초로 만들어진 것은 1924년이다. 독일계인 헨리 게르버(Henry Gerber)에 의해 주도된 Society for Human Rights는 불과 몇 개월 만에 제2회에 걸쳐서 *Friendship and Freedom*이라는 잡지를 간행하여 미국 동성애사의 서장을 열었다 (Adam, 1995).[34]

1945~1969년은 형성기로, 이때는 제2차 세계대전 직후로, 매카시즘이 파고들어 동성애자들이 탄압을 받고 있었다. 그들은 이에 대한 대응책으로 전용 술집을 만들어 자구책을 세워

---

[34] Adam, Barry. *The Rise of a Gay and Lesbian Movement*. Twayne. 1995.

나갔다. 이러한 억압적인 분위기 속에 킨제이는 1948년의 보고서에서 백인 남성의 50%만이 평생 이성애적인 성행위를 원한다고 주장하여 동성애 욕구가 얼마나 보편적인가를 사회에 부각시켰다. 그럼에도 불구하고 1940~1950년대의 사회는 동성애 운동에 대해 배타적이었다. 그러다가 1960년대 반전운동과 미국 사회 전반에 일어난 급진주의는 동성애 운동의 새로운 기회를 제공했다.

1969~1980년대는 정착기로, 특히 1969년은 동성애 운동의 중요한 획을 긋는 해이다. 1969년 6월 27일에 뉴욕 경찰이 그리니치 빌리지의 선술집 스톤월 인(Stonewall Inn)에 급습함으로써 동성애자들의 공격적인 저항과 조직적 집단행동이 발발했기 때문이다. 스톤 월 인 사태는 동성애자들을 하나의 정치적 세력으로 결집시켰다. 스톤 월 인 사태 1주년 기념행사로 시작된 동성애자(게이)들의 행진은 연례행사가 되어 커밍아웃을 독려하는 축제로 정착되었다. 2015년 6월에 서울시청광장에서 퀴어문화축제가 열린 것도 여기에서 기인된 것이다. 그리고 미국연방대법원에서 동성결혼합법을 판결한 것도 공교롭게도 6월 26일이었다(6월 27일은 토요일).

1981~1990년은 전환기로, 스톤월 인 사태 이후에 점차 입지를 넓혀가던 미국의 동성애 운동은 1980년대에 들어 에이즈라고 하는 전혀 예상치 못하는 돌발 변수를 만나게 되었다. 1980년대에 많은 동성애자(게이)들이 에이즈로 사망을 하게 되고, 1980년의 신보수주의적 사회 분위기로 동성애에 대한 억압이 강화되기 시작했다. 이런 환경 속에서 게이들은 에이즈와 동성애의 분리를 시도하여 에이즈의 예방이나 치유를 위한 방안과 에이즈와 동성애와는 별개라는 전략과 대응책을 강구하기 시작하였다(Vaid, 1995).[35]

우리나라 동성애가 대학에 등장한 것은 1995년 10월 연세대학교에서 성정치라는 용어로 능장하였다. 2000년에는 홍석천의 커밍아웃이 일반인들에게 적잖은 충격을 주었다. 그들의 주장에 의하면 동성애는 정신질환이 아니며 이성애와 다를 바 없다고 주장했다. 이제는 동성애자들이 동아리를 조직하여 드러내 놓고 활동하고 있다. 최근 우리나라에 동성애를 다루는 웹 사이트는 약 50여 개가 있는데 그곳에 올라온 동성애 관련 질문은 총 10,000여 개가 넘으며 그 밖에 동성애를 다룬 서적과 전문 자료는 4,500권을 웃돈다. 또한 이태원, 종로에는 동성애자들의 공간도 약 100여 곳이 있는 것으로 추정되고 있다. 이를 볼 때 우리가 생각하는 것 이상으로 동성애에 대한 관심과 그 대상이 폭넓음을 짐작할 수 있다.

---

[35] Vaid, Urvashi. Virtual Equality: *The mainstreaming of Gay & Lesbian Liberation*. Anchor Books. 1995.

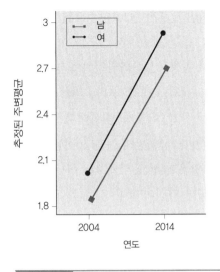

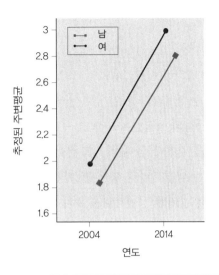

그림 11.1 동성애는 자연스러운 성의
한 표현이다

그림 11.2 서로가 원한다면 동성끼리의
성행위는 괜찮다

그림 11.1과 같이 '동성애는 자연스러운 성의 한 표현이다'라는 인식에 대한 결과는 남자 대학생이 2004년에는 1.64, 2014년은 2.29, 여자 대학생은 2004년에 2.01, 2014년은 3.02로 나타났다. 이를 볼 때 2004년 보다는 2014년이, 남학생보다는 여학생이 동성애에 대해 자연스러운 성의 표현이라는 생각이 증가한 것으로 나타났다. 그리고 그림 11.2와 같이 '서로가 원한다면 동성끼리의 성행위는 괜찮다'에 대한 인식을 분석한 결과, 남자 대학생은 2004년에 1.58, 2014년은 2.67, 여자 대학생은 2004년에 1.96, 2014년은 2.98로 증가하였다. 이를 볼 때 여자 대학생이 남자 대학생보다, 2004년보다는 2014년에 동성끼리 원하면 성행위를 할 수 있다는 생각이 증가했음이 나타났다.[36]

2006년에 1,200만 명의 관객을 동원한 '왕의 남자' 또한 동성애적인 분위기를 묘사하는 대표적인 우리나라의 동성애 영화로 꼽힌다. 그리고 '해피 투게더(1998년), 아이다호(1991), 패왕별희(1993), 필라델피아(1994), 토탈 이클립스(1995), 헤드윅(2000), 프랑스 영화인 타임 투러브(2005), 브로크백 마운틴(2006), 일본 영화인 메종 드 히미코(2006), 한국 영화인 후회하지 않아(2006), 친구 사이(2009)' 등이 있다. 이제 동성애를 다룬 작품들이 영화를 벗어나 '인생은 아름다워'와 같은 드라마로 가정에 파고들고 있다. 어린이들이 그 드라마를 보고 영향

---

[36] 우남식. 성심리. 시그마프레스. 2015.

을 받아 남아끼리 포옹하고 뽀뽀하며 성장하여 남아끼리 결혼한다(2010년 11월 30일, 국민일보 동성애②)는 기사까지 나오고 있다. 그리고 JTBC 종편 방송에서는 '선암여고 탐정단' (2015. 2. 25)에서 여고생들이 키스하는 장면이 나와서 방송통신심의위원회가 경고 조치를 내렸다. 동성애 코드는 이제 한 편의 드라마를 이끄는 하나의 소재로 자리매김하고 있다.

동성애자의 생활양식을 보면 동성애자들이 어디에서 살고, 어떻게 성 상대자를 구하는가에 관심을 가진다. 첫째는 신호체계 발달(남성의 경우)이다. 상대방의 눈을 오랫동안 응시하는 행위는 남성끼리의 성적 관심의 표현이다. 그리고 일부 남성 동성애자는 하나의 귀고리만을 착용하여 동성애자임을 밝힌다. 오른쪽에 착용하면 자신이 수동적, 왼쪽에 착용하면 공격적임을 나타낸다고 한다. 손수건을 바지 뒷주머니에 넣고 다니는 방법도 있다. 여성의 경우 안면 표정이나 행동변화를 더 정확히 감지하는 경향으로 인해 신호체계가 덜 발달하였다. 둘째는 성 상대자이다. 남성의 경우 무분별하게 많은 사람을 성적상대로 상대하는 반면, 여성 동성애자의 경우 그들의 71%는 단지 1~2명과의 상대하고 교제한다고 한다. 이러한 경향은 1980년대 초반 에이즈가 사회문제로 부각되면서 확인되었다. 미국의 질병통제센터(Center for Disease Control) 보고에 의하면 에이즈에 감염된 남성 동성애자 50명을 대상으로 분석한 결과 성적으로 접촉한 대상자의 수는 평균 1,100명이며 그중 몇 명은 2만 명까지 상대한 것으로 나타났다. 에이즈에 걸리지 않았던 120명의 동성애 비교집단의 경우는 평균 550명을 상대했다.

동성애의 원인을 보면 첫째는 생물학적 이론이다. 최근까지 동성애가 생물학적으로 결정되는가를 확인하려는 연구들은 주로 유전설(세포유전학)이었다. 유전설은 동성애가 강한 유전적 경향성을 갖는다는 것이다(Savin-Williams, 2005).[37] 유전설은 부모로부터 받은 유전적 요인이 동성애석 지향을 설성하는가를 밝히기 위한 방법으로 주로 쌍둥이를 표집 집단으로 삼고 있다. 동성애가 유전되는 것은 아니지만 자궁 내에 있을 때 신경계통의 이상으로 출생하면서 동성애 기질을 갖고 태어난다는 설명이다. 1952년 미국의 칼만은 쌍둥이들의 동성애에 관한 연구에서 한쪽이 동성애자이면 다른 한쪽이 동성애자일 가능성이 100%라는 연구 결과를 발표했다. 십년 후에는 독일의 슈레겔도 113쌍의 쌍둥이를 조사했는데, 칼만과 비슷한 결과를 얻었다. 그러나 이 연구들은 연구에 대한 문제점 때문에 객관성을 상실한 것으

---

[37] Savin-Williams, R. Theoretical perspectives accounting for adolescent homosexuality. *Journal of Adolescent Health* Care, 9, 95-104. 1988.

로 판명이 났다. 예를 들면 칼만의 경우 그 표본이 교도소 및 정신 병원 수감자들을 대상으로 한 연구였기 때문에 그 결과를 일반화 시킬 수 없으며, 또 일란성 쌍둥이라는 진단에 대한 설명이 부족한 상태에서 연구되었다는 비판을 받았다.

그리고 동성애가 생물학적, 사회학적 요인에 의해 결정된다고 주장한다. 생물학적 요인에 의해 결정된다고 주장하는 근거는 호르몬의 영향 때문이라는 것이다. 사춘기 동안의 호르몬 변화는 성행동을 활성화하지만 활성화되는 성행동의 패턴은 인생초기에 이루어지는 뇌의 호르몬 경로가 조직화되는 방식에 따라 달라지는데, 동성애자들은 태내기 동안의 뇌조직화 과정에서 성행동 패턴에 영향을 주는 어떤 호르몬에 노출되었다는 것이다(Meyer-Bahlburg, 1995). 이 가정은 게이는 여성적이며, 레즈비언은 남성적이라는 전제가 필요하다. 그러나 동성애자들의 호르몬 구성이 이성애자들과 전혀 차이가 나지 않았으며, 게이에게 남성 호르몬(테스토스테론)을 주입한다고 해서 성행동의 유형이 바뀌어지지 않는다.

둘째는 뇌 구조설(신경해부학)이다. 동성애자들의 뇌의 구조가 이성애자들과 다르다는 것이다. 자신이 게이이기도 한 르베이는 1991년 에이즈로 사망한 19명의 남성 동성애자와 16명의 남성 이성애자, 6명의 여성 이성애자들의 뇌를 해부해 보았다. 그 결과 인간의 성행동을 지배하는 뇌에 있는 시상하부의 일부분이 남성 동성애자와 남성 이성애자 간에 큰 차이가 있고, 오히려 남성 동성애자와 여성 이성애자의 시상하부의 일부분이 크기가 같다는 사실을 밝혀냈다. 이 연구 결과로 동성애자는 선천적으로 타고나는 것이라고 주장하였다. 그러나 르베이도 이 연구 결과로 동성애의 원인을 밝힐 수 없다고 이야기했고, 또한 이 연구의 신빙성이 떨어지는 이유는 이 연구의 조사 대상자들이 모두 에이즈로 사망한 자들이었다.

셋째는 심리분석적 이론이다. 이들은 프로이트의 견해를 따르는 것이 공통점이다. 어머니에 대한 성적 욕망에의 공포증이나 혹은 오이디푸스 콤플렉스에서 온다는 것이다. 다시 말하여 프로이트는 인간은 원래 양성적 존재로 태어나는데, 동성애자들은 자라는 도중에 부모와의 갈등과 가족의 상호작용이 잘못되어 동성애적 성향에 고착된다고 보았다. 그리고 프로이트는 아동기의 발달장애로 보고, 동성애가 이성애보다 미숙한 형태의 성적 행위로 본다. 의식적 선택의 결과가 아니라 심리적 콤플렉스로 보는 것이다. 생물학적인 기질이 아니라 환경과 심리적인 현상으로 본다.

헐록(Hurlock, 1955)은 성의식의 발달에는 다섯 단계의 시기가 있다고 보았다. 그중에 심취시기가 있다. 이 시기는 육체적인 접촉보다 정신적인 공명의 희열감이 중심이 되는 동성애 심리가 나타난다. 이 시기는 13세부터 16세 무렵까지의 사이에 일어나며, 이 현상은 동성애(homosexuality)가 아니라 성 발달단계의 지극히 정상적인 현상이다. 그런데 이 시기에 동성애자로 될 가능성이 없지 않아 있다. 동성애자로서의 인식은 보통 13~18세 사이에 이루어진다. 이 시기는 에릭슨이 말하는 정체성을 갖는 시기이다. 이 시기에 동성애자는 성적 지향성을 확인하게 되면 갈등하고, 죄책감을 느끼고, 누가 알까 봐 두려워하면서 이성애자로 살고자 노력한다. 이를 볼 때 사춘기 때에 자신의 정체성을 갖는 것이 중요하다. 에릭슨도 이 시기가 성적 정체성을 갖는 중요한 시기로 보았다.

넷째는 비정상적 가정 환경에서 온다는 견해이다. 예를 들면 어머니의 지나친 보호와 사랑으로 아버지의 사랑을 받지 못한 아들은 동성애에 빠지기 쉽다는 것이다. 다시 말해 동성애란 의식적 선택결과가 아니라 환경과 심리적인 콤플렉스에서 온다고 볼 수 있다. 남자가 조루증으로 알려졌을 때 여성의 질에 대해 공포를 느낀 나머지 동성애자가 되는 경우도 있고, 여자는 남성의 성기가 자기의 성기에 삽입되는 것을 두려워하는 나머지 여성 동성애자가 되는 경우도 있다. 그래서 여자들은 그러한 성기를 가지지 않은 여자들과 성을 즐기게 된다. 이처럼 동성애자는 생물학적인 기질에 의해서가 아니라 환경과 심리적인 현상으로 인해 정상적인 성행위를 통한 즐거움보다 같은 성의 대상과의 관계를 통해 즐거움을 찾는다. 학습 이론을 기초로 볼 때도 동성애는 부모나 가족 환경으로부터 영향을 받는다고 볼 수 있다.

DSM-I과 DSM-II(1965)에서는 동성애를 성장애로 분류하였다. 그러나 동성애자들의 소수 인권을 주장하는 사람들이 1970년 샌프란시스코에서 열린 미국정신의학회 학술대회에서 동성애를 인정하는 활동을 전개하였다. 이로 인해 회원의 58%의 의결로 1973년 12월에 DSM-II에서 규정하고 있는 동성애의 분류를 수정하여 1974년에 "성적지향 장애(sexual orientation disorder)"로 공식적으로 바꾸었다. 1980년 DSM-III에서는 "자아 이긴장성(ego-dystonic)"으로 교체하었나. 그러다가 1987년에 DSM-III-R에서는 "자아 이긴장성(ego-dystonic)" 동성애라는 조항도 삭제했다. 대신에 "성적인 정체성 장애(gender identity)"라는 조항만 수록했다. 그러다가 1994년에 발간한 DSM-IV와 2013년에 발행한 DSM-V에서는 동성 간의 성관계에 관한 단어조차 존재하지 않게 되었다. 미국심리학에서도 1976년에 성적 정체성이나 지향 등에 따른 차별을 해서는 안 된다고 했다. 극기야 2015년 6월 26일에 미국 연방 대법원에서 동성애 결혼을 합법으로 판결을 했다. 이런 영향으로 한국의 인권 단체들이 소수인권 보호차원이라는 미명으로 동성애를 합법화하고자 시도하고 있다. 그러나 2016년 5월 25일 서울서부지방법원은 김광수, 김승환이 서울 서대문구청장을 상대로 낸 '동성 간 혼인신고 불수리 불복 신청'에 대해 각하 결정을 내렸다. 판결문 취지를 보면 우리

사회가 남녀 간의 결합을 이룬 혼인 당사자들은 사랑과 헌신을 바탕으로 공동의 자녀를 출산, 양육하여 유능하고 도덕적인 사회구성원으로 길러내며, 사회는 바로 이렇게 육성된 새로운 사회구성원을 바탕으로 유지·발전한다고 보았다. 그리고 사회와 문명의 기초로서 혼인의 사회적 역할이 바로, 우리 사회가 각종 법령을 통하여 혼인을 장려하고 보호하는 이유로 보고 있다. 또한 동성 간의 결합관계는 남녀 결합의 역할을 대체할 수 없다고 보았다. '정의란 무엇인가'로 유명한 마이클 샌델 교수 역시 자율과 선택의 자유를 이유로 동성결혼을 인정한다면, 일부다처나 일처다부 관계도 얼마든지 가능하며 궁극적으로 모든 형태의 결합을 혼인으로 받아들여야 할 것이라는 견해를 밝힌 바 있다.

동성애에 몇 가지 문제점이 있다. 첫째는 성은 심리적 현상으로 구분하지 않는다. 동성애는 선천성이냐 후천성이냐를 놓고 논쟁을 하고 있다. 그러나 이것은 논쟁의 대상이 될 수 없다. 성(sex)이란 용어 자체가 그 뜻이 나눈다, 분리하다는 뜻에서 유래했기 때문이다. 성(sex)이란 단어는 '나눈다', '분리하다'의 뜻인 *seco, sec*에 관련된 라틴어 *sexus*에서 유래되었다(Joseph, 1967).[38] 인간은 태어날 때부터 남성과 여성으로 나눠진다. 이것은 누구도 부인할 수 없다. 이때 심리적으로, 혹은 유전 인자를 보고 여성이냐 남성이냐 구분하지 않는다. 외적인 남성과 여성의 성기를 통해 구분한다. 그리고 성경은 남자와 여자를 구분하여 창조한 것으로 말한다(창 1:27).

둘째는 동성애는 생명을 잉태할 수 없다. 섹스(sex)는 6이란 숫자, 즉, six에서 왔다. 이는 십계명 중 6계명의 간음하지 말라는 뜻이다(개신교의 십계명 중 7계명, 천주교는 십계명의 둘째, 셋째 계명을 하나로 묶었기 때문에 개신교의 7계명이 6계명이 됨). 따라서 성이란 순결을 뜻한다. 그리고 성행위는 세 가지 기능을 갖고 있다. 하나는 출산이고 또 다른 하나는 쾌락이고, 또 다른 하나는 사랑과 신뢰이다. 성행위는 셋을 모두 포함한다. 전통적으로 성행위는 출산에 한하도록 엄격하게 제한되어 있었지만 성의 에로틱한 즐거움을 성경에도 분명히 긍정한다(잠 30:18-19).

그리고 넬슨(Nelson, 1978)[39]은 "성은 후손들을 산출하기 위한 것만이 아니라 오히려 즐거움과 긴장을 풀려는 욕구다."라고 했다. 그러니까 성행위의 기능 중에 하나라도 빠지게 되면 건강한 성이라고 할 수 없다. 건강한 성인 남녀가 성을 나눌 때 거기에는 쾌락이 있고 생명

[38] Joseph, F. *Moral Responsibility; Situation ethics at work*. Philadelphia : Westminster Press. 1967.

[39] James Nelson. *The Church and Sexuality*. Embodiment. 1978.

을 잉태하게 된다. 그러나 동성애자들은 성의 기능인 쾌락은 누릴지 모르지만 생명을 잉태할 수 없다. 그러므로 동성애는 성윤리의 문제 이전에 생명의 문제이다.

셋째는 동성애자의 육아 문제이다. 동성애자들은 상당수 결혼을 한다. 동성과 결혼했을 때 생명을 잉태할 수 없다는 것은 이미 밝혔다. 그래서 동성애자들은 입양을 하게 된다. 그렇다면 입양한 아이들은 어떻게 될 것인가? 심리학자 테일러(Taylor)는 가정에서 92%가 3세 이전에 문화화 사회화 과정을 다 겪는다고 했다. 에릭슨은 1~5세까지 가정이라는 공간에서 가족, 특히 어머니의 중요성을 강조한다. 그리고 심리학자 반두라는 자녀의 역할모델의 첫째가 부모로 보고 있다. 그래서 그는 이혼한 경험이 있는 가정에서 성장한 사람이 이혼하지 않은 가정에서 태어난 사람보다 이혼의 가능성이 높다고 보았다. 이것은 아이들이 알게 모르게 자의든 타의든 부모의 영향을 받게 된다는 것이다. 그렇다면 동성애자 가정에서 자란 아이들이 또 다른 동성애자가 되지 않는다고 누가 보장할 수 있겠는가? 입양한 아이들은 선천성이 아닌 후천성 동성애자가 된다. 이렇게 되면 동성애자들은 확대 재생산되게 된다.

넷째는 가정의 위기이다. 성경에 보면 하나님이 인간의 행복을 위하여 두 가지 기관을 세웠다. 하나는 교회이고, 다른 하나는 가정이다. 그런데 교회보다 가정이 먼저 세워졌다. 가정은 생명이 창조되고, 행복이 만들어지는 곳이다. 가정은 인간이 만나는 최초의 사회공동체이고, 행복한 가정에서 자란 자녀가 가정의 소중함을 알고 결혼의 소망을 갖게 된다. 가정은 삶의 법을 배우며 사회화되는 생의 보금자리이고, 사회 근간이 유지되고 발전되는 곳이다. 그런데 동성애의 결혼이 증대할 때 가정이 어떻게 되겠는가? 동성애자들이 확대 재생산될 때 가정은 위기를 맞게 된다. 가정이 무너지면 사회공동체를 지탱하는 근원적인 터를 잃게 된다. 성경은 기초의 중요성을 이렇게 설명한다. "터가 무너지면 의인이 무엇을 하랴"(시편 11:3). 터가 되는 가정이 무너지면 사회 공동체가 무너지고, 인류공동체는 존재할 수 없게 된다.

다섯째는 윤리는 보편적이고 우선적이다. 윤리의 원칙 중에 보편성의 원리가 있다. 윤리에 있어서 시대와 문화에 따라 수많은 차이점과 다양성을 보이는 것이 사실이다. 그러나 그 차이가 다양한 만큼 공통점과 보편성이 있다. 사랑이 미움보다 값지다는 것, 일부다처제가 통용되는 사회라 하더라도 일부일처제가 부부 상호 간의 인격적인 관계를 유지하는 데 훨씬 효과적일 것이라는 것은 모든 사람들이 인정하는 보편타당한 원리이다. 이성애가 동성애보다 보편타당하다는 것은 주지의 사실이다.

여섯째는 성경은 동성애를 금한다. 성경은 동성애를 금하고 있다(레 20:13). 그리고 순리를 역리로 바꾸어 쓸 때 하나님의 심판이 임하며, 그 심판은 그들 스스로 상당한 보응을 받는다고 기술하고 있다(롬 1:26-27).

일곱째는 이상(disorder)의 기준을 볼 때 정상(order)이 아니다. 이상한 행동은 첫째로 통계적 빈도상 규준에서 벗어나는 드문 행동을 할 때 이상으로 간주한다. 둘째로 사회에서의 용인 규준에서 벗어나면 이상으로 간주한다. 셋째로 개인행동의 사회적 인식에서 벗어나면 이상으로 간주한다. 넷째로 주관적인 감정과 고통이 있을 때 이상으로 간주한다. 한편 정상적인 사람은 첫째로 자신의 삶을 비교적 현실적으로 인식한다. 둘째로 동기와 감정을 어느 정도 인식한다. 셋째로 자신의 행동을 통제할 수 있다. 넷째로 자신을 인정하고 타인으로부터의 인정받고 있음을 인식한다. 다섯째로 타인과 친밀하다. 여섯째로 자신의 능력을 생산적 활동에 이용한다. 그렇다면 동성애는 정상인가? 이상인가? 동성애는 정상이 아니라 이상이다.

여덟째는 에이즈 감염이다. 후천성면역결핍증(AIDS)은 성병 중에 가장 치명적이고 위협적이다. 에이즈는 면역체계를 파괴하는 바이러스로 발생한다. 여러 가지의 바이러스가 있지만 대부분의 AIDS는 HIV로 발생한다. HIV란 인체 면역 결핍 바이러스이다. 이 바이러스가 인체의 면역력을 저하시켜 AIDS를 일으킨다. HIV는 정액과 질점액 및 혈액으로 감염된다. 따라서 남성의 동성 성교와 양성 성교 및 약물 주사는 물론 이 바이러스에 감염된 이성과의 성행위에 의해서도 에이즈에 감염된다. 또한 HIV는 모체로부터 태아에게 전달되고, 감염된 모유를 먹은 아기들 중에도 감염된 사례들이 많이 있다. 이 외에도 피임하지 않은 채로 여러 명과의 성관계, 성적 학대경험이 있는 사람 혹은 임질과 같이 이미 다른 성병에 감염된 사람들이 HIV에 감염되기 쉽다(Hein 등, 1995).[40]

에이즈의 발병 원인을 보면 첫째는 성적 접촉에 의한 전파이다. 성적 접촉에 의한 환자의 발생이 78%이다. 둘째는 수혈이나 혈액제제에 의한 전파다. 수혈로 인해서 혈우병 환자에게 많이 전염되며, 특히 어린아이들에게 전염되기도 한다. 그래서 수혈이 필요한 자들은 수술이 있기 전 몇 주간이나 한 달 동안에 자신의 피를 뽑아 놓았다가 수술에 이용하는 자가수혈(autologous transfusion)을 시행하고 있다. 셋째는 오염된 주사기나 주삿바늘에 의한 전파이다. 마약과 같은 향정신성 약물을 습관적으로 투여하는 약물 중독자들은 일반적으로 건강상태와 영양 상태가 나빠져 있고, 면역체계도 이미 다른 질병들에 의해서 떨어져 있다. 이런

---

[40] Hein, K., Dell, R., Rutterman, D., Rotheram-Borus, M., & Shaffer, N. Comparison HIV-adolescents: Risk Factors and psychosocial determinants. *Pediatrics*, 95, 96-104. 1995.

상태에서 주사기를 공동으로 사용함으로써 에이즈 바이러스에 대한 감염을 더욱 촉진시키게 된다. 넷째는 산모에서 신생아로의 전파다. 신생아가 에이즈에 감염되는 경우는 전체 아이의 78%가 어머니에게서 물려받은 것이다. 임신 자체가 에이즈의 진행을 촉진시킬 뿐만 아니라 에이즈 보균자인 산모에서 출생한 신생아 중 20~50%가 에이즈에 전염된다. 그래서 임산부의 경우에는 유산을 해야 한다. 다섯째는 감염된 사람으로부터 장기조직과 정액을 제공받는 경우이다. 에이즈에 감염된 사람으로부터 장기조직을 제공받아 장기이식을 하거나 정액을 제공받아 시험관 아기를 출산하는 경우에도 에이즈에 감염될 수 있다.

에이즈의 감염경로는 미국에서 발생한 25,000명의 에이즈 환자 중 65%가 동성애를 하는 남자들이고, 17%는 동성애자이면서 마약 사용자, 8%가 동성 또는 이성애자들이면서 마약 사용자들, 7%가 에이즈 보균자들의 이성 성교 상대자들, 나머지 2%가 에이즈 바이러스가 감염된 혈액을 수혈하여 발병한 사람들로 되어 있다. 에이즈는 주로 동성애자의 성행위로 전염되는 것으로 초기에 생각했으나, 현재는 모든 성행위에 의해서 전염될 수 있는 것으로 밝혀져 있다. 에이즈의 환자 비율은 남자가 90%이나 아프리카에서는 남자와 여자의 감염률이 거의 동일하다. 연령층은 20~49세까지의 연령층이 전체의 70% 이상을 차지한다.

에이즈는 1981년에 알려진 20세기의 페스트로, 1979~1981년경에 미국 캘리포니아 주와 뉴욕시에서 몇 명의 젊은 남성이 갑자기 사망하면서 의학적 관심이 생기기 시작하였으며, 이후 사망자의 숫자가 폭발적으로 계속 증가하고 있다. 1980년대 말에는 수십만 명이 이 질환으로 사망하였고, 수백만 명이 감염되었으며, 2003년에는 한 해 동안 새로운 AIDS 감염자는 약 500만 명이고, AIDS로 사망한 사람은 300만 명에 이르고, 2003년 전 세계의 HIV 양성 반응자는 4,000만 명 정도로 추산된다. 2년마다 HIV에 감염되는 청소년의 수가 75%씩 증가하고, 대학생 500명 중 1명(남학생 200명 중 1명)의 비율로 HIV 양성 반응을 보이고 있다(Slap & Jablow, 1994).[41]

질병관리본부(2014)의 보고에 의하면 2013년에 내국인은 1,013명, 외국인은 101명으로 집계돼 하루에 평균 3명의 내국인이 에이즈 바이러스에 감염되는 것으로 나타났다. 해마다 새로 신고되는 내국인 감염자 수는 1995년 108명(전체 114명)으로 처음 100명을 넘어선 후 2011년 888명(전체 959명)을 기록했다가 2013년에는 1,000명을 넘은 것이다. 국내 청소년 에이즈(HIV) 감염자는 최근 급증하는 추세다. 질병관리본부의 '2014년 HIV/AIDS 신고 현황'

---

[41] Slap, G., & Jablow, M. *Teenager health care*. New York: Pocket Books. 1994.

에 따르면 내국인 15~19세의 남성 HIV 신규 감염자 수는 2000년 2명, 2005년 15명, 2008년 20명, 2010년 26명, 2013년 52명, 2014년 36명으로 늘어났다. 이는 2000년 이전엔 청소년 에이즈 감염자가 거의 없었지만 2000년 이후 최고 18~26배 증가한 것이다. 배종면(2016)의 연구에 의하면 2013년에 HIV/AIDS 양성 누적자가 1만 명을 넘어섰으며, 2017년에는 1만 5천 명이 될 것으로 예상하고 있다. 특히 10~20대 에이즈 감염인이 증가한 것으로 나타났다.[42] 그리고 감염 경로는 대부분이 에이즈 바이러스 감염자와의 성 접촉에서 비롯된 것으로 분석했다. 에이즈로 숨지는 내국인 사망자도 2011년 148명, 2012년 110명, 2013년 139명으로 이어지고 있다.

국회 보건복지위원회 이목희 의원이 2014년 8월 24일 보건복지부 질병관리본부에서 제출받은 '연도별 HIV/AIDS 신고 현황'의 자료를 보면 예산액이 100억 700만 원이었지만 2015년 예산안은 95억 원으로 감소했다. 그리고 지난해 복지부가 인권침해 논란에 휩싸였던 에이즈 전문요양병원의 지정을 취소하면서 에이즈 환자들이 요양치료를 받을 병원도 마땅치 않은 상황이다. 이 의원은 "에이즈는 조기 진단해 치료하는 것이 바람직하다."면서 "정부는 에이즈 감염자 지원 예산 증액을 위해 노력해야 하고, 환자들이 편하게 치료할 수 있는 장기 요양병원도 꼭 필요하다."고 말했다.

이상에서 볼 때 첫째로 동성애는 생명을 잉태할 수 없다. 성의 기능은 생식, 즐거움(쾌락), 사랑(신뢰)을 수반한다. 생물학적으로 볼 때 성의 기능 중 하나는 생식임에 틀림이 없다. 난자와 정자와의 만남을 통해 생명이 잉태된다. 그리고 DSM-IV에서 쾌락이 없는 것을 오르가슴장애(orgasm disorder)로 분류하고 있다. 그리고 사랑이 없는 성행위는 동물에 불과하다. 따라서 이 셋 중에 하나라도 빠지면 건강한 성이라 할 수 없다. 매춘이나 포르노가 정상일 수 없는 것은 쾌락은 있을지 모르지만 생명이 없고 사랑과 신뢰가 없기 때문이다. 동성애 또한 생명이 없다. 그리고 동성애자들의 은어인 식성이 있다. '식성'을 보면 성적 대상이 하나가 아니라 식성이 맞기만 하면 성적인 대상이 된다. 그렇다면 사랑도 없고 오직 쾌락만 있을 뿐이다.

둘째로 생명보다 더 귀한 것은 없다. 지금 환경윤리를 주장하는 사람들이 4대강의 문제점을 지적한다. 환경 윤리에 대한 그들의 주장도 생명 존중 사상에서 비롯된 것이다. 생명은

---

[42] 배종면. 남성동성애의 차별금지에 대한 HIV/AIDS 감염예방 측면에서의 공중보건학적 해석. 대한보건연구 42권 2호, pp. 69~74. 2016.

성에서 온다. 성은 생명의 잉태를 가져다준다. 그러므로 생명은 곧 성이라고 할 수 있다. 사람들은 인권을 중요시한다. 그렇다면 생명을 잉태하는 성 또한 중요하다. 생명이 없는 인권 존중은 그 기초가 허물어질 수밖에 없다. 오늘날 인권 존중의 차원에서 주장하는 동성애자의 권리는 생명을 잉태하는 가장 기본적인 보편적인 생명윤리에서 벗어나고 있다.

셋째로 다수의 인권도 중요하다. 소수 인권을 중요하게 여기는 것은 문명사회, 건강한 사회이다. 동성애자들의 인권은 마땅히 존중되어야 한다. 그렇다고 다수 인권을 무시하는 것도 보편성의 원리에 어긋난다. 한 예를 들어 군대에서는 내무반에서 이성(異性)과 동침할 수 없다. 그러면 동성애자들이 이성애자들과 같은 내무반에서 생활할 수 있는가? 아니면 그들끼리 따로 내무반 생활을 하도록 한다는 것인가? 만일 동성애자들을 함께 생활하도록 하게 된다면, 이것은 군대의 내무반에서 성적 행위를 용인하는 것이 된다. 소수 동성애자들의 인권 보장을 위해 별도의 집단생활을 용인할 때, 다수의 이성애자인 군인들이 군내무반에서 여성과 동침하지 못하도록 하는 것은 불평등하다. 소수의 인권만큼 다수의 인권도 중요하다.

넷째로 성은 하나님의 선물이다. 오늘날 동성애의 문제는 소수 인권의 보호라는 측면에서 옹호되고 그 세력이 커져가고 있다. 일부 진보주의자들과 동성애자들, 그리고 이를 반대하는 세력들은 서로 상반되는 의견으로 대립하고 있다. 그러나 동성애 문제는 소수 인권 보호 이전에 성은 하나님이 인간에게 주신 선물이다. "생육하고 번성하여 땅에 충만하라"(창 1:28). 아기를 잉태하고 양육하는 것은 하나님께서 인류에게 주신 보편적인 복이다. 그렇다면 생명 잉태는 소수 인권 보호 이전의 문제이며, 성윤리는 생명윤리보다 우선한다. 왜냐하면 성에서 생명이 잉태되기 때문이다. 따라서 건강한 성윤리에 기초한 성 정체성을 확립하여 가정을 지키고 보호하는 것은 인류의 보편적인 가치이자 근간을 세우는 일이다.

다섯째로 가정의 붕괴이다. 동성 결혼이 합법화되고 성행될 때 성 정체성의 혼란을 가져오게 되고 가정은 위기를 맞게 된다. 동성애자들이 자유의지와 사랑에 의해 동거하는 것은 그들의 결정이지만, 결혼이라는 법적 형태로 정착하는 것은 동성애를 비윤리적이고 장애로 보는 다수의 의견 수렴 없이 결정하는 것은 또 다른 독재이다.

여섯째로 성은 성(聖)으로 대해야 한다. 성 억압도 문제가 있지만 성 개방도 위험하기는 마찬가지다. 성을 바르게 사용하지 않을 때 가치관이 상실되고, 삶의 존재의미와 목적과 방향이 상실하게 된다. 성은 성(聖)이 되어야 한다.

동성애가 이상이라고 해서 동성애자들을 혐오해서는 안 된다. 다시 말해 호모포비아(homophobia)가 되어서는 안 된다. 그들은 성적 소수 장애자로서 어려움을 겪고 있다. 그런 그들을 사랑으로 보듬고 이해하고 사랑하여 새롭게 출발하도록 도와야 한다. 필자는 동성애를 후천성으로 보기 때문에 얼마든지 이성애자가 될 수 있다고 본다.

(2) 성기능장애

성기능장애(sexual dysfunctions)에는 성욕장애, 성적흥분장애, 절정감장애, 그리고 성교통증장애(DSM-4)가 있다.

① 성욕장애

성욕장애는 성적으로 흥분되고 싶다는 자체가 없거나 성적 고통을 받는 상태이다. 이는 평범하게 성적 환상이나 욕구가 결핍된 상태인 성욕저하증과 성행위 자체가 두려워서 회피하게 되는 성 혐오증도 여기에 포함된다. 요즘 부부의 섹스리스가 늘어나고 있다고 한다. 여기에서 섹스리스(sexless)란 부부가 건강하면서 별다른 이유 없이 한 달 넘게 부부관계를 하지 않는 것을 말한다.

일본 성(性)과학회의 발표에 따르면 섹스리스 부부가 10년 사이에 32%에서 44.6%로 급증했다고 한다. 한국은 여론조사 기관 리얼미터와 한국성과학연구소가 30세 이상 60세 미만 기혼남녀 1,000명(남성 506명, 여성 494명)을 대상으로 조사한 결과를 보면 월 1회 이하 35.1%, 월 2회가 21.4%로, 연간 24회 이하 응답이 절반 이상을 차지했다. 연간 24회는 콘돔 회사 듀렉스가 세계 41개국의 섹스 빈도를 조사해 밝힌 세계 평균 103회의 25%에도 미치지 못하는 횟수이다.

② 성적흥분장애(불감증장애)

성적흥분장애에는 여성 성적흥분장애와 남성 발기장애가 있다. 성적흥분장애는 성적 자극이 있어도 성적 흥분이 지속적으로 일어나지 않거나 만족스러운 성적 흥분이 계속 유지되지 않는 상태를 말한다. 여성은 질벽, 음핵, 소음순이 잘 부풀지 않고 질벽에서 윤활액이 적게 분비되어 성교통증이 발생할 수 있다. 성기능 장애 중에 남성의 발기장애는 성인 남성의 4~9%이고, 성 클리닉을 찾는 남성의 경우에 36~53%가 여기에 해당된다. 19세 이하는 1% 미만이고, 75세 이상인 경우에는 25%이다(Carey & Johnson, 1996).[43] 남성의 발기장애

---

[43] Carey, M., & Johnson, B. Effectiveness of yohimbine in the treatment of erectile disorder: four meta-analytic integrations. Arch Sex Behave, 25, 341-360, 1996.

는 심리적 · 생물학적 요인에 의해 발생되지만 복합적인 현상으로 본다(Ackerman & Carey, 1995).[44] 한편 수면에 대한 연구가 충분히 이루어지지 않았을 때의 새벽에 발기현상의 원인을 방광이 찼기 때문으로 보았다. 그러나 근대의 수면 연구를 통해 남성의 발기현상은 건강한 남성들의 자연적인 현상으로 보고 있다. 수면 중에 급속안구운동(rapid eye movement, REM)이 성인들의 경우에 25%가 일어난다. REM 중에 거의 항상 80~90%가 최소한 부분적으로 발기상태가 유지된다. 이러한 현상은 유년기에 시작하여 25세경에는 매일 4차례에 걸쳐 60~90분 발기현상이 일어난다. 75세의 경우에는 매일 밤 30분 평균 2.6회 지속된다(Moore, 1985).[45] 여성의 경우에도 REM 중에 음핵이 발기된다(Greenhouse, 1974).[46]

③ 절정감장애

절정감장애에는 여성 절정감장애와 남성 절정감장애가 있다. 절정감장애는 충분한 성적 자극과 성적 흥분에도 불구하고 반복적으로 극치감 도달이 불가능하여 성적 고통을 야기하는 상태를 말한다. 절정감장애는 여성 자신의 문제가 아니라 남편의 무성의한 전희나 조루증으로 인한 것으로 오인되어 부부 간에 갈등을 빚기도 한다.

④ 성교통증장애

성교통증장애는 성행위와 관련이 있거나 혹은 없는 상태에서도 외성기에 반복적, 혹은 지속적으로 통증이 있어서 만족스러운 성생활에 장애를 받는 상태를 말한다. 성행위 시에 통증이 있는 성교통, 음경이 질 내에 삽입될 때 질 일부가 경련이 일어나 통증을 유발하거나 음경 삽입이 어렵게 되는 질 경련 등이 여기에 속한다.

(3) 성 정체감장애

① 성 정체성 특징과 진단기준(DSM-4)

반대의 성이 되기를 소망하거나 반대의 성에 대하여 강하고 지속적인 동일감을 느끼는 증상으로 자신에게 부여된 생물학적인 성에 지속적으로 불편함을 느끼거나 성역할에 대한 부적절감을 느끼는 현상을 말한다. 진단기준을 보면 다음과 같다.

---

[44] Ackerman, M., & Carey, M. Psychology's role in the assessment of erectile dysfunction: Historical precedents, current knowledge, and methods. Journal of Consulting & Clinical Psychology Vol. 63, 862-876, 1995.

[45] Moore, C. Morning erection. Medical Aspects of Human sexuality, 19(6), 49-56, 1985.

[46] Greenhouse, H. Penile erections during dreams. In R. Woods & H. Greenhouse(Eds.), The new world of dreams, New York: Macmillan, 1974.

A. 강하고 지속적인 반대 성과의 성적 동일시하는 현상을 말한다. 반대 성이 된다면 얻게 될 문화적인 이득을 단순히 갈망하는 정도여서는 안 된다. 소아의 경우 다음 사항 중 네 가지 이상의 양상이 드러난다.

첫째로 반복적으로 반대 성이 되기를 소망한다.

둘째로 남아는 옷을 바꿔 입기 또는 여성 복장 흉내 내기를 좋아한다. 여아는 오로지 인습적인 남성 복장만을 고집한다.

셋째로 놀이에서 강력하고 반대 성역할에 대한 선호, 혹은 반대 성이라고 믿는 지속적인 환상을 갖는다.

넷째로 반대 성의 인습적인 놀이와 오락에 참여하기를 원한다.

다섯째로 반대 성의 놀이 친구에 대한 강한 편애가 있다.

B. 자신의 성에 대한 지속적인 불쾌감, 또는 자신의 성역할에 대한 부적절한 느낌이다. 이 장애는 다음 중 어떤 양상으로 나타난다.

남아의 경우에는 자신의 음경, 혹은 고환을 혐오하거나 그것이 사라질 것이라는 주장하고, 음경을 갖지 않는 것이 더 낫다는 주장을 하며 난폭하고 거친 놀이를 혐오하며 전형적인 남아의 전용의 장난감이나 오락과 활동을 거부한다. 그리고 여아의 경우에는 앉은 자세로 소변보기를 거부하고 음경이 있다고 혹은 갖게 될 것이라고 주장하며 유방이 커지거나 생리를 원하지 않는다고 주장하고 여성 복장에 대한 강한 혐오감을 갖는다. 또한 청소년과 성인의 경우에는 1차 성징과 2차 성징을 없애려고 집착하게 된다. 예를 들어 반대 성을 자극할 목적으로 신체적으로 성적 특징을 변화시키고자 호르몬, 외과적 수술, 혹은 기타의 치료법을 요구한다. 또는 잘못된 성으로 태어났다고 믿는 등의 증상이 나타난다.

C. 이 장애가 신체적 양상(중성 혹은 간성) 상태에 동반되지 않는다.

D. 이 장애가 임상적으로 심각한 고통이나 사회적, 직업적 혹은 다른 중요한 기능 영역에서 심한 장애를 일으킨다.

② 동성애와 성 정체감장애의 차이

성 정체감장애와 동성애 비교를 보면 공통점으로는 일반 이성애군에 비해, 다소의 신경증적 양상이 나타난다. 이는 성적 소수자로 살아가면서 받는 다양한 사회적 편견, 지속적인 낙인에서 파생하는 스트레스와 성적 정체감과 관련된 스트레스의 지속적인 영향에 기인하는 것으로 보인다.

반면에 동성애와 성 정체감장애의 차이점은 동성애자는 자신의 생물학적인 성이나 성역할에 대하여 혐오하지 않기 때문에 성전환 수술에는 별 다른 관심이 없다. 성 정체감장애는 자신의 성에 대해 지속적인 불쾌감을 느끼며 반대의 성이 되기를 바라는 강한 욕구로 성전환수술을 빈기도 한다.

③ 양성애

양성애(am-bisexuality)는 이성(異性)이나 동성(同性)과 같은 특정의 한쪽 성을 지향하는 이성애나 동성애와 달리, 이성애적 지향과 동성애적 지향을 모두 가지고 있는 상태를 양성성, 혹은 양성소질이라고 한다. 정신분석이론에서는 흔히 유아 성욕의 미분화된 성격과 여성의 히스테리성격장애 상태를 가리킨다. 정신분석학자들은 청소년기의 과도적인 양성 경향에서 벗어나는 것을 정상적 발달로 간주한다. 그러나 페미니스트들은 이러한 견해에 동조하지 않는다. 프랑스의 엘렌 식수스(Helene Cixous)[47]는 양성애를 우리 인간의 기원이자 목표이며, 영웅적인 사람만이 되찾을 수 있다고 보았다. 그는 성애의 개념을 남성의 단성애(monosexuality)의 대립개념으로 파악하였다. 여기서 단성애의 개념이 성립하는 것은, 남성의 성행위가 그 상대가 여성이건 남성이건 간에 주로 남근에 중점을 두는 것으로 여성의 욕망을 배제하기 때문이다. 그는 단성애와 대조적으로 양성애는 포괄성, 복합성, 개방성, 다양성을 지녔다고 보았다.

또 그는 두 개의 반신이 하나의 중성적 전체를 이룬다는 지금까지의 통설적인 양성애의 정의를 비판하였다. 그는 양성애는 소녀뿐만 아니라 소년에게도 잠재되어 있으나 역사상 현시점에서는 여성이 남성보다 더 양성애에 가깝다고 보고 있다. 그리고 버틀러(Butler, 1990)[48]는 어떤 성은 정상이고, 다른 어떤 성은 비정상이라고 정의하여, 성의 가능성에 대한 감각을 제한하는 것을 부정적으로 보았다.

양성애자의 특징은 여성 양성애자들을 대상으로 조사한 보고에 의하면 성적 생활양식의 남녀 차이가 나타났다. 기본적으로 여성 양성애자들은 윤택한 생활을 하는 반면, 남성은 고통스러운 생활을 하고 있다고 본다. 여성 양성애자의 70%는 자신들의 생활이 행복하다고 표현하였으며 40%는 결혼을 하였다. 남성 양성애자의 경우 양성애라기보다는 이성애적인 접

---

[47] 헬렌 식수스(Helene Cixous, 1937~): 프랑스의 페미니스트
[48] 주디스 버틀러. 젠더 트러블. 조현준 역. 문학동네. 2008.

촉을 주로 갖으며 성적으로 불만을 표시하였다. 또한 동성애 단체에 접촉도 어려워 동성애 남성에 비해 성매매 업소를 보다 더 자주 찾는 것으로 나타났다. 양성애자의 경우 동성애자에 비해 더 격렬한 비난을 받고 있다.

간성(intersexual)은 선천적으로 남성과 여성의 성징을 동시에 가지고 태어나는 유전적 질환의 일종이다. 출생 시에 하나의 성으로 확정하는 시술을 통해, 남성, 혹은 여성의 성을 갖게 된다. 그러나 이러한 시술이 정신적 성과 일치되지 않을 수 있다. 이때 다시 성전환수술을 통해 자신의 성을 되찾을 수 있다.

그리고 젠더 벤더(gender bender)가 있다. 역시 보수적인 한국에서는 보기 힘든 성적 정체성의 하나로서, 전통적인 이분법적 성 구분에 도전하는 사람들을 가리키는 말이다. 특히 이들은 공공연하게 과장된 남성과 여성의 혼재된 모습을 보여줌으로써, 저항의 의지를 보여주는 경우가 많다. 즉, 여성의 복장을 하고서 검게 수염을 기른 모습을 보여준다든지, 수염을 달고, 가슴이 보이는 옷을 입는 경우이다. 그들의 이러한 행동은 전통적인 관습을 깨트리기 위한 하나의 정치적 저항의 행위로 간주되며, 가수나 연기자들 중에 젠더 벤더(gender bender)가 있다. 그들은 공연 중에만 젠더 벤더(gender bender)의 모습을 하는 경우도 있고, 일상생활에서도 그 모습을 하는 경우도 있다. 이런 사람들은 양성애자(transvestite)일 수도 있고 동성애자나 이성애자일 수도 있다.

④ 성전환(트랜스젠더)

성전환(트랜스젠더)은 성 주체성장애로 정신적인 성과 육체적인 성이 일치하지 않는 사람을 말한다. DSM-IV에서는 성 정체성 장애로 보았다. 그러나 DSM-V에서는 성 주체성 불쾌감(disphoria)으로 보고 있다. 성전환(트랜스젠더)은 동성애자와는 구별된다. 성전환(트랜스젠더)은 동성애에 대한 이해가 부족한 사회에서는 동성애자와 트랜스젠더를 동일시 여기는 경향이 있다. 여자 같은 남성 동성애자, 남자 같은 여성 동성애자를 트랜스젠더라고 하기도 하고, 동성애자의 극단적인 모습이 트랜스젠더라고 하기도 하는데, 이것은 잘못된 것이다. 트랜스젠더 모두가 성전환수술을 받거나 원하는 것은 아니며 어떤 트랜스젠더는 성전환수술을 거부하기도 한다. 트랜스젠더는 그들이 육체와는 반대되는 성의 역할을 수행하는 데 그치지 않고 스스로를 반대의 성으로 인식하고 있다. 트랜스젠더라는 용어는 의학용어인 성전환증과 같은 개념이다.

성전환의 역사를 보면 고대시대에 유럽, 동아시아, 아시아, 중국 등지에서 거세를 한 트랜스젠더들이 일반적이었다. 이런 현상들이 기독교 국가에서는 금지되었다. 다만 중세 성악가들의 미성을 유지하게 위하여 거세를 하는 경우에는 제외되었다. 그러나 지금도 인도나 동남아시아 국가들 사이에서는 거세를 하는 것으로 알려져 있다.

성전환수술은 1930년 독일에서 맨 처음 시행된 것으로 알려져 있다. 여성 성전환자(male to female)에 대한 유방절제수술과 자궁수술 등은 1917년 미국에서 시행된 것으로 알려져 있다. 확인되지 않은 문헌에 따르면 1912년에 유럽에서도 시행된 것으로 알려져 있다. 트랜스젠더라는 용어가 사용되기 시작한 것은 1970년대 중반에 사람들에게 경멸을 받던 버지니아 프린스(Virginia Prince)라는 한 여장 남자가 자신을 표현하기 위하여 그리고 자신과 비슷한 사람들을 표현하기 위하여 트랜스젠더라는 말을 사용함으로써 시작되었다.

트랜스젠더에 대한 잘못된 인식을 보면 첫째는 게이라는 말의 오해가 있다. 트랜스젠더를 게이라고 알고 있는 경우가 많지만 그렇지 않다. 게이라는 말은 실제로 남자 동성애자를 가리키는 말로서, 어원은 밝은, 명랑하다는 뜻을 가지고 있다. 둘째는 트랜스젠더들이 모두 짙은 화장에 여장을 하고 다니는 사람들이라고 인식한다. 여장 남자라는 말은 이성복장자(cross-dresser)라고 부르고, 이를 양성애자(transvestite)라고도 한다. 셋째는 트랜스젠더는 육체적으로 본다면 동성애자라 할 수 있다. 그러나 영혼을 생각한다면 트랜스젠더는 동성애자가 아니다. 남자의 몸을 가지고 있을 뿐, 여성의 영혼이 자연스럽게 다른 이성인 남성을 사랑한다. 동성애자는 신체와 영혼, 모두 완벽한 남성, 혹은 여성이, 자신과 같은 성을 가진 사람을 사랑의 대상으로 삼는 것을 의미한다.

트랜스젠더의 문제점을 보면 첫째는 수술로 완전한 이성이 될 수 없다. 여성으로서 가장 결정적인 아기를 낳는 일을 할 수 없기 때문에 완전한 여자가 될 수 없다. 성전환수술이라는 것은 단지 남성의 성기를 제거해서 여성의 성기의 모양을 만드는 것이기 때문에, 아이를 낳기 위한 자궁과 관련된 것들은 현대의학으로는 만들어낼 수 없다. 결국 외형상으로는 여성의 모습이지만, 실제로 여성으로서의 역할은 할 수 없다. 또한 외모상으로도 수술로 고칠 수 있는 부분은 한계가 있다. 즉, 남성적 체형이나, 남성의 목소리 등이 그러한 예이다.

둘째는 트랜스젠더의 성생활이다. 성생활이 가능하지만 일반인들보다 어려움이 많다. 여성에서 남성으로 전환의 경우 신체 다른 피부를 잘라 인공피부를 만든 후 다시 이식해 붙여야 하기 때문에 수술과정이 상대적으로 복잡하고 시간이 많이 걸린다. 이런 노력에도 불구하고 여성에서 남성으로 전환은 그 자체로는 성생활이 불가능하며 다만 성기를 통해 소변만 볼 수 있을 뿐이다. 그렇기 때문에 여성에서 남성으로 전환의 경우 성생활을 하기 원하는 사람은 발기부전 환자들에게 시술되는 인공보형물 삽입술 등 보다 복잡한 수술을 받아야 한다.

셋째는 성전환수술에 문제점이 많다. 성전환수술은 본인이 원한다고 되는 것이 아니다. 반드시 일정 기간의 준비 과정을 거친 뒤 전문의의 의학적 판단이 내려진 후에야 할 수 있다. 이성의 복장을 하는 것에서 쾌감을 느끼는 이성복장자나 양성애자와 같은 일시적 성도착애자들을 수술했다가 돌이킬 수 없는 결과를 초래하기도 한다. 성전환수술의 세계적인 권위자인 해리 벤자민(Harry Benjamin)[44]은 성전환수술을 하려면 2년 이상 잘못된 육체로 살고 있다는 감정이 있고, 최소 1년 이상 반대 성으로 성공적으로 살아야 하며, 2인 이상의 행동과학자의 추천, 6개월 이상 정신과와 호르몬 치료, 그리고 반대의 삶을 하는 동안 법적 사회적 심리적 성적 측면에서 성공해야 된다고 말한다. 국내에서도 이런 규정이 지켜지고 있다.

우리나라의 트랜스젠더에 대한 현황은 2006년 6월에 대법원의 판결이 나왔다. 대법관의 전원합의체는 22일 성전환수술을 한 50대 여성이 호적상 성을 남성으로 바꿔달라며 낸 개명, 호적정정신청 재항고 사건과 관련, 성별 정정을 불허한 원심을 파기하고 사건을 청주지법으로 돌려보냈다. 1989년 부산 동아대학교 의대의 김석권 교수가 처음 성전환수술에 성공한 이래 점차 확산되는 추세를 보이고 있다. 그는 지금까지 300여 건에 달하는 성전환수술을 하여 이 분야에서는 독보적인 위치에 올라 있다. 외국의 성전환장애자는 대략 남자는 3만 명당 1명, 여자는 10만 명당 1명 정도이다.[50]

2) 신체적 발달과 성적 건강의 기준

1차적인 성 특징은 생식기의 외형적 남녀의 차이를 말한다. 2차적 성 특징은 내분비선의 변화에 따른 성 특징이 발달되어 남녀의 차가 뚜렷이 나타날 뿐만 아니라 강력한 성적 욕구가 일어나는 시기를 말한다. 이 시기가 청소년의 시기이다.[51] 이 시기에 성장이 급증하고, 신체적 성숙이 매우 빠르게 진행한다.[52] 이 변화는 대개 4년 동안에 일어나는데 청소년에게 큰 영향을 준다. 인간의 발달은 유전과 환경에 영향을 받는다. 발달이란 개괄적으로 연령의 증가에 따르는 신체적, 심리적, 행동적 변화를 지칭한다.

신체발달은 신체 내에서의 변화, 뇌와 심장과 다른 신체기관의 구조와 과정, 그리고 운동

---

[49] 김형태. 보이스 오디세이. 북로드. 2007.

[50] 조세일보, 2014.10.10

[51] 김제한 외. 교육심리학. 양서원. 2002.

[52] 이춘재 외. 청소년 심리학. 중앙출판사. 1988.

신경에 영향을 미치는 골격, 근육, 신경학적인 특징이 포함된다. 그리고 신체 발달은 태내 발달과 신체 발달이 있다. 수정된 난자의 집합체는 태내기를 거치는 동안에 연속적인 발달 과정을 거치면서 수백만의 세포를 갖고 여러 가지 신체기관을 갖는 복잡한 유기체가 된다. 임신이 될 때에 정상인은 22쌍의 상염색체와 한 쌍의 성염색체를 갖는다. 남자의 성염색체 는 XY이고 여자는 XX이다. 아버지로부터 X성염색체를 받으면 여자가 되고, Y성염색체를 받게 되면 남자가 되는 것이다.

발아기는 수정이 된 순간부터 10일 내지 2주일간이다. 배아기는 수정된 후 2주에서 8주 사 이이다. 그리고 태아기는 수정된 후 8주에서 출생까지이다. 태아는 모체 안에서 여러 가지 환경 요인의 영향을 받는다. 어머니의 영양상태, 약물복용, 음주, 흡연 등이다.

신체 성장의 원리 중 하나는 두미원칙이다. 머리로부터 신체 하부로 진행되는 과정을 말 한다. 다른 하나는 근래원칙이다. 신체의 중심부분에서 말초부분으로 진행된다. 신체기관 의 발달은 그 속도에 있어서는 차이가 있지만 일반적으로 나이가 증가함에 따라 속도가 감 소한다.

인간의 전 생애를 보면 급격한 성장을 보이는 시기는 유아기에 나타나는 제1성장 급등기 와 사춘기에 나타나는 제2성장 급등기다. 제1성장 급등기인 4세인 경우에는 성인 크기의 약 80%에 이르고, 12세가 되면 성인 크기에 이르게 된다. 이에 비해 성기와 성선은 2세까지 약 간 발달하고 2세에서 사춘기까지는 거의 발달하지 않다가 사춘기인 제2성장이 급등한다.

일반적으로 개인의 발달과정에서 신장의 연증가율은 2세 이후 계속 감소하다가 청소년기 에 갑자기 증가한 후 다시 감소하는 경향을 보인다(Tanner, 1978).[53] 청소년기의 신장과 체중 은 계절적인 변화에 따라서도 달라지는데, 신장은 4~5월, 체중은 9~10월에 증가한다. 그리 고 남자는 여자보다 조금 크게 태어나는데, 이 같은 신장의 차는 약 10세 정도까지 계속 유 지되다가 11~14세까지는 여자가 남자의 신장을 능가하는 현상을 보이다가 남자가 다시 약 4년간 성장하여 일생 동안 여자보다 큰 신장을 지니게 된다. 신체발달은 개인차에 따라 조 숙과 만숙의 현상으로 나타난다. 그리고 사춘기의 시작 시기는 개인차가 있지만 발달순서는 일정하게 이루어진다.

남자들의 성적 성숙은 빠르면 11세, 늦으면 14세에 시작되고, 남성 호르몬인 안드로겐이 후두세포를 자극하여 목소리가 저음이 되며, 외부 생식기의 발달과 함께 내부 생식기관도

---

[53] Tanner, J. *Fetus into Man*. Cambridge, Mass. : Havard University Press. 1978.

발달하기 시작하여 14~15세경에 이르면 사정이 가능하다. 한편 여자들의 성적 성숙은 두 가지 신호로 나타나는데 하나는 유방 성장의 급등이고 또 다른 하나는 초경이다. 가슴은 개인차가 있기는 하지만 13~15세경에 이르면 가슴 발육은 끝이 나고, 초경은 성장 급등의 절정기가 지난 다음에 나타난다. 초경은 19세기 중반에는 평균 17세였으나 보통 10~16세에 시작되며, 최근의 성장 가속화 현상으로 12~13세 이하로 낮아지고 있다(Tanner, 1973).[54] 하지만 최근 환경 파괴 등의 영향으로 초경 연령이 높아지는 추세이다(Dann & Roberts, 1993).[55]

그뿐만 아니라 내분비선 자체도 급등한다. 호르몬 분비의 피드백 체계는 사춘기가 시작될 때 중요한 역할을 한다. 실제로 사춘기가 시작되기 훨씬 이전인 영아기 동안 시상하부 → 뇌하수체 → 생식선 → 안드로겐과 에스트로겐으로 구성된 피드백 체계가 발달한다. 여기서 시상하부는 뇌하수체를 통제하는 뇌 영역이며, 뇌하수체는 일반적인 호르몬 수준을 통제하는 역할을 한다. 또한 생식선은 남성의 고환과 여성의 난소를 의미하고, 남성 호르몬인 안드로겐과 여성 호르몬 에스트로겐을 방출한다(장휘숙, 2004).[56]

안드로겐과 에스트로겐은 각기 남성 및 여성호르몬임에도 불구하고 남성과 여성은 출생시부터 이미 이 두 가지 유형의 호르몬을 모두 가지고 있다. 그러나 청년기 동안 보통의 남성은 에스트로겐보다는 안드로겐을 더 많이 분비하고, 보통 여성은 안드로겐보다는 에스트로겐을 더 많이 분비한다. 사춘기 직전부터 남성에게는 안드로겐, 여성에게는 에스트로겐이 극적으로 증가하게 되어 여성호르몬과 남성호르몬의 비에 따라 여성성과 남성성이 나타난다. 여성이 너무 많은 남성 호르몬을 분비하면 수염이나 털이 많이 난다든지 또는 남성과 같은 근육질이 발달하는 현상이 나타난다. 반면에 남성이 너무 많은 여성호르몬을 분비하면 수정 능력이 떨어지고 가슴이 커지는 현상이 나타난다.

청년기의 성장 급등 현상은 성적 성숙을 동반하여 청소년의 삶에 큰 영향을 미친다. 청년기의 생물학적 변화의 적응 과정을 최초로 이론화한 사람은 스탠리 홀(Stanley Hall, 1904)[57]이다. 그는 청년기를 질풍노도(storm and stress)와 같은 심리적 변화로 나타난다고 했는데, 이는 자연스러운 현상이다.

---

[54] Tanner, J. Growing up. *Scientific American*, 43. September. 1973.

[55] Dann, T.C., Roberts, D. F. Menarcheal age in university of Warwick young women. *Journal of Biosocial Science*; 25: 531. 1993.

[56] 장휘숙. 청년심리학. 박영사. 2004

[57] Hall, G.S. *Adolescence; Its psychology and its relation to psychology, anthropology, sociology, sex, crime, religion, and education*. New York D. Appleton & Company. 1904.

프로이트(1905)는 청년기의 심리적 특성을 성적 욕망의 증가에서 온다고 보았고, 프로이트 안나(Freud, A. ,1958)는 이 시기에 나타나는 심리적 혼란은 피할 수 없는 성욕발달의 결과라고 하였다. 김태련(1997)[58]은 이 시기의 심리적 갈등과 혼란은 정상적인 발달 과정으로 보았다. 콩거와 피터슨(Conger & Petersen, 1984)[59]은 청소년이 키나 외모 등을 볼 때 성인과 같기 때문에 사회는 청소년에게 성숙한 행동을 요구하여 사춘기에 심리적 문제가 일어난다고 하였다.

청소년기에는 심리적 부적응이 나타나는데 크게 불안, 우울 등의 내적인 정서장애(emotional disorder)와 내적인 긴장과 갈등을 밖으로 행동화하여 표현하는 행동장애(behavior disorder)가 있다. 이 두 유형이 뚜렷하게 나타나기도 하지만 불안, 우울, 자살 충동 등의 정서적 증상과 함께 반항적인 행동, 혹은 비행 등의 행동장애가 뒤섞여서 나타나는 경우도 있다.

청소년의 신체 발달의 조숙과 만숙은 장단점이 있다. 리브손과 페스킨(Livson & Peskin, 1980)[60]은 신체적 조숙이 여학생의 경우 사회적 적응에 긍정적 조건이 될 수 있다고 보았다. 반면에 클라우센(Clausen, 1975)[61]은 신체적 조숙이 여학생에게는 사회화에 불리한 조건이 되는 동시에, 만숙한 남자들은 자신을 부적절하다고 느끼며, 의존적이고 부모에게 반항적인 경향이 있다고 보았다. 그리고 애트워터(Atwater, 1984)[62]는 청소년기의 외모는 자아 개념에 크게 영향을 미친다고 보았다. 조숙한 남자들은 또래 집단에서 매력의 대상이 되고, 일찍 성 관계를 가질 수 있다고 보았다(Perry, 2000).[63]

3) 심리사회 발달과 성적 건강의 기준

심리사회 발달은 다른 사람과의 관계에서 일어나는 변화들을 포함한다. 인간의 신체적, 인

[58] 김태련. 청소년기의 발달과 발달과업. 한국청소년개발원. 26-36. 1997.

[59] Conger, J.J. & Petersen, A.C. *Adolescence and Youth*. New York: Happer & Row. 1984.

[60] Livson, N., & Peskin, H. Perspective on Adolescence from longitudinal research. In J. Adelson(Ed.), *Handbook of Adolescent Psychology*. NY: Wiley. 1980.

[61] Clausen, J. The social meaning of differential physical and sexual maturation, In S. E., Dragastin & G.H. Elder, Jr.(4ds.), *Adolescence in the life cycle*, New York : Wiley. 1975.

[62] Atwater, E. *Adolescence*. Prentice - Hall Inc., Englewood Cliffs, N.J. 1983.

[63] Perry, C. L. Preadolescent and adolescent influences on health in B.D. Smedley & S.L. Syme(Eds.). *Promoting health : Intervention strategies from social and behavioral research*(pp.217-253). Washington, D.C. : National Academy Press. 2000.

지적, 심리사회적 요인은 발달의 각 측면에서 상호 관련되어 있는데, 인간은 시기마다 발달과 성숙이 마주친다. 초기 발달의 특징은 연령의 변화와 함께 일어나는 신체 크기의 변화이다. 이를 일반적으로 성장(growth)이라고 한다. 성장은 유기체 내에서부터 신진대사 과정을 통하여 일어난다. 인간은 점점 감퇴되지만 많은 고기나 동물은 죽을 때까지 성장 과정을 거치는 경우가 있다.

성숙은 한 집합 내에서 생물학적 능력이 다소 자동적으로 전개되어지는 측면이고 역전 불가능한 순서를 가지고 있다. 성장과 성숙 모두가 생물학적 변화를 지니고 있으나 성장은 각각의 세포와 조직에서 증가를 언급하며, 성숙은 기관이 기능을 발휘하는 것을 말한다. 이러한 변화는 환경적 현상들과 독립적이다. 예를 들어 쥐기, 앉기, 서기 걷기 등은 일정한 순서를 따른다. 감각 지각 발달은 갓 태어난 신생아가 일반적으로 생각하는 것보다 많은 감각 및 지각 기능을 갖고 있다. 감각이란 감각기관을 통하여 정보를 받아들이는 것을 말한다. 지각이란 감각기관을 통해 정보를 해석하고 의미하는 것을 말한다.

헐록(Hurlock, Elizabeth B., 1995)[64]은 성의식의 발달단계를 다섯 단계로 나누었다. 초기 성적 단계(출생~5세)이다. 이 시기는 유아기로, 자기애의 단계이다. 이 시기는 자기 자신 이외에는 애정을 표시하지 않는다. 얼마 후에 자기 이외의 사람에게 애정을 표시하는 데 자기를 둘러싼 사람을 대상으로 한정한다. 그리고 처음에는 연장자를 대상으로 놀다가 4~5세에 이르면 또래 아이들과 남녀 구분 없이 성인과 이성의 구분 없이 애정 표현을 받더라도 놀라지 않는 시기이다.

성적 대항시기(6~12세)이다. 이 시기는 초등학교에 입학하고 중학생이 되면 남녀 간에 놀기를 꺼린다. 이 자체가 이성을 의식하는 첫 단계이다. 이 시기는 이성을 회피하기도 하고 이성에게 상처를 주기도 한다. 이는 생리적인 현상이라기보다 사회적인 원인 때문이다. 또한 성적 정체성을 찾아가는 현상이기도 하다.

성적 혐오시기(12~13세)이다. 이 시기는 이성으로부터 단기간 멀어지려 한다. 이런 경향은 소년보다 소녀에게 두드러지게 나타난다. 이는 생리적 원인에서 온다. 성적 혐오는 첫째로, 사춘기의 생리적 변화가 신체에 일어날 때, 성에 대해서 잘 알지 못하기 때문에 성에 대한 불안과 수치심, 그리고 혐오의 현상이 일어나기 때문에 여자는 남자를 혐오하거나 냉담해짐과 동시에 거친 태도를 취하게 된다. 둘째로, 성에 대한 피해 경험이다. 성적 변화를 겪

---

[64] Hurlock, E.B. *Adolescent Development*. New York: McGraw-Hill Book Company, Inc. 1955.

게 되면서 주위 사람들로부터 놀림을 받음으로 생기는 수치심이나 공포심으로 인해 생길 수 있다. 셋째로, 성에 관한 가정과 사회로부터의 잘못된 교육 때문일 수 있다.

성적 애착시기(13~15세)이다. 이 시기는 사춘기로, 동성에 대한 강한 애착을 느끼거나 자기보다 나이 많은 이성에게 애착을 느끼는 시기이다. 이 시기에 연장자에 대한 애착을 갖는 것은 이성의 혐오 뒤에 숨어 있는 이성에 대한 호기심의 감정 표현이라고 할 수 있다. 이때에 동경의 대상이 동성일 경우에는 심취(crush)라고 하고, 이성일 경우에는 영웅숭배(hero worshipping)라고 한다. 심취는 육체적인 접촉보다 정신적인 공명의 희열감이 중심이 되며 동성애의 심리가 작용한다. 이런 현상은 동성애(homosexuality)가 아니라 정상적인 현상이다. 이 시기가 길게 되면 이성에 대해 지나치게 비판적이며 건전한 이성관계를 맺을 수 없게 된다.

이성애 시기(15~19세)이다. 이 시기는 고등학교의 시기로 동년배의 이성에 대해 관심을 갖기 시작한다. 이 시기는 일대일의 교제보다는 이성을 포함한 또래끼리의 젊은이다운 놀이를 하는 일에 더 큰 희열을 맛본다. 이 시기에 3단계의 사랑이 있다. 첫 번째 단계는 송아지 사랑(calf love) 시기이다. 이 시기는 15~16세로 이성에 대해 접촉할 용기가 나지 않기 때문에 연장의 이성에 대해 애착을 갖는 시기로, 외형적이고 일시적인 현상으로 연예인, 스포츠맨, 교사에 애정을 갖게 되고, 여학생의 경우에는 기혼자일 경우가 많다. 두 번째 단계는 강아지 사랑(puppy love) 시기이다. 이 시기는 여학생보다는 남학생이 약간 빨리 나타난다. 남녀가 서로 이성의 주의를 끌기 위해 동성의 친구의 비판에도 불구하고 자기가 좋아하는 이성에 근접하려는 용기도 엿보인다. 그런데 이 시기는 서로 간에 이상주의적이고 과잉된 자아의식을 갖고 있을 때에는 충돌도 많고 상대자를 쉽게 바꾸는 현상도 나타난다. 세 번째 단계는 낭만적 사랑(romantic love) 시기이다. 이 시기는 한 사람의 이성으로 집중하여 다른 이성에 대한 관심이 크게 줄어든다. 상대방과 함께하기를 원하며 그 밖의 대중과의 사회활동을 피하려고 한다. 그뿐만 아니라 결혼을 전제로 한 이성교제도 눈에 띄게 활발해지고 결혼을 상상하는 정도는 남자보다 여자에게 높다. 이때는 자기중심적인 무례한 언행을 삼가며, 상대자를 완전무결한 이성이라고 생각하지 않으면서도 서로 사랑할 수 있을 정도로 성숙되어 간다. 이때 약혼관계에까지 진전될 수 있다. 이처럼 헐록의 견해와 같이 초기 성적인 단계로부터 이성애에 대한 시기에 이르기까지 이성에 대한 태도가 여러 과정을 거치면서 발달해 가는 것을 볼 수 있다.

표 11.1 헐룩의 5단계 성의식 발달단계

나이	시기	특징
출생~5세	유아기	• 자기애 • 연장자 대상으로 놀다가 또래 집단과 이성의 구분 없이 지냄
6~12세	성적 대항기	• 남녀를 의식하고 이성을 회피하기도 하고 상처를 주기도 함 • 성적 정체성을 찾아가는 시기
12~13세	성적 혐오시기	• 이성으로부터 단기간 멀어진다(여자에게 두드러지게 나타남). • 원인은 신체적 변화와 성에 대한 그릇된 교육 및 경험
13~15세	성적 애착 시기	• 연장자에 대한 애착 시기로 동성일 경우 심취(crush), 이성일 경우에는 영웅숭배(hero worshipping)라고 한다.
15~19세	이성애 시기	• 송아지 사랑(calf love) : 연장의 이성에 애착(15~16세) • 강아지 사랑(puppy love) : 여학생보다 남학생이 빨리 나타나고, 이성에 근접하려는 용기를 엿보인다. • 낭만적 사랑(romantic love) : 한 사람의 이성에 집중

6. 성폭력과 성매매

1) 성폭력

성폭력이란 타인의 의사에 반하여 성적행위 및 성적행위를 강요하는 행위로서 강요된 키스나 신체 일부분의 애무에서부터 강간미수와 강간까지 포함한다. 성폭력에 대한 사회적 관심이 확산되면서 성폭력에 대한 정의는 더욱 광범위해졌고, 최근에는 성희롱이나 가벼운 추행도 성폭력 속에 포함되고 있다. 그러나 현실적으로 어떤 행동이 성폭력에 해당하는가에 대해서는 전문가와 일반인들의 개념에 차이가 있다. 여기서 성폭력을 규정짓는 가장 중요한 요인은 행위의 강제성이다. 부부라 할지라도 상대방의 동의 없이 이루어지는 성적 행위는 성폭력으로 규정한다.

성폭력 발생 원인을 보면 첫째로 성을 소중하게 여기지 않고 쾌락으로만 생각하기 때문이다. 성은 하나님이 주신 거룩한 것이다. 동물은 발정기가 있지만 인간은 수시로 성욕에 노출되어 있다. 여기에서 성이란 절제의 미덕이 있어야 함을 가르쳐 주고 있다. 둘째는 여성을 단지 쾌락의 대상으로 여기기 때문이다. 셋째는 성에 대한 태도와 관심을 바르게 표현하는 방법을 모르기 때문이다. 넷째는 성폭력의 결과가 얼마나 삶을 황폐하게 하는지를 모르기 때문이다. 다섯째는 성도착장애로 인함이다.

성폭력의 예방법으로는 첫째는 집에 혼자 있을 때 누가 오면 문을 열어주지 않는다. 둘째는 다른 집을 방문할 때 혼자 들어가지 않는다. 셋째는 모르는 사람의 차를 타지 않는다. 넷째는 주변에 아무도 없는 곳이나 공중 화장실에서 혼자 놀거나 가지 않는다. 다섯째는 혼자서 어두운 거리를 다니지 않는다. 여섯째는 운동이나, 체력을 단련하여 자신감 있는 태도를 갖는다. 일곱째는 성폭력 발생 시 공포보다는 분노로서 대응하고 큰 소리를 지른다. 여덟째는 본인이 불안을 느낄 때면 언제든지 그 자리를 피하거나 도망간다.

2013년 경찰청 내부문건을 보면 성폭력 피해자의 95% 이상이 여성이다. 성폭력은 표 11.2와 같이 매년 증가 추세이고, 검거 또한 증가 추세이다. 그러나 성폭력은 신고율이 대단히 낮기 때문에 이보다 더 많을 것이다.

표 11.2 성폭력 발생 및 검거현황

년	발생건수	검거건수	검거인원	구속(명)	불구속(명)
2008년	15,970	14,415	15,235	3,011	12,224
2009년	17,242	15,954	16,479	2,681	13,798
2010년	20,375	18,065	19,712	2,973	16,739
2011년	21,912	18,499	20,189	2,614	17,575
2012년	22,935	19,381	21,271	2,490	18,781

출처 : 경찰청 내부 자료, 2013년

2) 성매매

성매매는 돈으로 성을 사고파는 행위이다. 성의 기능은 앞에서 열거한 것처럼 세 가지 기능을 갖고 있다. 출산과 즐거움, 그리고 사랑이다. 성매매는 단순히 즐거움, 쾌락을 추구하는 행위이다. 그리고 성은 생명보다 우선한다고 했다. 생명을 돈으로 사고파는 행위를 인신매매라고 한다. 이 인신매매는 21세기 문명사회에서는 있을 수 없다. 그렇다면 생명보다 우선하는 성을 사고파는 행위는 더욱더 있을 수 없다.

성매매(prostitution)는 일반적으로 윤락, 매춘, 매음, 매매춘 등의 용어로 불린다. 청소년 성매매도 성매매에 포함된다. 성매매에 주요 원인은 매스미디어의 발달로 성 정보와 성에 관련된 유해 환경 때문이다. 서구 문화의 유입으로 인한 성 개방 풍조로 성에 대한 가치관의 혼란과 의식구조의 변화 그리고 도시화, 산업화, 정보사회로 인해 가부장적 가족제도에 의해 유지되었던 사회의 전통적인 성 규범이 해체되기 때문이다. 그리고 노동을 통해 땀을 흘려 얻을 수 있는 노동의 가치관이 사라지고 쉽게 돈을 벌 수 있으며 힘든 것보다는 편하고 재미있는 것만을 추구하는 시대적인 흐름 때문이다. 무엇보다도 돈으로 무엇이든지 살 수 있다는 황금만능주의와 돈으로 모든 것을 해결하고자 하는 잘못된 가치관 때문이다.

그런데 성매매는 어제 오늘의 문제가 아니다. 성매매는 그 뿌리가 깊다. 성경에 보면 창녀라는 이름이 나오고(창 38:15), 기생 라합도 나온다(수 2:1). 그리고 에페소에 가면 매춘장소가 나오고 매춘장소를 인도하는 도로에 발의 모양과 화살표, 그리고 직사각형의 문형이 있다. 이는 이 발보다 작은 사람은 갈 수 없다는 미성년 불가라는 표시이고, 사각형은 카드로도 된다는 표시라고 한다.

성매매의 형태는 성매매업소에서의 성매매와 각기 위장 간판을 걸고 성매매를 하는 업소, 탑골 공원을 중심으로 노인들을 대상으로 하는 속칭 박카스 아줌마, 그리고 주택가에서 변종 성매매가 있다. 특히 성매매는 풍선효과의 원리에 의해 한쪽을 단속하면 다른 쪽으로 옮겨가는 현상이 나타난다.

성매매 중에 심각한 사회 문제 중의 하나는 청소년이 성인에게 성을 파는 청소년 성매매이다. 이는 아시아나 유럽, 미국 등 전 세계를 통틀어 근절되지 않는 사회적 문제이다. 특히 원조(원조해 주는 교제)라는 명칭으로 중고교에 재학 중인 청소년이 성을 파는 현상은 일본과 한국에서만 존재하는 특이한 현상이다. 일본에서 원조교제라는 용어가 처음으로 등장한 시기는 1980년대였다. 이 원조교제가 한국으로 건너와 사회적 문제가 되기 시작한 것은 1990년대 중반 이후이다. 우리나라의 경찰청에서는 2001년 5월 15일, '원조교제'를 '청소년 성매매'로 고쳤다. 2000년 7월 청소년 성보호에 관한 법률이 시행되어 청소년 성매매가 법적 구속력을 가지고 있음에도 불구하고 강력한 실행은 미비하다.

당시는 '계약 애인'을 맺는 성 풍조를 나타내는 용어였지만, 90년대 중반이 되자 청소년 성매매는 여고생이나 여중생이 금품을 매개로 성행위와 데이트를 하는 한정적인 의미로 사용되었다. 청소년 성매매는 종래의 매매춘과 구별한다. 청소년 성매매를 하는 소녀들은 극히 평범한 보통의 소녀들이고, 또 그들은 죄책감을 거의 느끼지 않고 정신적인 상처를 입는 경우도 없다(菊島 充子, 松井 豊, 禮富 護, 1999).[65] 1996년 동경에 거주하는 중고등학생 1,291명을 대상으로 '생활과 의식'에 관한 보고서에 의하면, 청소년 성매매 경험자는 5점 만점에 여

---

[65] 菊島 充子, 松井 豊, 禮富 護. 援助交際 態度: 雜誌, 論評 分析 大學生의 意識調査. 東京學藝大學紀要 1部門
50, 47−54. 1999.

고생이 4.0, 여중생이 3.8이었다. 청소년 성매매는 사회 문제화가 되었을 뿐만 아니라 그 심각성이 날로 더해가고 있다(Kikushima, Matsui, & Fukutomi, 1999; Ui & Fukutomi, 1998).[66]

서울시 상담센터가 2009~2012년 동안 3,869명을 상담하여, 그중 지속적인 상담이 진행된 413명을 대상으로 심층 조사한 결과를 보면 최초 성매매 경험은 13~19세가 제일 많았으며, 응답자의 74%는 가출을 경험, 가출한 시기는 중학생이 72%로 가장 많은 것으로 나타났다.

그리고 인터넷 성매매이다. 인터넷 성매매는 휴대전화나 인터넷 성매매 인터넷 화상 채팅으로 성매매가 이루어지고 있다. 청소년 성매매는 전화방으로부터 시작되었다. 그리고 휴대전화 보급은 부모의 통제에서 벗어났기 때문에 휴대전화를 통한 채팅, 심지어는 남녀 간의 만남을 주선해주는 프로그램들을 개발함으로써 이를 가속시키고 있다. 인터넷이 보편화되기 이전의 만남은 펜팔이나 미팅이 전부였다. 호롱불 밑에서 밤을 지새워 편지를 쓰던 그 시대에는 그 자체가 낭만적이었다. 그런데 지금은 그런 낭만이 없다. 지금은 인터넷의 발달로 이메일과 채팅을 통하여 불특정 다수와의 만남이 많아졌다. PC통신으로는 개인 신상이 공개되기 때문에 어느 정도 조심스러운 면이 있기는 하지만 비공개 채팅사이트에서 상대를 확인하지도 않고 만남을 만들어 가고 있다. 이런 것들은 사람들의 성의식을 흐리게 하고 미성년자들의 성적 타락을 조장하고 있다.

표 11.3 한국과 유럽 주요국의 성매매 현황 비교

국가명	성매매 종사자(명)	법적인 형태	인구 대비 비율(%)
대한민국	27만	완전 불법	0.538
독일	40만	완전 합법	0.489
네덜란드	1만~1만5천	완전 합법	0.057~0.896
영국	8만	개인 성매매 합법	0.127
이탈리아	5만	개인 성매매 합법	0.082
프랑스	3만	개인 성매매 합법	0.045
스웨덴	650~2,500	성 구매자만 불법	0.007~0.026
노르웨이	3,300	성 구매자만 불법	0.066

출처 : *한국: 2007년, 여성부 성매매 실태조사   *스웨덴: 스웨덴정부, 북유럽젠더연구소 추계
기타 유럽국가: 2009년 TAMPEP 보고서

---

[66] Kikushima, M., Matsui, Y., & Fukutomi, M. Attitudes toward "Enjo-kosai". *Bulletin of Tokyo Gakugei University Sect.* 1(50). 47-54. 1999.

(1) 성매매가 끼치는 악영향

첫째는 가정파탄을 초래한다. 성매매를 하고 있는 남편이나 아니면 딸이 성매매라는 사실을 가족의 구성원이 알게 되었을 때 남편의 경우는 부인이 이혼을 청구할 수 있는 이혼사유가 된다. 그리고 딸일 경우에는 부부 간의 교육문제에 따른 가정불화나 부모와 자녀 간의 대립으로 가출할 수도 있다.

둘째는 윤리의식의 혼란이다. 성매매 하는 사람이 많아지고 성매매를 범죄로 인식하지 못할 때 윤리의식이 붕괴된다.

셋째는 생명의 존엄성이 파괴된다. 청소년이 임신하게 되는 경우에는 생명에 대한 소중함과 경외감이 형성되지 못하여서 대부분의 경우 인공임신중절을 하게 된다. 이 인공임신중절은 이유여하를 떠나서 생명을 경시하는 행위이자 소중한 생명을 살해하는 행위이다.

넷째는 성매매의 연쇄파급효과가 크다. 청소년일 경우에 성매매를 하는 청소년이 자기 친구를 소개시켜 줌으로써 유행처럼 번질 가능성이 있다.

다섯째는 여성의 성상품화와 여성의 비하이다. 한국은 남성우월주의가 강하다. 남성 우월주의는 여성이 자신의 성을 파는 것을 가능하게 한다. 그리고 여성이 성매매에 참여하는 것은 거꾸로 남성우월주의 문화를 한층 강화시켜 준다.

일곱째는 폭력적이다. 성인들이 보호해야 할 어린 여성을 보호하기는커녕 성적 욕구의 대상으로 여긴다는 것은 비윤리적이고 가장 잔인한 폭력적인 행위이다.

여덟째는 사회의 미래가 위태롭다. 청소년들이 돈을 위해 자신의 성을 쉽게 팔 경우 사회는 도덕적인 기반이 무너지게 된다. 그리고 성병이 난무하게 됨으로써 사회에 심각한 문제가 생기게 된다. 더구나 청소년일 경우에 한 번의 실수로 인해 낙인이 찍혀 그 속에서 벗어날 수 없는 경우가 생긴다.

(2) 성매매 대처 방안

첫째는 성교육의 활성화이다. 성매매로 인해 발생할 수 있는 임신과 성병 등의 교육과 성윤리 의식의 중요성과 성이 쾌락의 도구가 아니라는 인식과 성의 소중함의 가치관을 심어야 한다. 둘째는 사회단체활동 강화이다. 청소년들이 성문제에 관한 고민과 상담을 할 수 있는 사회단체의 증가와 노력을 확산시켜서 대화를 통한 올바른 청소년 선도에 힘써야 한다. 또한 이러한 사회단체와 학교와의 교류 등을 통해서 좀 더 많은 유용하고 바람직한 정보를 청소년들에게 알릴 필요가 있다. 셋째는 재활교육의 필요성이다. 청소년기는 질풍노도와 같은 시기이며 걸어 다니는 시한폭탄이다. 그만큼 정신적인 성장이 이루어지지 않기 때문에 충동적이며 감정적이다. 이런 특성으로 성매매라는 한때의 실수를 범할 수 있다. 문제는 그들이 한때의 실수를 뉘우치고 그들의 자리로 돌아왔을 때 사회의 시선이다. 물론 사회의 시선이 좋게 받아들이지 않을 것은 분명하지만 그들의 실수를 감싸주고 올바른 가치관과 성윤리의식을 갖도록 돕는 것이 중요하다. 예방이 최우선이지만 예방할 수 없었을 때의 피해를 최소화하는 것도 중요하다. 넷째는 가정과 학교가 바로서야 한다. 성매매에 빠져드는 청소년의 환경을 살펴보면 가정에서의 문제가 많다. 그리고 학교에서 소외되고, 학교생활에 적응하지 못하여 상실감이 크다. 따라서 가정이 행복하고 성적 위주의 성공지상주의에서 인성교육, 인간관계의 친밀함이 필요하다. 다섯째는 가출 청소년에 대한 대책이 필요하다. 가출은 사회적 가치나 규범에서 벗어난 일탈행위이다. 가출한 청소년은 부모의 양육이 불가능한 자, 버린 자, 포기한 자 등으로 여기기 쉽다. 이에 대한 시각을 바꿀 필요가 있다. 이들을 불량청소년으로 낙인을 찍기보다 성장에 따른 성장통을 다른 사람보다 더 심하게 앓고 있다는 인식을 갖는 것이 중요하다. 그래서 그들을 따뜻한 시선과 사랑으로 보듬고 다시 집으로 들어가 건강한 삶을 살도록 돕는 것이 중요하다. 그리고 절대 다수가 가출을 한 후 성매매의 유혹에 빠질 수 있으므로 가출의 요인을 방지하는 데 초점을 맞추고 대책을 찾아야 한다.

7. 성교육

성교육의 궁극적인 목표는 성에 대한 태도나 의식이 사람에 따라 다양한 것처럼 성교육에 관한 관점, 성교육 내용, 성교육 방법도 다양하다.

1) 성교육의 관점

성교육의 관점은 첫째는 성교육은 불필요하다는 입장이 있다. 성은 종족보존을 위한 본능적 행위이기 때문에 가르치지 않아도 자연히 알게 되는데 사전에 성지식을 알려주게 되면 오히려 성에 대한 호기심을 유발시켜 부작용을 낳게 되므로 성교육은 불필요하다는 관점이다. 둘째는 성교육은 순결교육이라는 입장이 있다. 남녀 간의 생물학적 특성과 차이를 가르치는 것이 성교육이며 특히 여자의 순결을 강조한다. 셋째는 성교육은 성폭력 예방교육이라는 입장이 있다. 이 입장은 성 비행방지와 성폭력 예방이 주 목표이다. 넷째는 성교육에 대한 우호적인 입장이 있다. 성을 가능한 억제하고 통제하려는 부정적, 적대적 시각에서 벗어나 성의 긍정적 측면에서 사랑과 즐거움에 비중을 두는 입장이다. 다섯째는 성교육에 대해 개방적인 입장이 있다. 이 주장은 성욕과 성적 자극에 대한 감각능력은 행동을 통한 학습에 의해 발달된다고 보고 청소년이 성욕을 표현하고, 성적 쾌감을 경험할 수 있도록 허용되어야 한다고 말한다. 이 이론은 윤리적 측면에 대한 고려가 결여되어 있어 현실적으로 받아들여지기 어렵다(Helmut, 1988).[67] 이상에서 볼 때 성교육에 대한 입장이 성교육 무용론에서부터 시작하여 순결교육, 성폭력 예방교육, 긍정적 성교육 및 개방론에 이르기까지 다양하다.

2) 성교육의 내용

성교육에 포함해야 할 내용은 첫째는 성에 대한 정확한 개념과 성윤리의 내용이 포함되어야 한다. 둘째는 평등한 성의식과 동성애, 그리고 인공임신중절에 대한 내용이 다루어져야 한다. 셋째는 생리적인 변화와 성행동, 피임, 성병, 특히 AIDS의 원인과 결과 등에 대해 구체적이고 자세하게 교육해야 한다. 넷째는 심리적 발달과정, 성심리, 바람직한 양성관계와 성적 주체성에 대한 내용이 포함되어야 한다. 다섯째는 사회에 성문화의 문제점에 대한 파악과 대중매체의 영향 및 음란물에 대한 시각이 다루어져야 한다. 여섯째는 성폭력의 문제와 예방에 관한 내용이 포함되어야 한다. 일곱째는 생물학적인 측면에서의 성교육이 필요하다. 인간의 신체적 변화에 대한 상호 이해와 자기 몸의 변화에 대한 이해, 그리고 스스로 책임질 수 있는 능력을 배양하도록 하고, 성교육 과정을 통하여 신체의 기능과 변화, 남녀의 신체구조, 성장과 발육의 특성, 임신 출산을 포함한 전 생식활동 과정 등에 대하여 올바르게 이해할 수 있도록 교육해야 한다. 여덟째는 문화적인 측면에서의 성교육이 필요하다. 문화는 그 시대에 따라 변할 수 있다. 그러나 성의 기능은 변하지 않는다. 따라서 성윤리는 생명윤리의식이라는 확고한 성윤리관이 정립되어야 한다. 아홉째는 사회적 측면에서의 성교육이다. 사회적 변화를 이해하고 예방적 차원에서 이에 대응하며 새로운 환경에 적응할 수 있도록 교육해야 한다. 특히 사회 구성원으로서 남녀의 역할을 개발하고, 건전한 인간관계로서 생산적인 사회생활이 이루어질 수 있도록 교육해야 한다. 마지막으로 심리적 측면에서의 성교육이다. 인간은 성장 발달 과정에 따라 정서적인 변화

---

[67] 헬무트. 행복과 해방의 성교육. 손덕수, 허판례 역. 대원사. 1998.

가 나타나는데, 이것을 심리 발달로 설명한다. 이성에 대한 관심, 반항의식, 이성에 대한 그리움, 성적인 충동, 환희와 우울 등의 정서적 변화는 부모, 동료 간의 관계에서부터 이성과의 관계에 이르기까지 다변적으로 발생한다. 따라서 건전하고 원만한 인간관계를 유지하기 위해서 각 심리 발달 과정별로 그 특성을 이해하고 대처할 수 있도록 교육하여야 한다.

3) 성교육 방법

성교육은 무엇을, 누가, 누구에게, 어떻게 가르칠 것인가이다. 그렇다면 성교육에서 '무엇을'에 해당되는 것이 성교육의 내용이다. 그리고 '어떻게'는 성교육의 교수방법에 해당된다. 성교육은 윤리와 도덕이 기초가 되어야 한다. 따라서 성교육의 방법은 매우 중요하다. 존슨(Johnson, 1970)[68]의 성교육 방법의 다섯 가지 학설이 있다. 첫째는 성교육은 전혀 시키지 않는 것이 가장 좋은 방법이라는 것이다. 결혼하면 누구나 성생활 방법을 자연히 알게 되듯이 젊은이들이 성문제에 부딪혔을 때 자기 나름대로 해결하면 된다는 것이다. 둘째는 성교육은 솔직하게 시키되 높은 수준의 훈련과 종교적 기초 위에 이루어져야 한다는 학설로, 종교인과 의사들이 이 학설에 찬성한다. 셋째는 성교육에 가장 적합한 장소는 빈민굴이라는 것이다. 왜냐하면 빈민굴에 사는 아이들은 성문제를 가볍게 보기 때문에 성범죄가 많이 발생한다. 넷째는 성교육에 신중해야 한다는 것이다. 이는 성과 사랑은 인간의 행복에 있어서 하나로 결부되어 있는 중요한 요소이기 때문이다. 다섯째는 성교육은 각자가 해야 한다는 것이다. 즉 성문제가 생겼을 때는 부모, 선생, 목사, 신부, 의사들에게 물어서 지도를 받거나 권위 있는 서적을 읽으면서 성문제를 해결해야 한다는 것이다.

필자는 성교육의 구체적인 방법으로는 첫째는 학문적이고 과학적인 방법, 그리고 생명윤리, 생명존중 입장으로 접근해야 하고, 둘째는 순결교육이 되어야 하고, 셋째는 이런 성교육의 담당자 양성이 시급하다. 넷째는 성교육이 가정, 학교, 사회에서 공동으로 이루어져야 하고, 다섯째는 단계별로 성교육 교재 제작이 필요하다.[69]

그리고 삼성복지재단(1994)[70]의 가정 성교육 방법을 보면 첫째는 가정에서의 성교육은 빠를수록 좋다. 부모들은 자녀가 사춘기가 되어야 성교육을 하는 것이라고 잘못 생각하고 있

[68] 오형석. 성교육에 관한 현황과 문제점. 기독교사상, 150(11), 60. 1970.
[69] 우남식. 성심리. 시그마프레스. 2015.
[70] 삼성복지재단편저. 10대 청소년들의 생활 세계. 삼성복지재단. 1994.

다. 사춘기가 되면 이미 성에 대한 여러 가지 단편적인 지식을 갖게 되며 잘못하면 성에 대한 그릇된 선입견을 갖게 된다. 성에 대한 기초 지식이 없이 들었을 때 충격을 받게 되고 아울러 호기심이 생겨 모방을 통해 그릇된 성 관념을 가질 수 있다. 아이들은 3~4세가 되면 남녀 간의 신체 구조상의 차이와 아기가 어디서 나오는가를 질문을 하기 시작한다. 이때 부모가 어떤 태도로 어떻게 대답하는가 하는 것은 아이들이 성에 대해 갖는 태도에 많은 영향을 준다. 따라서 성교육은 가정에서 일찍 시작하는 것이 좋다. 또한 부모가 서로 존중하고 화목하게 살아가는 것을 보는 것 자체도 아이들에게는 역할모델이 되어 자기의 성을 긍정적으로 받아들이고 이해하는 데 도움이 된다. 그러나 가족관계, 인체생리학, 해부학, 피임, 성병 및 성윤리에 대한 교육은 학교에서 담당하는 것이 효과적이다(한국청소년개발원, 1997).[71] 둘째는 성교육은 부모 모두가 담당해야 한다. 보통 가정의 성교육은 어머니가 담당하는 것이 사회의 전통적 관습이었다. 하지만 성교육은 어머니 혼자만으로 할 수 없다. 사춘기에 접어들게 되면 아들은 성에 관한 고민을 어머니와 상담하기를 꺼리고, 딸은 아버지에게 상담하기를 꺼린다. 따라서 부모 모두가 참여하여 자연스러운 대화를 통해 교육을 해야 한다. 그리고 부모가 자녀의 성교육에 임하여야 할 더 근본적인 이유는 부모의 생활을 통해 올바른 성의식과 바람직한 성 관념을 형성하기 때문이다. 셋째는 성교육은 진실해야 한다. 성에 대한 이야기를 나눌 때에는 어색하게 피하거나 굳은 표정으로 대해서는 안 되며, 긍정적인 태도를 가지고 자연스럽게 성교육에 임해야 한다. 넷째는 부모가 순결의 본이 되어야 한다. 호스테터(Hostetter, 1979)[72]는 "순결은 가장 훌륭한 삶을 살 가치가 있도록 한다."라고 했다. 가정에서 부모의 삶은 자녀들에게 절대적인 영향을 미친다. 미국의 성교육의 일차적 책임은 가정에 있다. 이제 한국의 부모들도 자녀들의 성교육에 대한 일차적 책임을 져야 한다. 그러기 위해 부모들이 건강한 성윤리의식을 가지고 자녀들에게 좋은 본을 보이는 삶을 살아야 한다. 부모의 좋은 본을 보이는 그 이상의 교육은 없기 때문이다.

8. 성윤리

오늘날 우리는 그릇된 성윤리가 심각하다. 그럼에도 불구하고 이에 대해 심각성을 느끼지

---

[71] 한국청소년개발원편. 청소년 심리학. 서원. 1997.
[72] Hostetter, B. C.. Keep your pure. 양은순 역. 생명의 말씀사. 1979.

못하고 있다. 특히 포스트모더니즘의 영향을 받아 더욱 더 그러하다. 그러나 성윤리는 상대화할 성질의 것이 아니다. 왜냐하면 성에서 생명이 잉태되기 때문이다. 세상에서 천하보다 소중하고 귀한 것은 생명이다. 그렇다면 생명보다 소중한 것은 성이다. 성에서 생명이 잉태되기 때문이다. 구체적으로 성윤리가 중요한 것은 첫째는 성은 도덕과 윤리적 차원을 넘어선 생명윤리이기 때문이다. 성은 단순한 쾌락의 수단이 아니다. 성은 생명과 연결되어 있는 신성하고 고귀한 것이다. 그러므로 성윤리 곧 생명존중사상과 직결된다. 성윤리가 타락하는 곳에는 반드시 생명존중사상이 파괴된다. 각종 성범죄, 인신매매, 성폭행, 인공임신중절, 강간 등이 야기되고, 각종 성병이 만연하여 사회의 근간이 흔들리고 혼란에 빠지게 된다. 오늘날 인공임신중절은 태어나는 어린아이의 3배에 가깝다. 이처럼 생명존중사상이 파괴될 때 인류에게 닥칠 재앙은 상상을 초월하게 된다. 그러므로 성윤리는 그 어떤 도덕, 윤리보다 우선적이다. 역사적으로 보더라도 성윤리가 타락할 때, 국가와 인류에게 재앙이 나타났다. 한 예로 천형이라 할 수 있는 에이즈를 들 수 있다. 성윤리는 생명과 직결되기 때문에 성교육을 아무리 강조해도 지나치지 않는다.

둘째는 성은 거룩한 사랑의 윤리이기 때문이다. 성을 건전하게 쓰면 생명을 잉태하지만 잘못 사용하게 되면 곳곳에 병리현상을 일으킨다. 따라서 '성교육'은 '성(聖)교육'이 되어야 한다.

셋째는 부부가 가정 안에서 인격적으로 행해지는 것이 건강한 성윤리이다. 사람은 누구나 불행한 삶을 원하지 않고 행복한 삶을 추구한다. 행복은 일차적으로 가정에서 이루어져야 한다. 가정의 행복의 근원은 부부의 건전한 성윤리의 정립에서 온다(우남식, 2015).[73]

---

[73] 우남식. 성심리. 시그마프레스. 2015.

행복과 인간관계

1. 인간관계와 중요성

우리말에 "서너 다리만 건너면 모든 사람은 아는 사이다. 누구를 만나더라도 항상 올바로 행동해야 한다."는 말이 있다. 2004년에 중앙일보와 연세대학교가 한국의 사회연결망 조사했는데 놀랍게도 한국인의 사회연결망은 3.6단계였다. 전혀 모르던 사이라도, 세 사람 또는 네 사람만 거치면 다 알게 된다는 것이다. 그리고 미국은 1967년에 사회연결망을 조사했는데 5.5단계만 거치면 모두가 아는 사이라는 결론이 나왔다. 우리나라는 미국보다 한결 좁은 세상인 것이다. 이처럼 인간은 엮이고 엮여 집단을 이루어 공동체를 이루며 살아간다. 그래서 사람들은 가족, 친족, 종친회와 같은 혈연공동체, 지역사회 및 향우회와 같은 지역공동체, 학교나 동문회와 같은 학연공동체, 회사나 정치적 집단과 같은 이익공동체, 민족이나 국가 공동체를 이루어 살아간다.

그런데 인간관계가 어떠냐에 따라 가까운 사람이 때로는 천국도 될 수 있고 지옥도 된다는 말이 있다. 왜냐하면 상처와 치유, 그리고 행복과 불행이 모두가 그 안에 있기 때문이다. 가까운 사람이 보낸 눈빛 하나가 하늘을 날아오르게도 하고 그가 던진 말 한마디로 나락에 떨어지기도 한다. 그래서 원수는 밖에 있고 웬수는 안에 있다고 한다. 따라서 우리가 살아가면서 가장 중요한 것은 인간관계이다.

우리가 살아가면서 좋은 인간관계를 맺으면 만족한 삶을 살게 된다. 인간관계는 기본적인 내재적 욕구이다. 긍정적인 인간관계는 자존감이 높고 행복지수 또한 높고, 육체적인 기능 또한 향상되고 질병으로부터도 회복이 빨라진다. 그리고 인간은 생물학적으로 나약하여 협동적인 생활방식이 요구되고 지속적인 유대관계 형성을 필요로 한다. 그래서 카네기는 인간관계론에서 성공은 실력이 15%, 인간관계가 85%라고 했다.[1]

　카네기는 인간관계의 세 가지 철학을 이야기한다. 첫째는 상대방을 비난이나 비평, 불평하지 마라. 둘째는 솔직하고 진지하게 칭찬하라. 셋째는 다른 사람들의 열렬한 욕구를 불러일으켜라. 그는 세 가지 기본원칙을 바탕으로 인간관계 방법론과 타인을 효과적으로 설득하는 방법과 리더가 되는 방법을 제시하고 있다. 칭찬은 인간의 정신에 비치는 따뜻한 햇볕과 같아서, 우리는 칭찬 없이는 자랄 수도 꽃을 피울 수도 없다고 했다. 그런데도 웬일인지 우리와 함께 살아가는 사람들에게 칭찬이라는 따뜻한 햇볕을 주는 데 인색하다고 말한다. 그리고 미국 컬럼비아대학교의 MBI 과정에서는 성공을 인간관계의 95%까지 보기도 한다.

　인간관계에서 중요한 것은 긍정적인 인간관계이다. 긍정적 인간관계는 친밀함이다. 긍정적인 인간관계는 행복과 만족을 준다. 그런데 인간은 부정적인 데 많은 관심을 갖는다. 그 이유는 부정적인 사건은 직접적이고 즉각적인 반면에 긍정적 사건은 간접적이기 때문이다. 그리고 인간의 일반적인 정서가 긍정적인 쪽으로 편향되어 있어서 부정정서가 발생하면 더 주의를 끌기 때문이다. 서울대 곽금주 교수의 보고에 의하면 20대의 경우 부정적 소문은 81% 듣고, 86%가 그 소문을 전한다. 반면에 긍정적 소문은 불과 18% 소문을 듣고, 4%만이 소식을 전한다고 한다. 한편 40~50대의 경우에는 나쁜 소문은 84%, 좋은 소문은 16%로 퍼져나간다. 이처럼 인간은 긍정적이고 좋은 소식보다 부정적이고 나쁜 소문에 민감한 것을 알 수 있다. 인간관계는 정서적인 관계이기 때문에 부정정서가 발생하면 더 오래 깊이 다가오게 마련이다. 따라서 우리가 좋은 인간관계를 맺으려면 긍정적이고 친밀함이 우선해야 한다.

2. 의미있는 타인

인간관계에서 의미있는 타인들은 첫째는 내가 매우 좋아하고 또한 나를 매우 좋아하는 사람이다. 둘째는 내가 닮고 싶어 하는 사람 또는 나의 이상적인 사람이다. 셋째는 내가 조언과

---

[1] 데일 카네기. 인간관계론. 최염순 역. 씨앗을뿌리는사람. 2004.

충고를 얻기 위해 찾는 사람이다. 넷째는 나의 인생과 관련된 중요한 사안에 대해 결정하는 사람이다. 다섯째는 내가 그 사람으로부터 인정받기를 원하며 그 사람의 평가를 중요시하는 사람이다. 여섯째는 내가 한 단계 넓고 깊어지며 인격적으로 향상되는 것이 느껴지는 사람이다. 일곱째는 내가 정서적으로나 심리적으로 가장 깊게 신뢰하는 사람이다. 여덟째는 나와 함께 같은 가치관을 공유하고 있는 사람이다. 아홉째는 내가 자주 접촉하고 많은 시간을 보내며 함께 많은 일을 하는 사람이다. 아홉째는 나에게 가장 적절하고 유용한 평가적 피드백을 제공하는 사람이다. 마지막으로 나에게 친밀감과 존중감을 제공하는 실제적이고 잠재적인 원천이 되는 사람이다.

의미있는 타인의 네 가지 역할은 첫째는 의미있는 타인은 나에 대한 사회적 지지자의 역할을 한다. 이들은 정서적, 재정적 지원을 다양한 형태로 지지해 준다. 변함 없이 일관성 있게 다양한 지원을 해주는 사람일수록 나에게 의미있는 타인이 된다. 둘째는 자기평가에 중요한 영향력을 미치는 사람이 의미있는 타인이 된다. 사람이 살아가면서 세 사람을 잘 만나야 한다. 하나는 스승이고 다른 하나는 친구이고 또 다른 하나는 배우자이다. 이들은 나의 삶과 인격에 지대한 영향을 끼친다. 셋째는 서로 유사성이 많을수록 더 의미있는 타인으로 여겨지는 경향이 있다. 나와 성격이나 가치관 등에서 서로 유사성을 공유하고 있다고 느끼는 정도에 따라서 의미있는 타인으로 여겨지게 된다. 여기에서 종교, 지연, 혈연, 학연 등이 될 수 있다. 넷째는 영향력의 상호성이 의미있는 타인이 될 수 있다. 서로 영향력을 주고받는 상호적 영향력이 큰 사람일수록 더 의미있는 타인으로 느껴지게 된다. 의미있는 타인은 일반적이지 않고 협력, 공유, 도움을 주고받을 수 있다. 마지막으로 학문과 인격적으로 영향을 준다.

그리고 성숙한 인간관계는 첫째는 현실적 욕구와 동기를 가져야 하고, 둘째는 인간관계에 대해 현실적이고 유연한 신념을 지녀야 한다. 셋째는 효과적이고 원활한 대인 기술을 가져야 하고, 넷째는 객관적이고 정확한 지각능력과 판단능력을 지녀야 하고, 마지막으로 인간관계 속에서 안정된 감정을 유지해야 한다. 반면에 미성숙한 사람은 다른 사람에게 상처를 주고받는다.

3. 다양한 인간관계

1) 청년기 전기 : 대학생의 인간관계

첫째는 이 시기의 인간관계는 관계의 폭이 넓다. 둘째는 큰 변화가 일어나고, 셋째는 인간관계의 질의 변화가 일어난다. 넷째는 이성관계가 활발해지고, 마지막으로 군복무 경험을 통해 위계질서의 관계를 경험한다.

2) 청년기 후반기 : 직장인의 인간관계

이 시기는 직장과 결혼을 통한 가정을 이루고 자녀의 출생과 더불어 부모와 자녀관계가 형성되는 시기이다. 직장은 첫째는 조직사회이고 둘째는 직위가 주어지고 그에 따른 업무가 분담된다. 셋째는 상사와 부하의 관계가 형성되고, 넷째는 업무수행능력과 성과로 평가된다. 따라서 회사는 치열한 경쟁관계이다. 경쟁에서 낙오자가 되지 않으려면 끊임없는 자기계발이 필요하다. 마지막으로 동료와 상사와 협동적이고 효율적인 인간관계가 중요하다.

그리고 직장은 여러 종류의 사람들이 모인 집단이다. 그래서 사람들의 성격도 다양하다. 그 중에 첫째는 화합 응집형이 있다. 이런 사람은 긍정적 감정과 친밀감을 유지한다. 둘째는 대립 분리형이 있다. 서로 적대시하고 관계를 깨는 형으로 이런 사람을 일컬어 싸움닭이라고 표현할 수 있겠다. 셋째는 화합 분산형이 있다. 호의적이지만 응집력이 약하고, 넷째는 대립 분산형이 있다. 갈등이 심하며 직장의 인간관계 구심점이 없는 것이 특징이다.

상사의 유형에는 첫째는 권위형이 있다. 이는 지배하고 통제하려고 한다. 둘째는 방임형이 있다. 자신감이 없고 무관심하다. 셋째는 민주형이 있는데 의견을 수렴하고 부하들에게 재량권을 부여한다. 부하의 유형에는 첫째는 추종형이 있다. 상사의 비위를 맞추는 형이다. 아첨형이라고 할 수 있다. 둘째는 저항형이 있다. 셋째는 대립 분산형이 있다. 넷째는 합리형이다.

4. 인간관계의 분류

1) 일차적인 인간관계와 이차적 인간관계

일차적 인간관계 특징은 첫째는 본인의 선택이나 의사와 상관없이 주어지는 인간관계이다.

부모를 비롯한 형제자매 등 가족관계이다. 둘째는 가입과 탈퇴가 자유롭지 못하고 어렵다. 셋째는 공식적이고 집단적이다.

그리고 이차적 인간관계의 특징은 개인적인 매력, 직업적 이해관계, 이념, 사상, 신념, 종교, 취지 등의 가치를 공유함에서 형성되는 인간관계이다.

2) 공유적인 인간관계와 교환적 인간관계

공유적인 인간관계의 특징은 첫째는 각자가 상대방의 행복과 불행에 관심과 책임의 관계이다. 둘째는 서로 주고받는 것만큼의 호혜성의 원칙이 무시되는 초월적인 관계이다. 셋째는 개별성의 원칙이 아니라 우리는 하나라는 관계로, 타인의 행복을 나의 행복으로 여긴다.

그리고 교환적인 인간관계의 특징은 첫째는 거래와 호혜의 인간관계이다. 거래와 교환이 공정하다. 둘째는 부담과 기대감이 존재한다. 셋째는 마르틴 부버가 말하는 '나와 그것'의 만남이다. 마르틴 부버는 나와 너[2]에서 '나와 당신'과의 만남은 진실된 만남으로 실존적인 만남, 사랑, 성장, 통합을 경험하는 만남이다. 그러나 나와 그것과의 만남은 가면적 만남, 역할적인 만남, 목적을 달성하는 수단의 만남이다.

3) 기타 인간관계

또 인간관계에는 수직적 인간관계와 수평적 인간관계가 있고, 우호적인 인간관계와 적대적인 인간관계가 있다. 또한 애정중심관계와 업무중심 인간관계가 있다. 요즘은 점차 애정중심의 인간관계가 아니라 업무중심, 사업중심의 인간관계가 형성되어가고 있다. 애정중심 관계는 긍정적인 감정이고, 업무중심 관계는 성과중심 관계이다.

5. 인생의 네 가지 동반자

1) 가족적 동반자

가족애를 나눌 수 있는 혈연적 동반자를 뜻하며, 가정은 인생이라는 동반에 있어서 베이스 캠프와 같은 역할을 하는 곳이다. 가족의 만남이 깨지면 인간은 방황이 시작된다. 특히 어린

---

[2] 마르틴 부버. 나와 너. 표재명 역. 문예출판사. 2001.

시절 출생부터 5살까지는 가족중심, 부모의 관심과 사랑이 매우 중요하다. 이때는 밀착 단계로 부모와의 친밀함과 형제자매와의 우애이다. 그래서 필자는 늘 자녀들에게 첫째는 하나님 경외, 둘째는 부모님 존경, 셋째는 형제자매 우애, 넷째는 어려운 이웃의 섬김을 강조한다. 영어로 기쁨은 JOY이다. 이는 'Jesus first, Others second, You third'의 삶을 살 때 기쁨이 있고 행복을 누리게 된다는 것이다.

2) 낭만적 동반자

낭만적 동반자는 사랑을 나눌 수 있는 연인 또는 애인을 말한다. 동반자는 낭만적 사랑과 연애감정을 느낄 수 있고 친근감을 통해 사랑이 깊어진다. 이 시기를 통해 사랑의 아름다움을 경험하게 된다. 요즘은 낭만적인 사랑이 사라지고 육체적인 에로틱으로 변모하고 있다. 그래서 사랑의 깊이가 없고 얄팍하다. 낭만적인 사랑이 없는 곳에는 아름다운 예술이 나올 수 없다. 유명한 예술은 낭만적인 사람에서 기인한다. 우리나라의 김소월[3]의 진달래도 그런 것이 아닌가 싶다. "나 보기가 역겨워 가실 때에는 말없이 고이 보내드리오리다. 영변에 약산 진달래꽃, 아름 따다 가실 길에 뿌리오리다. 가시는 걸음걸음 놓인 그 꽃을 사뿐히 즈려 밟고 가시옵소서. 나 보기가 역겨워 가실 때에는 죽어도 아니 눈물 흘리오리다." 낭만적인 사랑은 복수가 아니라 그 내면에서 흘러나오는 아름다운 향연이다.

3) 사교적 동반자

사교적 동반자는 교우관계를 통해 우정을 느낄 수 있는 친구를 뜻한다. 이러한 동반자는 혈연관계나 직업적 이해관계보다는 개인적인 친근감과 신뢰에 바탕을 두고 긍정적인 정서적 교류를 하는 친구를 말한다.

4) 작업적 동반자

작업적 동반자는 목표 지향적 활동을 협력적으로 행하게 하는 일의 동반자이다. 공동의 목표를 위해 직업적 활동을 함께하는 직장동료, 같은 분야의 공부를 함께하는 연구자가 이에 해당된다. 흔히 작업적 동반자는 사교적 동반자와 중복될 수 있다. 그러나 함께 일하는 직장

---

[3] 김소월(김정식, 1902~1934): 한국 서정시의 기념비적 작품인 진달래꽃으로 널리 알려진 시인이다. 한국의 전통적인 한을 노래한 시인이라고 평가받고 있음

동료가 항상 좋은 친구가 될 수 없듯이, 작업적 동반자와 사교적 동반자는 여러 가지 점에서 구분된다. 작업적 동반자와의 관계는 업무중심적 인간관계인 반면, 사교적 동반자와의 관계는 애정중심적 인간관계라고 할 수 있다.

6. 대인관계

1) 대인 동기

대인 동기란 인간이 행동하게 하는 내면적인 동기를 말한다. 동기의 기능은 첫째는 목표 지향적 행동을 유발한다. 둘째는 목표 지향적 행동을 지속하게 하는 추진력을 제공한다. 셋째는 목표 지향적 행동을 조절하는 기능을 한다.

　대인 동기에는 생물학적인 대인 동기가 있는데, 첫째는 생존을 위한 기본적인 동기가 있다. 둘째는 의존 동기이다. 이는 타인으로부터 의존하고 보호받으려는 의존적인 동기로, 강하고 높은 위치의 사람에게 의존하는 동기이다. 셋째는 친애 동기이다. 이는 주변 사람들과 어울리고 친밀해지고자 하는 친애 동기로 친구 등이 있다. 넷째는 지배 동기이다. 이 동기는 타인에게 자신의 영향력을 행사하고 싶어 하는 동기로, 권력추구 욕구의 동기이다. 다섯째는 성적 동기이다. 이는 이성에 대한 호기심, 종족보존으로 나타난다. 여섯째는 공격 동기이다. 상대방에게 상처를 주는 공격행동으로 타인에게 해나 손상, 분노적인 공격과 수단적인 공격이 있다. 우리민족은 한이 많은 민족이다. 그래서 한풀이라는 말도 있다. 필자는 아리랑을 한이 서려 있는 민요로 해석하고 있다. "아리랑 아리랑 아라리요 아리랑 고개로 넘어간다. 나를 버리고 가시는 님은 십리도 못가서 발병난다." 그런데 남북이 만나면 꼭 이 민요를 부른다. 이 민요를 부르며 화합이 될까를 생각하곤 한다. 물론 아리랑을 한을 넘어 사랑으로 풀어낼 수도 있겠다. 일곱째는 자기 존중감의 동기이다. 이는 자기 자신을 가치 있는 존재로 여기고자 하는 욕구이다.

2) 대인 신념

대인 신념이란 자신이 믿고 있는 지식, 이해 믿는 대로 행동하는 것을 말한다. 대인 신념의 특성은 첫째로 일시적인 것이 아니다. 지속적, 안정된 사고내용을 말한다. 수많은 경험을 체계적으로 추상화하여 심층적이고 안정된 신념이다. 둘째로 새로운 인간관계 상황에 대한 기대와 예측의 근거가 된다. 인간은 과거 경험을 바탕으로 미래를 예측한다. 그리고 자기에 대한 신념은 물질적인 자기 신념과 심리적인 신념, 그리고 사회적인 신념이 있다. 물질적인 자기 신념은 나의 육체, 특성, 나의 소유물 등을 포함하고, 심리적인 신념은 성격, 능력, 적성 등과 같은 내면적 특성을 말하며, 사회적인 신념은 나의 위치와 신분 등을 말한다.

3) 대인 기술

인간관계를 성공적으로 이끌어 갈 수 있는 사교적 능력을 대인 기술이라고 한다. 대인 기술은 첫째는 학습을 통해 획득한다. 둘째는 언어적 행동과 비언어적 행동으로 구성된다. 셋째는 상대방의 상황에 따라 결정된다. 넷째는 타인으로부터의 사회적 보상을 극대화한다.

여기에는 비언어적 대인 기술이 있다. 얼굴 표정은 기본적인 대인 기술이고 자기 자신의 정서의 표현이다. 기쁨, 놀람, 공포, 슬픔, 분노, 혐오 등으로 나타난다. 얼굴 표정을 통해 사람이 어떤 사람인지 알 수 있다. 그래서 링컨이 이런 말을 했다. "40살 이상 되면 자기 얼굴에 책임을 져야 한다. 40세 이전의 아름다움은 주어진 아름다움으로, 그것은 누구도 어찌할 수 없다. 그런데 그 아름다움은 나이가 들면 퇴색해진다. 진정한 아름다움은 퇴색한 후에 나타나는 아름다움이다. 그 아름다움을 위해 힘써라."

우리는 찡그린 얼굴에서 그 속의 아픔을 알 수 있고, 얼굴의 주름에서 그 삶을 읽을 수 있습니다. 환한 얼굴에서 그 속의 즐거움을 볼 수 있다. 그리고 뻣뻣한 굳은 얼굴에서 그의 긴장과 교만을 볼 수 있다. 붉으락푸르락하는 얼굴에서 그의 분노와 원망을 볼 수 있다. 얼굴은 하루에도 수십 번 변한다. 이는 우리 마음이 수십 번 변한다는 것이다. 얼굴 관리는 곧 내면 관리이다. 눈 마주침(eye contact)과 몸 움직임, 신체 접촉을 통한 친밀감, 강한 애정, 지배와 종속의 관계를 나타낼 수 있다.

무엇보다도 인간관계는 긍정적인 대인관계와 대인 행동이다. 부정적인 대인 감정과 대인 행동은 첫째는 분노는 대인관계에서 파괴적인 역할을 할 수 있는 강력한 부정적 감정이다. 분노는 공격과 복수를 유발한다. 공격에는 대치 공격과 수동적 공격과 분노 감정을 내향화하는 방법이 있다. 우울 감정으로 변화시킬 수 있다. 그리고 승화와 용서의 방법이 있다. 둘째는 불안 공포이다. 셋째는 죄책감과 수치감이다. 넷째는 슬픔이다. 다섯째는 시기와 질투이다. 여섯째는 혐오감, 그리고 일곱째는 고독감이다. 그러나 긍정적 대인 감정과 대인 행동은 첫째는 기쁨(행복감과 환희)이다. 이는 원하는 목표 달성에 따른 감정 표현이다. 둘째는 자기 긍지는 자신의 성취와 업적에 대한 긍정적인 자기 평가와 다른 사람이 나타내는 애정과 인정이다. 셋째는 사랑과 애정이다. 이는 다른 사람에 대한 긍정적 감정의 표현이다. 넷째는 안도감은 긍정적 정서 체험이다.

4) 공간을 통한 친밀도

홀(Hall, 1966)은 공간을 통한 친밀도를 말하고 있다.[4]

인간과의 친밀한 사이는 0~60cm이고, 개인 간의 거리는 60~120cm이다. 그리고 사회의 거리는 120~330cm이며, 공공거리는 330cm이다. 친밀도는 거리와 비례한다. 그래서 의전에서 가장 중요한 것은 자리 배치이다.

그림에서 A가 먼저 왔을 때에 B의 선태 여하에 따라 친밀도가 달라진다. A와 B1과의 관계는 친밀과 애정의 관계이다. A와 B3은 낯선 사람이나 면접이나 협상하는 경우이다. A와 B2는 어느 정도 친밀하고 대화나 협의의 관계이다. B5와 B4는 보통 잘 앉지 않는 자리로, 만남이 적극적인 태도가 아닌 경우이다.

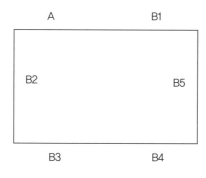

출처 : Hall, 1966.

그림 12.1 공간을 통한 친밀도

5) 대인 감정과 대인 행동

대인 감정은 대인관계 만족도를 결정하는 중요한 요인이 된다. 그리고 대인 행동은 상대방에게 직접적인 영향을 준다. 대인 행동은 첫째는 상대방에 대한 호의성 여부에 따라 호의적, 중

---

[4] Hall, E.T. *The hidden dinmension*. New York: Doubleday. 1966.

표 12.1 언어행동의 분석을 위한 Penman 분류 방법

대인 권력(고)

공유	주도	통제	거부
협력	제공	저항	반발
순종	요청	유보	회피
추종	복종	단념	후퇴

대인 권력(저)　긍정　←――― 대인 관여 ―――→　부정적

출처 : 권석만, 2003.

립적, 적대적 행동으로 나눈다. 둘째는 통제적 행동과 비통제적 행동으로 나눈다. 셋째는 상대방에 대한 감정 경험을 표현하는 시기에 따라 즉각적 행동과 유보적 행동으로 나눈다. 넷째는 감정과 의도의 표현하는 강도에 따라 적극적 행동과 소극적 행동으로 나눈다.

요즘 가장 많이 등장하는 화제의 하나가 소통이다. 그래서 사람들은 소통을 강조하고 소통이 안 되면 불통이라고 비아냥댄다. 그러나 소통보다 더 중요한 것은 공유이다. 대인관계에서 공유는 대인 권력의 최고점에 이르고 대인 관여는 긍정이 최고점에 이른다. 정보공유는 협력보다 우선하고 순종이나 추종보다 우선한다. 따라서 최고의 리더십은 공유이다. 정보를 공유하고 의견을 공유할 때 최대의 리더십을 발휘하게 된다.

7. 친구

1) 정의

인생의 삶의 여정에서 수많은 사람을 만난다. 그중에 소수의 사람들과 잦은 만남을 통해 친밀하고 내밀한 관계를 맺게 된다. 이들은 서로 마음과 뜻이 통하며 정다움을 느끼는 친구가 된다. 이러한 친구는 마음에 의미있는 존재로 자리 잡게 되고 소중한 존재가 된다. 사람이 살아가면서 의미 있는 관계를 맺는 것은 그리 많지 않다. 사람마다 차이가 있지만 어떤 연구에 의하면 평생 100명 내외라고 한다.[5]

친구의 사전적 의미는 오래 두고 정답게 사귀어 온 벗이다. 벗이란 마음이 서로 통하고 친

---

[5] 권석만. 인간관계 심리학. 학지사. 1997.

하게 사귀고 뜻을 같이 하는 사람이라고 정의한다. 이러한 친구와 나누는 정다운 애정을 우정이라고 한다. 이러한 우정은 연인에게 느끼는 낭만적인 사랑이거나 가족에게 느끼는 가족애와는 구분된다. 우정과 사랑의 차이에 대해 연구한 데이비스와 토드(Davis & Todd, 1985)[6]에 의하면 우정과 사랑은 매우 유사한 공통점을 지닌다. 즉 우정과 사랑은 수용, 신뢰, 존중의 측면에서는 거의 차이가 없었고 숨기지 않음과 이해, 자발성, 상호협력에 있어서는 거의 유사했다.

친구는 영어로 프랜드(friend)인데, 프랜드의 이니셜을 보면 F는 free(자유로울 수 있고), R은 remember(언제나 기억에 남으며), I는 idea(항상 생각할 수 있고), E는 enjoy(같이 있으면 즐겁고), N은 need(필요할 때 옆에 있어 주고), D는 depend(힘들 때 의지)이다. 이를 풀어본다면 친구란 언제나 자유롭게 만날 수 있고, 오래 기억이 남고, 항상 생각하며, 같이 있어 즐겁고, 필요할 때 옆에 있어주고, 어렵고 힘들 때 도와주는 것이다.

삶에 있어서 어떤 친구를 만나느냐에 따라 삶의 질이 달라진다. 친구관계 속에서 살아가는 방법을 배우고 인격이 형성되며, 그리고 희로애락을 통해 진실한 우정이 만들어진다. 칭찬과 비판, 협동과 경쟁을 통하여 서로 성장하게 된다. 그래서 필자는 늘 일생에 세 사람을 잘 만나야 한다고 강조한다. 하나는 스승(멘토), 다른 하나는 교우, 또 다른 하나는 배우자이다.

2) 특성

친구의 특성[7]은 첫째는 동등한 위치의 인간관계이다. 나이, 출신지역, 출신학교, 학력, 그리고 사회적인 신분 등이 비슷한 사람과 맺는 친밀한 관계이다. 친구관계는 수직적인 관계보다는 수평적인 관계의 속성을 지닌다. 둘째는 가장 순수한 인간 지향적인 대인관계이다. 이해관계나 업무상의 관계와는 구분된다. 친구를 통해 얻어지는 현실적인 이득은 부수적인 효과일 뿐이다. 즉, 친구관계는 친밀함이 중심이 된다. 셋째는 인간관계 중에 가장 편안하고 자유로운 관계이다. 어떤 위계적인 관계에서 오는 심적 부담과 제약이 없다. 넷째는 여러 측면에서 유사점을 지닌 관계이기 때문에 서로 공유할 영역이 넓다. 가치관, 종교, 취미, 화제 등이 유사하기 때문에 서로의 만남이 즐겁고 편하다. 다섯째는 구속력이 없기 때문에 언제든지 헤어질 수 있다. 가족이나 직장에서의 인간관계처럼 관계를 유지해야 하는 의무나 구

---

[6] Davis, K.E. & Todd, M.J. Friendship and love relationships. In S.W. Davis(Ed.), *Advances in Descriptive Psychology*(pp. 79-122). Greenwich, CT: JAI Press. 1982.

[7] 권석만. 인간관계 심리학. 학지사. 1997.

속력이 적다. 여섯째는 서로 도와주고 믿을 수 있는 신뢰의 관계이다. 그래서 있는 그대로 내보일 수 있다.

3) 유형

(1) 유희집단

유희집단은 5~6세부터 12~13세의 어린이들로 놀이 활동을 위해서 자연 발생적으로 형성된 집단이다. 이때의 특징은 놀이의 주도권을 갖는 어린이가 생기고, 놀이에는 일정한 규칙이 있으며, 놀이의 종류와 범위에 제한이 있다. 그리고 이때는 일시적, 1차 집단적, 비형식적 집단이며 집단의식이 부족하고 자기중심적이고 비타협적이다. 또 집단구성원은 성차가 없고 신분과 계층의 차이도 없다.

(2) 동료집단(동인집단)

동료집단(동인집단)은 놀이집단 영역을 벗어나 청소년부터 사회지위까지 가지고 있는 사람이다. 성원 간의 친밀감과 단결의식이 생긴다. 공통적인 흥미와 관심사와 동지애가 강하다. 동인집단의 특징은 첫째는 비형식적 집단이며 신뢰감 친밀감 단결의식이 강하다. 둘째는 공통적 흥미와 관심을 통하여 경험과 소신을 나눈다. 셋째는 배타적이다. 넷째는 책임감과 동지애가 강하다. 다섯째는 규범과 규칙이 있다.

   종류를 보면 학교를 중심한 동인 집단으로, 동일학교 성원으로 구성되며 학교 안에서 활동한다. 이 집단을 통해 사회화의 기능과 문화유산의 전달 기능, 그리고 사회적 지위를 결정할 기능을 익히게 된다. 다른 하나는 오락중심의 동인집단이 있다. 동일학교 성원으로 구성되며 학교 밖에서 활동한다. 또 다른 하나는 기관중심 동인집단이 있다. 이 집단은 학교 밖의 성원으로 구성되며 학교 밖에서 활동한다.

4) 교우관계의 긍정과 부정적인 기능

긍정적인 기능을 보면 첫째는 청소년들의 자아개념과 정체성의 발달을 들 수 있다. 둘째는 사회적 성취와 사회적 기술의 획득을 찾을 수 있다. 셋째는 갈등해결 능력을 기를 수 있다. 넷째는 장래에 직업적으로 성취할 수 있다. 다섯째는 가족생활과 성역할을 확립할 수 있다. 여섯째는 사회생활 적응에 도움이 된다. 일곱째는 폭넓은 인간관계를 형성할 수 있다. 반면에 부정적인 기능에는 첫째는 나쁜 친구들과 어울려 나쁜 행동을 습득하고 비행이나 일탈행동을 일삼을 수 있다. 둘째는 집단폭행, 금품갈취, 심지어는 집단 성폭행까지도 일어나는 경우가 있다.

5) 아름다운 우정

아름다운 우정의 모범에 관포지교가 있다. 사마천의 관안열전(管晏列傳)[8]에 의하면 중국 제나라에서 포숙은 자본을 대고, 관중은 경영을 담당하여 동업하였는데 관중이 이익금을 혼자 독차지하였다. 그런데도 포숙은 관중의 집안이 가난한 탓이라고 너그럽게 이해하였고, 함께 전쟁에 나아가서는 관중이 3번이나 도망을 하였는데도, 포숙은 그를 비겁자라 생각하지 않고 그에게는 늙으신 어머님이 계시기 때문이라고 그를 변호하였다. 이와 같이 포숙은 관중을 끝까지 믿어 그를 밀어 주었고, 관중도 이런 포숙을 가리켜 "나를 낳은 것은 부모이지만 나를 아는 것은 오직 포숙뿐이다(생아자부모지아자포자야: 生我者父母 知我者鮑子也)."라고 말하였다.

성경에 요나단과 다윗의 아름다운 우정이야기가 나온다. 그들의 우정은 기이한(wonderful) 사랑이었다. 다윗과 요나단은 인간적으로 보면 정적이다. 요나단은 장차 왕위를 계승할 왕자이다. 그런데 요나단은 다윗을 사랑하고 위기에서 그를 도와 죽음에서 벗어나도록 하였다. 다윗은 요나단이 죽었다는 소식을 듣고 이렇게 조사를 지어 슬퍼했다. "내 형 요나단이여, 내가 그대를 애통함은 그대는 내게 심히 아름다움이라. 그대가 나를 사랑함이 기이하여 여인의 사랑보다 승하였도다."(삼하 1:26) 이 우정은 시련 가운데서 자라나서 꽃을 피운 아름다운 우정이었다. 막차는 떠나고 가로등은 다 꺼져 있고 낙엽이 다 진 가로수처럼 삭막하고 메마른 시대에 다윗과 요나단의 사랑은 아름답기만 하다.

유안진은 **지란지교를 꿈꾸며**[9]에서 친구에 대해 이렇게 읊는다.[10] "저녁을 먹고 나면 허물없이 찾아가 차 한 잔을 마시고 싶다고 말할 수 있는 친구가 있었으면 좋겠다. 입은 옷을 갈아입지 않고, 김치냄새가 좀 나더라도 흉보지 않을 친구가 우리 집 가까이에 있었으면 좋겠다. 비 오는 오후나, 눈 내리는 밤에도 고무신을 끌고 찾아가도 좋을 친구, 밤늦도록 공허한 마

---

[8] 사마천. 사기열전. 연변대학 고적연구소 역. 서해문집. 2006.
[9] 지란지교: 명심보감 교우편에 나오는데, 지초(芝草)와 난초(蘭草) 같이 향기로운 사귐을 뜻하는 것으로 친구 간의 맑고 깨끗한 사귐을 말한다.
[10] 유안진. 지란지교를 꿈꾸며. 아침책상. 2014.

음도 놓고 보일 수 있고 악의 없이 남의 얘기를 주고받고 나서도 말이 날까 걱정되지 않는 친구가……. 사람이 자기 아내나 남편, 제 형제나 제 자식하고만 사랑을 나눈다면 어찌 행복해질 수 있으랴. 영원이 없을수록 영원을 꿈꾸도록 서로 돕는 진실한 친구가 필요하리라……. 냉면을 먹을 때는 농부처럼 먹을 줄 알며, 스테이크를 자를 때는 여왕처럼 품위 있게, 군밤을 아이처럼 까먹고, 차를 마실 때는 백작보다 우아해지리라. 우리는…… "

함석헌[11]은 그 사람을 가졌는가에서 이렇게 친구에 대해 이야기한다. "만리길 나서는 길 처자를 내맡기며 맘 놓고 갈 만한 사람 그 사람을 그대는 가졌는가. 온 세상이 나를 버려 마음이 외로울 때에도 '저 맘이야' 하고 믿어지는 그 사람을 그대는 가졌는가. 탔던 배 꺼지는 순간 구명대 서로 사양하며 '너만은 제발 살아다오' 할 그 사람을 그대는 가졌는가. 불의의 사형장에서 다 죽여도 너희 세상 빛을 위해 '저만은 살려두거라' 일러줄 그 사람을 그대는 가졌는가. 잊지 못할 이 세상을 놓고 떠나려 할 때 '저 하나 있으니' 하며 빙긋이 웃고 눈을 감을 그 사람을 그대는 가졌는가. 온 세상의 찬성보다도 '아니'하고 가만히 머리 흔들 그 한 얼굴 생각에 알뜰한 유혹을 물리치게 되는 그 사람을 그대는 가졌는가."

간담상조(肝膽相照)란 말이 있다. 간과 쓸개를 서로 내놓고 보인다는 뜻으로 서로 마음을 터놓고 허물없이 지내는 친구 사이를 뜻한다. 당송팔대가(唐宋八大家)의 한 사람인 한유(韓愈)와 유종원(柳宗元)이 있었다. 이들은 함께 고문부흥(古文復興)운동을 제창한 친구로서 세인으로부터 한유와 유종원의 성만 따서 한유(韓柳)라고 부를 정도로 절친한 사이였다. 당나라 11대 황제인 헌종(805~820) 때 유종원이 유주자사로 좌천되었는데, 그의 친구 유몽득(劉夢得)도 파주자사로 가게 되었다. 한유는 유종원이 죽자 자신의 불우한 처지는 제쳐놓고 오히려 연로한 어머니를 두고 변경이었던 파주자사로 좌천, 부임하는 친구 유몽득을 크게 동정했던 유종원의 진정한 우정을 보면서 자신의 경박한 사귐을 증오하며 그의 묘지명에 이렇게 쓰고 있다.

"사람이란 곤경에 처했을 때라야 비로소 절의가 나타나는 법이다. 평소 평온하게 살아갈 때는 서로 그리워하고 기뻐하며 때로는 놀이나 술자리를 마련하여 부르곤 한다. 또 흰소리를 치기도 하고 지나친 우스갯소리도 하지만 서로 양보하고 손을 맞잡기도 한다. 어디 그뿐인가. '서로 간과 쓸개를 꺼내 보이며(간담상조: 肝膽相照)' 해를 가리켜 눈물짓고 살든 죽든

---

[11] 함석헌(1901~1989): 기독교 문필가, 평안북도 용천 출신으로 성서적 입장에서 본 조선역사과 인간혁명, 역사와 민족 등의 저서가 있고 오산학교 교사.

서로 배신하지 말자고 맹세한다. 말은 제법 그럴듯하지만 일단 털 끝만큼이라도 이해관계가 생기는 날에는 눈을 부릅뜨고 언제 봤냐는 듯 안면을 바꾼다. 더욱이 함정에 빠져도 손을 뻗쳐 구해 주기는커녕 오히려 더 깊이 빠뜨리고 위에서 돌까지 던지는 인간이 이 세상 곳곳에 널려 있는 것이다."

친구는 만들어야 한다. 그래서 친구를 사귄다는 말을 영어로는 make friends라고 하는 것이다. 친구는 투자를 통해 얻어진다. 투자는 희생과 헌신이다. 그래서 지혜로운 사람은 친구를 삼기 위해 아낌없이 투자한다. 성경에 불의의 재물을 팔아 친구를 사귀라고 했다(눅 16:9).

8. 메이요와 테일러의 비교

유명한 메이요(Elton Mayo)와 테일러(Frederick Winslow Taylor)의 이론이 있다. 테일러는 과학적 관리법(scientific management)을 창안했다. 그 이름을 따서 테일러리즘(Taylorism)이라고 한다. 20세기 초부터 주목받은 과업수행의 분석과 혼합에 대한 관리이론이다. 이 이론의 핵심 목표는 경제적 효율성, 특히 노동생산의 증진이다. 이 이론은 현대 경영학의 기초가 되었다. 이 이론은 목표량을 달성할 시에 수행자에게 인센티브를 지급함으로써 근로자의 생산성을 증진시키는 효과를 가져온다.

우리나라 기업이 대부분 테일러리즘에 기초한다. 그러나 여기에는 과학적 관리와 전문적인 지식과 역량이 요구되는 일에는 부적합하며, 노동자들의 자율성과 창의성은 무시된 채 효율성만 강조했다는 데 비판을 받았다.

한편 1927년 미국 시카고 외곽의 호손(Hawthorne) 지역에 위치한 웨스턴 일렉트릭(Western Electric)사는 전화기 생산하는 공장이다. 이곳에서 회사 연구진을 난관에 빠뜨린 한 사건이 발생했다. 웨스턴 일렉트릭사는 조명을 밝게 하면 작업 능률이 올라갈 것으로 생각해 3년 전부터 공장 내의 조명 밝기와 작업 생산량의 관계에 대한 실험을 해왔다. 처음에 조명을 밝게 하자 예상대로 생산성이 올라갔다. 그런데 조명을 다시 원래 수준으로 되돌려도 이상하게 생산성이 줄지 않았다. 심지어 조명 밝기를 이전보다 더 어둡게 해도 생산성은 떨어지지 않은 기현상이 발생했다. 이런 실험 결과를 접한 회사는 전문가인 하버드대학교 경영대학의 엘튼 메이요(Elton Mayo) 교수를 초청하여 분석 의뢰했다.

메이요 팀은 추가적인 조명실험을 하면서 실험에 참가한 여직공들에게 작업은 힘들지 않은지, 다른 문제는 없는지를 끊임없이 물어보았다. 동시에 비슷한 실험을 진행하는데, 여직공들의 노동시간을 단축하고 휴식시간을 확대하며, 간식 제공 등 노동여건을 개선했다. 예상대로 생산성이 높아졌다. 그런데 노동조건을 원래대로 되돌려 놓아도 생산성이 떨어지지 않았다. 마침내 메이요 교수는 실험의 주역으로 선발됐다는 여공들의 자부심이 어떤 상황에서도 높은 생산성을 유지시키는 요인이라고 결론을 내렸다. 즉 여직공들은 회사의 중요한 실험에 선발되어 자신이 주목받는다는 사실을 알았고, 팀 구성 시에 마음이 맞는 사람과 팀을 이뤄 구성원들끼리 자발적으로 서로 도왔으며, 팀이 좋은 성과를 얻게 되면 일류 팀이라는 자부심이 생겨 성취에 대한 더 강한 동기를 갖게 된 것이다. 즉, 인정받는다는 느낌이 일에 신바람을 불어넣은 것이다. 호손 실험은 근로자에 대한 일종의 '관심'이 근로자의 동기를 유발하고, 높은 성과를 실현하게 한다는 대표적인 사례이다.

이 실험에서는 또 한 가지 새로운 점이 발견됐다. 하나의 조직 속에 두 개의 조직이 존재한다는 것이다. 하나는 '공조직'으로 보통 회사에서 마케팅부서, 회계부서 등과 같이 업무를 위해 만든 조직을 말한다. 또 다른 조직은 '비공식 조직'으로 사내 동기 모임이나 출신학교 모임 등 업무목적보다는 같은 경험과 사고방식을 갖는 동료끼리 모여 자연스레 형성된 조직이라고 할 수 있다. 비공식 조직은 때때로 공조직에 영향을 미친다. 예를 들어 작업 능률 향상을 위해 새로운 시스템을 도입하면서 직원 몇 명을 명예 퇴직시키게 되면 비공식으로 연결된 직원들의 사기가 떨어져서 작업능률이 나빠졌다. 생산성을 올리기 위해 도입한 시스템이 오히려 생산성을 악화시키는 역효과를 가져왔다. 반대로 회식 등으로 업무상 의사소통이 원활해지게 되면 비공식 조직이 공조직에 긍정적인 영향을 준다.

이처럼 종업원의 소속감과 안정감, 참여의식이 생산성에 영향을 미치고 인간관계로 형성된 비공식 조직이 경영성과를 좌우한다는 것이 메이요 교수의 주장이다. 그래서 그는 이런 말을 했다. "인간과 기계를 동일하게 취급해서는 안 된다." 호손 공장의 실험을 통해 메이요 교수는 '인간중심 경영'을 주창했다. 생산성도 인간관계에 있다는 것이다. 임금을 많이 주면서 일을 시키면 당장은 경영효과가 나타날지 모르지만 먼 안목으로 바라볼 때 인간중심의 경영, 감성의 경영, 따뜻한 인간애, 친밀함이 생산성을 높아지게 한다.

요즘 경영 합리화와 효율성을 강조한다. 이를 통해 숨을 쉴 수 없을 정도로 생산증대를 위해 몰아친다. 그러나 경영 합리화와 효율성 이전에 따뜻한 인간애가 우선해야 한다. 경영 합리화와 효율성을 강조할 때 당장은 연봉이 깎이고 해고되지 않기 위해 열심히 할지 모르지만 장기적인 안목에서 볼 때 생산성과 효율성은 저하될 것이다. 반면에 친밀한 인간관계를 중시하며 인간중심 경영을 할 때 당장은 느슨하여 생산성 제고에 효과가 없을지 모르지만

면 안목으로 내다보면 생산성이 높아질 것이다. 왜냐하면 첫째는 평생직장이라는 인식으로 인해 애사심이 생기게 된다. 애사심이 생기면 오너의식이 생겨 더 열심히 하게 된다. 소련을 비롯한 공산주의가 문을 닫은 것은 오너의식, 주인의식의 결여에 있다고 본다. 1992년에 중국을 여행한 적이 있었다. 대학총장과 교수들의 점심시간이 12시부터 4시까지였다. 백화점에 가도 점원들은 쳐다보지도 않았다. 왜냐하면 많이 판다고 돈을 더 받는 것도 아니고 적게 판다고 돈을 덜 받는 것이 아니기 때문이었을 것이다.

　둘째는 행복한 직장생활을 하기 때문이다. 행복지수가 오르면 신바람이 나고 신바람이 나면 죽어가는 기업도 살린다. 바람 중에 무서운 바람은 신바람이다. 신바람이 나지 않으면 잘 나가던 기업도 죽을 수도 있다. 자본주의 사회에서 자본가와 자본이 회사에 미치는 영향은 대단할지 모르지만 결국에는 사람이 하는 것이다. 사람의 마음에 새바람, 신바람을 넣는 것은 돈도 아니고 자본도 아니고 인간애이다. 인간애가 있는 곳에는 모든 것을 생산의 수치로 평가하지 않는다. 거기에는 위로와 격려와 칭찬과 감사가 있다. 그러니 행복지수가 올라갈 것이고 행복지수가 올라가니 생산성은 높아질 것이다. 지금 우리에게는 어느 때보다도 호손의 경영기법이 필요하다고 본다. 따뜻한 기업 경영과 신바람의 노사문화를 기대해 본다.

9. 현대사회의 인간관계

현대사회의 특징 중 하나는 인간이 점점 고독한 존재가 되어 가고 있다는 점이다. 이는 현대사회가 외적으로 조직화되고 거대화되어 가는 반면에 개인은 점점 왜소화되어 가고 있기 때문이다. 그래서 나란 존재는 있어도 그만 없어도 그만의 존재가 되어 가고 있다. 거기다가 모든 것을 효율성과 신속성으로 판단하기 때문에 타인에 대한 배려와 관심과 애정을 가질 시간적 여유가 없고, 주변의 모두가 잠재적 경쟁자이기 때문에 속내를 드러낼 수 없는 사회가 되어 삭막하기만 하다. 현대사회는 다원화된 사회이기 때문에 사람마다 추구하는 가치관, 생활양식, 기호 취미 등이 다양해졌지만 공통분모가 없다. 공통분모가 없기 때문에 갈등의 요소가 증폭되어 가고 있다. 그뿐만 아니라 자본주의 속성인 물질이 주도하기 때문에 물질적 가치를 강조하고 정신적 가치가 경시되어 가고 있다. 사람을 사랑이 대상이 아니라 물질을 얻기 위한 수단으로 보는 경향이 있다. 또 전자통신 기술로 인해 연결망은 거미줄처럼 발전되어 사람과의 접촉양은 빠르고 많아졌지만 접촉의 질이 피상적이 되었고, 얼굴과 얼굴을 마주하며 대면하는 훈훈한 인간애가 사라지고 사이버공간을 통한 원격적인 인간관계가 증가하고 있다.

인간은 사회적 존재로, 인간끼리 부딪히며 인간관계 속에서 고운정과 미운정을 쌓아가는 것이다. 그런데 이러한 훈훈한 인간애가 없다. 그래서 현대인은 고독하다. 고독은 죽음에 이르는 병이다. 인간관계에서 가장 중요한 것은 친밀함이다. 친밀함에는 세심한 배려가 있다. 세심한 배려는 안정성을 촉진한다. 친밀감은 남녀노소를 막론하고 가장 높은 선호도를 나타내고 있다.

그런데 우리는 과학문명과 물질문명과 돈이면 모든 것이 해결된다는 천민자본주의의 한복판에 살고 있다. 모든 것을 손익으로 계산하는 시대에 살고 있다. 친구도, 연애도, 모든 것을 손익으로, 자본주의 논리로 계산하여 사귄다. 하물며 유아원이나 유치원 때부터 이런 유형으로 친구를 사귀고 서로 생일파티도 한다고 한다. 그래서 요즘은 유치원 동문, 어린이 동문도 생기고 있다는 말까지 나온다. 하물며 부모와 자녀와의 관계도 돈으로 계산하는 시대가 되었다. 김찬호는 돈의 인문학 [12]에서 정재기 교수의 "한국의 가족 및 친족 간의 접촉 빈도수와 사회적 지원의 양상" 논문을 인용하고 있다. 이 논문에 따르면 한국에서는 부모 소득이 1% 높아질 때마다 자녀가 일주일에 한 번 이상 부모를 찾아올 가능성이 2.07배나 높다고 했다. 반면에 영국, 미국, 일본 등은 반대로 부모의 경제소득이 낮을수록 자녀가 부모를 더 만난다. 부모의 소득이 낮을수록 자녀의 방문 수가 줄어드는 것은 조사 대상 중인 경제협력기구 15개국 중 우리나라가 유일하다는 것이다. 지금 우리는 돈만을 향해 질주하고 있다. 그래서 혈과 육의 인연도 돈으로 환산하여 가까워지기도 하고 멀어지고 끊어진다. 부모가 가난하면 경계의 대상이 되고 있다.

필자가 잘 아는 경제 고급공무원으로부터 들은 이야기이다. 그가 한국에서 이름만 대도 다 알 수 있는 사람과 함께 식사를 하는 중에 이런 말을 했다는 것이다. 내가 살아보니 돈이 필요하더라. 아들 내외와 딸들이 왔을 때 용돈 넉넉히 주니 자주 오더라. 그리고 요즘 열무김치가 맛이 있다고 하더라고 하면 서로 김치를 담가 가지고 오더라는 것이다.

우리는 지금 이런 시대에 살고 있다. 이런 사회에 살고 있는 우리는 인간관계가 삭막해질 수밖에 없다. 그러나 이제 돈만을 향해 질주하던 데서 잠시 걸음을 멈추자. 수량과 수치, 계량적인 삶에서 잠시 걸음을 멈추자. 그리고 의미, 가치, 인간애, 휴머니즘, 친밀함에 대해 성찰해 보자. 인간관계, 인간애, 사랑의 친밀함의 소중함을 생각해 보자.

---

[12] 김찬호. 돈의 인문학. 문학과지성사. 2011.

1. 직업의 의미

직업은 경제적인 소득을 목적으로 하는 성인들의 일상적인 활동이다. 경제적인 보수 없이 참여하는 생산활동은 직업이 아니라 자원봉사로 분류한다. 구체적인 직업의 의의는 첫째는 보상을 제공해 준다. 보상은 내적 외적인 것으로 구분한다. 외적인 보상은 급료나 승진 등의 보상을 말하고, 내적인 보상은 심리적 상태를 뜻한다. 둘째는 사회적인 기능이 있다. 직업은 개인의 사회적인 지위와 사회적인 관계성을 제공해 준다. 서로 배우고 일에 대한 의욕을 고취시켜 준다. 셋째는 개인의 잠재 능력을 발휘하는 자기실현의 장이다. 자기실현을 통해 심리적인 의미를 제공해 주고 자신의 정체성을 제공해 주기도 한다. 넷째는 직업은 자기 존중감을 가져다준다. 예를 들어 내가 만든 제품이 외국으로 수출한다고 했을 때 자부심을 갖도록 해준다. 마지막으로 공동체적인 기회 제공의 장이다. 직업 활동을 위해 직장 내에서 동료들은 서로 협동할 뿐만 아니라 개인적인 경조사 때에도 서로 의지한다. 직업 활동은 다른 사람들과의 공동체적 유대를 형성하는 귀중한 기회를 만들어 준다.

2. 행복과 직업

직업은 경제 소득을 얻기 위한 수단일 뿐만 아니라 삶의 의미를 갖게 하는 중요한 원천이다.

현대인은 인생의 가장 많은 시간을 직장에서 보내게 된다. 따라서 직업 활동에서 만족감을 경험하지 못하는 사람은 결코 행복한 삶을 누릴 수 없다. 그런데 직업은 자기 자신이 정말 하고 싶은 일을 할 때 행복하다. 샤하르는 이런 말을 했다. "인생은 짧다. 진로를 선택할 때 네가 할 수 있는 일이 무엇인지 먼저 생각해 보라. 그중에서 하고 싶은 일들을 선택하라. 그리고 다시 그중에서 정말 하고 싶은 일들로 선택의 폭을 좀 더 줄여라. 마지막으로 그중에서 정말정말 하고 싶은 일을 선택해서 그 일을 하라."[1]

사람은 자신의 재능을 활용할 수 있고, 무엇보다 자신이 진정으로 하고 싶은 일을 할 때 행복지수가 높다. 사회적으로 인정받는 직업을 가지고 있었지만 자신이 진정으로 원하는 일을 찾아 직업을 바꾸고 진정한 행복을 찾은 사람이 있다. 그는 가수 주현미이다. 그녀는 가수로서 특이하게 약사라는 이력을 가지고 있다. 그녀가 약사라는 직업을 버리고 당시 일명 '딴따라'로 가요계에 몸담게 된 일화 또한 유명하다. 그녀는 가난하여 행상을 하는 어머니를 따라 전국을 떠돌아다니며 어린 시절을 보냈다. 그녀는 하루빨리 돈을 벌어 어머니를 편하게 모시기 위해 약사가 되기로 결심하였다. 그녀는 중앙대학교 약대에 합격했다. 그녀가 중앙대학교 약대 2학년 때에 여성보컬로 강변가요제에 출전하여 장려상을 수상하였다. 그러나 그는 노래보다는 생활의 안정을 도모해야 했기에 음악활동을 계속할 수 없어 약국을 운영하고 있었다. 때마침 그녀에게 학생 때에 노래공부와 곡을 주기도 했었던 작곡가가 약국으로 찾아왔다. 그것이 계기가 되어 다시 노래에 대한 열정이 되살아나 약사에서 가수로 자신의 꿈을 이루게 되었다. 그녀는 무대만 서면 신이 난다는 것이다. 그리고 행복해진다는 것이다.

직업은 행복과 연관이 있다. 직업을 가진 사람과 그렇지 못한 사람의 행복지수는 확연히

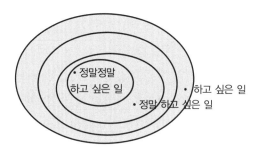

출처 : 탈 벤 샤하르, 2007.

그림 13.1 직업의 만족도 다이어그램

---

[1] 탈 벤 샤하르. 해피어. 노혜숙 역. 위즈덤하우스. 2007.

다르다. 그리고 전문직이나 숙련공이 비숙련 노동자보다 더 행복하다. 정규직이 비정규직보다 더 행복하다. 행복과 직업 만족도는 상관관계가 높다. 직업 만족도는 정신건강에도 직접적인 영향을 미친다. 그뿐만 아니라 직업 만족도는 생산성과도 밀접한 관계가 있다. 행복한 사람은 직업 활동에 더 생산적이며 직장에서 생산적인 성과를 더 많이 낸다. 반면에 행복하지 않게 되면 생산성도 성과를 낼 수 없다. 그렇다면 오늘날 심각하게 사회문제가 되는 비정규직 문제를 해결해야 한다고 본다. 내가 정말정말 하고 싶은 일을 무엇인가? 누구에게도 없는 나의 은사는 무엇일까? 지금 그 은사를 찾아보자. 혹 늦었다고 하는 사람도 있을 것이다. 그러나 먼 장래를 바라볼 때 결코 늦지 않았다. 직업은 높고 낮음이 없다. 내가 정말정말 하고 싶은 일을 하자. 그래서 행복지수를 높이자. 그때 나의 삶은 상승효과가 있을 것이다.

3. 일의 동기와 직업의 만족

1) 일의 동기

(1) 경제적인 보상과 욕구에 대한 접근

보수의 지급을 통해 동기를 유발하게 된다. 일한 만큼 경제적인 보상을 받음으로써 일에 대한 욕구를 갖게 된다. 매슬로는 이를 인간의 기본적인 생리적 욕구라고 했다. 따라서 인간의 기본적인 생리적인 욕구인 경제적인 보상이 해결돼야 한다.

(2) 욕구의 태도에 의한 접근

맥그리거(Doulglas McGregor)[2]는 인간의 본성(nature of human being)인 욕구 태도에 따라 일의 동기가 달라진다고 했다. 그는 인간의 본성을 기초로 X이론과 Y이론을 제시하였다. X이론은 성악설의 입장에서 부정적인 관점이고, Y이론은 성선설을 근거하여 긍정적인 관점에서 본 이론이다. 그리고 Z와 W이론이 있다. X이론을 보면 첫째는 원래 종업원들이 일하기 싫어하며 가능하면 일하는 것을 피하려고 한다. 둘째는 바람직한 목표를 달성하기 위해서는 통제하고 위협해야 하고, 셋째는 종업원들은 책임을 회피하며 가능하면 공식적인 지시를 바라며, 마지막으로 작업과 관련된 모든 요소에 대하여 안전을 추구하며 야심이 거의 없다는 것이다. 반면에 Y이론은 첫째는 종업원들이 일하는 것을 놀이나 휴식과 동일한 것으로

---

[2] William G. Nickels, James M. McHugh 외 1명. 경영학의 이해. 권구혁 외 2명 역. 생능. 2014.

보게 되고, 둘째는 종업원들이 조직의 목표에 관여하는 경우에 자기지향과 자기통제를 행하고 셋째는 보통 사람들이 책임을 수용하는 것을 배우고, 마지막으로 의사결정의 능력은 모든 사람들이 가지고 있으며 경영자들만의 영역은 아니라는 것이다.

동기부여에 관한 맥그리거의 분석은 매슬로에 의해 제시된 욕구 5단계설에 잘 표현되어 있다. X이론은 저차원의 욕구, Y이론은 고차원 욕구이다. 맥그리거 자신은 Y이론이 X이론보다 타당하다며 의사결정, 책임, 그리고 도전적인 직무에 종업원들을 참여시키는 것은 직무동기를 극대화시키는 것으로 보았다.

경영자가 조직의 목표를 달성하려면 종업원의 본성을 파악해야 한다. 종업원들이 부정적이라면 X이론을 적용해야 한다고 했다. 그래서 조직의 목표를 달성하기 위해서는 강제, 명령, 처벌 및 위협의 방법을 이용해야 한다고 했다. 이들의 동기는 대체로 저차원 수준의 욕구, 즉 생리적 욕구와 안전의 욕구수준에 머무르고 있다고 가정하기 때문에 이들에게는 저차원 욕구를 충족시키는 방법을 이용하여 동기를 부여하게 되면 효과적이라는 것이다. 한편 종업원이 긍정적이라면 Y이론을 적용해야 한다고 보았다. 그는 조직원들에게 강제성을 띠기보다는 지원자적인 역할을 수행해야 효과적이라고 하였다. 그들은 일일이 명령과 통제를 받지 않더라도 자기를 지향하고 자기통제를 하기 때문이다. Y이론은 고차원 욕구를 충족시켜야만 동기부여가 된다. 따라서 경영자는 종업원들의 고차원 욕구를 충족시키는 방법을 모색하여야 한다. 매슬로의 욕구이론처럼 자기실현과 자아실현을 위한 목표를 제시해야 한다.

그리고 Z이론[3]이 있다. Z이론은 미국의 윌리엄 오우치(William Ouchi)가 제창한 경영이론이다. 이 이론은 맥그리거의 X,Y이론에 대비되는 이론이다. 이 이론은 일본의 J타입을 바탕으로 하고 있다. 일본의 기업운영은 조직고용, 느린 인사고과와 승진, 비전문적인 승진코스, 비명시적 관리기구, 집단에 의한 의사결정, 집단책임, 전면적인 인간관계를 특색으로 하고 있다. 이에 반해 전통적인 미국의 조직(A타입)은 단기고용, 빠른 인사고과와 승진, 전문화된 승진코스, 명시적 관리기구, 개인에 의한 의사결정, 개인책임, 부분적인 인간관계를 특색으로 한다.

미국에서 성공하고 있는 기업에는 이 두 가지 타입의 우월한 특성을 조화시킨 타입(Z타입)이 많다고 한다. 이 이론을 일컬어 Z이론이라 한다. Z이론은 상호신뢰와 협력을 주축으로 한 집단적 경영(collective enterprise)이다. 이를 위해서는 장기계획, 노사 간의 협력적 인간관

---

[3] 윌리엄 코헨. 드러커의 마케팅인사이트, 이수영 역. 중앙경제평론사. 2015.

계의 형성이 필요하며 보다 구체적으로는 장기고용, 근면중시의 인사고과, 느린 승진제도, 정기이동, 비전문적 경력, 집단적 의사결정, 명시적 관리시스템, 개인책임 등을 고려하여 채용해야 한다고 주장한다.

한편 W이론이 있다. 이 이론은 이면우 교수가 W이론을 만들자[4]에서 주창하였다. 이 이론은 외국 것을 무분별하게 수입하지 말고 한국형 기술, 한국형 산업문화, 한국형 발전전략을 통해 한국 실정에 맞는 독창적인 경영철학을 세우자는 뜻으로 제시한 것이다. 현재까지 한국은 외국의 경영철학이나 이론을 무분별하게 수용해 산업현장에 무리하게 적용함으로써 많은 비능률과 문제점이 발생했는데, 이를 해결하기 위해서는 한국의 독자적인 경영철학, 즉 우리의 기술과 산업문화에 맞는 새로운 유형의 W이론이 필요하다는 것이다. 이 이론의 실체는 한민족의 고유 특성인 '신바람'에 있으며, 정신적 기반은 선조들이 제창한 실사구시 정신에서 찾는다. W이론에 따르면, 한국의 토양을 무시하며 해외의 종자에만 주책없이 집착해 온 잘못된 관행을 바로잡기 위해서는 실사구시 정신에 입각한 숭고한 지도자 정신과 투철한 지도자의 역할이 필요하며, 지도자는 항상 사회의 변화를 추구하면서 국민으로부터 깊은 신뢰와 존경을 받을 수 있는 인물이어야 한다. 다시 말해 역사적으로 변혁의 시대, 격동의 시대에 걸출한 지도자가 배출되었듯이 정보혁명의 시대를 맞아 국민들에게 밝은 전망과 포부를 제시할 수 있는 지도자들을 배출해 가정, 산업계, 대학, 연구소, 정부 등 각계각층에서 신바람 나게 일하고 연구하고 가르치자는 이론이다. 이는 X · Y · Z이론을 염두에 두었기 때문인데, 완벽한 이론체계를 갖춘 것은 아니고, 뒤에 신사고이론 등으로 발전하였다.

(3) 개인차에 의한 접근

개인차의 접근은 사람이 얼굴의 생김새가 각기 다른 것과 마찬가지로 인간의 능력, 성격, 흥미, 태도 등에서 분명하게 개인이 다르다는 것이다. 이러한 개인차를 인정하는 것이 개인차에 의한 접근이다. 어떤 사람들은 어떠한 장애가 있더라도 일을 훌륭하게 성취하려는 경향을 보이는 데 반해서 어떤 사람들은 기회만 있으면 빈둥거리는 것을 볼 수 있다. 이와 같은 차이는 외적인 조건은 똑같지만 개인의 성격차이에서 온다.

이러한 견해를 비교적 잘 나타내 주고 있는 것이 맥클리랜드(McClelland)의 성취동기이다.[5] 이 이론에 의하면 성취동기가 높은 사람은 개인의 동기수준이 높다. 이러한 성취동기는

---

[4] 이면우. W이론을 만들자. 지식산업사. 1992.
[5] 장명복 외. 경영학의 이해. 경영과 회계. 2013.

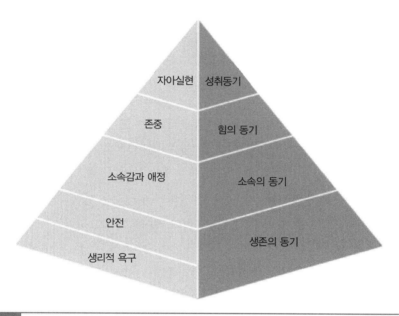

그림 13.2 매슬로의 5단계 욕구이론(1954)과 맥클리랜드의 동기론(1953)

어린 시절 부모의 영향에 의하여 길러져서 후에 사회적인 조건과 문화적인 영향에 의해서 결정된다. 성취동기가 높은 사람은 성취동기가 낮은 사람에 비하여 주어진 목표 달성을 위해 훨씬 더 열심히 일을 한다. 반면에 성취동기가 낮은 사람은 일을 가급적 피하려는 기본적인 동기를 가지고 있다. 이 이론은 경제적인 보상만으로 일의 동기를 설명한다는 것은 옳지 못하다는 것이다.

(4) 인지적 접근

인지적 접근에는 세 가지의 주된 이론이 있다. 기대이론(expectancy theory)과 목표설정이론(goal-setting theory), 그리고 균등이론(equity theory)이다.

기대이론을 VIE모형이라고 한다. V는 일을 달성하는 데 필요한 유인가(Valence), I는 일을 달성하는 데 필요한 수단(Instrumentality), E는 개인의 기대(Expectancy)이다. 기대이론은 이의 산술적 합에 의하여 결정된다는 주장이다. 이 이론의 모형에서 중요한 점은 사람들이 어떤 일을 달성할 가능성이 높으면 비록 주어지는 소득이 적다 하더라도 그 일을 선택할 가능성이 있다는 점이다. 그리고 목표설정이론은 기대이론과 유사하다. 그러나 다른 점은 추상적인 목표보다 구체적이어야 한다. 그래야 높은 수준의 목표를 달성할 수 있다고 본다. 따라서 이 이론이 성공하려면 주의집중과 목표 지향적인 계획을 세워야 한다.

균등이론은 자신이 하고 있는 노력만큼 정당한 대가를 받고자 하는 욕구에서 출발한다. 일하는 것만큼 대가가 돌아오지 않으면 일의 능률이 저하된다. 이 이론은 분배의 정의와 절차의 공정성을 중요시한다. 보상에 대한 기대와 차이가 심하면 분배의 정의가 훼손되고, 절차의 공정성이 없으면 일의 과정에서 적당한 대접을 받지 못한다는 것이다. 균등성의 문제는 외적인 기준에 비추어 평가한다. 같은 일을 하면서도 다른 사람에 비하여 자신은 공평하고 정의로운 대우를 받지 못하고 있다고 생각이 되면 자연 동기수준이 저하된다. 결국 심리적인 긴장과 더불어 동기가 저하된다. 불균등성이 크면 클수록 일에 대한 동기는 더욱 감소된다. 이와 같은 불균등성은 긍정적인 면과 부정적인 면이 있다. 긍정적인 면은 노력에 비하여 과도한 보상을 받고 있다고 인지하는 경우이다. 부정적인 면은 노력에 비해 부족한 보상을 받고 있다고 느끼는 것이다. 사람들은 긍정적인 균등성보다도 부정적인 불균등성에 대하여 예민하게 느낀다. 이는 일반적인 상식과 일치한다.

2) 직업의 만족

자신의 직업이 생산적이며 가치 있는 일이라는 인식 여하에 따라 정서적 반응이 달라진다. 첫째, 직업 만족의 조직적인 측면에서 보면 생산성과 밀접한 관계가 있다. 개인적인 차원에서 조사했을 때는 상관관계를 찾을 수 없지만 조직의 전체 차원에서 보면 상관관계가 있다는 보고가 있다. 둘째는 낮은 결근율과 지각률과 관계가 있다. 만족하는 사람일수록 결근율이 낮고 지각률이 낮다. 셋째는 높은 수준의 직무만족과 관계가 있다. 직무에 만족할수록 이직률이 낮다. 특히 직무성과가 높으면서 만족할수록 더욱 이직률이 낮다. 왜냐하면 업무성과가 높은 사람을 붙잡기 위해 다양한 혜택과 급여와 승진이 주어지기 때문이다.

다른 하나는 직업 만족에 영향을 끼치는 요인으로는 첫째는 안정감이 있어야 한다. 즉, 직업은 자신의 생활을 보장해 줄 수 있어야 한다. 그러기 위해서는 그 직업이 앞으로 수십 년, 아니 수 년 동안은 자신의 지위를 유지시켜 주어야 한다는 믿음이 있어야 한다. 둘째는 선호도가 높아야 한다. 선호도는 사회적인 선호도와 개인적인 선호도가 있다. 사회적인 선호도는 사람들이 갖는 선호도를 말한다. 즉 다른 사람들이 인정하는 직업을 가지고 있을 때 그는 일이 다소 힘들더라도 만족감을 느끼게 된다. 사회로부터의 인정은 바로 자신에 대한 만족, 직업에 대한 만족으로 직결되는 것이다. 그리고 개인적인 선호도는 사회적인 인정과는 상관없이 자신의 적성, 자질 등에 따라 자신에게 관심 있는 직업이 있을 수 있다. 이때는 개인의 선호도가 적용된다.

직업 만족에 영향을 끼치는 또 다른 하나는 능력과 학력에 맞는 대우가 있어야 한다. 자신이 높은 학력을 가지고 있다면 그만큼 기대치도 높으며, 만약 대우가 기대에 미치지 못하면 만족하기가 어렵다. 그리고 행복해지기 위해서는 기본적인 생활 안정과 건강의 객관적인 지표와 자아의 성장, 원만한 인간관계, 다른 사람에게 필요한 사람이 될 수 있다는 생각 등의 주관적 지표가 필요하다. 과거사회에서는 객관적인 지표가 일단 충족되어야 했지만 현재는 과거보다 생활수준이 많이 나아져 객관적 지표보다는 주관적 지표 충족을 더 선호한다.

4. 직업의 변천

봉건제도하에서는 직업이 생계의 수단, 그리고 신분에 따른 운명적이고 부정적이며 소극적인 직업관을 가지고 있었다. 그러나 종교개혁과 산업화 이후부터 직업관이 달라졌다.

첫째, 생업으로서의 직업관이다. 직업 활동의 대가로 얻는 소득에 의해서 가족의 생계를 꾸려오고 있다. 그러나 봉건사회에서 귀족들은 농민들로부터 받는 소작료로 사치스러운 생활을 영위했으며, 생업으로서의 직업은 상민이나 천민들에게만 해당되었다. 이로 인해서 생산적인 노동을 하는 것을 천시하는 사상이 생겨났다. 이는 봉건제도가 붕괴되기 전인 중세시대까지 계속되었다.

둘째, 신분과 사회적 지위로서의 직업관이다. 봉건사회에서는 신분에 따라 직업 선택의 제약이 엄격했기 때문에 직업이 그 개인과 가족의 신분을 말해 주었다. 우리나라의 경우 사농공상의 직업이 신분에 따라 서열화되어 있었다. 태어날 때부터 자신의 신분이 정해지고 그에 따라 직업도 정해졌다. 그러나 신분제도가 철폐되고 산업사회의 시장 경제 제도로 바뀌면서 직업의 귀천의식은 점차 사라지게 되었다.

셋째, 소명(召命)으로서의 직업관이다. 장 칼뱅(John Calvin)[6]은 "하나님이 모든 개인을 자신의 일과 직업을 통해 하나님의 뜻을 구현하고 하나님의 영광을 드러내도록 부르셨다."는 소명으로서의 직업관을 가르쳤다. 그는 직업 활동에 최선을 다하는 것이 하나님의 뜻에 따라 사는 길이며 더 나아가서 직업에서의 성공은 '하나님의 구원을 받은 증거'가 된다고 했다.

---

[6] 장 칼뱅(John Calvin, 1509~1564): 프랑스의 종교개혁가로 그의 유명한 저서로 기독교 강요가 있다.

이는 직업의 성공을 위해 최선을 다하는 원인이 되었다. 특히 평민들이 산업사회에 진입하면서 직업적 성공과 부의 축적을 통해 강렬한 지위상승의 욕망을 갖게 되었다.

오스 기니스(Os Guinness)는 소명[7]에서 직업은 자신이 믿는 신의 부름(Calling)에 대한 응답(Response)으로 생각했다. 오스는 창조주의 소명에 응답하는 것이 삶의 궁극적인 존재 이유이며 인간의 존재 목적의 가장 고상한 근원으로 보았다. 그리고 그는 소명이 없는 희망은 절망으로 귀결될 것이라고 했다. 그는 소명이 일의 도약의 원동력이 되고, 인간 경험 중 가장 큰 방향 전환이고 위대한 동기를 일으키며, 모든 역사에서 삶의 궁극적인 이유가 되며 인생의 중심 목적을 발견하고 그것을 성취하는 것으로 보았다.

넷째는 자아실현의 장으로서의 직업관이다. 산업사회 이후 사람들은 직업은 운명이 아니라 스스로 선택할 수 있는 대상으로 여기게 되었다. 따라서 사람들은 자신의 적성과 능력에 맞는 직업을 선택하고 직업 활동을 통해 자아실현과 성취의 보람을 추구하려는 적극적인 직업관을 갖게 되었다. 인간은 신체적 욕구나 물질적 욕구뿐만 아니라 자신의 삶을 의미있게 살아가려는 인격적, 사회적, 문화적 욕구도 함께 지니고 있는 높은 차원의 존재이기 때문이다. 많은 사람들은 일을 통해 얻는 물질적 보상에 못지않게 일 자체에서 얻는 보람을 위해 일하고 있다. 다시 말해 직업을 자아실현의 장으로 여기고 있다. 그래서 자아실현의 보람을 위해 아무런 물질적인 대가 없이도 열심히 일하는 사람도 있다.

5. 직업의 중요성과 인생 설계의 여섯 단계

직업은 직업을 가진 사람들에게 여러 가지 보람을 갖게 해준다. 그뿐만 아니라 직업을 갖지 않은 미성년자들에겐 장차 직업 활동에 종사하기 위해 가정이나 학교에서 필요한 지식과 기술을 습득하는 준비를 하게 한다. 그리고 직업은 퇴직금과 연금 등으로 노후생활을 안정적으로 살 수 있게 한다. 그러기 위해 설계가 필요하다.

1단계는 인생의 중요한 목표를 찾는 것이다. 인생의 중요한 목표란 일생에 걸쳐 추구하는 고정된 목표를 뜻한다. 목표를 세우기 위해서는 진정으로 원하는 것이 무엇인지 깨달아야 한다. 행복한 사람은 일반적으로 자신의 직업과 생활방식, 삶의 목표가 일치한다. 삶의 목표와 직업이 일치하는 사람은 직업을 통해서 만족감을 느낄 확률이 크다.

---

[7] 오스 기니스. 소명. 홍병룡 역. IVP. 2006.

2단계는 목표 실현을 위한 계획(master plan)을 세우는 것이다. 목표 실현을 위한 계획이란 인생의 목표를 실현하기 위한 큰 계획이 필요하다. 이때 직업은 평생의 목표 달성을 도와주는 중요한 수단이다. "내 직업이 인생의 최종 목표를 실현하는 데 도움이 되는가?", "현재의 직업이 내 인생의 기본 목적과 일치하는가?"라는 질문들을 던져본다. 목표 실현을 위한 계획(master plan)을 세우는 가장 이상적인 시기는 대학 졸업 무렵이다. 이때에 명확한 목표가 있다면 망설이지 않고 직업을 선택할 수 있다.

3단계는 단기 목표를 세우는 것이다. 구체적인 세부계획이다. 5년, 10년, 혹은 20년 단위로 직업을 관리해야 한다. 이때 논리적으로만 사고해선 안 되고 자신의 창의력, 감정, 가치, 신념을 전부 고려해야 하며 기혼자의 경우 배우자의 감정, 가치, 신앙 등도 고려해야 한다.

4단계는 자아 변신을 위한 준비하는 것이다. 이 단계는 어떻게 실천할 것인지 연구하는 단계이다. 자신이 직업을 통해 이루려는 목표에 도달하기 위해 할 일을 알기 위해 첫째는 어떤 점을 특별히 더 보상해야 그 자격을 갖추게 되는가? 둘째는 해결해야 할 내적인 장벽은 무엇인가? 셋째는 지금의 상사는 나에게 도움이 되는지, 아니면 어떻게 해를 끼치고 있는지? 넷째는 현 조직 내에서 목표를 이룰 수 있는 가능성은 얼마나 되는가? 다섯째는 목표에 도달한 사람들은 평균적으로 어떤 자질을 갖추고 있는가? 등을 살펴보는 것이다.

5단계는 실천 단계이다. 인생 설계에서 가장 어려운 단계이다. 꿈꾸기를 멈추고 성공과 실패를 결정하는 구체적인 행동을 해야 하는 시기이다. 따라서 좋은 동기는 목표를 세우고 실현하기 위한 하나의 조건이지 전부는 아니다. 그러기 위해서는 첫째는 나태함은 성공의 천적이다. 노력이 없는 성공은 없다. 개미처럼 평생을 일해도 꿈을 이루지 못하는 사람들이 태반이다. 그런데 게으른 사람들은 말할 필요도 없다. 둘째는 실수를 저지르지 않는 사람은 없으니 최소화하도록 노력해야 한다.

6단계는 목표의 변경이다. 인생의 목표는 변화하는 환경과 조건에 따라 목표도 수정되고 새롭게 변경될 수 있다. 목표는 전진을 위한 이정표와 같으므로 이에 집착하지 말고 현실적으로 조정하는 것이 필요하다. 그러나 마음 속의 원래의 목표의 의미를 잃지 않기 위해 노력해야 한다.

6. 행복한 직장생활

우리는 인생의 대부분을 직장에서 보낸다. 배우자나 연인과 함께 보내는 시간보다 직장에서 보내는 시간이 더 길다. 그래서 일과 행복이 밀접한 관계에 있는 것은 당연하다. 첫째로 일을 하게 되면 우리 스스로를 강하고 활동적이며 의욕적이라고 느낀다. 반면 TV시청과 같은 여가 활동은 우리를 수동적이고 의기소침하게 만든다.

　둘째는 일에 대한 만족의 기준은 돈이 아니다. 물론 돈도 중요하다. 그러나 단순히 직업을 택하고 일하는 목적이 생존을 위한 것이라면 그것은 불행한 것이다. 성인교육원이 발간한 보고서를 보면 사람에게 돈보다 더 중요한 것은 행복이라고 명시하고 있다.

　요즘 많은 사람들이 모든 것을 경제논리로 풀어간다. 그러나 일을 통해 돈만 얻는 것이 아니다. 기본적인 욕구가 충족되면 월급이 직업 만족도에 미치는 영향은 놀라울 정도로 미미하다. 일하는 사람에게 돈보다 행복이 더 중요하다. 즉, 사람은 돈 때문이 아니라 일에서 얻는 만족감을 통해 인생을 살아가고 그 의미를 찾을 수 있으며 더불어 정신적이고 감정적인 자극을 받을 수 있다.

　리즈 호가드는 행복[8]에서 행복한 직장생활을 하려면 첫째는 직장과 가까운 곳에서 살라. 출퇴근 시간이 긴 사람은 그렇지 않은 사람보다 확실히 행복 수준이 떨어진다. 만약 평균 이동 거리가 14km 정도라면 자가용 대신 버스나 지하철을 이용하거나 자전거로 출퇴근을 하라. 둘째는 중소기업에 취직하라. 조사 결과를 보면 규모가 작고 인간관계가 끈끈한 직장에 다니는 사람이 일에 대한 만족도가 제일 높았다. 퍼스넬 투데이의 조사내용을 보면, 직원 수가 500명 이하인 회사의 인정받기를 즐긴다고 한다. 직원들이 더욱 적극적이며 또한 이들은 자신들의 기여가 효과를 보고 있다고 느낀다고 한다. 셋째는 행복한 직업을 선택하라. 행복하게 일하기 위해 가장 중요한 요소는 자기감정 조절능력과 원만한 대인관계다. 넷째는 자신의 장점에 맞는 일을 하라. 당신이 가장 중요시하는 다섯 가지 장점 혹은 대표 강점은 무엇인가? 다음 중 자신의 장점을 생각해 보라. 인내심, 자신감, 동정심, 유머, 창의력, 낙천주의, 활력, 현실성, 도전정신, 정직, 솔직함, 관대함이다. 당신이 가치 있다고 생각하는 장점들을 늘 활용할 수 있는 일을 택하라. 만약 정직을 최우선으로 꼽는다면 피도 눈물도 없는 고리대금업을 할 수는 없다. 아마도 자신의 정직함을 배신하는 기분이 들 것이며 자긍심도 사라질 것이다. 인내심이 많고 요령있게 정보를 전달한다면 교육, 과학 혹은 언론계가 당신에게 적당할 것이다. 기계를 다루는 일에 소질이 있으면 공학, 건설 혹은 제조업 쪽을, 윤리적이며 사회적인 의식이 있다면 법조계, 경찰, 소방관, 정치 혹은 자선사업을 생각해 볼

---

[8] 리즈 호가드. 행복. 이경아 역. 예담. 2006.

수 있다. 다섯째는 악순환의 고리를 끊으라. 부정적인 생각은 이를 현실화 시키고 실수를 반복하게 하는 악순환을 만들어 낸다. 자신이 바꿀 수 없는 부정적인 자기상(self-image)을 만들어서는 안 된다. 긍정적인 자기암시는 직장 내에서 껄끄러운 사람들을 다루는 효과적인 전술이다. 스스로 행복을 상상해 내서 부정적인 자기상을 날려버리고 더욱 긍정적인 감정을 느낄 수 있도록 자꾸 연습한다면 그 중압감을 털어낼 수 있다. 여섯째는 그렇고 그런 일을 하고 싶은 일로 바꾸라. 일을 몰입 상태로 즐기면서 한다면 자질구레한 일도 즐거움으로 바꿀 수 있다. 올바른 태도만 지닌다면 어떤 일도 천직이 될 수 있다. 정말 자신이 원해서 하고 싶은 일을 찾아서 하라. 일곱째는 고용주가 유연한 태도를 가지도록 설득하라. 고용주에게 자신이 지금 하는 업무의 가치를 강조하라. 또한 여가시간에 새로운 지식이나 기술을 습득한다면 그것이 고용주에게 결국 이득이 됨을 이해시켜라. 회사 전체의 분위기가 바뀌면 더 즐거운 직장생활을 할 수 있다. 여덟째는 안식 휴가를 신청하라. 가끔씩은 일에서 벗어나 쉬는 시간도 필요하다. 자신의 에너지가 고갈되었다고 느낀다면 안식휴가를 요청하라. 안식 휴가를 활용하면 직원은 복직을 보장받을 수 있으며 회사는 유능한 직원을 계속 고용할 수 있어서 좋다. 아홉째는 다운시프팅(downshifting)을 시도하라. 덜 벌고 더 검소하게 살아야 하는 대신 피곤한 일에서 해방될 수 있는 일을 하는 것이 바로 다운시프팅이다. 과중한 일을 피하고 생활을 속도를 늦추는 다운시프팅은 재택근무를 의미할 수도 있다. 이는 스트레스를 덜 받고 더 행복하게 살 수 있다는 장점이 있다. 돈을 적게 벌고 스트레스를 덜 받는 생활을 단순화하는 것이 중요하다. 마지막으로 창업하라. 직장을 떠나 독립을 하려면 두려움이 앞설 수도 있고 비용도 만만치 않을 것이다. 하지만 지금 직장생활에서 불행하다고 느끼거나, 독립할 만한 특별한 아이디어나 기술이 있다면 창업은 기꺼이 감수할 만한 모험이 될 것이다.

7. 직업과 MBTI, 애니어그램

갈렌(A.D. 200)은 히포크라테스의 네 가지 기질을 논했다. 칼 융(Carl Jung)도 네 가지 유형론을 말했다. MBTI는 캐서린 브릭스(Katharine Cook Briggs)와 이사벨 브릭스 마이어스(Isabel Briggs Myers)[9] 모녀가 융의 심리 유형론을 토대로 고안한 자기 보고식 성격 유형 검사

---

[9] 이사벨 브릭스 마이어스(Isabel Briggs Myers): 어머니 캐서린 브릭스(Katharine Cook Briggs)는 워싱턴 DC

이다. 융에 의하면 인간에게는 타고난 선천적인 마음의 경향과 타고난 인식과 판단의 경향이 있다고 보았다. 인간관계에서 가장 어려운 것은 나와 다른 사람과의 다름을 인정하기 어렵다는 것이다. 나는 다른 사람과 비슷한 관점을 가졌기를 기대하고 그 기대가 채워지지 않으면 불편해하고 갈등한다. MBTI의 목적은 우리의 태어난 선천적인 경향, 즉 내면의 빛깔, 향기, 마음의 모습을 알아보는 것이다. 이를 통해 나는 다른 사람과 다르며, 다른 사람 또한 나와 다름을 이해하는 것이다. 이를 통해 상호 간의 인간관계를 성립해 나가는 데 토대가 될 수 있다.

사람에게는 누구나 네 가지 유형이 있다. 첫째는 에너지(Energy)의 방향이다. 이는 주의를 집중하게 하는 외향성과 내향성이 있다. 외향성(E: extraversion)은 외부 세계의 사람과 사물에 대한 에너지 사용을 말한다. 폭넓은 대인관계를 유지하며 사교적이며 정열적이고 활동적이다. 외부에 주의집중, 외부활동과 적극성, 정열적, 활동적, 말로 표현하고, 경험한 다음에 이해한다. 내향성(Introversion)은 내부 세계의 개념이나 아이디어에 에너지를 사용하고, 깊이 있는 대인관계를 유지하며 조용하고 신중하며 이해한 다음에 경험한다. 그리고 내부에 주의 집중하고, 내부 활동과 집중력, 조용하고 신중하며 글로 표현한다.

둘째는 지각, 인식 및 정보 수집(information)의 기능이다. 여기에는 감각(S: sensing)과 직관(I: intuition)이 있다. 감각은 오감을 통한 사실이나 사건을 더 잘 인식하고 실제의 경험을 중시하며 지금, 현재에 초점을 맞추고 정확하고 철저히 일처리를 한다. 실적 사건묘사 및 숲보다 나무를 보려는 경향이 있고 가꾸고 추수하는 경향이 있다. 직관은 사건의 이면의 의미나 관계 가능성을 더 잘 인식한다. 육감 내지 영감에 의존하며 미래지향적이고 가능성과 의미를 추구하며 신속, 비약적으로 일처리를 한다. 비유적, 암시적으로 묘사하고 나무보다 숲을 보려는 경향이 있고 씨를 뿌리는 경향이 있다.

셋째는 의사결정의 판단(decision marking) 기능이다. 여기에는 사고(T: thinking)와 감정(F: feeling)이 있다. 사고는 논리적 바탕으로 판단한다. 진실과 사실에 관심을 갖고 논리적이고 분석적이며 객관적으로 판단한다. 원리와 원칙을 중시하고 분석적이고 '맞다, 틀리다' 식의 사고를 하는 경향이 있다. 감정은 원리원칙에 얽매이기보다는 인간적인 관계나 상황적인 특성을 고려하여 판단하고 결정을 내린다. 즉, 논리적인 판단과 원칙보다는 사람들에게 어

의 자택에서 홈스쿨링으로 이사벨을 교육하였다. 아버지는 미국 표준국 국장을 역임한 물리학자, 모녀가 MBTI를 유형을 개발

떤 결과를 가져올지 등을 더 중요시한다.

넷째는 생활양식(life style)의 기능이다. 생활양식에는 판단(J: judgement)과 인식(P: perception)이 있다. 판단(J: judgement)은 외부 세계에 대하여 빨리 판단내리고 결정한다. 분명한 목적과 방향이 있으며 기한을 엄수하고 철저히 사전계획하고 체계적이다. 정리 정돈과 계획, 의지적 추진, 신속한 결론, 통제와 조정을 하고, 분명한 목적의식과 방향감각, 뚜렷한 기준과 자기의사가 분명하다. 인식은 정보 자체에 관심이 많고 새로운 변화에 적응하고 목적과 방향의 변화가 가능하고 상황에 따라 일정이 달라지며 자율적이고 융통성이 있다. 개방성, 이해와 수용, 그리고 목적과 방향은 변화할 수 있다는 개방성과 재량에 따라 처리하는 포용성이 있다.

이를 기초로 16가지 유형이 있다.

- **세상의 소금형(ISTJ)**   이 형은 한번 시작한 일은 끝까지 해내는 타입이다. 신중하고 조용하며 집중력이 강하고 매사에 철저하다. 구체적, 체계적, 사실적, 논리적, 현실적인 성격을 띠고 있으며, 신뢰할 만하다. 만사를 체계적으로 조직화시키려고 하며 책임감이 강하다. 성취해야 한다고 생각하는 일이면 주위의 시선에 아랑곳하지 않고 꾸준하고 건실하게 추진해 나간다.
- **임금 뒤편의 권력형(ISFJ)**   이 형은 성실하고 온화하며 협조를 잘하는 타입이다. 조용하고 친근하고 책임감이 있으며 양심이 바르다. 맡은 일에 헌신적이며 어떤 계획의 추진이나 집단에 안정감을 준다. 매사에 철저하고 성실하고 정확하다. 기계분야에는 관심이 적다. 필요하면 세세한 면까지도 잘 처리해 나간다. 충실하고 동정심이 많고 타인의 감정에 민감하다.
- **예언자형(INFJ)**   이 형은 사람과 관련된 뛰어난 통찰력을 가지고 있는 타입이다. 인내심이 많고 독창적이며 필요하거나 원하는 일이라면 끝까지 이루려고 한다. 자기 일에 최선의 노력을 다한다. 타인에게 말 없이 영향력을 미치며, 양심이 바르고 다른 사람에게 따뜻한 관심을 가지고 있다. 확고부동한 원리원칙을 중시한다. 공동선을 위해서는 확신에 찬 신념을 가지고 있기 때문에 존경을 받으며 사람들이 따른다.
- **백과사전형(ISTP)**   이 형은 논리적이고 뛰어난 상황 적응력을 가지고 있는 타입이다. 차분한 방관자이다. 조용하고 과묵하며, 절제된 호기심을 가지고 인생을 관찰하고 분석한다. 때로는 예기치 않게 유머 감각을 나타내기도 한다. 대체로 인간관계에 관심이 없고,

E **외향(Extraversion)** 외부 세계의 사람이나 사물에 대하여 에너지를 사용	◀ 에너지 방향 ▶	I **내향(Introversion)** 내부 세계의 개념이나 아이디어에 에너지를 사용
S **감각(Sensing)** 오감을 통한 사실이나 사건을 더 잘 인식	◀ 인식 기능 ▶	N **직관(Intuition)** 사실, 사건 이면의 의미나 관계, 가능성을 더 잘 인식
T **사고(Thinking)** 사고를 통한 논리적 근거를 바탕으로 판단	◀ 판단 기능 ▶	F **감정(Feeling)** 개인적, 사회적 가치를 바탕으로 한 감정을 근거로 판단
J **판단(Judging)** 외부 세계에 대하여 빨리 판단을 내리고 결정하려 함	◀ 생활 양식 ▶	P **인식(Perception)** 정보 자체에 관심이 많고 새로운 변화에 적응적임

출처 : 최정윤, 2002.

그림 13.3   MBTI 네 가지 지표에 따른 유형

기계가 어떻게 왜 작동하는지 흥미가 많다. 논리적인 원칙에 따라 사실을 조직화하기를 좋아한다.

- **과학자형(INTJ)**   이 형은 전체적인 부분을 조합하여 비전을 제시하는 타입이다. 대체로 독창적이며 자기 아이디어나 목표를 달성하는 데 강한 추진력을 가지고 있다. 관심을 끄는 일이라면 남의 도움이 있든 없든 이를 계획하고 추진해 나가는 능력이 뛰어나다. 회의적, 비판적, 독립적이고 확고부동하며 때로는 고집스러울 때도 많다. 타인의 감정을 고려하고 타인의 관점에도 귀를 기울이는 법을 배워야 한다.

- **성인군자형(ISFP)**   이 형은 따뜻한 감정을 가지고 있는 겸손한 타입이다. 말 없이 다정하고 친절하고 민감하며 자기 능력을 뽐내지 않고 겸손하다. 의견의 충돌을 피하고 자기 견해나 가치를 타인에게 강요하지 않는다. 남 앞에 서서 주도해 나가기보다 충실히 따르는 편이다. 일하는 데에도 여유가 있다. 왜냐하면 목표를 달성하기 위해 안달복달하지 않고 현재를 즐기기 때문이다.

- **잔다르크형(INFP)**   이 형은 이상적인 세상을 만들어 가는 사람들이다. 정열적이고 충실하나 상대방을 잘 알기 전까지는 이를 드러내지 않는 편이다. 학습, 아이디어, 언어, 자기 독립적인 일에 관심이 많다. 어떻게 하든 이루어 내기는 하지만 일을 지나치게 많이 벌이려는 경향을 가지고 있다. 남에게 친근하기는 하지만, 많은 사람들을 동시에 만족시키려는 부담을 가지고 있다. 물질적 소유나 물리적 환경에는 별 관심이 없다.

- **아이디어형(INTP)**   이 형은 비전과 관점, 뛰어난 전략가의 타입이다. 조용하고 과묵하

다. 특히 이론적 과학적 추구를 즐기며, 논리와 분석으로 문제를 해결하기를 좋아한다, 주로 자기 아이디어에 관심이 많고 사람들의 모임이나 잡담에는 관심이 없다. 관심의 종류가 뚜렷하므로 자기의 지적 호기심을 활용할 수 있는 분야에서 능력을 발휘할 수 있다

- **수완 좋은 활동가형(ESTP)**　이 형은 친구, 운동, 다양한 활동을 선호하는 타입이다. 현실적인 문제해결에 능하다. 근심이 없고 어떤 일이든 즐길 줄 안다. 기계 다루는 일이나 운동을 좋아하고 친구 사귀기를 좋아한다. 적응력이 강하고 관용적이며, 보수적인 가치관을 가지고 있다. 긴 설명을 싫어한다. 기계의 분해 또는 조립과 같은 실제적인 일을 다루는 데 능하다.

- **사교형(ESFP)**　이 형은 분위기를 고조시키는 우호적 타입이다. 사교적이고 태평스럽고 수용적이고 친절하며, 만사를 즐기는 형이기 때문에 다른 사람들로 하여금 일에 재미를 느끼게 한다. 운동을 좋아하고 주위에 벌어지는 일에 관심이 많아 끼어들기 좋아한다. 추상적인 이론보다는 구체적인 사실을 잘 기억하는 편이다. 건전한 상식이나 사물 뿐 아니라 사람들을 대상으로 구체적인 능력이 요구되는 분야에서 능력을 발휘할 수 있다.

- **스파크형(ENFP)**　이 형은 열정적으로 새로운 관계를 만드는 타입이다. 따뜻하고 정열적이고 활기에 넘치며 재능이 많고 상상력이 풍부하다. 관심이 있는 일이라면 어떤 일이든지 척척 해낸다. 어려운 일이라도 해결을 잘하며 항상 남을 도와줄 태세를 가지고 있다. 자기 능력을 과시한 나머지 미리 준비하기보다 즉흥적으로 덤비는 경우가 많다. 자기가 원하는 일이라면 어떠한 이유라도 갖다 붙이며 부단히 새로운 것을 찾아나선다.

- **발명가형(ENTP)**　이 형은 풍부한 상상력으로 새로운 것에 도전하는 타입이다. 민첩하고 독창적이고 안목이 넓으며 다방면에 재능이 많다. 새로운 일을 시도하고 추진하려는 의욕이 넘치며, 새로운 문제나 복잡한 문제를 해결하는 능력이 뛰어나며 달변이다. 그러나 일상적이고 세부적인 면은 간과하기 쉽다. 자신이 한 일에 관심을 갖지만 부단히 새로운 것을 찾는다. 자기가 원하는 일이면 논리적인 이유를 찾아내는 데 능하다.

- **사업가형(ESTJ)**　이 형은 사무적, 실용적 현실적으로 일을 많이 하는 타입이다. 구체적이고 현실적이고 사실적이며, 기업 또는 기계에 타고난 재능을 가지고 있다. 실용성이 없는 일에는 관심이 없으며 필요할 때 응용할 줄 안다. 활동을 조직화하고 주도해 나가기를 좋아한다. 타인의 감정이나 관점에 귀를 기울일 줄 알면 훌륭한 행정가가 될 수 있다.

- **친선도모형(ESFJ)** 이 형은 친절과 현실감을 가지고 타인에게 봉사하는 타입이다. 마음이 따뜻하고 이야기하기 좋아하고, 사람들에게 인기가 있고 양심 바르고 남을 돕는 데에 타고난 기질이 있으며 집단에서도 능동적인 구성원이다. 조화를 중시하고 인화를 이루는 데 능하다. 항상 남에게 잘해 주며, 격려나 칭찬을 들을 때 신바람을 낸다. 사람들에게 직접적이고 가시적인 영향을 줄 수 있는 일에 관심이 많다.
- **언변능숙형(ENFJ)** 이 형은 타인의 성장을 도모하고 협동하는 타입이다. 주위에 민감하며 책임감이 강하다. 다른 사람들의 생각이나 의견을 중히 여기고, 다른 사람들의 감정에 맞추어 일을 처리하려고 한다. 편안하고 능란하게 계획을 내놓거나 집단을 이끌어가는 능력이 있다. 사교성이 풍부하고 인기 있고 동정심이 많다. 남의 칭찬이나 비판에지나치게 민감하게 반응한다.
- **지도자형(ENTJ)** 이 형은 비전을 가지고 사람들을 활력적으로 이끌어 가는 타입이다. 열성이 많고 솔직하고 단호하고 통솔력이 있다. 대중 연설과 같이 추리와 지적담화가 요구되는 일이라면 어떤 것이든 능하다. 보통 정보에 밝고 지식에 대한 관심과 욕구가 많다. 때로는 실제의 자신보다 더 긍정적이거나 자신 있는 듯한 사람으로 비칠 때도 있다.

ISTJ 소금형	ESTJ 사업가형	INTJ 과학자형	ENTJ 지도자형
ISFJ 권력형	ESFJ 친선도모형	INFJ 예언자형	ENFJ 언변능숙형
ISTP 백과사전형	ESTP 활동가형	ISFP 성인군자형	ESFP 사교형
INTP 아이디어형	ENTP 발명가형	INFP 잔다르크형	ENFP 스파크형

그림 13.4 MBTI 16가지 성격 유형

표 13.1 MBTI 테스트

성격유형 검사 1 [E(외향)-I(내향)]

- ☐ 나는 말하기를 좋아해 실수할 때가 종종 있다.
- ☐ 나는 말이 없어 주변 사람들이 답답해할 때가 있다.

- ☐ 나는 새로운 사람을 만나도 어색하지 않다.
- ☐ 나는 모르는 사람을 만나는 일이 피곤하다.

- ☐ 나는 말하면서 생각하고 대화 도중 결심할 때가 있다.
- ☐ 나는 의견을 말하기에 앞서 신중히 생각하는 편이다.

- ☐ 나는 팀으로 일하는 것이 편하다.
- ☐ 나는 혼자 혹은 소수와 일하는 것이 편하다.

- ☐ 나는 나의 견해를 사람들에게 표현하기를 좋아한다.
- ☐ 나는 대체로 나의 생각, 견해를 내 안에 간직하는 편이다.

- ☐ 말을 할 때 제스처가 큰 편이다.
- ☐ 말을 할 때 제스처를 사용하면 어색한 편이다.

- ☐ 오랜 시간 혼자 일하다 보면 외롭고 지루한 편이다.
- ☐ 혼자 오랜 시간 일을 잘하는 편이다.

- ☐ 일할 때 적막한 것보다는 어느 정도의 소리가 도움이 된다.
- ☐ 나는 소음이 있는 곳에서 일을 할 때 일하기가 힘들다.

- ☐ 말이 빠른 편이다.
- ☐ 목소리가 작고 조용하게 천천히 말하는 편이다.

- ☐ 나는 활동적인 편이다.
- ☐ 나는 집에 있는 것이 편하다.

성격유형 검사 2 [S(감각)-N(직관)]

- ☐ 나는 현실적이다.
- ☐ 나는 미래 지향적이다.

- ☐ 나는 경험으로 판단한다.
- ☐ 나는 떠오르는 직관으로 판단한다.

- ☐ 나는 사실적 묘사를 잘한다.
- ☐ 나는 추상적 표현을 잘한다.

- ☐ 나는 구체적이다.
- ☐ 나는 은유적이다.

- ☐ 나는 상식적이다.
- ☐ 나는 창의적이다.

☐ 나는 갔던 길로 가는 것이 편하다.
☐ 나는 새로운 길이 흥미 있다.

☐ 나는 했던 일이 편하다.
☐ 나는 새로운 일이 흥미 있다.

☐ 나는 약도를 구체적으로 그린다.
☐ 나는 약도를 구체적으로 그리기 어렵다.

☐ 나는 구체적이다.
☐ 나는 비약한다.

☐ 나는 실제 경험을 좋아한다.
☐ 나는 공상을 좋아한다.

성격유형 검사 3 [T(사고)–F(감정)]

☐ 나는 분석적이다.
☐ 나는 감수성이 풍부하다.

☐ 나는 객관적이다.
☐ 나는 공감적이다.

☐ 나는 감정에 치우치지 않고 의사결정한다.
☐ 나는 상황을 생각하며 의사결정한다.

☐ 나는 이성과 논리로 행동한다.
☐ 나는 가치관과 사람 중심으로 행동한다.

☐ 나는 능력 있다는 소리를 듣기 좋아한다.
☐ 나는 따뜻하다는 소리를 듣기 좋아한다.

☐ 나는 경쟁한다.
☐ 나는 양보한다.

☐ 나는 직선적인 말이 편하다.
☐ 나는 배려하는 말이 편하다.

☐ 나는 사건의 원인과 결과를 쉽게 파악한다.
☐ 나는 사람의 기분을 쉽게 파악한다.

☐ 사람들이 나를 차갑다고 하는 편이다.
☐ 사람들이 나를 따뜻하다고 하는 편이다.

☐ 나는 말을 많이 한다.
☐ 나는 좋게 생각하는 편이다.

(계속)

성격유형 검사 4 [J(판단)-P(인식)]

- ☐ 나는 결정에 대해서 잘 변경하지 않는 편이다.
- ☐ 나는 결정에 대해서 융통성이 있는 편이다.

- ☐ 나는 계획에 의해 처리하는 편이다.
- ☐ 나는 마지막에 임박했을 때 일을 처리하는 편이다.

- ☐ 나는 계획된 여행이 편하다.
- ☐ 나는 갑자기 떠나는 여행이 편하다.

- ☐ 나는 정리정돈을 자주 하는 편이다.
- ☐ 나는 날 잡아서 정리하는 편이다.

- ☐ 나는 조직적인 분위기에 일이 잘된다.
- ☐ 나는 즐거운 분위기에 일이 잘된다.

- ☐ 나는 계획적이고 조직적이다.
- ☐ 나는 나의 순발력을 믿는다.

- ☐ 나는 규범을 좋아한다.
- ☐ 나는 자유로운 것을 좋아한다.

- ☐ 나는 일할 때 친해진다.
- ☐ 나는 놀 때 친해진다.

- ☐ 내 책상은 정리가 잘되어 있다.
- ☐ 내 책상은 편안하게 되어 있다.

- ☐ 쇼핑을 갈 때 적어 가는 편이다.
- ☐ 쇼핑을 갈 때 적지 않고 그냥 가는 편이다.

출처 : 무료 http://blog.naver.com/melhan1/220376644711

2) 애니어그램

애니어그램의 기원은 정확하게 알 수 없지만 애니어그램 시스템이라고 불리는 고대의 지혜를 그 유래로 본다. 애니어그램 시스템은 구전되어 온 고대 지혜와 보편적인 진리를 집대성해 놓은 것으로 종교와 여러 가지 철학이 포함되어 있다. MBTI에서는 각 유형의 개성을 살린 개별화된 인간을 이상적인 인간상으로 보고 있다. 반면에 애니어그램은 내면 세계에서 모든 유형을 통합시킨 초월적 인간을 이상적인 인간상으로 본다.

애니어그램에서 애니어(Ennea)는 그리스어로 9개의 숫자를 의미하고, 그램은 그림을 뜻한다. 애니어그램에서 9개의 점은 사람들이 자기만의 삶의 방식대로 헤쳐 나가는 경향성을 1 충만함, 2 사랑, 3 진실, 4 창조, 5 지혜, 6 신뢰, 7 행복, 8 순수성, 9 평화를 나타낸다. 모든 사람은 이 중 하나를 자신의 것으로 택해 삶의 유형을 표출하게 된다. 이러한 9개의 점을 잇는 개인이 처한 사회문화, 가치관, 교육환경의 영향을 받아 밖으로 드러난 게 성격 유형이다. 9개의 점을 잇는 선은 변화의 방향을 의미한다. 존재하는 모든 것은 언제나 주어진 환경, 시공간의 변화에 따라 끊임없이 적응해 가는데, 이 변화에는 일정한 규칙이 있다. 이 규칙을 애니어그램에 나타낼 수 있다. 사람의 성격 유형은 크게 머리형, 가슴형, 장형으로 구분한다.

그리고 머리-머리형, 머리-가슴형, 머리-장형, 가슴-가슴형, 가슴-머리형, 가슴-장형, 장-장형, 장-머리형, 장-가슴형으로 나눌 수 있다. 머리형은 이성적이고 과학자, 수학자, 공학자, 의사 등이 적합하고, 가슴형은 감성적으로 패션디자이너, 음악가, 예술가, 연예인 등이 적합하며, 장형은 힘이 있고, 운동선수 등이 적합하다고 볼 수 있다. 머리(지장)은 제갈공명, 가슴(덕장)은 유비, 장(용장)은 장비로 비견할 수 있다. 그리고 차갑고 냉정하며 쌀쌀맞은 이미지는 머리형이고, 따뜻하고 부드럽고 포근한 이미지는 가슴형이며, 뜨겁고 무섭고 강한 이미지는 장형이라 할 수 있다. 삼성은 머리형, LG는 가슴형, 현대는 장형으로 비유하기도 한다. 그리고 서울과 경인 지방은 머리형이고 전라도는 가슴형이며 경상도는 장형으로 비유하기도 한다. 의사결정의 방법을 보면 머리형은 객관적, 합리적, 논리적으로 따져보고 결정한다. 가슴형은 사람과 분위기에 따라 결정하고, 장형은 직접 체험한 것만을 가지고 결정한다. 그리고 머리형은 효율적으로 하자고 하고, 가슴형은 다함께 하자고 하며, 장형은 제대로 하자고 한다.

(2) 애니어그램의 세 가지 중심의 유형

표 13.2 애니어그램 세 가지 중심의 유형

표현 중심	가슴(2, 3, 4유형)	머리(5, 6, 7유형)	배(8, 9, 1유형)
설명	자아 이미지 에너지의 중심을 가슴, 감정에 두고 있다. 자신의 존재감을 세상과 관계하는 이미지에서 얻는다.	불안 에너지의 중심을 사고에 두고 있다. 자신의 존재감을 세상과 거리감을 두는 것으로 얻는다.	경계 유지 에너지의 중심을 행동에 두고 있다. 자신의 존재감을 세상에 대항함으로써 얻는다.
감정	수치심(친절과 적극성의 외모 뒤에 자신의 공격성을 숨김) 사회적인 사람들	공포(따뜻한 마음을 객관적이고 무관심해 보이는 외모에 숨김) 보존적인 사람들	분노(번민과 공포를 자기주장이나 외모에 숨김) 공격적인 사람들

(계속)

관심	권위와 이미지 상징과 의식에 끌림 집착과 의존 거짓 자아와 사랑 과거중심적	삶은 미스터리 전반적인 상황 파악 뭔가 틀릴까 걱정 전략과 신념 미래 중심적	자신의 존재 힘과 정의 현재와 미래 환경에 저항 및 통제 현재 중심적
상황 파악	인간존중, 타인과의 관계, 직관적(사람과의 관계와 접촉을 중요시함) 감정적인 대응(타인 관심)	관찰, 대조, 분석, 비교의 사고 과정으로 상황 파악(현실과 괴리) 발달한 내면 세계와 불안하게 느끼는 외부 세계 통합 노력, 내적 판단	진행 중인 일을 신속, 정확하게 파악 현실조정 통제에 본능적 대처, 타인을 통제
의사결정	관여된 사람, 결정에 영향 받는 사람이 누구인가에 따라 결정을 고려함	자신의 판단과 사고체계에 따라 결정함	상황에 적응하거나 타인 감정 등을 고려하지 않고 당연과 의무에 의해 의사결정
신체 발달	순환기 수질=감정	중앙신경조직 대뇌피질=사고	소화기 근뇌=본능
지능	감성지능(EQ)	지적지능(IQ)	신체지능(BQ)

출처 : 한국형 애니어그램 프로파일. 한국애니어그램교육연구소.

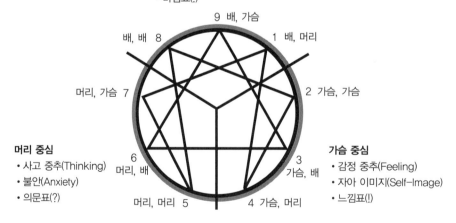

그림 13.5 애니어그램 세 가지 중심의 유형

(3) 애니어그램 9가지 유형 해석

2 조력가 : 남을 위하고 대인관계를 존중하는 유형으로 감정이 풍부하고 성실하며 따뜻한 마음을 지녔다. 다정하고 친절하며 자신을 희생시키기를 잘한다. 그러나 그와 동시에 감정적이고 아첨과 아부를 잘한다. 대체로 사려 깊고 타인들과 가까워지려고 노력한다. 일반적으로 소유욕 때문에 곤란을 겪으며 자신의 필요를 자각하는 것이 어렵다.

3 성취자 : 융통성이 있고 성공지향적인 유형으로 자신감이 있고 사람의 마음을 끌며 매력적이다. 야망이 크며 유능하고 에너지가 넘치며 자신의 위치를 늘 염두에 두며 발전을 위해 노력한다. 대체로 교섭에 능하고 침착하지만 자신의 이미지와 남들이 생각하는 자기 자신에 대해 지나치게 고민하기도 한다. 일반적으로 그들의 문제점은 경쟁심과 일중독이다.

4 예술가 : 내성적이고 낭만적인 유형으로 자신을 잘 알며 감수성이 예민하고 말이 없다. 대체로 감정적으로 정직하며 창의적이고 개인적이다. 그러나 자의식이 강하고 쉽게 우울해질 수 있다. 사람들을 피하는 이유는 자신의 약점이나 결함이 있다고 생각하기 때문이다. 또한 평범한 삶의 방식을 경멸할 수도 있다. 일반적으로 우울증, 방종, 자기 연민 때문에 어려움을 겪는다. 이해심이 많고 사람들을 뒷받침하고 도와주는 장점이 있으나 질투심과 복수심이 생기고 죄책감에 사로잡히는 단점도 있다.

5 사색가 : 지각력이 있고 사색적인 유형으로 경각심과 통찰력이 있고 호기심이 많다. 복잡한 생각이나 기술을 발전시키는 데 집중하는 능력이 있다. 독립심이 강하고 혁신적이며 독창적이다. 자신의 생각과 상상 속의 구성에 몰두하기도 한다. 초연하기도 하지만 일에 집착하고 열심히 한다. 일반적으로 비정상적인 행위, 허무주의, 고립으로 고민한다. 끈기가 있고 현명하며 분석적 태도를 갖고 있는 반면에 지적인 오만함과 흠 잡기를 좋아하고 내성적이다.

6 충성가 : 충성하고 안전을 중시하는 유형으로 의지할 수 있고 열심히 일하며 책임감이 강하고 믿을 만하다. 훌륭한 문제 해결사로 문제를 파악하고 협력을 촉진할 줄 안다. 반면에 방어적이고 회피적이고 근심이 많은 사람이 될 수도 있다. 불만을 갖는 동안 스트레스에 시달리기도 한다. 성격이 우유부단하고 신중하며 반동적이고 반항적이 되기도 한다. 일반적으로 자기 부정과 의심의 문제점을 갖고 있다.

7 낙천가 : 바쁘고 생산적인 유형으로 외향적이고 긍정적이며 다재다능하고 자발적이다. 노는 것을 즐기고 밝고 실천적이다. 일을 지나치게 잡아 늘리고 산만하며 규율을 잘 못 지

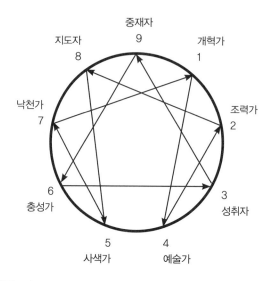

그림 13.6 애니어그램 9가지 유형

켜 자신의 능력을 적용하지 못할 때가 있다. 늘 새롭고 신나는 경험을 찾으며 무엇인가를 유지시켜 나가는 데는 관심이 없고 피곤해 한다. 일반적으로 충동적이고 참을성이 없어 문제를 겪는다.

8 지도자 : 힘 있고 적극적인 유형으로 자신감이 넘치고 자기 주장이 강하다. 남을 보호하며 임기응변의 능력이 있으며 직설적이고 과단성이 있다. 그러나 자존심이 강하고 권력을 휘두르기도 한다. 자신의 주변 환경, 특히 사람들을 통제해야 한다고 생각한다. 가끔 남들과 대결을 하며 협박하기도 한다. 일상적으로 화를 조절하지 못하고 약점이 있는 것을 인정하는 것을 어려워한다.

9 중재자 : 바라는 유형으로 포용하고 믿을 줄 알며 안정적이다. 대체적으로 창의적이고 낙관적이며 남들을 잘 지지한다. 그러나 평화를 유지하기 위하여 남들과의 좋은 관계를 위해 지나치게 집착하기도 한다. 또한 모든 일이 불화 없이 순조롭게 진행되기를 원한다. 그러나 결점을 숨기고 문제를 단순화시키며 속상한 일은 무조건 축소시키려는 경향이 있다. 일반적으로 게으름과 외고집이 문제가 된다.

1 개혁가 : 원칙주의자이고 이상주의적인 유형으로 옳고 그름이 분명하며 양심적이고 윤리적이다. 주로 교사, 개혁 운동가이며 변화를 추구한다. 늘 일을 향상시키려고 노력한다.

그러나 실수를 저지르는 것을 두려워한다. 정리정돈을 잘하고 까다롭고 높은 기준을 가지고 있다. 그러나 잘못하면 비판적이고 지나친 완벽주의자가 될 수 있다. 일반적으로 분노와 조바심을 잘 억제하지 못한다.

표 13.3 애니어그램 9가지 유형의 장단점

가슴		머리		장	
장점	단점	장점	단점	장점	단점
2유형		5유형		8유형	
관대하고 이해심이 많고 동정심이 많고 남을 도와주고 적응력이 뛰어나고 사랑을 나눠 준다.	의존적이고 독점적이고 아첨을 하고 일에 끼어들고 조종하려 하고 유혹적이다.	분석적이고 관찰적이고 초연하고 현명하고 객관적이고 예민하다.	내성적이고 사색적이고 인색하고 오만하고 소극적이고 감정이 없다.	현실적이고 활발하고 자신감 있고 강하고 겁이 없고 정열적이다.	공격적이고 타인을 조종하고 반항적이고 자기중심적이고 오만하고 가혹하다.
3유형		6유형		9유형	
자신감이 없고 효율적이고 실용적이고 부지런하고 긍정적이고 목표 지향적이다.	허영적이고 이미지, 의식적이고 겉치레하고 허위적이고 나르시스적이고 무정하다.	충실하고 친절하고 현명하고 남을 존중하고 믿을 수 있고 용감하다.	겁이 많고 의심이 많고 결정을 못하고 방어적이고 불안해하고 권위적이다.	평화적이고 침착하고 위안을 주고 인내심이 강하고 온순하고 끈기 있다.	게으르고 잘 잊고 결정을 못하고 무감각하고 건망증이 있고 허무주의적이다.
4유형		7유형		1유형	
예민하고 독창적이고 예술적이고 유행에 민감하고 교양 있고 감정적이다.	우울하고 소유욕이 많고 자의식이 강하고 과민하고 움츠러들고 자기학대적이다.	낙관적이고 사교적이고 즐겁고 상상력이 풍부 쾌활하고 모험을 좋아한다.	도피주의적이고 산만하고 쾌락주의적이고 자제력이 없고 쉽게 중독되고 광적이다.	이성적이고 원칙주의적이고 정돈을 잘하고 부지런하고 양심적이고 윤리적이다.	비판적이고 남을 판단하고 유연하지 못하고 엄격하고 조종하려 하고 독단적이다.

출처 : 한국형 애니어그램 프로파일. 한국애니어그램교육연구소.

표 13.4 애니어그램 질문지

번호		매우 부정 (1점)	약간 부정 (2점)	보통 (3점)	약간 긍정 (4점)	매우 긍정 (5점)
1	혼자 있는 시간을 가능한 많이 갖고 싶어 한다.					
2	'~해야 할 것이다'라는 말을 곧 잘 사용한다.					
3	돌다리도 두들겨 보고 건넌다.					
4	억지가 세고 소리가 크며 자신은 강한 사람이라고 생각한다.					
5	고통스럽다, 슬프다, 안타깝다, 피로하다 등 부정적인 생각을 나타내는 말을 거의하지 않는다.					
6	나는 낙담하거나 틀어 박혀 있는 경우가 때때로 있다.					
7	일을 하거나 사적인 경우 다른 사람의 부탁을 받으면 거절할 수가 없다.					
8	솔직하고 소박하며 자신의 생각이나 감정을 숨기지 않고 표출한다.					
9	다른 사람 앞에서 밝게 행동하거나 붙임성 있게 행동하는 것은 자연스러운 느낌이 들지 않는다.					
10	청소나 식기 세척 등을 깨끗하게 하지 않으면 무언가 불안하게 느끼며 언제나 깨끗한 것을 좋아한다.					
11	이야기를 하다가 궁지에 몰리면 공격적으로 되는 경우가 있다.					
12	자신을 훌륭한 사람이라고 생각하지는 않으며 대개 자연스러운 흐름에 몸을 맡기려 한다.					
13	내가 한 일에 대해서나 나를 평가하는 말에는 민감하다.					
14	물품을 수집하거나 비축하는 것이 좋다.					
15	어려운 상황으로 되어도 곧잘 "어쨌든 잘될 거야."라고 말한다.					
16	바람직하지 않은 것은 빨리 잊어버리는 경향이 있다.					
17	상대가 안절부절못하고 있으면 싫증나는 것처럼 이해할 수 없는 표정을 짓는 경우가 많다.					
18	친구가 놀러 오거나 전화를 걸어주면 매우 기뻐한다.					
19	질투심이나 독점욕이 강하다.					
20	어려운 것에 도전하며 생기 넘치게 살고 있다.					

21	자신의 주변 사람들이나 사회를 비판하는 이야기를 하는 편이다.					
22	세련된 표현이나 복장 등에 매우 신경을 쓰는 편이다.					
23	중요한 주제에 대해서는 정보를 충분히 얻으려고 하며 정보 없이 가볍게 이야기하지는 않는다.					
24	왕성한 활동을 하지만 사교를 하는 데는 약간 피로하다.					
25	속박 받는 것이 싫고 나도 그다지 속박하지 않는다.					
26	납득이 가지 않는 것을 강제적으로 시키면 유쾌하지 않고 움직이지 않는다.					
27	신경질적이고 안절부절못하는 편이다.					
28	매너가 좋은 점이나 예의바름 등에 신경이 쓰이며 주위 사람들도 그렇게 되어 주기를 바란다.					
29	순서를 밟아서 하는 것이 중요하며, 조마조마할 만큼 위험한 것 같아도 견디어 내는 강인함이 있다.					
30	남이 무엇을 생각하고 무엇을 느끼고 있는가를 엿보는 경우가 때로 있다.					
31	어떤 문제가 일어나면 최악의 상태를 상정하는 경향이 있다.					
32	이야기에 논리성이나 설득력이 있는 편이다.					
33	인생의 어두운 면에는 눈을 돌리지 않는 경향이 있으며 젊음을 잃는 것을 두려워한다.					
34	자원봉사 활동 등을 통해 사회에 공헌하고 곤란에 처해 있는 사람들을 돕는 활동에 흥미를 갖고 있다.					
35	감정에 따라 사람들을 대하므로 변덕을 잘 부리는 편이다.					
36	자기 주장이 강한 편이다.					
37	무슨 일에나 지나치게 성실하게 생각하거나 걱정하거나 불안을 느끼거나 한다.					
38	"저렇게 했더라면", "이렇게 하는 편이 좋다."라는 충고나 주문이 많은 편이다.					
39	활자로 된 것이 좋으며 책을 사서 읽기 좋아한다.					
40	목표가 정해져 있어도 좀처럼 움직이지 못하나 일단 움직이면 변경하기는 어렵다.					
41	공사를 불문하고 인간관계가 잘되어 가지 않으면 당황하여 어찌할 바를 모르고 피해자 의식을 갖기 쉽다.					

(계속)

42	파티 등 사람들이 많이 모인 장소를 좋아하며 어떻게 하면 다른 사람들의 눈에 띌까 하고 항상 생각하고 있다.					
43	의사소통이 잘되지 않으면 연기를 해서라도 감정표현을 하는 경우가 있다.					
44	주제 넘게 참견하지 않고 눈에 띄지 않으며 주위 사람들과 똑같이 하고 싶다는 생각이 강하다.					
45	쓸데없이 돌보아 주는 일에 정열을 불태우지만 뒤에 가서 귀찮아한다.					
46	때때로 욕구불만을 느끼는 경우가 있다.					
47	거짓말이나 속임수는 자신에게나 타인에게도 허용할 수 없다.					
48	질투심이나 독점욕과 같은 것을 강하게 느끼는 경우는 거의 없다.					
49	연애관계가 일단 안정되면 일을 우선시하고 사적인 시간을 그다지 할애하지 않는다.					
50	장래조직이나 회사의 임원, 고급 공무원과 같은 높은 지위를 겨냥하고 있다.					
51	자신이 솔선수범하여 어떤 것을 행하는 경우는 적고 다른 사람에게 주도권을 넘기는 경우가 많다.					
52	부하나 약자를 잘 감싸준다.					
53	내가 필요한 물품을 말하지 않기 때문에 주변에서 챙겨주는 경우가 자주 있다.					
54	자신과 친한 사람이 무엇을 생각하고 있는가를 언제나 의식하고 있다.					
55	나는 이야기할 때 남의 말에 끼어들지 않고 조용하게 잘 들어주며 긍정적으로 수용해 준다.					
56	늙음이나 죽음, 빈곤이나 병고 등 인생의 부정적인 주제에 대하여 말하는 것이 싫지는 않다.					
57	일에만 매달려 있어 일중독인 편이다.					
58	잘되어 가지 않는 것이 계속되면 신경질적이 되며 화를 잘 내게 된다.					
59	누구에게나 친절하고 동정심이 많다.					
60	감정의 기복이 심하고 그것을 표현할 때에 연기를 하는 느낌이 드는 경우가 있다.					

61	천진난만한 어린아이처럼 자신의 기분에 솔직하지만 제멋대로인 면도 있다.					
62	말다툼을 하게 되면 상대의 약점을 공격하고 경우에 따라서는 폭력적인 태도로 나오는 경우도 있다.					
63	스트레스는 그다지 느끼지 않으며 밤잠을 자지 못하는 경우는 없다.					
64	나는 걱정이 많고 도량이 적은 데가 있다.					
65	상사 등 권력을 갖고 있는 사람을 평가하거나 비판하거나 하는 것을 화제로 삼는 편이다.					
66	좋은 결과나 업적보다는 불평이나 어리석음을 이야기하는 사람을 경멸하는 경향이 있다.					
67	시간을 다른 사람에게 내어 주기를 좋아하지 않으며 금전적으로도 출자를 싫어하는 경우가 있다.					
68	언제나 싱글벙글하고 있지만 때때로 기분이 언짢아질 경우가 있다.					
69	어떤 역할을 주면 그 역할을 수행하기 위해 지나치게 일을 하는 경우가 많다.					
70	자만스러운 이야기가 제법이다.					
71	다른 사람을 보호하거나 육성하거나 하는 데 가장 자신이 있으며 약자를 지키려고 하는 다정함이나 동정심이 있다.					
72	다른 사람과 같은 것을 하고 싶지 않으면 자신이 아니고서는 안 된다고 하는 일을 하고 싶다는 생각이 강하다.					
73	자신에게 호감이 가는 정보는 의심하지 않고 모두가 좋은 방향으로 전개한다					
74	상황이 나쁘게 되어도 당황하는 법이 없고 그렇다고 해서 이내 대처하려고 하지도 않는다.					
75	이야기에 뛰어난 사람으로 보통 화제로 될 수 없는 주제의 재미있는 이야기를 자주 해준다.					
76	곧잘 싸움을 하지만 실제는 상처받기 쉬운 사람이라고 생각한다.					
77	평상시에는 온화하기 때문에 급격히 분노를 터뜨리는 경우가 드물다.					
78	'~을 해드린다', '~을 해준다', '~에 봉사했다'라는 화제가 많다.					

(계속)

79	많은 계획을 세우는 것이 좋으며 그것에 대해 이야기 하고 있을 때가 가장 즐거운 것 같다.					
80	단순히 일하지 않으며 성공을 목표로 삼고 살아가는 사람이라고 생각한다.					
81	표정이 그다지 변화하지 않고 자기주장도 그다지 하지 않는다.					
82	'바쁘다', '재미있다', '슬프다' 등 감정을 나타내는 말을 그다지 하지 않는다.					
83	얼핏 보아 행동적인 것처럼 보여도 부끄러움이 많아 실제로는 좀처럼 행동을 일으키지 않는다.					
84	잔혹한 뉴스나 싫은 이야기는 화제로 삼지 않는다.					
85	온화하고 천성이 대범하고 유연하며 함께 있는 것만으로도 마음이 놓이게 된다.					
86	나는 일하는 것이 매우 좋다.					
87	침착하고 표정이 크게 변화하지 않고, 냉정하고 무정하다는 이미지가 강하다.					
88	일을 하기 전에 확실한 예비조사를 한다.					
89	일을 정성껏 주의를 기울여 한다.					
90	명랑하고 즐거운 분위기를 갖고 있으며 주위 사람들을 즐겁게 하는 서비스 정신이 있다.					

출처 : http://www.familylove21.com/ennea_test.htm

표 13.5 애니어그램 분류표

문항	2	10	21	27	38	47	57	64	77	89	합계	유형
점수												1유형
문항	7	18	30	34	43	53	59	68	78	84	합계	
점수												2유형
문항	5	13	24	32	49	50	66	70	80	86	합계	
점수												3유형
문항	6	22	28	35	41	56	60	72	75	83	합계	
점수												4유형
문항	1	9	14	23	39	48	51	67	82	87	합계	
점수												5유형

문항	3	11	19	31	37	44	54	65	71	88	합계	
점수												6유형
문항	15	16	25	33	42	58	61	73	79	90	합계	
점수												7유형
문항	4	8	20	29	36	45	52	62	69	76	합계	
점수												8유형
문항	12	17	26	40	46	55	63	74	81	85	합계	
점수												9유형

8. 우리나라의 직업 만족도

직업은 시대의 구조와 발달단계에 따라 그 종류도 다양화, 전문화, 세분화되어 있다. 과거의 단순한 직업구조와 달리 현대사회에서 직업의 종류와 수는 약 2~3만여 종이다. 그리고 사회의 변화에 따라 새로 생겨나기도 하고 없어지기도 한다. 따라서 수많은 직업의 종류와 그에 따른 정보를 수집하고 그 정보를 자신의 경험에 비추어 적절히 활용함으로써 자신에 맞는 직업을 선택할 수 있다.

우리나라는 그림 13.7과 같이 경제협력개발기구(OECD, 2016)에서 발표한 '일과 삶의 균형' 항목에서 10점 만점에 5.0으로 38국가 중에 36위를 기록했다. 주 50시간 이상 일한 임금근로자의 비율은 23.12%로, OECD 평균 13%보다 10%포인트 높았다. 그리고 여가나 개인생활에 쓴 시간은 14.7시간으로, 중 27위를 차지했다. 일하는 시간에 비해 수면이나 식사, 여가 등에 사용하는 시간이 상대적으로 적다는 뜻이다. 그러니 건강에 관한 지표도 좋을 리가 없다. 건강상태에 대해 '좋다'고 답한 사람은 38개 국가 중 최하위였다.

이를 볼 때 우리나라가 노동환경과 직장환경이 만족할 만한 수준이 아님을 알 수 있다. 그러나 우리가 소명의식을 가지고 평생 기쁨으로 할 수 있는 일, 잘 할 수 있는 일, 그리고 일하는 태도 여하에 따라 일의 만족도가 달라진다. 물론 연봉이 많으면 나쁠 것은 없다. 그러나 이보다 더 중요한 것은 소명의식이다. 아무리 좋은 환경과 연봉을 많이 받는다 할지라도 소명의식이 없으면 회사와 상사에게 늘 불평하다가 끝난다. 성경은 "맡은 자들에게 구할 것은 충성이다."라고 하였다(고전 4 : 2).

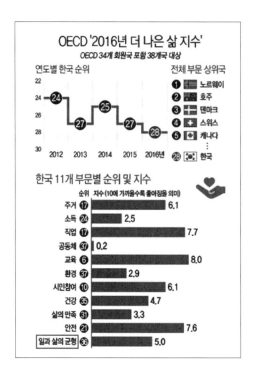

출처 : 연합뉴스, 2016. 6.5

그림 13.7   2016년 한국의 더 나은 삶 지수(일과 삶의 균형)

민족주의자요 독립운동가인 고당 조만식 선생[10]은 똑똑하지만 가난하여 어린 시절에 남의 집 머슴살이를 하였다. 그는 머슴살이 하면서 자신의 처지를 비관하거나 부끄러워하지 않고 오히려 주인집 일을 열심히 했다. 그에게 맡겨진 일은 매일 주인의 요강을 깨끗이 닦아놓는 것이었다. 그는 요강을 마음으로 지극 정성 다하여 닦았다. 이를 지켜본 주인은 그 아이의 됨됨을 보고 학자금을 주며 평양에 있는 숭실학교에 보내 공부를 시켰고 일본유학까지 보냈다. 후에 그는 제자들이 인생의 성공 비결을 물을 때마다 항상 이렇게 말했다고 한다. "여러분이 사회에 나가거든 지극 정성 다하여 요강을 닦는 사람이 되십시오." 하찮은 일이라도 지극정성을 다하여 하라는 것이다. 그런데 세상에 하찮은 일이 없다. 모두가 다 귀한 것이다. 그런데 우리는 작은 일을 소홀히 여기고 한탕주의, 벼락출세, 손 안 대고 코를 풀려고 하려는 안일주의 피가 흐르고 있다. 안일주의를 깨고 어디를 가더라도 소명의식을 가지고 작은

---

[10] 조만식(1883~1950) : 호는 고당이고, 독립운동, 교육자, 민족지도자로 산정현교회 장로로 시무하였다.

일에 성심성의껏 하는 자세를 가져야 한다. 이때 우리의 행복지수는 높아질 것이다.

　　2012년 3월에 한국고용정보원이 직업 737개를 분류하여 조사 연구한 것을 보면 20점 만점에 초등학교 교장이 17.8667로 1위였다.

표 13.6　직업만족도

순위	직업명	점수	순위	직업명	점수
1	초등학교교장	17.8667	16	초등학교교사	16.9667
2	성우	17.6000	17	웃음치료사	16.9667
3	상담전문가	17.5625	18	세무사	16.9333
4	신부	17.5000	19	작사가	16.9333
5	작곡가	17.4333	20	특수학교교사	16.8667
6	학예사	17.4333	21	프로그래머	16.8000
7	대학교수	17.2370	22	판사	16.7667
8	국악인	17.2000	23	보험 계리사	16.7667
9	아나운서	17.2000	24	송배전설비기술자	16.7667
10	놀이치료사	17.1667	25	임상심리사	16.7333
11	도선사	17.1667	26	이미지컨설턴트	16.7333
12	한의사	17.1333	27	번역가	16.7333
13	심리학연구원	17.1000	28	장학사	16.7000
14	대학교총장	17.0667	29	화가	16.7000
15	취업지원관	17.0000	30	관세사	16.7000

출처 : 한국고용정보원, 2012.

9. 행복한 직장생활을 위한 12가지 규칙

BBC 행복위원회의 제시카 프라이스 존스와 필리파 채프먼은 행복한 직장생활을 위한 12가지 규칙을 제시했다.[11] 첫째는 맡은 일은 반드시 끝내라. 둘째는 다양한 업무를 맡으라. 셋째는 자신의 일에 대해서는 어느 정도의 주도권을 확보하라. 넷째는 감사를 받을 만한 일을 하라. 다섯째는 당신의 능력을 이용해 일을 잘 해내도록 하라. 여섯째는 남들이 당신에게 어떤

---

[11] 에릭 와이너. 행복의 지도. 김승욱 역. 웅진지식하우스. 2008.

기대를 하고 있는지 숙지하라. 일곱째는 당신의 일이 왜 중요한지 이해하라. 여덟째는 자신의 이야기에 귀 기울이게 하라. 아홉째는 직장에서 친구를 만들어라. 열 번째는 새로운 지식을 쌓으라. 열한 번째는 자신과 잘 맞는 상사를 만나라. 열두 번째는 피드백을 주고받으라.

행복과 나눔, 여가

1. 행복과 나눔

행복의 중요한 요인 중의 하나가 나눔, 기부이다. 그런데 기부는 영어로도 기부(give)이고 우리말도 기부(寄附)이다. 동서양이 발음이 같은 것은 그리 많지 않다. 이처럼 기부는 동서양이 모두가 중요하다는 것을 알 수 있다. 기부와 나눔은 약자에 대한 배려이다. 우리가 산술적으로 생각하면 나누고 베풀면 없어지는 것으로 생각하기 쉽다. 그러나 나누고 베푸는 것만큼 채워진다. 어머니가 아기에게 젖을 물리면 없어지는 것으로 생각하기 쉽다. 그러나 아기에게 젖을 물리면 물리는 만큼 젖이 계속 나온다. 그러나 어머니가 아기에게 물리지 않으면 남는 것이 아니라 젖이 나오지 않게 된다. 그리고 아기가 젖을 빨지 않게 되면 오히려 젖몽우리가 생겨 어머니에게 고통을 안겨주게 된다. 이처럼 나누고 베풀게 되면 없어지는 것이 아니라 계속 생성되는 것이 자연의 원리이다.

그 좋은 예가 있다. 이스라엘에는 두 개의 작은 호수가 있다. 하나는 갈릴리호수요 다른 하나는 사해이다. 갈릴리호수는 헬몬산에서 물이 흘러 들어온다. 갈릴리호수는 헬몬산에서 내려오는 물만큼 사해로 흘러 보낸다. 그럴 때 갈릴리호수는 항상 깨끗하고 맑아 온갖 종류의 물고기가 살아간다. 그런데 사해는 물을 계속 받기만 하고 흘러 보내지 않아 어떤 생물도 살지 못하는 죽은 바다, 곧 사해가 되었다. 이처럼 나눔은 너도 잘되고, 나도 잘되며 모두가 잘되는 행복의 지름길이다. 고인 물은 썩는다는 말이 있다. 바로 사해를 두고 이르는 말일 것이다. 내가 가지고 있는 재물을 포함한 지식이나 은사도 남을 위해 쓸 때 유용한 것이지 자기만을 위해 쓸 때 그것은 스스로 불행의 길로 접어드는 것이다. 그래서 성경에도 "주는 것이 받는 것보다 복이 있다."고 했다(행 20:35). 이를 9복이라고 한다.

그리고 이런 성가도 있다. "사랑은 참으로 버리는 것 더 가지지 않는 것. 이상하다 동전 한 닢 움켜잡으면 없어지고 쓰고 빌려주면 풍성해져 땅 위에 가득하네." 그래서 성경에 "네 하나님 여호와께서 네게 주신 땅 어느 성읍에서든지 가난한 형제가 너와 함께 거주하거든 그 가난한 형제에게 네 마음을 완악하게 하지 말며 네 손을 움켜쥐지 말고 반드시 네 손을 그에게 펴서 그에게 필요한 대로 쓸 것을 넉넉히 꾸어주라 삼가 너는 마음에 악한 생각을 품지 말라 곧 이르기를 일곱째 해 면제년이 가까이 왔다 하고 네 궁핍한 형제를 악한 눈으로 바라보며 아무것도 주지 아니하면 그가 너를 여호와께 호소하리니 그것이 네게 죄가 되리라 너는 반드시 그에게 줄 것이요, 줄 때에는 아끼는 마음을 품지 말 것이니라 이로 말미암아 네 하나님 여호와께서 네가 하는 모든 일과 네 손이 닿는 모든 일에 네게 복을 주시리라 땅에는 언제든지 가난한 자가 그치지 아니하겠으므로 내가 네게 명령하여 이르노니 너는 반드시 네 땅 안에 네 형제 중 곤란한 자와 궁핍한 자에게 네 손을 펼지니라."(신 15:7-11)

그리고 주역에 적선지가필유여경(積善之家 必有餘慶)이란 말이 있다. 이는 선행을 쌓으면 집안에는 반드시 경사가 난다는 말이다. 또 3대가 적선을 해야 남향집에서 산다는 말도 있다.

그런데 우리가 나눔을 생각하면 물질로 생각하기 쉽다. 그러나 나눔과 배려는 물질만으로 하는 것은 아니다. 재산이 없어도 줄 수 있는 7시(七施)가 있다. 하는 일마다 되는 일이 없는 범부가 석가모니를 찾아가 그 원인을 물으니 베풀지 않았기 때문이라 말해 주었다. 범부가 "아무것도 가진 게 없는 빈털터리이기 때문에 남에게 베풀 것이 없습니다."며 "내가 남에게 무얼 준단 말입니까?" 물었다. 이때 석가모니가 범부에게 아무리 재산이 없더라도 줄 수 있는 일곱 가지, 7시는 누구에게나 다 있다고 했다.

7시의 첫째는 화안시(和眼施)이다. 화안시는 얼굴에 화색을 띠고, 부드럽고 정다운 얼굴로 남을 대하는 것이 남을 돕는 것이다. 둘째는 언시(言施)이다. 언시는 말로써 얼마든지 남에게 베풀 수 있으니 사랑의 말, 칭찬의 말, 위로의 말, 격려의 말, 양보의 말, 긍정의 말, 부드러운 말이다. 셋째는 심시(心施)이다. 심시는 마음으로 베푸는 것으로 마음의 문을 열고 따뜻한 마음을 주는 것이다. 넷째는 안시(眼施)이다. 안시는 눈으로 베푸는 것으로 호의를 담은 눈으로 사람을 보는 것처럼 눈으로 베푸는 것이다. 다섯째는 신시(身施)이다. 몸으로 베푸는 것이다. 남의 짐을 들어준다거나 일을 돕는 것이다. 여섯째는 좌시(坐施)이다. 좌시는 때와 장소에 맞게 자리를 내주어 양보하는 것이다. 노약자에게 자리를 양보하는 것은 곧 남을 섬기는 것이다. 일곱째는 찰시(察施)이다. 굳이 묻지 않고 상대방의 마음을 헤아려서 알아서 도와주는 것이다.

그리고 예수님도 이런 말씀을 하셨다. "너희가 여기 지극히 작은 자 하나에게 한 것이 곧 내게 한 것이니라"(마 25:40). 우리 주위에는 항상 나보다 어려운 이웃이 있게 마련이다. 우리가 위를 보면 우리가 도움의 대상이 되지만 아래를 보는 순간 나보다 더 어렵고 힘든 작은 도움의 대상들이 부지기수이다. 예수님은 그런 그들을 돌본 것을 '내게 한 것'으로 여기셨다. 따라서 우리가 무엇이 있어서 도와야 된다는 생각을 하는 한 절대로 남을 도울 수 없다. 그러나 남을 돕고 섬기고 베풀 마음만 있으면 얼마든지 돕고 섬기고 베풀 수 있다.

토마스 람게는 **행복한 기부**[1]에서 복지국가로서 실패하고 있는 독일 사회의 모습을 보여준다. 그는 지금 독일인에게 필요한 것은 국가가 모든 것을 책임지려 하고 국민은 단지 가져가기만 하는 보모국가에 대한 의존이 아니라고 한다. 이제 국민이 스스로 주인이 되어 책임지는 사회로 거듭나야 한다고 강조한다. 그리고 그는 국민 스스로가 주인으로 서서 새로운 방법, 받는 것이 아니라 '기부'의 문화를 올바르게 정착시켜야 한다고 말한다. 기부가 독일 사회에 하나의 문화로서 정착하기 위해 저자가 제시한 길은 다음의 세 가지다. 첫째는 기부를 경제적인 측면에서 냉철하게 바라볼 것, 둘째는 기부를 통해 정서적인 만족감과 경제적인 소득을 동시에 얻을 수 있음을 모두에게 인식시킬 것, 셋째는 이런 인식이 현실화될 수 있도록 기부의 통로를 넓히고 보상의 혜택을 가시화하는 기부문화를 제도적으로 정착시켜야 한다고 했다. 그리고 그는 큰 것의 기부가 아니라 자기가 가지고 있는 것의 1%를 기부할 것을 강조한다. 우리 모두에게 누구에게나 1%의 기부할 것은 있다.

벤 프랭클린 효과(Ben Franklin Effect)[2]가 있다. 이는 미국의 정치가이자 피뢰침을 발견한 벤자민 프랭클린이 한 말에서 유래되었다. "당신에게 친절을 베푼 사람은 당신에게 다른 호의를 베풀려고 더 많이 준비할 것이다." 우리가 어떤 사람에게 호의를 베풀면 그 사람을 더 좋아하게 되지만 반대로 자신이 상처를 준 대상은 더 싫어하게 되는 효과가 난다는 것이다. 내가 남에게 선행을 베풀고 나누어 주는 것은 마이너스가 아니라 플러스 효과이다.

---

[1] 토마스 람게. 행복한 기부. 이구호 역. 풀빛. 2007.
[2] 벤자민 프랭클린(Benjamin Franklin, 1706~1790): 미국의 건국의 아버지 중 한 명으로, 달러화 인물 중 대통령이 아닌 인물은 알렉산더 해밀턴(10달러)과 벤자민 프랭클린(100달러) 두 명뿐이다.

2. 나눔, 봉사의 특성

나눔은 자원봉사 활동 등을 포함한다. 나눔의 정의는 사회 제 문제의 예방과 그 해결을 위해 개인이 자신의 자유의지에 따라 조직체와 관계하여 무보수로 일하는 자발적인 활동이다. 나눔의 특성은 임의적인 자유의사에 따른 선택이고, 자발적, 무보수, 여가선용, 사회 활동의 참여, 창의성의 발휘, 타인에 대한 배려이다. 기관이나 조직 차원에서 보면 자원봉사 활동은 지역사회와 기관과의 가교 역할을 하여 시설의 사회화를 촉진하고, 시설이나 기관 이용자의 삶의 질을 향상시켜 지역사회 발전에 기여한다. 더 나아가 자원봉사자가 시설이나 기관의 문제를 새롭게 인식하여 자신의 문제로 받아들여 지역사회에 호소하고, 자원봉사자 자신과 서비스 이용자만 만족하는 수준을 넘어 사회를 개량하는 역할을 하게 된다.

　기관 자원봉사는 첫째는 사람들에게 더 많은 도움을 주게 된다. 둘째는 사람들에게 다양한 도움을 주기 위해서다. 셋째는 지역사회의 지원을 촉진하기 위해서다. 넷째는 재정적 지원을 통한 자원봉사자의 활용의 필요성이다. 우리나라도 사회의 빠른 변화에 따라 핵가족화, 도시화가 가속화되었고, 생활수준의 향상에 따른 욕구의 다양화, 의학의 발달로 인한 노인 인구의 증가 등으로 자원봉사자의 필요성이 부각되고 있다.

3. 자원봉사 활동의 필요성

자원봉사 활동에는 사회적인 차원과 개인적인 차원, 그리고 사회적 기관 측면이 있는데 각기 필요성은 이러하다.

1) 사회적 차원의 필요성

대인적 서비스에 대한 사회적 욕구가 증대되고 사회복지 대상자가 확대되자 공적, 제도적 서비스로는 모든 욕구를 충족시키기가 어렵게 되었다. 또한 새로운 시설의 사회화를 지향하는 방향으로 전환되었다. 따라서 시설의 사회화를 이루기 위해서는 자원봉사 활동이 필수적이다. 더구나 복지사회를 실현하기 위해서 시민 대다수가 참여하는 자원봉사 활동의 활성화가 필요하다. 그리고 우리나라가 지향해야 할 목표는 성장을 통한 복지국가로 나가야 할 것은 두말할 필요가 없다. 복지는 성장에서 낙오된 사람들에 대한 따뜻한 배려이다. 이제 우리나라는 모든 국민에게 소득, 영양, 보건, 주택, 교육상의 최저수준을 호혜차원이 아니라 국민이 당연히 받고 누려야 할 권리로 보장하는 국가로 전환을 해야 한다. 이러한 복지국가는 이타주의, 도덕성과 봉사, 노블레스 오블리제(Nobless Oblige)의 정신이 국민 모두에게 형성될 때 이루어지게 된다.

2) 개인적 차원의 필요성

개인적인 차원의 필요성은 첫째는 자원봉사자 자신의 개인적 능력을 활용하게 되어 생활의 의의나 보람을 느끼게 한다. 둘째는 자원봉사자의 여가를 건전하게 이용하여 개인의 발전을 도모할 수 있다. 셋째는 자원봉사자 간의 교류를 통하여 정보를 교환하고 사회의식을 고취하여 봉사자 자신의 문제를 살펴보게 되어 자신의 문제해결에 도움이 된다. 넷째는 사회문제 해결에 참여하여 전문적 지식을 증가시킬 수 있다. 다섯째는 자원봉사자 간의 연대의식을 갖게 되어 지역사회의 소속감과 국민의식을 갖게 한다. 여섯째는 사회 문제에 접근하고 치료하면서 사회나 국가에 대해 긍정적 견해를 갖게 된다. 마지막으로 사회복지시설, 단체, 지역사회 등 기존의 사회복지체계 변화의 중추적 역할을 할 수 있다.

3) 사회적 기관 측면에서의 필요성

현재 우리나라는 자원봉사의 개념은 돈이 많고 시간이 남는 사람만이 하는 것으로 잘못 인식되어 있다. 자원봉사에 대한 개념이 아예 없는 국민들이 많다. 이러한 현실로 인해 많은 시설이나 기관들이 도움의 손길을 기다리며 어려운 생활들을 하고 있다. 이러한 때에 자원봉사자들의 활동은 기관을 운영하는 직원들이 보다 긴급한 업무, 또 그들의 전문성을 요구하는 업무를 자유로이 수행하여 서비스의 범위를 확대시키고 새로운 대상에게까지 서비스를 제공할 수 있다. 이를 통해 사람들에게 더 많은 도움을 주게 되고, 사람들에게 다양한 도움을 주게 된다. 그리고 지역사회의 지원을 촉진하게 된다. 마지막으로 재정적 지원을 하게 된다.

4. 자원봉사 활동의 종류 및 내용

1) 종류

공적 차원의 활동과 민간차원의 활동이 있다. 공적인 차원으로서는 정부차원의 자원봉사 활동이 있다. 정부 차원의 자원봉사 활동으로 대표적인 것이 미국의 평화봉사단, 우리나라의 한국국제협력단(KOICA, Korea International Cooperation Agency), 지역사회개발을 목적으로 하는 미국 빈민 지구 파견 자원 봉사 활동(VISTA, Volunteers in Service to America), 월드비전, 그리고 일본의 민생위원제도 등이 있다.

그리고 민간차원의 활동을 보면 순수한 민간차원의 자원봉사 활동으로 대표적인 것이 미국의 노동조합을 통한 자원봉사 활동을 들 수 있다. 이들의 활동은 이미 퇴직한 조합원들이 퇴직을 앞둔 조합원들에게 퇴직 후의 생활에 대한 교육을 실시하거나 전과자 선도, 알코올 중독자 재활사업 등을 한다.

2) 내용

내용을 보면 개인적 원조 제공과 권익 대변, 그리고 시민 참여와 자조적인 행동이 있다. 개인적인 원조 제공은 도움을 필요로 하는 사람에게 개인적인 도움을 제공하며 자활능력을 증대시키는 활동을 한다. 그리고 권익 대변은 자신의 이익을 위해 조직적인 활동을 하지 못하는 이들의 권익을 대변해 주거나 확대시키는 활동을 한다. 시민 참여는 정부의 이사회나 위원회를 통한 정책계획과 개발, 정보 제공, 공공 프로그램의 평가 등에 참여하며 때때로 정책 결정에 참여하는 활동을 한다. 자조적인 행동은 지역사회 내의 이웃관계 증진이나 알코올 중독자 모임 같은 자조집단(self-help group)을 위한 활동을 전개한다.

3) 봉사 활동 종류

첫째는 일손 돕기 활동 및 위문활동이 있다. 성격은 일손이 모자라는 복지시설, 공공기관, 병원, 농어촌 등을 찾아 실질적인 도움을 주는 봉사 활동이다. 여기에는 복지시설 일손 돕기가 있다. 아동 및 청소년 복지시설, 장애인 복지시설, 노인 복지시설 등을 방문하여 일손을 돕는 것이다. 예를 들어 어린이 돌보기, 시설물 관리, 학습교재 제작, 배식, 설거지, 세탁, 청소, 잡초제거, 시각장애자에게 책 읽어주기, 편지 대필하기 등이 있다.

둘째는 공공기관 일손 돕기이다. 우체국이나 동사무소, 공공도서관 등 각종 공공기관 등을 방문하여 일손을 돕는 것이다. 예를 들어 안내하기, 주소 대필하기, 문서신청 대신하기, 우표 부치기, 우편물 분류 돕기, 청소하기, 간단한 업무 돕기, 도서 정리와 자료정리 및 심부름을 하는 것이다. 병원이나 보건소 등을 방문하여 일손을 돕는 것으로 안내하기, 청소하기,

잡초제거, 간단한 업무 돕기, 심부름을 하는 것 등이 있다. 농어촌 일손 돕기는 모내기, 추수 돕기, 어린이 돌보기, 주변 청소하기, 심부름하기, 어장이나 과수원 일손 돕기 등을 들 수가 있다. 학교 내 일손 돕기는 교과활동이나 특별활동과 무관한 학교 행사 등을 위해 일손을 도울 수 있다. 예를 들어 운동장 정리, 학교행사 안내, 봉사 활동 목록작성을 위한 조사연구, 환경미화, 나무심기, 출신학교를 방문하여 청소를 도와주고, 교통 안전지도로 등하교의 교통과 안전지도의 활동을 들 수 있겠다.

셋째는 지도 활동이다. 이는 학생들이나 일반인들에게 교과, 운동, 문화, 레크리에이션 등을 가르치거나 지도하는 활동으로 동급생들 중 학습이 부진한 학생들을 지도하는 활동이 있을 수 있다. 교과별 학습부진학생 지도, 운동 지도, 게임 지도 등이 있다. 하급생 지도는 유치원이나 학교 안에서 자기보다 어린 학생에게 공부를 가르치거나 운동 등을 가르치는 활동이다. 그리고 유아원생 돌보기, 유치원생 지도, 초등학생 지도, 중학생 지도 등이 있다.

넷째는 사회 교육 지도이다. 여기에는 지역사회에서 어린이나 일반인들을 대상으로 교과 공부나 운동, 문화, 레크리에이션, 컴퓨터 등을 무료로 지도하는 일로, 어린이 축구 교실, 어린이 농구 교실, 어린이 컴퓨터 교실, 에어로빅 교실, 각종 문화 및 레크리에이션 지도 등이 있다.

다섯째는 캠페인 활동이다. 잘 모르거나 잘못 알고 있는 사람들을 계도하고 계몽하기 위한 활동이다. 활동개요는 공공질서 확립 캠페인이다. 여러 사람들이 함께 모이는 곳에서의 공공질서를 확립하기 위해 계도하고 계몽하는 활동으로, 차례 지키기 캠페인, 부정부패 추방 캠페인, 공정 선거 캠페인, 교통안전 캠페인도 있다. 교통질서 및 안전사고 예방을 위해 계도하고 계몽하는 활동도 있다. 그리고 학교주변 정화 캠페인이 있다. 학교주변의 환경을 깨끗이 하기 위해 계도하고 계몽하는 활동으로, 유해업소 방문 계도, 전단 나누어 주기, 교육환경 저해업소 조사 등이다. 환경보전 캠페인이 있다. 자연 환경을 보호하고 깨끗이 유지하기 위해 계도하고 계몽하는 활동이 있고, 기타 자연보호 캠페인, 동물보호 캠페인, 수질오염 방지 계도, 자연보호 포스터 붙이기 등이 있다.

여섯째는 자선, 구호 활동이 있다. 성격은 병자, 노약자, 빈민, 고아, 난민 등을 구제하기 위한 활동이다. 활동 개요는 재해구호 활동이 있다. 수재나 화재 등을 당한 사람들을 구제하기 위한 활동으로, 재해구호를 위한 노동봉사, 재해구호 모금활동, 기부금 납부 등이다.

일곱째는 불우이웃돕기가 있다. 외롭게 살고 있는 병자, 노약자, 빈민, 장애자 등 불우한 이웃을 실제적으로 돕는 활동이다. 독거노인 돕기, 장애자 돕기, 의료비 모금활동, 불우이웃성금 모금, 노약자 위로금 납부, 바자회 개최, 어린이 가장 돕기, 지정기탁, 지체부자유자, 등하굣길 돕기, 고아나 장애인과 1대 1로 돕기, 노인 안마해 드리기, 말벗되어 드리기, 신문 읽어 드리기 등이 있다.

여덟째는 헌혈 및 골수 기증이 있다. 헌혈이나 골수 기증 등 신체의 일부를 제공하여 돕는 활동으로 헌혈, 골수 기증, 장기 기증 등이 있다. 헌혈의 조건은 만 16세 이상이어야 하고 체중이 남자는 50kg, 여자는 45kg 이상이 되어야 한다.

아홉째는 국제협력 및 난민구호이다. 인도적인 차원에서 국제적인 협력이나 난민 구호 등에 참가하는 활동으로, 외국인에게 한국 가정 소개하기, 외국인 안내하기, 외국 학생 초대하기, 전쟁고아 돕기, 아프리카 난민구호 활동, 난민구호 성금 모금 활동이 있다.

열 번째, 환경, 시설 보존 활동이 있다. 성격은 자연환경과 동식물을 보호하고, 주변 환경이나 시설들을 깨끗이 유지하고 보호하기 위한 활동으로, 깨끗한 환경 만들기, 주변 환경이나 시설들을 깨끗이 하기 위한 활동이다. 예를 들어 폐휴지 줍기, 잡초제거, 청소하기, 껌 떼기, 쓰레기 분리수거 등이 있겠다.

열두 번째, 자연보호와 문화재 보호 등이 있다. 강, 바다, 산 등 주변 자연을 보호하고 오염을 방지하기 위한 활동으로, 강, 바다, 산 등의 오염방지 활동, 오염물질 수거활동, 환경오염원 신고, 태안 앞바다 기름띠 제거 등과 같은 일이 있고, 문화재 보호는 지역사회 안에 있는 문화 유산을 보호하고 깨끗이 유지하는 활동으로, 문화 유적지 주변 청소하기 등을 들 수가 있다.

열세 번째는 지역사회 개발 활동이다. 성격은 지역 실태조사와 지역문화 프로그램 개발 등 지역사회 개발을 위한 제반 활동으로, 지역사회를 개발하기 앞서 지역의 실태를 파악하기 위한 활동이다. 예를 들어 지역사회 현황 파악 활동, 지역사회 복지 지도 만들기, 지역 문화재 지도 만들기 등이다.

열네 번째는 지역사회 가꾸기와 지역행사 지원 등이 있다. 자기가 사는 지역사회를 아름답고 깨끗하게 만들기 위한 활동으로, 마을 꽃길 만들기, 놀이터 만들기, 놀이터 청소, 마을 대청소, 도로 정비, 환경미화 등이 있고, 지역 홍보 활동이 있다. 지역사회를 다른 사람들에게 널리 알리기 위한 활동으로, 지역 신문 만들기, 지역 안내지 만들기, 지역사회 관광, 여행 안내, 지역문화 프로그램 개발 등이 있다. 지역행사 지원 활동은 지역사회 내에서 행해지는 각종 행사를 지원하는 활동으로, 지역 내 체육대회 등 지역행사 일손 돕기, 지역문화 행사장 청소, 공공 행사장 안내, 질서 및 안전계도 주차장 안내 등이 있다.

5. 자원봉사 활동과 행복과의 관계

학교에서의 봉사자의 76%는 자신에 대해서 더 긍정적인 느낌을 갖게 되었고, 65%는 삶의 만족도가 향상되었으며, 32%는 정신건강이 향상되었다(Newman, Vasudev & Onawola, 1985).[3] 자원봉사는 특히 노인들에게 여러 가지 긍정적인 영향을 미친다. 사회적 활동을 촉진하고 우울증을 피할 수 있을 뿐만 아니라 신체적 건강과 장수에도 도움을 주게 된다. 그리고 400여 명의 미국 노인들에게 봉사 활동을 늘이도록 지원하는 활동을 4년간에 걸쳐 시행하고 그 효과를 조사한 바 있다. 봉사 활동을 많이 한 노인일수록 긍정 정서를 많이 느끼고 더 활기가 있었을 뿐만 아니라 자존감도 높았고 대인관계도 더 활발했다. 봉사 활동은 노인의 신체 건강과 수명에도 영향을 미치는 것으로 알려져 있다(Nidlatsky & Kahana, 1994).[4]

모엔, 뎀스터, 그리고 맥케인과 윌리엄스(Moen, Dempster-McCain과 Williams, 1989, 1992)[5]는 30년간의 추적연구를 통해 봉사 활동의 참여와 건강의 관계를 조사한 바 있다. 그 결과, 봉사 활동에 많이 참여한 사람일수록 30년 후의 생존 가능성이 높았다. 하우스(House, 1995)[6]는 적당한 양의 봉사 활동은 역할 증진의 효과를 가져와 건강에 도움이 되지만, 과도한 봉사 활동은 역할 긴장을 초래하여 스트레스를 증가시키고 건강에 해로운 영향을 끼칠 수 있다고 하였다. 헌혈을 많이 한 사람일수록 헌혈 후에 긍정적인 기분을 더 많이 경험했으며 앞으로의 헌혈에서도 그러할 것이라는 기대가 더 높았다. 처음 헌혈을 하고 난 후에 긍정적인 기분을 많이 느낀 사람일수록 앞으로의 헌혈에 대해서 긍정적인 기대를 더 많이 했다. 이러한 기대가 계속적인 헌혈에 영향을 미쳤다. 그리고 다른 사람을 돕는 행동을 통해서 기분이 좋아질 뿐만 아니라 자신에 대해서도 긍정적인 생각과 보상적 경험으로 인해서 추가적인 도움행동을 하게 된다(Piliavin, Callero, 1995).[7]

---

[3] Newman, S., Vasudev, J., & Onawola, R. Older volunteer'sperceptions of impacts of volunteering on their psychological well-being. *Journal of Applied Gerontology*, 4, 123-127. 1985.

[4] Nidlatsky, E., & Kahana, E. *Altruism in later life*. Thousand Oaks, CA:Sage. 1994.

[5] Moen, P., Dempster-McCain, D., & Williams, R.M.Jr. Social intergration and longevity. *American Sociological Review*, 54, 635-647. 1989.
　　Moen, P., Dempster-McCain, D., & Williams, R.M.Jr. Successful aging: A life-course perspective on women's multiple roles and health. *American Journal of Sociology*, 97, 1612-1638. 1992.

[6] House, J. S. *American changing lives: Waves I and II, 1986 and 1989*. Annd Arbor, MI:Inter University Consortium for Political and Social Research. 1995.

[7] Piliavin,J.A., & Callero, P.L. *Giving blood: The development of an altruistic identity*. Baltimore:Johns Hopkins University Press. 1991.

미국 버클리대학의 조사 결과 두 가지 이상의 조직에서 자원봉사를 하는 노인 그룹이 봉사를 전혀 하지 않는 그룹보다 63%나 적은 사망률을 보였다.[8] 슨더, 클라리와 스투커스 (Snyder, Clary와 Stukas, 2000)[9]는 자원봉사를 하게 만드는 심리적 동기를 분석했는데, 자원봉사는 여섯 가지의 기능이 있다고 했다. 첫째는 가치의 표현 동기이다. 소중하게 여기는 도덕적 또는 종교적 가치를 실현하기 위해서 다른 사람을 돕고자 하는 것이다. 둘째는 사회적 동기이다. 사회적 역할과 소속감을 얻고자 한다. 셋째는 지식을 얻기 위한 동기이다. 그들에 대한 지식과 경험을 넓힐 수 있다. 넷째는 방어적 동기이다. 자신이 느끼는 심리적 부담감을 덜기 위해 다른 사람을 돕는 경우이다. 다섯째는 자기향상의 동기이다. 봉사활동을 통해서 다양한 경험을 하게 될 뿐만 아니라 자신에 대해서 긍정적인 느낌을 얻을 수 있다. 여섯째는 경력을 쌓기 위한 동기이다. 좋은 조건을 갖추기 위해서 자원봉사를 하는 경우이다. 자원봉사자의 주요한 동기가 잘 충족될수록 봉사자가 느끼는 긍정적 기분과 만족도도 증대된다. 봉사자의 만족도가 증대되기 위해서는 봉사자의 동기와 봉사 활동의 속성 간의 일치도가 중요하다. 그리고 타인을 위해 헌신하는 사람들과의 심층 인터뷰를 통해서 볼 때 남을 돕는 것이 자신들의 삶을 풍요롭게 만들며, 자신의 삶에 더 만족하고 있다. 베푸는 삶이 긍정적인 부수적 효과들을 많이 가져온다. 타인들과 더 많은 접촉을 해야 하므로 종전보다 사회와의 연결이 더 밀접해진다. 자신을 그토록 짜증나게 만드는 일상의 사소한 사건들이 타인의 진정한 곤경에 비하면 별것 아님을 보게 된다. 의미있는 일을 하고 있다는 생각과 함께 시간을 전보다 효과적으로 쓰고 있다는 주관적 느낌을 갖게 된다. 사회적으로 헌신하는 자들에게 무료함이란 있을 수 없으며, 자신들의 잠재력을 활용하게 될 뿐만 아니라 새로운 능력도 얻을 수 있다. 그리고 자신을 더 존중히 여기게 되고 자신감도 높아진다. 따라서 행복지수가 높아진다.

에릭슨은 심리발달이론에서 35~55세를 성인 중기로 본다. 그는 이 기간에 생산성 대 침체감의 위기를 경험한다고 하였다. 이 기간은 자신의 인생이 저물어 가고 있는 것을 바라보고는 다음 세대를 통해 자신의 불멸을 성취하고자 한다. 반면에 이 욕구가 충족되지 않으면 침체성에 빠지게 된다. 이를 위해 생산성으로서의 의미있는 삶을 살아야 한다. 그러기 위해서는 성취감, 인간관계, 영성, 그리고 타인에 대한 배려와 나눔의 삶을 살아야 한다. 그렇게 될

[8] 토마스 람게. 행복한 기부. 이구호 역. 풀빛. 2007.

[9] Snyder, M., Clary, E.G., & Stukas, A.A. The functional approach to volunteerism. In G.R. Maio, & J.M. Olson(Eds.), *Why we evaluate:Fuctions of attitudes*(pp. 365−393). Hillsdale, NJ: Erlbaum. 2000.

때 생산성이 높이지고 행복지수 또한 높아지게 된다.

기부하는 심리적인 원인을 보면 분명하고도 직접적인 이득이 없음에도 자발적으로 베풀거나 돕는 행위는 일종의 죄책감을 보상하기 위함이고, 좋지 않은 상황에 대해 어떻게든 자신도 책임이 있다고 믿는 사람들이 특히 더 남을 도우려 한다고 보고 있다. 그리고 사람들의 간접적인 책임의식이 하나의 원인도 있다. 선진국 사람들이 후진국을 위해 기부를 하는 것은, 세계경제질서가 정의롭지 못하며 자신들이 이 부당한 세계경제질서로부터 이득을 얻는다고 믿기 때문이다.

그리고 안나 프로이트는 돕는 사람들이 그들의 행위가 자신들에게 기쁨을 가져온다는 것을 알기 때문에 돕는다고 주장하였다. 즉 '내적인 보상'을 기부의 동기로 보고 있다. 자신감이 결여된 사람들이 평균적인 자신감을 가진 사람보다 더 이타적으로 행동하는 경향이 있다. 이는 내적 보상을 통해서 자신감을 높이려는 것으로 보고 있다.

6. 행복과 여가

1) 여가의 개념

여가(leisure)는 그리스어, schole(학교)에서 나온 단어로 자유 시간, 평화, 조용함이란 뜻이다. 그리고 라틴어로 *liecre*이다. 이는 자유롭게 되다, 허락하다에서 유래한다. 따라서 여가는 무료한 시간이 아닌 평화, 조용한, 의무가 없는 자유로운, 허용적인 등의 심리적 상태를 뜻한다.

2) 여가의 기능

여가의 기능에는 긍정적 기능과 부정적인 기능이 있다. 긍정적인 기능은 첫째는 일상을 탈피하고 싶은 해방감의 충족이다. 둘째는 자기실현을 위한 가치 추구와 가치 지향으로서의 행동 촉진이다. 셋째는 순수한 즐거움과 유쾌함을 위한 창조적 바탕으로서의 제공이다. 넷째는 노동에 있어서 보상적 회복, 준비태세이다. 다섯째는 개인의 욕구와 능력에 알맞은 자기표현의 수단적인 역할로서의 제공이다.

반면에 여가의 부정적 기능은 첫째, 획일성이고 둘째는 모방성이다. 그리고 셋째는 위장성과 넷째는 무감각성, 다섯째는 향락성을 들 수 있다. 대학의 축제는 여가의 기능이 있다.

그런데 대학의 축제는 천편일률이다. 대학마다 5월 축제가 되면 주점을 열고 술판을 벌이고 연예인을 불러다가 공연하는 것으로 끝난다. 대학 축제가 술판을 벌이게 된 것은 전두환 정부 때부터 시작되었으며, 그 효시는 '국풍 81'이다. 1981년 5월 28일부터 6월 1일까지 5일 동안 서울 여의도에서 대규모 문화축제를 열었다. 이는 군사정부의 3S와 맥을 같이한다. 3S는 스포츠, 스크린, 섹스이다. 이때 프로 야구가 생기기도 하였다. 성과 술은 항상 같이한다. 그런데 대학생들은 건전한 비판의식을 잃어버린 채 군사정부의 좋지 못한 문화를 받아들여 진리와 지성이 있어야 할 상아탑에서 너나 할 것 없이 좌판을 만들고 주제(酒祭)를 갖는다. 이로 인해 술에 취한 여학생들이 홈플러스 카트에 실려가는 보기에도 끔찍한 풍경을 이루고 있다. 대학의 축제문화가 바뀌어야 한다. 이제 창의적이고 자기실현의 축제문화를 기대한다.

7. 청소년 여가문화

청소년의 여가 활동은 청소년들의 문제행동과 비행행동의 발생배경이 될 수 있다. 그러나 진정한 의미의 여가공간과 여가 활동을 청소년들에게 제공한다면 학교 성적 향상, 적극적 활동조장, 협동심, 공동체감 증대, 심리적 안정감, 인간관계 형성에 유익할 것이다. 그리고 산업화, 국제화, 민주화, 정보화에 있어서 국가가 요구하는 청소년으로 자라게 될 것이다.

여가의 특성을 보면 첫째는 어느 시기보다 여가 활동에 대한 욕구가 강함과 동시에 저해 요인도 매우 강한 시기이다. 둘째는 여가에 대한 올바른 지식과 태도의 함양이 결여되어 있는 상태이다. 셋째는 입시경쟁에 시달리는 고등학생들의 여가 활동시간이 저조하다. 넷째는 신체적 활동을 중심으로 옥외 활동이 가장 강하게 나타나며, 정적이기보다는 동적인 여가 활동이 중심이 된다. 다섯째는 부모의 사회문화적, 경제적 배경에 강한 영향을 받는다.

그리고 청소년기 여가의 형태를 보면 첫째는 활동형이 있다. 낚시, 등산, 여행, 봉사 활동, 종교 활동, 단체 활동 등이다. 둘째는 소극형이 있다. 독서, 음악 감상, 공상, 사색, 라디오 청취, 영화관람, 텔레비전 시청 등이다. 셋째는 중간형이 있다. 산책, 쇼핑, 데이트, 취미 활동, 단체일 돕기 등이다. 넷째는 부정형이 있다. 전자오락, 낮잠, 당구장, 음주, 화투, 카드놀이 등이다. 다섯째는 정신적 활동이 있다. 공부, 토론회, 독서 등이다. 여섯째는 신체적 활동이 있다. 스포츠, 하이킹, 등산 등이다. 일곱째는 사회적 활동이 있다. 봉사 활동, 문화 활동, 방문 등이다. 마지막으로 오락적 활동이 있다. 경기 관람, 게임, TV시청 등이다.

8. 행복과 여가 활동과의 관계

스포츠 활동 참여자의 주관적 건강상태가 휴식 활동 참여자의 주관적 건강상태보다 상대적으로 높다. 경제력, 성취 및 자기계발, 사회적 지위 및 인정, 종교, 이타심, 건강 관련 행복한 삶에 유의한 차이가 있으며, 특히 스포츠 활동 참여자의 삶에 대한 행복도가 다른 여가 활동 유형 참여자에 비해 높다.

여가 활동유형은 주관적 건강상태에 유의한 영향을 미쳤으며, 주관적 건강상태는 행복한 삶에 유의한 영향을 미치고 있다. 또한 여가 활동유형은 행복한 삶의 일부 하위 요인에 직접적으로 영향을 미쳤다. 여가 활동유형 중에서는 스포츠 활동이 휴식 활동에 비해 주관적 건강상태와 행복한 삶에 매우 유의한 정적 영향을 미쳤다. 여가 활동은 긍정적 체험을 제공할 뿐만 아니라 행복과 삶의 만족도를 증진한다.

캠벨, 컨버스, 로저스(Campbell, Converse, & Rodgers, 1976)[10]는 여가 활동의 만족도는 전반적인 삶의 만족도를 예측하는 강력한 요인이라고 했다. 편안한 이완 상태에서 휴식을 하고 좋은 음식을 즐기며 취미 활동에 참가하는 것은 행복감을 단기적으로 증진시키는 효과를 지닌다. 취미 활동을 집단적으로 하는 경우에 만족도가 더 높은 경향이 있다. 여가 활동이 행복에 미치는 영향은 청소년기부터 시작된다.

켈리와 로즈(Kelly & Rose, 1989)[11]는 노인의 경우 여가 활동의 참여도가 삶의 만족도에 기여하는 가장 중요한 요인이었다. 여가 활동에 적극적으로 참여하는 것이 치매 예방에 도움이 된다는 연구 결과도 있다. 여가 활동이 사람들을 행복하게 하는 것은 분명하지만, 단지 여가시간을 많이 갖는다고 해서 삶의 만족도가 증가되는 것은 아니다. 일반적으로 다양하고 활동적인 여가 활동에 참여할수록 삶의 만족도가 높아지고 있다.

여가와 활동이 삶의 만족도와 강한 관련성을 보이는 이유는 첫째는 여가 활동은 긍정적인 기분을 유발하는 직접적인 효과가 있다. 여가는 직업의 의무감으로부터 해방된 편안함 속에서 휴식을 주는 긍정적인 효과가 있다. 둘째는 기본적인 내재적 욕구를 충족시킬 수 있다. 여가는 의무가 아니라 자발적으로 참여하는 즐거운 활동이기 때문에 자기 자신의 잠재능력을 발견하고 개발하고 확장하고 발휘하는 성장의 기능이 있다. 셋째는 여가 활동은 대인관계를 촉진한다. 여가 활동을 통해 다른 사람과 함께할 수 있는 기회를 갖게 되고 또한 다른

---

[10] Campbell, A., Converse, P.E.., & Rodgers, W.L. *The quality of American life*. New York: Sage. 1976.

[11] Kelly, J. R., & Rose, J.E. Later-life leisure:Begining a new agenda. *Leisure Sciences*, 11, 47-59. 1989.

사람을 즐겁게 해줄 수도 있다. 넷째는 여가 활동은 개인의 정체감 형성에도 도움을 준다. 여가 활동을 통해 자신의 능력을 나타냄으로써 자신감과 능력과 정체성을 갖게 되는 계기가 된다.

9. 생활 속에서의 향유

다비드 멕케이(David Mckay)는 "우리 삶에서 가장 큰 행복의 요소 중 하나는 자연의 선물을 즐길 줄 아는 것이다."라고 했다. 그리고 외국 속담에 "가던 길을 멈추고 장미 향기를 맡아 보라."고 했다. 행복증진을 위해서는 생활 속에서 만나게 되는 긍정적인 경험들을 음미하는 것이 중요하다. 프레드 비안트(Fred Bryant)는 행복감을 증진하는 한 가지 방법으로 향유를 제안했다.[12] 향유를 통해 즐거움의 원천을 접하면서 현재, 여기의 순간에 머물며 긍정적인 감정에 주의 집중을 통한 행복을 느끼게 된다고 했다. 향유를 통해 긍정적인 경험을 자각하여 충분히 느낌으로써 행복감이 증폭되고 지속되도록 의도적인 노력을 기울이게 된다는 것이다. 그러기 위해서는 부정적 경험에 대응을 위한 노력이 필요하다고 했다. 현재의 긍정적 경험을 잘 음미하며 즐길 뿐만 아니라 과거의 긍정적 경험을 회상하여 즐거움을 이끌어 내고 미래의 긍정적 사건을 기대하며 행복감을 느껴야 된다는 것이다. 우리가 시골 논길을 걷고 시골길을 걸으며 이름 모를 꽃들을 보면서 느끼는 그 감정은 도심지의 복잡하고 찌든 묵은 때를 벗게 하고 시골의 풍광과 신선함에 매료되어 우리의 행복지수가 높아지는 것을 경험하게 된다. 향유에는 고마움에서 오는 감사, 자연의 경외감에서는 오는 감탄, 그리고 심취에서 오는 즐거움이 있다.

브리안트와 베로프(Bryant, 2003 & Veroff, 2007)[13]는 향유하기와 대처하기를 모두 증진할 수 있는 여섯 가지 방법을 제시하고 있는데, 첫째는 사회적 지지망을 확대하고 강화한다. 힘들고 어렵고 괴로울 때 다른 사람으로부터 위로와 도움을 받는 것은 매우 중요하다. 쉽게 만날 수 있는 친밀한 사람들이 많을수록 역경에 대해 대처해 나갈 수 있다. 그래서 슬픔을 나누면 반으로 줄어들고 기쁨을 나누면 배가 된다는 말이 있는 것이다. 둘째는 생활 경험을 기록하는 것이 중요하다. 자신이 경험한 것을 써서 다른 사람과 나누는 것은 부정적 감정을 해

---

[12] 권석만. 긍정심리학. 학지사. 2008.

[13] Bryant, F. C., & Veroff, J. *Savoring: A new model of positive experience*. London: Lawrence Erlbaum. 2007.

소하고 긍정적인 감정을 강화하는 기능을 하게 한다. 셋째는 하향식 비교를 하는 것이 좋다. 에피쿠로스는 이런 말을 했다. "그대가 갖지 못한 것을 상상함으로써 그대가 이미 갖고 있는 것의 소중함을 훼손하지 말라. 그대가 지금 갖고 있는 것은 그대 자신이 과거에 갖기를 열망했던 것임을 결코 잊지 말라." 넷째는 힘들 때나 즐거울 때나 유머감각을 잘 활용하는 것이 중요하다. 유머는 긴장과 불안을 감소시키고 심리적, 신체적인 악영향을 완화시킨다. 다섯째, 영성과 종교는 고난의 극복뿐만 아니라 삶에 대한 감사함과 축복감을 증진한다. 고난과 역경에 처했을 때 영성과 종교는 위로와 소망을 얻을 수 있는 원천이 된다. 여섯째, 현재의 고통이 계속되는 것이 아님을 아는 것이 중요하다. 고통이 영원히 지속되는 것이 아니다. 행복은 언제든지 전환된다.

10. 우리나라 여가지수와 나눔

국제연합(UN)의 세계행복보고서(World Happiness Report, 2010~2012)에서 한국인은 GDP 및 건강과 수명에서 높은 점수를 받았으나 관용, 기부, 삶의 선택에 대한 자유 등의 항목에서는 낮은 점수를 받아 156개국 중에 41위이다. 2014년에는 경제협력개발기구(OECD)에서 '더 나은 삶의 지수(Better Life Index)'에서는 '안전'과 '교육' 등 사회시스템 부문에 높은 점수가 부여되었으나 '일–생활의 균형', '공동체', '생활 만족' 등에서는 하위 20%의 낮은 점수를 받아 36개국 중에 25위이다. 이처럼 국민들의 주관적 행복은 현재 부족하고 결핍된 상태다.

영국의 신경제재단(New Economics Foundation, 2012)의 지구촌행복지수(Happy Planet Index) 또한 한국은 전체 151개국 중 63위를 기록하였고 기대수명이 상위 17위를 기록한 반면, 생활만족에서 44위, 생태환경에서 119위에 위치하는 등의 모습을 보였다. 이러한 국제행복지표의 결과들을 분석하였을 때, 한국 사회의 행복 순위가 저조한 원인은 대략적으로 '관용', '포용', '공동체성의 부족', '일과 삶의 불균형', '생태환경의 불투명한 지속성' 등으로 볼 수 있다. 특히 한국 사회의 행복을 문화적인 측면에서 바라보면 '낮은 여가만족'에 있다.

문화체육관광부(2012)의 국민여가 활동조사에 따르면, 우리나라 국민의 평균 여가시간은 평일 3.3시간, 휴일 5.1시간으로, 희망 여가시간인 평일 4.4시간, 휴일 6.3시간에 미치지 못하고 있는 실정이다. 특히 1인당 근로시간 및 스트레스와 관련하여 한국인의 48.2%가 여가를 즐길 시간이 부족하다고 응답한 것으로 볼 때, 경제적 가치추구와 더불어 행복 추구를 위한 일과 생활의 균형성과 여가 만족도의 상승이 현 시기 국민행복을 높이는 데 기여할 것으로 생각된다.

표 14.1 행복연구 측정결과

행복지수	조사기관	한국 순위
세계행복보고서(World Happiness Report)	국제연합(UN)	41위/156개국(2010~2012)
더 나은 삶 지수(Better Life Index)	경제협력개발기구(OECD)	25위/36개국(2014)
사회발전지수(SPI: Social Progress Index)	미국의 사회발전조사기구(Social Progress Imperative)	28위/132개국(2014)
지구촌행복지수(Happy Planet Index)	영국의 신경제재단(New Economics Foundation)	63위/151개국(2012)
어린이, 청소년 행복지수	한국 방정환재단 '주관적 행복' 부문	22위/22개국 (2014)

서울대학교 언론정보연구소(2011)의 보고를 보면 한국인은 평일 여가시간 중 음악 듣기, 극장 및 영화 보기 등에 약 3시간 46분 정도를 할애하고 있다. 그리고 문화체육관광부(2012년)의 활동조사에서는 TV시청, 라디오 청취가 가장 많은 시간을 보내고 있는 것으로 나타났다.

우남식의 대학생의 여가 활동에 대한 연구 결과를 보면[14] 남학생은 2004년과 2014년이 인터넷이 각각 17.9%, 16.1%였으며, 2004년에 영화 감상이 12.7%, 2014년에는 스포츠가 16.0으로 나타났다. 여학생은 2004년에는 인터넷이 16.6%, 영화가 15.7%였다. 그러나 2014년에는 친구와 함께 17.8%, 그리고 영화 감상이 13.9%로 나타났다. 이를 볼 때에 남학생은 인터넷과 영화감상에서 인터넷과 스포츠로 나타났고, 여학생은 인터넷과 영화감상에서 친구와 함께 영화감상으로 나타났다.

이상에서 볼 때 일과 생활의 균형성과 여가만족도에 문화콘텐츠의 영향력이 점차 증대되고 있다고 보겠다. 미디어로 확산되는 대중문화의 폭력성과 성의 상품화, 게임 중독 등의 부정적인 영향력에서 긍정적인 영향력을 확대할 때 행복지수가 높아질 것이다.

2016년 OECD 보고에 의하면 더 나은 삶의 지수에서 정작 어려울 때 기댈 수 있는 사람이

---

[14] 우남식. 성심리. 시그마프레스. 2015.

있다고 응답한 비율은 회원국 중에 10점 만점에 5.8점으로 31위였다. 공동체의 결속도 매우 약했다. 이는 나눔과 배려와 인간관계의 친밀함이 부족하다는 것이다. 그러니 행복지수가 낮은 것은 당연하다고 하겠다.

그러나 이웃을 섬기고 베푼 경주의 최부자 이야기는 우리에게 진한 감동으로 다가온다. 이영호는 사방 100리 안에 굶어 죽는 이 없게 하라.[15]에서 경주 최부자를 '노블레스 오블리제'의 한국판 교범으로 불리운다고 했다. 경주 최부자 최준(崔浚)가문은 신라 전성여왕 시절의 고운 최치원을 중시조로 여러 파로 갈라져 내려와 조선조 최진립 장군의 가암파로부터 다시 12대에 이른다. 이 책 속에 경주 최씨 내력에서부터 최준 가문의 형성, 만석꾼의 절약정신, 가훈 6가지, 일제하의 극일(剋日)과 독립운동 자금지원 및 300년 부귀의 종말까지 나온다. 집안 대대로 내려온 가훈 6가지는 이러하다. 첫째, 과거시험은 보되 진사 이상 벼슬을 하지 말라. 둘째, 만석 이상을 모으지 마라. 셋째, 과객(過客) 대접을 소홀히 하지 마라. 넷째, 흉년에 땅을 사지 마라. 다섯째, 며느리가 시집 와서 3년간 무명옷을 입도록 하라. 여섯째, 사방 100리에 굶어 죽는 사람이 없게 하라. 이 같은 가훈에 따라 최부잣집 사랑채는 늘 수백 명 과객들의 숙식으로 붐볐다고 한다. 일제 총독시절 최준은 친일행사에 동생 최윤을 내세우고 자신은 안희제(安熙濟) 편에 백범 김구 선생에게 독립자금을 꾸준히 전달했다. 뒤에 백범이 귀국하여 최준을 만났을 때 독립자금 지원이 한 푼도 도중에 유실되지 않고 전달됐음이 확인되었다.

최준은 만석꾼 재산 중에 독립자금에 쓰고 남은 돈과 재물을 모두 대구대학 설립자금으로 활용하여 오늘의 영남대가 세워지게 되었다. 그가 대학을 세운 것은 후손들이 배워서 다시는 나라를 빼앗기는 설움을 겪지 않기 위해서였다. 최부자의 손자 최염은 선대의 가훈에 따라 후손들이 명문가의 명예를 한 치 어김없이 계승하고자 노력하고 있다고 전해준다.

인도의 썬다 싱[16]이 하루는 친구와 함께 눈 덮인 산길을 가다가 얼어 쓰러진 한 사람을 보았다. 이에 썬다 싱은 함께 가던 친구에게 그를 돕자고 했다. 그러자 그 친구는 나도 힘든데 어떻게 그를 업고 갈 수 있느냐며 그냥 가버렸다. 혼자 남은 썬다 싱은 그를 업고 땀을 뻘뻘 흘리며 걸어갔다. 얼마 동안 가니 혼자 살겠다고 간 그 친구가 눈 속에 파묻혀 죽은 것을 보았다. 그 친구는 추위를 견디지 못하고 죽고 말았다. 그러나 썬다 싱은 얼어서 죽어 가는 사

---

[15] 이영호. 사방 100리 안에 굶어 죽는 이 없게 하라. 사닥다리. 2015.
[16] 썬다 싱(Sundar Singh:1889~1929): 인도가 배출한 가장 이상적인 그리스도의 제자로 마음속에 뜨거운 사랑을 가진 맨발의 전도자.

람을 업고 가다가 보니 땀이 나고 온기가 생겨 썬다 싱도 살고, 졸도한 사람도 살게 되었다. 이처럼 남을 돕고자 하면 남도 살고 나도 살게 된다. 한 농부의 이야기가 있다. 한 농부에게 비가 와야 농사를 지을 수 있는 천수답을 가지고 있었다. 그는 밤마다 어렵게 둠벙에서 물을 퍼 올려 논에 물을 채우곤 했다. 잠시 눈을 붙이고 새벽에 나가보면 이웃 농부가 논두렁에 물고를 터서 자기 논으로 물을 다 빼가곤 했다. 농부는 계속 이어지는 이웃 사람의 그릇된 행위에 화가 났다. 그런데 매일 눈뜨면 보는 그에게 화를 낼 수도 없었다. 농부는 궁리 끝에 무릎을 쳤다. 그것은 이웃 사람의 논부터 물을 채워주는 것이었다. 농부는 좀 힘들지만 이웃 집의 논부터 물을 퍼서 채워주었다. 그부터는 그는 물을 빼가지 않을 뿐만 아니라 농부의 마음과 인격에 감동을 받고 그 사람의 일이라면 신발 벗고 나서서 돕더라는 것이다. 양보와 섬김이 행복의 비밀이고 사람을 얻는 비결이다.

스코틀랜드에 플레밍이라는 가난한 농부가 밭에서 일하고 있었다. 그런데 갑자기 비명소리가 들려왔다. 그가 소리 나는 곳으로 달려가 보니 한 소년이 늪에 빠져 허우적거리고 있었다. 농부는 침착하게 들어가 아이를 살렸다. 다음날 농부의 집에 마차를 탄 귀족이 찾아왔다. 그는 농부가 구해준 아들이 자신의 아들이라며 보답을 하고 싶다고 했다. 농부가 그럴 필요 없다며 사양하자 귀족은 농부의 곁에 서 있던 아이를 바라보며 자신의 아이와 똑같은 수준의 교육을 시켜주겠다고 약속했다. 그는 약속을 지켜 그 아이가 런던의 세인트메리 의과대학에 들어가 공부할 때까지 지원을 아끼지 않았다. 농부의 아들은 의사가 되어 곰팡이 균에 대해 연구하다가 페니실린을 발견하였다. 그가 바로 귀족 작위까지 얻게 된 알렉산더 플레밍 박사이다. 귀족의 아들 또한 잘 자라났지만 후에 폐렴에 걸려 목숨을 잃을 위기에 처하게 되었다. 그런데 그는 농부의 아들, 알렉산더 플레밍이 발견한 페니실린 덕분에 다시 한 번 목숨을 건지게 되었다. 그가 제2차 세계대전에서 영국을 구해낸 영국 수상 윈스턴 처칠이다. 농부의 선행과 귀족의 나눔은 결국 자신과 소중한 가족에게 돌아왔다.

에모리대학교 총장이자 주한 대사였던 제임스 레이니 교수에 대한 이야기이다. 그는 출퇴근하다가 쓸쓸하게 집 앞 의자에 앉은 늙은 노인을 보았다. 그는 출퇴근하는 길에 그 노인의 말동무가 되어 주었다. 레이니는 그 노인이 누구인지 몰랐다. 그런데 그 작은 섬김에 큰 감동을 받은 노인은 죽으면서 레이니 대사에게 25억 달러와 주식 5%를 남기고 갔다. 그 노인은 코카콜라 회장이었다.

조지 베일런트의 하버드대학교 인생 성장 보고서를 보면, 노인 부부 가운데 남을 돕는 사람과 그렇지 않은 사람을 대상으로 조사를 했는데, 남을 돕는 사람이 금연이나 규칙적인 운동을 하는 사람보다 더 오래 산다는 결론이 나왔다.

우리가 버스 안에서 노약자에게 양보하는 행실이 별것 아닐 수 있지만 그 섬김이 자신의 마음에 잔잔한 행복을 준다. 행복은 베풀고 주고 섬기고 봉사하고 양보하고 나누는 데 있다. 나눔은 배려이다. 배려는 희생에서 온다. 배려는 양보하는 마음이다. 생리적 포만감은 금세 사라지지만 배려와 나눔은 축적된다. 지금 우리에게는 빈객의 초대, 녹명이라는 단어가 절실히 필요하다. 鹿鳴!

참고문헌

강경선 외(2009). 환경위생학. 문운당.

강봉균, 강경윤(2009). 신경과학. 바이오메디북.

강준만(2013). 감정독재. 인물과 사상사.

게리 콜린스(2002). 창의적 상담접근법. 정동섭 역. 두란노.

경인일보. 2010. 9. 9.

경향신문. 2015. 1. 27.

_____. 2016. 6. 5.

곽선희(2012). 신앙인의 신앙 2. eBook21.

교육부(2014). 사교육비와 의식조사.

교육심리학용어사전(2000). 학지사.

국민일보. [여의도포럼−이재열] 국민 행복지수는 어디에. 2010 .11. 18.

국민일보. 2016. 5. 27.

권석만(2013). 하루15분 행복산책. 메디치미디어.

_____(2008). 긍정심리학. 학지사.

_____(1997). 인간관계심리학. 학지사.

김경래, 정진욱(2015). 학교폭력피해 아동의 자살생각 유발경로와 한계 효과에 관한 연구.
    보건복지포럼.

김광웅(2007). 현대인과 정신건강. 시그마프레스.

김문성(2013). 심리학개론. 스마트북.

김문성(2014). 심리학의 즐거움. 휘닉스Dream.

김승호(1996). 스콜라주의 교육목적론. 서울대학교.

김시업(2006). 결혼과 가정. 학지사.

김신일(2015). 교육사회학. 교육과학사.

김영회 외(2012). DISC 누구도 피할 수 없는 우리 행동의 4가지 특성. 학이시습.

김옥림(2014). 명언의 탄생. 팬덤북스.

김외선(2001). 결혼과 성. 중문출판사.

김원기(2008). 꿈꾸는 과학. 풀로엮은집.

김재휘(2013). 설득 심리이론. 커뮤니케이션북스.

김정래(1997). "잘 삶의 개념과 교육". 교육학연구35(3).1-20.

김정옥 외 공저(2002). 결혼과 가족. 신정.

김제한 외(2002). 교육 심리학. 양서원.

김찬호(2011). 돈의 인문학. 문학과지성사.

김태곤(1980). 한국 민간신앙 연구. 집문당.

김태길(1986). 삶과 일. 정음사.

김태련(1997). 청소년기의 발달과 발달과업. 한국청소년개발원. 26-36.

김태현, 이성희(1991). 결혼과 사회. 성신여자대학교출판부.

김형태(2007). 보이스 오디세이. 북로드.

김형태(1997). 상담의 이론과 실제. 한남대학교출판부.

김흥규(1994). 인간행동의 이해. 양서원.

나동석 외(2010). 정신 건강론. 양서원.

나우뉴스. 2015. 5. 24.

네이버지식백과. 성격장애. 서울대학교 서울대학병원의학정보.

네이버지식백과. 주의력 결핍과잉행동장애. 국가건강정보 포털의학정보.

노만 필(2001). 적극적 사고방식. 이갑만 역. 세종서적.

뉴시스. 2015. 4. 3.

다니엘 골만(1997). 감성지능. 황태호 역. 비전코리아.

대한신경정신의학회.

데일 카네기(2004). 인간관계론. 최염순 역. 씨앗을뿌리는사람.

데프 톨스토이(2015). 얼마나 가져야 행복할까? 안현주 역. 한국 셰익스피어.

도재원(2001). "편안한 학교, 재미있는 학교". 부산교육대학교 초등교육연구소. 행복을 창조하는 학교교육의 원리와 방법. 75-97.

라이트 밀즈(2004). 사회학적 상상력. 강희경 역. 돌베개.

로버트 노직(2014). 무엇이 가치있는 삶인가. 김한영 역. 김영사.

로버트 로젠탈(2003). 피그말리온 효과. 심재관 역. 이끌리오.

론다 번(2007). 시크릿. 김우열 역. 살림Biz.

롤로 메이(2010). 자아를 잃어버린 현대인. 백상창 역. 문예출판사.

루이저 코저(1997). 사회사상사. 신용하 역. 일지사.

리이위(2004). 세치 혀가 백만 군사보다 강하다. 장연 역. 김영사.

리즈 호가드(2006). 행복. 이경아 역. 예담.

리처드 니스벳(2015). 생각의 지도. 최인철 역. 베리타스알파.

리처드 와이즈먼(2009). 59초. 이충호 역. 웅진지식하우스.

리처드 칼슨(2005). 사소한 것에 목숨을 걸지 마라. 강정 역. 도솔.

마가렛 앤더슨 공저(1989). 성의 사회학. 이동원 역. 이화여자대학교출판부.

마르틴 부버(2001). 나와 너. 표재명 역. 문예출판사.

마리오 마론(2005). 애착 이론과 심리치료. 이민희 역. 시그마프레스.

마쓰모토 준이찌로(1940). 집단사회학원리. 홍문당서방.

마이클 호튼(2009). 그리스도 없는 기독교. 김성웅 역. 부흥과개혁사.

마틴 루터킹(2015). 나에게는 꿈이 있습니다. 채규철 외 역. 예찬사.

마틴 셀리그만(2014). 긍정심리학. 김인자, 우문식 역. 물푸레.

막스 베버(2006). 프로테스탄트윤리와 자본주의 정신. 김상희 역. 풀빛.

맹용길(1983). 제4의 윤리. 성광문화사.

메릴린 퍼거슨(1999). 뉴 에이지 혁명. 김용주 역. 정신세계사.

문충태(2014). 내 인생을 바꾼 기적의 습관. 중앙경제평론사.

민성길(2001). 최신정신의학. 일조각.

민현기(2011). 리더여, 유머리스트가 되라. 북오션.

바버라 에런라이크(2011). 긍정의 배신. 전미영 역. 부키.

박경휘(1992). 조선 민족 혼인사 연구. 한남대학교출판부.

박영신 외 1명(2004). 한국의 청소년 문화와 부모자녀관계. 교육과학사.

박소영 외 6명(2013). 웃음치료와 염증성 장질환 환자의 불안 및 우울에 미치는 효과. 임상간
    호학연구 제19권 제1호 213.

박원기(1996). 기독교의 성이해. 기독교사상. 제452호.

_____(1968). 기독교의 성이해. 기독교사상. 제452호, 11-12.

박재호(2003). 자신의 브랜드가치를 높이는 커뮤니케이션심리학. 영남대학교출판부.

박찬승(2010). 마을로 간 한국전쟁. 돌베개.

박충구(1996). "기독교 성윤리의 반성과 과제1". 기독교사상 제452호.

보건사회연구원(2012). '보건사회연구'.

브루스 윌킨슨(2001). 야베스의 기도. 마영례 역. 디모데.

빅터 프랭클(2005). 죽음의 수용소에서. 이시형 역. 청아출판사.

사마천(2006). 사기열전. 연변대학고적연구소 역. 서해문집.

삼성경제연구소(2009). 신(新)세대 직장인을 말하다.

삼성복지재단편저(1994). 10대 청소년들의 생활세계. 삼성복지재단.

새무엘 헌팅턴(2015). 문화가 중요하다. 이종인 역. 책과 함께.

세계보건기구(WHO, 2013).

서울신문. 2015. 2. 6.

소냐 류보머스키(2007). How to be happy. 오혜경 역. 지식노마드.

송기홍. '경제 살아난다. 자기 충족적 예언 필요하다'. 중앙일보. 2013. 9. 13.

슈펭글러(2008). 서구의 몰락. 양해림 역. 책세상.

스펜서 존슨(2008). 누가 내 치즈를 옮겼을까? 이영진 역. 진명출판사.

시사저널. 2013. 6. 23. 1236호.

신국원(1999). 포스트모더니즘. IVP.

신득렬(2000). "행복과 교육". 한국교육철학회. 교육철학 제18집. 191-208.

신승철(1996). 정신의학에서 본 성, 기독교사상통권 제452호. 기독교사상(8). 37-45.

신혜섭(2012). "중학생의 학교폭력 유형에 영향을 미치는 변인", 청소년연구 제12권 제 4호.

아산사회복지재단편저(1997). 현대와 성윤리. 아산사회복지재단.

안병철, 임인숙(2004). 성역할의 변화와 가족 제도. 한국 사회학회.

에드워드 기번(2010). 로마제국쇠망사. 송은주, 조성숙, 김지현 역. 민음사.

에디스 해밀턴(2008). 그리스 로마 신화. 서미석 역. 현대지성사.

에리히 프롬(2006). 소유냐 존재냐. 최혁순 역. 범우사.

에릭 와이너(2008). 행복의 지도. 김승욱 역. 웅진지식하우스.

에모토 마사루(2008). 물은 답을 알고 있다. 홍성민 역. 더난출판사.

연합뉴스. 2016. 5. 12.

연합뉴스. 2016. 6. 5.

영국국제전략연구소(IISS, 2014).

영국BBC방송. 2003. 1. 6.

오스 기니스(2006). 소명. 홍병룡 역. IVP.

오형석(1970). 성교육에 관한 현황과 문제점. 기독교사상, 150(11),60

우남식(2015). 마가복음에서 만난 예수님. 킹덤북스.

_____(2015). 성심리. 시그마프레스.

_____(2013). 사도행전에서 만난 복음. 생명의 말씀사.

우종하(2000). 인간 이해의 심리. 교육과학사.

위르겐 몰트만(2006). 절망의 끝에 숨어있는 새로운 시작. 곽미숙 역.대한기독교서회.

윌리엄 라이딩스(2000). 위대한 대통령, 끔찍한 대통령. 김형곤 역. 한언.

윌리엄 코헨(2015). 드러커의 마케팅 인사이트. 이수영 역. 중앙경제평론사.

유동식(1965). 한국종교와 기독교. 대한기독교서회.

유안진(2014). 지란지교를 꿈꾸며. 아침책상.

유영주 외(2006). 현대 결혼과 가족. 신광출판사.

윤가현(2005). 성문화와 심리. 학지사.

윤명숙, 이묘숙(2011). 지역사회 여성노인들의 우울과 생활만족도에 관한 연구. 한국지역사
　　회복지학 36,89−115.

윤민재(2006). 뒤르켐이 들려주는 자살론 이야기. 자음과모음.

윤성일, 안홍선(2012). 청소년자살행동과 특성. 한국학술정보.

윤태영 외(1992). 조선왕조 오백년 야사. 청아출판사.

이광자 외(2007). 가족건강관리. 이화여자대학교출판부.

이기우. 인천경영포럼조찬강연회. 2010. 9. 9.

이대식 외(2010). 아동발달과 교육심리의 이해. 학지사.

이동진 외(2010). 인문의 스펙을 타고 가라. 사회평론.

이동학 외(2014). 스토리버스 융합사회. 스토리버스.

이면우(1992). W이론을 만들자. 지식산업사.

이수원 외(1986). 심리학. 정민사.

이슈 투데이 편집부(2005). 한국사회 이슈 100선. 이슈 투데이.

이어령(2014). 읽고 싶은 이어령. 여백.

이영실 외(2013). 가족복지론. 양서원.

이영호(2015). 사방 100리 안에 굶어죽는 이 없게하라. 사닥다리.

이요셉(2007). 웃음으로 기적을 만든 사람들. 팝콘북스.

이윤경(2015). 문화로 자라나는 행복.

이정균(1995). 정신의학. 일조각.

이정모 외(2009). 인지심리학. 학지사.

이정호(2013). 행복에 이르는 지혜. 한국방송통신대학교출판부.

이춘재 외(1988). 청소년심리학. 중앙출판사.

이충헌(2008). 성격의 비밀. 더남출판사.

이현수(1997). 건강과학개론. 중앙대학교출판부.

일연(2012). 삼국유사. 신태영 역. 한국인문고전연구소.

임승권(1974). 정신위생. 일조각.

장명복 외(2013). 경영학의 이해. 경영과 회계.

장재천(2009). 교육사회학의 이론과 실천. 교육과학사.

장휘숙(2004). 청년심리학. 박영사.

전성수 외(2014). 하브루타. 라온스북스.

전완길(1980). 한국인의 본성. 문음사.

전지아(2014). 보건 사회연구원. 제 241호(2014-20).

정기범(2014). 웃으며 삽시다. 좋은땅.

정신질환의 진단 및 통계편람(DSM-4). 1994.

정신질환의 진단 및 통계편람(DSM-5). 2016.

정원식(2012). 인간의 환경. 교육과학사.

정진홍. 중앙일보. 2007. 11. 24.

정현숙 외(2003). 결혼학. 신정.

제롬 글렌, 테드 고든, 엘리자베스 플로레스큐(2013). 유엔미래보고서2040. 박영숙역. 교보문고.

제임스 맥도널드(2014). 축복받는 삶을 위한 5가지 습관. 조계광, 김영하 역. 갓피플.

조세일보. 2014. 10. 10.

조신영, 박현찬(2007). 경청. 위즈덤하우스.

조엘 오스틴(2005). 긍정의힘. 정성묵 역. 두란노.

조지 베일런트(2010). 행복의 조건. 이덕남 역. 프런티어.

존 그레이(2010). 화성에서 온 남자 금성에서 온 여자. 김경숙 역. 동녘라이프.

존 맥아더(2008). 자족연습. 김애정 역. 토기장이.

존 킹(2008). 잘 되는 자녀는 아버지가 다르다. 노승영 역. 아가페출판사.

주대준(2011). 바라봄의 법칙. 마음과 생각.

주디스 버틀러(2008). 젠더 트러블. 조현준 역. 문학동네.

주민아(2009). 나눔의 행복. 학원사.

중앙일보. 2011. 6. 16.

중앙일보. 2006. 8. 1.

차동엽(2007). 무지개 원리. 위즈앤비즈.

최관경(1999). "교육목적으로서의 행복". 한국교육사상 연구회. 교육사상연구 제 8집.1-26.

최관경(2003). 행복과 행복교육. 교육사상연구 제 12집 17-49.

최종면(2016). 남성 동성애의 차별금지에 대한 HIV/AIDS 감염예방 측면에서의 공중보건학적 해석, 대한보건연구 42권 2호. 69-74.

최영진(2013). 월트 디즈니. 자음과모음.

최원교(2009). 긍정의 결혼식. 이담북스.

최정윤(2015). 이상심리학. 학지사.

최정윤(2002). 심리검사의 이해. 시그마프레스.

케네스 블랜차드(2003). 칭찬은 고래도 춤추게한다. 조천제 역. 21세기북스.

크리스 라반(2004). 심리학의 즐거움. 김문성 역. 휘닉스.

탈 벤 샤하르(2007). 해피어. 노혜숙 역. 위즈덤하우스.

토드 휘태커(2009). 훌륭한 교사는 무엇이 다른가. 송형호 역. 지식의날개.

토마스 람게(2007). 행복한 기부. 이구호 역. 풀빛.

통계청(2015). 2014년 사망 원인통계.

플로렌스 리타우어(2006). 기질플러스. 정숙희 역. 에스라서원.

피터 박스올(2007). 죽기 전에 꼭 읽어야 할 책 1001권. 박누리 역. 마로니에북스.

필립 반 덴 보슈(1999). 행복에 관한 10가지 철학적 성찰. 김동윤 역. 자작나무.

하루야 마시게오(1996). 뇌내 혁명. 반광식 역. 사람과책.

하르무트 라우퍼(2009). 잘되는 리더는 심리학을 안다. 장혜경 역. 갈매나무.

하지스(2011). 한국인의 신앙과 풍속. 안교성 역. 살림.

학교교육학회(1996). 인간과 교육. 문음사.

한국보건사회연구원. 2006.

한국일보. 4. 29.

한국철학사상연구회(1994). 삶과 철학. 동녘.

한국청소년개발원편(1997). 청소 년심리학. 서원.

한용원(1998). 북한학. 오름사.

헤겔(2008). 법철학. 임석진 역. 한길사.

헬렌 켈러(2011). 3일만 볼수 있다면. 고정욱 엮음. 여름숲.

헬무트(1998). 행복과 해방의 성교육. 손덕수, 허판례 역. 대원사.

홍일식(1996). 한국인에게 무엇이 있는가. 정신세계사.

홍일표(2005). 조선시대 인물 기행. 화남출판사.

황수관(2004). 웰빙 건강법. 제네시스21.

황희연(2003). 수도권 대단위 택지개발사업이 인구 집중에 미치는 영향. 공간과사회.

BBC. 2013. 1. 6.

KBS. 국제 데이터 저널리즘. 2015. 3. 27.

MBC. 신비한 TV. 서프라이즈.

MBC. 한국 상류층의 얽히고 설킨 혼맥도. 2004. 1. 13.

Brubacher, J.S(1984). 교육사. 이원호 역. 문음사.

Colaw, E. S.(1991). *Social Issue: A Bishop's Perspective*. Nashville: Disciples Resources.(박원기, 기독교의 성이해, 기독교사상. 452. 1996.8.)

Hostetter, B. C.(1979). Keep your pure. 양은순 역. 생명의말씀사.

Kaplan, A. G.(1990). 성의 심리학. 김태련 역. 이화여자대학교출판부.

Marcuse, Ludwig(1989). 마르쿠제의 행복론. 황문수 역. 범우사.

MK 뉴스. 2013. 3. 21.

Paul Chance(2004). 학습과 행동. 김문수 역. 시그마프레스.

Willis, Joe D.(2004). 운동건강심리학. 박종현 역. 대한미디어.

William G. Nickels, James M. McHugh 외(2004) 경영학의 이해. 권구역 외 역. 생능

Ackerman, M., & Carey, M.(1995). Psychology's role in the assessment of erectile dysfunction: Historical precedents, current knowledge, and methods. *Journal of Consulting & Clinical Psychology Vol.* 63, 862−876.

Adam, Barry(1995). *The Rise of a Gay and Lesbian Movement*. Twayne.

Allgeier, E., &, Allgeier, A.(1991). *Sexual interactions*(3rd ed). Lexington, Massachusetts: D.C. Health & Co.

American Psychiatric Association(1994). *Dignostic and Statistical Manual of Mental Disoders*(third Edition−Revised), (DSM−Ⅳ).

Andrews, F. M. & Wilthey, S.(1973). Developing measures of perceived life quality: *Results from severalnations survey. Social Indicators Research*,1,1−26.

Argyle, M.(1999). Causes and correlates of happiness. In D. Kahneman, E. Diener, & N. Schwartz(Eds.), *Well-being: The foundations of hedonic psychology* (pp. 353−373). New York, US: Russell Sage.

Atwater, E.(1983). *Adolescence*. Prentice − Hall Inc., Englewood Cliffs, N.J.

Austin, J.T., & Vancouver, J. F.(1996). Goal constructs in psychology: Structure, process, and content. *Psychological Bulletin*, 120, 338−375.

Barbara Ann Kipfer(2007). *14,000 Things to be Happy About*. Workman Publishing.

Barkow, J. H.(1997). 'Happiness in evolutionary perspective' in N.L. Segal, G.E. Weisfeld and C.C. Weisfeld (eds.), *Uniting psychology and biology: Integrating perspectives on human development* (pp. 397−418). Washington, DC: American Psychological Association.

Bower, E.M.(1970). *Primary prevention in a school setting, prevention of mental disorders in children*. New York : Basic Books.

Bruner, J. S(1960). *The Process of Education*. New York: Vintage Books.

Bryant, F. C., & Veroff, J.(2007). *Savoring: A new model of positive experience*. London: Lawrence Erlbaum.

Bullough, V.L.(1981). *Age at menarche: A misunderstanding*. Science, 213, 365−366.

Campbell, A., Converse, P.E., & Rodgers, W.L.(1976). *The quality of American life*. New York: Sage.

Carey, M., & Johnson, B.,(1996). Effectiveness of yohimbine in the treatment of erectile disorder: four meta-analytic integrations. *Arch Sex Behave*, 25, 341–360.

Clausen, J.(1975). The social meaning of differential physical and sexual maturation, In S. E., Dragastin & G.H. Elder, Jr.(4ds.), *Adolescence in the life cycle*, New York : Wiley.

Cole, W. G.(1959). *Sex and Love in the Bible*. New York: National Board of Young Men's Christian.

Conger, J.J. & Petersen, A.C.1984). *Adolescence and Youth*. New York: Happer & Row.

Dann, T.C., Roberts, D. F.(1993). Menarcheal age in university of Warwick young women. *Journal of Biosocial Science*; 25: 531.

Davis, K.E. & Todd, M.J.(1982). Friendship and love relationships. In S.W. Davis(Ed.), *Advances in descriptive psychology*(pp. 79–122). Greenwich, CT: JAI Press.

Dewey, John(1932). *John Dewey* Vol.7. Carbondale and Edwards ville: Southern Illinois University Press. (1925–1953).

Diener, E., Suh, E. M., Lucas, R. E., & Smith, H. E.(1999). Subjective well-being: Three decades of progress. *Psychological Bulletin*, 125, 276–302.

Emmons, R.A.(2003). Personal goals, life meaning, and virtue: Wellsprings of a positive life. In C. L.M. Keyes, J. Haidt(Eds.), *Flourishing: Positive psychology and the life well-lived*(pp.105–128). Washington, DC:American Psychological Association.

Fromm, E.(1974). *Escape from freedom*. New York : Rinehart.

Gable, S.L., Reis, H. T., Impett, E.A., & Asher, E. R.(2004). What do you do when things go right? The intraersonal and intraersonal benefit of sharing good event, *Journal of Personality and social Psychology*, 87, 228–245.

Greenhouse, H. (1974). Penile erections during dreams. In R. Woods & H. Greenhouse(Eds.), *The new world of dreams*, New York: Macmillan.

Gordon, S. and Snyder, C.(1986), *Personal Issues in Human Sexuality*. Boston, Massachusetts: Allyn and Bacon.

Hall, E,T.(1966). *The hidden dinmension*. New York: Doubleday.

Hall, G.S.(1904). *Adolescence; Its psychology and its relation to psychology, anthropology, sociology, sex, crime, religion, and education*. New York D. Appleton & Company.

Hein, K., Dell, R., Rutterman, D., Rotheram-Borus, M., & Shaffer, N.(1995). Comparison

HIV−adolescents: Risk Factors and psychosocial determinants. *Pediatrics*, 95, 96−104.

Hendrick, S.S., & Henndrick, C.(2000). *Romantic love*. Newbury Park, CA: Sage Publication.

Hoekema, D. A., 1994. *Campus Rules and Moral Community*. London: Rowman & Littlefield

House, J. S.(1995). *American changing lives: Waves I and II, 1986 and 1989*. Arbor, MI:Inter University Consortium for Political and Social Research.

Hurlock, E.B.(1955). *Adolescent Development*. New York:McGraw−Hill Book Company,Inc.

James Nelson(1978). *The Church and Sexuality*. Embodiment.

Joan and Hunt, R.(1982). *Affirming Sexuality in Christian Adulthood*. Nashville: UMC Publishing House.

Joseph, F.(1967). *Moral Responsibility; Situation ethics at work*. Philadelphia : Westminster Press.

Jurich, A., & Jurich J.(1974). The effect of cognitive moral development upon the   selection of premarital sexual standards. *Journal of Marriage and Family*, 36(4). 736−741.

Kahneman, D., Diener, E., & Schwartz, N.(Eds.)(1999). *Well-being: The foundations of hedonic psychology*. New York: Russell Sage Foundation

Kelly, J. R., & Rose, J.E.(1989). Later−life leisure:Begining a new agenda. *Leisure Sciences*, 11, 47−59.

Keyes, C.L., & Lopez, S.J.(2002). Toward a science of mental health: positive directions in diagnosis and in C.R. Syner, & S.J. Lopez(Eds), *Handbook of Positive Psychology*(pp.45−59). New York: Oxford University Press.

Kikushima, M., Matsui, Y., & Fukutomi, M.(1999). Attitudes toward Enjo−kosai. *Bulletin of Tokyo Gakugei University Sect*.1(50).47−54.

Kilanda, H.F.(1962). *School health education*. New York: Univ. Press.

Kinsey, A.C., Pomeroy, W.B., Martin, C.E. & Gebhard, P.H.(1953). *Sexual behavior in the human female*. Philadelphia : W.B. Saunders.

Kinsey, A.C., Pomeroy, W.B., Martin, C.E.(1948). *Sexual behavior in the human male*. Philadelphia : W.B. Saunders.

Livson, N., & Peskin, H.(1980). Perspective on Adolescence from longitudinal research. In J. Adelson(Ed.), *Handbook of Adolescent Psychology*. NY: Wiley.

Master, W., & Johnson, V.(1970). *Human sexuality inadequacy*. Boston: Little, Brown.

Master, W., & Johnson, V.(1996). *Human sexuality response*. Boston: Little, Brown.

McNeil, J. D.(1984). *Curriculum: A Comprehensive Introduction*, Boston: Little, Boston & Company, 3rd.

Moen, P., Dempster-McCain, D., & Williams, R.M.Jr.(1989). Social intergration and longevity. *American Sociological Review*, 54,635-647.

Moen, P., Dempster-McCain, D., & Williams, R.M.Jr.(1992). Successful aging: A life-course perspective on women's multiple roles and health. *American Journal of Sociology*, 97, 1612-1638.

Moore, C.(1985). Morning erection. *Medical Aspects of Human sexuality*, 19(6), 49-56.

Murray, S. L., & Holmes, J.G.(1997). A leap of faith? Positive illusions in romantic relationships. *Personality and Social Psychology Bulletin*, 23, 586-604.

Myers, D. G., & Diener, E.(1995). Who is happy? *Psychological Science*, 6, 10-19.

Newman, S., Vasudev, J., & Onawola, R.(1985). Older volunteer'sperceptions of impacts of volunteering on their psychological well-being. *Journal of Applied Gerontology*, 4, 123-127.

Nidlatsky, E., & Kahana, E.(1994). *Altruism in later life*. Oaks, CA:Sage

Perry, C. L.(2000). Preadolescent and adolescent influences on health in B.D. Smedley & S.L. Syme(Eds.). *Promoting health : Intervention strategies from social and behavioral research*(pp.217-253). Washington, D.C. : National Academy Press.

Peterson, R. Everlyn(1981). *For Woman Only*. Heaton: Tyndle.

Piliavin,J.A., & Callero, P.L.(1991). Giving blood: *The development of an altruistic identity*. Baltimore:Johns Hopkins University Press.

Ralph Linton(1945). *The Background of personality*. New York: Appleton Century crofits, Inc.

Ryff, C.D.(1989). Happiness is everything, or is it? Explarations on the meaning of psychological well-being. *Journal of Personality and Social Psychology*, 57, 1069-1081.

Savin-Williams, R.(1988). Theoretical perspectives accounting for adolescent homosexuality. *Journal of Adolescent Health Care*, 9, 95-104.

Slap, G., & Jablow, M.(1994). *Teenager health care*. New York: Pocket Books.

Snyder, M., Clary, E.G., & Stukas, A.A.(2000). The functional approach to volunteerism. In G.R. Maio, & J.M. Olson(Eds.), *Why we evaluate:Fuctions of attitudes*(pp. 365-393).

Hillsdale, NJ: Erlbaum.

Sullivan, H. S.(1953). *The Interpersonal Theory of Psychiatry*. New York: Norton.

Tanner, J.(1973). Growing up. *Scientific American*, 43. September.

Tanner, J.(1978). *Fetus into Man*. Cambridge, Mass. : Havard University Press.

Taylor, E.B.(1924). *Primitive culture*(7th ed). New York: Brentano's.

U.S. and World Population. 2008.

Vaid, Urvashi(1995). Virtual Equality: *The mainstreaming of Gay & Lesbian Liberation*. Anchor Books.

Warner, Yankee, 1949

菊島充子,松井豊,禮富護(1999). 援助交際態度:雜誌, 論評分析 大學生의 意識調査. 東京學藝大學紀要1部門 50,47-54.

http://blog.naver.com/melhan1/220376644711

http://blog.naver.com/yunachoio/220475338463

https://en.wikipedia.org/wiki/List_of_countries_by_GDP_%28nominal %29_per_capita

Shaller, 2004, http://gnbfriends.blog.me/20110879810

http://blog.naver.com/melhan1/220376644711

http://www.familylove21.com/ennea_test.htm

찾아보기

|ㄱ|

가슴형 371

가정폭력 128

가정 환경 98

가족적 동반자 337

갈등이론 116

강박성 성격장애 259

강박증 260

개인적 성장 233

게임 중독 241

경계선 성격장애 254

경험중심 교육과정 4

계층 간의 갈등 126

고대사회의 성문화 290

고령화 문제 122

공유적인 인간관계 337

공허한 사랑 84

과도기형 70

과정 환경 99

과학자형 365

관음장애 297

교과중심 교육과정 4

교류분석심리 186

교환적 인간관계 337

구조 환경 98

귀인양식 77

급속안구운동(REM) 312

긍정심리 56

긍정적 환상 78

긍정정서 54

기능이론 115

기대감 79

기성세대 154

기질 215

기질 점검표 219

|ㄴ|

낭만적 동반자 338

낭만적 사랑 85

노출장애 294

녹명 19, 403

|ㄷ|

대인 감정 341

대인관계 339

대인 기술 340

대인 동기 339

대인 신념 339

대인 행동 341

대화방식 77

데이팅 동거(dating-going together)형 66

동기이론 213

동반자적 사랑 85

동성애 298

동양의 성문화 290

뒤르켐 115

드메 신드롬 73

|ㄹ|

라이너스 담요(Linus blanket)형 66

로버트 스턴버그 82

로젠탈 효과 33

리들리 66

|ㅁ|

마틴 셀리그만 13

막스 베버 116

만족도 척도 28

매슬로 200

매슬로의 욕구이론 201

머리형 371

메닝거 118

목표이론 213, 215

문화기능 138

문화기대 137

문화실조 136

|ㅂ|

바우마이스터 118

반두라의 보보인형 209

반두라의 역할모델 211

반두라의 자기효능감 211

반사회성 성격장애 253

발명가형 366

백과 사전형 364

백지설 160

번 186

부부 행복계명 91

부정적 정서 54

부정정서 54

비교이론 213

|ㅅ|

사교적 동반자 338

사교형 366

사랑의 삼각형 82

사랑의 일곱 단계 74

사랑의 척도 82

사업가형 366

사회계층 113

사회발달심리 205

사회에 기여하는 삶 231

사회적 안녕 232

생리적 욕구 202

성 280

성건강 293

성격장애 247

성공지향적인 삶 21

성교육 328

성교통증장애 312

성기능장애 311

성도착장애 294

성매매 323
성문화 289
성선설 159
성악설 158
성애물장애 295
성욕장애 311
성윤리 331
성인군자형 365
성적가학장애 296
성적 대항시기 321
성적 애착시기 322
성적 정체성장애 313
성적 주체성 279
성적지향 장애 304
성적피학장애 296
성적 혐오시기 321
성적흥분장애 311
성전환 315
성 정체감장애 312
성폭력 323
세상의 소금형 364
섹슈얼리티 280
손다이크 이론 184
수도권 집중화 문제 127
수완 좋은 활동가형 366
스키너의 조작적 조건화 185
스트레스 243
스파크형 366
신경증 233
신세대 문화 154
실용주의 161

실존주의 162
실학주의 161
실험(testing)형 66
심리적 안녕 232

|ㅇ
아동성애장애 295
아이디어형 365
안전 욕구 202
안정 202
애니어그램 370
애정과 소속 욕구 202
애착이론 80
양성애 314
어리석은 사랑 86
언변능숙형 367
에릭슨 205
에릭슨의 발달이론 208
에버리 66
에빙하우스 망가곡선 228
엘리스 282
여가지수 399
역할공유형 69
역할모델 209
역할분리형 69
열병의 사랑 84
영구적 대안(permanent alternative to
    marriage)형 66
영성 164
영성평가 173
예언자형 364

완전한 사랑 86

왓슨 182

우울증 237

우울척도 238

워커홀릭 154

워커홀릭 진단 155

윌리엄 섬너 109

유덕한 삶 13

융의 정신분석심리 179

융과 대처이론 213

의미 있는 삶 13

의미있는 타인 334

의사소통 80

의상전환장애 297

의존성 성격장애 262

이상주의 161

이성애 시기 322

인간관 158

인간관계 333

인본주의심리 200

인생의 목적 233

인지심리 186

인터넷 문화 152

인터넷 중독 240

일시적 대안형 66

일탈 문제 128

임금 뒷편의 권력 364

|ㅈ|

자기긍정-타인긍정 188

자기긍정-타인부정 187

자기부정-타인긍정 187

자기부정-타인부정 187

자기수용 233

자기 충족적 예언 33

자살 문제 117

자살 생각 척도 120

자아실현 욕구 203

자아 이긴장성 304

자율성 233

자폐증 장애 266

작업적 동반자 338

잔다르크형 365

장형 371

적극적인 삶 231

적응과 대처이론 214

절정감장애 312

접촉마찰장애 295

정서적 안녕 232

정신건강 223

정신건강의 조건 225

정신분석심리 175

정신분열증 233

정신장애 분류기준 227

젠더 280

존 고트먼 89

존 보울비 80

존중 욕구 202

종교 164

종교의 순기능 163

종교의 역기능 164

좋아함(Liking)의 사랑 85

주관적 안녕 14

주관적인 안녕 231

주의력결핍 과잉행동장애 270

중산층의 붕괴 문제 126

즐거운 삶 13, 231

지위 환경 98

진화론 162

|ㅊ|

창조설 162

초기 성적 단계 321

친밀감 78

친선도모형 367

|ㅋ|

칼 마르크스 116

캐럴 로스웰 24

콩트 115

쿨리 110

크라프트에빙 281

킨제이 284

|ㅌ|

타불라 라사 160

타인과의 긍정적 인간관계 233

퇴니스 110

트랜스젠더 315

|ㅍ|

파블로프의 고전적 조건화 184

편의(convenience)형 66

편집성 성격장애 248

포스트모더니즘 148

프로이트 175

피그말리온 이론 33

피아제 186

피터맨 66

피터 코헨 24

|ㅎ|

하브루타 7

학문중심 교육과정 5

학습 피라미드 6

한국 사회의 병리 117

해방(emancipation)형 66

행동심리 182

행복공식 24

행복방정식 22

행복지수 349

행복지향적인 삶 21

행복척도 25

헤브라이즘 141, 144

헬레니즘 141

홈 지수 244

환경의 통제 233

회피성 성격장애 264

효능감 209

히스테리성 성격장애 256

저자 소개

우남식

충남대학교 공업교육학과 학사
인하대학교 대학원 교육학 석사
인하대학교 대학원 교육학 박사
국제신학대학원대학교 M.Div. eq. 졸업
전) 국제신학대학원대학교 해외부총장
전) 국제신학대학원대학교 상담복지학과 교수
전) 국제신학대학원대학교 사회교육원장
국제신학대학원대학교 총무처장
인하대학교 사범대학 사회교육과 겸임교수
대학마을교회 담임목사

저서 및 논문
「옥중서신에서 만난 복음」 출간예정
「성심리 : 대학생의 성의식」 (시그마프레스, 2015)
「마가복음에서 만난 예수님」 (킹덤북스, 2014)
「사도행전에서 만난 복음」 (생명의말씀사, 2013)
「로마서에서 만난 복음」 (생명의말씀사, 2012)
「창세기에서 만난 복음」 (생명의말씀사, 2011)
「행복학과 자기이해」 (디자인장이, 2010)